FUN MARKETING
펀 마 케 팅

책연
CHAEK
YEARN

PREFACE

"마케팅은 시작과 끝이 소비자이다."

'펀 마케팅이란 무엇인가' 질문도 많이 받기도 하고, 고민도 많이 했다. 먼저 펀 마케팅에 대해 간단하게 설명한다면, 경영전략에 보면 불황일수록 공격적 투자와 경영을 하라고 한다. 마케팅 활동도 마찬가지다. 경제가 어렵다고 위축된 마케팅을 펼칠 수 없는 것이다. 힘들수록 소비자들에게 활력과 즐거움, 유쾌함을 주면 반드시 보답이 되어 돌아올 것이다.

"소비자를 즐겁게 하면 팔린다." 펀놀로지(Funology, Fun+technology)의 개념이다. 소비자에게 재미를 주는 상품과 서비스가 소비를 발생시킨다는 말이다. 소비의 의사결정에 있어서 필요나 기능성 등 이성적인 기준으로 설명할 수 없는 선택이 늘고 있으며, '얼마나 즐거움과 재미를 선사하는가'가 중요한 소비결정 요인이 되고 있다. 요즘 TV 연예계의 흐름도 정통가수, 정통배우, 연기자보다 원래의 모습과 다른 다재다능한 모습으로 즐거움을 주는 엔터테인먼트성이 강한 연예인들이 더 인기가 있다. 기업도 본연에 충실해가며 소비자들에게 색다른 즐거움을 줘야 한다. 더 이상 가격이나 기능, 효율성 높은 제품, 편안하고 쾌적한 서비스만으로는 경쟁력이 없다. 또 다른 감성적 측면으로 흥미, 짜릿함, 설레임, 궁금증, 기대 등을 채워줄 수 있는 또는 찾기 위한 마케팅활동, 이것이 펀 마케팅의 기본이라 생각한다. 예를 들어, 펀 마케팅의 유형을 보면 첫째, 제품 자체에 독특한 디자인, 색상, 포장 등 재미요소를 가미한 경우, 둘째, 브랜드 네이밍을 통해 관심을 유발시켜 브랜드파워를 강화하는 경우, 셋째, 새롭거나 다양한 마케팅기법으로 소비자들의 감성을 움직이게 하는 경우, 넷째, 오감을 즐겁게 하는 광고기법으로 포지셔닝하는 경우라 볼 수 있다. 하지만 펀 마케팅을 전개할 때 주의할 점도 있다. 펀 마케팅은 마케팅 기법상 지속적이지 못하고 단발성인 경우가 많이 있다. 즉, 소비자들에게 관심을 끌고, 흥미를 갖게 하고, 즐거워하며 재미있어야 하는데, 일회성 이벤트 마케팅으로 끝이 날 가능성이 높아져 소비자들의 기대를 저버릴 수 있다는 것을 명심해야 한다. 변화하는 소비자들의 입맛을 한 번에 맞추기는 어려워져 간다. 지속적으로 다양하고 즐거워하는 마케팅기법을 개발하기 위해서는 블루오션 마케터가 되어야 한다. 미래와 트렌드를 먼저 읽어내는 안목을 길러야 한다. 또한 톡톡 튀는 아이디어를 창조하고 마케터 자신도 즐거워야 펀 마케팅은 발전해 나갈 것이다.

이러한 점을 염두에 두고, 새로 출간되는 저서는 각 장 마다 이론적 내용은 물론 기업 실무에 적용 가능한 사례 부분은 더욱 보강을 하여 쉽게 이해할 수 있도록 하였다.

본서 개정 내용 중에는 최근 가장 많이 활용되고 있는 마케팅 기법인 바이럴 마케팅과 콜라보레이션 마케팅을 보강하여 더욱 재미있고, 쉽게 접근할 수 있도록 하였고, 실전에 활용 할 수 있도록 재구성 되었다. 또한 지난 개정판은 15장으로 구성되었던 내용을 이번에는 검색엔진마케팅을 13장으로 하여 총 16장으로 구성하였다.

항상 출간하기 전에는 부족함이 없는 내용으로 구성하려 노력하지만, 막상 탈고하고 나서 보면 뭔가 부족하다는 생각이 든다. 앞으로도 이런 기회가 주어진다면 내용상의 미진한 점과 보강해야 할 부분은 계속 수정·보완하여 더 좋은 내용의 필독서로 만들 것을 다짐해 본다.

그리고 본서가 나오기까지 많은 분들의 도움이 있었다. 여러 교수님들과 주위 분들에게 감사하다는 말을 드리고 싶고, 항상 저를 위해 기도해 주시는 어머님과 아직은 어리지만 든든한 정신적 후원자들인 아들 준희·찬희·래희 세 아이에게 감사하며, 또한 옆에서 항상 미소로서 아낌없는 지원을 해주는 사랑하는 아내에게 감사함을 전하고 싶다.

끝으로 본서가 나오기까지 깊은 애정과 관심을 갖고 출판을 도와주신 책연출판사 임직원 분들에게 깊은 감사를 드린다.

도봉산 절경이 보이는 연구실에서 따듯한 봄을 기다리며..

2019년 2월
저자 한 수 범

CONTENTS

제1장 마케팅이야기

학습목표   2
학습내용   5
1. 마케팅의 정의   5
2. 마케팅 관련 주요 개념   9
3. 현대적 마케팅 이념   16
4. 마케팅이 중요한 이유   22
학습정리   29
학습문제   30

제2장 마케팅의 전략화1 : STP전략

학습목표   34
학습내용   36
1. STP란 무엇인가   36
2. 시장세분화 Segmentation 개념   36
3. 표적시장 Targeting의 개념   45
4. 포지셔닝 Positioning의 개념   48
학습정리   72
학습문제   73

제3장 마케팅의 전략화2 : 4P's전략

학습목표   78
학습내용   79
1. 제품 Produck 전략   83
2. 가격 Price 전략   92
3. 유통 Place 전략   96
4. 촉진 Promotion 전략   104
학습정리   116
학습문제   117

제4장 소비자 Consumer 이해하기

학습목표   122
학습내용   128
1. 마케팅 관점에서의 소비자란 무엇인가   128
2. 소비자 욕구 파악에 관한 오해   134
3. 기업 생존에 관한 오해   137
4. 마케팅조사의 의의   143
학습정리   158
학습문제   160

제5장 브랜드 마케팅

학습목표   164
학습내용   167
1. 브랜드 마케팅의 정의   167
2. 브랜드 개발   181
3. 브랜드 마케팅의 사례   192

학습정리	204
학습문제	205

제6장 그린 마케팅

학습목표	210
학습내용	211
1. 그린 마케팅의 이론적 배경	211
2. 그린 마케팅 해외 사례	238
학습정리	244
학습문제	245

제7장 디자인 마케팅

학습목표	250
학습내용	254
1. 디자인 마케팅의 이론적 배경	254
2. 디자인마케팅 성공사례	269
학습정리	282
학습문제	283

제8장 스토리 마케팅

학습목표	288
학습내용	290

1. 스토리텔링의 정의	290
2. 스토리 마케팅 또는 스토리텔링 마케팅이란	293
3. 스토리텔링 마케팅 성공 포인트	304
4. 스토리텔링 마케팅은 제품 및 서비스와 연관된 이야기를 담는 것	311
5. 마케팅 스토리는 어떻게 찾아야 하나?	312
6. 마케팅 스토리에 무엇을 담아야 하나	315
7. 스토리를 활용한 제품 이미지 및 브랜드 커뮤니케이션 강화 전략	318
8. 스토리텔링 마케팅 사례	320
학습정리	325
학습문제	326

제9장 귀족 마케팅

학습목표	330
학습내용	333
1. 귀족 마케팅의 이론적 배경	333
2. 국내외 사례	347
학습정리	355
학습문제	356

제10장 틈새 마케팅

학습목표	360
학습내용	361

CONTENTS

1. 니치 마케팅의 정의	361
2. 니치 마케팅의 전략화	362
3. 니치 마케팅의 개발전략	369
4. 이러한 복합요소를 지닌 니치마케팅의 성공사례	374
5. 불황을 이기는 니치마케팅 사례	387
6. 결론	396
학습정리	399
학습문제	400

제11장 서비스 마케팅

학습목표	404
학습내용	406
1. 서비스 마케팅의 이론적 배경	406
2. 해외 사례	419
3. 국내의 서비스 마케팅 사례 이야기	432
학습정리	439
학습문제	440

제12장 웹 마케팅

학습목표	444
학습내용	445
1. 인터넷 마케팅의 특성	445
2. 인터넷 마케팅의 패러다임	448
3. 인터넷 마케팅의 분류	450
4. 웹 2.0 마케팅시대의 인터넷 마케팅 방법	452
5. 바이럴 마케팅Viral Marketing의 개념	463
6. 바이럴 마케팅(Viral Marketing)의 6가지 성공 조건	464
학습정리	469
학습문제	470

제13장 검색엔진 마케팅

학습목표	474
학습내용	477
1. 검색엔진 마케팅의 이론적 배경	477
2. 검색엔진마케팅의 사례	493
3. 결론	497
학습정리	502
학습문제	503

제14장 바이럴 마케팅

학습목표	506
학습내용	508
1. 바이럴 마케팅의 정의	508
2. 바이럴 마케팅 생성배경과 특징	510
3. 바이럴 마케팅의 종류	516
4. 바이럴 마케팅 성공사례	520

5. 바이럴 마케팅 실패사례	532	학습문제	598
학습정리	548		
학습문제	550		

제15장 콜라보레이션 마케팅

제16장 블루오션 마케터가 되기 위하여

학습목표	554	학습목표	604
학습내용	557	학습내용	607
1. 콜라보레이션의 개념과 이론적 배경	557	1. 마케팅 전략에 대한 잘못된 이해	607
2. 콜라보레이션 조합의 시작단계	562	2. 마케팅 전략 수립의 전술적 사고	612
3. 콜라보레이션 마케팅의 특성과 실행이유	567	3. 마케팅 전략가로서 유의할 점	616
4. 콜라보레이션 마케팅 유형과 목적	573	4. 마케팅 실무자가 반드시 갖춰야 할 역량 4가지	623
5. 콜라보레이션 마케팅의 조합	575	5. 완벽한 고객 세분화활동을 위한 4단계 전략	627
6. 콜라보레이션 활동의 성공적인 적용방법	584	6. 펀마케팅Fun Marketing 사례를 통한 마케터 되기	634
7. 콜라보레이션 마케팅 성공사례	586	학습정리	641
8. 콜라보레이션 마케팅 실패사례	591	블루오션 마케터-체크리스트	643
9. 결론	593	학습문제	645
학습정리	596		

제1장
마케팅 이야기
Marketing Story

"광고보다는 홍보가, 그리고 소비자들이 입소문을 내주는 것이 더 큰 마케팅 효과를 가져 온다고 한다. 나도 '판매가 필요 없는 사업'을 만들겠다는 목표로 신사업을 추진 중입니다."

- 필립 코틀러

01 FUN MAKETING 마케팅이야기

학습목표 🔍

1. 마케팅이란 무엇인지 알 수 있게 된다.
2. 마케팅이 왜 필요한지 이론을 통해 이해 할 수 있게 된다.
3. 마케팅을 재미있기 이해하기 위한 사례를 둘러봄으로써 이해력을 높인다.

핵심키워드 : Marketing, Sales, 소비자시장, 소비자Needs, 소비자Wants

마케팅이란 무엇이라고 생각하는지?
상품을 많이 파는 방법?
광고나 홍보작업?
진열이나 상품구색 맞추기?
좋은 제품을 만들고 적시에 공급하는 능력?

"결국 마케팅은 시작과 끝이 소비자이다."

학문적 해석으로는 마케팅이란 간단하다. "소비가가 원하는 것을 제공 한다" 이다. 필요로 하는 것과 원하는 것은 다르다. 생필품들은 필요하기에 구매를 한다. 단, 여러 기업에서 같은 종류의 상품을 만들기에 서로 소비자에게 자사 제품을 많이 팔기 위해 여러 가지 행동을 하게 된다. 광고, 홍보 등 세일즈에 가까운 행동이다. 마케팅은 딱 한가지로서 표현되지 않는다. 그래서 영문 Marketing을 그대로 쓰고 있다.

Market(시장)에서 이루어지고 있는 여러 상행위가 ~ing의 진행형 형태로, 마치 소비자의 마음이 항상 변화하기에 그에 맞추어 일련의 활동이 이루어지고 있다는 의미로서 볼 수 있다. 한글로 해석이 안 되기 때문이다. 물론 소비자가 뭘 원하는지는 알 수가 없다. 전혀 새로운 발명, 발견에 의해 신상품을 만들어 제공하는 것도 마케팅의 일부라 볼 수 있고, 기존에 있었던 상품이나 서비스를 소비자에게 맞춤식으로 개선하는 작업도 마케팅이라 할 수 있고, 만들어진 상품을 원하는 소비자에게 알리는 일련의 활동도 마케팅이고, 그 상품을 필요로 하는 소비자에게 적시적소에 제공하는 행위도 마케팅이며, 소비자가 원하는 가격에 맞춰 상품을 만들어 내는 작업도 마케팅이다.

지금까지 기업입장에서의 생산은 마케팅이 아니다. 만들었으니 팔겠다가 아닌 팔릴 물건을 만들어 내겠다가 마케팅인 것이다. 소비자 입장에서의 기업 활동이다.

"팔리지 않는다고 걱정할 것이 아니라 팔 수 있는 방법을 찾아라"

판매와 마케팅에 대해 설명해 보면, "판매와 마케팅은 정반대이다. 같은 의미가 아닌 것은 물론, 서로 보안적인 부분조차 없다. 어떤 형태의 판매는 필요하다. 그러나 마케팅의 목표는 판매를 불필요하게 만드는 것이다. 마케팅은 소비자를 이해하고 제품과 서비스를 소비자에 맞추어 저절로 팔리도록 하는 것이다." (피터 드러커)

피터 드러커
(Peter F. Drucker)

"판매와 마케팅은 정반대이다. 같은 의미가 아닌 것은 물론 서로 보안적인 부분조차 없다. 어떤 형태의 판매는 필요하다. 그러나 마케팅의 목표는 판매를 불필요하게 만드는 것이다. 마케팅은 소비자를 이해하고 제품과 서비스를 소비자에 맞추어 저절로 팔리도록 하는 것이다."

"광고보다는 홍보가, 그리고 소비자들이 입소문을 내주는 것이 더 큰 마케팅 효과를 가져 온다고 한다. 나도 '판매가 필요 없는 사업'을 만들겠다는 목표로 신사업을 추진 중입니다." (필립 코틀러)

필립 코틀러 (Philip Kotler)

"광고보다는 홍보가, 그리고 소비자들이 입 소문을 내주는 것이 더 큰 마케팅 효과를 가져 온다고 한다. 나도 '판매가 필요 없는 사업'을 만들겠다는 목표로 신사업을 추진 중입니다."

결국 판매와 마케팅의 차이는 기업관점이냐, 소비자관점이냐에 따라 달라지며, 만들었으니 파는 것과 팔릴 것을 만드는 차이일 것이다.

마케팅과 판매의 차이

	판매(sales)	마케팅(marketing)
목적	매출 극대화	소비자 만족을 통한 이익추구
성향	상품지향적인 산업시대 마인드	고객 지향적인 지식시대 마인드
관점	제품생산 기업	제품사용 소비자
주체	판매원, 기업	소비자
관계	단발적 관계	지속적 관계
수치	당해년도 양적인 실적	중장기적 보이지 않는 실적 포함
제품개념	파는 제조물	팔릴 제조물
지향성	현재 지향형	미래 지향형
활동	교환 활동	창조적 활동
거래형태	파는 시점에서 종료	소비자가 만족 함으로서 종료

자료출처 : 필자작성

학습내용

1. 마케팅의 정의

1) W.J. Stanton (1981)

마케팅이란, 욕구 충족의 대상이 되는 제품이나 서비스를 현재적顯在的 (actual) 및 잠재적潛在的 소비자(potential or latent customer)에게 제공하기 위하여 계획하고 가격을 산정하며, 촉진 및 분배하도록 설계된 기업 제 활동의 총체적 시스템이다.

2) 미국 마케팅 협회(AMA) (1985)

개인과 집단의 목표를 충족/만족 시켜줄 수 있는 아이디어, 서비스, 재화를 개념화 가격화 촉진, 유통함으로써 "교환"을 만들어 내는 활동이다.

3) Philip Kotler (1991)

마케팅이란 개인이나 집단이 타인에게 가치가 있는 제품을 창출, 제공, 交換함으로써 그들이 필요로 하고 원하는 것을 얻을/획득할 수 있게 하여 주는 사회적 및 경영 관리적 과정이다. 즉, '교환과정을 통하여 욕구와 필요를 충족시키려는 인간 활동'이라고 정의하고 있다. 단순히 마케팅의 정의를 기업이나 개인 등에 국한시키지 않고 대상도 제품이나 서비스에 국한시키지 않아 욕구 충족을 위한 모든 교환활동을 마케팅으로 보는 것이다.

4) 한국 마케팅 정의 제정위원회 (2002)

마케팅은 조직이나 개인이 자신의 목적을 달성시키는 교환을 창출하고 유지할 수 있도록 시장을 정의하고 관리하는 과정이다.

그러면, 다시 마케팅이란 무엇인가를 정리하여 보자. 마케팅은 복잡한 특성을 갖고 있다.

미국마케팅학회(AMA)의 1960년 초기 때의 정의는 "마케팅은 생산자로부터 소비자 또는 사용자에게 재화와 용역의 흐름을 지휘하는 기업활동이다."라고 생산자와 소비자를 재화와 용역이 연결, 즉 소유권의 이전과 물적 유통을 수행하는 것을 마케팅으로 정의하였다. 여기에서 주목할 것은,

1) 마케팅을 생산 활동 이후의 행위로 보았다.
2) 생산자가 만든 제품을 소비자에게 판매하는 것이다.
3) 마케팅은 생산자로부터 출발해서 소비자에게서 끝난다.
4) 재화와 용역만을 대상으로 하고 있다.

이러한 견해는 초기의 산업사회에서는 받아들일 수 있었으나 오늘날과 같이 대량생산$_{mass\ production}$으로 현대기업이 치열한 경쟁을 수행하고 있다는 것을 고려한다면 현대적 마케팅의 정의로서는 부적합하다. 따라서 현대적 마케팅은 다음과 같은 측면에서 보아야 한다.

▎첫째, 마케팅을 생산 활동 이후의 행위로만 보고 만들어진 제품을 단순히 소비자에게 판매하는 것으로 볼 것이 아니라 생산이전$_{pre-production}$의 활동도 마케팅의 정의에 포함시켜야 한다.
▎둘째, 마케팅은 생산자로부터 시작하여 소비자로 종착하는 것이 아니라 소비자로부터 시작하여 소비자로 끝나야 한다. 소비자조사나 소비자욕구탐색을 통한 소비자 욕구에 대한 본질적인 이해가 있어야 한다. 단순히 어떤 재화를 생산하여 파는 것이 아니라 소비자욕구를 판매하여야 한다. 즉 생산 전 서비스$_{before\ service}$와 더불어 판매 후$_{after\ service}$에 대한 노력이 있어야 한다.
▎셋째, 마게팅이 재화와 용역만을 대상으로 하고 있다고 하는 것은 마케팅이 영리조직인 기업만의 활동이라는 뜻이나 병원, 학교, 고아원, 교회, 정당 등 상호교환이 있는 비영리조직에도 마케팅이 적용될 수 있어야 한다. 여기에는 아이디어$_{idea}$도 포함된다.

▌그림 1-1 ▌ 초기산업사회 마케팅 정의에서 현대산업사회 마케팅 정의

	초기 산업사회 마케팅 정의	현대 산업사회 마케팅 정의
1	마케팅을 생산 활동 이후의 행위 (만들어진 제품을 단순히 소비자에게 판매하는 것)	생산 이전(pre-production)의 활동도 마케팅의 정의에 포함
2	생산자로부터 시작하여 소비자로 종착	• 소비자로부터 시작하여 소비자로 끝나야 함. • 소비자 욕구를 이해하고 판매 • 생산 전 서비스(before service)와 더불어 판매 후(after service)에 대한 노력 필요
3	마케팅, 재화와 용역만을 대상 영리적인 기업만의 활동	• 비영리조직(병원, 학교, 고아원, 교회, 정당 등)에도 마케팅이 적용 • 아이디어(idea)도 포함

1985년 AMA 정의는 지금까지의 정의에 대폭 수정을 가하여 현대적인 마케팅 정의를 하였다. 위에 정의된 내용을 조금 더 보강하면 "마케팅은 개인 및 조직의 목적을 충족시켜 주는 상호 교환을 창출하기 위하여 아이디어, 재화 및 용역의 개념, 가격, 촉진 및 유통을 계획하고 실행하는 과정이다." 여기에서 4가지 중요한 사실을 지적할 수 있다.

▌첫째, 상호 교환 창조를 중요한 마케팅 요인으로 보고 있다. 교환을 통해서 모든 거래가 형성되고 마케팅의 목적을 달성할 수 있다. 따라서 교환을 창조하는 것이 마케팅이다.
▌둘째, 마케팅은 개인 및 조직의 목적을 충족시켜 준다. 즉, 종전 미국마케팅학회의 정의는 기업의 목적만을 강조하였으나 여기에서는 개인 또는 소비자의 목적달성을 가능하게 하는 것이다. 소비자의 목적인 욕구충족 없이는 기업의 목적달성도 불가능한 것이다.
▌셋째, 이념과 마케팅의 철학적 사고를 포함하고 있다. 종전의 정의에서는 재화와 용역만을 대상으로 하였으나, 새로운 정의에서 이념과 마케팅의 철학적 사고를 포함하였다는 것은 마케팅을 확대 해석

하고 있다는 것이다. 즉, 마케팅은 영리조직체인 기업에만 적용되었으나 비영리 조직체인 학교, 병원, 교회, 정당, 자선사업 등에도 적용되어야 하고 또 마케팅 컨셉의 실천을 강조하고 있어 마케팅 실천 및 연구의 방향을 제시하고 있음을 알 수 있다.

| 넷째, 마케팅믹스 요소를 마케팅정의에 구체적으로 명시하였다. 이전까지는 막연하게 재화나 용역의 흐름을 관리하는 것으로 한정하였으나, 여기서는 마케팅믹스 요소 제품(idea, goods, service), 가격, 촉진, 유통을 구체적으로 밝히고 있다.

이와 같은 정의로서 McCarthy는 마케팅관리자의 프레임워크$_{marketing\ manager\ framework}$를 소비자를 만족키기 위해 4P's, 즉 제품$_{product}$, 가격$_{price}$, 유통경로$_{place}$, 촉진$_{promotion}$과 같은 통제 가능한 변수들을 잘 조절$_{mix}$하여 기업입장에서는 통제 불가능한 요소인 마케팅환경(경제적, 정치적, 기술적 환경 등)에 창조적으로 적응하는 것이라 하였다.

결국 McCarthy의 마케팅을 간단히 정의하면 "마케팅은 소비자의 만족을 위해 외부환경을 고려해 4P's, 즉 제품, 가격, 유통, 촉진활동을 전략적 관점에서 관리하는 것" 이라 할 수 있다.

이 정의에는 주의 깊게 보아야 할 몇 가지 사항이 포함되어 있다. 첫째, 마케팅활동의 목표가 명확하게 나타나 있다. 즉, 마케팅활동은 개인이나 조직(영리·비영리)의 목적을 만족시키는 것을 목표로 한다. 둘째, 마케팅의 대상 혹은 객체에 제품, 서비스뿐만 아니라 아이디어도 포함시키고 있다. 셋째, 마케팅활동의 내용을 마케팅믹스의 주요 구성요소인 4P's(Product, Price, Place, Promotion)로 구체화하고 있다. 넷째, 마케팅활동의 관리적 관점, 즉 마케팅활동을 무엇인가를 계획하고 실행하는 과정으로 정의하고 있다.

> **핵심정리**
>
> 기업의 마케팅 믹스 수단을 4P's로 표시하듯이 시장에서 마케팅활동에 참여하는 구성원으로서 소비자$_{customer}$, 판매회사$_{company}$, 경쟁회사$_{competitor}$, 유통경로구성원$_{channel}$을 4C's라고도 한다.

> **핵심정리**
>
> 마케팅이 오늘날 관심을 갖게 된 이유
> 첫째, 판매가 감소되는 경향이 지속적으로 이루어지고 있기 때문이다.
> 즉, 기업의 입장에서 어떻게 소비자들이 진정으로 원하고 있는 제품을 생산, 판매할 것인가에 대한 문제접근과 해결방안 모색을 위해 마케팅에 관심을 갖게 된 것이다.
> 둘째, 기업의 성장에 대한 한계를 인식하게 되었기 때문이다.
> 신제품을 개발하고, 시장선도제품으로 자리 잡았다고 하더라도 오늘날 계속적으로 짧아지고 있는 제품수명주기, 판매압박, 신제품 출시에 대한 압박, 새로운 소비자계층의 급변 등은 기업에게 성장의 한계를 드러내도록 했기 때문이다.
> 셋째, 소비자 구매패턴이 다양화되었고, 수많은 제품과 서비스 안에서 더욱 더 개성화 된 소비가 이루어지기 때문이다. 단순히 규모의 경제만을 노리고 시장에 들어갔던 기업들은 이제 소비자들로부터 선택되지 않은 제품은 판매 자체가 불가능하게 되었으며, 소비자들은 계속적으로 새로운 구매를 요구하고 있기 때문이다.
> 넷째, 시장비용의 증대가 계속적으로 발생되고 있기 때문이다.
> 광고비, 판매촉진비, 시장조사비 등의 증대는 기업에게 있어서 이익의 감소를 발생시키고 있다. 또한 수많은 비용의 시장비용을 투자하고 있지만 그 효과는 오히려 저조하게 나타나고 있기 때문이다.

2. 마케팅 관련 주요 개념

1) 필요 needs

> 항상 일정한 상태(homeostasis)를 유지하기를 원하는 인간의 기본적인 본성이 충족되지 못한 상황

소비자가 자연에서 생존하기 위해서는 자신이 지니고 있는 필요와 욕구를 충족시켜야 한다. 따라서 마케팅활동의 근원에는 구매자인 소비자의 다양한 필요와 욕구가 자리 잡고 있다.

필요$_{needs}$란 항상 일정한 상태$_{homeostasis}$를 유지하기를 원하는 인간의 기본적인 본성이 충족되지 못한 상황을 말한다. 예를 들어, 사람의 몸에서 땀이나 배설물로 일정수준 이상의 수분이 빠져나가면 그 사람은 수분을 필요로 하게 된다. 또 사회생활을 하고 있는 인간들은 타인과의 인간관계를 제대로 형성하지 못하면 외로움이나 권태를 느끼게 되고 이로부터 탈피하려는 필요를 느끼게 된다.

즉, 소비자가 현재의 상황과 이상간의 차이를 인지하거나, 욕구차이를 인식하는 것이다. 이러한 필요는 의식주, 생리적인 것, 존경심의 사회적 표현, 자아표출 등의 개인적 필요를 포함하는 개념이다. 따라서 필요는 물리적 기능 속성과 심리적 속성으로 구성된다.

추위를 느낀 사람이 옷을 사고 싶다고 할 때, 옷의 물리적 욕구는 따뜻함이다. 또한 개인적 욕구 해결을 위한 자아표출이며, 디자인과 브랜드 좋은 옷을 고르는 것은 패션을 고려하는 사회적 욕구의 표현인 것이다.

┃표 1-1┃ 필요와 욕구

필 요	욕 구
배고픔	밥, 햄버거, 불고기, 라면
큰키	키높이 구두, 다리가 길어 보이는 교복
추억	아이러브스쿨, 디지털 카메라
추위	난로, 털옷, 온천, 뜨거운 국물

그런데 마케터가 소비자의 필요를 강제할 수 없기 때문에, 필요에 대한 욕구를 개발·충족시키는 것이 매우 중요하다. 즉, 음식점을 경영한다고 할 때 소비자들을 강제로 배고프게 만들 수 없기 때문에 음식점 주인은 소비자들이 배고픔을 해결하는 방식과 그것과 관련된 욕구를 확인하고 충족시키는 방법에 관심을 기울여야 하는데 이것이 마케팅의 출발점이라 할 수 있다.

물론 기업이 인간의 숨겨진 필요를 발견하여 개발할 수만 있다면 엄청난 성공을 보장받을 수 있다. 예를 들면, '스타크래프트'라는 게임의 세계적 성공은 네트워크연결을 통한 배틀넷을 제안함으로써 익명이 보장된 공간에서 사람들과의 교감을 원하는 인간의 기본적 본능, 즉 필요를 잘 파악해 이에 대한 욕구를 잘 충족시켜 줄 수 있었기 때문이다.

2) 욕구 want

> 필요충족을 목적으로 구체적 대상물을 원하는 상태

한편 욕구$_{want}$란 필요충족을 목적으로 구체적 대상물을 원하는 상태를 말한다. 예를 들면, 갈증이라는 필요에 대하여 물, 콜라, 주스가 욕구가 되며 배고픔이라는 필요에 대해서는 햄버거, 불고기, 라면 등이 욕구가 된다. 다시 말해 want는 인간이 궁극적으로 필요로 하는 것을 구체적으로 충족시켜줄 수 있는 것을 말한다. 사회가 발전할수록 인간의 욕구는 증대되며, 호기심이나 흥미, 욕망을 자극하는 많은 것들에 대하여 호기심, 흥미 등의 방법으로 노출되어진다.

기업입장에서 때로는 소비자의 기본적 필요와 2차적 욕구를 혼동하는 경우가 발생하기도 한다. 판매자는 옷의 구매 자체에 집중하지만, 소비자들은 사실 섹시함이나, 멋, 우아함을 위해 새로운 옷을 구입하고 있다. 그렇다고 기본적 욕구를 무시하거나 간과한 채 2차적 욕구만을 위한 제품을 생산하여 최초의 이익은 사라지고 소비자들에게 멀어지는 활동을 해서는 안 된다. 이와 같이 눈앞의 이익만을 고려한 채 향후 지속적인 소비자관계를 고려하지 않은 마케팅 실패를 '마케팅 근시안$_{marketing\ myopia}$'이라고 한다.

제품에 대해 필요와 욕구가 충족되면 소비자들은 제품으로부터 이점을 제공 받는다. 마케팅관리자들은 이러한 제품으로부터의 이점을 제공하는데 초점을 기울여야 할 것이다. 즉, 기능적 측면으로서의 이점을 주면서도 경험적으로 추구되어지는 심리적 이점을 함께 고려하는 것이 중요하다.

3) 수요 demand

> 특정 제대한 욕구가 구매력 및 구매의지를 동반하고 있을 때를 수요라고 한다.

비록 마케팅의 출발점이 인간의 필요와 욕구이기는 하지만 소비자가 구매력과 구매의지$_{ability\ and\ willingness}$를 갖지 못하는 경우, 즉 구매력만 있고 구매의지가 없다든지 구매의지는 있는데 구매력이 없으면 제품은 구매될 수 없다. 그러므로 기업의 입장에서는 구매력과 구매의지를 동반한 욕구가 중요하다. 이와 같이 특정 제품에 대한 욕구가 구매력 및 구매의지를 동반하고 있을 때 이를 수요$_{demand}$라고 한다.

수요는 소비자의 욕구가 제품에 대한 구매 등 구체적인 방법으로 나타나는 현상을 말하기도 한다. 수요는 곧 욕구의 충족을 가져오게 된다. 다시 말해 소비자가 어떤 목적물을 구매할 수 있거나, 구매의향을 갖거나, 욕망을 갖고 있을 때 욕구는 수요로 나타나게 된다. 인간이 보유할 수 있는 재원(소득, 시간, 열정 등)은 유한한 것이기 때문에 획득 가능한 상품들 중에서 어느 것을 선택하고 만족을 누리게 되는 일련의 행동을 수요하고 할 수 있다.

소형자동차를 구매하는 소비자는 낮은 가격, 경제성 등을 대표적 가치로 고려하지만, 대형승용차를 구입하는 소비자는 안전성, 안락한 지위 등을 대표적 가치로 고려하고 있는 것이다. 즉, 소비자들은 자신의 욕구와 자원의 한도 내에서 자신에게 가장 큰 만족을 주는 속성들로 결합된 제품을 최종적으로 선택하는 것이다.

마케팅을 관리차원에서 보면 마케팅이란 일종의 수요관리에 관한 것이라고 할 수 있다. 개별기업 입장에서의 마케팅은 공급에 비해 수요가 부족하다면 수요를 촉진하는 것이 주요 목표가 될 것이고, 수요와 공급이 적절한 수준에서 유지된다면 현재의 상황을 유지하는 데 집중할 것이다. 비록 드문 경우이기는 하지만 수요가 단기적 공급능력을 크게 초과할 때에는 수요를 억제하기 위한 노력, 즉 디(역)마케팅demarketing도 하게 된다.

역마케팅 (demarketing)

유행이나 일시적 공급부족에 의하여 제품에 대한 수요가 공급을 일시적으로 초과하는(overful demand) 경우가 있는데 이 경우 마케터는 초과수요의 원인을 찾아내어 이를 억제하는, 즉 일반적인 마케팅의 수요 창출활동과는 반대의 방향으로 마케팅전략을 수행하는데 이를 역마케팅이라 한다.

■1973년 OPEC의 석유무기화로 우리나라에서 원유수입이 격감하고 이 결과 석유에 대한 초과수요가 일어나 역마케팅이 필요하게 되었다. 역마케팅의 가장 효과적 수단인 가격인상은 소비자들의 수요를 크게 축소시켰고, 더 나아가 제품측면에서 연탄과 같은 대체품, 에너지 절약제품의 개발 및 사용이 권장되었다.
그리고 에너지 절약캠페인과 같은 촉진정책을 정부 및 기업이 지속적으로 전개함과 동시에 유통측면에서도 네온사인 등의 사용금지로 소비자의 접근성을 어렵게 하여 소비절약을 유도하였다.

■최근에 백화점 및 은행에서는 VIP고객을 우대하는 고객차별전략을 쓰고 있다. 우대고객은 편안한 의자와 차, 그리고 수수료면제를 제공받고 일반고객에게는 번호표로 대기하고 소액예금에 대해서는 이지도 추지 많는 모습을 흔히 볼 수 있나.
즉, 이는 상위 20%의 고객이 매출의 80%를 차지하고, 하위 20%는 점원의 인건비 등을 따져볼 때 손해를 가져온다는 20 대 80의 법칙을 적용한 것이다.
기업에 이익이 되지 않는 고객을 외면 또는 거부하는 전략 즉 역마케팅의 예라 할 수 있다.

그런데 역마케팅전략을 기업에 도움이 되지 않는 고객을 무시하라는 뜻으로 이해하면 안된다.
우수고객을 우대하지만 나머지 고객의 반감도 최소화하는 전략이 동시에 필요하다.

4) 가치 value

> 소비자가 제품을 획득하는 데 소요된 비용과 구매한 제품으로 인해 얻는 편익의 비율

소비자는 어떤 제품을 구입함으로써 필요와 욕구를 충족시킨다. 소비자는 충족시키는 과정에서 가치라는 개념을 염두에 두고 제품을 구매한다.

가치$_{value}$는 소비자가 제품을 획득하는 데 소요된 비용과 구매한 제품으로 인해 얻는 편익의 비율이라 할 수 있다.(비용과 편익은 금전적, 시간적, 사회적, 심리적 요인을 모두 고려한, 즉 소비자의 주관적, 객관적 요인을 모두 포함한 개념이다.)

예컨대 시장에서 파는 무인상표 모자가 5천원, 나이키 모자는 3만원이라 가정할 때 사람마다 선택이 다를 수 있다. 소비자는 무인상표 모자와 나이키 모자의 구입에 필요한 비용과 이로 인한 편익을 비교하여 가치가 큰 제품을 구입하게 될 것이다. 예를 들면 사회적, 심리적 편익을 중요시하는 소비자는 나이키 모자에 더 큰 가치를 부여하여 나이키 모자를 살 가능성이 크다.

> **핵심정리**
>
> 가치는 경우에 따라 효용$_{utility}$이라 하기도 한다. 일반적으로 효용은 소유효용 Possession utility, 장소효용$_{time\ utility}$, 시간효용$_{place\ utility}$, 형태효용$_{form\ utility}$으로 나누어지는데 교환을 통하여 소유효용이 창출되고 보관을 통하여 시간효용, 운송을 통하여 장소효용이 창출된다. 즉, 마케팅(상적유통, 물적유통)활동을 통하여 소유효용, 시간호용, 장소효용이 창출된다. 형태효용은 생산 활동을 통하여 창출된다.

마케터는 자신의 제품에 대한 비용과 편익의 관리를 통하여 가치를 변화시킬 수 있다. 즉, 제품구입의 비용을 줄이거나 편익을 증대시킴으로써 제품가치를 높일 수 있다.

5) 제품

> 인간의 필요나 욕구를 충족시키기 위한 교환의 구체적 대상물

인간의 필요나 욕구를 충족시키기 위한 교환의 구체적 대상물을 제품$_{product}$이 라고 하는데 앞에서 살펴본 마케팅 정의에서 제품을 아이디어, 유형재, 서비스 (ideas, goods, service)로 규정하고 있다. 즉, 제품은 TV나 자동차와 같은 유형재뿐만 아니라 미용사의 머리손질, 의사의 성형수술 등과 같은 서비스 그리고 비즈니스 모델이나 지적 재산 등의 아이디어도 포함된다.

더 나아가 보다 넓게는 사람, 장소, 기관 또는 조직체 등도 제품의 개념으로 볼 수 있는데 예를 들면, 선거전에 뛰어든 정당인이나, 종교인의 전도활동, 임대를 목적으로 하는 예식장 등도 제품의 개념에 포함된다.

6) 교환 exchange

> 구매자와 판매자 사이에서 가치 있는 유형 및 무형의 제품이나 서비스가 옮겨가는 과정

"마케팅은 가치의 교환이다."라는 의미는 교환의 창출에 초점을 맞춘 개념으로써, 교환이란 구매자와 판매자 사이에서 가치 있는 유형 및 무형의 제품이나 서비스가 옮겨가는 과정을 말하는 것이다. 다시 말해서, 교환이란 어떤 사람으로부터 바람직한 것을 획득하고, 반대급부로 무엇인가를 제공하는 일련의 과정이며, 인간은 원하는 유형 및 무형의 어떤 물건을 획득하기 위해서 다음과 같은 행동을 보이고 있다.

첫째, 자기생산$_{self\text{-}production}$이다. 배고픈 사람은 배고픔을 해결하기 위해 사냥을 하거나, 낚시, 과일채집 등의 자발적 행동을 할 수 있다. 이 단계는 엄밀히 말해 시장이 존재하거나 마케팅의 개념이 존재하지 않는 상태이나.

둘째, 강탈$_{coercion}$이다. 강탈이란 타인으로부터 물건을 훔치거나 빼앗는 행동을 말하는 것이다.

셋째, 구걸 및 간청$_{begging}$으로, 다른 사람에게 자신의 욕구충족을 위해 바람을 표출하는 것이다.

넷째, 교환exchange이다. 교환은 자신의 필요와 욕구충족을 위해 대가(돈, 다른 상품, 서비스)를 지불하고, 그 대신 무엇인가를 획득하는 것이다.

참고로 교환이 발생하기 위해서는 다음의 5가지 조건들이 충족되어야 한다.

교환의 조건

① 적어도 둘 이상의 사람이 있어야 한다.

② 교환의 각 당사자들은 상대방을 만족시킬 수 있는 가치물을 보유하고 있어야 한다. 그러므로 마케터는 소비자가 기꺼이 교환에 참여하게끔 자사제품의 가치증진활동에 관심을 가져야 할 것이다.

③ 양자는 상대방이 갖고 있는 가치물을 획득하기 위해 자신의 가치물을 기꺼이 포기할 의사가 있어야 한다.

④ 교환의 의사나 필요성을 전달할 수 있는 커뮤니케이션과 배달의 능력을 가지고 있어야 한다.

⑤ 서로의 제의에 대해 거래의 적합성에 대한 거부와 승낙의 자유를 가져야 한다.

교환을 측정하기 위한 단위를 거래(transaction)라고 하는데, 거래는 최소한 2명 이상이 존재하고, 서로간의 거래조건의 합의가 이루어지며, 합의에 의한 교환시기, 장소가 결정된 가치교환이 이루어지는 것을 의미한다.

7) 마케터와 소비자(시장)

교환의 조건으로 둘 이상의 교환 주체가 필요하다고 하였다. 교환의 한쪽에는 마케터marketer가 있고, 그 반대쪽에는 소비자customer 또는 시장이 있다. 마케터는 개인 또는 기업 모두가 될 수 있는데 특히 기업에서의 마케터는 마케팅담당자 또는 마케팅관리자 등의 이름으로 불린다.

마케터의 반대쪽에는 시장이 있는데, 시장은 욕구를 충족하기 위하여 교환을 하려는 소비자들과 그러한 욕구를 가지고 있는 잠재적 소비자들로 구성된다.

기업의 입장에서 시장은 자사 제품의 1차적 소비자 이상의 범위에서 정의되어야 한다. 예를 들면, 대학은 교육을 받는 학생들과 교육비를 내는 학부모들 뿐 만 아니라 기부자, 대학 주변의 시민들, 동문들도 그 시장으로 할 수 있다. 그러므로 한 기업의 시장은 소비자와 주주 및 지역주민, 정부, 환경단체뿐만 아니라 내부소비자인 종업원, 중간상까지를 포괄하는 넓은 개념으로 정의하는 것이 좋다.

> **내부마케팅**
>
> 기업내부의 종업원이 가치를 생산해 주어야 그 가치를 고객이 구매할 수 있기 때문에 종업원의 만족은 외부고객의 만족과 밀접히 관련되어 있다.
> 따라서 내부고객만족을 위한 내부마케팅(internal marketing)의 개념이 등장하였다.
>
> **Kotler의 내부마케팅 정의**
>
> '기업구성원들을 최초의 고객으로 보고 그들로 하여금 서비스 마인드나 고객지향적 사고가 충만하게 하여 더 좋은 성과를 낼 수 있도록 동기를 부여하는 활동'
>
> 내부마케팅의 주요 목적 중의 하나는 종업원들을 마케팅요원으로서 행동하게끔 동기를 부여하는 것인데 종업원에 대한 동기부여는 커뮤니케이션, 보상제도, 교육 등의 수단을 통해 기업의 사명과 전략, 제품, 광고캠페인 등을 종업원에게 이해시킴으로써 이루어진다.

3. 현대적 마케팅 이념

Wal-Mart의 창립자인 Sam Walton의 "보스는 단지 하나뿐이다. 그것은 소비자이다." 라는 말에서 강조되고 있는 바와 같이 마케팅 이념은 소비자지향성으로 간단히 정의되기도 한다. 그러나 현대적 의미에서 마케팅 이념marketing concept은 소비자지향성을 포함한 중요한 몇 개의 기초적 원리를 포함하고 있다.

1) 소비자 지향성

기업의 소비자 지향성customer orientation은 두 가지로 정리될 수 있다. 먼저 소비자는 왕이라는 철학이다. 즉, 이는 소비자가 없으면 기업은 존립할 수 없다는 이유 때문에 소비자는 기업에서 가장 중요한 의미를 갖는 존재라는 의미이다. 둘째로 소비자를 왕처럼 모시는 철학만으로 소비자를 만족시킬 수 없고, 소비자의 필요나 욕구를 찾아내어 그 욕구를 충족시켜 주어야 소비자가 만족한다는 것이다.

이러한 소비자 지향성의 등장은 무엇보다도 시장 환경의 변화 때문이다. 시장의 공급수준이 수요를 훨씬 초과하고 있고, 기업이 제시하는 제품의 품질 또한 뚜렷한 차별성을 달성할 수 없는 상황에서 소비자들은 더욱 현명해지고 있다. 이러한 상황에서 기업으로부터 불편한 경험을 하게 된 소비자가 다시 그 기업을 찾을 가능성은 거의 없다. 기업과 소비자 간의 관계에 있어 기업은 이제 약자의 입장에 서게 된 것이다.

결국 소비자 지향성은 소비자의 만족 또는 감동을 통해서 기업의 모든 목표를 달성할 수 있다는 것이다. 이러한 소비자 지향성은 외형적으로 나타나는 제품 및 서비스, 인적관계뿐만 아니라 제품계획과 조직구조, 시설 및 장비 등 기업의 모든 부문에서부터 적용되어져야 한다. 이러한 소비자 지향성의 중요성은 현대기업의 각종 슬로건에서 잘 표현되고 있다.

"당신의 방식대로 드십시오."
HAVE IT YOUR WAY
- 버거킹

"당신은 우리의 상관입니다."
You are the boss
- 유나이티드항공

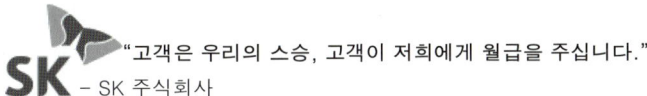
"고객은 우리의 스승, 고객이 저희에게 월급을 주십니다."
- SK 주식회사

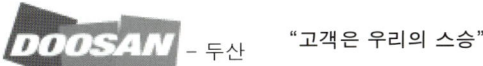
- 두산   "고객은 우리의 스승"

2) 이익 지향성

마케팅 이념에 있어 소비자 지향성의 지나친 강조는 자칫 기업의 이익을 희생할 수도 있다는 착각에 빠지게 할 수 있다. 그러나 소비자 지향성의 강조로 인해 기업의 이익관념이 희박해진다면 이것은 오히려

마케팅 사고를 위반하는 것이 된다.

　기업은 사회로부터 사회적 부의 확대 재생산을 위탁받은 조직이므로 항상 사회전체의 부를 확대·재생산할 수 있어야 한다. 만약 기업이 이익창출에 실패하여 도산하게 되면 국가 전체의 부가 축소되어 사회적 빈곤을 야기하게 된다. 소비자의 우호적인 평가를 받던 기업들이 이익창출에 실패함으로써 도산한 여러 기업의 예에서 볼 수 있듯이, 기업의 이익창출 실패는 소비자들에게 더 이상 만족을 제공할 수 없음은 물론 종업원 및 사회 전반에 크나큰 해악을 끼치게 된다.

　그러나 전통적인 기업의 이윤추구 목적과는 달리 마케팅 사고에서의 이익지향성$_{profit\ orientation}$은 최대이윤의 개념이 아니라 기업의 생존과 성장에 필요한 적정이윤이라는 점을 인식하여야 한다. 즉, 소비자만족을 통한 적정이윤의 창출이 또 다른 마케팅 이념이다.

> **핵심정리**
>
> 대량 맞춤마케팅 mass customization
> 기업은 소비자의 다양한 욕구만족을 통한이익을 추구해야 한다. 그런데 기업이 소비자의 다양한 욕구를 일일이 만족시키는 one-to-one 마케팅은 이익실현과 기업능력상의 문제가 될 수 있고, 대량생산을 통한 저가격의 제품판매는 이익을 실현시켜 줄 수는 있지만 장기적으로 소비자를 만족시키기가 어렵다.
> 따라서 소비자 만족을 통한 이익창출이라는 기업의 마케팅 이념을 실현시켜주는 새로운 마케팅 시스템이 필요한데 그 중 하나가 대량 맞춤마케팅이라 할 수 있다. 이는 대량생산mass과 맞춤화customization가 결합된 개념으로 맞춤화된 상품을 통해 소비자만족을, 대량생산을 통해 낮은 비용으로 생산하여 이익을 추구하는 시스템이다.
> 대량 맞춤마케팅의 가장 일반적인 방법은 부품을 모듈화 하여 이들 부품의 조합을 통하여 다양한 제품을 생산하여 소비자를 만족시키는 방법이다. 예를 들면, 델 컴퓨터사가 자사의 홈페이지상에 소비자가 원하는 부품을 골라서 컴퓨터를 주문하도록 한 시스템이나 시티즌 시계가 숫자판, 케이스, 시계줄, 시계바늘 등을 모듈화 하여 소비자가 그들의 취향에 맞게 선택 주문할 수 있게 한 것이 이의 예라 할 수 있다.
> 이와 같은 대량 맞춤마케팅이 가능하려면 소비자 관련 정보의 축적이 전제되어야 한다.

3) 전사적 · 통합적 마케팅

전사적 마케팅total marketing 사고는 소비자만족과 이익지향이라는 마케팅 사고가 위로는 사장으로부터 아래로는 수위, 전화교환원과 같은 모든 구성원들에게 철학으로서 정립되어야 한다는 것이다. 아무리 소비자만족을 달성하려 하여도 그러한 생각이 최고경영자나 마케팅관리자 수준에서만 머무르고 있다면 실제적 효과를 달성할 수 없다.

통합적 마케팅integrated marketing이란 마케팅관련 부서뿐만 아니라, 생산, 재무, 연구 · 개발부서 등 기업의 모든 부서들이 마케팅 이념의 구현을 위해 통합적인 노력을 기울여야 한다는 것이다. 이는 기업의 모든 부서 간의 협조와 조정을 필요로 하는 것으로 마케팅 이념에 투철한 상급자의 개입이 필요하다. 예컨대 생산부서는 저렴한 원가와 생산효율을 달성하기 위해 소수의 제품만을 대량생산하려고 한다. 그러나 마케팅 관련부서에서는 변화되는 소비자의 욕구를 충족시키고 경쟁사와의 차별화를 위해 다품종 소량생산을 원하게 되는데, 이러한 경우 관련기능의 조정이 필요하고 그것은 소비자의 관점이어야만 한다.

마케팅 이야기

사례 1 전사적 마케팅과 진실의 순간(스칸디나비아 항공사)

진실의 순간(moments of truth : MOT)은 기업이나 제품에 대한 이미지가 결정되는 순간을 말한다. 진실의 순간은 소비자가 기업의 건물을 처음 보았을 때, 수위를 처음 만났을 때와 같이 지극히 들은 순간 기업에 대한 소비자의 이미지가 결정된다는 것을 말한다.

스칸디나비아 항공사의 Jan Carlson사장은 항공사의 이미지가 승객들이 항공사 직원들과 대면하게 되는 평균 15초 정도의 짧은 시간에 결정되어 항공사의 성공을 좌우하게 된다고 하고, 이러한 진실의 순간이라는 개념을 회사경영에 적극적으로 도입하여 적자를 보여 오던 항공사를 1년 만에 흑자기업으로 전환시켰다. 효율적인 소비자접점관리를 위해 종업원에게 요구되는 사항으로는 첫째, 정확성으로 종업원은 제품과 서비스에 대한 정확한 지식을 갖고 소비자를 대면하

여야 한다. 둘째, 태도로 현장직원의 친절하고 예의바른 태도 및 단정한 복장이 요구된다. 셋째, 소비자가 진정으로 원하는 것을 파악하는 소비자이해도가 필요하다. 넷째, 소비자의 요구에 신속히 대응하는 신속성이 필요하다. 끝으로 소비자의 이야기를 잘 들을 줄 알고 알기 쉽게 설명할 줄 아는 커뮤니케이션 능력을 들 수 있다.

 스칸디나비아 항공사의 Jan Carlson사장

항공사의 이미지가 승객들이 항공사직원들과 대면하게 되는 평균 15초 정도의 짧은 시간에 결정되어 항공사의 성공을 좌우
→ 진실의 순간(Moment of Truth) 개념 회사경영에 도입

적자를 보여 오던 항공사를 1년 만에 **흑자기업**으로 **전환**

4) 사회 지향적 마케팅단계

인간존중 컨셉
(the human concept)

지적소비 컨셉
(the intelligent consumption concept),

생태보호 컨셉
(the ecological imperative concept)

현대적 마케팅 이념은 기업의 입장에서 제시된 것이므로 사회 전체적인 이익을 저해하거나 갈등을 일으킬 수도 있다. 예컨대 어떤 제지회사가 독자들을 위해 양질의 신문용지를 낮은 가격에 공급하고 있지만, 적절한 공해처리 시설을 갖추지 않아 공기와 수질을 악화시키거나 장기적으로 숲이라는 자원을 훼손한다면, 그리고 대형자동차가 안락함을 주지만 장기적으로 에너지소비와 환경오염을 가속시킨다면 이 회사들은 마케팅 이념을 정확하게 실천한다고 볼 수 없을 것이다.

사회지향적 마케팅societal marketing은 기업의 1차 소비자는 물론 사회 전체의 복지향상, 예를 들면 환경오염, 자원부족, 인구문제, 세계적 기아

및 빈곤 등의 문제를 고려하여 마케팅이 이루어져야 한다는 것이다. 결국 사회마케팅은 팔릴 것을 만들어 파는 단계를 넘어서 만들어도 좋을 제품을 생산하여 판매함으로써 궁극적으로 소비자의 장기적 복지에 공헌하려는 마케팅 노력을 말한다.

사회지향적 마케팅은 마케팅관리에 대한 폭과 시간이라는 두 차원을 충분히 확장시킴으로써 달성할 수 있다.

첫째, 마케팅 폭의 확대는 마케팅의 목표를 해당 기업의 1차 소비자뿐만 아니라 직·간접적으로 해당 기업의 영향을 받는 사람까지로 확장하는 것을 말한다. 앞의 예에서 제지회사는 종이를 구매하는 신문사는 물론, 공장에서 배출되는 오염된 공기와 강물을 이용하는 지역주민, 그것에 대한 규제를 행하는 지방정부 모두가 소비자의 개념에 포함되게 된다. 사회지향적 마케팅은 이렇게 확장된 소비자들의 만족을 위해 노력하여야 한다.

둘째, 마케팅목표의 시간차원을 확대한다는 것은 기업과 소비자의 단기적인 목표에 집중하기보다는 소비자만족과 성과에 대한 장기적 시각을 가져야 한다는 것이다. 예컨대 세탁을 잘해 소비자에게 순간적인 만족을 주는 것도 바람직하지만 수질오염을 고려해 환경친화적인 세제를 만들어서 장기적으로 소비자만족을 이루어야 한다는 개념이다.

이러한 사회지향적 마케팅 컨셉은 인간존중 컨셉the human concept, 지적 소비컨셉the intelligent consumption concept, 생태보호 컨셉the ecological imperative concept이라는 종합적 의미를 담고 있다.

마케팅 이야기

사례 2 사회지향적 마케팅사례

유한킴벌리의 '우리강산 푸르게 푸르게' 캠페인은 단순한 숲 가꾸기를 넘어서 숲을 위한 체계적인 연구와 조사 더 나아가 다양한 국민 참여 프로그램들도 개발하고 있다. 유한킴벌리의 이러한 환경친화적인 경영의 결과 전 사업장이 환경친화기업으로 공인을 받았다.

또한 삼성SDI는 윤리경영·환경경영·사회공헌이라는 글로벌기업에 요구되는 요소를 갖추고 있다. 삼성SDI는 국내외 전 사업장에서 'out of the green, out of the life (환경을 소홀히 하면 기업은 생존할 수 없다)'라는 슬로건 하에 환경경영을 실천해오고 있고 1995년부터 소외계층을 대상으로 펼쳐온 '무료 개안(關眼)사업'은 기업이 사회적 책임을 보여주는 사례이다.

유한킴벌리 '우리강산 푸르게 푸르게'

라는 슬로건으로 단순한 숲 가꾸기를 넘어서 숲을 위한 체계적인 연구와 조사 더 나아가 다양한 국민 참여 프로그램들도 개발하고 있다.
유한킴벌리의 이러한 환경친화적인 경영의 결과 전 사업장이 환경친화기업으로 공인을 받았다.

SAMSUNG 삼성SDI

'out of the green, out of the life
(환경을 소홀히 하면 기업은 생존할 수 없다)'

라는 슬로건 하에 환경경영을 실천해오고 있고
1995년부터 소외계층을 대상으로 펼쳐온 '무료 개안(關眼)사업'은
기업이 사회적 책임을 보여주는 사례이다.

지금까지 현대 마케팅의 이념을 살펴보면서 기업에서 마케팅의 중요성을 강조 하였다. 그러나 그렇다고 해서 모든 조직이 마케팅지향기업으로 발전할 필요 는 없다. 수도나 전기 등의 공공재를 생산하는 기업들은 소비자가 실질적으로 보장되어 있다. 그러므로 독점기업의 경영자는 마케팅보다는 낮은 원가, 효율 적인 생산 등에 더 맞은 관심을 두는 것이 바람직 할 것이다. 또한 소비자들의 품질에 대한 기대가 높거나 품질에 대한 평가 자체가 어려운 경우에는 소비자 의 요구보다는 본원적 제품과 서비스의 제공에 대하여 더 많은 노력을 기울여 야 한다. 예를 들면, 뛰어난 외과의사나 예술가는 소비자의 요구수준을 초월하 는 능력(제품)을 제안함으로써 소비자를 만족시켜줄 수가 있다.

"이제 소비자를 새로운 제품으로 리드해야 한다. 소비자는 무엇이 가능한지 모르지만, 우리는 안다." - 소니의 모리타 아키오 회장 -

그러나 기업 활동의 시작과 끝이 마케팅이며 그 중심에는 소비자가 있음은 부 정할 수 없는 사실이다.

4. 마케팅이 중요한 이유

그럼 왜 시장경제에 있어 마케팅이 필요하고, 우리 실생활에 얼마나 밀착되어 있는지를 여러 사례를 통해 알아보도록 하자.

마케팅 이야기

> **사례 3** 리바이스의 유럽에서의 새로운 유통전략

80년대 중반 세계적인 청바지회사 레비 슈트라우스(줄여서 리바이스)는 유럽에서 어려움을 겪고 있었다. 즉 강한 상표를 갖고 있음에도 불구하고 판매가 계속 떨어지고 있었던 것이다. 이즈음 유럽담당 사장으로 새로 부임한 칼 폰 버스커크$_{\text{Carl von Buskirk}}$는 이른바 마케팅방정식의 3대 요소인 제품$_{\text{product}}$, 메시지$_{\text{message}}$, 구매장소$_{\text{point of purchase}}$에 전략의 초점을 맞추기로 결정한다.

그런데 제품과 메시지는 회사가 마음대로 할 수 있는데 반하여, 구매장소는 회사가 전혀 통제할 수 없는 것이 문제였다. 그것은 리바이스가 중간상에 의존하는 전통적인 유통경로를 이용하기 때문이었다. 리바이스의 주요소비자층은 젊은이들 또는 마음이 젊은 사람들이므로 이들이 매력을 느낄 수 있도록 점포를 꾸미는 것이 중요하다. 그러나 리바이스의 통제를 받지 않는 소매상이 점포를 운영하는 한, 리바이스가 원하는 만큼 소비자들에게 쇼핑의 즐거움을 제공하기가 힘들다. 더구나 버스커크 사장이 보기에 리바이스는 단순한 청바지상표가 아니다. 그것은 이 회사의 광범위한 제품계열의 판매를 촉진하는 하나의 통합개념이다. 따라서 리바이스가 소비자들에게 메시지를 정확히 전달하기 위해서는 그것의 다양한 상품이 점포에서 일관성 있게 진열되고 또 통일된 이미지를 주어야 한다. 그러나 80년대에 소매상들은 리바이스를 판매하거나 진열하는 데 있어서 그것을 그렇게 일관성 있게 취급하지는 않았다.

이러한 상황에서 판매가 떨어지자 리바이스는 커다란 실수를 범하고 만다. 즉 상표와 그것의 가치에 집중하기보다는 점포의 수를 늘려서 매출을 올리려고 한 것이다. 그 결과 단기적으로는 매출이 조금 늘었지만, 소비자들은 점차 품질이나 디자인 면에서 리바이스의 전통적인 이미지와 맞지 않는 이 회사의 상품들을 멀리하기 시작한다. 특히 리바이스는 501 청바지를 다시 출범시키면서 회사의 마케팅전략과 유통이 맞지 않는다는 것을 절실히 깨닫는다. 즉 너무 많은 싸구려가게에 리바이스 청바지만 달랑 있는 경우가 많았으며, 정작 리바이스가 있어야 하는 곳에서는 상품구색이 충분치 않았다. 그래서 리바이스는 소비자들이 다양한 리바이스의 상품을 그것의 상표이미지와 어울리는 점포에서 접할 수 있도록 유통전략을 바꾼다. 좀 더 구체적으로 말하면 리바이스는 먼저 회사가 갖고 있는 젊음, 독창성, 자유, 그리고 재미라는 이미지에 걸맞게 설계된 Original Levi's Store라는 체인점을 열기 시작한다. 1986년 바르셀로나에서 처음 문을 연 이 체인점은 이제 유럽뿐만 아니라 동경, 뉴욕, 모스크바, 시드니 등에도 있으며, 그 수는 450개에 달한다.

또한 엄격한 기준에 따라 리바이스의 상품을 팔 수 있는 점포를 지정하는 선택적 유통전략을 채택하고 있다. 회사의 이미지와 어울리는 점포에서만 리바이스를 팔겠다는 경영진의 강력한 의지의 표시인 것이다. 그 결과 처음에는 매출과 이익이 조금 떨어졌지만, 우수한 소매상을 골랐기 때문에 매출은 곧 다시 늘어나기 시작했다고 한다.

사례 4 　소비자의 성향, 문화적 요인을 무시한 마케팅으로 실패

중국진출 해외업체 '대륙정서' 몰라 쓴맛

중국에 진출한 해외업체들이 중화(中華)정서를 제대로 파악하지 못하고 경영활동을 하다가 쓴 맛을 보고 있다. 도시바, 맥도날드, 나이키, 도요타 등 세계적인 기업들도 중국인의 자존심을 건드린 광고를 내보냈다가 불매운동의 역풍을 맞았다. 하겐다즈, 네슬레 등 식품회사들은 중국인을 무시하는 듯한 경영행태로 소비자들의 비난을 받으면서 기업 신뢰도에 치명타를 입었다. 중국의 당연한 관습으로 여기고 중국기관에 뇌물을 줬다가 망신을 당한 해외업체도 하나 둘이 아니다. 전문가들은 "로마에 가면 로마법을 따라야 하듯이 중국에선 중화(中華)정서를 소홀히 하면 큰 코 다친다."고 지적한다.

"로마에 가면 로마법을 따라야 하듯이
중국에선 중화(中華)정서를 소홀히 하면 큰 코 다친다."

자존심을 목숨보다 소중하게 여기는 것이 대륙 저서의 한 단면이다. 일본기업 도시바는 이런 정서를 소홀히 한 탓인지 중국인의 자존심을 건드리는 마케팅을 했다가 곤욕을 치렀다. 도시바가 자사 제품 중 하나인 프로젝터에 마오쩌둥의 초상이 그려진 위안화를 부착한 게 발단이 되었다. 일련번호가 찍힌 위안화를 붙인 프로젝터가 진품임을 강조하려는 게 도시바의 의도였지만 중국인들 사이에서 혁명의 아버지로 불리는 마오쩌둥을 제품에 이용하자 소비자들이 들고 일어섰다. 중국 소비자들은 마오쩌둥을 상업화에 이용했다며 도시바를 일제히 비난했다. 중국 당국은 위안화를 다른 용도로 사용하지 못하도록 규정한 법을 위반했다며 도시바를 몰아세웠다. 도시바는 중국 총대리상인 중국기업이 제작한 광고라고 해명했지만 기업 이미지는 크게 훼손됐다는 지적이다.

이에 앞서 나이키는 프로농구(NBA)선수가 중국 전통 복장을 한 쿵푸 도사와 두 마리의 용을 차례차례 무찌르는 내용의 TV광고를 했다가 소비자들의 반발이 거세 중국 당국으로부터 광고금지 조치를 당했다.

도요타도 2003년 중국을 상징하는 돌사자가 신형 자동차에 거수경례를 하는 내용의 잡지 광고를 했다가 물의를 빚자 자진 취소하는 해프닝을 벌였다.

또한 중국 소비자의 반응에 안이하게 대처했다가 혼쭐난 외국 업체도 있다. 세계 1위 식품업체인 네슬레가 그런 경우다. 중국 보건당국은 네슬레에게 중국에서 판매해온 분유에 기준치를 초과한 요드가 들어갔다고 공개했지만 네슬레는 무시했다. 네슬레는 국제기준에 맞춰 생산한 분유를 판매했기 때문에 중국 보건당국의 발표를 받아들일 수 없다는 입장이었다. 하지만 네슬레의 반응은 중국 소비자를 무시하는 태도로 비쳐져 여론의 뭇매를 맞았다.

세계적인 아이스크림 생산업체인 '하겐다즈'는 무허가공장에 하청을 준 데다 무허가공장이 공공화장실 바로 옆에 위치한 것으로 밝혀져 중국 소비자들의 반발을 샀다. 중국 소비자들은 하겐다즈가 미국에서도 화장실 옆에 공장을 지었겠느냐며 비난을 퍼부었다. 중국법인 책임자가 하청공장 위치에 문제가 있었다며 공식 사과했지만 중국에서 '아이스크림의 롤스로이스'로 인정받던 하겐다즈는 이미지에 큰 타격을 입었다는 분석이다.

월마트가 중국 한 지방에 진출할 때 인·허가 당국의 관리 부인에게 뇌물을 준 사건이 중국 언론에 보도되며, '부패, 외국 기업 생존의 숨겨진 규칙''외국기업, 뇌물로 시장을 산다'는 등의 제목으로 비판을 당했다. 중국언론은 10년간 중국 당국에 적발된 50만위안(약 7,000만원)이상의 부정부패 사건 중 64%가 외국 기업과 관련이 있는 것으로 나타났다고 전했다. 외국 기업들이 부정부패에 연루되는 것은 중국 특유의 '관시(關係)'를 제대로 이해하지 못한 탓이라고 지적했다. "현지화 경영은 외국기업에 필수적"이며, 그 당해국에서 성공하려면 여러 국제경영전략이 필요하지만 그 나라 소비자를 이해하기 위해 소비자들의 성향, 정서, 문화 등을 먼저 조사하는 마케팅 전략이 우선되어야 하겠다.

| 사례 5 | 예쁜 포장도 광고도, 심지어 제품 이름조차 전혀 중요하지 않은 시멘트도 마케팅

시멘트, 집을 짓는 데 사용하는 허연 분말이다. 땅에서 캐내 종이 포대에 담아 파는 게 보통이다. 예쁜 포장도 광고도 없다. 심지어 제품 이름조차도 전혀 중요하지 않다. 어느 측면을 봐도 마케팅과는 거리가 멀 것 같은, 시멘트 얘기다. 제품을 차별화하고, 소비자를 군집화해 분석하고, 소비자 군집에 맞춰 브랜드를 정하고, 광고를 집행하고, 가격을 책정하는 선진적 마케팅과는 전혀 관련이 없어 보인다. 그러나 라파즈는 소비자별로 제품을 차별화해 놀라운 성공을 거뒀다.

시멘트 소비자도 다섯 가지로 세분화

프랑수아 자크가 세계 최대 시멘트 생산회사인 프랑스 라파즈의 마케팅 책임자로 처음 부임한 2001년, 그 동료들이 그에 대해 보인 반응도 비슷했다. "마케팅이라니? 소비자는 그저 두 종류가 있을 뿐이야. 골프를 좋아하는 소비자와 낚시를 좋아하는 소비자이지." 그 회사는 여전히 영업과 마케팅을 구분하지 못했다. 소비자와 골프를 치거나 낚시를 하면서 시간을 함께 보내는 것이 마케팅의 전부라고 생각하는 회사였다.

그럴 만도 한 것이, 시장 상황도 마케팅이 필요해 보이지 않았다. 시멘트 시장은 잘게 쪼개어져 있었다. 라파즈는 세계 최대 시장점유율을 자랑했지만, 점유율은 6%밖에 되지 않았다. 차별화가 불가능한 '상품'commodity이 되어버렸기 때문이다. 그래서 라파즈 마케팅의 암묵적 목표는 '가격 경쟁을 자극하지 않으면서 시장점유율 지키기'가 되어 있는 상태였다.

차별화가 어려운 제품 시장에서 가장 쉽게 빠질 수 있는 유혹이 바로 가격 경쟁이다. 소비자가 제품의 질을 구분하지 않는다고 판단하는 순간, 가격을 낮춰 순식간에 시장을 장악할 수 있겠다는 생각이 들기 마련이다. 그러나 차별화되지 않은 제품 시장에서 가격 경쟁이 한번 시작되면, 모두가 공멸의 길로 들어서기 마련이다. 모든 제품이 비슷하다고 여기는 한, 모두가 가격을 따라 낮추지 않고 버틸 재간이 없기 때문이다. 결국 가격은 가격대로 다 낮아지면서 시장점유율은 그다지 변하지 않아, 산업 전체 수익성이 떨어지는 게임이 되어버리는 게 가격 경쟁이다.

하지만 정말 그럴까? 교과서대로라면, 마케팅 원론은 사실 시멘트 같은 제품에도 적용되어야 마땅하다. 로레알의 전 최고경영자(CEO) 린제이 오언 존스는 "시장 세분화로도 성과가 향상되지 않는 제품 따위는 없다"고 말하기까지 했다. 컨설팅 회사 매킨지에서 마케팅을 배운 자크는, 그저 그가 배운 마케팅 원론을 시멘트에 적용하기 시작했다. 우선 시장 세분화 전략을 채택했다. 그리고 소비자만족도를 조사했다. 그러고 나서야 회사 마케팅 부서 간부들은 낚시질이나 골프 이야기 대신 소비자 니즈에 대해 이야기하기 시작했다. 이를 좀 더 밀어붙여, 소비자관계관리(CRM) 시스템을 구축해 시스템으로 정보를 관리하고 분석했다. 막상 분석해보니, 시멘트 소비자도 커피나 영화 소비자처럼 얼마든지 세분화되고 분석될 수 있다는 결론이 나왔다. 소비자는 구매 행태에 따라 세 부류로 명료하게 분화됐다. 가격중시형, 관계중시형, 품질중시형이 그 세 부류였다. 사업의 정밀성에 따라서도 두 부류로 분류됐다. 품질관리 부서가 따로 있는 큰 사업자들과, 집수리를 주로 하는 작은 사업자들이었다. 결국 모두 다섯 가지 부류로 세분화가 가능했다.

세분화가 되고 나면, 전략적 가격 책정으로 매출을 늘릴 수 있다. 예를 들어 가격중시형 소비자에게는 최소한의 품질을 제공하면서 매출을 유지할 수 있다. 품질중시형 소비자를 위해서는 프리미엄 시멘트를 만들어 더 비싼 값에 제공할 수 있다. 관계중시형 소비자에게는 기존에 하던 골프와 낚시 모임을 이어가면 될 것이다. 라파즈는 마케팅 책임자를 영입한 지 1년 만에 매출이 600만달러(약 57억원)나 늘어났고, 현재까지 6년간 누적 매출 증가액은 1억5천만달러(약 1,425억원)가 되었다.

재미없는 인생, 재밌게 살 수 있을지도

 멕시코의 시멘트 기업 세멕스도 시멘트 회사에는 생소하던 마케팅 기법을 도입해 성공한 사례다. 세멕스는 아무도 주목하지 않던 저소득층 시장에 초점을 맞춰 새로운 브랜드 전략을 펼쳐 성공했다.

세멕스는 멕시코의 저소득층이 시멘트를 직접 구입해서 집을 증축한다는 점에 착안했다. 그들을 타겟으로 마케팅 전략을 수립한 것이다. 우선 세멕스는 전형적 기능 제품인 시멘트를 감성 제품으로 새롭게 포지셔닝했다. "사랑하는 사람에게 집을 선물 하세요"라는 광고를 앞세우고, 선물용 시멘트를 개발했다. 슈퍼마켓에서도 쉽게 시멘트를 사서 서로 선물할 수 있도록 한 것이다. 단돈 몇 달러에 집을 선물하다니, 그 광고 카피에 매료된 소비자들이 시멘트를 사러 슈퍼마켓으로 몰려들었다.

세멕스는 저소득층들이 '시멘트계'를 조성하도록 유도하기도 했다. 이를 위해 계원들에게 저축 수단과 신용을 제공했다. 욕실·부엌 같은 곳을 증축할 돈을 당장 마련하기 어려운 사람들에게 그 방법을 알려주고 지원해주면서 제품 매출 증가를 꾀하는 마케팅 전략을 펼친 것이다. 결과는 대성공이었다. 1992년 세계 10위이던 세멕스는 매출을 늘리면서 인수·합병을 곁들여, 2004년 세계 3위 시멘트 업체로 올라섰다.

마케팅은 재미있는 제품을 재미있게 파는 것이라는 통념을 가진 사람이 많다. 그러나 시멘트처럼 재미없는 제품에도 마케팅 이론에 대한 이해는 필수적이다. 사업이 뭔가 난관에 부닥쳤다면, 마케팅에 관심을 가져보도록 하자. 혹시 아는가. 재미없는 제품을 재미있게 팔 수 있는 능력을 배우는 과정에서, 재미없는 인생을 재미있게 사는 능력도 배우게 될지 모른다.

| 사례 6 | 마케팅이 필요한 이유

미국 인스턴트식품의 40%를 차지하며 시리얼 산업의 최고로 군림해온 켈로그kellogg's는 새로운 시장개척으로 인도에 진출을 시도하였다. 먼저 인도시장은 인구 10억으로 소비자가 많았다. 또한 미개척지라 경쟁상대가 없었고, 카레의 매운맛을 좋아하는 인도인들에게 달콤하면서도 간단히 끓이지 않아도 식사를 대신할 수 있다는 장점 등이 있다고 생각하며, 1993년 6500만 달러라는 막대한 비용을 투자하면서 켈로그의 넘버 원 브랜드인 '콘 프레이크Corn Flakes'를 인도에서 출시하게 된다. 켈로그의 이러한 인도 시장에 대한 투자는 인도의 경제 관료들에게 적극적으로 환영받았으며, "만일 켈로그가 인도 인구의 2%에 해당하는 시장점유율만 차지한다 해도 그 숫자는 2,000만 명으로 미국시장보다 더 큰 시장을 차지하게 된다."고 했을 정도로 켈로그의 인도시장진출은 매우 낙관적이었다.

미국 시리얼과 똑같은 콘 프레이크로 아침에 단지 뜨거운 야채 한 접시를 먹는 인도인들의 아침식탁을 공략하기 시작했다. 그리고 예상대로 판매는 긍정적이었다. 그러나 이 매출은 단순히 호기심에 불과했을 뿐, 야채 한 접시보다 세배나 비싼 콘 프레이크를 자주 사먹은 인도인들은 없었고, 그 결과 매출은 날이 갈수록 떨어지기만 했다. 하지만 켈로그는 높은 가격을 고수하는 대신 인도인들의 입맛에 맞춰 쌀로 만든 시리얼 등 다양한 제품라인을 출시했다. 그러나 이미 인도인들에게는 '시리얼 = 맛없고 사치스러운 서양음식'이라는 인식이 형성 되어 있었다.

켈로그는 '퓨전 마짜'라는 인도식 이름의 제품을 출시해 시리얼이 서양음식이라는 사실에 대한 거부감을 불식시키고자 했으나 이마저도 소비자들은 철저히 외면했다. 결국 생소하기만 한 시리얼을 인도인들에게 긍정적으로 포지셔닝positioning시키지 못한 켈로그는 불만 없이 먹어온 야채 한 접시 문화를 이겨내지 못한 채 큰 손실을 입어야만 했다.

퍼즐 한조각의 모양이라도 틀리면 멋진 그림이 안 되듯이, 소비자들이 브랜드에 대해 이방인처럼 느낀다면 그 브랜드는 결코 성공할 수 없다. 켈로그는 인도시장에서 마케팅에 의한 진출보다는 광고나 하며 세일즈만을 했다고 볼 수 있다. 진출하려는 시장의 식문화를 철저히 조사하지 못해 실패하였던 것이다. 진출시장의 소비규모만을 계산해서 판매목적의 입장을 보인 켈로그의 사례를 통해 우리나라 기업도 마케팅을 기본으로 하는 소비자 시장조사를 하여 보이지 않는 외부 환경요인에 대해 대치하여야겠다.

학습정리

1. 이번 장을 통하여 기본적인 sales와 marketing을 비교하여 차이점을 알아보았다. 지금까지 물건을 많이 잘 파는 것이 마케팅이 아닌가하고 막연히 생각하였다면 무엇이 다른가를 알게 되었을 것이다.

2. 마케팅의 정의 및 관련 주요 개념에 대하여 구체적이며, 상세한 내용과 간단한 사례에 대해 알아보았다.

3. 또한, 현대 사회에서 마케팅의 이념과 왜 마케팅 필요한지를 알게 되었을 것이다.

4. 끝으로, 마케팅적용 사례를 통해 얻은 마케팅 지식으로 사회에 적응할 수 있는 능력을 배양하는데 주력하여야 할 것이다.

학습문제

01 "좋은 품질의 제품을 만들어 광고한다면 소비자들은 제품을 구입할 것이다. 이것이 바로 마케팅이다!" (○, X)

> **해설** 좋은 품질의 제품을 만들어 광고만 하면 소비자들이 제품을 구입할 것이라는 생각은 순전히 마케팅을 기업의 입장으로 보는 것으로, 마케팅을 잘 못 이해하고 있는 것임
>
> 정답 : ×

02 "마케팅은 개인 및 조직의 목적을 충족시켜 주는 상호 교환을 창출하기 위하여 아이디어, 재화 및 용역의 개념, 가격, 촉진 및 유통을 계획하고 실행하는 과정이다." (○, X)

> **해설** 4p's = 마케팅믹스 요소, 제품$_{product}$, 가격$_{price}$, 촉진$_{promotion}$, 유통$_{place}$으로 교을 창출함
>
> 정답 : ○

03 마케팅에 대한 설명으로 가장 맞는 것은?
① 제품에 대한 사용법 등 설명 후, 제품 구입 권유하는 활동
② 새로 나온 제품의 존재와 장점을 알리는 활동
③ 소비자의 니즈 변화와 트렌드에 따라 움직이는 여러 활동
④ 제품 또는 제조업체를 소비자에게 알리는 활동

> **해설** ①은 세일즈, ②는 홍보활동, ④는 광고
>
> 정답 : ③

04 마케팅의 기초개념을 설명한 것이다. 틀린 것은?
① 필요$_{need}$: 기본적인 만족이 결핍된 상태 (예. 추위, 허기)
② 욕구$_{want}$: 필요를 충족시키기 위한, 구체적인 바람으로서 구체적인 대상과 관련된 개념 (예. 추위의 경우 : 난로, 따듯한 옷 등, 허기의 경우 : 밥, 라면 등)
③ 교환$_{exchange}$: 특정인에게 필요한 것을 주고, 그 대가로 자신이 필요 한 것을 얻는 행위
④ 상품$_{product}$: 개인, 조직, 또는 사회의 미충족 욕구를 충족시키기 위하여 교환의 대상으로 시장에 제시될 수 있는 모든 것. 여기

에는 재화뿐만 아니라 서비스, 사람, 장소, 조직, 활동이 포함되고, 아이디어는 포함되지 않는다.

해설 아이디어도 마케팅 기초개념의 제품에 포함된다.   정답 : ④

05 사회지향적 마케팅 대한 설명으로 틀린 것은?
① 팔릴 것의 단계를 초월하여 만들어도 좋은 제품을 생산하여 판매
② 환경오염, 자원부족, 인간문제, 기아 및 빈곤 등의 고려가 필요함
③ 단기적인 관점에서 사회에 공헌하려는 마케팅
④ 1차 소비자 뿐 아니라 직간접적 영향을 받는 사람까지 고려해야 함

해설 고객의 장기적 복지에 공헌하려는 마케팅 노력   정답 : ③

06 해외에서 마케팅의 필요성에 대한 설명으로 틀린 것은?
① 고객을 고려한 유통전략은 기업의 판매와 직결된다.
② 소비자의 성향과 문화적 요인을 고려해야 한다.
③ 시장을 차별화해야 한다.
④ 이국적인 상품의 이미지를 강조해야 한다.

해설 인도시장에서 켈로그는 인도인들에게 시리얼=맛없고 사치스러운 서양 음식이라는 인식을 줌   정답 : ④

07 마케팅과 판매에 대한 설명으로 틀린 것은?
① 마케팅의 목적은 소비자 만족을 통한 이익추구이며 판매 목적은 매출 극대화임
② 마케팅과 판매 모두 주체는 소비자임
③ 마케팅은 지속적인 관계인데 반해 판매는 단발적 관계임
④ 마케팅은 미래지향형이고 판매는 현재 지향형임.

해설 기업입장에서의 생산은 마케팅이 아니다 "팔릴 물건을 만들어 내겠다."가 마케팅임   정답 : ②

제 2 장
마케팅의 전략화 1
STP전략

"너희가 원하는 바를 남에게 베풀어라. (마태복음 7:12) 그러나 그들의 취향이 모두 같지는 않을 것이다."

조지 버나드 쇼(Gorge Benard Shaw)

02 FUN MAKETING
마케팅의 전략화 1 :
STP전략

학습목표 🔍

1. 마케팅을 효율적으로 활용하기 위한 여러 전략 중 STP란 무엇인지를 설명할 수 있다.
2. STP로 소비자를 구분한 후 전략화를 실행시킬 수 있게 된다.
3. STP전략의 Case Study를 통해 추후 학습자의 마케팅 활용에 적용할 수 있다.

핵심 키워드 : Segmentation, Targeting, Positioning,
F.W.M.T.S 함정, Repositioning

소비자의 독특한 욕구들은 마케터에게는 고통과 동시에 축복

IT기술의 발전으로 소비자 시장은 마케터와 소비자들과의 커뮤니케이션이 단 몇 초 만에 도달하는 것을 가능하게 만들었다. 기업이 원하는 소비자와 소비자가 원하는 정보가 서로 사이버 상에 공유되어져 있다. 허지만 그것이 정말 서로가 원하는 정보일까. 언뜻 보면 너무 쉬운 시상이라 생각할 수 있지만, 그것이 전부가 아닐 수 도 있다는 것을 알아야 한다.

모든 소비자가 같은 생각, 취향, 시각, 느낌이라면 매스마케팅_{Mass Marketing}[1]개념의 마케팅만으로도 소비자를 공략할 수 있다. 이것은 기업

---

1) 매스마케팅(**Mass Marketing**) : 상품, 서비스, 메시지를 가능한 한 많은 소비자들에게

이 소비자 집단속에서 개성을 무시하는 것으로 모든 소비자들이 공통된 필요$_{needs}$를 가지고 있지만 실제로 그 안을 들여다 보면 소비자들은 각각 그 욕구를 충족시키기 위해 매우 다른 생각 또는 욕구$_{wants}$를 가지고 있다는 사실을 저버리는 것이다. 그렇지만 마케팅을 이해하고 있다면 매스마케팅은 하나의 전부를 목표로 하는 것이 아니라 여러 종류의 다수를 향한 마케팅 과정 중 하나로 볼 것이다. 마케터는 상품이나 서비스가 좋고, 홍보캠페인을 잘 만들고, 주어진 공간과 시간에 제공되는 상품을 모든 소비자들이 좋아하고 원할 것이라고 가정하지 않는다.

다양성을 가진 소비자는 라이프스타일, 민족성, 세대, 성별, 국가 그리고 소득수준과 가치지향성이 각각 다르다. 이에 마케터는 인구 통계적 특성에 해당하는 집단을 묶고 그 집단에 속한 구성원은 공통점을 갖는다. 하지만 그 구성원은 때론 그 공통점을 인정하려고 하지 않는 경향도 갖고 있다. 모든 소비자들은 각자 독특하다고 여겨지는 것을 받아들이고 그 부분을 과시하기도 한다. 마케팅 입장에서는 한편으로는 기회가 주어지는 것이기는 하지만 또 한편으로는 어려운 마케팅환경일 수 있는 것이다. 이것이 저주인 동시에 축복이 될 수도 있다. 하나의 광고, 카피라이터가 하나의 소비자에게 적용되어져 있는 것처럼 비춰져야 한다. "당신은 우리에게 소중한 존재입니다. 우리는 당신과 가족의 건강, 재산, 안전, 사업 그리고 꿈을 생각합니다."라고 모든 소비자가 공감하게 하여야 한다. 이것이 마케팅이다.

그렇다면 이러한 마케팅활동이 성공적이 되려면 세부적인 계획이나 전략이 필요하게 된다. 이번 장에서는 그 세부전략 중 STP전략과 4P's 믹스전략이 있는데 그중 먼저 STP전략에 대해 알아보도록 한다.

한 번에 전달하는 것으로 매우 비용 효과적이며, '평균의 법칙(the law of average)'이라는 다수의 힘에 의해서 성공의 기회를 최대화 시킬 수 있는 마케팅

학습내용

1. STP란 무엇인가

S : Segmentation 소비자 시장을 세분화하고,
T : Targeting 세분화한 소비자를 표적으로 설정하고,
P : Positioning 타겟시장의 소비자에게 제품/브랜드를 어필하기 위한 활동

STP를 정의해 보면, 시장세분화, 시장표적화, 시장위치화를 통해 효율적으로 표적시장에 도달하는 것이다. (Philip Kotler, Gary Armstrong, 2000) 다시 말해, STP를 통해 마구 쏘아대는 산탄총 방식이 아닌 그들의 마케팅 노력을 분산시키지 않고 자신들의 상품에 가장 높은 관심을 갖는 구매자에게 마케팅 노력을 집중시켜 큰 효과를 볼 수 있게 하는 것이다. 예를 들면 초창기의 코카콜라는 모든 사람을 대상으로 대량 마케팅을 펼쳤으나, 요즘에는 그들의 각각 제품 컨셉에 맞는 소비자들을 공략하고 있다. 구체적으로 운동 후의 갈증해소에는 파워에이드를 어린이 음료로는 쿠우를 만들어서 공략한다. (Philip Kotler, Gary Armstrong, 2000)

2. 시장세분화 Segmentation 개념

시장세분화의 기본 개념은 "모든 소비자들은 한가지만을 똑같이 선호하지 않는다. 즉, 평균적인 소비자는 없다"라는 것으로부터 시작한다. 따라서 지구상의 60억 인구를 하나의 소비자로 간주해서는 안된다. 기업은 상품이나 서비스를 필요에 따라 적합한 시상을 석설한 방법과 수로 나누는 것이다. GM은 '시보레'에서 '캐딜락'에 이르기까지 다양화하는 소비자욕구에 맞춰 여러 종류의 승용차를 개발하여 한 종류만을 생산하던 포드자동차로부터 시장점유율을 높여갔다.
초기의 시장세분화에서는 '누가' 우리의 제품을 쓰느냐에 관심을 가

졌다. 그리하여 인구통계 자료에 기반을 두고 비슷한 유형의 소비자를 묶는 과정에서 시작하여, 유사한 구매동기를 갖는 소비자, 소득수준 및 유사한 라이프스타일을 갖는 소비자를 묶는 세분화를 시도하였다. 누구를 우리의 타깃고객으로 삼을 것인가를 결정하려면, 우선 시장을 적절한 기준에 따라 분류해야 한다. 이러한 분류과정을 시장세분화라 하는데, 스미스(wendell smith)는 "시장을 동일한 수요 탄력성(demand elasticity)을 가진 하나의 시장으로써가 아니라, 상이한 수요 탄력성을 가진 여러 개의 시장으로 인식하는 것"이라고 말하고 있다. 복잡한 설명 같지만, 시장세분화 개념을 명확히 정의하고 있으므로 이를 좀 더 구체적으로 살펴보자.

1) 시장세분화에 대한 그릇된 인식

시장세분화는 흔히, 시장을 수요의 '수준(level)'에 따라 구분하는 것으로 잘못 인식되곤 한다. 즉, 일정 제품을 많이 구매하는 사람들(다량사용자 또는 주소비층(heavy users))과 많이 구매하지 않는 사람들(소량사용자(light users))로 구분하여 다량사용자의 특성을 밝히는데 주력하는 것이다. 아마도 제품을 많이 구매하는 사람들에 대해 판매노력을 기울일 때 효과가 증대하리라 기대하기 때문일 것이다. 그러나 사용량으로 소비자를 선별하여 공략하는 전략은 몇 가지 이유에서 반드시 효과적이라고는 볼 수 없다.

첫째, 자사 제품을 구매하도록 다량사용자의 마음을 바꾸는 것은 소량사용자의 마음을 바꾸는 것보다 어렵다. 다량사용자는 자기가 사용하는 상표에 대해 뚜렷한 선호도나 충성도를 가지고 있어 쉽게 태도를 바꾸지 않기 때문이다.

둘째, 다량사용자 대상의 시장은 레드오션(red ocean)으로 경쟁이 심하기 때문에 기업들의 관심이 적은 소량사용자 시장에서보다 시장점유율을 증대시키기가 상대적으로 어렵다. 마케팅의 기본개념은 블루오션(Blue Ocean)을 추구하기 때문이다.

셋째, 각 시장의 규모는 변화될 수 있음을 인식하여야 한다. 다량사용자 시장에만 관심을 갖다 보면, 소량사용자 시장의 증대되는 잠재력을 간과할 가능성이 있다.

다량사용자 시장공략의 허점을 간파하여, 미국시장에 성공적으로 진출한 혼다_honda_오토바이의 예를 보자. 과거 미국 오토바이 시장의 주 소비층은 배기량 750cc 이상의 중량급 오토바이를 선호하였다. 그래서 많은 오토바이 회사들이 중량급 오토바이 시장을 차지하기 위해 치열하게 경쟁하였으며, 결국 할리 데이비슨_harley davidson_이 경쟁자들을 물리치고 오토바이 시장을 석권하게 되었다.

그런데 70년대 초반 미국시장에 진출한 일본의 혼다는 할리 데이비슨과의 경쟁을 피하여 남들이 관심을 갖지 않는, 즉 수요가 그다지 많지 않은 125cc 이하의 경량급 오토바이 시장에 뛰어들어 손쉽게 시장 선도자의 위치를 확보하였다. 그 후 경량급 오토바이 시장에서 성장을 거듭한 혼다는 중량급 오토바이 시장에도 진출하여 할리 데이비슨을 압도하게 되었다. 오늘날 할리 데이비슨의 판매는 독특한 문화를 갖는 오토바이족에 국한되고 있다.

2) 시장세분화에 대한 올바른 인식

먼저 시장_Market_이라는 말은 여러 의미를 가지고 있다. 마케팅에서는 시장의 개념을 기업과 화폐를 교환하는 상대방인 '수요자의 집단'으로 정의한다. 즉 미국마케팅학회(AMA)에서는 시장을 "구매자나 판매자가 상품 및 서비스의 이전이 이루어지도록 의사결정 하는 제 조건의 총체로서 상품이나 서비스에 대한 잠재구매자의 총수요"라고 말하고 있다. 수요자인 소비자의 집합체로서의 시장은 다음과 같은 4가지 요건을 충족해야 한다. (W.M. Pride and O.C. Ferrell, op, cit. pp85~86)

- 구매욕구 needs 사람들은 특정한 제품에 대한 구매욕구나 필요성을 가져야 한다. 그렇지 않은 집합체는 시장이 되지 못한다.
- 구매능력 ability 집합체로서의 소비자들은 특정한 제품을 구매할 능력을 가지고 있어야 한다. 구매할 능력은 교환상황에서 거래될 수 있는 화폐나 재화, 용역 등의 제 자원으로 이루어지며, 그들의 경제적인 구매력 buying power 등을 나타내 준다.
- 구매의사 willingness 그들은 자신들의 구매력을 기꺼이 사용할 의사, 즉 구매의사가 있어야 한다.

▎구매권한 authority 집합체의 개인들은 특정 제품을 구매할 권한을 가지고 있어야 한다. 때로는 개인이 특정 제품에 대한 구매욕구와 구매력 및 구매의사를 가지고 있다고 하더라도 그것을 구매할 권한이 주어지지 않을 수도 있다. 예컨대 10대의 청소년들은 술을 구매할 욕구와 화폐, 구매의사를 가질 수 있으나 구매권한은 주어지지 않는다.

이상의 네 가지 요건 중 어느 한 가지라도 결여되면 하나의 시장이 되지 못한다. 또한 시장은 다수의 잠재소비자의 집합체로 이루어져 있는데 그들은 욕구나 자원, 지리적 위치, 구매태도, 구매관습 등에 따라 상이한 특성(수요의 이질성)을 지니고 있다. 이러한 제 변수들은 모두 시장을 세분화하는데 사용될 수 있다.

시장세분화를 '수요의 수준'에 따라 다량사용자 시장을 차지하려는 것으로 인식해서는 안 된다. 시장세분화는 마케팅믹스(4P's)에 대한 '수요의 탄력성'에 의거해 유사한 소비자들을 묶는 과정으로 이해되어야 한다. 그 의미를 구체적으로 살펴보자.

3) 수요탄력성에 의한 시장세분화

수요탄력성(elasticity)이란 일반적으로 가격에 대한 수요의 민감도를 뜻한다. 경제학에서는 이를 시장총합적인 관점에서 본다. 즉, 제품의 가격이 변화하였을 때 시장 전체의 수요변화를 의미하는 것이다.

그런데 마케팅에서는 가격변화에 대한 각 개인의 반응에 관심을 갖는다. 즉, 수요의 '가격'탄력성은 각 개인마다 달라서 극단적인 경우에는 각 개인이 하나의 '세분화된 시장' market segment 을 형성하게 된다고 본다.

예를 들면, 수요의 가격탄력성은 특정 회사가 자사의 매출액을 높이기 위해서는 가격을 할인하여 보다 많이 팔아야 하는지, 아니면 다소 판매량이 줄어든다 하더라도 가격을 올려 비싼 값에 팔아야 하는지를 판단할 수 있게 도와준다. 만약 특정 의류에 대한 수요의 가격탄력성이 탄력적인 것으로 조사되었다고 하자. 이 경우 의류회사는 자사의 매출액을 높이기 위해 가격을 낮추어야 한다. 수요의 가격탄력성이 탄력적인 경우, 소비자들이 가격에 민감하기 때문에 가격을 살짝만 내려도 수요량이 가격 하락폭에 비해 상대적으로 크게 증가하기 때문이다. 반대로 수요의 가격탄력성이 비탄력적인 경우에는 소비자가 해당 의류 가격에 둔감하다는 것을 의미한다. 이 경우 의류 가격을 올린다 하더라도 소비자들이 비싸졌다고 해서 소비를 줄이는 정도가 상대적으로 덜하기 때문에 가격을 올리는 것이 매출액을 증가시키는 데 도움이 된다. 이렇듯 개인 반응에 따른 시장세분화도 생각해야 한다. (의식주 경제학, 박정호)

4) 4P's에 대한 수요 민감도

경제학에서의 수요탄력성 개념에서 Q는 수량(Quantity), P는 가격(Price)을 지칭한다. 그런데 마케팅에서의 P는 가격뿐만 아니라 광고를 포함한 판매촉진(Promotion)의 많고 적음, 제품(Product)질의 높고 낮음, 어디에서 판매하느냐 하는 유통구조(Place) 등 4P를 모두 의미한다. 그러므로 수요탄력성이란 "4P믹스의 변화에 따라 수요가 얼마나 민감하게 반응 하는가"를 뜻한다고 볼 수 있다.

5) 묶는 전략

결과적으로 시장세분화는 무수히 많은 세분시장들을 마케팅의 4요소에 반응하는 수요탄력성의 동질성에 따라 몇 개의 세분시장으로 묶는 과정이라 정의된다. 따라서 시장세분화 개념은 시장을 분해하는 disaggregate 과정이 아니라, 수요탄력성이 유사한 소비자를 몇 개의 동질적인 집단으로 결합하는 aggregate 전략으로 이해해야 한다.

마케팅 이야기

> **사례 1**   마케팅 활동에 반응하는 고객을 찾아라

맥주의 근원지가 유럽이다 보니 양조기술자의 사고방식이 그 당시 미국 맥주회사를 지배하고 있었다. 그들은 시장위주가 아니라 제품위주였다. 소비자들이 맥주라는 제품으로부터 얻는 가치와 의미가 무엇인가 하는 점보다는 제품의 기술적인 면에 관심이 더 많았다. 그래서 기존의 맥주회사들은 맥주 향을 내는 원료인 호프의 양, 수질, 발효과정에 대한 연구에만 많은 노력을 기울여 왔다. 그들은 소비자가 각 맥주의 맛을 구별할 수 있다고 확신하고 있었다. 그러나 사실, 대부분의 소비자들은 맥주의 맛을 구별하지 못했다. 제품의 기능을 넘어선 욕구를 만족시켜 줄 때 판매가 수월해진다는 것을 알고, 밀러Miller를 인수한 필립모리스philip morris는 다른 접근방법을 택하였다. 그들은 소비자들이 맥주를 선택하는 데 있어 맛이 유일한 결정요소가 아니라는 점을 감지하고 있었으므로, 방향을 바꾸어 마케팅에 민감하게 반응하는 소비자 파악에 나섰다.

광고와 판촉 등 맥주회사의 마케팅 활동에 가장 민감하게 반응하는 고객층이 젊은 남성으로 소위 '블루컬러'에 속하는 사람들임을 알아내고, 바로 그 시장을 파고들기로 하였다. 우선 블루컬러들의 라이프스타일을 면밀히 관찰하였다. 그 당시 주요 맥주회사의 광고는 블루컬러의 취향과 상반되게 제작되었다. 예를 들어, 맥주시장의 선도자인 버드와이저는 고급저택 정원의 수영장 주위에서 벌어지는 파티를 배경으로 부유하고 우아해 보이는 한쌍의 남녀가 버드와이저를 마시는 장면을 광고하곤 하였다. 버드와이저는 자신을 '맥주의 왕'이라 불렀으나, 실상 맥주를 많이 마시는 사람들은 블루컬러 노동자들이었다. 반면에 밀러는 시장조사 결과를 중시하여 '샴페인' 개념을 버리고 블루컬러 시장을 적극 파고들었다. 그들은 밀러 하이라이프를 창출하여 블루컬러의 생활과 음주습관에 맞추어 포장과 유통도 변경시켰다.

사냥이나 낚시 등에서 맥주를 마시는 경우가 많다는 것을 알고는 기존의 황갈색 병을 줄이고 캔을 증가시켜 슈퍼마켓 선반에 쌓았고, 지방에서는 선술집과 볼링장 등에 파고들어 지방의 술집을 지배하고 있던 지방 양조업자의 강력한 판매망을 뚫고 들어갔다. 그 후 블루컬러의 환심을 사도록 제작된 광고에 막대한 투자를 했다. 그 대표적인 예가 '밀러 타임miller time' 캠페인이다. 일과 후 한잔하는 시간을 '밀러타임'이라고 부르게 되었다. 밀러는 광고에서 유전이나 철도 공사판의 노동자, 소방관, 어부와 같이 힘든 일을 하는 사람들을 미화하여 뭔가 중요하고 흥미 있는 일을 하는 건강한 사람으로 그려내었다. 광고는 표적시장에 부합하

FUN MAKETING

도록 볼링장이나 야구장일 때도 있지만 대부분의 장면은 술집이고, 남성들만의 세계로 묘사, 너무 즐거운 시간을 보내며, 많은 맥주의 양을 마시는 표현으로 주변에 여러 개의 빈 병을 놓아두었다. 밀러는 이렇게 표적시장에 도달하기 위해서 TV, 특히 스포츠 프로그램에 광고를 집중했다. 결국 맥주업계 8위에서 버드와이저에 도전하는 2위 자리에 올랐다.

표 2-1 시장세분화의 기준과 변수

시장 세분화 변수	이용 가능한 변수 및 사례
1. 인구통계적 세분화 demographic segmentation	* 연령, 성별, 직업, 소득수준, 교육, 사회계층, 가족구성, 종교, 인종, 국적, 민족 등 예 : 백과사전이나 사전류의 출판업자는 교육수준을 세분기준으로 삼을 수 있으며, 양조업자는 고객의 광범위한 직업별로 시장을 세분할 수 있으며, 화장품이나 두발보호제품은 인종을 기준하여 시장을 세분할 수 있으며, 식품이나 의류제품은 종교적 성향에 따라 세분할 수도 있다.
2. 지리적 세분화 geographic segmentation	* 지역, 도시, 인구밀도, 도시규모, 기후 등 예 : 전국시장에서 제품을 시판하는 기업은 서울, 경기, 영남, 충청, 호남지역으로 시장을 세분할 수 있을 것이다. 특히 기후는 소비자들의 행동과 제품욕구에 광범위한 영향을 미치기 때문에 지리적 세분화 변수로 많이 이용된다. 에어컨이나 난방설비, 의복, 정원소품, 스포츠기구, 건축자재 등 많은 제품시장은 기후에 영향을 받는다.
3. 심리분석적 세분화 psychographics segmentation	* 개성, 가치관, 동기, 사회계층, 라이프 스타일 등 예 : 라이프스타일은 사람의 살아가는 방식을 의미하는 것으로 AIO로 불리는 활동(Activity-일, 여가활용, 휴가·여행, 오락·취미, 스포츠 등), 관심(Interest-가정, 직장, 건강, 유행, 문화, ·예술 등), 의견(Opinion-환경문제, 사회, 정치문제, 경제, 교육문제, 노후, 광고 등)을 기준으로 측정되며, 소비자의 구매제품과 선호 브랜드에 영향을 미친다. 자동차구매에 있어 여가 지향적 소비자는 SUV나 RV(Recreational Vehicle)차를, 보수적 알뜰 지향적 스타일은 경차나 소형차를 선택한다.
4. 행동적 변수 behavioral segmentation	* 추구효익, 사용량, 사용여부, 상표충성도, 구매상황, 태도 등 예 : 추구효익은 제품을 통해 소비자가 획득하려는 혜택과 관련하여 시장을 세분화 하는 것으로, 치약구매에서 충치예방, 미백, 구취제거에 따라 분리될 필요가 있다는 것이다. 표 1-1. 추구 효익에 의한 시장세분화의 예시 | 추구하는 효익	세분 시장명	현재 선호상표	라이프 스타일	메시지 내용	주요 매체
---	---	---	---	---	---
냄새 제거	감각형	클로즈-업	유희적	환상적 표현	TV 광고
하얀 치아	사회형	화이트 키스	활동적	무드적 표현	TV 광고
충치 예방	걱정형	죽염치약	보수적	제품 속성	인쇄 광고
저렴한 가격	무관형	세일하는 상표	가치 지향적	가격정보	인쇄 광고	 자료 : '보이지는 않는 뿌리',에서 발췌, 홍성태 또한 대형차를 구매하는 소비자들이 안전 등을 추구효익으로 내세우고 있지만 부나 성공을 과시하기 위해 구매하는 경우가 많다. 사용량은 소비자를 비사용자, 소량사용자, 보통사용자, 다량사용자로 구분, 밀가루 회사는 대가족 등 대량소비자를 위해 5kg 대형포장을 공급하고, 맞벌이나 신혼부부에게는 1kg짜리 소형포장을 공급한다.

라이프 스타일에 따른 ~족(族)

황금기는 과거에 있는 것이 아니라 미래에 있다. - E.H. Chapin

특정한 세대나 직업, 문화별 그룹이 족(族)이라는 이름으로 묶인 것은 1960년대의 히피(hippie)족이 최초로 기존체제에 매이길 거부하고, 자유로운 자신만의 문화를 주장했던 히피족은 물질적 풍요로움 보다는 정신적 자유를 중시하는 현대적 의미의 '보헤미안'문화를 대변했다.

그러면 현대사회에 상업적 의미로 많이 등장하는 그룹화 된 말들에 대해 알아보자

- '여피족 yuppie' 젊고 young 도시화된 urban 전문직업인 professional 을 뜻한다. 도시에 살며 전문직업을 가진 그룹으로 물질에 연연하지 않는 히피족에 대비되는 개념이다.
- '퍼피족 puppies' poor urban professional 도시에 거주하고 있으나 가난한 전문직업을 가진 그룹
- '우피족 woofs' well-off older folks 부유한 노인 그룹
- '모비족 mobys' older moms with babies 늦둥이를 가진 엄마그룹
- '딩크족 dink' double income no kids 자녀를 두지 않는 맞벌이 부부
- '듀크족 dewk' dual employed with kids 한 두명의 자녀를 가진 맞벌이 부부
- '싱크족 sink' single income no kids 남편이 가장으로 생계를 책임지고 아내는 가정에서 가사를 돌보는 전통적 가정형를 유지하면서도 2세는 갖지 않는 부부
- '통크족 tonk' two only no kids 자녀에게 의존하지 않고 손자·손녀를 돌보는데 시간을 뺏기지 않으면서 취미생활로 인생의 말년을 즐기며 보내는 부부
- '딘트족 dint' double income no times 경제적으로 풍부하나 시간에 쫓기는 맞벌이 부부로 미처 돈 쓸 시간이 없는 신세대이지만 탁월한 컴퓨터 활용력과 정보화 마인드로 무장한 정보화 사회의 새로운 그룹
- '딩펫족 dinpet' dink와 애완동물 pet의 합성어 맞벌이로 생활은 넉넉하지만, 아이 대신 애완동물을 자식처럼 키우는 부부
- '보보스족 bobos' 부르주아 bourgeois의 물질적 실리와 보헤미안 Bohemian의 정신적 풍요를 동시에 누리는 미국의 새로운 상류계급. 현 새대의 새로운 아이콘으로 자리매김하고 있다.
- '노무족 nomu' '더 이상 아저씨가 아니다'(No More Uncle) 나이와 상관없이 자유로운 사고와 생활을 추구하는 40·50대 남자를 말한다. 중년 여성의 경우는 '노마족'(No More Aunt, noma족)이라고 부르기도 한다.

> '니트족neet' Not in Employment, Education or Training: 직업도 없고 직업을 구할 생각도 없고, 취직을 위해 교육도 받지 않는 사람.
> '웰니스족Wellness' 웰빙Well-being에 행복Happyness이 합쳐진 개념. 육체적, 정신적으로 즐겁고 행복한 삶을 추구하는 신세대.
> '댄디족dandy' 부모의 돈으로 흥청망청하는 오렌지족과는 달리 자신이 벌어서 센스있는 소비생활을 즐기는 젊은 남자들을 지칭. 주로 방송·광고계, 사진작가, 컴퓨터 프로그래머, 그래픽 디자이너 등 요즘 인기 있는 전문직에 종사한다.
>
> 그 밖에도 디지털노마드족, 마우스족, 메뚜기족, 미들넷족, 배터리족, 우모족, 웹시족, 디카족, 폰카족 등이 있으며, 현대 사회를 대변하는 그룹들로 미래에도 계속 시장이 세분화되며, 이런 그룹들은 마케터들을 힘들게 하는 동시에 즐겁게 하여 줄 것이다.

3. 표적시장Targeting의 개념

표적시장의 개념은 기업이 상품이나 서비스를 제공하기 위해 세분화한 그룹들에게 욕구 만족을 시키고자 자사의 마케팅활동이나 프로그램을 진행하려는 특정 시장이나 소비자집단을 의미한다.

시장세분화를 통한 세분시장들 가운데 한 개 또는 몇 개의 세분시장에 대해 기업은 마케팅노력을 집중시키게 되는데, 그 기준으로는 얼마나 자사의 이윤을 제공해 줄 수 있을 만큼 매력이 있는 시장인가 또는 해당 목표시장에 들어갈 자원은 충분한지를 고려해야 한다.

1) 세분시장의 선정

(1) 단일세분화 시장 집중

가장 단순한 경우로서, 기업은 하나의 세분시장을 선택하여 마케팅 노력을 집중하는 형태이다. 기업의 자원이 극히 한정되어 있거나 다른 세분시장으로의 확장을 위한 출발점으로 삼고자 할 때 이용될 수 있는 전략이다. 이때 기업은 집중적 마케팅 전략을 추구하게 된다.

즉, 하나의 세분시장 내에 하나 또는 그 이상의 제품을 소비자에게 접근시키기 위한 전략으로 이는 틈새시장niche marker전략이라고도 한다. 틈새마케팅에 관한 내용은 다른 장에서 설명하기로 한다. 마케터는 다

른 경쟁자가 공략하지 못한 소비자 세분시장에 대해서 적극적으로 공략할 수 있는 것이다.

(2) 제품전문화

　기업이 다양한 고객집단에게 판매할 수 있는 특정 제품을 생산하는 데 집중하는 형태이다. 예컨대, 현미경 제조업자가 대학이나 정부, 기업 등의 실험실에 현미경을 판매하는 경우가 여기에 해당한다. 이때 기업은 다양한 소비자층의 욕구충족을 위해 여러 종류의 현미경을 시판할 수 있지만, 현미경 이외의 다른 실험용구들은 생산하지 않는다. 이러한 전략은 기업으로 하여금 특정 제품 분야에서 강한 명성을 구축할 수 있는 이점이 있으나, 진보된 기술에 의하여 새로운 대체품이 출현하면 커다란 위험에 직면하는 단점이 있다.

(3) 선별적 전문화

　기업이 객관적으로 매력적이며, 기업의 목표와 자원에 부합하는 몇 개의 세분시장을 선별하여 진출하는 전략이다. 선정된 세분시장 간에 시너지효과를 추구할 수는 없지만, 각 세분시장은 충분한 수익성을 창출할 수 있어야 한다. 복수시장을 추구하는 이 전략은 기업의 위험을 분산시킬 수 있는 이점이 있다. 즉, 여러 세분시장 중에서 한두 개가 기준을 충족시키지 못하더라도, 기업은 다른 세분시장을 통하여 계속 이익을 창출할 수 있다. 이것은 각각의 소비시장마다 전혀 다른 마케팅전략을 수행해 나가는 것으로서 소비자 한명 한명이 기업의 세분시장이 되는 것이다.

(4) 시장전문화

　기업은 특정 소비자집단의 다양한 욕구를 충족시키는데 집중한다. 예컨대 대학실험실에서 필요로 하는 일체의 실험용구(현미경, 시험관, 실험용 화학약품, 배양기, 플라스틱 유리 등)를 시판하는 경우가 해당된다. 기업은 특정 고객집단의 욕구를 충족하는데 전문화함으로써 그들에게 높은 지명도를 얻을 수 있으며, 따라서 그들의 경로대리인 역할을 하게 된다. 그러나 그 고객집단의 욕구가 갑자기 변하거나 구매 예산의 감소, 또는 다른 공급업자와 거래관계를 맺는 경우에는 기업이 커다란 위험에 직면하게 된다.

(5) 전체시장 확보

기업은 모든 고객집단들이 필요로 하는 모든 제품을 생산·판매하는 전략으로써, 주로 가용자원이 풍부한 대기업의 시장 확보전략이라 할 수 있다. 예를 들면, 전반적인 컴퓨터 관련시장 안에서 하드웨어, 소프트웨어, 게임이나 애니메이션, 모니터 브라운, 프린터나 기타 주변기기 산업 등을 모두 확보하고자 하는 IBM의 경우나, 전 세계 음료시장에 다양한 음료를 판매하는 Coca Cola 등은 이에 속한다고 볼 수 있다.

이 전략은 두 가지의 대안, 즉 비차별적 마케팅과 차별적 마케팅전략을 통해 수행될 수 있다. 비차별화 전략은 세분시장의 차이를 무시하고 하나의 제품을 가지고 전체 시장에 소구하고자 하는 방법이다. 기업은 구매자의 기본 욕구나 차이보다는 공통점인 관심에 초점을 둠으로써 시장을 개발하려고 할 것이다. 예를 들어, 캘빈 클라인calvin klein이 남녀가 공통으로 입는 unisex청바지를 만든다거나, 포드자동차가 검정색 단일의 자동차만을 고집하여 이미지를 지속해 나가는 방법이다.

차별적 전략은 기업이 여러 개의 세분화된 시장에서 활동하면서 각각의 세분시장마다 상이한 마케팅전략이나 계획을 수행하는 것이다. 화장품회사에서 최고급 제품부터 중저가, 저가 등을 개발하여 다양한 시장을 동시에 공략하는 것이 이에 속한다.

┃그림 2-1┃ 5가지 시장 확보패턴

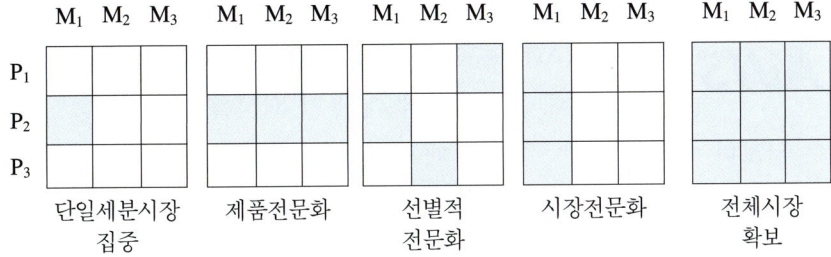

* P=제품   * M= 시장

자료: P. Kotler, op. cit., p. 299.

4. 포지셔닝Positioning의 개념

"포지셔닝에서 이미 승패는 결정난다."

1) 포지셔닝이란 무엇인가?

포지셔닝은 제품에서 출발한다. 때로는 서비스, 회사, 조직 또는 사람에서 출발할 수도 있다. 유의할 점은 포지셔닝이 제품에 대해 어떤 조치를 취한다는 것이 아니고 바로 잠재 고객들의 마음을 겨냥하는 일이라는 사실이다. 즉 어떤 제품을 잠재 고객의 마음속에 해당 제품의 위치를 잡아주는 것이며, 잠재고객의 마인드에 자기 자신을 차별화하는 방식, 이것이 포지셔닝인 것이다. (잭 트라우트 & 알 리스, POSITIONING, 2003)

포지셔닝이라는 단어는 광고와 마케팅에 관련된 모든 사람들의 공통어가 되기 시작했으며 온 세계의 공통적인 현상이 되었다. 포지셔닝은 광고의 본질을 크게 바꾸어 놓은 컨셉이다.

따라서 이 컨셉을 '상품 포지셔닝'으로 보는 것은 옳지 않다. 실제로 상품자체에 어떤 행동을 가하는 것이 아니기 때문이다. 포지셔닝은 변화를 일으킨다. 포지셔닝은 또한 커뮤니케이션 과잉 사회에서 잠재 고객을 귀 기울이게 한다는 문제와 씨름하기 위한 최초의 구체적 사유 방식이다.

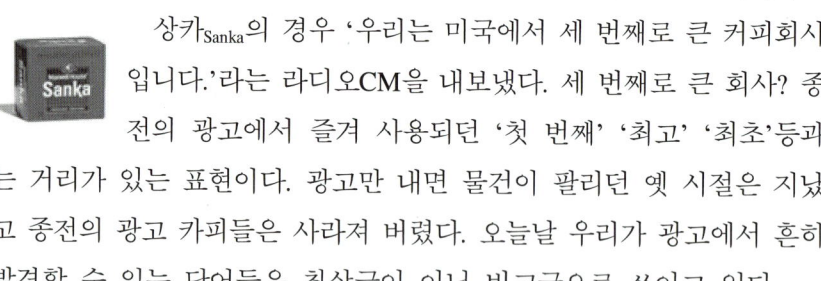

상카Sanka의 경우 '우리는 미국에서 세 번째로 큰 커피회사입니다.'라는 라디오CM을 내보냈다. 세 번째로 큰 회사? 종전의 광고에서 즐겨 사용되던 '첫 번째' '최고' '최초'등과는 거리가 있는 표현이다. 광고만 내면 물건이 팔리던 옛 시절은 지났고 종전의 광고 카피들은 사라져 버렸다. 오늘날 우리가 광고에서 흔히 발견할 수 있는 단어들은 최상급이 아닌 비교급으로 쓰이고 있다.

"아비스(Avis)는 자동차 임대업종의 No.2 회사에 불과합니다. 그런데도 사람들이 왜 우리 회사를 이용할까요? 우리는 남보다 더 열심히 노력하기 때문입니다."

"세븐 업(Seven-Up)은 콜라가 아닙니다." 또는 "한국에서 두 번째로 맛있는 집" 이런 것들을 가리켜 '포지셔닝 슬로건'이라고 부르고 있다. 이러한 슬로건을 만들어내는 광고

인들은 시장에서 포지션이나 어떤 틈새를 찾아내기 위해 지금도 막대한 노력을 기울이고 있고, 우리가 포지셔닝 원칙들을 이해하지 못하거나 활용하지 않은 이 순간에 경쟁자는 분명 앞서 포지셔닝 법칙을 실행하고 있을 것이다.

어느 순간에 경쟁자는 선도자를 앞서는 방법을 사용하고 있다. OB맥주가 시장점유율로서 시장을 장악하며 안주하고 있을 때, 조선맥주는 '하이트'라는 새로운 브랜드와 '암반수'라는 카드를 들고 나와 순식간에 소비자들 마음속을 바꾸어 버렸다. 선도자도 어느 순간에 2위로 몰락할 수 있게 만드는 것이 바로 포지셔닝인 것이다.

기업, 상품, 광고와 마케팅 관련 활동이 넘쳐나고 있다. 이처럼 복잡한 커뮤니케이션 정글 속에서 유일한 전략은 대상을 세분화하여 목표를 선별한 후 거기에 집중해야 하는데 그것 또한 포지셔닝인 것이다. 선택과 집중인 것이다.

커뮤니케이션 과잉 사회에서 소비자이 취하는 유일한 방어수단은 마인드를 비우거나 단순화하는 것일 수 있다. 소비자들은 결코 머릿속에 더 많은 정보를 집어넣을 방법을 찾지 않기 때문이다. 소비자의 마인드는 물에 푹 젖은 스펀지와 같아서 이미 들어 있는 정보를 빼내지 않고선 새로운 정보를 흡수할 수가 없다. 즉, 차별성이 없는 많은 메시지는 잘 전달되지 않는 것이다. 한 방향의 커뮤니케이션으로 이루어진 일방적인 광고는 이제부터 쌍방향의 마케팅개념이 담긴 메시지가 되어야 할 것이다. 그것도 아주 극도로 심플한 메시지가 되어야 한다.

마인드에 파고들기 위해서는 메시지를 날카롭게, 애매하거나 불필요한 것이나 구구절절한 것을 없애고, 간단명료하며 오랜 기간 기억에 남을 수 있게 단순화해야 한다.

극도로 단순화한 메시지에 대한 포지셔닝 컨셉은 이제 '한 단어주입' 이론으로 발전했다. 볼보는 'safety(안전성)' BMW는 'driving(주행성)' 하인즈는 'slow' 맥도널드는 'fast' FedEx는 'overnight(하룻밤에)' 에이스침대는 '과학' 오리온 초코파이는 '정(情)'이란 단어를 주입시켰다.

2) 인간의 마음속으로 뛰어드는 길

사람의 마음속으로 가장 쉽게 침투할 수 있는 방법은 첫 번째가 되는 것이다. 달 착륙에 제일 먼저 성공한 사람은 누구인가? 쉽게 '닐 암스트롱'라는 이름이 떠오를 것이다. 그러면 두 번째로 성공한 사람은 누구인가? 결코 대답하기 쉽지 않을 것이다. 사람의 마음속에 자리 잡고 있는 첫사랑, 제일 높은 산, 첫 번째 회사는 결코 몰아내기 쉽지 않다. 코카콜라, 제록스, 미원, 대일밴드, 럭키치약, 스카치테이프, 크리넥스, 폴라로이드와 같은 존재들이다.

광고의 경우, 포지션을 구축한 최초의 제품은 엄청난 이점을 갖게 된다. 광고에서는 같은 종류의 제품 중 최고의 제품을 광고하는 쪽이 더 유리하다. 그러나 그보다는 제일 먼저 광고하는 쪽이 더 유리하다. 사랑 같은 경우라면 두 번째 연인까지 기억할 수 있을지 모르지만, 어느 누구도 에드윈 올드린이 두 번째로 달 착륙에 성공하였다는 것에 대해서는 관심이 없다. 결과가 훨씬 더 좋았다고 할지라도. 컴퓨터를 최초로 발명한 것은 스페리랜드라는 회사였다. 그러나 **IBM**은 사람들의 마음속에 컴퓨터 포지션을 구축한 최초의 회사였다. 콜럼버스가 미대륙을 제일 먼저 발견하였지만 아메리고 베스푸치는 포지셔닝을 성공해 그의 이름을 따서 아메리카로 명명 되었다. 황금을 독차지 하려는 욕심으로 입을 굳게 다물던 콜럼버스는 감옥에서 생을 마감했다.

비즈니스든 사랑이든 간에 성공적인 결과를 얻기 원한다면 상대방의 마음속에 첫 번째로 침투해야 한다는 것을 결코 잊어서는 안 된다.

'각인학습(태어나서 바로 몸에 익히는 학습)'이란 단어가 있다. 갓 태어난 동물이 어미와 처음으로 만나 어미의 특징을 몸에 기억하는 것을 가리키는 생물학 용어다. 새끼가 자신의 기억 속에 어미의 특징을 잊지 않도록 고정시키는 데는 불과 수초밖에 걸리지 않는다고 한다. "메시지를 확실하게 마인드에 고착시키기"라는 것은 메시지 그 자체가 아니라 마인드다. 순수한 마인드, 즉 다른 브랜드에 물들지 않고 비어 있는 마인드인 것이다.

마케팅 이야기

벡beck's이 발견한 것 많은 사람들과 제품에 있어, 성공에 이르는 확실한 길은 경쟁자들이 무엇을 하고 있는가를 살피고, 메시지가 소구 대상의 마음속에 침투하는데 방해되는 시적 감상이나 크리에이티비티를 삭제하는 것이다. 예로, 어느 수입맥주의 포지셔닝 전략을 보자. "여러분들은 지금까지 미국에서 가장 널리 알려진 독일 맥주를 마셔 왔습니다. 그러나 이제는 독일에서 제일 인기 있는 독일맥주를 마셔 보십시오." 이것이 바로 벡 맥주가 뢰벤브로이에 대응하여 설정한 효과적인 포지셔닝의 내용이다. 이 광고는 미국 내에서 벡 맥주의 명성을 높여 주었으며, 뢰벤브로이는 벡과의 싸움을 포기해야만 했다.

3) 인식의 사다리

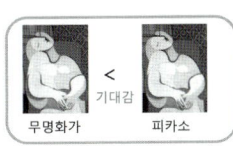
사람들은 자신이 기대하는 것을 보게 된다. 두 장의 추상화를 골라 하나에는 무명화가의 이름을, 다른 하나에는 피카소의 이름을 써놓고 사람들의 의견을 들어보라. 아마 사람들은 당신이 애초 기대했던 답을 듣게 될 것이다. 싸구려 술을 50년 된 프랑스 포도주병에 담아, 친구에게 권하고 맛을 물어보라.

사람들은 오래된 고급 와인이라고 대답할 것이다. 사람들은 선입관에 의해 어떤 결과를 미리 기대하고, 실제로 그런 선입관이 결과를 낳는다. 바로 이것 때문에 광고가 존재한다. 모든 광고의 주요 목표 중 하나는 기대감을 고조시키는 것이다.

(1) 상품의 사다리

사람들은 머릿속에 상품과 브랜드의 등급을 매기는 법을 배웠다. 이를 인간의 머릿속에 여러 개의 사다리가 있는 것으로 연상하면 더 잘 이해할 수 있다. 경쟁 상태에 있는 회사가 점유율을 높이기 원한다면, 현재의 사다리 위치에서 위쪽으로 브랜드를 올리거나(대개의 경우, 불가능) 경쟁사의 포지션과 어떻게든 연결시켜야 한다.

"7이라는 신비한 숫자"

조지 밀러(George A.Miller 하버드 대학의 심리학자)박사에 따르면 보통 사람의 마인드는 한차례 일곱 단위 이상을 다룰 수 없다고 한다. 기억해 둘 필요가 있는 목록에 가장 많이 쓰이는 숫자가 일곱 자리인 것도 이 때문인지 모른다. 일곱자리 전화번호, 세계 7대 불가사의, 일곱 장으로 승패를 겨루는 세븐 카드 포커게임, 백설공주와 일곱 난쟁이, '도레미파솔라시'의 7음계, '월화수목금토일'의 일주일, 일곱색깔 무지개 등을 예로 들 수 있다.

누군가에게 특정 상품 범주를 정해주고 거기서 그가 기억하고 있는 브랜드 명을 열거해 보라고 해보라, 일곱 개 이상을 열거하는 사람은 매우 드물 것이다. 이는 관심도가 높은 범주라 해도 마찬가지이다. 관심도가 낮은 상품 범주일 경우 대부분의 소비자는 기껏해야 한두 가지 브랜드명 밖에는 나열할 수 없을 것이다.

즉, 커뮤니케이션 과잉사회에서 소비자의 마인드는 아주 불충분한 그릇에 불과하다.

전혀 새로운 종류의 신제품을 런칭하려는 광고주는 소비자의 마음속에 새로운 사다리를 설치해야 한다. 이런 경우 신제품이 어떠하다고 설명하는 것보다는 어떠하지 않다고 소개하는 편이 더 효과적이다. '납이 없는' 휘발유, '튜브가 없는' 타이어, 'WLKW 언록' (음악을 방송하지 않는) 방송국' 등은 새로운 컨셉을 기존의 컨셉과 잘 연결시킨 예다.

"소비자들의 기억 속에는 일종의 분류체계가 있어서 의사결정시 이용, 즉 기억 속에는 각 영역별 제품사다리가 있고 각각의 가로대에는 브랜드가 있다." 따라서 어느 기업이 특정 업계에 진입하고자 한다면 자신의 제품이나 브랜드가 기억사다리의 어느 가로대를 차지하느냐에 따라 채택해야 할 전략은 달라진다고 볼 수 있다.

롱 아일랜드에 있는 에덜피 대학이 스스로를 하버드와 비교 평가하여 자기네가 더 좋은 대학이라고 말했다. 하지만 사람들, 특히 고등학교 졸업반 학생들의 대학 순위 사다리에는 에덜피 대학은 없는데 하며 생각하였고, 결국 그 대학은 상위권 학생 유치하는 데 실패를 한다.

(2) 대응 포지셔닝

AVIS vs Hertz 경쟁사의 포지션은 자기 회사의 포지션만큼이나 중요하다. 아비스 캠페인은 대응 포지션의 고전이다. "아비스Avis는 렌트카의 No.2 회사입니다. 그런데도 왜 많은 분들이 저희 회사를 이용할까요? 저희는 남보다 더 열심히 노력하기 때문입니다." 어떤 이들은 아비스의 성공이 '남들보다 열심히 노력했기 때문'이라고 생각하기도 한다. 이 생각은 틀렸다. 아비스의 성공은 아비스가 허츠(렌트카업계 1위)를 연결했기 때문이다. 만일 어떤 회사가 'No.1'의 위치에 있지 못하다면, No.2의 위치를 남보다 선점하는 것이 급선무다. 이는 어려운 일이지만 불가능하지는 않다.

반면 허츠는 소비자들에게 계속 어느 기업이 1위인지를 상기시킴으로써 업계 1위 자리를 지켜오고 있다. "허츠가 있고, 그리고는 없습니다."

(3) F.W.M.T.S 함정

어떤 포지셔닝이 성공하기 위해서는 무엇보다 일관성이 필요하다. 그럼에도 일부에서는 경이적 성공을 거둔 포지셔닝을 자주 교체하여 F.W.M.T.S 라고 불리는 함정에 빠지는 경우가 종종 있다. 'Forgot what made them successful.' 즉, 무엇으로 성공했는지를 잊어버리는 것이다. 아비스는 ITT에 의해 인수된 후 아비스는 더 이상 2위에 머물러 있을

수 없다는 결정을 내렸다. 그들은 '아비스는 No.1이 될 겁니다.'라는 내용의 광고를 시작했다.

이것은 심리적으로나, 전략적으로나 모두 잘못된 광고다. 과거의 캠페인은 허츠에 아비스의 이미지를 연결시켰을 뿐만 아니라 2위를 자처하고 나섬으로써 동정심 '약자 옹호 심리'를 유발케 하는 이중의 효능을 발휘했다. 언젠가 No.3의 National Rent-A-Car가 아비스를 앞지를 때, 아비스는 자신이 버린 No.2 컨셉의 가치를 깨닫게 될 것이다.

'비콜라' 캠페인으로 콜라의 대체음료로 성공한 '세븐 업' 역시 이 함정에 빠진 적이 있다. '미국은 이제 세븐-업 쪽으로 얼굴을 돌리고 있다.'는 것이다. 이것은 세븐-업의 포부와 염원일 뿐이었다. 광고효과 또한 기대할 수 없었다.

4) 한 번에 갈 수는 없다

'무엇이든 할 수 있다?'

미국의 베트남전 참전은 당시 팽배해 있던 '무엇이든 할 수 있다'는 사고방식의 전형적인 예이다. 그러나 아무리 노력해도, 아무리 많은 돈과 병력을 투입했어도 미국은 원하는 것을 얻을 수 없었다. 인간의 인식 속 싸움터에도 이미 궤도를 벗어난 제품의 경우 이 같은 일이 종종 발생한다.

현재 훌륭한 제품과 탁월한 판매력을 보유하고, 훌륭한 광고 캠페인을 집행하고 있는 회사일지라도 '지금 있는 위치에서 한 번에 갈 수 없는' 포지션에 빠지면 실패하고 만다. 아비스가 그러했고, 세븐 업 또한 마찬가지다. RCA가 컴퓨터 산업에서 경험했던 일이 대표적이다.

(1) 재난의 조짐

1970년대 초 '인더스트리얼마케팅' 지에서는 포지셔닝이라는 게임의 법칙에 근거하여 몇 가지 미래를 예측한 내용이 있었다. 그중 한 가지 예측은 '컴퓨터 산업에 관한 한 IBM이 구축해놓은 포지션에 정면으로 대결하는 회사의 장래는 희망이 없다.'는 것이었다.

당시만 해도 이 주장은 RCA와 같은 강력한 대기업이 마음만 먹으면 왜 성공할 수 없겠는가? 하는 반론을 불러 일으켰다. 그리고 예측을 비웃기라고 하듯 RCA는 탄탄대로를 달리는 것처럼 보였다. 'RCA가 No.1에 집중포격을 가하다'라는 헤드라인이 속출했다. 그러나 1년이 못되어 RCA의 탄탄대로는 제동이 걸렸고, 그 후 수년간의 적자 끝에 컴퓨터 사업체를 하니웰에 팔았다.

(2) No.1에 어떻게 대항할 것인가?

컴퓨터산업은 종종 '백설공주와 일곱 난쟁이'로 비유되었다. 백설공주는 역사상 무적의 포지션을 구축, 컴퓨터 산업의 60%를 점유하고 있는 반면, 난쟁이들 가운데 가장 높은 점유율을 가진 회사도 10%가 채 못 되었다. 그러면 IBM과 같은 막강 포지션을 가진 회사에 어떻게 대항할 것인가. 먼저 상대방의 포지션을 인식해야 한다. 그런 다음 다른 경쟁사들이 하려는 짓은 절대 하지 말아야 한다. 대부분은 IBM과 똑같이 행동하려고 하니까. 이는 절대 금물이다. 비교적 큰 회사들은 자신들의 재력과 인지도를 기반으로 IBM의 아성을 넘어뜨릴 수 있으리라 생각하지만 정면대결은 결국 화를 자초한다.

오늘날 어떤 회사가 훌륭한 상품과 탁월한 판매력을 바탕으로 좋은 광고 캠페인을 벌인다 해도 "현 위치에서는 목적지에 도달할 수 없는" 포지션에 빠지게 되면 반드시 비참한 결과를 맞이하고 만다. 아무리 많은 비용을 투자해도 마찬가지다.

'불은 불로 싸워라', 이는 옛 말이다. 불은 물로 싸워야 한다. IBM의 경쟁자들은 소비자의 마음속에 이미 존재하는 자신들의 포지션을 최대한 살리면서, 컴퓨터에서의 새로운 포지션과 연결시켜야 한다. 그러나 사업 자체가 희망이 없을 경우, 강력한 포지션을 찾으려는 노력은 낭비일 수 있다. 더 열심히 노력하는 것이 도움이 되는 경우란 제품의 리더십을 구축하는 초기 단계에 한한다. 제품의 리더십을 구축하면 무엇이든 가능성이 보이지만, 그렇지 못하면 갈수록 첩첩산중이다. '맨 앞에서 썰매를 끄는 개만이 경치가 바뀌는 것을 감상할 수 있다'는 에스키모인들의 속담을 음미해 볼 필요가 있다.

5) 선도자의 포지셔닝

어떻게 하면 선도자가 될 수 있는가? 간단하다. 닐 암스트롱을 기억하면 된다. 코카와 펩시가 열전을 벌이는 콜라 시장을 보라. 아직까지 콜라시장의 선두주자는 코카콜라이다. 이 상태는 앞으로도 계속 변함없을 것이다. 대개 마인드에 가장 빨리 침투한 브랜드는 2위에 비해 두배, 3위에 비해 네배나 많은 장기적 시장점유율을 차지한다. 그리고 이러한 관계는 큰 사고가 나지 않는 한 좀처럼 바뀌지 않는다.

(1) 선도자의 실패

 VS

마케팅 리더라도 다른 제품 분야에서 최초가 아닐 때는 시장에서 열세를 면치 못한다. 닥터 페퍼와 비교하면 코카콜라는 음료시장의 거인이다. 그러나 코카가 닥터 페퍼의 경쟁 제품인 미스터 핍(Mr.Pipp)을 출시했을 때, 막대한 인적·물적 자원을 쏟아 붓고도 닥터 페퍼의 매출에 별다른 흠집을 내지 못했다. 미스터 핍은 처량한 2위에 머물 수밖에 없었다.

IBM은 제록스보다 규모가 엄청 큰 기업이다. 그러나 제록스와 경쟁이 되는 복사기 라인을 도입하였을 때 결과는 비참했다.

로체스터라는 거인을 앞세워 인스턴트카메라 사업에 진출한 코닥은 바로 폴라로이드를 격퇴시킬 수 있을거라고 믿었다. 하지만 자사의 전통 카메라사업에 손실을 입히면서도 시장 점유율은 바닥을 맴돌았다. 이렇듯 리더 브랜드는 유리한 것이다.

(2) 선두 유지를 위한 전략

질문 : 800파운드 체중의 고릴라는 어느 곳에서 자는가?
대답 : 자고 싶은 곳에서 잔다. 선도자는 무엇이든 마음대로 할 수 있다. 단순히 선두를 지켜온 관성으로도 상당히 오랜 기간 버티어 갈 수 있다. 따라서 그들이 염려하는 것은 올해나 내년의 일이 아니다. 그러나 이들도 피해야 할 일이 있는 법이다.

해서는 안 될 일

확고한 포지션을 차지하고 있는 한 '우리가 No.1 입니다'하는 광고로 악을 쓸 필요는 없다. 이것은 심리적인 이유에서이다. 우선 당신 회사가 No.1 인 줄 아는 이미 아는 소비자가 그 광고를 보면 왜 이런 광고를 해야 할 만큼 불안해 하는가 하는 의문을 갖게 될 것이다. 또 다른 이유는 소비자들이 당신의 광고를 보고도 당신이 No.1이라는 사실을 모를 수 있다. 이것은 소비자의 용어가 아니라 당신 관점의 용어를 썼기 때문이다. 다음의 전략은 당신의 포지션을 효과적으로 강화시켜주는 방법이다.

반복 주입하라.

코카콜라의 고전적 광고 캠페인 '오직 그것뿐The real thing'은 모두 선두주자들에게 효과적인 전략이다. 리더십 포지션을 계속 유지하는 방법은 최초의 컨셉을 계속 강화시키는 것이다. 이것은 모든 사람들이 인정하는 내용이어야 한다. 이것은 '우리가 No.1입니다'라고 얘기하는 것과는 전혀 다르다. '우리가 그 제품을 발명했습니다.' 제록스 복사기를 뒷받침해주던 강력한 동기 부여 요인이었고, 폴라로이드 경우와 지퍼라이터도 마찬가지였다.

신속한 대응

경쟁사에서 급진적이고 새로운 컨셉을 소개했을 경우 대개 리더회사들의 반응은 '한번 두고 보자'식이다. 어떤 문제의 대응책이 효과적이려면 시간이야말로 핵심적인 요소다. 2위였던 브리스톨-마이어스가 대트릴Datril의 가격을 인하하며 타이레놀Tylenol에 공세를 시작하자, 존슨 앤 존슨은 즉각 타이레놀의 가격을 인하하여 상대방의 공세에 대비했다. 그 결과 존슨 사는 2위의 추격을 물리칠 수 있었다. 선두주자는 경쟁상의 움직임에 민감해야 한다.

멀티브랜드에 의한 대응

대부분 선두주자들은 새로운 브랜드를 출하함으로써 경쟁사의 공세에 대응한다. 이 방법은 P&G사가 전통적으로 사용해 온 '멀티브랜드'

전략이기도 하다. P&G의 성공적 브랜드들은 모두 독립된 아이덴티티를 갖고 있다. 크레스트=치약, 헤드 앤 숄더스=샴푸, 팸퍼스=종이기저귀, 아이보리=비누라는 독립된 브랜드 갖고 있다, P&G는 결코 다른 경쟁자들처럼 기존 제품의 이름에 Plus나 Ultra, Super 같은 단어를 덧붙이지 않았다.

아이보리Ivory는 화장비누를 가리킨다. 과거 강력 세제를 출하할 때 아이보리는 '아이보리 세제'라는 이름을 원했는지 모른다. 만일 그렇게 했다면 소비자의 마음속에 이미 존재하는 화장비누로서의 아이보리의 포지션을 바꾸는 결과가 됐을 것이다. 변함없는 하나의 포지션, 이것이야말로 멀티브랜드 전략의 핵심이다. 싱글 포지션전략으로 아이보리는 100년 동안이나 강력한 브랜드로 군림하고 있다.

6) 추격자의 포지셔닝

선두주자에게 효과적인 전략이 추격자에게도 꼭 효과적이지는 않다. 경우에 따라 모방(me-too) 전략이 추격자에게 효과적으로 사용될 때도 있지만 그런 경우란 선두주자가 자신의 위치를 구축하지 못하고 있을 때뿐이다.

(1) 모방 전략의 위험

대개의 모방 제품들이 실패하는 주요 원인은 제품들이 '스피드'보다는 '우수하다'는 점에 중점을 두기 때문이다. 그래서 No.2 회사들은 최초 제품보다 우수하기만 하면 된다고 생각하게 된다. 그러나 실제에 있어서는 경쟁자보다 우수하다는 것만으로는 절대 부족하다. 그보다는 상황이 유동적일 때 공격을 개시하는 것이 더 중요하다. 그런 공격은 대대적인 광고와 프로모션 활동, 그리고 좋은 브랜드네임의 3가지이다. 그러나 대부분의 경우에는 품질 향상에 시간과 돈을 투자한다. 이것이야말로 자멸의 함정으로 가는 지름길이다. 그렇다면, 구멍을 찾아라, 구멍을 찾아서 그 자리를 메꿔라. 지금부터 구멍을 찾는 몇 가지 전략을 알아 보도록 하자.

① '크기'의 구멍

디트로이트의 자동차업체들이 신형차를 내놓을 때마다 모형은 점점 유선형이 되어갔고. 모양도 보기좋게 변해가고 있을 때였다. 그런 중에 폭스바겐 비틀Volkswagen Beetle이 미국에 상륙했다. 한마디로 짧고, 뚱뚱하며 못생긴 차였다. 일반적인 경우라면 차의 모양을 보기 좋게 보이기 위한 전략을 썼을 것이다. 그러나 폭스바겐이 선택한 구멍은 '크기'였다. 폭스바겐 광고 역사상 가장 효과적이었던 '작은 것을 생각하라(Think small)'이 이때 탄생되었다. 간단한 두 단어로 폭스바겐의 포지션을 나타냈을 뿐 아니라 '큰 것이 무조건 더 좋다'라는 소비자의 잠재의식에도 도전한 것이다.

② '고가'의 구멍

가격은 하나의 이점이 될 수 있다. 특히 특정 제품 분야에서 제일 먼저 '고가'의 구멍을 메우는 경우에 더욱 그렇다. 시바스 리갈 스카치가 좋은 예이다. 시바스 리갈은 소비자 인식 속에 고가의 브랜드로 가장 먼저 침투했기 때문에 아직도 강력한 자리를 지키고 있다. 제품의 메시지를 '고가' 컨셉에 의존하고 있는 브랜드들도 종종 볼 수 있다. "세계에서 가장 비싼 향수, 조이(Joy)는 단 하나뿐입니다", "당신은 왜 세계에서 가장 비싼 시계, 피아제Piaget를 사야 되는지 아십니까?"

고가 정책은 자동차나 스카치, 향수, 시계 등 호화 제품에만 효과가 있는 것이 아니고, 하다못해 팝콘 같은 제품에도 효과적일 수 있다. 그러나 한편으론 욕심과 포지셔닝적 사고가 혼동되는 일이 종종 있다. 무조건 비싼 가격이 아니라,

㉠ 고가 포지션을 가장 먼저 구축하며,
㉡ 제품의 주장이 설득력 있고,
㉢ 해당 제품 분야가 소비자들이 고가 브랜드를 받아들일 수 있는 분야라야 한다.

③ '저가'의 구멍

가격을 낮게 책정하는 것도 택해 볼만한 방법이다. 단, 기억해야 할 것은 저가 정책은 사진 전송장치나 비디오 플레이어 같은 신제품의 경우에 유용하게 사용될 수 있다는 점이다. 즉 소비자가 신제품의 기능과 품질에 대해 확신을 갖고 있지 못한 상태에다 가격마저 높으면 구매 결정이 어려울 것이다. 저가전략은 어느기업이든 할 수 있다는 맹점이 있다.

④ 그 밖의 효과적인 구멍

성별도 효과적인 구멍이 될 수 있다. 말보로는 담배 가운데 최초로 남성적인 포지션을 구축했다. 말보로가 남성다움으로 성공했다면 버지니아 슬림은 반대의 여성적인 것으로 성공했다. 연령도 또 하나의 포지셔닝 전략이다. 제리톨 강장제는 나이든 연령층을 겨냥하여 성공한 제품이며, 에임 치약은 어린이를 겨냥한 제품의 좋은 본보기이다. 하루 중 시간도 가능한 전략이다. 최초의 야간용 감기 치료제로 성공한 나이킬이 좋은 예다.

유통 경로도 가능한 구멍이다. 레그스는 수퍼와 다량제품 취급점에 유통된 최초의 양말 브랜드였다. 또 다른 가능성으로 다량 소비자 포지션도 있다. 쉐퍼 맥주는 '두 사람 이상 있을 때 꼭 있어야 할 맥주'로 맥주를 많이 마시는 사람들을 위한 브랜드로 포지션했다.

오늘날 제품이든 정치든, 자기만의 포지션은 필수다. 그러나 모든 사람의 모든 것이 된다는 것은 무의미하고, 무모한 행위다. 모든 사람, 모든 소비자를 다 내 편으로 만들 수는 없다.

7) 경쟁자의 재포지셔닝

아무리 노력해도 출구를 찾을 수 없는 상황이 있다. 수천 가지의 제품이 난무하는 상황에서 열려진 구멍을 찾기란 좀처럼 쉽지 않다. 이때 어떻게 하면 소비자 마음에 발판을 만들 수 있을까.

(1) 자신만의 틈새를 만들라

이에 대한 가장 기본적인 마케팅 전략은 '경쟁자를 재포지션하는 것'

이다. 이제 더 이상 채울만한 구멍이 없기 때문에 소비자의 마음속에 구축되어 있는 경쟁자들을 재포지션함으로써 자신만의 구멍을 만드는 것이다. 즉, 새로운 아이디어나 제품을 포지셔닝하기 위해서는 기존의 것들을 몰아내야 된다는 것이다.

일단 예전 생각들이 뒤집혀지기만 하면 새로운 아이디어를 파는 것은 믿기지 않을 정도로 간단하다. 사람들은 자신의 과거 생각이 어떤 이유로든 빠져나가면 그 자리를 메꿀 다른 것을 자진해서 찾아간다.

(2) 아스피린의 재포지셔닝

타이레놀은 과감히 아스피린의 풍선을 터뜨렸다. '아스피린을 복용해서는 안 될 수백만인을 위해서'라는 헤드라인 아래 '자주 복통을 경험하시는 분, 또는 궤양으로 고생하시는 분, 빈혈증이 있으신 분들은 아스피린을 복용하기 전에 의사를 찾아보시는 것이 좋습니다.' '아스피린은 위벽을 헐게 하거나 알레르기 증상을 유발할 수 있습니다.' '그런데 다행스럽게도 여기 타이레놀이 있습니다.'로 끝마친다. 타이레놀의 판매는 경이적이었다. 그리고 오늘날 타이레놀은 진통제의 No.1 브랜드가 되었다. 결과는 간단하나 효과적이었던 재포지셔닝 덕분이었다.

(3) 미국산 보드카의 재포지셔닝

'대부분의 미국산 보드카들은 마치 러시아에서 만든 것처럼 보여집니다.'라는 광고가 있었다. 다음과 같은 설명문도 들어 있었다.

. 사모바르Samovar : 펜실베니아 쉰리에서 제조
. 울프슈미트wolfschmidt : 인디애나 로렌스버그에서 제조
. 스미르노프Smirnoff : 커네티컷의 하트포트에서 제조

'그러나 스톨리츠나야Stolichnaya는 다릅니다. 이 술만은 러시아에서 제조된 것입니다.'뿐만 아니라 상표에는 '러시아 레닌그라드에서 제조'라는 문구가 들어 있었다. 실제로 보드카를 살 때 상표를 일일이 들여다

보면서 술이 만들어진 곳을 일일이 확인하는 구매자는 별로 없다. 더구나 이름까지 러시아 냄새를 물씬 풍기는 상황에서 말이다. 그러나 이를 통해 스톨리츠나야의 판매고는 크게 증가했다.

사람들은 크고 강력한 것이 출현하길 기대하고, 기대하던 것이 나타났을 때 또한 그 풍선이 터지는 것도 기대한다. 미국산 보드카의 광고가 스톨리츠나야의 손에 어떻게 희롱 당했는지 보자. "러시아의 황금시대, 짜르는 거인처럼 우뚝 선 존재였다. 그는 자기 무릎 위의 쇠막대기를 휘게 할 수 있었으며, 손으로 은화를 찌그러뜨릴 수 있는 힘을 가지고 있었다. 그리고 어떤 인간보다 강렬한 생에 대한 갈증을 간직했다. 그가 마시던 술은 진짜 보드카였다. 울프슈미트 보드카" 이 광고를 보고 다음 장을 넘기면 스톨리츠나야의 광고가 나타난다. 그리고 독자들은 울프슈미트가 러시아가 아닌 인디애나주 로렌스버그에서 만들어진 술임을 알게 된다.

(4) 프링글스의 재포지셔닝

새로운 형태의 포테이토칩, 프링글스는 출시하기 무섭게 18%의 시장 점유율을 기록했다. 그러자 버든Borden의 와이스Wise같은 기존 브랜드들이 재포지셔닝 전략으로 반격을 가했다. "와이스는 감자, 식용유, 소금으로 만들어졌습니다." "프링글스는 건조시킨 감자, 단일 및 이중 글리세라이드, 아스코르빈산, 뷰팅 수산-아니솔로 만들어졌습니다." 프링글스의 판매고는 떨어지기 시작했다. 여기에 더해 소비자들의 불만은 '프링글스의 맛이 종이를 씹는 것 같다'는 것이었다.

프링글스의 판매고는 하락

이런 결과는 각종 화학 첨가제에 의한 것이었다. 만약 당신에게 비이커에 들은 물을 마시게 하면 부정적인 반응을 나타내지만 컵에 담은 물을 준다면 아마 기분 좋게 마실 것이다. 최근 P&G는 전략을 바꾸었다.

프링글스를 '완전 천연' 제품으로 부각시키고자 하는 것이다. 그러나 기존에 받은 타격은 좀처럼 회복하기가 어려웠을 것이다. P&G는 재포지셔닝의 위력을 미리 감지하고 경쟁자의 공격으로부터 프링글스를 보호할 수 있는 조치를 일찍 취했어야 했다.

(5) 재포지셔닝과 비교광고

'경쟁자보다 우리가 우수하다'라고 하는 것은 재포지셔닝이 아니라 비교 광고이며 효과적이지 않다. 광고주들이 자신을 합리화시키는 과정에서 심리적인 빈틈이 보이기 마련인데, 소비자들은 이것을 재빨리 간파한다. 즉 '당신 제품이 그렇게 좋다면 왜 안 팔리지?' 하는 것이다. '펩시 챌린지'에 대한 소비자의 반응도 이와 같았다. 처음엔 시장 점유율을 올릴 수 있었지만 그것만으로는 코카콜라를 따라잡긴 역부족이었다. 재포지셔닝 전략이 효과적이긴 하지만 이에 대해 많은 이들이 '윤리적인 면'을 거론하기도 한다.

아무튼 커뮤니케이션 산업은 가십과 같다. 좋은 소식보다는 나쁜 소식이 더 잘 전해진다. 장기적으로 볼 때 판에 박힌 '자기 자랑'보다는 정직하고 공정한 약간의 비난은 경쟁자를 꼼짝 못하게 묶어놓을 수 있다. 소비자는 보다 다양한 선택의 기회를 누릴 수 있게 되었다. 버거킹

의 눈부신 '여러분 방식대로 드십시오'라는 재포지셔닝 캠페인이 있기 전까지 맥도널드를 찾는 고객들은 한 가지 방식으로 만들어진 햄버거를 먹을 수밖에 없었다. 버거킹 덕분에 원하기만 하면 이제 우린 '절인 오이와 케첩이 들어 있지 않은' 햄버거도 먹을 수 있게 되었으니까.

위의 내용과 같이 경쟁사를 재포지셔닝하여 자사의 제품을 소비자들에게 부각시키는 마케팅으로 새로운 성공의 길을 가는 기업이 늘어나고 있지만 조심해야 할 것은 경쟁사의 브랜드가 강력할 때 성공을 거둘 수 있다. 경쟁사의 브랜드파워가 약할 때는 반대로 자사뿐만 아니라 관련업체 모두 공멸하는 경우도 종종 있다.

그러면 재포지셔닝에 대해 더욱 자세히 알아보도록 하자.

재포지셔닝의 개념은 잭 트라우트에 의하면 "3C (경쟁 Competition, 변화

Change, 위기 Crisis)가 지배하는 세계 경제의 커다란 패러다임 변화를 맞이하고 있다. 이 같은 상황 변화에서 살아남으려면 기업들에 새로운 대응 전략이 필요하다. 포지셔닝이 소비자들의 마음속에 기업의 제품과 서비스를 자리 잡게 하는 전략이라면 재포지셔닝은 소비자의 마음속에 이미 자리 잡고 있는 제품과 서비스에 대한 인식(Perceptions)을 다시 조정(Readjusting)하는 전략이다"

트라우트는 소비자의 인식을 조정하려면 경쟁회사가 잠재 소비자의 마음속에 어떻게 각인돼 있는지, 우리 회사를 소비자들이 어떻게 각인하고 있는지, 우리 회사를 어떻게 각인시킬 것인지에 대해 먼저 이해하는 노력이 필요하다고 밝혔다. 소비자의 마음을 변화시키려는 시도는 실패 가능성이 높기 때문이다. 예를 들어 복사기의 대명사인 제록스는 컴퓨터 판매회사로 재포지셔닝하려고 시도하다 수억 달러를 잃었다. 코카콜라도 새로운 맛의 제품(뉴코크)으로 소비자의 입맛을 바꿔 놓으려다가 중단하고 말았다. 제록스는 복사지 회사, 코카콜라는 원래 맛에 대한 소비자의 인식을 바꾸는 데 실패했기 때문이다.

월마트는 '언제나 싼 가격' 정책으로 포지셔닝해 대성공을 거뒀다. 하지만 곧 K마트, 타깃, 코스트코와 같은 대형마트들이 최저가 경쟁을 선언했다. 이에 맞서 월마트는 '돈을 절약할 수 있는 매장'으로 재포지셔닝해 추격해오는 경쟁사들을 따돌렸다. 이로 인해 소비자들은 월마트의 가격이 가장 낮다고 믿고 있다. 코닥 또한 프린터 재포지셔닝 전략은 자사의 프린터가 합리적인 가격이라는 점을 알리기 위해 경쟁회사의 프린터가 과다하게 비싸다는 점을 고객에게 알려 성공했다. 그러나 경쟁자를 공격할 때는 반격에 유의하여야 한다. 미국의 식품회사 캠벨은 새로운 인스턴트 수프를 내놓으면서 경쟁사가 인공조미료를 사용했다고 그 내용을 공격했다. 그러자 경쟁사가 캠벨도 인공조미료를 사용했다고 반격으로써 두 회사 모두 어려움에 빠지게 된 적도 있다는 것을 명심해야 한다.

다시 정리하면 재포지셔닝이란 소비자의 인식을 재조정하는 것이지, 인식을 완전히 바꾸는 것으로 생각해서는 안된다는 것이다. 캐딜락은 소형 차종을 줄줄이 시판하면서 기존 대형 차종 못지않다는 점을 광고했다. 그러나 캐딜락만의 고유 이미지마저 사라져 비극적인 결말을 맞

았던 경우가 있다. 이처럼 소비자의 인식을 바꾸기는 매우 어렵다. 따라서 재포지셔닝 전략을 펼 때는 '인식의 재조정'에 초점을 맞춰야 한다는 것을 잊지 말아야 한다.

재포지셔닝(Repositioning)

고객의 마음을 바꾸는 것은 매우 어려운 일이다. 단순함과 명쾌함으로 차별화에 성공한 재포지셔닝 사례를 살펴보도록 하자.

마케팅 이야기

사례 1 피로는 간 때문이야~

최근 대웅제약의 우루사는 차두리를 내세워 '피로는 간 때문이야~'라는 새로운 컨셉의 포지셔닝 슬로건으로 막대한 매출을 올리고 있다. 우루사는 1961년 태어나 50년이상의 역사를 지닌 간장약이다. 이미 소비자들은 우루사를 잊고 있었고, 오랜 역사만큼 소비자들의 인식에서 피로회복제로 더 이상 각인되어 있지 않았고, 인식속에서 지어져 가고 있었던 것이 사실이다. 허지만 차미네이터로도 불리어진 건장한 차두리를 모델로 사용함으로써 단순한 CM송의 메시지와 함께 새롭게 부각이 되는 계기가 되었다.

사례 2 '지킬건 지킨다' '우리는 누군가의 박카스다'

오래된 브랜드는 시간이 흐름에 따라 소비자의 마음도 변하고 시장도 변화하기 때문에 예전과 같은 매출을 기대하기 어렵다. 그래서 포지셔닝을 바꿀 필요가 있다. 박카스도 1961년에 알약형태에서 앰플형태로 판매를 시작한지 50여년이 지났다. 허지만 지금까지도 박카스의 신화는 이어지고 있다. 그 이유는 새로운 사회에 적응하며 새로운 세대에게 재포지셔닝을 계속 지속하고 있기 때문에 가능하다. 브랜드가 노후화되면 기억에서도 잊혀져 가기 마련인데 새로운 포지셔닝 슬로건인 '지킬건 지킨다' 등으로 젊은층에 다가가고 직장인들에게도 어필하면서 성공하고 있다.

사례 3 리브랜딩으로 재포지셔닝한 '넥센타이어'

 1956년 한국 최초로 자동차용 타이어를 생산한 타이어 전문회사이다. 그 당시의 브랜드는 흥아타이어였다. 현재는 넥센타이어로 "넥스트 센츄리 타이어(Next Century Tire)"의 약어로, "다음세대를 위한 타이어"의 의미를 지닌 이름이며 슬로건은 "플레이 더 로드(Play the Road)"다. 모기업의 부정적 이미지와 부실로 어려웠던 기업이 새롭게 탄생한 것이다. 브랜드를 새롭게 하여 기업의 이미지 개선과 더불어 차별화 된 마케팅 전략으로 브랜드를 재포지셔닝한 좋은 사례이다. 현재 넥센 히어로즈로 프로야구의 스폰을 하며 넥센타이어라는 브랜드파워를 더욱 높이고 있다.

사례 4 한국의 대표 술 '막걸리'의 성공

우리 전통주인 막걸리가 세계화 공략 중에 있다. 막걸리의 재포지셔닝이 성공적으로 자리잡아 가고 있는 것이다. 식량부족으로 밀가루와 옥수수로 만들어지며 맛이 떨어져 서민들은 소주로, 중산층이상은 맥주나 양주로 소비자들이 외면하게 되었고, 다시 쌀로 빚게 되었을 때는 대형 양조장에서 대량생산과 눈앞의 이익을 위해 화학약품을 첨가하게 되어 좀처럼 소비자들의 인식을 바꾸지 못했던 막걸리. 현재는 누룩으로 양조과정에서 생성되는 항암성분과 각종 영양성분, 단백질 및 아미노산류가 풍부하고 비타민이 함유되어 혈액순환과 피로회복에도 좋다하여 소비자들에게 재포지셔닝 되어 인기가 높아지고 있다. 프랑스의 와인처럼 세계적인 막걸리가 되기 위해 최고품질, 포지셔닝, 음식과의 조화로 세계인의 입맛을 사로잡는 명품으로 재포지셔닝 될 날이 멀지 않은 것 같다.

8) 무임승차의 함정

'알카-쎌쳐 플러스'라는 제품명이 나오기까지의 과정을 한번 상상해보자. 여러 명이 회의실에 모여 '드라이스탠', '콘택' 등과 경쟁할 새로운 감기약의 이름을 생각하고 있다. 그 중 한 사람이 '좋은 생각이 있다. 우리 회사의 '알카- 쎌쳐'라는 이름에 플러스를 더하면 어떨까? 알카-쎌쳐에 매년 2,000만 달러의 광고비를 쓴 덕도 볼 수 있을 텐데...' 이렇게 해서 돈을 절약하는 아이디어가 받아들여지게 되었을 것이다.

그러나 결과는 알카-쎌쳐 플러스가 감기약 시장을 점령하는 대신, 알카-쎌쳐의 시장을 잠식했다는 사실이다.

(1) 두 가지 전략

기업은 일반적으로 두 가지 전략(내부적 발전/ 외부로부터의 흡수)에 의해 성장되는데, 두 가지 전략 사이에는 한 가지 공통점이 있다. 제품이 자체 개발되는 경우는 통상 기업명을 제품에 사용한다. 예를 들면 제너럴 일렉트릭 컴퓨터와 같은 것이다. 반면 타회사를 흡수하는 경우에는 기존 제품명을 그대로 사용하는 것이 일반적이다. 그러나 항상 그런 것은 아니다. 제록스는 외부 기업의 흡수를 통해 컴퓨터 사업에 참여했을 때, 기존의 이름을 버리고, '제록스 데이타 시스템즈'라는 이름을 사용했다.

(2) 분리하여 정복하라

기업명을 사용하는 것보다 독립적인 이름을 사용하는 편이 장점이 있다. 프록터 앤 갬블과 콜게이트-팔모리브의 전략을 상호 비교해 보자. 콜게이트-팔모리브의 제품에는 일반적으로 하우스 네임이 많이 사용되고 있다. 'Colgate Dental Cream', 'Colgate Instant Shave', 'Colgate Toothbrush' 등 여러 가지가 있다. 그러나 P&G의 제품에서는 좀처럼 하우스 네임을 찾아내기 어렵다. P&G는 제품 하나하나를 소비자들의 마음속에 매우 독특하게 포지션한다.

예를 들면 타이드$_{Tide}$는 옷을 '하얗게' 만들어주며 치어$_{cheer}$는 '흰색보다 더 하얗게' 만들어 준다는 식이다. 콜게이트의 주요 브랜드가 65가지인데 비해 P&G는 51개의 주요 브랜드만으로도 콜게이트보다 판매액이 두 배나 많으며, 이익도 세 배나 많다.

(3) 새 제품에는 새 이름

신제품이 탄생했을 때, 기존의 잘 알려진 이름을 붙이는 것은 대개 실패로 끝나기 쉽다. 이유는 잘 알려진 이름이라는 것은 이름 자체로만 알려진 것이 아니라 어떤 제품을 가리키는 이름으로 알려진 것이기 때문이다. 특히 아주 잘 알려진 이름은 특정 제품의 사다리 맨 위에 위치

해 있다. 따라서 신제품일 경우 새로운 사다리가 필요하다. 새로운 사다리와 새로운 이름이 그것이다.

(4) 시소 법칙

하인즈$_{Heinz}$는 무엇인가? 통상 오이절임을 의미했던 이 브랜드는 현재 케첩의 No.1 브랜드가 되었다. 그 대신 하인즈는 오이절임 시장의 선두자리를 블래식에 물려주고 말았다. 제록스는 8천만 달러가 넘는 손실을 남기고 컴퓨터 사업에서 철수했다. 제록스는 복사기를 의미하는 것이지, 컴퓨터를 가리키는 말이 아니다. 컴퓨터 사업에서 성공하기 위해서는 제록스라는 이름이 컴퓨터를 가리키는 말로 만들었어야 했다. 제록스는 단순히 이름 이상의 것으로 소비자들의 인식 속에 자리 잡고 있기 때문이다.

9) 라인 연장은 어느 때 효과적인가?

(1) 단기적 이점

라인 연장이 지속적으로 이루어지고 있는 이유 중 하나는 단기적인 측면에서의 이익 때문이다. 라인연장으로 생긴 이름들은 원래 유명한 이름의 유명세를 업고 "아, 다이어트 코크"라는 식으로 소비자의 관심을 즉각 끌 수 있다. 이는 즉각적인 판매에도 도움이 된다. 따라서 초창기에는 판매가 아주 성공적인 것으로 보인다.

(2) 장기적 손실

라인 연장 브랜드에 대한 최초 인식이 지난 뒤에는 소비자들은 그런 제품이 있었던 것을 잘 잊어버린다. 라인 연장의 효율성을 시험하는 전형적인 방법으로 쇼핑 리스트를 이용하는 방법이 있다. 구입하고자 하는 브랜드를 메모지에 적어 다른 이에게 부탁해 보라.

크리넥스, 크레스트, 바이엘, 다이알… 이 정도면 대부분 사람들이 크리넥스 티슈, 크레스트 치약, 바이엘 아스피린, 다이알 비누를 사다 줄 것이다.

한편 다음 리스트는 어떨까. 하인즈, 스카티, 크라프트… 사람들을 혼동하기 시작한다. 하인즈 오이절임인지, 하인즈 케첩인지, 스카티 티슈인지, 타올인지, 크라프트 치즈인지 크라프트 마요네즈인지. 라인연장

의 병폐는 단기간에 나타나지 않지만, 오랜 세월에 걸쳐 브랜드의 포지셔닝을 약화시킨다.

(3) 폭스바겐의 실패

라인 연장의 비극은 통상 3막의 필연적인 종말에 도달하게 된다. 제 1막은 대대적인 성공이다. 폭스바겐은 소형차의 포지션을 찾아내어 신속하게 침투함으로써 대성공을 거두었다. "작게 생각하라$_{\text{Think Small}}$"는 광고는 단일 광고로 이제까지 집행된 어떤 광고보다 유명한 광고가 되었고, 폭스바겐 비틀은 자동차 시장에서 경이적이고 강력한 포지션을 구축했다. 제 2막은 더 큰 욕심과 성공이 영원할 것 같은 환상에 사로잡히게 되는 과정이다. 폭스바겐은 그간 쌓인 신뢰도와 품질의 우수함을 더 크고 비싼 차로 연장시켰다. 버스, 지프, 그리고 고급승용차 대셔$_{\text{Dasher}}$에서 절정을 이루었다.

"대셔, 품위 있는 폭스바겐" 그렇다면 기존의 합리적이고 실용적인 폭스바겐은 어디로 간 것인가? 대셔는 그간의 폭스바겐 이미지를 내동댕이쳐 버렸다. 제 3막은 대단원이다. 라인 연장을 통해 늘여온 5가지 모델의 판매량을 모두 합친 것이 하나의 판매량보다 적을 수 있을까? 결과는 적은 것으로 나타났다. 그리고 혼다의 "단순한 것이 좋다$_{\text{Keep it simple}}$"는 광고 테마는 폭스바겐 1막의 자리를 위협하는 것이었다.

(4) 하우스 네임 사용의 원칙

> **라인연장이 효과적인 경우**
> 1. 판매량이 작은 경우
> 2. 경쟁자가 전혀 없는 경우
> 3. 소비자의 마음속에 포지션을 구축하고 싶지 않은 경우
> 4. 광고를 전혀 하지 않는 경우

라인 연장은 실수가 아닌 '함정'이다. 그렇지만 판매량이 적은 경우, 경쟁자가 전혀 없는 경우, 소비자의 마음속에 포지션을 구축하고 싶지 않은 경우, 또 광고를 전혀 하지 않는 경우라면 라인 연장이 효과적일 수 있다. 실제 판매되는 상품은 많아도, 포지션 된 상품은 드물다. 이런

경우는 잘 알려진 제품보다 그렇지 못한 제품에 훨씬 유리하다. 3M과 같이 판매량이 비교적 적은 수천 가지 상품을 가지고 있는 경우, 각 제품마다 이름을 붙일 수 없는 것은 명백하다. 상황마다 라인 연장은 다르지만 대체적인 라인 연장의 원칙 몇 가지를 소개하여 본다.

① 판매 예상: 승자가 될 가능성을 갖고 있는 경우에는 하우스 네임을 사용하지 말아야 한다. 판매량이 적은 제품은 사용해도 무방하다.
② 경쟁 상황: 경쟁자가 없는 상황에서는 사용해도 무방하나. 경쟁이 치열한 경우에 사용하지 말아라.
③ 광고의 지원: 많은 광고비를 지출하는 브랜드는 안 되며, 광고비가 적은 브랜드는 사용해야 한다.
④ 중대성: 성공적인 제품에는 사용하지 말며, 화학제품과 같은 일상 용품은 사용하라.
⑤ 유통: 진열 판매 제품에는 안 되고, 대리점을 통해 판매되는 제품에는 사용해야 한다.

10) 포지셔닝의 사례 – 밀크더스 Milk Duds

밀크더스는 비트라이스 푸드(Beatrice Foods)에서 만드는 제품 중의 한 브랜드이다.

밀크더스는 조그만 상자 속에 든 캔디인데 '영화' 캔디(극장에서 많이 먹기 때문)라는 별명으로 알려져 있다. 그러나 이 회사는 캔디를 좋아하는 더 나이 어린 층으로 시장을 확대하고 싶었다.

(1) 제1단계

모든 포지셔닝 프로그램의 첫 단계는 소구 대상의 마음속을 들여다보는 일이다. 밀크더스의 소구대상은 캔디 가게의 주 소비자층인 평균 10세 정도의 어린이들로 자신이 지불한 금전의 대가에 대해 관심이 높은 영리한 소비자들이었다. '캔디'라는 말이 나오면 소비자들은 무엇을 떠올리는가? 대부분 어린이들에게 캔디란 '캔디 바'를 의미한다.

허쉬, 네슬레, 마운드, 스니커즈, 밀키웨이 같은 캔디바들이 이들이다.

(2) 경쟁자들의 포지셔닝

경쟁자들의 광고비에 비하면 밀크더스의 광고비는 극히 미미해서 캔디바로서 밀크더스를 재포지셔닝 한다는 것은 불가능해 보였다. 이미 기존의 캔디바 이름으로 가득 찬 소비자의 마음속에 또 하나의 캔디바가 들어갈 자리는 거의 없어 보였기 때문이다.

유일한 방법은 캔디바라는 품목을 재포지셔닝 하는 길 뿐이었다.

다행히 밀크더스는 기존 캔디바의 취약점을 찾아냈다. 바로 오래 먹지 못한다는 점이다.

어린 구매자들의 마음속에는 이에 대한 불만이 팽배해 있었다. 캔디바에 비해 밀크더스 한 상자는 분명히 훨씬 더 오래 먹을 수 있다.

바로 이 이유 때문에 밀크더스가 극장에서 인기를 끌고 있는 것이었다. 밀크더스의 새로운 포지션이 분명해졌다.

(3) 새로운 포지셔닝

밀크더스는 기존의 캔디바에 비해 오래 먹을 수 있다는 장점을 다음과 같은 TV광고로 소구했다.

"옛날에 아주 입이 큰 어린이가 있었는데, 그 입은 캔디바를 아주 좋아했대요. 그러나 그 캔디바들을 오래 먹을 수가 없었어요. 그때 어린이는 초콜렛 캬라멜인 밀크더스를 찾아냈답니다. 큰 입은 오래 먹을 수 있는 밀크더스를 아주 좋아했대요. 다른 아이들이 캔디바를 다 먹고 입맛만 다실 때도 우리는 아직 밀크더스를 먹고 있죠. 여러분의 입에도 밀크더스를 주세요."

밀크더스(Milk Duds) 효과가 있었을까?

이 CF는 밀크더스의 판매 하락세를 뒤집어 놓았을 뿐만 아니라 단, 몇 개월 만에 이제까지 비트라이스 푸드사가 판매한 것보다 더 많은 밀크더스를 팔 수 있게 해주었다. 이 사례의 교훈은 이것이다.

학습정리

1. 시장세분화 Segmentation 개념

   초기의 시장세분화에서는 "누가" 우리의 제품을 쓰냐에 관심을 가졌다. 그리하여 인구통계 자료에 기반을 두고 비슷한 유형의 소비자를 묶는 세분화에서 시작, 유사한 구매동기를 갖는 소비자, 유사한 라이프스타일을 갖는 소비자를 묶는 세분화를 시도하였다. 누구를 우리의 타깃고객으로 삼을 것인가를 결정하려면, 우선 시장을 적절한 기준에 따라 분류해야 한다. 이러한 분류과정을 시장세분화라 하는데, 스미스 wendell smith는 "시장을 동일한 수요 탄력성 demand elasticity을 가진 하나의 시장으로서가 아니라, 상이한 수요 탄력성을 가진 여러 개의 시장으로 인식하는 것"이라 말하였다.

2. 표적시장 Targeting 의 개념

   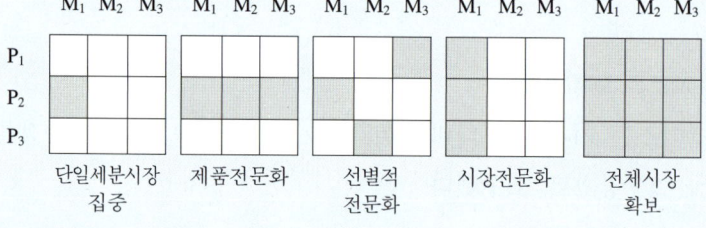

3. 포지셔닝 Positioning 의 개념

   포지셔닝은 제품에서 출발한다. 때로는 서비스, 회사, 조직 또는 사람에서 출발할 수도 있다. 유의할 점은 포지셔닝이 제품에 대해 어떤 조치를 취한다는 것이 아니고 바로 잠재 고객들의 마음을 겨냥하는 일이라는 사실이다. 즉 어떤 제품을 잠재 고객의 마음속에 마인드에 해당 제품의 위치를 잡아주는 것이며, 잠재고객의 마인드에 자기 자신을 차별화하는 방식, 이것이 포지셔닝인 것이다.

4. 끝으로, 마케팅전략인 STP전략 사례를 통해 얻은 마케팅 지식으로 사회에 적응할 수 있는 능력을 배양할 수 있을 것이다.

학습문제

01 STP전략은 매스마케팅Mass Marketing개념으로 소비자를 공략할 수 있다. (○, X)

> 해설 모든 소비자가 같은 생각, 취향, 시각, 느낌이라면 매스마케팅Mass Marketing개념의 마케팅만으로도 소비자를 공략할 수 있지만, 이것은 기업이 소비자 집단속에서 개성을 무시하는 것으로 각각 그 욕구를 충족시키기 위해 매우 다른 생각 또는 욕구wants를 가지고 있다는 사실을 저버리는 것이므로 맞지 않는다.
> 정답 : ×

02 포지셔닝은 제품에서 출발한다. 때로는 서비스, 회사, 조직 또는 사람에서 출발할 수도 있다. 유의할 점은 포지셔닝이 제품에 대해 어떤 조치를 취한다는 것이 아니고 바로 잠재 고객들의 마음을 겨냥하는 것이다. (○, X)

> 해설 어떤 제품을 잠재 고객의 마음속에 마인드에 해당 제품의 위치를 잡아주는 것이며, 잠재고객의 마인드에 자기 자신을 차별화하는 방식, 이것이 포지셔닝인 것이다.
> 정답 : ○

03 시장세분화의 기준과 변수가 아닌 것은?

① 심리분석적 세분화
② 인구통계적 세분화
③ 지리적 세분화
④ 라이프스타일적 세분화

> 해설 라이프스타일적 세분화는 심리분석적 세분화 내용에 포함되어 있는 서브 개념 중 하나이다.
> 정답 : ④

04 현대사회에 상업적 의미로 많이 등장하는 그룹화 된 말들이 많이 탄생하게 되는데, 그 연결이 바르지 않은 것은 무엇인가?

① 딩크족dink - 자녀를 두지 않는 맞벌이 부부
② 통크족tonk - 직업도 없고 직업을 구할 생각도 없고, 취직을 위해 교육도 받지 않는 사람.
③ 퍼피족puppies - 도시에 거주하고 있으나 가난한 전문 직업을 가진 그룹
④ 딘트족dint - 경제적으로 풍부하나 시간에 쫓기는 맞벌이 부부로 미처 돈 쓸 시간이 없는 신세대이지만 탁월한 컴퓨터 활용력과 정보화 마인드로 무장한 정보화 사회의 새로운 그룹

해설 통크족tonk - two only no kids 자녀에게 의존하지 않고 손자·손녀를 돌보는데 시간을 뺏기지 않으면서 취미생활로 인생의 말년을 즐기며 보내는 부부
정답 : ②

05 시장의 4가지 요건이 아닌 것은?

① 구매욕구　　② 구매능력
③ 구매의사　　④ 구매평가

해설 구매 욕구, 구매력, 구매의사가 있더라도 구매권한이 주어지지 않는 경우도 있다. 예를 들면, 술과 담배
정답 : ④

06 시장 세분화에 따라 얼마나 자사의 이윤을 제공해 줄 수 있을 만큼 매력이 있는 시장인가 또는 해당 목표시장에 들어갈 자원은 충분한지를 고려하는 개념을 설명한 것은?

① 시장 전문화　　② 단일 세분화
③ 표적시장　　　④ 틈새시장

해설 시장 전문화, 단일 세분화, 틈새시장은 표적시장에 포함됨
정답 : ③

07 다음이 설명하는 포지셔닝은?

> '아스피린의 복용방법에 대한 인식을 바꿔 타이레놀이 시장점유율을 높임'

① 선도자의 포지셔닝
② 경쟁자의 재포지셔닝
③ 추격자의 포지셔닝
④ 틈새 포지셔닝

해설 경쟁자의 약점을 소비자에게 의도적으로 알리고, 약점을 자사의 강점으로 만들어 시장진입을 꾀하는 것

정답 : ②

08 상품, 서비스, 메시지를 가능한 한 많은 소비자들에게 한 번에 전달하는 것으로 매우 비용 효과적이며, '평균의 법칙'이라는 다수의 힘에 의해서 성공의 기회를 최대화 시킬 수 있는 마케팅은 무슨 마케팅인가?

① 브랜드마케팅
② 매스마케팅
③ 패션마케팅
④ 그린마케팅

해설 불특정 대다수인에게 모두 같은 내용으로 접근하는 마케팅기법

정답 : ②

제3장 마케팅의 전략화 2
4P's 전략

> "만약 당신이 항상 고객의 기대를 넘어선다면 그들은 다시 오고 또 올 것이다. 그들에게 그들이 원하는 것을 주라. 나아가 그 이상을 주라.
> 그들로 하여금 당신이 그들에게 감사하고 있다는 것을 알게 하라.
> 당신의 모든 잘못에 대해서는 보상하라. 변명하지 말라. 사과하라.
> 당신이 하는 모든 일을 지원하라. 즉 만족을 보장하라."
>
> — 샘 월튼 월마트 창업자

03 FUN MAKETING
마케팅의 전략화2 :
4P's전략

학습목표 🔍

1. 마케팅4P's믹스전략의 4요소인 제품, 가격, 유통, 촉진에 대해 이해하게 된다.
2. 마케팅4P's 전략에 대한 각각의 사례를 통해 현장 적용 능력을 배양할 기회를 가질 수 있게 된다.
3. Wal-Mart와 Swatch의 사례를 통해 글로벌 기업경영에 있어 마케팅 활동이 얼마나 중요한지를 알게 된다.

핵심키워드 : 마케팅 전략, 마케팅믹스전략, Brand, Package, Promotion

마케팅의 4P's 전략은 보통 마케팅믹스전략이라고도 한다. 마케팅믹스(marketing mix ; 4P's)란 표적시장에서 마케팅 목표를 달성하기 위해 필요한 요소들의 조합을 말한다. 마케팅믹스는 크게 제품$_{Product}$, 가격$_{Price}$, 유통$_{Place}$, 촉진$_{Promotion}$ 등의 4P라고 부르는 요소로 구성되는데, 이 요소들을 조합해서 마케팅 목표를 달성하는 것이 마케팅믹스의 핵심이다.

제품은 개발에서부터 최종 소비자의 손에 전달될 때까지 복잡한 단계를 거친다. 기업은 제품을 개발하기 전에 기업의 내부적, 외부적 환경을 분석하고 예측해서 새로운 시장의 기회를 찾는다. 시장의 기회가 발견되면 시장을 세분화하여 목표시장을 정하고 마케팅 목적과 제품

컨셉을 설정하여 고객이 자사제품을 구매할 수 있도록 마케팅 활동을 수행한다. 이런 복잡한 흐름의 중심에 있는 제품, 가격, 유통, 촉진 등을 일관된 방향으로 흐르게 만드는 것이 바로 마케팅믹스이다. 마케팅믹스 전략은 각각 독립적으로 작용하지 않는 이 4가지 요소들을 효과적으로 조합하는 종합적인 마케팅 전략이다.

학습내용

마케팅 전략은 다른 기업 활동과 마찬가지로 순환적 특성을 갖는다. 어떤 마케팅 계획이든 반복적 과정을 거친다. 마케팅 전략은 보통 7단계에 걸쳐 수립된다.

1. 소비자 분석
2. 시장 분석
3. 경쟁 분석
4. 유통 경로 분석
5. 예비적 마케팅 믹스 수립
6. 경제성 평가
7. 단계 수정 및 확장을 통한 최종안 도출

복잡해 보이지만, 자세히 보면 1-5 단계까지는 한 가지 목적을 위한 분석이다. 바로 마케팅 믹스$_{marketing\ mix}$를 만드는 단계이다. 마케팅의 4요소라고 하는 4Ps, 즉, 제품, 장소, 판촉, 가격을 어떻게 '섞어서'$_{mix}$ 구성하는가를 의미한다. 제품 A는 어떤 특징을 갖는 제품$_{product}$으로, 어떤 유통 채널을 통해 공급하고 어디에서$_{place}$ 팔 것이며, 어떤 방식으로 판촉하고$_{promotion}$, 가격$_{price}$은 어느 정도로 할 것인가를 결정하는 것이다. 4p는 서로 긴밀히 연관되어 있기 때문에 하나를 변경시키면 나머지 모두가 영향을 받게 된다. 따라서 특정 제품에 가장 알맞는 최적의 조합을 찾아내는 것이 중요하며 이런 조합이 곧 좋은 마케팅 믹스인 것이다. 특히 4요소가 내부적으로 일관성이 있으면서 상호 보조적^{internally consistent and mutually supportive}이어야 한다는 것이 중요하다. 제품의 특성, 판매 장소, 판촉 방법, 가격이 적절히 조화를 이루면서 서로서로 지원해야 한다. 예컨데, 특별한 고급 기능을 가진 제품을 고가에 팔기로 결정했으면, 한정된 고급 매장에서만 판매를 해야 하고 구매력이 큰 계층을 대상으로 한 판촉이 이뤄져야 한다. 이처럼 각 요소는 일관성이 있으면서 상호 보조적이어야 한다. 또한 앞서 배운 STP전략과도 전부 연계됨을 인식해 주길 바란다.

마케팅 믹스가 완성되면 그 마케팅 믹스의 경제성을 평가해 보고, 경제성이 있으면 전략대로 추진, 그렇지 않으면 다시 앞 단계로 되돌아가 새로운 마케팅 믹스를 만든다. 그런 순환 과정이 바로 마케팅 전략 수립 과정이다.

┃그림 3-1┃ 마케팅 전략

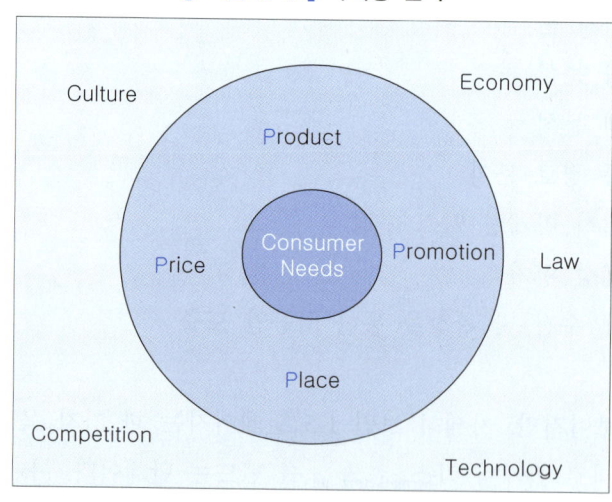

출처: MIT OpenCourseWare, "Marketing"

Break Time

모방하라, 그리고 따라잡아라

혁신기업이 무조건 1등 아니다… 기술개발 늦어도 역전기회는 많아

혁신제품을 만드는 기업(innovator)은 용감한 개척자로 인식되고, 모방제품을 만드는 기업(imitator)은 치사한 아류처럼 다뤄지곤 한다. 게다가 위조품이나 해적판 등 불법 모방제품에 대한 부정적인 이미지가 더하여 모방은 드러내서는 안 되는 전략으로 인식된다.

그러나 시장에 참여하기 위해 반드시 새로운 발명품을 들고 나와야 하는 것은 아니다. 마케팅에서의 창의성은 누가 먼저 만들었느냐가 아니라 누가 먼저 상업적인 성공을 거두느냐로 판가름 난다. 모방제품이 혁신제품을 앞선 사례는 수도 없이 많은데 모방으로 시장을 주도하려면 다음의 전략을 시도해볼 수 있다.

우선 마케팅의 생존 공식은 기술에서 앞서가는 게 아니라 시장의 동향을 감지하고 신속히 반응(S&R·sense and response)하는 능력임을 알아야 한다. 혁신기업은 기술 위주다 보니 시장에서의 경험이 부족한 경우가 많다. 소비자 위주의 마케팅 의식을 가지고 뒤쫓는다면 혁신기업을 앞지르는 것은 시간문제일 뿐이다.

35㎜카메라는 기술지향적인 독일 기업들인 라이카(Leica)나 콘탁스(Contax)가 선발주자였지만, 이들은 소비자 욕구 변화에 적절히 대응하지 못했다. 반면 캐논(Canon)이나 니콘(Nikon) 등 일본 기업들은 독일의 앞선 기술을 모방해 사용자 친화적인 제품으로 개선하고 가격을 낮춰 시장을 장악했다.

MP3의 선두주자는 아이리버(iriver)였지만 마케팅 기반이 불안정하고 제품의 일관성도 약했다. 반면 새로운 디자인과 편리한 사용감으로 무장한 아이팟(iPod)이 혁신기업의 제품을 무력화시키며 시장을 장악했다.

둘째, 제품의 완성도를 높이는 것도 효과적인 모방전략의 한 형태다. 혁신기업의 제품은 아직 완전하지 못한 상태로 출시되는 경우가 많다. 모방제품이 기술을 가다듬어 소비자들에게 제품 자체가 더 우수하다고 인정받는다면 유리한 입장에 설 수 있다.

게임기 시장의 혁신기업인 매그나복스(Magnavox)와 아타리(Atari)의 제품은 단조로워 아이들의 도전 의식을 자극하지 못해 시장이 성장을 멈추고 있었다. 모방기업인 닌텐도(Nintendo)는 다양하고 흥미 있는 게임들로 시장을 부활시키게 된다.

드해빌랜드(de Havilland)는 코멧-I(Comet I)으로 상업용 제트 비행기의 세상을 열었으나 너무 서둘러 출시해 몇 차례 추락사고가 났다. 보잉(Boeing)은 후발기업이었지만 더 강력하고 더 안전한 제트기로 승리했다.

셋째는 기존의 유통 파워를 십분 활용하는 것이다. 벤처기업으로 시작한 포나(Fonar)는 자기공명촬영기(MRI)를 발명하여 기술력으로 의료기 시장을 주도해 보려 하였으나 모방기업인 GE가 강력한 유통파워로 시장을 역전시켰다.

단층 촬영기(CAT Scanner)는 음반회사인 EMI에서 처음 개발했지만 의료기 산업에 경험이 없어 주춤하고 있었다. 이때 화이자(Pfizer)와 GE 등 모방기업이 특허권 분쟁을 각오하고 마케팅 능력과 유통망으로 밀어붙여 시장을 장악하였다.

넷째는 시장을 새로이 정의하는 것이다. 일회용 기저귀를 처음 개발한 것은 세척제품 제조사인 척스(Chux)였다. 그들은 여행자나 부유층을 대상으로 신제품을 팔아 나름대로 재미를 보고 있었다. 뒤늦게 시장에 참여한 P&G는 일반인들이 평소에 자주 쓰는 상품으로 자리매김하기 위해 보다 저렴한 가격의 팸퍼스(Pampers)를 출시했다. 흡수력도 개선된 모방제품으로 인해 수요가 급속히 확대됐고, P&G는 더 커진 시장을 장악하게 된다.

다섯째, 혁신기업은 새로운 '제품'을 홍보하느라 많은 시간과 자원을 소모하게 되지만 후발 모방기업은 '브랜드'를 알리며 손쉽게 시장에 끼어들 수 있다. 푸드 프로세서(food processor)의 효시인 쿠진아트(Cuisinart)는 신제품을 개발한 후 소비자에게 사용법을 교육시키느라 동분서주했다. 후발주자인 블랙 앤 데커(Black & Decker)는 유사한 기능에 가격을 낮추며 슬그머니 시장에 침투해 시장을 양분했다.

기술개발에 한발 늦었다고 실망할 필요가 없다. 기술의 첨병은 아닐지라도 기술의 변화를 호시탐탐 살피다 보면 역전의 기회는 많다.

모방을 부끄러워하고 무조건 새로운 아이디어만을 추구하려는 경향은 재고돼야 한다. 다만 껍질만 흉내내는 것이 아니라 창의적으로 개선된 모방을 도모하라.

새로운 기술의 개발도 중요하지만 시장에서의 승부는 소비자의 관점에서 어떠한 새로운 용도를 첨가하고 이를 통해 어떻게 새로운 고객을 창출할 수 있는가에 달려 있다.

- [홍성태 교수의 마케팅 레슨] ChosunBiz.com 기사내용 중 발췌 -

1. 제품_Produck_ 전략

현대적 마케팅의 의미는 소비자의 욕구충족이라는 관점에서 접근할 수 있다. 이러한 마케팅활동은 소비자의 욕구충족의 직접적인 수단인 제품을 통해 구체화되며, 이에 따라 가격, 유통 촉진 등의 마케팅 프로그램이 결정된다. 따라서 제품전략이란 마케팅 프로그램의 출발점이 되며, 이는 소비자에 의해 정의된 제품개념에 따라 적절하게 개발, 관리, 제공되어야 함을 의미한다.

1) 제품의 개념

제품이란 구매자가 관심을 갖게 되어 구입하여 사용하거나 소비함으로써 자신의 욕구를 충족시켜 줄 수 있는 모든 것을 말한다. 따라서 제품인 실물인 것도 있고 서비스, 사람, 장소, 기관이나 조직, 혹은 아이디어 등도 제품이라고 할 수 있다.

(1) 제품의 계층

제품은 세 가지 계층으로 분류하여 그 속성을 제시할 수가 있다. 가장 기본적인 것은 핵심제품_core-product_이라고 하며 구매자가 진실로 구매하고 있는 것을 무엇인가라는 개념에 기초하고 있다. 즉, 제품 속에 내재하고 있는 소비자의 욕구를 발견하여 제품의 특징을 판매하는 것이 아니라 제품을 구매함으로써 소비자가 얻게 되는 효익을 판매하여야 한다. 컴퓨터라고 하면 문서작성과 게임, 인터넷, 메일 등이 핵심제품으로 자리 잡고, 에어컨은 시원함에 있다.

이러한 핵심제품은 소비자에게 유형의 것으로 보일 수 있어야 하는데 이것을 유형제품_tangible product_ 혹은 실제제품_actual product_이라고 부른다. 이는 제품의 특성, 포장, 상표, 품질, 외관 등이다. 즉, 컴퓨터의 브랜드, 모니터, 색상, 크기 등을 말한다. 한편 유형제품을 소비자에게 제공함과 동시에 추가로 서비스와 혜택을 제공할 것인가를 결정해야 하는데 이것을 보강제품_augment product_이라고 한다.

그림 3-2 제품의 계층

　이러한 보강제품의 개념은 제품의 보증기간, 판매후 애프터서비스나 수선, 배달, 신용구매, 포장서비스, 설치 소비자 지원서비스, 제품사용 설명회 등이다.

　최근에 기업의 제품생산에 있어 핵심적 이점이나 제품의 품질이 비슷하게 되어 지고 있어 기업이 경쟁에서 승리하려면 적절한 보강제품이 개념을 개발하는 일이 중요하다.

　다시 말하면 기업의 입장에서 단순히 유형제품을 개발하는 것으로 만족하여서는 안되며, 소비자들이 일반적으로 제품을 사용함으로써 얻고자 하는 효익 또는 만족이 무엇인가를 파악하여 그러한 만족이나 효익을 충족시켜 줄 수 있는 제품을 개발함과 동시에 소비자들의 욕구를 최대로 충족시켜 줄 수 있는 방법이 무엇인가를 추가로 보강하는 방안을 강구하는 일이 필요하다.

　자동차를 중심으로 제품의 개념을 정리해 보면 핵심제품은 이동성, 수송, 화물의 적재, 이미지 향상 등을 들 수 있고 유형제품은 브랜드, 엔진크기, 색상, 본체 모양, 내부 디자인, 본체 크기, 본체 스타일, 모델명, 선택사양, 솜씨 등을 들 수 있고, 보강 제품은 10만 마일 10년 보증, 자가운전자 지침서, 자동차 할부 금융, 공급업자의 부품공급 및 수리부서, 공급업자의 배달속도, 소비자 불만 수신자 부담 서비스, 무료 엔진오일 및 윤활유 서비스 등이다.

(2) 신제품의 정의

신제품new product이란 무엇인지에 대해 일률적으로 정의하기는 곤란하다. 왜냐하면 신제품이란 정의는 다양한 관점에서 접근될 수 있기 때문이다. 보통 기업의 내부 또는 외부기관의 연구개발을 통하여 탄생되는 독창적인 제품, 제품개량, 제품변형, 새로운 상표 등을 의미하며, 조금 더 보강하면, 기업관점에서의 신제품이란 원초적 제품(혁신제품), 제품개선과 수정제품, 재포지셔닝 등의 모두를 지칭한다.

마케팅 이야기

사례 소비자 마음 읽는 독심술 가전 인기

"때 이른 무더위로 결국 에어컨을 장만했어요. 주로 거실에 식구들이 모여 있는데 문제는 식사시간이에요. 식사 준비로 부엌은 금방 더워지고 에어컨에서 멀어지니까 시원함은 덜하고 정작 더운 곳은 주방인데 에어컨을 주방에 따로 둘 수도 없고 에어컨 바람이 좀 강력하게 왔으면 좋겠어요." 한 소비자가 게시판에 올린 사연이다.

소비자의 불편함을 미리 알고 이를 해결한 '독심술 가전'이 인기를 끌고 있다. 사소한 기능이지만 '고객 인사이트'를 통해 세심한 부분까지 배려한 가전 제품이 불황에도 불티나게 팔리고 있다. 소비자의 의견을 반영해 연초에 내놓은 바람 세기가 9m에 이르는 LG 휘센 에어컨. 이 에어컨은 음식 준비할 때 나오는 열기로 집 안 다른 곳보다 훨씬 더운 주방까지 바람을 보내는 '에어 로봇' 기술로 주방의 열기를 식혔다. LG전자 측은 "다른 모델에 비해 판매량 면에서 독보적"이라며 "단일 모델로 전체 에어컨 판매량의 절반에 달하는 히트 제품으로 등극했다"고 말했다.

삼성 지펠 냉장고에 탑재한 야채와 과일의 잔류 농약을 줄여주는 '태양광 야채실'과 냉장고 문 여는 힘을 반으로 줄인 '빌트인 핸들'도 소비자 만족도를 높여 호평을 받은 기능이다. 태양광 야채실은 자외선 효과로 야채와 과일에 남아 있는 농약을 최고 72%까지 줄여준다. 빌트 인 핸들은

자동차 손잡이와 비슷한 오픈 방식으로 문 여는 힘을 반으로 줄여 사랑을 받고 있다.

FUN MAKETING

대우일렉이 인체공학 설계로 사용 편리성을 극대화한 '드럼 업' 세탁기도 프리미엄 시장을 평정했다. 드럼 업은 문 개폐와 세탁물을 넣고 꺼낼 때 불편함을 해소하기 위해 드럼 자체를 11㎝ 끌어올려 허리와 무릎 관절을 보호할 수 있다. 이 회사 박선후 이사는 "고객 시각에서 개발한 대표 제품"이라며 "지난 2월 출시 이후 6월까지 매월 50% 이상 판매량이 증가하는 가파른 상승세를 기록 중"이라고 말했다. 특히 프리미엄 드럼 세탁기 판매 비율이 6배 이상 급증하는 실적을 올리며 전년 대비 드럼세탁기 매출을 450%나 견인했다.

독심술 가전은 대형뿐 아니라 소형 가전에서도 찾아 볼 수 있다. 크룹스에서 선보인 전자동 에스프레소 머신 '에스프레제리아 XP7200'은 설명서를 제품 안쪽에 내장했다. 제품설명서는 시간이 지나면 없어지는 일이 많다. 작동 방법이 생소한 에스프레소 기계는 설명서가 없으면 난감하기 일쑤다. 이에 크룹스는 제품 안쪽에 설명서가 들어가는 홈을 따로 만들었다. 설명서도 얇은 플라스틱 방수 재질로 만들어 물에 젖어도 찢어지지 않는다.

필립스전자가 선보인 검은색 전선 다리미도 소비자 입장에서 개발한 제품. 보통 하얀색인 다리미 줄을 검은색으로 바꿨다. 주로 바닥에 앉아서 다림질하는 경우가 많은데 이때 다리미 줄이 쉽게 때가 타서 보기 싫어진다는 점에 착안했다.

Miele 밀레코리아도 진공청소기 흡입 봉지를 차별화했다. 먼지 흡입 봉지를 종이나 비닐이 아닌 얇은 알루미늄 소재로 만들었다. 진공청소기가 먼지를 빨아들이는 과정에서 끝이 뾰족한 물체가 빨리면서 얇은 흡입 봉지가 찢어지는 일이 많다는 점을 배려한 것이다.

— 전자신문 기사발췌 —

신제품이 항상 성공하는 것은 아니다. 컨설팅회사인 부즈 알렌 앤드 해밀턴Booz, Allan and Hamilton의 조사(1982)에 의하면, 미국기업 경영자들은 앞으로 5년 후에는 신제품으로 인해 자사의 매출액이 1/3이 늘고 총이익의 40%가 신제품에서 올 것이라고 예상하고 있다. 그러나 모든 신제품들이 성공적이지는 않고 오히려 대다수의 신제품들이 실패하고 있으며 이 조사에서는 신제품의 35% 정도가 실패한다고 한다.

kimberly사에서는 세균을 죽이는 얼굴용 화장지를 개발하였으나 이 화장지는 보통 화장지보다 4배나 가격이 비싼 것이었다. 이 화장지는 감기가 든 사람들이 남에게 감기를 전염시키지 않게 하기 위하여 사용하는 것이었는데, 사람들은 자기 자신이 다른 사람으로 인하여 전염된 것도 억울한데, 다른 사람을 위해 4배나 비싼 화장지를 구입해야 하는 이유가 어디 있느냐는 생각에서 구입하지 않았다.

하지만 기존제품으로 새로운 시장을 개척하는 하는 경우도 많이 있다. colgate는 세제에 레몬향기를 넣은 후 세제시장 점유율을 3%증가시켰고, Arm&Hammer사는 빵 굽는 소다를 화장실에 청소세제나 냉장고, 싱크대 방수구의 냄새를 없애주는 제품으로 판매를 증가시켰다.

(3) 브랜드

마케팅관리자는 개개의 제품에 대한 마케팅전략을 개발하는데 있어 상표화branding하는 문제에 직면하게 된다. 각 제품을 브랜딩 함으로써 그 가치를 높일 수 있기 때문에 이것은 제품전략상 매우 중요한 위치를 차지한다.

brand(상표)는 판매자가 자신 취급하고 있는 상품 또는 서비스라는 것을 증명할 목적으로 하거나 경쟁자의 것과 구별하기 위한 목적으로 사용되는 이름, 용어, 표지, 기호, 디자인 혹은 이러한 것들을 결합한 것을 말한다.

- 상표명$_{brand\ name}$: 문자로 표시되어 소리 내어 말할 수 있는 상표의 일부
- 상표마크$_{brand\ mark}$: 상표 중에서 언어로 표시할 수 없는 상징이나 디자인
- 등록상표$_{trade\ mark}$: 독점적으로 사용할 수 있으며 법률적으로 보호를 받는 상표 또는 상표의 일부 (판매자가 상표명이나 상표표지를 독점적으로 사용할 수 있는 권리를 보호하는 데 그 목적이 있다.)
- 사명$_{trade\ name}$: 기업의 법적 명칭

모든 기업들은 브랜드를 귀중한 자산으로 인식하고 있다. 그 이유는 브랜드가 있음으로 해서 소비자들은 여러 기업에서 나오는 서로 비슷한 제품들을 구분할 수 있기 때문이다. 더구나 기술의 진보에 따라 대

부분의 기업이 거의 똑같은 제품을 생산할 수 있어, 많은 경우 자사의 브랜드는 경쟁사가 모방할 수 없는 유일한 부분일지도 모르기 때문이다. 또한 브랜드가 현대사회와 같이 과다한 정보노출시대에서는 강력한 경쟁우위를 확보하는 지름길이 될 수도 있기 때문이다.

구체적으로 브랜드의 효과는 자사제품에 대한 높은 상표충성도를 가진 소비자들을 확보할 수 있고, 브랜드 명성이 높을수록 기업의 신제품 도입에 보다 긍정적인 영향을 미칠 수 있다. 또한 유통기관에 있어서도 브랜드는 매우 중요한 의미를 갖는다. 왜냐하면 어떤 점포에서 어떤 브랜드를 취급하느냐에 따라서 점포이미지가 영향을 받기 때문에 가급적 시장에서 명성이 있는 브랜드의 제품을 취급하려고 하기 때문이다.

Break Time

브랜드의 유래

국내 유명 크리스털 브랜드인 '파카 글라스'의 '파카'는 무슨 뜻일까. 현대백화점이 판매 직원들의 상품 설명 능력을 키우기 위해 500여개 의류, 잡화 브랜드의 유래를 담은 '브랜드 사전'을 발간해 눈길을 끌고 있다.

우선 브랜드명에서 가장 일반적인 유형은 창업주나 그의 가족 중 한명의 이름을 따오는 것이다. '파카 글라스'의 '파카'는 두산그룹 창업주의 성인 '박가(朴家)'의 영문 표기 PARKA에서 따온 것이다. '구치', '샤넬', '제냐' 등 명품이라 불리는 브랜드 대부분이 여기에 속한다. 국내 구두 브랜드 '세라'가 창업자의 딸 이름(박세라)을 사용한 것도 같은 맥락이다.

의류 브랜드 '지오다노'는 본사 사장이 우연히 들른 한 레스토랑의 이름이 브랜드명의 기원이다. 홍콩 본사 사장이 제품 출시를 앞두고 사업 구상차 여행을 하던 중 들렀던 이탈리안 레스토랑의 이름으로, 저렴한 가격에 비해 음식 맛과 직원들의 서비스가 훌륭해 자신이 구상하던 의류 브랜드의 컨셉과 딱 맞아떨어진다는 생각에 사장이 직접 결정했다고 한다.

여성 캐주얼 'A6'의 경우 복사용지 A4에서 아이디어를 얻었다. 이런 저런 자료를 복사하던 중 A4란 낱말이 눈에 들어왔고, 'A6'가 마치 A4라는 획일적인 틀을 벗어난 개성 넘치는 제품을 상징하는 것처럼 여겨졌다는 것이다.

> 해석에 따라 '심오한' 의미를 담고 있는 브랜드 유형도 눈길을 끌었다. 화장품 브랜드 'SK-II'는 'Secret Key'의 줄임말로, 맑고 투명한 피부를 위한 '비밀의 열쇠'라는 뜻이며 'II'는 20여년 동안 인기를 끌었다는 점을 강조하기 위해 붙여졌다.
> 여행용 가방 브랜드인 '쌤소나이트'는 성경에 등장하는 삼손에서 유래된 것으로 '삼손처럼 튼튼한 가방'이란 의미를 담고 있다.
> 필기구로 유명한 독일산 브랜드 '몽블랑'은 이름 때문에 한때 프랑스산이란 오해를 받기도 했지만 알프스산맥 중 가장 높은 봉우리란 뜻을 가진 브랜드 덕에 필기구의 명품이란 명성을 오랫동안 이어가고 있다.
> 유아복 브랜드 '무냐무냐'의 경우 얼핏 아무 뜻도 없어 보이지만 아이들의 호기심어린 질문인 '뭐야뭐야'를 변형시켜 만들어졌다. 연상작용을 통해 구매심리 자극 효과를 노렸다는 게 회사 측의 설명이다.
> 이 밖에 'EXR'는 'Executor(집행자)'란 단어에서 나왔고, 신사복 브랜드 닥스(DAKS)는 1894년 기성복 브랜드로 출시되면서 'Dad(아버지)'와 'Slacks(바지)'를 합성해 브랜드명이 지어졌다.
>
> - 한경닷컴 기사발췌 -

이러한 브랜드의 중요성 때문에 기업들은 브랜드를 단순하게 경쟁제품들과 구분하기 위해 사용하는 것이 아니라, 기업가치를 증가시키는 브랜드자산으로서 인식하고 있다. 즉 브랜드자산brand equity이란 어떤 제품에 상표를 붙임으로써 추가되는 어떤 가치로서 브랜드자산의 효과는 높은 상표충성도, 시장점유율 또는 수익의 증가로서 나타나며 차별적 효과가 나타나게 된다.

'이름이 판매의 20%를 좌우한다.'는 말은 자동차 업계의 통설이라 한다. 현대자동차의 소나타는 처음에는 판매실적이 좋지 않았다. "소나 타는 차"라는 농담 반 진담 반 얘기가 나돌면서 이미지가 좋지 않았던 게 하나의 이유가 되었다고 한다. 그 후 영어이름 sonata는 그냥 두고 한글이름만 '쏘나타'로 바꾸었다. 현재까지 계속되는 브랜드가 되어 있다.

브랜드에 대한 자세한 내용은 뒤 5장에서 다시 소개될 것이다. 그때 더 자세히 알아보기로 하자.

(4) 포장Packaging 관리

포장은 제품의 파손 또는 변질을 방지하고 사용 및 운송상의 편리를 도모하며, 제품의 내용, 원료, 품질보증, 가격 등의 표시가 가능하도록 하는 수단이다.

① 소비자에게 주는 편익

㉠ 제품의 확인수단

포장은 제품의 내용, 구성요소 뿐만 아니라 제품에 대한 정보를 제공해 주는 기능을 수행한다. 또한 포장에 촉진메시지나 쿠폰 등을 포함시킴으로써 제품촉진활동도 동시에 수행한다.

㉡ 편의제공

소비자들의 위생관념의 향상으로 포장제품의 선호도가 높아지고, 또한 다루기 쉽고, 폐기 및 재사용이 용이한 제품을 선호하는 소비자들에게 포장은 여러 가지 편의를 제공해 준다.

㉢ 제품이미지 제공

제품은 포장을 통해서 소비자들에게 제품이미지를 전달하고, 또한 소비자들은 자신의 이미지를 향상시켜 주는 제품을 구매하려 한다. 따라서 포장의 이러한 기능을 이해하여 표적소비자가 희구하는 제품이미지에 적합한 포장이 이루어짐으로써 제품이미지를 제공할 수 있다.

포장도 제품계획의 중요한 요소이다. kimberly사는 화장지를 개발하려 할 때, 화장지에 대한 소비자의 사용태도에 대해 조사를 하였다. 조사결과 소비자가 감기에 걸렸을 때 사용하는 화장지 장수가 평균 60매라는 것을 알고 크리넥스 한 박스 화장지 매수를 60매로 결정하였다. 포장은 다음 3가지 목적을 달성하여야 한다.

ⓐ 제품을 파손으로부터 보호한다.
ⓑ 마케팅에 도움을 준다.
ⓒ 원가절감에 도움을 준다.

식료품의 종류가 많기 때문에 소비자의 눈에 띄도록 해야 한다. 어떤 광고회사의 조사에 따르면 제품이 많이 판매되려면 소매상에서 제품의 첫인상이 좋아야 한다고 한다. 소비자들은 글씨를 읽는 것보다 주로 그림을 본다. 또한 6명 중 1명은 글씨를 읽기 위해 안경이 필요하나 장보러 갈 때 일부러 안경을 소지하려는 사람은 거의 없기 때문이다.

던킨도너츠나 베스킨라빈스의 포장은 일부분 찢어진 부분만 봐도 쉽게 무슨 제품의 포장지 인지를 알 수 있다. 지적재산권 내용 중 중요한 자산에 포장 디자인도 포함된다.

이러한 포장의 기능에도 불구하고 포장에 대한 사회적 비난도 커져 가고 있으므로, 사회적 요구에 적합한 포장관리가 이루어져야 한다. 포장의 사회에 대한 영향을 고려하여 지향해야 할 바를 구체적으로 제시하면 다음과 같다. 첫째, 공정한 정보제공기능을 수행토록 해야 한다. 둘째, 과도한 포장이 지양되어야 한다. 셋째, 공해 또는 오염의 방지대책이 강구되어야 한다. 넷째, 자원남용이 방지되도록 해야 한다.

② 포장이 갖추어야 할 특징

첫째, 구매시점에 주의$_{attention}$를 유발할 수 있는 시각성$_{visibility}$이 있어야 한다. 둘째, 제품사용법이나 편익 등을 설명하는 정보제공$_{information}$이 되어야 한다. 셋째, 소비자가 원하는 느낌이나 무드(우아함, 위신 등)를 유발할 수 있는 감정적 소구$_{emotional\ appeal}$를 유발하도록 고안되어야 한다. 넷째, 제품내용을 보호하고, 사용을 용이하게 하며, 환경보호 등을 고려하여야 한다.

Break Time

5L 생맥주 개봉해도 한 달간 생생… 포장은 과학입니다.

톡톡 튀는 아이디어와 참신한 기술로 소비자들에게 친숙하게 다가오는 먹을거리 제품들이 있다.

네덜란드 맥주브랜드 하이네켄은 대형마트 등에서 5L 가정용 생맥주를 판다. '드래프트 케그'라는 이 제품은 개봉하더라도 신선한 맥주를 30일 동안 마실 수 있는 포장용기에 들어 있다. 이 용기에는 압축 이산화탄소가 담겨 있는 압력장치가 있어 맥주를 개봉하고 따라내면 줄어든 공간만큼 이산화탄소가 채워진다. 이산화탄소로 외부공기와의 접촉을 차단하는 원리다.

신선한 맥주에 어울리는 간편한 안주도 있다. 대상 청정원은 햄캔 제품인 '마늘팜' '핫팜' 등의 용기 표면을 특수 코팅해 캔 그대로 전자레인지에 넣어 데울 수 있게 했다. 이 코팅은 전자레인지의 마이크로파가 금속과 만날 때 생기는 방전을 막아준다. 캔 햄을 딴 뒤 다른 그릇에 옮겨 담아야 하는 주부들의 불편을 덜었다.

CJ제일제당은 '하선정 통김치' 포장을 바꿨다. 비닐로만 포장됐던 것을 비닐 위쪽에 사각형 플라스틱 뚜껑을 달아 '각'을 잡았다. 국물이 새는 것을 막아주고 먹고 남은 김치를 다른 용기에 옮겨 담을 필요도 없게 됐다.

> 디아지오가 내놓은 위스키 윈저의 위조방지용 뚜껑도 아이디어 제품이다. 뚜껑을 열면 병 안쪽에 달린 '체커'가 떨어지도록 돼 있다. 병 속의 체커만 확인하면 한 번 개봉했던 제품인지 쉽게 알 수 있다.
>   오리온의 '닥터 유 프로젝트' 스낵류는 포장상자를 친환경 콩기름 잉크로 인쇄해 아이들이 입으로 봉지를 뜯더라도 위생에 문제가 없도록 조치했다.
>
>   - 동아일보 기사발췌 -

2. 가격 Price 전략

1) 가격의 개념과 중요성

소비자들은 원하는 제품이나 서비스를 구매하여 사용하기 위해서는 그에 대한 적절한 대가를 지불해야 한다. 기업들이 생산하여 제공하는 제품과 서비스는 물론이며 정부나 대학 등의 비영리조직의 서비스를 이용하는 데에도 직·간접적으로 대가를 지불하고 있다. 이와 같이 시장에서 판매자나 소비자들에게 제품이나 서비스의 가치를 나타내는 기준이 가격 price이다.

가격에 대한 정의는 매우 광범위하게 논의되고 있으나 기업의 관점에서는 제공하는 제품 또는 서비스에 부과되는 금액이라고 할 수 있으며, 소비자의 관점에서는 제품 또는 서비스를 사용하는 혜택과 교환하는 가치라고 정의될 수 있다. 우리 주위에 산재해 있는 것이 가격이다. 사무실을 임대하면 임대료를 내야하고 학교에 수업을 받기 위해서는 수업료를 내야하며 병원에는 진료비를 내야한다. 비행기나 기차, 택시, 버스 등을 타면 승차비를 지불하고, 공공시설을 이용할 때는 공공시절 이용요금을 내야 한다. 각종 보험에 가입하면 보험료를 내야하고, 고문 변호사를 두고 있는 기업이나 조직의 경우 변호의뢰비를 내야 한다. 이러한 가격은 일반적으로 화폐가치로 표시되며 가격으로 통칭되지만 제품과 서비스에 따라 가격, 등록금, 임대료, 이자, 요금, 비용, 임금, 커미션 등으로 다양하게 나타난다.

마케팅 관리자는 마케팅목표와 조화를 이룰 수 있도록 가격목표를 설정하여야 하는데, 예를 들어 마케팅목표가 시장점유율, 이윤 중 어느 것인가에 따라 가격결정의 방향이 달라지는 것이다. 일반적으로 가격결정의 목표는 매출중심적 가격목표, 이윤중심적 가격목표, 현상유지적 가격목표, 그리고 기타 목표(예를 들면, 생존을 목표로 가격결정, 공공가격 social price) 등으로 분류될 수 있다.

가격결정의 목표가 선택되면 기업은 구체적으로 제품가격을 결정하기 위한 방법을 선택하게 된다. 가격결정방법에는 가격의 근거를 어디에 두고 있느냐에 따라서 원가중심의 가격결정방법, 소비자중심의 가격결정방법, 경쟁자중심의 가격결정방법 그리고 이 세 가지 방법을 통합한 통합적 가격결정방법이 있다.

30년 전, 미국의 마케팅 임원진들에게 마케팅 믹스의 중요성을 순서대로 나열해 보라는 질문을 한 결과, 제품, 판매촉진, 가격, 유통조직의 순으로 나타났다고 한다. 그러나 최근의 조사에 의하면 가격이 제 1순위이며 그 다음이 제품, 유통, 판매촉진의 순이라고 한다.

마케팅 이야기

사례 1 Sears, Roebuck 박리다매 정책실패

1989년, 미국의 제일가는 소매상 체인점 Sears, Roebuck 회사가 824개 소매점을 42시간 동안 문을 닫았다. 그 후 다시 문을 열었을 때 이들은 자기가 취급하는 상품 5만 개에 대하여 판매가격을 인하하였다. Sears가 개업 이래 100년 동안 지켜오던 전통, 즉 상품 1단위 당 판매에서 이윤을 많이 남기는 정책에서 단위당 이윤을 적게 보고 많이 판매하는 박리다매(薄利多賣)정책 everyday low pricing으로 전환한 것이다.

Sears가 이렇게 정책을 전환한 이유는 미국의 제 1소매상임에도 불구하고, 시장 점유율이 자꾸만 떨어지고 있었고 더욱 나쁜 것은 회사 목표보다 이익이 훨씬 줄어들었던 것이다.

Sears는 k-mart, Wal-mart같은 저가정책의 소매상에게 고객을 빼앗기고 있었고, 그들은 개당 판매이익은 적었으나 많이 팔기 때문에 이익을 내고 있었다. 이에 따라 Sears도 저가정책으로 고객을 다시 끌어들이려고 했던 것이다. 그러나 불행히도 이 정가 정책에 의해서도 많은 이익을 실현하지는 못하였다.

> **사례 2** 시장점유율이 이익에 미치는 영향

미국의 Marketing Science Institute에서는 Profit of Market Strategies (PIMS : 마켓전략이 이익에 미치는 영향)라는 연구보고서를 작성하여 이를 실증적으로 확인하였다. 즉, 미국기업 2,000개를 조사한 결과 시장점유율이 40%이상 되는 기업은 투자자본 이익률이 평균 32%가 되었으며, 시장점유율이 20~25%되는 기업은 투자자본 이익률이 24%로 감소, 10%이하 시장 점유율을 가진 기업의 투자자본 이익률은 13%밖에 안된다고 보고 하였다.

참고로, 기업의 이익목표는 예로 GE는 1년에 투자자본의 20%, 판매금액 대비 7%의 이익목표를, Alcoa사는 투자자본의 20%, Motorola는 15%, 식료품 기업에서는 판매금액의 1%를 이익목표로 정하고 있다.

2) 여러 가지 가격전략

(1) 높은 판매가격 전략

J.M.Weston 구두의 고급화 전략으로, 이 회사는 부유층을 목표시장으로 삼아 이들의 품위와 선택된 상류층의 이미지를 나타내기 위하여 높은 판매가격으로 판매하고 있다. 이 회사는 가죽을 부드럽게 하기 위해서 참나무 껍질 가루를 샘물에 섞어 그 물 속에 8개월 동안을 담궈 놓는다. 그 후 그 가죽을 구두바닥으로 사용하기 위하여 숙련공이 모양을 내며 그리고 난 뒤 구두를 완성하기 위하여 4주 동안 작업을 한다. 이러한 작업을 통해 완성된 Weston구두의 품질과 디자인은 높은 판매가격에도 불구하고 부유층의 관심을 끈다. 비싼가격을 받으며, 미국에서 하나의 소매상에서만 그 구두를 팔고 있다.

참고로, 진로소주가 일본에 진출했을 경우도 고가격전략이 주효하여 100여개나 즐비한 일본 소주시장을 제치고 단기간 내에 1위로 올라섰다.

(2) 시장 침투가격 전략

삼보컴퓨터의 'E-타워', 삼보는 미국시장에 5백 달러 미만의 초저가 PC를 앞세워 미국시장 5.9%의 점유율을 기록, 1998년 진출한지 한달만에 이 부문 6위 업체로 부상한 것이다.

컴팩이 점유율 34.5%, 패커드벨과 HP가 각각 16.8%로 2위, IBM은 12%

로 4위, APPLE이 6%로 5위로 삼보에 근소한 우위를 지켰다. 이처럼 삼보가 미국시장에서 초 단기간에 도약할 수 있었던 것은 5백 달러이하의 초저가 PC전략이 주효했기 때문으로 풀이되고 있다. 모니터를 포함한 가격이 3백99달러와 4백99달러에 불과한 2개 모델을 선보여 1천달러 이하PC 시장을 주도해온 패커드벨과 CTX사의 시장을 크게 잠식하는데 성공했다.

2007년도 기준으로 PC순위는, Dell과 HP가 1,2위를 다투고 있고, 뒤를 이어 애플, 도시바, Gateway순이다.

(3) 비가격 경쟁 전략

많은 기업이 판매가격을 경쟁의 무기로 사용하고 있지만, 그 보다 더 많은 기업이 비가격 경쟁전략을 사용하고 있다. 왜냐하면 가격을 내리는 경우는 경쟁사도 쉽게 똑같이 가격을 내릴 수 있기 때문이다. 그렇게 되면 모든 경쟁기업의 판매수입이 적어져 결국 출혈경쟁이 되기 쉽다.

IBM이 PC시장에 진출하였을 때 'IBM컴퓨터는 성능이 다양하고 처리속도가 빠르다는 것'을 강조하였으나 실제로는 비가격 경쟁전략을 사용하였다. 즉, 제품이나 유통조직, 판매촉진 등의 방법에 의하여 경쟁하는 전략을 사용한 것이다. 미국의 조사에 의하면, 2/3이상의 기업체가 이 전략을 제1의 전략으로 사용하고 있다고 한다.

3) 품질과 가격의 상관관계

미국의 한 조사에 따르면 소비자의 2/3이 비싼 상품은 품질도 좋을 것이라고 생각한다고 한다. 이러한 심리를 이용하여 Hanes라는 양말회사는 값싼 양말은 쉽게 망가진다는 것을 재미있게 광고하고 있다.

캐나다의 한 회사에서는 30년 이상 1000개 제품의 판매가격과 제품품질에 관해 조사했다. 그 결과 제품의 품질과 가격은 서로 상관관계는 있으나 관계 밀도가 그렇게 강하게 나타나지는 않았다고 한다. 즉, 그 밀도는 25%로(100%이면 완전한 상관관계가 있고 0%는 아무런 관계가 없음)나타났는데, 테스트를 한 제품 중 25%는 정반대의 상관관계 즉, 높은 판매가격이면서도 품질이 좋지 않은 것으로 나타났다.

그러나 우리나라에서는 다른 결과가 나왔다. 주요 백화점의 의류구매 담당자를 대상으로 설문조사를 한 결과 의류의 경우 할인율이 30%

일 때 가장 많이 팔리고 할인율이 40%를 넘어가면 오히려 판매가 줄어드는 것으로 나타났다. 이는 할인율이 40%를 넘어가면 소비자들에게 재고 이월 상품이거나 하자가 있는 상품이란 인상을 주어 신뢰성이 크게 떨어지기 때문이라고 추정하고 있다.

3. 유통Place 전략

유통이란 제품과 고객의 만남이다. 이 만남을 통해 서로가 보다 가치 있게 생각하는 것들을 획득하는 교환을 만들어 내는 것이 유통의 기능이다. 이 만남을 주선하는 조직이 유통조직이며, 이를 수행하는 독립된 개인이나 조직이 유통업체이다. 그렇다면 유통경로란 무엇인가? 유통경로distribution channel란 생산자와 소비자 간의 가교 역할을 하는 모든 분배 채널을 지칭하는 것으로써 생산자로부터 소비자 혹은 구매자에게 소유권이 이전되는 과정을 관리하는 사람과 조직으로 구성되어 있다. 즉, 유통경로는 "최종소비자가 그들이 원하는 상품이나 서비스를 취득하는 데 가장 편리한 수단을 제공하는 역할을 하는 것"이라고 볼 수 있다.

유통경로는 생산자와 최종소비자 그리고 중간상을 포함하게 된다. 중간상의 종류로는 크게 나누어 제품에 소유권을 가지고 직접 마케팅 활동을 담당하는 상인중간상merchant middleman과 소유권을 가지지 아니하고 단순히 생산자로부터 사용자에게 제품과 서비스가 이전되는 것을 용이하게 하는 역할을 담당하는 대리중간상agent middleman으로 구분된다. 특정 제품의 흐름은 보통 여러 중간상을 통하여 이루어지는데, 이들 중간상은 시장별, 지역별, 혹은 산업별로 전문화되어 있다.

1) 유통경로(중간상인)의 중요성

마케팅전략에 있어 유통경로는 생산자와 최종 소비자를 연결해주는 중요한 수단으로 다음과 같은 몇 가지 중요한 기능을 가지고 있다.

(1) 거래횟수를 최소화시킴

유통경로는 시장에서 제품과 서비스의 거래횟수를 줄여줌으로써 보다

원활한 거래가 이루어지도록 해준다. 유통경로가 존재하지 않으면 생산자는 모든 개개의 소비자를 대상으로 제품을 판매하여야 하며 소비자는 필요한 제품에 대하여 각각의 제품 생산자와 거래를 통하여 구입해야 한다. 하지만 유통경로는 이러한 불편과 복잡성을 줄여 줌으로써 보다 편리한 거래가 이루어지도록 해준다. 거래횟수가 줄어드는 것은 다음 <표 3-1>과 같다.

┃표 3-1┃ 중간상인의 필요성

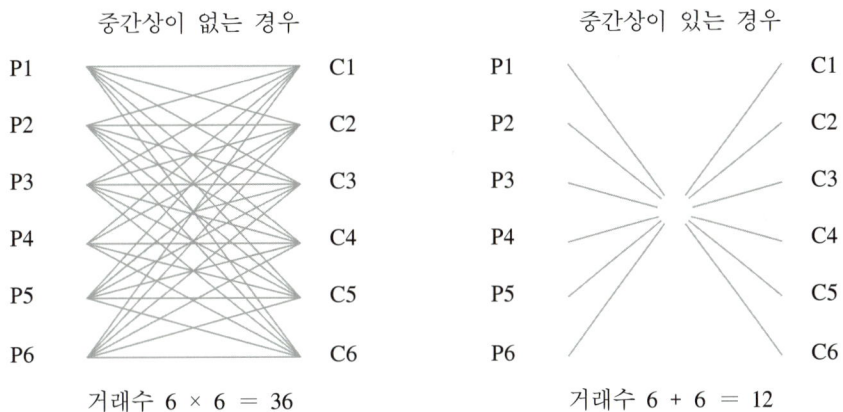

주 : P는 생산자, M은 중간상, C는 소비자를 가리킴
자료 : 안운석·장형섭 (2007)

> **생산량과 여러 종류의 제품을 조정 기능**
>
> 일반적으로 생산자는 단일제품을 대량생산하지만 소비자는 여러 제품을 소량으로 구매하려기 때문에 생산자와 소비자 사이의 불일치가 발생한다. 이에 유통경로는 이러한 불일치를 조정하는 역할을 한다. 생산자는 유통경로상에 단일제품을 제공하지만 소비자는 유통경로를 통하여 다양한 제품을 소량으로 구매할 수 있다. 즉, 유통경로는 분류를 통하여 생산자와 소비자의 불일치를 조정한다.

> **거래의 표준화를 제공**
>
> 유통경로는 생산자와 소비자 간의 매개이면서 제품이나 서비스의 거래에 있어 대금지급방법, 배달, 가격, 구매물량 등에 대한 표준을 제공한다.

> **구매자와 판매자들에게 정보를 제공**
>
> 소비자들은 욕구를 충족하기 위하여 제품과 서비스에 대하여 탐색을 하며 생산자는 소비자들이 원하는 제품과 서비스가 무엇인가에 대하여 서로 알려고 한다. 이러한 양자간의 탐색과정에 있어 유통경로는 서로에게 필요한 정보를 수집, 전달해주는 역할을 함으로써 서로의 욕구를 충족시켜준다.

FUN MAKETING

마케팅 이야기

사례   Honda의 성공은 Acura대리점의 몫

Honda자동차는 그의 고급승용차 Acura를 미국에 선보이면서 새로운 판매경로를 개설하기로 하였다. 이에 따라 새로운 자동차 대리점을 모집하고 Acura자동차만을 취급하며, 쇼룸(show room)에 돈을 많이 들여 새롭게 단장하도록 하였다. 처음에는 이 전략이 성공하여 BMW, 벤츠, 캐딜락의 고객을 Acura로 끌어 들이는데 성공하였고, Acura를 구입한 고객들도 다른 고급 승용차 구입자보다 만족하였다. 3년이 지난 후, Acura의 매출은 꾸준하였으나 Acura의 대리점들은 이익이 적거나 손해 보는 결과를 가져왔다. 그 주된 이유는 초기에 너무 쇼룸 등에 많은 투자를 하였고, Acura하나만을 취급하였기 때문에 수리 등의 서비스 수입이 적었기 때문이었다. 그 후 Honda는 장기적으로 Acura의 성공은 대리점에 달려 있다는 것을 깨닫고 Acura의 광고를 증가하며 새로운 스포츠카를 같이 취급하도록 하였다.

2) 판매경로의 선택과 관계성

일본의 유통조직은 복잡하기 이를 데 없다. 제조업자-전국도매상-현(懸)을 관장하는 도매상-市도매상-소매점으로 구성되어 있다. 이러한 유통조직은 전통적으로 여러 일본 기업 사이에 강한 인간관계를 통하여 밀접하게 결속되어 있었다. 따라서 이러한 유통조직을 뚫고 들어가서 상품을 판매하기란 쉬운 일이 아니다. 세계적 기업들이 일본진출에 수없이 망신을 당하고 있다. 갖가지 유형·무형의 규제와 담합을 동원해 새로운 경쟁도전을 사전에 봉쇄하기로도 유명한 일본시장이다. 이러한 상황에서 '진로 재팬'이 지난 동안 엄청난 매출과 시장점유율을 차지하였다. 진출한지 얼마 안 되어 15%이상을 차지하며 일본 소주시장의 1위 업체로 올라선 것이다. 그러나 이렇게 일본시장에서 성공한 것이 싸구려로, 덤핑전략으로 판매한 것이 아니다. 4홉들이 한 병 값이 4,000엔 즉, 4만 원대이다. 고가 전략으로 어떻게 이렇게 판매할 수 있었을까.

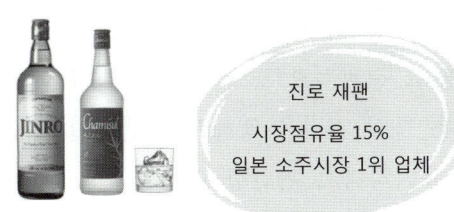

진로 재팬
시장점유율 15%
일본 소주시장 1위 업체

그 답은 의외로 간단하다. 오랜 기간 한결 같은 유통망을 유지해 오면서 신용을 쌓았고, 또한 값을 오히려 비싸게 하여 유통업자에게 높은 마진율을 지속적으로 보장해 주는 전략을 쓴 것이 먹혀들어 갔다는 이야기이다. 일본의 복잡하고 강한 인간관계를 통하여 밀접하게 결속되어 있는 유통망에 진로 스스로 적응한 결과이다.

3) 소매상

전 세계 4,000여개 매장
매출액 3,500억 달러(2007년 기준)
순이익 113억 달러(2007년 기준)
전 세계 매출액 기업순위 1위

월마트, 전 세계 4,000여개 매장을 가지고 있는 글로벌 기업이며 매출액 3,500억 달러(2007년 기준)에 순이익 113억 달러로 전 세계 매출액 기업순위 1위인 기업이다. 또한 매년 몇 만개에 달하는 지역 단체를 지원하고, 후원하는 내로라하는 윤리 기업이다. 이렇게 1962년 미국 알칸사스Arkansas에서 작은 소매점으로 출발했던 월마트의 성공비결은 다음과 같이 세 가지로 요약된다.

(1) 뼈를 깎는 저가 정책 - Everyday Low Price

Wal-Mart는 상품을 구입할 때 중간도매상을 철저히 배제하고 생산자에게 직접 사며 그것도 대량으로 구입하여 구입가격을 대폭적으로 저렴하게 구입한다. 또한 전 세계를 통하여 산지가격 동향을 체크하여 지구상에서 가장 저렴한 원료를, 인건비가 싼 곳에서 가장 가격 경쟁력을 갖춘 상품으로 매장에 투입한다. 이렇게 하기 위하여 Wal-Mart 전용 인공위성을 3개나 소유할 정도이다.

또 다른 저가 정책 특징으로는 먼저, 유통기업의 일반적인 특징에서 그 비결을 찾아볼 수 있다. 백화점의 경우, 정기적인 바겐세일은 업계의 오랜 영업 관행이다. 하지만 할인점으로 출발한 월마트는 이를 매우

불합리한 관행으로 판단했다. 그 이유는 백화점이 바겐세일을 하면 할수록 매출액이 세일기간에 집중되고 결과적으로, 전체 매출액이 늘지 않는다고 보았다. 월마트 경영진은 특정 기간을 정해서 바겐세일을 하느니 매일 싸게 파는 것이 훨씬 유리하다고 판단한 것이다.

이에 따라 월마트는 가격 경쟁력을 자사의 경쟁 우위로 가져가기 위해서 과감한 투자를 실시했다. '대규모 배열 체제$_{Large\text{-}scale\ format}$' 실시, '전자문서교환(EDI)'의 도입, 그리고 물류 및 구매에 대한 규모의 경제 실현 등 다양한 혁신 기법을 통해 생산성 향상을 도모했다. 월마트는 이렇게 절감한 비용을 고객에게 고스란히 돌려줌으로써 저가 정책을 성공적으로 실현시켰다.

여기에다 월마트는 비용 절감을 위한 전략의 일환으로 현장경영을 중시한다. 이는 임원이라고 해서 예외가 될 수 없다. 임원들은 매주 월요일부터 목요일까지 주당 4일은 현장에 나가서 직접 진두지휘를 해야 한다. 임원들은 자사의 매장과 타사의 매장에 들러, 월마트가 타사의 유통점포보다 싸게 파는 지를 수시로 체크하는 업무도 맡고 있다.

그러나 저가격은 유통업체 단독으로만은 유지될 수 없는 사안이다. 이에 따라 월마트는 공급업체관리에도 남다른 신경을 썼다. 이를 위해 월마트는 유통업체의 오랜 관습이었던 특별판촉비 등을 없애는 데 성공했다. 아울러 지불방식을 대폭 개선해 제품을 납품 받은 후 열흘 이내에 현금으로 지불하는 것을 원칙으로 정했다.

(2) 효율적인 물류 관리시스템

일반적으로 월마트라고 하면 대부분이 저가격의 할인점을 연상한다. 실제로, 월마트 매장에 가보면 가격표가 유난히 돋보이게 붙어 있는 것을 쉽게 볼 수 있다. 하지만 월마트의 진짜 특징은 다른 데서 찾아야 한다. 그것은 월마트가 다른 기업보다 저가격을 추구할 수 있었던 근본 전략에 있다.

이 중에서도 가장 돋보이는 전략은 일찌감치 물류정보화 시스템 구축에 막대한 투자를 단행했다는 사실이다. 월마트의 정보네트워크 시스템은 민간업체가 갖춘 것으로는 세계 최대 규모를 자랑한다. 정보네트워크 시스템은 월마트 유통체계의 효율성을 향상시키는 데 결정적인 기여를 했다. 이를 통해 월마트는 저가격 실현, 재고비용절감, 매장 내의 조기 상품 품절 방지 등을 실현할 수 있었다. 결국 이는 월마트의 매출신장과 이익의 극대화로 연결됐다. 개인용 PC가 일반화돼 있지 않았던 70년대 중반부터 월마트는 모든 매장에 컴퓨터와 스캐너를 구비하도록 조치했다.

이를 통해 월마트는 유통센터 및 점포에 있는 재고확인과 제품관리의 신속화를 달성할 수 있었다. 거래업체들 역시 월마트 매장에 쌓여있는 재고량과 판매량을 낱낱이 파악할 수 있어 재고를 대폭 줄일 수 있었다. 당시, 미국 내 할인점들이 물류비용으로 매출액의 4.7%를 지출하고 있었다면 월마트는 이 전산화시스템으로 불과 2.0%를 지출하는 데 그쳤다.

EDI(전자문서교환)도 월마트가 자랑하는 물류시스템 가운데 하나이다. EDI는 거래업자들에게 매장 판매데이터를 온라인으로 제공하는 데 이용됐다. 이를 통해 거래업체들은 적절한 조달 및 생산계획을 수립, 불필요한 재고 및 손실을 없앨 수 있었다.

뿐만 아니라 월마트는 글로벌전략의 일환으로 GPS 위성을 통한 위치추적시스템을 설치했다. GPS 위성은 이라크 전쟁 중에 미군의 공습에 이용되면서 큰 관심을 불러일으킨 바 있다. 그런데 유통기업인 월마트는 자사의 물류시스템에 이를 벌써 사용하고 있었다. 월마트는 3개의 인공위성을 이용, 물류창고에서 출발한 상품적재트럭을 매 15분마다 추적한다. 도착 예정지에 있는 매장은 이에 맞춰서 작업계획을 세우는 것이 가능하다. 모든 이동차량에 무선장치가 장착돼 추적시스템이 가동되면 몇 시, 몇 분에 어느 점포에 어떤 상품이 배달되는 지를 정확히 파악할 수 있는 것이다.

(3) 고객을 최우선시하는 월마트의 경영이념

최고의 정보화 시스템이 월마트의 성장을 견인한 것은 사실이지만 이것 못지않게 월마트가 중요시 한 부분이 바로 고객 관계관리이다. 이는 월마트의 성공에 빼놓을 수 없는 비결이 됐다. 실제로 월마트에서는 고객은 모든 비즈니스의 시작이자 최종 목적이라고 할 수 있다. 먼저,

　월마트의 고객에 대한 배려는 매장의 운영 면에서 남다르다는 것을 알 수 있다. 월마트는 고객들이 편안하고 매력적인 구매를 할 수 있도록 매장통로를 과감히 넓혔으며, 디스플레이 시설도 정비했다. 또 고객들이 계산대에서 오래 기다리는 불편을 없애기 위해 카드결제 시에 3초 이상을 소요하지 않도록 시스템을 정비했다. GPS 통신위성은 여기서도 큰 역할을 수행했다. 또 고객들이 쇼핑하는 데 지루하지 않기 위해 각종 이벤트도 자주 열렸다.

　소비자들이 선호하는 월마트의 또 다른 특징은 바로 매장 내에 근무하는 종업원들의 근무태도이다. 크리에이터로 불리며 지역사람들로 구성된 월마트의 종업원들은 가슴에 항시 "만약에 미소를 짓지 않으면 1달러를 가져가세요."라는 문구가 적힌 명찰을 패용한다. 따라서 1달러를 주지 않으려면 이들은 매장 내에 들어오는 모든 손님들에게 반드시 미소를 지으며 응대해야 한다. 뿐만 아니라 크리에이터들은 동네의 아는 사람들이 들어오면 이름을 불러주면서 친근감을 불러일으키게 행동한다. 이렇게 되기까지는 월마트의 노력도 많았다.

　월마트에서는 회사사원을 직원이라고 부르지 않고 동업자 또는 친구라는 Associate라 부르며 이익공유, 장려보너스, 주식할인 매입계획 등 인센티브를 통해 동반체제로 나아갔던 것이다. 이런 기초가 된 계기는, 60년대 초 미국 유통업계에는 종업원의 물품 빼돌리기가 매출액의 10%가 넘었다고 한다. 이 같은 상황 속에서도 월마트는 동료들과 함께 즐길 수 있는 조직 문화를 구축해야만 했던 것이다. 경영자가 직원을 다루는 방식이 곧 바로 직원들이 고객을 대하는 방식이 된다는 사실에 기초한 것이다.

　또 월마트는 상품을 구매한 고객에 대한 상품 만족도를 높이기 위해 애프터서비스에 많은 신경을 썼다. 그 대표적인 사례가 바로 '무제한 반품제도'이다. 월마트는 이를 통해 언제, 어떤 이유에서라도 반품을 받아줬다. 월마트 점포에 들어가면 입구 바로 옆에 반품창구가 있다. 이곳의 종업원들은 매장 내의 크리에이터들보다 더 친절하게 행동하도록 교육받았다.

　이 모든 전략은 창업자 '샘 월튼'의 경영이념에서 나왔다. 생전에 샘 월

튼은 수평적 리더십을 구현, 직원들의 만족을 이끌어내고 회사의 이익을 골고루 분배, 회사를 가족처럼 생각하는 월마트의 문화를 만들었다. 더불어 그는 정보화에 일찌감치 눈을 뜬 혁신적 기업가였다. 월마트는 그의 사망 이후에도 매출이 400% 이상이나 늘어났는데 이는 창업자의 리더십이 계속해서 이어져오고 있다는 증거라 할 수 있다. 유능한 창업자의 리더십이 얼마나 가치 있는 것인지를 샘 월튼은 입증해 보인 셈이다.

마케팅 이야기

사례 사소한 것을 중시하는 월마트의 경영이념

- ▶ 작은 시장을 중시하라.
- ▶ 단 한명의 고객을 중시하라.
- ▶ 단 하나의 경쟁 상대를 중시하라.
- ▶ 고객의 세심한 부분까지 중시하라.
- ▶ 무심코 쓸 수 있는 단 몇 푼도 절약하라.
- ▶ 상품에 대한 매입 자본을 절약하라.
- ▶ 서비스 부분을 중시하라.
- ▶ 모든 지점의 공통점과 차이점을 중시하라.

"만약 당신이 항상 고객의 기대를 넘어선다면 그들은 다시 오고 또 올 것이다. 그들에게 그들이 원하는 것을 주라. 나아가 그 이상을 주라. 그들로 하여금 당신이 그들에게 감사하고 있다는 것을 알게 하라. 당신의 모든 잘못에 대해서는 보상하라. 변명하지 말라. 사과하라. 당신이 하는 모든 일을 지원하라. 즉 만족을 보장하라."

- 샘 월튼 월마트 창업자

4. 촉진Promotion 전략

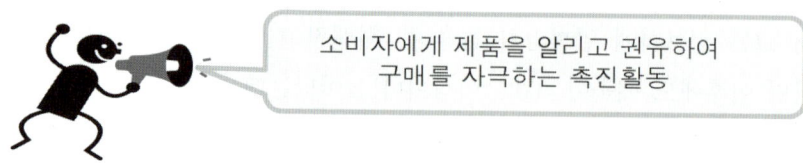

촉진의 본질적인 목적은 효과적인 촉진활동을 통하여 기업은 동일한 가격수준에서 제품의 판매량을 증대시키고, 제품에 대한 수요탄력성에 영향을 주어 가격이 인상될 때에는 수요에 대한 탄력성을 줄이고, 가격이 인하될 때에는 탄력성을 갖게 하는 것이다. 즉, 촉진의 기능은 정보제공, 수요창조, 제품의 차별화, 제품가치의 증진 및 판매안정이며, 그 결과는 목표고객의 구매태도와 구매행동을 변화시키거나 강화시킬 수 있다.

촉진이 왜 필요한지는, 기업이 소비자의 욕구에 맞는 제품을 개발하고, 소비자가 쉽게 접근할 수 있는 유통경로를 통해 적당한 가격에 시장에 투입한다 하더라도, 소비자에게 제품을 알리고 권유하여 구매를 자극하는 촉진활동이 없으면 최종적인 판매는 이루어지지 않는다. 따라서 기업이 제품판매에 있어 촉진의 역할은 아주 중요하다. 특히 시장경쟁이 치열해짐에 따라 그 중요성은 더욱 커지며, 표적 소비자로부터 기업이나 제품에 대해 호의적인 반응을 얻을 수 있는 커뮤니케이션이 더욱 활발해져야 한다. 신제품의 경우 제품이 시장에 출시되었음을 알리며, 가격이 얼마이며, 어디서 구매할 수 있는지 등을 알리거나, 제품의 편익(효용, 장점, 차별성)을 강조함으로써 잠재고객으로 하여금 제품에 대해 보다 바람직한 태도를 갖게 하여 궁극적으로는 구매를 설득하는 커뮤니케이션 활동을 하게 된다. 기존제품의 경우는 제품에 대한 긍정적인 태도를 유지하거나 소비자에게 상표를 상기시키기 위한 활동을 수행한다. 촉진비용은 제품의 가격을 다소 높이는 원인이 되기도 하지만 동시에 효과적인 촉진활동은 가격 인상에 따른 수요의 감소를 막을 수 있는 효과를 가져 올 수도 있다.

앞으로 나아가라 - To Move Forward!

　기업이 지속적으로 소비자들의 관심을 유도하고 유지한다는 것은 매우 어렵다. 시장 선도기업이라 할지라도 시장지배력을 유지하는 것은 쉽지 않은 일이다.

　다수의 기업들은 자사 제품이 고객의 1차적 및 2차적 욕구를 얼마나 충족시켜주고 있는가를 알고, 이를 위해 정보제공으로 흥미를 유발할 수 있는 메시지와 함께 제품을 시장에 출시한다. 즉, 제품을 마케팅 하는데 있어서 중요한 요인이 바로 촉진$_{promotion}$이다.

　촉진이라는 단어는 라틴어의 "앞으로 움직이는 것$_{to\ move\ forward}$"이라는 의미에서 파생하였다. 그러나 촉진의 협의의 개념으로는 다른 사람의 아이디어나, 개념, 물건을 받아들이도록 설득하는 커뮤니케이션을 의미하기도 한다. 촉진은 제품정보 및 아이디어를 대상청중에게 효과적으로 전달하는 방법이라고 할 수 있으며 촉진전략의 수단에는 광고, 인적판매, 판매촉진, 홍보 및 PR등이 포함된다.

마케팅 이야기

사례　프로모션의 효과

　박세리 선수의 US여자 오픈 우승으로 공식 스폰서인 삼성이 얻는 광고 효과는 돈으로 따져 약 1억 7천만 달러(한화 2,380억원)에 달하는 것으로 추산됐다. US여자 오픈을 중계한 NBC의 라운드당 중계시간을 4시간으로 봤을 때 30초당 광고단가는 40만 달러로 총 4라운드 중계시간인 16시간의 6%인 1시간 동안만 삼성로고가 노출됐다고 가정하면 삼성이 거둔 광고효과는 4,800만 달러에 이른다.

1) 촉진전략의 수행 방법

기업이 소비자에게 효율적으로 자사의 이미지나 제품을 커뮤니케이션하기 위해 촉진을 이용하게 되며, 또 이러한 촉진활동을 통해 소비자에게 새로운 정보를 제공하거나, 과거의 경험을 회상시키거나, 또는 설득을 하게 된다. 이와 같은 촉진전략을 진행해 가는데 있어 이용되는 수단은 다음과 같다.

(1) 광고

광고는 아이디어, 제품 및 서비스를 촉진하는 확인 가능 한 광고주에 의한 유료의 커뮤니케이션 형태이다. 광고는 특정집단을 대상으로 제작되며 대부분 대중매체, 신문, TV, 잡지, 라디오, 인터넷, 옥외 광고판을 이용하는 것이 많다. 그러므로 촉진의 수단에서 가장 크게 차지하고 있는 부분이 광고이다.

Tag-Heuer사는 3천만 달러에 달하는 지출을 광고에 투입하고 있으 며 이것은 제품을 스포츠용 시계 시장에서 최고의 제품으로 포지셔닝$_{positioning}$ 하는데 효과적이었다. Tag-Heuer의 일관된 광고캠페인인 "어떤 압력에도 깨어지지 않습니다."라는 단일제품의 디자인과 슬로건$_{slogan}$으로 이루어진 광고는 촉진의 효과를 높일 수 있었다.

(2) 인적판매

인적판매는 판매를 위해 한 사람 이상의 잠재구매자들과의 개인간 커뮤니케이션을 통하여 판매하는 방식이다. 인적판매는 대면으로, 전화로, 비디오로, 심지어는 팩스나 컴퓨터를 통해서도 이루어 질 수 있다. Tag-Heuer사는 초기에 전문 보석상에서만 제품을 구매할 수 있도록 함으로써 제품의 판매와 피드백$_{feed\ back}$이 바로 이루어질 수 있었다. 우리나라에서도 인터넷에서 판매되는 제품에 대해서는 진품임을 보장하지 않고, A/S에 대해 책임지지 않으며 반드시 특약점에서만 구입하는 것만 보증된다는 것을 명시하고 있다.

(3) 판매촉진

판매촉진이란 사용을 자극하고, 고객 수요를 증가시키고, 제품의 이용을 향상시키기 위해 일정수준의 소비자, 소매상 또는 도매상에게 미리 결정한 제한기간 동안 활용하는 매체 및 비매체적 전략으로서의 마케팅 압력수단이다. 예를 들면, 어떤 제품의 무료견본품을 제공함으로써 상당수의 소비자들은 그 제품을 실제로 사용하도록 유인되어질 수 있다. 다시 말하면 판매촉진은 최종사용자나 중간상과 같은 촉진 대상에 수행되어지는 마케팅자극이라고 할 수 있다.

(4) 홍보 및 PR

홍보는 촉진을 수행하는 주체가 돈을 들이지 않는 형태의 촉진으로 뉴스를 통해 소개하거나, 기사화 하여 알리거나, 사건화 등을 통해 자사의 제품을 소비자에게 알리는 것이다. PGA 선수권에 타이거우즈가 Tag-Heuer 시계를 차고 출전하게 하거나 마라톤 경기에 이봉주가 Tag-Heuer 시계를 차고 달리게 하는 것 등이 이에 속한다.

PR$_{\text{public relationship}}$과 스폰서십$_{\text{sponsorship}}$은 국내 기업체들이 세계적인 경기의 유치에 있어 지원이나 후원을 하거나, 혹은 라디오나 TV에 우호적인 홍보를 함으로써 자사 제품에 대해 일반 대중들의 마음속에 이미지를 창출하는 것이다.

Tag-Heuer는 자동차 경주와 스키대회에 뿐만 아니라 취재하는 언론매체 등의 후원을 통하여 기업이 공공성에 대한 이미지를 높이고 있다.

구매시점광고$_{\text{point of purchase}}$는 소비자의 구매시점에 촉진메시지를 전달하는 도구의 이용이나, 점포내 쿠폰과 같은 촉진도구들을 이용하여 소비자들에게 제품을 상기시키고 구매이유에 대한 정보를 전달하는 것이다.

기업은 소비자와 효율적 의사소통을 통하여 소비자의 필요와 욕구를 충족시키므로 기업이 원하는 매출증대와 수익의 극대화를 실현시킬 수 있을 것이다.

기업중심의 목표만을 위해 너무 촉진 지향적, 판매 지향적으로 기업의 전략이 흐르게 되면 이것은 소비자 지향적이기보다는 경영자 지향적 또는 판매 지향적으로 흐르게 될 것이며 이로 인해 소비자는 제품을 구매하지 않거나 제한된 구매를 하게 될 것이다.

코틀러(P. Kotler)는 '판매지향 사고는 경영자 중심이며, 소비자의 욕구와 필요의 충족보다 기업이 제품의 이점을 자극하는 실질적인 노력을 통하여 대량판매를 이루고, 이를 통한 이익의 극대화를 실현하려는 사고'라고 말하였다. 그러므로 판매 지향적 사고는 높은 수준의 광고나 판매행위를 통해 제품을 소비자에게 이전시킨다는 가정에 기초한다.

촉진으로 소비자가 원하지 않는 제품을 판매할 수는 없다. 청량음료 7up의 실패원인은 판매시점에서 소비자들과 접촉하지 않았고, 새로운 시장에서 소비자들의 욕구를 이해하는데 실패하였다는 것이다. 대부분 실패하는 제품들은 이와 같이 소비자들의 필요와 욕구를 정확히 조사하지 않는데서 온다는 것을 간과하여서는 안 된다.

이러한 촉진전략의 수단은 마케팅 커뮤니케이션에 대한 전반적인 전략을 수립하기 위해서 여러 가지 상이한 요소를 결합하여 촉진 믹스의 역할을 수행한다. 이 촉진 믹스의 요소들은 일반적으로 인적판매와 비인적판매로 나누어지며 인적판매는 사람과 사람을 기준으로 수행되고 반면에, 비인적판매는 광고, 판매촉진 및 홍보로 구분할 수 있다.

| 사례 | 프로모션의 테스트의 결과는 = 극과 극

실제로 프로모션에 포화상태가 존재한다는 이론을 시험하기 위하여 Anheuser-Busch 맥주회사는 그의 광고비를 일부 도시에서 4배나 증가시켰다. 그러나 3개월 후 그 회사의 소매상들이 광고 중단을 요청했다고 한다. 이유는, 소비자들이 소매점에 와서 "Budweiser외의 다른 맥주를 주시오"하고 말하는 경우가 많았다고 한다.
반대의 테스트도 Anheuser-Busch맥주가 새로운 맥주 'Anheuser'를 개발했을 때 전혀 광고를 하지 않고 매출이 얼마쯤 되나를 시험하기로 하였다. 이름이 잘 알려진 회사의 맥주라 할지라도 광고 없이는 살아남을 수 없을 것 같았다. 즉, 이 특수한 맥주가 광고 등 프로모션 없이 소비자의 소문에 의한 평판만으로 맥주가 팔릴 수 있을 것인지를 알고 싶었던 것이다. 좋은 반응을 얻었다고 한다. 이에 따라 1년에 5억 달러를 광고하고 있던 Anheuser-Busch는 이 지출에 대해 세밀한 분석을 다시 한다고 한다.

2) 시계회사 '스와치'의 사례를 통해 알아보는 4P's전략

'지금 몇 시?'가 더 이상 중요하지 않습니다.

화려한 색상과 튀는 디자인으로 유명한 스와치 시계, 이 회사는 현재 전 세계 시계 시장의 25%를 점유하고 있고 1년에 시계를 1억 개나 파는 세계 제일의 시계회사로 그 이름을 자랑하고 있지만, 이런 지금의 성공은 70년대 절체절명의 위기를 극복한 처절한 노력의 대가이다.

(1) 위기는 새로운 기회의 시작

시계 하면 스위스 시계로 불린 적이 있었다. 그러나 1970년대에 와서 스위스 시계 산업은 심각한 위기에 처하게 된다. 국제 시계시장은 호황이었음에도 불구하고 1977년에서 1983년 사이 스위스시계는 수출량이 1/2 수준으로, 세계 시장 점유율도 43%에서 15%로 감소했다. 가격이 저렴하고 정확한 일본, 홍콩 시계들에게 밀린 것이다.

이러한 위기를 극복하고자 스위스의 유력 시계 제조업체들은 컨소시엄을 구성했다. 이 컨소시엄의 중심 업체였던 ASUAG와 SSIH는 그 후 합병하여 ASUAG-SSIH그룹이 되었고 하이엑 엔지니어링Hayek Engineering의 대표였던 니콜라스 하이엑(NicolasG. Hayek, Sr)이 합류하면서 SMH 그룹으로 다시 태어났다. 1998년에 SMH는 현재의 이름인 스와치 그룹(The Swatch Group Ltd.)으로 이름을 바꾸었다.

우선 이들은 1978년 일본이 만든 2.5mm의 초박형 시계보다 더 얇은 2mm시계를 만들어 내는 데 성공했다. 이어 또 다시 힘든 개발과 제조 과정을 거쳐 지금도 세계에서 가장 얇은 시계로 남아 있는 0.98mm라는 초박형 금속제 시계를 만들어 냈다. 이 시계는 시계의 기본이 되는 3가지 부분(기계부분의 바닥판, 기계본체, 시계틀)을 따로 갖추지 않고 본체 하나로 만들어, 본체의 바닥을 기계의 바닥판으로 대체했다. 이런 단순화 작업은 오늘날 스와치 시계 제조법의 기초가 되었다.

이 초박형 시계의 성공에 고무된 이들은 고가라는 장벽을 깨기 위해 저렴한 플라스틱으로 같은 품질의 시계를 만들 수 없을까 고민하기 시작했다. 그리고는 마침내 많은 기술적인 문제를 극복하고 부품 수를 대폭 줄여 작동법과 기계조작법이 단순하고 한쪽 면에서만 기계부분을

볼 수 있게 된 플라스틱 본체의 남녀공용 시계를 개발해냈다. 합성 재질로 만들어져 충격에 강하고, 정확하고, 대량생산이 가능해 저렴하며 엄청나게 다양한 색상의 생산이 가능한 스위스 시계 스와치가 탄생된 것이다.

그러나 좋은 시계의 개발만으로 충분하지 않았다. 시장에서 성공하기 위해서는 마케팅이 필수적이었다. 훌륭한 디자인과 저렴한 가격으로 고객에게 참신함과 즐거움을 줄 수 있어야 했고 첨단기술로 소비자에게 어필하고 혁신적인 메시지를 전달해야 했다. 즉, 일반인들이 부담스럽지 않으면서도 갖고 싶어 하는 브랜드이자 예술품으로 승화되어야 했던 것이다. 그런 이미지의 브랜드를 만들기 위해 새로운 마케팅 조직이 구성되고 1983년 봄 드디어 스와치는 세상에 모습을 드러내게 되었다. 획기적인 디자인과 저렴한 가격, 그리고 뛰어난 품질은 바로 시장에서 센세이션을 일으켰고 마침내 위기는 기회로 바뀌었다. 그로부터 15년 뒤 스와치는 세계 최고의 시계 브랜드로 자리 잡았다.

(2) 시계 개발 전략

스와치가 시계 개발 시에 중점을 둔 부분을 먼저 보자.

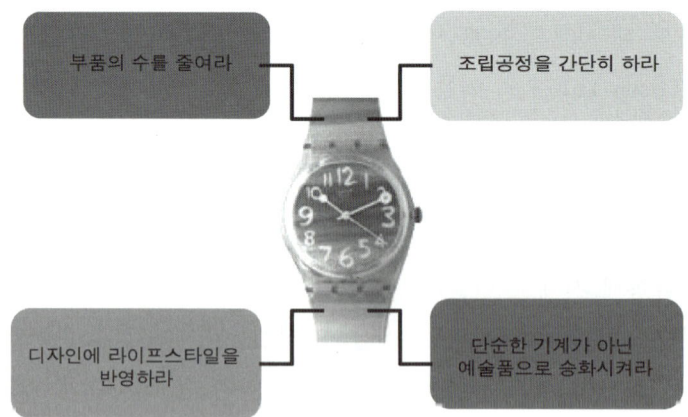

① 부품의 수를 줄여라

기존 아날로그시계에는 91개에서 125개에 이르는 부품이 들어간다. 그러나 스와치와 같이 초박형 시계를 만들기 위해서는 부품수를 줄이는 것이 필수적이었다. 기술적 어려움이 컸지만 스위스의 축적된 기술력과 지구력, 오랜 경험, 조직력으로 이를 극복하고 마침내 부품 수를 51개로 대폭 줄이는 데 성공했다.

② 조립공장을 간단히 하라

보통 시계는 세 부분으로 이루어지지만 스와치는 이를 시계 본체 하나로 해결하려 했다. 이전까지 시계는 케이스를 따로 만들고 부품을 조립한 뒤 나중에 둘을 끼워 맞췄다. 이런 공정이 비효율적이고 인건비를 상승시킨다고 생각한 스와치는 케이스 안에 바로 부품을 조립해 넣고 유리도 붙박이로 끼워 맞추는 방법을 고안해냈다. 그리고 스와치는 수공이 아니라 로봇에 의해 생산되므로 조립공정의 단순화와 함께 생산비용을 줄일 수 있었다.

③ 디자인에 라이프스타일을 반영하라

스와치는 강렬한 인상과 디자인, 느낌만이 아니라 '유행을 창조하는 젊은 행동파 스포츠맨', '깔끔하고 세련된 스타일'이라는 확실한 제품 개념을 설정해 현대인이 추구하는 라이프스타일을 시계 디자인에 반영했다. 패션이라는 테마를 시계에 집어넣고 이를 일관성 있게 유지하는 것이다. 스와치의 새롭고 참신한 제품들은 스위스에서 만들어진 흥미로운 생활방식의 상징과 같이 되어 버렸다.

④ 단순한 기계가 아닌 예술품으로 승화시켜라

스와치의 디자인은 이태리 밀라노에 있는 스와치 디자인 연구소 Swatch Design Lab에서 이루어진다. 시계 하나하나가 예술작품인 셈이다. 스와치는 시계를 단순히 시간을 알려주는 기능적인 기계로 보지 않고 시계라는 작은 공간 안에 예술가들이 만들어낸 다양하고 아름다운 형태를 담으려고 했다. 단순한 시계가 아니라 예술품으로까지 승화되기를 바랐던 스와치의 노력은 성공했다. 스와치 초기 모델들이 경매에서 비싼 값에 거래되고 사람들이 한정판 모델을 사기 위해 줄을 서고 추첨을 기다리는 것도 모두 스와치 시계는 단순히 시간만을 알리는 기계가 아니라 하나의 예술품으로 취급 받고 있다는 것을 여실히 말해 준다.

(3) 스와치의 성공적인 마케팅 전략

뛰어난 품질과 우수성 외에 스와치는 타 기업과는 완전 차별화된 그들만의 독특한 마케팅 전략을 보유하고 있다. 스와치 시계의 성공요인을 마케팅의 기본 요소인 4P, 즉 Product(제품), Price(가격), Place(유통), Promotion(촉진)을 중심으로 살펴보자.

① 제품전략

전략과거의 시계 산업은 보수적인 성격이 강했다. 화려하고 획기적인 디자인은 사람들이 시계에서 찾고자 하는 미덕이 아니었다. 시계는 시간을 알려 준다는 본질적인 기능 외에 사람들에게 부의 상징으로서의 역할을 했고 점잖게 무게 잡는 제품이었지 첨단 유행을 반영하는 패션이 아니었던 것이다. 그러나 스와치는 아버지가 아들에게 대물림하는 그런 시계가 아니라 수명이 다 될 때까지 사용하고는 그냥 버리는 시계로 포지셔닝 함으로써 시계에 대한 기존의 고정관념을 깼다. 스와치는 플라스틱 케이스로 완전히 밀봉해 버리기 때문에 수리가 불가능하다. 스와치의 이러한 포지셔닝은 80년대 초반 미국 시장에 시계를 처음 출시하면서 내건 광고 슬로건을 보면 잘 알 수 있다. 이때 스와치의 슬로건은 "두 번째 별장은 가지면서 왜 두 번째 시계는 갖지 않는가?" 라는 것이었다. 여기서 두 번째라는 의미의 'second'를 's'로 줄여 's' watch라고 한 것이 오늘날의 스와치$_{Swatch}$브랜드가 된 것이다.

소비자에게 참신한 매력으로 어필하기 위해서는 새로운 디자인을 끊임없이 내놓아야 했다. 처음에는 디자인과 색깔이 6개월마다 바뀌었고 이후에는 바뀌는 속도가 더욱 빨라졌다. 그 해의 계절과 감성에 맞춘 최첨단의 디자인을 고집하기 때문에 한 제품이 진열대를 오래 차지하고 있는 법이 없었다. 또 한번 출시된 제품은 아무리 인기가 있어도 절대 리바이벌하지 않는다. 이런 디자인의 부단한 변화는 브랜드의 활력을 계속 유지시켜 준 비결이었다.

스와치가 만들고자 한 시계는 단순히 품질을 향상시킨 것이 아니라 고객들이 요구하는 '필요'에 따라 개발해내는 시계였다. 이에 따라 스와치는 다양한 상품 개발에 주력했고 실현 불가능할 것 같은 시계들이 세상에 모습을 드러냈다. 잠수용 시계, 음악 연주 알람시계, 전자 칩을 내장한 시계, 호출기 시계, 음식의 칼로리가 적힌 다이어트 시계 등이 그 예이다. 스와치는 독일 하노버에서 열린 국제원격통신 박람회에서 '스와치 토크Swatch Talk'라는 전화기 기능을 갖춘 시계까지 선을 보였다.

② 가격전략

품질 면에서 세계 최고를 자부하고 디자인과 색상에서도 사람들의 구미를 당기게 했지만 가격이 부담되면 경쟁력이 떨어진다. 스와치는 출시 당시부터 면밀한 계산아래 시계의 가격이 25달러에서 35달러의 범위를 넘지 않게 했다. 현재 스와치의 가격은 40달러에서 1백 달러 사이이다. 이런 큰 부담 없는 가격 덕분에 사람들이 계절에 따라 혹은 그날의 패션 아이템에 따라 시계를 바꿔 찰 수 있도록 했다.

③ 유통전략

스와치는 많은 나라의 보석가게, 패션 아울렛, 중류 이상의 백화점 등에서 팔리고 있지만, 출시 당시부터 자사의 직판망을 별도로 설치했다. 이것은 그 당시 매우 획기적인 일로 그만큼 스와치는 제품의 디자인만큼이나 판매점의 외양에도 큰 비중을 두었다.

니콜라스 하이엑
(Nicolas G.Hayek, Sr)회장

스와치의 또 다른 독특한 유통 채널로 메가스토어Megastore라는 체험 공간이 있다. 스와치의 니콜라스 하이엑(Nicolas G.Hayek, Sr)회장은 아틀란타에서 스와치 전시관이 18일 동안 50만 명을 동원하는 경이로운 성공을 거두자 스와치 메가스토어라는 유통 채널을 구상했다. 모든 사람들에게 스와치의 철학을 직접 경험하고 느낄 수 있는 즐겁고 화려하고 기발하고 참신한 매장, 즉 스와치 메가스토어를 만들기로 한 것이다.

이들 매장에는 관람자가 직접 참여할 수 있는 독특한 이벤트나 특이한 피아노, 51개의 부품의 전시, 거울천장, 모자이크 계단 등을 설치해 방문자들이 오랜 시간 머물도록 했다. 스와치 메가스토어는 1996년 뉴욕에서 최초로 문을 연 후 파리와 런던에도 문을 열었다.

④ 프로모션 전략

스와치의 획기적이고 다양한 디자인과 색상만큼이나 제품의 판매 촉진을 위해 벌이는 이벤트도 기발하다. 각종 문화행사, 스포츠행사의 스폰서가 되어 줌으로써 스와치는 이를 자연스런 판촉 도구로 만들고 있다. 미국 캘리포니아에 있는 죽음의 계곡 Death Valley은 영화감독 미켈란젤로 안토니오니 Michelangelo Antonioni가 화염장면으로 유명한 <자브리스키 포인트 Zabhse Point)를 촬영한 곳이다. 영화 촬영 후 그대로 내버려진 이곳에서 스와치는 전대미문의 불꽃놀이 행사를 곁들인 '스와치 아이로니 스쿠바 200(SwatchIrony Scuba 200)'의 런칭 이벤트를 개최하여 프로모션에도 그들만의 참신성을 발휘하였다. 1998년 세계 최고의 기술을 선보이는 포르투갈 리스본의 박람회에서 스와치는 또 한번 기발한 아이디어를 선보였는데, 투명한 잠수함에 바다를 테마로 전시관을 마련하여 눈길을 끌었다. 이곳에는 매일 평균 만 명 이상, 전시회 기간 동안 70만 명이 넘는 엄청난 수의 관객이 다녀갔다.

또한 특정 디자인을 한정판매하는 것도 스와치의 독특한 전략이다. 스와치는 '스내지snazzy'라는 디자인을 2년에 한번 씩 한정 판매하는데 스와치 수집가들은 이 모델을 사기 위해 많은 노력을 기울인다. 이들을 위한 스와치의 배려는 공급물량을 늘리는 것이 아니다. 오히려 생산량을 적게 하여 추첨을 통해 시계를 살 수 있는 기회를 제공함으로써 스와치 모델의 진가를 더욱 높이는 것이다. 그리고 크리스티 경매장에서는 정기적으로 스와치 초기 모델들의 경매가 열리는데 일부 모델의 값은 6만 달러까지 오르기도 한다. 아직 역사가 19년에 지나지 않는 것을 고려하면 엄청난 액수가 아닐 수 없다.

스와치는 스노우보드, 산악자전거, 카약, 서핑, 비치발리볼, 웨이크보드, 스케이트보드의 최고 선수들을 지원하며 스와치 프로팀 Swatch pro-team 이라는 스포츠 프로팀을 구성했다. 선수들은 자기 자신과 스와치의 낭예를 위해 경쟁한다. 이들 종목 중 일부는 이름이 바뀌고 새로운 종목이 생겼고 또 일부는 올림픽 게임종목으로 채택되었다. 여기에서 스와치가 얻는 광고 효과가 엄청난 것은 말할 것도 없다.

(4) 시간, 그 이상을 제공하는 시계

유행에 따른 다양한 색상, 산뜻한 외양, 독창적인 디자인으로 스와치는 생활 속에서 강렬한 메시지를 전달하는 새로운 개념의시계로 확고한 포지셔닝을 구축하는데 성공했고 지금까지도 성공적으로 그 입지를 다져오고 있다. 이름 없는 플라스틱 시계가 위기의 스위스 시계산업을 구할 수 있었던 것은 창업자들의 대담함과 독창적인 마케팅 전략, 독특한 감각, 선구자적 정신 때문이었다. 시계 외형, 기술적인 내부 문제, 그리고 세상에 등장하게 된 방법(스와치는 시장진출을 위해 비용을 투자한 것이 아니라 예술가와 디자이너들이 시계의 표면을 장식하고 옷을 입히도록 만들었다) 등 스와치와 관련된 모든 것은 혁신적이고 자극적이었다. 결국 이런 것들이 전례 없는 성공 신화를 남기며 세계적인 브랜드로 성장한 원인이 되었다.

학습정리

1. 마케팅의 4요소라고 하는 4Ps는 제품(product), 가격(price), 장소(place), 판촉(promotion)을 의미한다. 제품 A는 어떤 특징을 갖는 제품(product)으로, 가격은 어느 정도로 하겠다(price)와 어떤 유통 채널을 통해 공급하고 어디에서 팔 것이며(place), 어떤 방식으로 판촉하고(promotion), 홍보하는 것을 결정하는 것이다. 4p는 서로 긴밀히 연관되어 있기 때문에 하나를 변경시키면 나머지 모두가 영향을 받는다. 따라서 특정 제품에 가장 알맞는 최적의 조합을 찾아내는 것이 중요하며 이런 조합이 곧 좋은 마케팅 믹스인 것이다. 특히 4요소가 내부적으로 일관성이 있으면서 상호 보조적(internally consistent and mutually supportive)이어야 한다는 것이 중요하다.

2. 30년 전, 미국의 마케팅 임원진들에게 마케팅 믹스의 중요성을 순서대로 나열해 보라는 질문을 한 결과, 제품, 판매촉진, 가격, 유통조직의 순으로 나타났다고 한다. 그러나 최근의 조사에 의하면 가격이 제 1순위이며 그 다음이 제품, 유통, 판매촉진의 순이라고 한다.

3. 월마트Wal-Mart의 성공비결은 다음과 같이 세가지 + 1
   ① 뼈를 깎는 저가 정책 (Everyday Low Price)
   ② 효율적인 물류 관리시스템
   ③ 고객을 최우선시하는 월마트의 경영이념
   + 1 인간중심 경영 : 사원은 동업자 Associate

4. 시계회사 '스와치'의 사례를 통해 알아보는 4P's전략
   - 위기는 새로운 기회의 시작
   - 시간, 그 이상을 제공하는 시계

학습문제

01 포장이나 디자인도 제품개념에 포함된다. （○, X）

> 해설 제품에는 유형의 상품과 서비스, 아이디어를 포함하며, 그에 따른 포장, 디자인은 물론, 라벨, 브랜드까지도 포함된다.　　　　정답 : ○

02 마케팅 4P's전략이란, 제품(Product), 가격(Price), 인적판매(People), 촉진(Promotion)을 뜻한다. （○, X）

> 해설 마케팅 믹스전략이라고도 하는 4P's전략은 제품(Product), 가격(Price), 유통(Place), 촉진(Promotion)이다.　　　　정답 : ×

03 소매점으로 출발했던 월마트의 성공비결은 세 가지로 요약할 수 있는데 그 중 아닌 것은?
① 유통업자에게 높은 마진율을 지속적으로 보장해 주는 전략
② 뼈를 깎는 저가 정책 (Everyday Low Price)
③ 효율적인 물류 관리시스템
④ 고객을 최우선시하는 월마트의 경영이념

> 해설 1번은 진로재팬이 일본소주시장에 진입했을 때의 전략임　정답 : ①

04 신제품(new product)이란 무엇인지, 그 정의에 포함되지 않는 것은?
① 독창적인 제품　　　　② 제품개량, 제품변형
③ 새로운 상표　　　　　④ 보강제품
⑤ 재포지셔닝

> 해설 4번은 제품의 계층 중 핵심제품, 유형제품, 보강제품 중 하나
> 　　　　　　　　　　　　　　　　　　　　　　　정답 : ④

05 '브랜드 사전'에 나오는 브랜드의 유래를 나열한 설명이다. 틀린 것은?

① 파카 글라스 : 창업주(朴家)의 영문 성을 따서 만든 제품
② 쌤소나이트 : 성경에 등장하는 삼손에서 유래
③ 닥스 : DAD(아버지)와 Slacks(바지)를 합성한 브랜드
④ 여성캐주얼 'A6' : 사과 6개를 갖고 시작한 사업

해설 A6'는 복사용지 A4에서 아이디어를 얻었다. 획일적인 틀을 벗어난 개성 넘치는 제품을 상징하며 만들어 짐
정답 : ④

06 진로소주가 일본진출에 사용했던 전략은?

① 시장 침투가격 전략
② 비가격 경쟁전략
③ 높은 판매가격 전략
④ 낮은 판매가격 전략

해설 진로소주가 사용했던 전략은 높은 판매가격으로써 철저한 사전조사와 싸구려 술이 아닌 고급술이라는 이미지를 주기위해 이 같은 파격적인 전략을 사용하였고 그 결과는 적중하여 치열한 일본 소주시장에서 좋은 결과를 내고 있다.
정답 : ③

07 다음이 설명하고 있는 것이 어떠한 것에 대한 설명인지 고르시오.

> "보통 기업의 내부 또는 외부기관의 연구개발을 통하여 탄생되는 독창적인 제품, 제품개량, 제품변형, 새로운 상표 등을 의미하며, 기업관점에서의 이것을 원초적 제품, 제품개선과 수정제품, 재포지셔닝 등의 모두를 지칭한다."

① 브랜드   ② 신제품   ③ 보강제품   ④ 핵심제품

해설 ① 브랜드는 판매자가 자신 취급하고 있는 상품 또는 서비스라는 것을 증명할 목적으로 하는 것을 의미한다. ③ 보강제품은 제품의 보증기간, 판매 후 애프터서비스나 수선, 배날, 신봉구매, 포장서비스 등으로써 유형제품을 소비자에게 제공하는 것을 말한다. ④ 판매자는 구매자가 제품을 구매함으로써 얻게 되는 효익(핵심편익)을 판매하여야 하는데 이 효익을 가지고 있어야 하는 것이 핵심 제품이다.
정답 : ②

08 유통경로(중간상인)가 중요한 이유로 맞지 않는 것은?

① 거래횟수를 최대화 하는 기능
② 거래의 표준화를 제공
③ 구매자와 판매자에게 정보를 제공
④ 생산량과 여러 종류의 제품 조정 기능

해설 오히려 유통경로가 많아질수록 제품의 가격이 올라갈 수 있다.

정답 : ①

제 4 장
소비자 Consumer 이해하기

"기업이 하는 일은, 소비자들의 겉으로 드러난 욕구(needs)와 잠재적인 욕구(wants)를 충족시키는 일이다. 결코 기업이 소비자를 향해 상품을 프로포즈해서 시장을 확보하는 게 아니다. 기업 입장에서 멋대로 생각해서 제품을 내놓는다면 소비자들에게 외면을 당할 것이다."

- 히구치 히로타로 (아사히 맥주 CEO)

04 FUN MAKETING
소비자 Consumer 이해하기

학습목표 🔍

1. 소비자란 무엇인가를 알게 된다.
2. 소비자 행동이 구매패턴을 바뀌게 하거나 기업에 있어 판매에 영향을 준다는 것을 깨닫게 하여 준다.
3. 마케팅조사가 왜 필요한지 알게 된다.
4. 정성적 소비자조사가 어떤 것이 있는지, 어떻게 활용되는지에 대해 알고, 사용 할 수 있게 하여 준다.

핵심키워드 : Consumer, Customer, 소비자행동, 마케팅 조사, 정성적 조사기법

    소비자란 마치 럭비공과 같아 언제 어떻게 어디로 튈지 모른다. "열 길 물속은 알아도 한길 사람의 속마음은 알 길이 없다"는 속담이 있듯이 소비자의 마음을 읽는다는 것은 마케터 입장에서는 너무 어려운 일이다. 정량적 통계조사로 나온 대다수의 의견에 의한 결과수치라고 해도 결코 그 것이 정답일 수 없는 상황이 너무 많다. 소비자의 말로서 표현될 수 있는 소비자 니즈는 5%도 안 된다는 조사도 있을 정도이다.

    기업들은 고객의 욕구나 불만사항을 파악하기 위해 소비자들에게 의견과 느낌을 언어로 표현하도록 요구하며 조사를 하려고 해도, 언어와 문자 중심의 대화로는 억양, 눈 맞춤 몸짓, 주시 동작 등 준언어Paralanguage 적 의미를 포착할 수 없다. 국내 A기업의 콜센터는 고객만족도 조사에

서 긍정적 결과를 얻었지만, 목소리 분석에서 음파가 불안정한 것으로 나타나자 고객답변이 과장되었다고 판단하였는데, 소비자의 욕구를 알아내기 위한 인터뷰에서 질문에 대해 먼저 떠오르는 top-of-mind 생각만을 이야기하는 경향이 있기 때문이다.

마케팅 이야기

사례 1 '알 수 없는 소비자의 마음'

① 맥도날드는 소비자 설문조사 결과를 바탕으로 1991년 다이어트 버거인 맥린 McLean을 출시하였으나 실패한 바가 있다. 이는 계량적 내용에만 치중하여 '다이어트'가 패스트푸드의 이미지와 맞지 않는다는 점을 간과했기 때문이다.
② 리바이스 Levi's는 브랜드가치가 높기 때문에 청바지가 아닌 고급자켓, 스키복 등의 제품에 'Levi's'상표를 붙이면 잘 팔릴 것이라고 생각하며, 제품의 다양화를 추구하였으나, 소비자는 'Levi's = 청바지'라는 의식만 있을 뿐이었다.
③ Timberland라는 구두 제조회사는 구두를 만들면서 주로 구두의 최신 패션에 중점을 두었다. 그러나 소비자들은 구두를 왜 구매하겠는가? 브랜드인지, 멋진 디자인인지 아님 그 구두가 지닌 어떤 매력 때문인가, 아니면 패션 때문인가의 마케팅 조사결과 의외로 소비자들은 이 구두가 오래 신을 수 있을 것 같아서 구매한다는 사실을 알게 되었다. 그 후 Timberland는 패션과 구두의 매력보다는 구두를 더 튼튼하게 만들었고, 광고에도 그 내구성을 강조하는데 중점을 두었다.
④ P&G는 고객들로부터 "세제 사용에 아무런 불만이 없다"는 답변을 들었으나, 막상 고객들의 집을 방문해서는 포장을 스크루 드라이버로 뜯어내고 막대기로 힘들게 세제를 물에 푸는 모습들을 발견하였다. 소비자의 말과 행동이 다르게 나온 것이다.

소비자와 고객의 의미적 차이

전통적으로 소비자라는 용어는 어떠한 형태로든 생산된 부가가치를 소비하는 일반 대중을 의미하였다. 하지만 최근에 기업의 숫자가 증가하고, 개별 기업들이 제공하는 부가가치가 단순 제품에서 서비스로 옮겨가면서 고객Customer이라는 용어가 등장했다. 고객은 소비자와 달리, 하나의 기업과 강하게 연결된 소비자라는 의미도 가지고 있지만, 제품보다는 서비스와 관계가 있다는 의미도 많이 포함하고 있다.

1. 일반적으로 고객이라고 할 때는 Consumer라는 단어는 잘 쓰지 않고, 주로 Customer나 Client를 사용한다. Consumer는 글자 그대로 고객 여부를 불문하고 일반 소비자라고 생각하면 될 것이다.
2. 개략적인 의미로 보았을 때 포함하고 있는 범위는, Consumer > Customer > Clinent 이다.
3. 소비자$_{Consumer}$는 상품이나 서비스를 말 그대로 소비하는 사람이다. 경제적 댓가를 지불하고 상품을 소비하거나 서비스를 제공받는 의미이다. 소비자라는 의미의 Consumer는 써서 없애버린다는 의미의 Consume에서 나왔다. 즉, 무엇인가를 사용해서 없애버리는 사람이라는 생각할 수 있다.
4. 고객$_{Customer}$은 제품을 선택·구매하는 자이다. 특정의 상점·기업 등에서 정기적으로 제품이나 서비스를 구입하는 손님을 의미하며, 우리가 흔히 말하는 단골이라고 해도 무방하다고 본다. 고객$_{Customer}$는 영어에서는 그 어원이 관례, 습관이라는 Custom에서 나왔다. 습관적인 소비자라는 의미로 볼 수 있는데, 이는 현재의 소비뿐만 아니라 미래에도 그 친밀도 있는 브랜드에 지속적인 소비를 할 것이라는 점을 내포한다.
5. Client는 의사, 은행, 변호사 등과 관련해 전분적이고 기술적인 서비스를 고정적으로 받는 사람을 칭한다고 보면 별 무리가 없다. 이 Client는 특정인의 질병이나 어려움 또는 특정의 문제점과 관련해서 진단, 상담, 치료, 해결 또는 성사와 관련된 대상이라고 보면 쉬울 것이다.[2]

소비자와 고객의 가장 큰 차이는 브랜드나 기업에 대한 구매자의 친밀감, 유대감, 그리고 신뢰할 수 있는 관계의 유무 혹은 그 정도의 비교적 차이(다른 브랜드와 비교되는 그래서 시장에서 실제로 영향을 발생시키는)라고 할 수 있다. 다르게 표현하면 소비자는 상품의 구매자이고, 고객은 브랜드에 감정적·이성적 관계를 가진 동반자라고도 할 수 있다.

일반대중과 잠재적 소비자를 소비자로 만드는 비용은 고객을 유지시키는 비용의 5배정도가 소요된다고 한다. 일반적으로 충성도 있는 고객과 지지자들은 전체 소비자중 20%미만이고 기업 전체 매출의 80%이상을 가져온다고 하며 자신과 강한 관계를 맺은 브랜드이외의 브랜드에 배타적인 경우가 대부분이다. 충성도 있는 고객과 지지자들은 기업의 전체 소비자중 작은 그룹이지만 기업이 위기에 처하게 되거나 신상품을 출시하는 등의 결정적인 시기에 가장 가치 있는 기업 최고의 자산이라고 할 수 있다.

본문 중에 사용되고 있는 소비자는 고객의 의미를 포함한 포괄적인 의미로서 같이 사용하고 있다는 것을 먼저 밝혀둔다.

---

2) 용어 해설 정리
- 대중$_{Public}$ - 경제 활동을 하는 모든 사람
- 잠재적 구매자$_{Prospects}$ - 라이프스타일이나 구매행태, 혹은 필요에 의해 특정 상품/서비스를 구매할 가능성이 있는 그룹
- 소비자$_{Consumers}$ - 특정 브랜드에 대한 충성도$_{Loyalty}$ 없는 단순 구매자
- 고객$_{Customers}$ - 특정 브랜드와 일정 정도 이상의 관계를 가진 상품/서비스의 반복적 구매자
- 충성도 있는 고객$_{Loyal\ Customers}$ 혹은 $_{Clients}$ - 특정 브랜드에 대해 일정정도 이상의 신뢰와 관계를 바탕으로 특정 브랜드가 자신들의 구매의사결정에 직접적인 영향을 주는 브랜드에 대한 구매자 그룹
- 지지자$_{Supporters}$ - 특정 브랜드와 자신들간의 일체감을 가지는 고객으로 브랜드에 대해 최고의 충성심을 보이는 그룹.

맞춤형 제품·서비스로 소비자 사로잡다

- 변화하는 소비자 요구에 걸맞는 가치·기능 제공
- 실용·신뢰브랜드 선호속 웰빙·친환경 인기 지속

소비시장에는 상품 불변의 3법칙이 있다. 제1 명제는 '고객은 항상 옳다'이며 두번째는 '고객은 항상 변화한다'이다. 따라서 최종 명제로 소비자의 입맛을 충족시키기 위해 기업은 항상 변하지 않으면 안 되는 숙명을 안고 있다.

소비자의 요구에 제대로 대처하지 못한 기업들은 쇠락의 길을 피할 수 없다. 1980년대까지 미국을 대표하는 통신기업 AT&T는 1990년대 향후 무선전화가 유선전화 시장을 잠식할 것이란 사실을 알고 있었다. 하지만 미국 전화시장이 유선 없이 성장할 것이란 생각을 미처 하지 못했으며 뒤늦게 무선시장에 대비하는 우를 범했다. 결국 AT&T는 무선전화 사업에 막대한 투자를 하고도 이동통신 사업에서 실패해 2000년대 중반 미 지역통신업체 SBC에 인수됐다.

변화를 따라가지 못해 시장에서 퇴출되는 것은 제조·서비스 업체 뿐 아니라 유통업태에서도 마찬가지다. 과거 미국 소매업계를 평정했던 K마트, 울워스 등 대형 유통업체들은 소비자들의 눈높이를 따라가지 못해 몰락을 길을 걸었다.

최근 유럽발 재정위기와 같은 특정한 외부 요인이 아니더라도 소비시장의 변수는 항상 존재한다. 특히 고령화사회, 싱글족·맞벌이 부부 증가, 여성의 사회진출 가속, 양극화 심화, 생산 및 소비의 글로벌화 등 소비시장에 대응해야 하는 변수는 셀 수 없이 많다.

경제환경 변수가 많아지면 소비자들도 변한다. 세계경제 위축과 불황에 대한 걱정이 늘게 되면 가격이 상품을 선택하는 제1기준이 되기도 하고, 이와 반대로 돈을 좀 더 쓰더라도 비용대비 만족도와 효용성이 큰 상품에 더 관심을 기울이는 현상도 나타난다. 소비가치를 올릴 수 있는 상품과 서비스에 민감하게 움직이는 것이다.

전문가들은 이 같은 소비패턴의 변화 흐름을 정확히 읽어내고 이를 충족시키는 발빠른 제품과 서비스를 만들어 낼 수 있는 능력 여부가 기업 생존의 열쇠가 된다고 분석하고 있다.

미국 1위 드럭스토어 월그린(Walgreen)은 '현상유지는 곧 후퇴'라는 명제를 기업모토로 삼고 있다. 기업 역사만 100년이 넘지만 시대에 뒤떨어지지 않는 경영감각과 소비자 중심의 경영전략으로 매장혁신을 주도한 게 장수의 비결이다.

실제 이 회사의 영업 기준을 보면 계산대 대기 열에는 쇼핑객이 3명 미만이 되도록 유지하고 24시간 영업, 주거지역 10분이내의 소상권 출점 등 철저한 소비자 입장에서 영업하고 있다. 소비자들이 드럭스토어를 찾는 이유 첫 번째가 편리성인 것을 이미 간파하고 일찌감치 매장운영을 바꾼 것이다.

글로벌 식품기업 네슬레는 철저한 소비자 입맛중심과 현지화로 유명하다. 이른바 네슬레의 '60%'법칙은 소비자 맞춤형 상품개발의 원칙으로 불린다. 상품이름을 감추고 경쟁제품과 비교 시음후 소비자의 60%이상이 네슬레 상품을 선호하지 않으면 시장에 아예 제품을 내놓지 않는다.

이 기업의 해외시장 비중은 총 매출의 98%를 차지해 사실상 기업 매출이 해외영업에 좌우된다. 이에 따라 네슬레는 원료조달은 물론 상품과 생산판매에서도 현지인들의 라이프스타일을 철저하게 반영한다. 예컨대 인도에서 네스카페를 팔 경우 델리지역에서는 100% 커피로 만든 제품으로 판매하는 반면 남인도 지역에서는 이 곳 소비자들이 좋아하는 치커리를 넣은 제품으로 소비자들을 끌어오는 방식이다.

이는 소비자 라이프스타일을 철저하게 이해하려는 노력에서 시작된다. 실제 네슬레는 마케팅부문에 컨슈머 인사이트를 담당하는 부서가 있는데 이 부서는 제품의 주 타깃이 되는 소비자와 며칠을 같이 생활하며 이들의 하루 사이클과 선호도 등을 면밀히 분석하고 요구에 맞는 제품을 따로 개발해 공급하는 전략을 구사한다.

결국 소비자의 요구를 반영하는 제품에 선택의 기회가 커질 수밖에 없다. 앞으로 남유럽 등 일부 국가에서 초래된 세계경제의 위기감이 실물경기에 직간접적으로 영향을 줄 경우 소비자의 선택은 더 까다로워질 것으로 보인다. 또한 상품선택에서의 미묘한 변화에서도 흐름을 파악하고 대처하는 기업들에게는 기회가 될 수 있다.

서울경제가 올들어 소비자들의 주목을 받은 상품으로 선정한 '상반기 베스트 히트 상품'들은 소비자들의 요구에 걸 맞는 기능과 가치를 제공했다는 점에서 높은 평가를 받고 있다. 혁신적인 상품이라도 초기에만 인기를 끈 후 곧 사라지는 경우가 많다는 점에서 오랜 기간 소비자들의 평가와 검증을 통해 신뢰를 쌓는 브랜드들은 불황에도 구매자들의 선택을 받을 것으로 예상된다. IT(정보기술)관련 기기나 가전·생활용품들은 최근 젊은 소비층들이 합리적이고 실용적인 상품을 선호하는 경향이 강해지고 있다는 점에서 실속 있고 다양한 기능을 갖춘 제품들이 지속적으로 관심을 얻을 것으로 보인다. 아울러 웰빙·친환경 상품 인기는 지속될 것으로 예상된다. 천연재료를 사용하거나 자연주의를 표방한 식품·화장품에 대한 선택은 꾸준히 이어질 전망이다. 금융상품도 막연한 고수익이나 보장을 강조하는 상품보다는 안정적 수익과 소비자 자신에게 맞는 맞춤형 서비스상품에 더 많은 관심을 보일 것으로 예상된다.

-인터넷한국일보 기사-

학습내용

1. 마케팅 관점에서의 소비자란 무엇인가

1) 소비자의 정의

우리는 일반적으로 일상생활 영위하기 위해 경제적 재화를 구매, 사용, 소비하는 사람을 소비자$_{consumer}$라 부른다. 그러나 소비자행동연구 분야에서는 소비자의 개념을 이보다 훨씬 포괄적으로 정의하고 있다.

첫째, 유형의 재화뿐만 아니라 서비스를 구매, 사용 또는 소비하는 사람을 소비자의 범주에 포함한다. 즉 다양한 교통수단을 이용하고 있는 시민, 병원진료를 받는 환자, 그리고 변호사나 공인회계사 등에게 사건을 의뢰하는 사람들은 모두 일정한 대가를 지불하고 특정 서비스의 혜택을 향유하기 때문에 이들을 '서비스라는 무형의 경제적 가치'에 대한 '소비자'라 본다.

둘째, 제품이나 서비스가 아닌 '이념이나 아이디어의 수용자'도 소비자의 범주에 속에 포함한다. 즉 정당, 정치가, 종교단체, 공공기관, 학교 또는 교육자 등은 이념이나 아이디어, 지식 등에 대한 마케팅 주체이며, 반대로 유권자, 신도, 국민, 학생 등은 이들 마케팅 주체의 이념이나 아이디어, 지식 등을 구매·이용하는 소비자로서의 역할을 수행하게 된다. 이를테면 선거전에 임하는 입후보자는 그들의 '선거공약'을 판매하고 그 대가로 유권자의 '지지'를 얻어야 하기 때문에 입후보자에게는 유권자가 그들의 선거공약을 구매해 줄 고객이 되는 셈이다. 최근에는 이와 같은 이념이나 아이디어 소비자들의 역할이 우리 사회에 한층 더 중요해짐에 따라 이들에 대한 연구에 많은 관심이 모아지고 있다.

셋째, 최근에는 재화나 서비스를 유상으로 구매·사용하는 사람뿐만 아니라, 무상으로 사용하는 이용자까지도 소비자의 범주 속에 포함한다. 이를테면 사람들은 누구나 '맑은 공기'를 무상으로 사용하고 있는 '공기의 소비자'이며, 따라서 환경오염에 대한 사람들의 부정적 태도는 깨끗한 환경에서 맑은 공기를 향유하기 위한 '소비자'의 당연한 권리에 기인하는 것으로 본다.

넷째, 소비자란 제품이나 서비스를 직접 사용 또는 소비하는 개인뿐만 아니라, 구매 및 소비결정과정에 관여한 의사결정단위decision-making unit를 포괄적으로 의사결정단위는 개인일 수도 있고, 가족, 단체, 회사 등과 같은 조직일 수도 있다. 또한 구매 및 소비결정과정에서 그들이 실제로 수행하는 역할의 유형과는 관계없이, 어떤 형태로든 구매과정에 관여한 사람 또는 조직은 모두 소비자로 본다. 사실 구매할 제품 및 상표를 결정하고 결정된 제품을 실제로 구매하여 그 제품을 사용·소비하는 일련이 과정에는 많은 사람들이 관여하게 되며, 관여한 이들의 행동 하나하나가 모두 최종적인 구매 및 소비행동에 중요한 영향을 미치게 된다.

따라서 구매라는 물리적인 행동을 직접 수행하는 사람(즉, 구매자)은 물론, 자신이 직접 구매하지 않았더라도 타인의 구매한 제품을 사용 또는 소비하는 사람(즉, 사용자), 그리고 자신이 직접 구매자나 사용자는 아닐지라도 구매에 관한 의사결정에 영향을 준 사람(즉, 영향력 행사자)등도 모두 소비자의 범주 속에 포함한다.

다섯째, 개인이나 가계의 욕구충족을 위하여 제품이나 서비스를 구매하는 최종 소비자뿐만 아니라 재판매나 생산을 목적으로 구매하는 산업사용자나 조직구매자도 소비자의 범주 속에 포함된다.

이와 같이 소비자란 제품, 서비스, 아이디어 등을 직접 구매·사용·소비하는 개인이나 조직뿐만 아니라, 구매결정과정에 관련하여 직접 혹은 간접적으로 영향력을 행사하는 사람들까지도 포함하는 매우 포괄적인 개념이다. 사실 이렇게 본다면 우리들 모두가 소비자행동연구의 대상이 되는 소비자인 셈이다.

2) 소비자행동의 개념

소비자행동 = 물리적 행동 (physical action) + 심리적·감정적·인지적 활동 (cognitive activities)

원래 '행동'이라는 말은 외부에서 관찰할 수 있는 어떤 '신체적 움직임'에 대한 의미를 강하게 암시하기 때문에 흔히 소비자행동이라고 하면 제품의 구매 및 사용과 관련된 소비자의 물리적 행동physical action만을 의미하는 것으로 생각하기 쉽다. 그러나 소비자행동 연구분야에서는 이와 같은 가시적인 신체적 움직임보다는 오히려 소비자의 내면에서 일어나고 있는 변화, 즉 심리적·감정적·인지적활동cognitive activities을 더 중요하게 여긴다. 왜냐하면 외형적으로 나타나는 소비자들의 결과론적인 행동을 이해하고, 그들의 다음 행동을 예측하기 위해서는 그런 행동을 유발시킨 내적 동인과 그런 행동을 하게 된 의사결정과정에 대한 이해가 보다 더 중요하기 때문이다. 따라서 소비자행동 분야에서는 소비자행동 개념을 상당히 포괄적으로 사용하고 있다.

소비자행동의 진의와 연구범위에 대하여 통일된 견해는 아직 없다. 일반적으로 소비자행동은 시장에서 소비자의 활동을 말하며, 그러한 행동의 성격·이유·방법에 대해 검토하는 연구 분야로 받아들여진다. 주요 학자들의 소비자행동에 대한 정의를 살펴보면 다음과 같다.

- 엥겔/콜라트/블랙웰 J. F. Engel/ D.t. Kollat/ R.D. Blackwell의 정의 : 소비자 행동은 "개인이 경제재와 서비스를 획득하고 사용하는데 직접적으로 관련된 행동"이며, 이 행동을 결정하는데 영향을 미치는 범위는 개인의 행동에 국한되고 있음을 알 수 있다.

- 스턴달/크레이그 B. Sternthal/ C.S. Craig의 정의 : 소비자행동은 "소비자가 의사 결정을 행하는 과정을 탐구하는 것으로 구체적으로 소비자가 소비선택행위를 하기 위하여 정보를 획득·편제·이용하는 방법과 관련된 것"이다. 이들의 정의는 정보처리적 관점에서 소비자행동을 파악한 것이며, 이들은 소비자의 의사결정 과정에 대한 외부적 영향력 등을 고려하기는 하지만 본질적으로 소비자 개인의 정보수집의 방법과 소비선택을 위한 내면적 의사결정 룰의 해명을 중요시하고 있음을 볼 수 있다.

- 월터스/폴 C.G. Walters/G.W. Paul의 정의 : 소비자행동은 "개인이 재화와 서비스의 구입 여부와 어떤 것을, 언제, 어디서, 어떻게 또

누구로부터 구입할 것인가를 결정하는 과정"이다. 이들에 의하면 소비자행동은 광의의 인간행동의 특정 유형으로서 이해되어야 한다고 주장하고 시장에서의 의사결정을 내리는 데 필요한 정신적·물리적 활동의 양자를 포함하는 것으로 받아들이고 있다.

▎**코헨 D. Cohen의 정의** : 코헨은 엥겔, 콜라트, 블랙웰의 정의와 같이 소비자를 개인으로 인식하는 것은 너무 한정적이라는 점을 강조하여 소비자행동은 "경제적 재화와 서비스를 획득하고 사용하는데 직접적으로 관련된 의사결정단위(개인뿐만 아니라 가족도 포함)의 행위와 이러한 행위에 선행하는 의사 결정 과정을 포함한다." 라고 정의하고 있다. 여기서 코헨은 사회집단 중 1차적 집단인 가족의 소비행동에 관한 중요성과 기능을 강조하고 있음을 알 수 있다.

이처럼 소비자행동의 정의는 학자들에 따라 다양하게 주장되고 있으나, 이들의 견해를 종합해보면 다음과 같이 정의할 수 있다. 즉, "소비자행동은 개인 또는 집단(가족포함)이 그들의 욕구·필요를 충족시키기 위하여, 사회적 상호 관련과 환경적 요인의 제약 하에서 정보를 처리하는 심리 과정과 의사결정 과정을 거쳐 재화나 서비스를 접근·구매·사용하고 이에 따른 경험을 통해 나타내 보는 일련의 행동 과정"이다. 이러한 견해는 소비자행동을 포괄적으로 본 것으로서 다음과 같은 개념을 함축하고 있다.

첫째, 소비자를 개인, 집단(가족) 및 기관으로 구성되는 것으로 파악할 수 있으나 일반적으로 소비자행동 연구의 대상은 기관구매자를 제외한 개인 또는 가족을 포함하는 최종소비자를 그 연구대상으로 하고 있다.

둘째, 소비자행동의 결정 요인을 크게 개인의 심리적 요인과 환경적 요인으로 분류하고 있다.

셋째, 소비자행동을 의사결정 과정으로 파악하고 사후의 경험이 피드백되는 과정을 포함하고 있다.

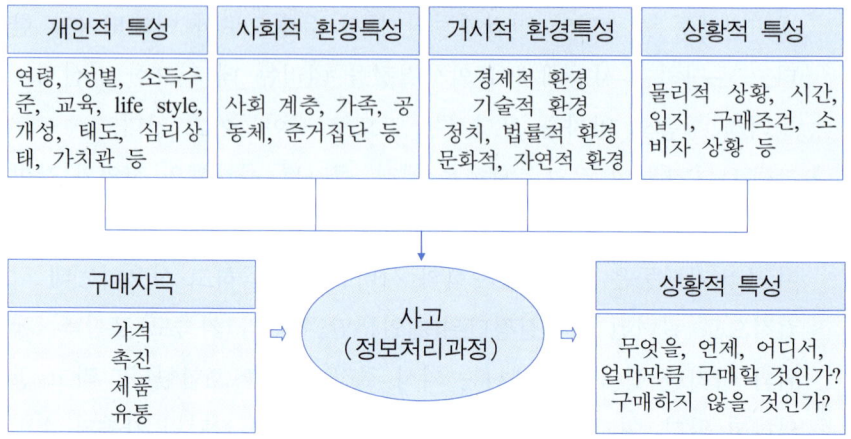

▎그림 4-1 ▎ 소비자행동의 영향요소

3) 소비자행동의 특성

소비자행동의 의의와 관련하여 몇 가지 고려하여야 할 기본적 특성이 있는데, 그것은 다음과 같다.

(1) 소비자행동은 목표 지향적이다.

소비자행동은 행위가 이루어지는 순간에 목표를 가장 효율적으로 달성할 수 있다고 판단되는 행동을 추구하게 된다. 구매 및 소비행위는 외부 관찰자에게는 매우 불합리한 것으로 보일 수도 있으나, 행위자는 여러 가지 제약 요건을 고려한 합리적 행위를 말한다.

(2) 소비자는 자주적인 사고를 한다.

소비자들은 스스로 판단하여 자신에게 필요한 정보만 선택적으로 기억하며, 부적절하다고 판단되는 것을 무시하거나 망각하게 된다. 즉, 소비자는 외부적 마케팅 자극에 의해 영향 받는 사고능력이 없는 단순한 로봇이 아니라는 것이다.

(3) 소비자 모티베이션[3]과 행동은 조사에 의해 규정될 수 있다.

소비자행동은 일련의 과정이며, 구매는 그 과정 중 단지 한 단계일

---

3) Motivation : 동기, 동인, 의욕유발, 욕구의 의미로서 여기서는 구매동기로 본다.

뿐이다. 소비자행동에는 갈등과 같이 내부적이거나 사회 환경으로부터 오는 외부적인 많은 영향력이 작용하게 된다. 이들의 외부적 투입과 내부적 요인들은 대단히 복잡하지만, 마케팅조사를 통해 상당히 정확하게 소비자의 모티베이션과 행동을 평가·예측할 수 있다. 비록 완벽한 행동예측은 불가능하더라도 적절히 고안된 연구노력은 기업의 제품 실패에 관한 위험을 격감시키고, 마케팅활동의 성공가능성을 크게 높일 수 있다.

(4) 소비자 모티베이션과 행동은 외부적 영향을 받을 수 있다.

소비자는 자신의 목표와 의도에 반하는 방법으로 행동하도록 유인될 수는 없지만, 그의 모티베이션과 행동은 다양한 외부자극에 의하여 영향을 받는다. 그러나 이러한 외부적 영향력 중 소비자가 인식한 문제 또는 욕구에 대한 처방이 되는 것만을 받아들인다. 따라서 이러한 영향 과정은 연구에 의해 규명될 수 있다.

(5) 소비자행동의 순환적 과정에서 소비자교육의 필요성이 생겨나게 된다.

비록 소비자는 목표 지향적이고 자주적이라고 하더라도 이는 소비자가 반드시 '최선의 구매'$_{best\ buy}$를 행한다는 것을 의미하지 않는다. 만일 소비자가 제품과 구매방법을 평가하는 기법에 관하여 더 많은 통찰력을 가지게 되면 소비자행동은 대단히 달라지게 될 수 있을 것이다. 따라서 소비자에게 제품에 대한 올바른 지식을 제공하여 그들이 제품을 평가·선별하는 능력을 높이고 최선의 구매와 최선의 사용이 가능하도록 하는 것이 필요하다.

4) 소비자 지향 마케팅의 문제점

"소비자가 왕"이라는 표현으로 대변되는 소비자 지향적 마케팅은 마케팅 원론의 가장 기본적인 내용으로 인식되어 왔다. 소비자의 욕구$_{needs}$를 찾아 그 욕구를 충족시킬 수 있는 제품을 판매해야 한다는 것이다.

그런데 소비자지향 마케팅을 가능한 한 고객이 원하는 대로 해 주는 것으로 잘못 해석하는 경우가 많다. 그래서 그 의미를 잘못 받아들인

기업들은 해결안을 찾기보다 오히려 문제에 봉착하곤 한다. 소비자 지향 마케팅에 대한 오해를 먼저 살펴본다.

2. 소비자 욕구 파악에 관한 오해

1) 소비자의 욕구는 알고자 하면 알 수 있다?

(1) 주부들을 위한 월간지 「마리안느」라는 잡지가 창간 17호 만에 부도를 내고 말았다. 기업경영에서 부도는 병가지상사이며 한 잡지사가 문을 닫은 사건이 대수로운 일도 아니다. 그런데 그들이 부도를 내게 된 이유가 눈길을 끈다.

그 회사 기획실장에 따르면 「마리안느」는 창간을 앞두고 철저한 소비자 조사를 했다고 한다. 그들은 실시한 설문조사의 결과를 보면, 주부들은 낯 뜨거운 섹스 이야기나 루머 일색의 잡지에 식상해 있어 유익한 정보만을 전해 주는 잡지가 나올 경우 95% 이상이 구독하겠노라 응답했다는 것이다. 그래서 「마리안느」는 자신 있게 "無섹스, 無스캔들, 無루머"의 3무(三無)정책을 표방하였고, 그 정책을 고수했다. 그런데 독자의 바람에 맞추어 만들어진 그 잡지가 독자의 외면으로 사라져 버린 것이다.

근자에 들어 소비자의 욕구가 무엇인지 미리 예측하고자 마케팅 조사를 실시하는 기업이 늘고 있다. 「마리안느」의 폐간은 조그만 사건이지만 마케팅 조사의 유용성을 다시 생각해 보게 만든다. 소비자의 태도를 조사하는 것은 그들의 욕구를 반영하기 위해서 인데, 그렇게 만들었다는 제품도 소비자에게 받아들여지지 않는 경우가 의외로 많다.

(2) Coca-Cola는 펩시가 소비자가 맛에 반응하지 않을까하는 시도에서 길거리 '블라인드 테스트'를 실시하여 성공한 것을 보고, 소비자들의 맛에 대한 선택이 중요하다고 생각하여, 400만 달러의 개발비를 투입하여 New coke를 개발, 펩시와 똑같은 방법으로 블라인드 테스트로 20만 명의 소비자를 대상으로 실시하며, 소비자가 가장 선호하는 새로운 맛을 찾아내었다.

결국 펩시보다 맛있다는 소비자들의 선택을 믿고 기존의 코카콜라를 제

 쳐두고 New coke를 생산, 판매하였으나 결과적으로 소비자들의 거센 반발로 기존의 맛을 그대로 하는 코카콜라 클래식이라는 제품을 다시 재포지셔닝하여 1위를 지키고, 펩시 그 다음 New coke순으로 매출을 기록하게 되었다. 소비자는 맛으로 콜라를 선택한 것이 아니며, 정량적인 면보다 보이지 않는 정성적인 부분이 있었다는 것을 알게 된 것이다. 마케팅에서는 알 길이 없는 고객의 마음을 'Brand name and image affect taste (브랜드명과 이미지가 맛에 영향을 미친다)' 라고 표현한다. 즉, 미국문화의 일부가 된 브랜드에 대한 소비자들의 정서적 애착을 무시한 사례라 볼 수 있다.

 (3) 2차 대전 중 지프$_{Jeep}$를 군납하여 크게 성장한 아메리칸 모터스$_{AMC}$는 전쟁 후, 일반 소비자에 대한 판매가능성을 타진하기 위해 여러 차례에 걸쳐 마케팅 조사를 실시하였다. 조사의 결과는 전쟁의 이미지가 커 일관되게 부정적이었으나 선택의 여지없이 지프를 상용화시켰는데 뜻밖에 큰 성공을 거두었다. 아메리칸 모터스는 고객에 대한 욕구조사의 결과를 무시함으로써 성공한 셈이다.

 (4) 또한 소비자의 말을 듣지 않거나 완전히 무시하여 성공한 SONY의 사례도 있다. 소니가 워크맨을 개발할 당시, 걸어 다니면서 음악을 듣는 문화가 생소하여 "누가 오디오를 들고 다니면서 듣겠습니까? 웃기는 소리입니다."라고 소비자, 판매망, 사내의 조사가 모두 부정적인 반응을 보였지만 CEO가 의지를 갖고 상품화를 강행, 전 세계를 대상으로 1억 대 이상을 판 히트상품이 되고 말았다. 소비자의 말과 행동이 다를 때 소니는 말이 아닌 행동을 더 우선시 했던 결과였던 것이다.

마케팅 관리자는 고객의 욕구를 파악하려고 애를 쓰지만, 고객 자신도 자기가 진실로 원하는 것이 무엇인지 정확히 알지 못하는 경우가 많다. 또 욕구를 제대로 인식하였다 해도, 잘못 표현하기 일쑤이다. 물론,

마케팅 조사가 불필요함을 역설하는 것은 아니다. 그러나 엄밀한 조사에도 불구하고 고객의 진정한 욕구가 제대로 전해지지 못하는 경우가 다반사임을 인정해야 한다.

2) 소비자의 욕구를 소비자가 잘 안다?

기업은 소비자들이 자신의 욕구를 잘 인식하리라고 생각할지 모르지만, 실상 소비자들은 자신이 원하는 모든 것을 항상 제대로 의식하는 것은 아니며, 기업만큼 장래에 대한 선견지명을 가지고 있는 것도 아니다. 20년 전 어떤 소비자가 팩스나 CD플레이어, MP3, 비열처리 맥주 또는 HDTV를 구체적으로 요구하였는가? 오히려, 기업이 아이디어를 다듬어 신제품을 만든 다음, 광고 및 홍보 등을 통해 잠재고객을 교육시키고 시장을 창출해 왔다.

고객에게 필요한 것이 무엇인지 묻는 기업은 훌륭한 기업이다. 그러나 더 훌륭한 선도기업들은 고객 자신이 알아채기 전에 그들이 필요로 하는 것을 아는 것이다. 소니의 아키오 모리타 회장은 "소비자를 새로운 제품으로 리드해 가야 한다. 소비자는 무엇이 가능한지 모르지만, 우리는 알기 때문이다"라고 말한다.

제품의 개발은 고객 욕구의 관찰$_{market\ pull}$을 통해서 뿐 아니라 과학발전의 결과$_{science\ push}$에 의해서도 이루어진다는 점을 간과해서는 안 된다. 고객의 욕구 충족에만 신경을 쓰다 보면, 세세한 문제 해결에만 급급할 뿐 창조적 과학발전에 따른 이노베이션을 달성할 수 없게 된다. 그 결과, 후에 창출할 수 있는 시장인데도 즉각적인 시장기회가 존재하지 않는다는 이유로 기술의 연구 개발이 무시될 염려가 있다.

고객지향 마케팅이란 기업이 고객 자신들보다 그들의 욕구를 더 잘 인식해야 함을 의미한다. 그들의 문제해결과 욕구충족을 어떻게 도울 수 있는지 고객은 모를지라도 기업은 알아야 한다.

마케팅 이야기

사례 'McCormick의 비소비자 지향' 실패사례

미국에서 100년 동안 100여 가지의 양념을 생산하여 왔던 McCormick 이라는 기업은 1980년 중반까지도 'Make the best. Someone will buy it (최상품을 만들어라, 누군가가 그것을 살 것이다)' 라는 좌우명으로 생산 지향적인 경영방법을 견지하여 왔다.

창시자의 이러한 좌우명에 맞춰 이 기업은 제품종류를 다양화하고 슈퍼마켓에서 소비자의 눈에 잘 띄도록 넓은 판매대에 진열하기만 하면 자연적으로 판매된다고 생각하였다.

그러나 그 기업은 1980년과 1984년 사이에 매출이 20% 가량 하락하였고, 시장 점유율이 무려 40%까지 하락하였다. 이렇듯 시장판매에 실패한 이유는 이 기업이 소비자의 뜻을 제대로 인지하지 못했기 때문이다. 즉, 직장업무에 지친 맞벌이 주부들이 사용하기에 간편한 양념을 요구하는데도 불구하고 계속 요리하기에 불편한 양념을 생산하였기 때문에 판매에서 실패했던 것이다.

3. 기업 생존에 관한 오해

1) 소비자도 적절한 비용개념을 가진다.

소비자들도 가끔은 제품의 제조비용을 의식한다. 그러나 그보다 앞서 사람들은 본능적으로 다른 사람과 구별이 되는 제품을 쓰고 싶어 한다. 그래서 고객의 이러한 욕구를 충족시키기 위하여 다품종 소량생산을 시도하기도 하지만, 다품종 소량생산은 원가 상승을 부채질하고 상승된 비용은 결국은 고객에게 부담을 준다.

이와 같이 고객의 욕구에 귀를 기울인다는 것이 오히려 고객에게 이롭지 못한 마케팅 활동이 되기도 한다. 기업들은 끝없는 신모델 개발과 그에 따른 투자로 "물건은 팔리지만 이익은 남지 않는다."는 딜레마에 빠졌다. 이에 일본 기업들은 생산품목과 부품수를 대폭 줄이고, 모델변경 기간도 늘려 잡는 '탈 다품종' 운동을 벌이고 있다. 제품의 품목 줄

이기, 모델변경 연장하기, 공통부품 사용하기 등으로 비용을 줄이고, 환경변화에 대응하는 새로운 생산방식을 앞 다투어 도입하고 있다.

일본에서 해마다 새로 나오는 자동차 모델은 평균 90종으로서 미국의 40종보다 곱절 넘게 많다. 모델의 숫자를 줄이면 공장 및 유통현장에서 재고가 줄고, 신모델 개발을 위한 설비투자 비용이 크게 줄어든다.

닛산자동차의 경우, 자동차 운전석이 계기판 종류만도 437가지이고, 라디에이터는 110가지, 실내 카펫이 1,200가지, 핸들은 87가지, 재떨이만도 300가지에 이르렀다. 결국 닛산의 디자인 부서는 모든 부품의 종류를 40%까지, 모델 종류도 35%까지 대폭 줄이도록 전략의 일대 전환을 단행했다. "단순한 것이 아름답다"Simple is Beautiful 는 슬로건은 다양한 소비자로 인한 판매경쟁에서 앞서기 위해 막대한 비용을 들여 제품의 모델과 디자인을 자주 바꾸다 스스로 무덤을 판 자동차업계에서 이심전심으로 일고 있는 새로운 다짐이다.

일본 가전업계도 모델 및 디자인의 잦은 변경으로 멍이 든 상태이다. 마쓰시타는 90년에 내건 슬로건 "새로운 유형의 사고" 대신 "기본으로 돌아가자"Back to Basics 라는 새로운 기치 아래 오디오 카세트 등 각종 모델 6천 개를 1천 개로 줄이는 작업을 진행하고 있다.

소니나 히타치와 같은 대형 가전업체들은 비디오 카메라 한 품목에서만 매년 5~6가지씩 신제품을 쏟아 내는 경쟁에 몰두한 나머지 "소비자를 외면한 개발경쟁"이란 비판을 받고 있다. 각 사는 소형화, 경량화를 위해 밤낮으로 애쓰지만 소비자들은 비디오 카메라를 휴가철에 한두 번 사용하는 게 고작이고, 최첨단 기술로 개발된 새로운 기능들을 활용할 기회가 별로 없다는 것이다.

제품의 전체 제조원가는 업체간 상승작용으로 더 이상 감당할 수 없는 수준에까지 이르렀다. 또 소비자 입장에서는 모델과 디자인이 자주 바뀌자 "오늘의 신모델이 얼마가지 않아 곧 구모델이 될 것이다"라는 생각에 구매를 미루게 되어 구매심리가 도리어 위축되기도 한다.

마케팅 이야기

사례 DuPont사의 Kevlar 실패 이야기

"제품을 발명하고 난 뒤 구매자를 찾으려고 동분서주 하지 말고 먼저 소비자가 무엇을 원하는지를 파악하고 그것을 어떻게 생산해야 하는지를 연구하라"

세계적인 기업이 주는 값비싼 교훈은 다음과 같다.

DuPont사는 화학기업의 제1인자이며 미국에서 10번째 안에 드는 큰 회사이다. 셀로판, 나일론을 발명한 유명한 이 회사는 또다시 철보다 5배 강하고, 무게는 철의 5분의 1밖에 안 되는 신비의 물질 Kevlar를 발명하였다. 이것은 DuPont 연구소의 대성공이었다.

그러나 어떤 용도로 어디에 팔 것인가? 자동차 타이어 제조업계가 Kevlar의 주요 판매원이었다. Kevlar는 철보다 강하고 가벼운데다가 타이어 고무와 잘 접합되었던 것이다. 이에 따라 DuPont은 5억 달러의 설비투자를 하여 Kevlar를 생산하였다. 그러나 자동차 소유자들이 '철로 짜여진 래디알steel-belted radial 타이어'를 더 선호하게 되면서 타이어 제조회사는 1년도 채 못 되어 Kevlar 구입을 중단하고 다시 철을 사용하게 되었다.

Kevlar는 DuPont사가 설립된 이래 가장 많이 투자한 제품이었지만 판매는 아직까지 부진하다. 이것은 주로 비행기, 방탄쪼끼, 테니스 라켓, 군인의 방탄모자 등에 사용되는데 투자에 비하여 수요가 아직 충분하지 못한 형편이다.

2) 소비자 지향의 관점은 장기적인 가치가 있다.

소비자와의 선의goodwill를 위해 단기적이나마 이익의 희생을 강요하는 데는 실질적인 문제가 따른다. 다른 이해집단의 양해를 구하는 데 한계가 있기 때문이다. 즉, 소비자의 만족에만 지나치게 신경을 쓰다 보면, 주주나 하청업자 등 다른 이해집단의 불만족은 등한시하기 십상이다. 그리하여 자칫 나무만 보고 숲을 보지 못하는 결과를 초래하게 된다.

기업은 또한, 치열한 경쟁의 상황을 직시할 수 있어야 한다. 아메리칸 모터스AMC의 승용차는 시장에서 모두 사라져 버렸고 지프만이 크라이슬러에 흡수되어 명맥을 이어가고 있다. 그들의 실패는 고객관리를

장기적으로 하지 못했기 때문이 아니라 다른 자동차 기업들과의 경쟁에 직접적으로 대처하지 못한 데 원인이 있었다.

소비자 지향 마케팅을 추구하면 단기적으로 부담이 되겠지만 장기적으로는 보상을 받는다고 생각하는 것이 틀린 것은 아닐지라도, 오늘을 살아남는 것도 중요한 과제임을 잊어서는 안 된다.

지금까지 소비자지향 마케팅의 문제점을 두루 살펴보았다. 물론, 소비자가 중요하지 않다는 것이 아니다. 그러나 경쟁우위를 유지하며 기업을 존속시키기 위해서는 더 넓은 시야를 필요로 한다. 이렇듯 포괄적이며 실제적인 전략의 방향제시가 요구됨에 따라, 기업전략의 틀을 마케팅 전략 수립에 그대로 적용해 보려 하지만 헛된 수고로 끝나는 경우를 많이 본다. '마케팅 전략'은 전략 수립의 철학과 방법에 있어 '기업전략'과 크게 다르기 때문이다.

결국 마케팅에서 소비자 지향을 위해 하는 행동은 결국 소비자를 알아야 하기 때문에 먼저, 소비자 조사를 통해 소비자의 마음을 알아야 마케팅 전략을 수립 할 수 있을 것이다.

또한 그 시대에 맞는 소비자 트렌드를 파악하고, 새로운 소비 형태파악도 빼 놓을 수 없는 마케팅의 계획수립중 하나이지만, 본 문에서는 간단하게만 소비자 트렌드에 대한 언급을 하고 뒤 장에서 나오는 여러 가지 형태의 마케팅 종류에서 다시 설명하고자 한다. 여기에서는 소비자 이해를 중심으로 내용이 전개됨을 알았으면 한다.

그리고 마케팅 조사에 대해서는 정량적 조사방법과 정성적 조사방법에 대해 설명하겠지만, 주로 소비자 마음을 읽을 수 있는 정성적 조사 기법에 대해 중점적으로 설명하고자 한다.

미래 소비자 트렌드

팝콘 리포트의 저자인 페이스 팝콘과 라이스 메리골드는 '클릭킹'이라는 책자에서 미래 소비자의 16가지 트렌드를 다음과 같이 예측하고 각 트렌드에 부합되는 상품을 제시하고 있다.

① 가정 안주 Cocooning : 인심이 각박해지고 사회가 흉포화 될수록 안전이 최대 관심사가 되고 있다. 따라서 상대적으로 안전한 가정에서 대부분의 시간을 보내려 한다. 경보장치 등 안전보장 사업과 가정을 아늑하게 꾸밀 수 있는 인테리어 개조 서비스, 가정에서 즐길 수 있는 오락기기와 인테리어 개조 서비스, 가정에서 즐길 수 있는 오락기기와 운동기기가 더 필요해질 것이다.

② 유유상종 Clanning : 공동체 구성원들과의 인간관계를 통해 안정감과 따뜻한 애정을 느끼고 싶어한다. 그런데 가족이 아닌 기호가 같은 사람들과의 관계를 통해서 정을 느끼고 싶어한다. 같은 취미나 기호를 가진 사람들이 한 지역에 모여 사는 공동주거가 미래에 주도적 형태가 되리라 보여진다. 부동산중개인은 이제 단지 빈 집을 소개하는 데 그치지 않고 취미와 기호를 중심으로 신규전입자를 선별해 준다.

③ 정신적 압박 Anchoring : 걱정과 근심이 끊이지 않는 현대인들은 마음 둘 곳을 찾게 된다. 종교 지도자니 전통사회의 지도자가 이런 역할을 하여 종교서적이나 잡지, CD가 날개 돋친 듯 팔린다.

④ 분주한 생활 99Lives : 한꺼번에 많은 일을 동시에 수행하며 과로에 시달리다 보니 시간과 노력을 절약해주는 것을 필요로 하게 된다. 슈퍼마켓의 자동현금지급기나 세탁소의 비디오 대여센터, 저녁에 문을 여는 진료소 등이 이와 같은 이유로 각광받고 있다.

⑤ 탈 조직 Cashing Out : 복잡한 출퇴근이나 복잡한 인간관계를 피해 직장 경력을 포기하는 대신 간편한 생활을 선호하는 이들이 늘고 있다. 이들은 사회에서 완전히 이탈한 것은 아니고, 자신이 원하는 일을 원하는 장소에서 하고 싶어 하는 것이다. 홈 오피스 장비 등은 가정을 중심으로 비즈니스를 하는 이들에게 필요한 상품과 서비스이다.

⑥ 수준 높은 생활 Being Alive : 얼마 전까지만 해도 양질의 영양섭취와 적절한 운동, 명상 등을 통한 평균 수명 연장에 초점이 맞춰졌었다. 그러나 이제는 한 걸음 더 나아가 생활의 질을 높이는 데 관심을 두고 있다. 자동차에 탄 채로 허겁지겁 햄버거를 먹으면서도 휴식시간에는 약초로 만든 차를 마시며 건강을 생각하는 것도 바로 이러한 경향이다.

⑦ 환상모험 Fantasy Adventure : 현대인들은 지금 인생을 즐겨야 한다고 생각하지만 스트레스의 중압감에 즐길 여유가 없다. 또 스릴과 낭만이 있는 미지의 세계로

여행하고 싶어하지만 거실의 안락의자에서 일어나기 싫어하는 상반된 경향을 보이기도 한다. 외국풍의 식당이 번창하는 것도 여행을 하지 않고도 이를 즐기는 효과를 얻기 때문이다.

⑧ 보복적 쾌락 Pleasure Revenge : 현대인에게 있어 상식을 벗어난 행동을 하는 것은 모험과 마찬가지이다. 그런데 상식에 지친 현대인들은 이에 반항이라도 하듯 모험을 시도한다. 건강식품과 운동 대신 닥치는 대로 먹고 즐기며, 바삭바삭하게 구운 생선과 스테이크가 날개 돋친 듯 팔리는 것도 같은 맥락이다.

⑨ 약간의 탐닉 Small Indulgence : 현대인들은 조그마한 사치품을 구입하는 것으로 스트레스에 지친 단조로운 생활을 벗어나고자 한다. 반드시 필요하지는 않지만 고급 펜을 사용하거나 작지만 우아한 호텔에서 하루를 지내는 등의 행동이 그러한 예이다.

⑩ 연소화 Down-aging : 걱정 없던 어린 시절을 그리워하여 젊어 보이기 위해 노력하고 젊은이처럼 행동하기 위해 애쓴다. 기업들은 연령을 기준으로 소비자를 차별화해서는 안 되며, 오히려 노년층이 젊음을 느낄 수 있는 끊임없이 개발할 필요가 있다.

⑪ 여성적 사고 Female Think : 과거에는 경영자와 소비자를 막론하고 주로 목표지향적이고 위계적인 남성적 태도를 신봉했으나 지금은 상호보완적이고, 가진 것을 나누는 여성적 태도가 보편화되는 추세이다. 전통적인 위계중심 기업 조직들이 점차 팀 단위의 소규모 조직으로 변하고 있는 것과 경쟁보다는 합의 개념이 중요해지는 것도 이러한 맥락에서 살펴볼 수 있다.

⑫ 탈남성화 Mancipation : 과거에는 남성이란 모름지기 대담하고 용감해야 한다는 식의 남성다움을 강조했으나 지금은 이러한 관습에서 탈피, 좀 더 자유로운 태도와 행동방식을 취하고 있다. 탈남성화 된 남자들은 자녀를 양육하거나 아내와 집안을 배분하는 것을 꺼리지 않는다. 자녀교육에 깊이 관여하고 가사일을 돌보는 가장들을 위한 상품이 나온다면 각광을 것이 확실하다.

⑬ 자기중심 Egnomics : 현대인들은 집단의 일부로 취급받기를 거부하고 독특한 개성을 지닌 개인으로 취급받기를 원한다. 유나이티드 항공사가 1등석 승객에게 식사시간을 개별적으로 정해 주문하도록 기내식 서비스를 바꾼 것도 고객의 개성을 존중하려는 의도 때문이다.

⑭ 까다로운 소비자 Vigilance Consumer : 오늘날의 소비자들은 설득하기 어렵다. 자신이 지닌 무기, 구매력의 위력을 잘 알고 있을 뿐 아니라 이를 적절히 사용하는 법도 터득하고 있기 때문이다. 또 목소리와 펜을 이용해 자신들의 불만을 주저 없이 표현하고 있다. 최근에는 인터넷까지 활용해 그 영향력은 크게 증가하는 추세이다.

⑮ 우상 파괴 Icon Toppling : 요즘은 사회를 유지하는 기본적인 제도들도 모두 의문과 의심의 대상이 된다. 현대인들은 경찰과 의사, 검찰은 물론이고 정부와 종교단체도 믿지 못하고 있다. 이들은 기존의 권위와 제도의 우상을 철저히 파괴하고 있다.

⑯ 사회 구원 Save Our Society : 요즘 기업들은 자원 활용과 환경보호에 대단히 신경을 쓰고 있다. 현대인들이 사회와 자연환경에 경각심을 가지게 됨에 따라 기업에게도 이를 요구하고 있는 것이다.

출처 : (사)한국마케팅 연구원,
'새 밀레니엄 새 마케팅이 일류 기업 만든다'

4. 마케팅조사의 의의

1) 마케팅조사의 정의

미국마케팅학회AMA의 이사회에서는 마케팅조사에 대해 다음과 같이 설명하고 있다. "마케팅 조사란 정보를 통해 마케터와 소비자, 고객 및 대중을 연결시켜주는 기능이다. 이때 정보는 마케팅기회와 문제를 파악 및 정의하고, 마케팅활동을 계획, 수행, 평가하며, 마케팅성과를 감시하고, 하나의 과정으로 마케팅을 이해할 수 있도록 도와준다. 그리고 마케팅조사는 다음과 같은 문제를 해결하는 데 필요한 정보를 구체화 시킨다. 정보수집방법이 설계, 자료수집과정의 관리와 수행, 결과의 분석, 조사결과와 시사점의 전달 등이 그것이다." 따라서 마케팅조사에는 마케팅환경, 마케팅믹스, 현재 및 잠재고객에 대한 의사결정에 필요한 정보를 기업에 제공하는 모든 활동이 포함된다.

이와 같은 마케팅조사의 정의에는 좀 더 자세히 고려해 볼 필요가 있는 몇 가지 요소가 포함되어 있다.

첫째, 마케팅조사의 범위가 넓다는 것이다. 마케팅조사는 제품 혹은 서비스 마케팅의 모든 국면에 관계될 수 있다. 즉, 마케팅조사란 계획, 문제해결, 통제 등 어떤 종류의 마케팅문제이든 간에 이를 해결하는 데 조사기법을 적용하는 것을 말한다. 마케팅조사의 가장 기본적인 요건은 마케팅문제에 관련된 것이라야 된다는 것이다.

둘째, 위의 정의는 마케팅조사를 단순히 조사기법을 적용하는 것이라기보다 하나의 과정으로 이해하고 있다는 것이다.

그리고 마지막으로 마케팅조사는 타인이 원하는 자료를 단순히 수집하는 기능이 아니라는 것이다. 마케팅조사에는 자료의 수집 및 분석이라는 기능에 부가하여 특정문제를 해결하기 위해 어떠한 정보가 필요한가를 결정하는 것과 수집되고 분석된 정보가 어떤 시사점을 내포하고 있는가를 제시하는 기능을 포함한다.

| 표 4-1 | 전형적인 마케팅조사 프로젝트 |

조사유형	목 적
컨셉 테스트	신제품 아이디어가 잠재고객에게 매력적인가를 판단
카피 테스트	광고의 의도된 메시지가 효과적으로 의사소통될 수 있는지 판단
가격반응도	한 상표의 가격변동이 수요에 미치는 영향
시장점유율분석	제품 매출액의 자사 비중
세분화 연구	특정 제품의 전체 시장 내에 상이한 집단 파악
고객만족 연구	고객이 기업과 제품에 대해 어떻게 느끼는지 파악

2) 마케팅 조사의 중요성

"열길 물속은 알아도 한길 사람의 속마음은 알 길이 없다"는 우리나라 속담이 있다. 50년 전, 100년 전 농업 국가였던 우리나라의 순수하고 순박한 농민의 마음도 알아내기 어려우면 영악해진 현대인, 신세대의 마음은 더 알기가 어려울 것이다. 현재의 사람의 마음도 모르면 그들의 5년, 10년 후의 마음을 헤아리기는 더욱 어렵다 할 것이다. 그러나 사업을 하려면 현재 소비자의 마음을 알아야 하는 것은 물론 5년, 10년 후의 소비자의 소비 경향을 짐작이라도 하여야 한다. 따라서 사업을 하기란 어려운 일인지도 모른다.

이러한 소비자의 마음을 조금이라도 알아내어 사업의 risk를 덜게 해주는 것이 바로 marketing 조사이다.

마케팅 이야기

사례 마케팅 조사의 필요성 사례 인스턴트커피를 왜 거부하나?

1950년대 인스턴트커피가 처음 개발되어 시장에 나왔을 때 주부들은 그 커피 맛이 실제 커피(그라운드 커피, 내려 마시는 형태)와 다르다고 불만을 털어 놓았다. 이때, 눈을 가리고 인스턴트커피와 실제 커피를 맛보아 이를 구분하도록 요구하였으나 주부들은 이를 구분하지 못하였다.

따라서, 그 회사는 주부들의 불만은 심리적인 것이라고 결론지었다. 이 원인을 발견하기 위하여 조사자는 두 종류의 쇼핑 리스트shopping list를 만들어 마케팅 조사를 하게 되었다. 한쪽은 구매 품목을 똑같이 하고, 또 다른 리스트에는 인스턴트커피를 구매품목에 넣어 리스트로 만들었다.

그리고 인스턴트커피가 있는 쇼핑 리스트를 한 그룹의 주부에게 주고, 그라운드커피가 있는 쇼핑리스트는 또 다른 그룹의 주부에게 주어 보게 한 후 쇼핑리스트 대로 실제 쇼핑을 하는 주부의 성격을 비판하게 하였다.

그 결과 실제 커피를 구입한 주부들은 인스턴트커피를 사는 주부를 게으른 주부, 낭비가 심한 주부, 자기 가정을 잘 돌볼 줄 모르는 주부라고 혹평하였다. 이에 따라 인스턴트커피 회사는 왜 주부들이 인스턴트커피를 거부하는지 이유를 알아냈고, 인스턴트커피를 사용하는 것이 게으른 주부가 아니라는 것을 홍보하고, 사회 나가서 활동하는 커리어 우먼, 직업을 갖은 모델이 바쁜 생활 속에서 빠르게 커피 한잔하는 여성을 나타내며 성공을 거두었다. 보수적 여성상과 진보적 여성상을 그려내어 성공한 케이스이다.

3) 마케팅 조사의 절차

① 어느 기업은 과거 수개월간 매출이 점점 감소하고 있었다. 그 기업은 상품의 질도 좋고, 광고 선전도 적절하며, 판매가격도 알맞은 것으로 나타났다. 매출이 줄어드는 원인은 다른 곳에 있으며 이를 찾아야 한다고 생각했다. 매출이 감소하는 원인 등이 혹시 배달이 늦는 것이 아니냐는 생각에 미치고 있다. (문제소재 파악)

② 이 지연 배달에 더욱 연구를 하기 위하여 고객별 주문시점과 출고시점을 분석하였다. 그 결과 주문 후 48시간 이후에 출고한 고객들에게 매출주문이 감소하거나 매출 주문이 중단되는 경우가 많음을 발견

하게 되었다. (예비조사)

③ 이 예비조사 결과 이 기업은 지연배달로 인하여 매출이 감소하고 있다고 잠정 결론을 내렸다. (가설의 설정)

④ 이 가설을 더 확인하기 위하여 더 많은 자료를 수집하기로 하였다. 즉, 이 기업의 전 거래처에서 주문이 감소하거나 주문이 끊어진 거래처의 명단을 작성하였다. 이 거래처에 전화를 걸거나 직접방문계획을 세우며 경쟁기업의 제품품질, 가격, 배달시간 등을 조사하기로 계획을 세웠다. 즉, 경쟁기업의 제품품질을 파악하고 소비자 단체가 조사한 품질 기록을 찾아보았다. 또한 고객에 직접 전화나 설문을 하기로 하였고, 경쟁기업의 광고, 홍보 금액과 광고의 효과 등도 분석하였다. (자료수집)

⑤ 이러한 여러 자료를 수집한 결과 매출이 감소하는 가장 큰 이유는 제품이 열악해서가 아니고, 광고 부족한 것도 아니고 주문 후 배달이 늦은 것이 제일 큰 원인이었다는 사실을 발견하였다. 따라서 신속한 배달이 되도록 계획을 세웠다. (자료의 해석과 분석)

이렇게 매출이 감소하는 원인을 파악하여 예비조사를 통하여 가설을 세우고 자료를 수집하고 수집된 자료를 해석, 분석함으로써 마케팅 조사의 순환과정은 종결된다.

┃ 그림 4-2 ┃ 마케팅 조사의 순환과정

4) 마케팅 조사의 기법과 사례 – 정성적 조사 기법을 중심으로

(1) 포커스그룹 인터뷰(FGI)

소수의 참여자들이 특정 주제를 놓고 광고 효과, 브랜드 인지도 및 만족도 등에 대해 집중 토론하도록 하는 기법으로, 방법과 특징은 다음과 같다.

- 조정자$_{moderator}$의 지도하에 6~8명 참여자들이 주제에 대해 토론시키며, 토론 중 나온 내용을 토대로 상품컨셉, 이미지, 브랜드 재 포지셔닝 등에 활용할 수 있다.
- 조정자는 상품에 대한 전문적인 지식과 경험 외에 토론을 이끌 수 있는 숙련된 기술을 보유해야 한다.
- 참여자들이 제품, 서비스의 사용경험이 있어야 가치 있는 정보를 제공하게 된다는 점을 염두에 둬야 한다.
- 딱딱한 인터뷰 공간과 방식을 사용하면 참여자의 사고가 제약을 받는다.
- 감각과 체험이 중시되는 상품의 경우, 소비환경과 유사한 공간에서 상품을 직접 체험하게 하면서 인터뷰를 실시한다.
- 토론 주제에 대한 숙고 없이 순간적 최초반응$_{top\text{-}of\text{-}mind}$만으로 진행된다는 점에서 조사 결과에 전적으로 의존하는 것은 위험하다.
- 이 조사 방법은 독립적으로 사용되기 보다는 본격적인 마케팅 조사의 사전·사후 검증 목적으로 활용할 수 있다.

| 그림 4-3 | 시대별 고객니즈 조사방법의 변화

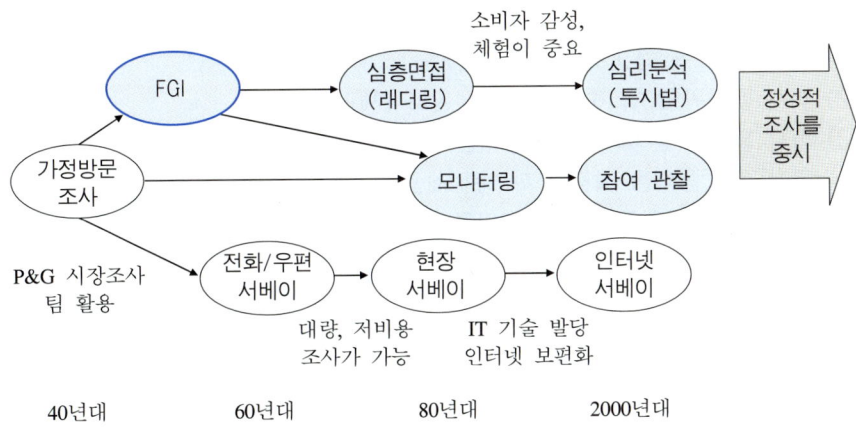

마케팅 이야기

> **사례** 『미샤』 인터뷰·설문지를 통한 브랜드 분석

1. 연령분석

미샤의 주요고객은 예상대로 여성고객이 대부분 이였으며, 인터뷰와 설문지 조사결과 여성고객 가운데 중·고등학생(15세-18세)이 대부분이였음을 알 수 있었다. 이는 위의 미샤의 선정동기와 아래에서 설명될 『미샤』라는 브랜드에서의 구매요인과 일치됨을 알 수 있다.

2. 구매동기

『미샤』라는 브랜드에서 화장품을 구입하게 되는 주된 동기는 가격의 저렴함으로 들 수 있는데, 이는 위의 연령조사결과 중·고등학생이 주요고객층이라는 점으로 『미샤』에서 내건 3,300원이라는 가격정책과도 매우 일치하는 측면으로 보이고 있으며, 인터뷰결과 요새 중·고등학생들은 간단한 화장을 하고 다니는 것이 기본이라고 듣게 되었다. 이는 중·고등학생들이 자연스럽게 화장을 하게 되면서 친구들의 사용으로 인한 호기심이 구매요인으로 작용한 것으로 보이며, 또한 나도 하나쯤은 『미샤』 제품을 사용한다라는 또래집단의 집단심리가 많이 작용하여 그것이 구매동기로 이어지는 현상을 엿볼 수 있었다. 구매동기 중 기타에는 제품의 다양성이라는 의견이 표출되었다.

3. 선호제품

조사 결과 립메이크업제품(립글로스)와 네일메이크업(메니큐어)제품을 많이 선호하는 것으로 나타났다. 하지만 매장방문과 미샤(뷰티넷)와의 인터넷 접촉을 통해 얻은 결과로는
1) 미샤 젠틀 폼 클렌저 (세안 제품)
2) 미샤 플라워 DSW 하와이안 딥시워터 (세안제품)
3) 미샤 프라임 일루미네이팅 알부틴 에센스 (기능성화장품, "기능성 화장품 = 고가"라는 공식을 철저히 깨뜨린 제품으로 8,900원의 식약청 인증을 받은 미백기능성 화장품)이라는 결과를 얻을 수 있었으며, 위 3개의 제품이 『미샤』의 매출을 주도하고 있음을 알 수 있었다.

4. 재구매 의향

『미샤』 브랜드에서 재구매 의향은 다음과 같이 나타났다. 미샤에서 화장품에 대한 재구매를 하겠다는 사람은 100%였으며, 조금은 구입하고 싶다는 의견이

더 많았는데, 색조제품만 구매하고 싶다. 또는 세안제품만 구입하고 싶다는 의견이 많았으며, 소수가 기초제품만 구매하고 싶다는 의견이 있었다.

5. 추천 의향
『미샤』 브랜드 추천 의향을 살펴보면 전체 30명중에 28명이 타인에게 미샤라는 브랜드 화장품 추천 의향을 드러냈는데 그 이유는, 가격이 타 브랜드 보다 저렴하다는 이유가 압도적이었으며, 전체적으로 가격에 비해 품질이 뒤떨어지지 않으며, 종류가 다양하다는 의견이었다.

6. 결론
미샤만의 특징은 미샤는 기존 화장품 시장의 불합리한 구조를 완전 개선하여 250가지 제품을 3,300원에 제공할 수 있는 가격 경쟁력으로 판매자의 이익과 소비자 만족을 감동적으로 극대화 하였다.

▶ 미샤의 가격이 파격적일 수 있는 3가지 이유
1) 제조에서 직접 소비자의 손으로 바로 전달된다.
　　3-4단계에 걸쳐 유통되는 기존의 유통구조에서 과감히 탈피함으로써 가격의 거품을 제거하였다.
2) 과도한 포장을 하지 않는다.
　　내용물보다 포장에 소요되는 비용이 곱절이 되는 불합리함을 인식. 기존의 화장품 포장을 거부함으로써 가격의 거품을 혁신적으로 제거하였다.
3) 광고를 하지 않는다.
　　수억원에 이르는 모델료와 홍보를 위한 광고는 가격거품의 주원인이기도 하다. 미샤는 오로지 제품력과 그에 따른 구전에 의한 홍보를 고집함으로써 가격의 거품을 혁신적으로 제거했다.

　　　　　　　　　　- 자료 출처 : http://cafe.naver.com/missha4/140

(2) 심층면접 - 사다리기법 Laddering

사다리기법은 제품의 물리적 특성과 고객 가치 values 간의 연결 관계를 파악하여 심리 지도 mental map 를 만드는 조사방법으로 그 특징과 실행은 다음과 같다.

- 소비 행태를 유발하는 근본 이유를 파악하기 위해 사다리를 오르듯이 지각과정 perceptual process 을 거슬러 개인의 내면 가치에 접근
- 상품의 구매와 사용을 유도하는 구체적, 현실적 핵심 요소와 추상적, 존재적 가치를 연결
- 사다리기법은 연상 네트워크를 이용한 질문 시리즈로 소비자의 잠재의식에 접근하는 기법. 색상, 맛, 가격 등 제품의 구체적인 속성으로부터 시작하여 "그것이 왜 중요한가?" 라는 질문을 연속하면서 추상적, 상징적 개념으로 접근
- 1:1 심층면담으로 이루어지며,
- 짧고 적은 수의 질문으로 소비자의 내면 가치를 알아내기 어려우므로 질문 시리즈는 최대 20여 단계까지 연장.

| 사례 | 사다리기법 조사 사례 |

'하겐다즈' - 브랜드의 정서적 가치를 파악
▶ "하겐다즈"는 2000년 자사 브랜드에 대한 소비자들의 정서적 가치를 심층 탐구

- 자사 제품을 선택하게 하는 소비 가치를 심층적으로 이해함으로써 고객층을 새롭게 분류하고 브랜드 이미지를 강화하려고 했음
- 향, 맛, 가격, 저지방 등 구체적인 상품 속성으로부터 성취감, 자부심, 가족 중심 등의 추상적인 개인 가치에 도달
▶ 연구결과에 따라 아이스크림 시장을 세분화한 후 목표고객층에 접근하기 위한 상품컨셉을 재설정하고, 패키지, 광고 등 전략 개발에 활용

그림 4-4 하겐다즈의 사다리 연결 그림

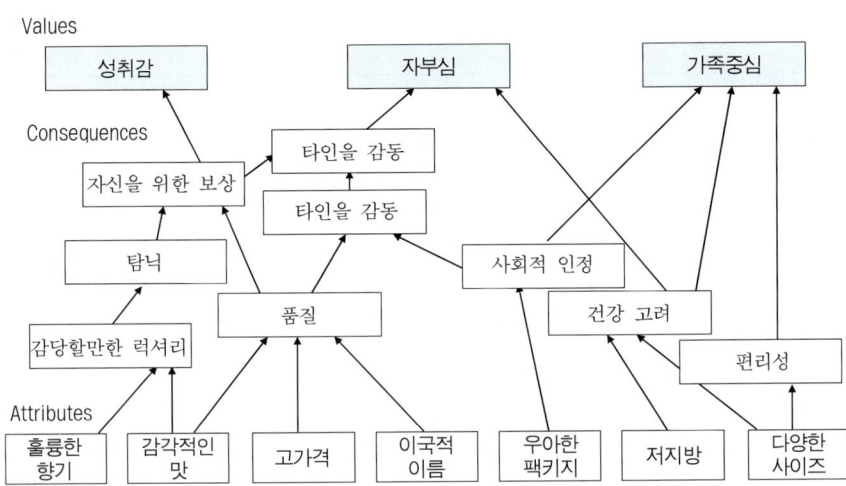

(3) 전문가 모니터링

전문가 모니터링은 트렌드 리더leader, 또는 전문지식이 있는 소비자가 관찰을 하도록 하는 기법으로 그 특징과 방법은 다음과 같다.

- 상품, 시장에 대한 전문적 지식과 경험, 적극적 마인드를 보유한 모니터일수록 보다 심층적인 관찰과 분석이 가능하다.
- 트렌드를 주도하는 사고방식과 라이프스타일을 보유해야 유행을 선도하는 아이템을 파악할 수 있고 제시하는 의견이 신빙성이 있다.
- 정기적으로 교육을 실시하거나 토론과 발표를 권장하여 모니터 요원 간 지식 공유와 시너지효과를 극대화할 수 있다.
- 전문가 수준의 지식을 보유하거나 트렌드 리더의 역할을 하는 특정 고객을 모니터로 선정 한다. (이들을 통한 제품 컨셉과 이미지의 홍보도 가능)
- 모니터들은 자신의 일상적인 생활 속에서 주변인들의 행동을 관찰, 의견을 수집한다.
- 이들은 소비자와 관찰자의 역할을 동시에 수행하므로 시장조사자가 일방적으로 관찰하는 것보다 더욱 현실적인 결과를 도출할 수 있다.

FUN MAKETING

마케팅 이야기

사례 전문가 모니터링 사례

'제일모직' - 패션 리서치 모니터링 팀을 구성

제일모직은 1995년부터 의상·패션 전공 학생들로 모니터 그룹을 구성하여 운영 하였다.
- 서울 등 6대 도시에서 선별된 20여 명의 의상학 전공 학생을 패션 모니터로 활용
- 모니터들에게 주어진 역할은 부상하는 아이템이 무엇인지를 관찰하고 주제별 리포터를 작성하는 것임
- 소비자들이 입고 있는 의상 사진을 촬영, 수집하여 트렌드를 분석하고 가격 조사와 고객관찰 조사를 실시
  · 트렌드 자료는 치마길이, 컬러, 의상 및 액세서리 활용법 등으로 세분
- 고객, 상품의 특성에 따라 관찰 방법과 시간, 장소를 달리 함
  · 영 브랜드의 경우 백화점 등 주요 판매점에서 소비자를 직접 만나서 인터뷰를 하거나 관찰
  · 신사복의 경우에는 출퇴근 시간에 여의도 등 사무실이 밀집된 지역에서 사진을 촬영
- 수집된 자료는 데이터베이스화하여 신제품 아이디어 발굴에 활용
  · 월 1회 정기 모임 형식으로 모니터-실무자간 토론과 학습을 실시
  · 사진 DB는 아이템별로 관리하여 트렌드 분석과 예측 자료로 사용

(4) ZMET(지메트)

1995년 하버드 경영대의 잘트만Zaltman 교수가 개발
- 연구 조사방법 도구로서는 미국 최초로 특허를 취득 (No. 5436830)

ZMET(Zaltman Metaphor Elicitation Technique : 잘트만 은유 유도 기법)는 고객이 무의식 속에 갖고 있는 니즈를 비언어적, 시각적 이미지를 통해 은유적으로 유도해서 파악하는 분석방법이다.

> **핵심정리**
>
> ZMET의 실행방법
> ZMET는 1:1 면담으로 진행됨. 참여자에게 특정 상품 또는 브랜드에 대해 2주 정도 숙고하게 한 후, 자신의 느낌이나 생각을 표현해 주는 사진, 그림 등이 미지를 수집해 오도록 함. 이후 연구자는 심층면담을 통해 수집된 이미지를 해석하고 소비자의 사고의 틀을 분석함. 12~20명의 고객에게 실시하여 유사성, 특성 등을 찾아 공통테마를 파악하고 이를 다시 꼴라쥬나 모자이크로 재창조하여 소비자들의 정신세계를 설명

| 고객의 생각을 구성하는 기본개념들을 찾아내고 상호관계를 설명
  · 제품, 브랜드 등과 관련된 소비자의 인식, 사회적 관계 등을 탐색하기 위해 인류학, 사진학, 신경생물학, 심리분석학 등을 폭넓게 활용하였다.

마케팅 이야기

사례 ZMET 기법 사례

① '코카콜라'- '코크$_{Coke}$' 의 새로운 이미지를 발견

코카콜라는 2001년 소비자들이 자사 브랜드에 대해 가지고 있는 숨겨진 느낌과 생각을 알아내기 위해 ZMET 기법을 사용하였다.
- 과거 포커스 그룹 인터뷰와 설문조사에서는 코크의 이미지가 "에너지 충전, 갈증해소, 해변의 즐거움" 등으로 나타났다.
- ZMET 조사는 코크가 활기차고 사교적인 느낌 뿐 아니라 "고요함, 쓸쓸함, 정신이완"의 느낌도 함께 전달하는 것을 보여 주었다.
  · 많은 사람으로 붐비는 축구 경기장에서 명상하고 있는 '불교 수도자' 의 이미지를 새롭게 발견 하였던 것이다.

결과 – "Two Drinks in One"
ZMET 실험 후 코카콜라 경영진들은 결과를 보고 받는 자리에서 연구자들이 제시한 ' Two drinks in one(하나의 음료에 상반된 두 가지 이미지가 들어있다)' 의 이미지를 받아들이고, "이제까지 코카콜라의 절반만을 마케팅하고 있었다."

고 표현, 지금까지와는 다른 컨셉의 홍보나 광고를 모색하였다.

② '모토롤라' – 신제품 컨셉 개발과 브랜드 네이밍에 활용

모토롤라는 2001년 새로운 주택보안 시스템을 개발하는 과정에서 제품의 은유적 측면을 이해하기 위해 ZMET을 사용해 보았다.
- 참여자들에게 안전한 혹은 불안한 상황에 대한 느낌을 표현토록 요청
- 많은 사람들이 '개'의 이미지가 담긴 그림과 사진을 수집해 왔음
  · 개는 충성스럽게 인간을 보호하는 동물로써 편안, 안전 등의 느낌을 주며 보안시스템과 이미지가 통함
- 연구 결과를 신상품 포지셔닝과 브랜드 네이밍 전략에 활용
  · 제품의 기술적 이미지를 약화시키는 대신에 '친구, 동료'의 정서적 이미지를 강화
  · 브랜드명도 'The Talkatron'에서 'The Watchdog'으로 변경하였다.

(5) 참여관찰

참여관찰은 고객들의 일상생활 속에서의 행동과 그 배경을 체계적으로 조사하는 기법이다.

▎포커스그룹 조사가 짧은 기간에 인위적 환경 하에서 이루어진다면, 참여관찰은 조사대상의 자연스런 행동을 관찰하면서 사회문화 배경을 보다 폭넓게 파악하는 것이 차이이다.
  · 참여관찰법은 인류학의 일종인 민족학적 연구에서 출발
▎고객은 조사자가 관심이 없을 것이라고 판단하고 이야기하지 않거나 자신이 원하는 바를 분명히 표현하지 못하는 경향이 있는데, 참여관찰법은 이러한 한계를 극복할 수 있다.

핵심정리

민족학적 연구방법 Ethnomethodology
민족학적 연구방법은 원래 특정 종족의 문화를 연구하는 방법임. 연구자가 스스로 집단의 일원이 되어 종교의식, 식사준비, 소비 등 일상생활을 경험하면서 "참여자 관찰"을 실천함으로써 이믹Emic, Insider 관점을 지님. 외부 관찰자로서 에틱Etic, Outsider 관점을 바탕으로 하는 일반적인 관찰 기법과는 차이가 있음.

| 사례 | 참여관찰기법의 사례 |

'할리 데이비슨' - 매니아 집단의 특이한 문화를 심층 분석
- 할리 데이비슨은 90년대 초 매니아 집단 'Biker'의 독특한 문화를 관찰
  - 매니아 고객들의 라이프스타일, 가치관 등을 파악하여 고객 및 브랜드 전략에 활용하려고 했음
  - 민족학자, 인류학자들이 팀을 이루어 3년간 연구를 진행(1990~93년)
    · 외부자, 지지자, 내부자의 단계를 거쳐 매니아 집단에 융화
  - 체계적, 구체적인 계획으로 관찰, 인터뷰, 촬영 등 다양한 방법을 동원
    · 집단의 구조, 집단사상思想, 'New Biker'로의 자기변신 등에 대해 집중 탐색
  - 할리 데이비슨을 구입하는 소비자는 특별한 집단문화에 동조되려고 하는 강한 욕구를 갖고 있음을 발견
    할리 데이비슨은 매니아 집단의 생각, 행동과 문화에 관한 조사 결과를 마케팅 전략 개발에 활용
  - 새로운 고객에게 의류, 악세서리, 관련 정보 등을 제공하기 시작했고, 매니아 그룹에 자연스럽게 동화되도록 하여 그룹 소속감을 높이는 동 시에 브랜드 로열티를 강화

할리 데이비슨 매니아 문화의 관찰연구 결과

	집단 구조 (Structure)	집단 사상 (Ethos)	자기변신 (Self-Transformation)
조사 결과	· 복잡하고 위계적인 사회 구조적 성격 · 위계는 활동 몰입도, 커뮤니티 로열티로 결정 · 상위 그룹은 하위그룹의 동경 대상	· 그룹 문화가 종교적 성격을 지님 · 자유주의 · 애국심, 미국적 유산 · 남성우위, 지배의식	· 지위계층의 최하위 멤버로 시작 · 동기강화, 사상思想동화 등 사회화 과정 경험 · 집단 가치와 형식을 내면화하여 하드코어 멤버로 승인 및 수용

 마케팅 이야기

> **사례** 기타 여러유형의 소비자 심리에 관한 사례

1. 전시회 작품의 인기 조사방법

    미술관 관람객은 관심이 많은 작품 앞에 오랫동안 서있는 것을 알고 미술관 윤기가 나는 왁스를 칠하여 놓고, 수주일 후 작품 앞에 있는 바닥을 관찰한 후 왁스가 많이 벗겨진 바닥의 앞에 있는 작품이 가장 인기 있는 작품이란 것을 알게 된다.

2. 울워스의 고객심리 파악 실패

    미국에서 쥐덫을 가장 많이 제조, 판매하던 '울워스'란 회사는 종래의 나무로 된 쥐덫을 플라스틱으로 바꾸어 만들었다. 이 새로운 쥐덫은 모양도 더 좋았고, 쥐도 잘 잡히며 아주 위생적이었다. 값도 종래의 나무제품보다 약간 비싼 정도였다. 나무로 된 쥐덫은 잡힌 쥐와 함께 버려 그 쥐덫을 다시 사용하지 않았다. 그러나 플라스틱 쥐덫은 종래의 나무 쥐덫보다 약간 비싸지만 모양도 이쁘고 위생적이라 어쩐지 한번 쓰고 버리기가 아깝다는 생각이 들게 하였다. 이에 따라 소비자에게 잡힌 쥐만 버리고 쥐덫을 깨끗이 세척해야 하는 즐겁지 않은 일이 생기게 되었다. 그러자 소비자들은 점점 이 귀찮은 일을 하지 않기 위해 종래의 나무 쥐덫을 더 선호하게 되었다. 새롭고 질적으로 우수한 플라스틱 쥐덫은 더 이상 팔리지 않게 되었다.

3. 이미지 개선의 실패

    미국의 유명한 백화점 Sears Roebuck이나 J.C. Penney는 백화점의 이미지를 한 등급 높이기 위하여 상품의 질을 높이고, 수천만 달러를 지출하여 실내장식을 보다 화려하게 하였다. 그러나 수십 년 동안 중급품을 팔던 백화점 이미지 때문에 고소득층은 이들 백화점에서 상품을 구입하지 않았으며 고급품 위주의 판매 때문에 중급품의 고객도 잃어 버렸다. 경쟁사에서 고급스러운 상품을 팔고 실내장식을 화려하게 하였다 하여 나도 그렇게 me-too 한다는 것은 실패하기 쉬운 일이다.

4. 일반관찰의 성공

    펩시콜라는 슈퍼마켓에서 고객들이 병에 든 콜라를 무겁고 어렵게 운반하는 것을 관찰 coke보다 먼저 페트병에 콜라를 담아 출시하여 성공을 거둔다.

5. FGI의 또 다른 사례

   Arm & Hammer는 주부대상으로 FGI를 실시한 결과 자사의 베이킹 소다가 원래 목적인 요리 이외에도 주방과 화장실 청소, 냉장고 등의 냄새제거와 같은 탈취제로서도 쓰이는 것을 파악하여 소비자들에게 베이킹파우더의 다양한 용도를 알려주어 매출이 신장되었다.

6. 비디오를 통한 소비자 관찰조사

   한 세제 회사는 도대체 소비자가 실제로는 어떻게 세탁을 하는지 파악하고 싶어서 비디오 촬영을 한 후, 세탁이 깨끗이 되었는지를 어떻게 판단하느냐란 질문을 하여 보았다. 찌꺼기가 남았는지 확인, 빨래에 얼룩이 남았는지, 하얗게 되었는지, 탈색은 안되었는지, 색상이 더욱 선명해졌는지, 밝아졌는지 등등의 대답을 하였었다. 그러나 비디오 탐독 결과 소비자들은 세탁기에서 빨래를 꺼낸후 건조기에 넣을 때 살짝 냄새를 맡는다는 것을 볼 수 있었다. 모든 소비자들은 무의식 중에 '늘 그렇게 냄새가 깨끗한지를 확인한다.'는 것을 알게 된 것이다. 그 후 광고 컨셉으로 냄새가 좋은 세제, 향기 마케팅으로 성공한다.

7. 그 외에도 잠재니즈 발굴의 경우로 간식거리용으로 개발된 냉동식품을 실제 10대들은 식사용으로 즐긴다는 것을 발견하여 새롭게 제품을 재포지셔닝하여 성공, 새로 개발된 무스나 젤의 사용용도를 물어보면 머리모양이 예쁘게 만들어 지는 것과 향기 등에 관심을 보이지만, 실제로는 손에 묻었을 때 끈적거림이 남지 않는 것을 남편에게 자랑하는 여성소비자를 새로운 제품컨셉으로 접근하여도 좋을 듯하다.

학습정리

1. 소비자의 정의
   첫째, 유형의 재화뿐만 아니라 서비스를 구매, 사용 또는 소비하는 사람을 소비자의 범주에 포함한다.
   둘째, 제품이나 서비스가 아닌 '이념이나 아이디어의 수용자'도 소비자의 범주에 속에 포함한다.
   셋째, 최근에는 재화나 서비스를 유상으로 구매·사용하는 사람뿐만 아니라, 무상으로 사용하는 이용자까지도 소비자의 범주 속에 포함한다.
   넷째, 소비자란 제품이나 서비스를 직접 사용 또는 소비하는 개인뿐만 아니라, 구매 및 소비결정과정에 관여한 의사결정단위 decision-making unit를 포괄적으로 의사결정단위는 개인일 수도 있고, 가족, 단체, 회사 등과 같은 조직일 수도 있다.
   다섯째, 개인이나 가계의 욕구충족을 위하여 제품이나 서비스를 구매하는 최종 소비자뿐만 아니라 재판매나 생산을 목적으로 구매하는 산업사용자나 조직구매자도 소비자의 범주 속에 포함된다.

2. 소비자행동의 정의 "소비자행동은 개인 또는 집단(가족포함)이 그들의 욕구·필요를 충족시키기 위하여, 사회적 상호 관련과 환경적 요인의 제약 하에서 정보를 처리하는 심리 과정과 의사결정 과정을 거쳐 재화나 서비스를 접근·구매·사용하고 이에 따른 경험을 통해 나타내 보는 일련의 행동 과정"이다.

3. 마케팅조사의 정의
   미국마케팅학회AMA의 마케팅조사 정의, "마케팅 조사란 정보를 통해 마케터와 소비자, 고객 및 대중을 연결시켜주는 기능"이다. 이때 정보는 마케팅기회와 문제를 파악 및 정의하고, 마케팅활동을 계획, 수행, 평가하며, 마케팅성과를 감시하고, 하나의 과정으로 마케팅을 이해할 수 있도록 도와준다. 그리고 마케팅조사는 다음과 같은 문제를 해결하는 데 필요한 정보를 구체화 시킨다. 정보수집방법이 설계, 자료수집과정의 관리와 수행, 결과의 분석, 조사결과와 시사점의 전달 등이 그것이다." 따라서 마케팅조사에는 마케팅환경, 마케팅믹스, 현재 및 잠재고객에 대한 의사결정에 필요한 정보를 기업에 제공하는 모든 활동이 포함된다.

4. 마케팅 조사의 절차

  문제소재 파악 ⇨ 예비조사 ⇨ 가설의 설정 ⇨ 자료수집 ⇨ 자료의 해석과 분석 ⇨ 마케팅 의사 결정 ⇨ 마케팅조사에 대한 Feedback, 의사결정의 효과 ⇨ 새로운 정보의 필요의 순으로 순환되는 형태를 갖는다.

5. 마케팅 조사의 기법과 사례
   1) 포커스그룹 인터뷰 FGI 2) 심층면접 - 사다리기법 Laddering
   3) 전문가 모니터링 4) ZMET(지메트) 5) 참여관찰

6. 여러 가지 소비자 행동에 관한 사례연구

학습문제

01 소비자의 욕구를 알아내기 위한 인터뷰에서 질문에 대해 먼저 떠오르는 (top-of-mind) 생각이 소비자 니즈를 찾는데 가장 유용하다. (○, X)

> **해설** 소비자 조사기법 중 정성적 기법의 예로 top-of-mind생각은 표면적인 대답일 뿐 소비자들의 속내가 아니다. 또한 무의식중에 나타나는 행동도 중요한 포인트이다. 정답 : X

02 포커스그룹 인터뷰(FGI)란 장기간에 걸쳐 그 제품에서 얻을 수 있는 이미지나 영상, 그림을 조사 참여자에게서 얻어 그 결과를 제품 컨셉에 적용하는 조사기법이다. (○, X)

> **해설** FGI는 6~7명 정도의 조사 참여자에게 자유스러운 분위기에서 토론을 하게 하여, 토론 내용을 토대로 제품의 만족도, 브랜드 명, 이미지를 알아내어 새로운 제품컨셉으로 하고자 하는 조사기법이다. 정답 : X

03 용어 해설 중 바르게 연결되지 않은 것은?

① 잠재적 구매자$_{Prospects}$ = 라이프스타일이나 구매행태, 혹은 필요에 의해 특정 상품·서비스를 구매할 가능성이 있는 그룹
② 소비자$_{Consumers}$ = 특정 브랜드에 대한 충성도$_{Loyalty}$ 있는 단순 구매자
③ 고객$_{Customers}$ = 특정 브랜드와 일정 정도 이상의 관계를 가진 상품·서비스의 반복적 구매자
④ 충성도 있는 고객$_{Loyal\ Customers\ 혹은\ Clients}$ = 특정 브랜드에 대해 일정정도 이상의 신뢰와 관계를 바탕으로 특정 브랜드가 자신들의 구매의사결정에 직접적인 영향을 주는 브랜드에 대한 구매자 그룹

> **해설** 특정 브랜드에 대한 충성도가 없는 단순 구매자를 뜻한다. 정답 : ②

04 소비자행동의 특성에 대한 설명으로 바르지 않은 것은?

① 소비자 행동은 목표 지향적이다.
② 소비자는 자주적인 사고를 한다.
③ 소비자의 모티베이션과 행동은 외부적 영향을 받지 않는다.
④ 소비자행동의 순환적 과정에서 소비자 교육의 필요성이 생겨나게 된다.

해설 소비자의 모티베이션과 행동은 외부적 영향을 받을 수 있다.

정답 : ③

05 마케팅조사의 절차가 맞는 것은?

① 문제소재파악-가설설정-예비조사-자료수집-자료의 해석과 분석
② 문제소재파악-예비조사-자료수집-가설설정-자료의 해석과 분석
③ 예비조사-문제소재파악-가설설정-자료수집-자료의 해석과 분석
④ 문제소재파악-예비조사-가설설정-자료수집-자료의 해석과 분석

해설 문제소재파악-예비조사-가설설정-자료수집-자료의 해석과 분석

정답 : ④

06 고객들의 일상생활 속에서 행동과 그 배경을 체계적으로 조사하는 마케팅조사 기법은?

① 포커스 그룹 인터뷰(FGI)
② 전문가 모니터링 기법
③ ZMET기법
④ 참여관찰 기법

해설 참여관찰로 고객이 원하는 바를 표현하지 못하는 한계를 극복 할 수 있음

정답 : ④

07 전형적인 마케팅 조사 프로젝트 유형중 목적이 바르지 않은 것은?

① 세분화 연구 : 고객이 기업과 제품에 대해 어떻게 느끼는지 파악
② 컨셉 테스트 : 신제품 아이디어가 잠재고객에게 매력적인가를 판단
③ 카피 테스트 : 광고의 의도된 메시지가 효과적으로 의사소통될 수 있는지 판단
④ 시장점유율분석 : 제품 매출액의 자사 비중

해설 세분화 연구: 특정 제품의 전체 시장 내에 상이한 집단 파악 고객만족 연구: 고객이 기업과 제품에 대해 어떻게 느끼는지 파악   정답 : ①

08 고객이 무의식 속에 갖고 있는 니즈를 비언어적, 시각적 이미지를 통해 은유적으로 유도해서 파악하는 분석방법은?

① 포커스 그룹 인터뷰(FGI)
② 사다리 기법(Laddering)
③ ZMET기법
④ 참여관찰 기법

해설 ZMET기법 : 잘트만 교수가 개발, 연구조사방법 도구로 미국 최초로 특허를 취득한 정성적 조사기법   정답 : ③

제5장
브랜드 마케팅
Brand Marketing

"공장에서 제조되는 것은 제품이지만 소비자가 사는 것은 브랜드이다. 제품은 경쟁회사가 복제할 수 있지만 브랜드는 유일무이하다. 제품은 쉽사리 시대에 뒤질 수 있지만 성공적인 브랜드는 영원하다."

- 스테판 킹, WPP Group 회장

학습목표

1. 브랜드란 무엇인가에 대해 알게 된다.
2. 사례를 통해 브랜드 마케팅전략이란 무엇인지 알게 된다.
3. 브랜드 마케팅의 이론과 사례를 통해 기업의 전략을 수립할 수 있는 능력을 갖게 된다.

핵심키워드 : Brand, 차별화, Brand Equity, 브랜드 네이밍전략, 보증Brand

브랜드의 기원

1) 어원적 기원

브랜드의 어원적 기원에 대해서는 많은 학자들의 의견이 분분하지만 다음과 같이 크게 두 가지로 정의하고 있다.

- 고대 노르웨이에서 목동들이 소의 소유를 구별하기 위해 자신만의 표시를 만들어 인두로 지졌다는 의미인 'Brandr(화인:火印, 낙인:烙印)'에서 파생되었다는 주장
- 16세기 초 영국의 위스키 제조업자들이 자신의 위스키와 다른 업자의 위스키를 구분하기 위해 위스키 나무통에 인두로 지져 표시한다는 의미인 'burned'에서 유래

전자에 더 비중이 실린다. 그 이유는 독일을 비롯한 유럽의 경우 Brand라는 단어가 불, 낙인 등의 뜻을 가지고 지금까지도 존재하고 있기 때문이다.

2) 기능적 기원

문헌에 남아 있는 기록을 보면 B.C. 7세기경 그리스의 상인들이 항아리에 자신의 이름이나, 공방의 이름을 새겨 넣었다는 기록이 있으며, 중세 유럽의 상인들이 길드를 중심으로 사용했다고 한다. 좀 더 오래된 증거물을 제시하자면 고대 이집트의 한 통치자가 나라에 큰 공사가 있을 경우 건축물에 기술자의 이름을 새겨 넣게 했다고 한다. 이것은 건축물 등에 문제가 발생했을 경우 책임 소재를 묻기 위한 제도였다고 한다.

'곡식을 가는 여인상Woman Grinding Grain'이라는 조각상이 있다. 조각의 기단 부분을 보면 이집트 상형 문자가 새겨져 있는데 내용은 곡식을 갈고 있는 여인(하녀)의 이름과 그 여인의 소유자(주인)의 이름이 새겨져 있다. 또 다른 예를 들면 고대 남미 파라과이에서는 여성을 남자 소유물이라 하여 가슴에다 마크를 새겼으며 로마에서는 노예나 포로의 귀에다 마크를 새겨 넣었다고 한다. 중국 당나라에서도 도자기와 같은 상품에 제조자의 이름을 넣도록 한 법 규정이 있었다고 한다.

이러한 브랜드적인 행위의 원형은 문맹률이 높은 아프리카의 우(牛) 시장에서도 쉽게 찾아 볼 수 있다. 자신이 구매한 소의 잔등에 자신들만의 붓과 물감을 들고 다니며 자신들만의 표시를 한다고 한다. 석기시대 토기를 살펴봐도 모양과 형태가 조금씩 다 다르며 뭔가 남들과 다른 미학적 측면을 고려한 흔적을 쉽게 찾을 수 있다. 토기는 그 당시에 아주 중요한 재산이었음은 어느 누구도 부정할 수 없을 것이다. 당시 시대 상황이 공동체 사회였다 할지라도 소유자를 밝힐 필요가 있지 않았을까 하는 생각이 든다. 이런 브랜드적 행위의 기원은 인간이 자신의 소유물에 대한 애착이 생기면서 발생한 것이라 볼 수 있다.

3) 현대적 의미의 기원

브랜드의 현대적 의미라 하면 오랜 옛날 단순 상품명이나 제조자, 산지 표기 수준이 아닌 치열한 경쟁 속에서 살아남기 위해 전략적 측면에서 사용된 기원을 말한다. 중세 봉건사회가 안정되고 상업이 발달하기 시작하던 10세기 무렵부터 간단한 도형이나 모노그램으로 구성된 상인들의 표시가 널리 보급되기 시작하였지만 주로 상공인의 조직인 길드에서 사용되었다. 이는 길드 가입자를 통제하고 상품과 그 제조자(길드)를 일치시켜 위조품을 방지하여 길드의 대외적인 독점을 유지하기 위한 것이다.

그러던 것이 18세기 초 프랑스에서 "영업의 자유선언"이 계기가 되어 브랜드의 법적인 보호가 시작되고 이 시기에 산업혁명이 일어나면서 제품 대량생산이 가능해지고 유통이 세분화되면서 생산표시 기능만 담당하던 브랜드가 어느덧 신용 표시, 재산 표시로 기능이 바뀌기 시작한 것이다. 즉 현대적인 브랜드라는 개념이 확고히 다져 진 것은 산업혁명 이후부터라고 할 수 있다.

그 후 기업이 브랜드의 중요성을 갖게 된 시기는 19세기 후반부터라고 할 수 있다. 차별적 이미지를 가진 브랜드의 도입으로 시장에서 경쟁우위를 확보한 사례는 P&G의 아이보리비누가 그 효시로 알려지고 있다. 아이보리가 출시된 1879년 전까지만 해도 상인들은 비누를 엿가락처럼 잘라서 무게로 달아 판매하였다. 그러나 Procter & Gamble의 창업자 중의 한 사람인 Harley Procter는 그렇게 하지 않고 소비자들이 사용하기 편리한 크기로 일정하게 잘라 포장을 한 다음 희고 깨끗함을 의미하는 Ivory라는 브랜드명을 새겨 넣음으로써 다른 일반 비누와 차별화를 시도하였다. 이것이 브랜드라고 하는 개념을 소비자에게 심어주는 첫 사례가 아닐까 한다.

학습내용

1. 브랜드 마케팅의 정의

"브랜드는 특정 판매자 그룹의 제품이나 서비스를 드러내면서 경쟁그룹의 제품이나 서비스와 차별화시키기 위해 만든 명칭, 용어, 표지, 심볼 또는 디자인이나 그 전체를 배합시킨 것이다."

필립 코틀러 (Philip Kotler)

　브랜드는 소비자에게 자사 제품을 식별할 수 있도록 도와주는 브랜드 아이덴티티이며 거기에 평가의 개념이 보완되어 브랜드를 차별화시켜 줄 수 있는 공급자가 제공하는 모든 대상 및 행위와 그것에 대한 소비자의 총체적 인식이다.

　또한 브랜드마케팅이란, 브랜드 아이덴티티와 브랜드 차별화의 모든 요소들을 전략적으로 관리함으로써 공급자가 원하는 차별화된 브랜드 개념을 만들어 내는 브랜딩을 위해 고안된 가장 유용한 행위다. 브랜드 마케팅은 소비자가 구매상품을 선택하는 기준은 제품 품질에서 기업이미지와 제품 브랜드로 변했다. 즉, 소비자가 사는 것은 브랜드인 것이다. 그리고 더 나아가 성공한 브랜드는 자산으로서 축적되어 지속적 부가가치를 창출하는 것으로 중요시하는 마케팅이다. 새로운 마케팅 시대에 직면하여 여러 가지 방식 중에서도 기업 목적 달성을 위한 상품 판매 경쟁에서 승리할 수 있는 구체적인 전략 전술은 기업의 좋은 이미지와 판매상품의 명성을 대변하는 브랜드의 지위확보와 세계화에 달려있다.

　브랜드는 그 실체가 없는 것처럼 보이지만 실제적으로는 큰 가치와 효과가 있는 매우 중요한 자산임을 알 수 있다. 어떤 기업이 치열한 시장에서 생존하기 위해서는 기술적 혹은 이미지의 차별화를 통해 소비자의 마음을 사로잡아 시장에서 경쟁우위를 확보하는 것이 가장 중요한데 이러한 목적을 이루는 데 가장 필요한 것이 바로 브랜드이다.

　브랜드를 어떻게 관리하고 활용하여 그것을 전략적으로 잘 수행하느

냐에 따라 소비자는 기업 혹은 제품에 대한 높은 충성도와 선호도를 가지게 되고 제품을 구입하는 실제적인 소비자 행동까지 이르게 되는 것이다.

　브랜드 파워는 경쟁우위의 중요한 요소이다. 무형이면서도 나름대로의 성격을 가지고 소비자의 선택에 영향을 미치는 차별화의 근간이 되는 것이다. 따라서 각 기업들은 이처럼 중요한 브랜드를 자산으로 인식하여 브랜드를 처음 만들어서 소멸시키기까지 장기적인 안목으로 꾸준한 관리와 투자는 물론 치밀한 마케팅 전략으로 활용하여 소비자의 인식 속에 그 브랜드에 대한 명확한 위치를 규정하고 선택하게 하는데 중점을 기울여야 한다. 브랜드에 좋은 이미지의 어떤 가치와 상징이 전략과 관리로 효과적으로 인식될 때 기업의 이익은 물론 그 브랜드를 선택한 소비자도 만족할 수 있게 되는 것이다.

　브랜드 관리는 시장의 복잡성, 경쟁사 간의 압력, 새로운 매체의 출현, 유통채널의 역동성, 전 세계적인 압력 속에서 복잡한 브랜드들, 복잡한 하부 브랜드 구조, 브랜드의 인접 영역으로의 확장 등 여러 가지 요소 때문에 쉽지 않은 일이지만 일정 수준의 브랜드 구축은 경제적인 가치를 극대화시킴으로 꾸준한 관심과 연구 노력을 통하여 전략화하고 실제 시장에서 그것을 활용할 수 있도록 해야 할 것이다.

　갈수록 브랜드 마케팅시대 또는 브랜드 경영시대라는 표현을 자주 보게 된다. 브랜드가 이 시대의 마케팅 환경이나 경영환경을 특징짓는 표현이 된 것이다. 최근 몇 년 동안 사회 각 부문에서는 엄청난 변화가 일어났다. 윤리관, 가치관, 소비행태, 그리고 패션이나 라이프스타일, 사회구조 등 모든 것에서 패러다임이 상상할 수 없을 만큼 변화하였고 그 변화의 폭은 과거 몇 십년치의 폭을 뛰어넘는 것이었다. 이처럼 노도와 같이 밀려오는 변화의 시대에 어떻게 해서 브랜드라는 것이 마케팅과 경영의 키워드가 된 것일까? 왜 브랜드는 기업 최고경영자에게 가장 큰 관심사가 되었고, 기업은 브랜드파워에 모든 것을 걸어야만 하는 것일까? 그 배경에는 수많은 요인들이 자리하고 있을 것이다. 그 많은 요인들 중에서 중요한 몇 가지를 살펴보자.

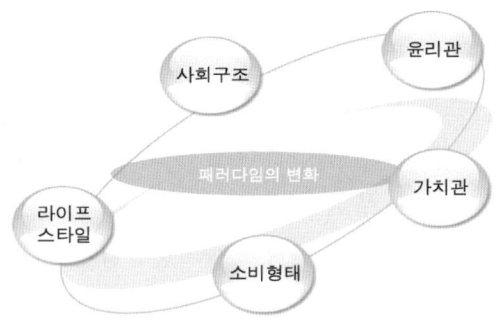

　첫째는 차별화의 유일한 대안이기 때문이다. 마케팅에 있어서 가장 중요한 것은 차별화이다. 다른 제품보다 더 우수한 기능으로 보인다든지, 더 고급스럽게 보인다든지, 더 편리하게 보인다든지, 더 품격 있게 보인다든지 하는 것들이 모두 차별화를 의미한다. 타제품과의 차별적 우위성을 확보하는 것, 그것이 곧 상품력인 셈이다. 그러니까 차별적 우위성이 크면 큰 만큼 소비자들에게 그 제품을 구매하도록 하는 매력을 크게 제공하는 것이고, 차별적 우위성이 크면 큰 만큼 높은 가격을 받을 수 있는 것이다. 결국 마케팅의 시작은 소비자가 원하는 방향으로 다른 제품과 얼마나 차별화 시킬 수 있느냐 하는 싸움부터라고 보아야 한다.

　그러나 문제는, 제품력만으로는 차별화를 하기 어려운 시대가 되었다는 것이다. 왜냐하면 기술의 평준화시대가 되었기 때문이다. 소비자들은 64화음의 휴대폰 단말기를 어느 회사가 먼저 만들었는지 잘 알지 못한다. 비슷한 콩나물을 놓고 어느 것이 무공해로 재배한 콩나물인지 가려 낼 수도 없다. 또 상표가 붙어 있지 않은 여러 대의 냉장고를 놓고 우수한 제품을 골라내라면 난감할 수밖에 없고, 비싼 양주와 그보다 조금 싼 양주를 맛으로 구별하기란 여간 어려운 일이 아니다. 결국 소비자들은 제품 그 자체만으로는 정확한 차이를 구별하기 어렵다는 것이다. 이렇게 제품력 차이를 명확하게 구별하기 어렵다면 어떤 일이 발생하게 될까?

　두 가게에서 팔고 있는 수박이 크기도 비슷하고 맛도 비슷하다면 당연히 싼 것을 사게 될 것이다. 소비자 입장에서 제품력의 차이가 비슷하다고 판단되면 이것을 사나 저것을 사나 손해 볼 것이 없으므로 상대적으로 저렴한 가격의 것을 구매하게 된다. 즉 제품으로 차별화를 확실히 하지 못하면 기업은 과다한 가격경쟁을 할 수밖에 없는 입장이 되는 것이다. 이 문제를 해결하기 위해서 업들은 제품력 이외의 새 영역에서 대응책을 마련하기 위해 부심해 왔고 가장 효과 있는 방법으로서 브랜드를 활용하게 된 것이다. 풀무원은 '유기농산법에 의한 무공해 자연 식품'이라는 컨셉의 브랜드를 사용하여 타제품과 차별화시킴으로써 더 많이, 더 비싸게 판매할 수 있게 되었다. 똑같은 공장에서 똑같은 디자인, 똑같은 소재로 만든 셔츠라고 하여도 나이키라는 브랜드를 달고 나오는 것과 타 브랜드를 달고 나오는 것은 가격도 판매량도 달라진다. 기업은 제품에서의 차별화가 힘든 것을 브랜드의 차별화로 그들의 문제를 해결하고 있는 것이다.

　둘째는 기능성 위주에서 상징성 위주로 소비자들의 구매행태가 변화하고 있기 때문이다. 오늘날의 마케팅을 감성마케팅 또는 이미지 마케팅이라고도 부른다. 예전에는 이성간의 이상향을 고르는데 있어서도 집안환경이나 학력, 직업의 전망, 수입 등 매우 현실적이고 구체적인 사실들에 관심을 갖고 있었다. 그러나 요즘은 매력이 있는지, 늘씬한지, 재미있는 사람인지 등 지극히 감성적인 요소에 더 큰 비중을 둔다고 한다. 이것은 제품을 구매할 때 도 다를 바가 없는 것으로 보인다.
　어떤 기능이 자신에게 꼭 필요해서라기보다는 그러한 기능을 가진 제품을 보유하는 심리적 만족에 더 큰 의미를 갖고, 그 제품을 이용하는 사람들의 그룹에 포함되고 싶어 하는 심리적 욕구가 구매를 하는 데 중요한 동기가 되고 있다. 또한 제품의 본질적인 기능이나 품질보다는 디자인이나 이름, 광고를 통해서 얻어진 이미지 등 부수적 요소에 더 큰 관심을 갖고 구매를 한다. 그러므로 기업은 이러한 소비자의 구매취향에 대응하기 위하여 제품 본질 외의 매력적인 이미지를 만들어야만 하는데 이것이 곧 브랜드가 하는 역할인 것이다.

외국의 한 마케팅 컨설팅 회사가 발표한 연구보고서에서 코카콜라와 펩시콜라에 관한 흥미로운 조사결과를 본 일이 있다. 두 콜라를 놓고 처음에는 눈을 가리고 하는 조사, 즉 블라인드 테스트를 했는데 코카콜라가 더 맛있다고 응답한 사람들의 수가 절반 조금 안 되는 것으로 집계되었다. 다음에는 눈을 가리지 않고 브랜드를 보여주면서 하는 조사, 즉 브랜디드 테스트를 했는데 이번에는 반대로 코카콜라가 더 맛있다고 응답한 사람들이 월등히 많은 약 70% 정도로 집계되었다. 이러한 것을 브랜드 에쿼티$_{Brand\ Equity}$라고 하는데, 브랜드를 사용했을 때에 그렇지 않았을 때보다 더 커지는 가치의 차이를 말한다.

즉, 이 조사를 기준으로 본다면 제품력은 코카콜라보다 펩시가 우월하다고 볼 수 있지만 브랜드를 포함했을 때에는 코카콜라의 브랜드 에쿼티가 높기 때문에 총체적 상품력에서 역전되는 것을 알 수 있다. 애니콜이 순수 제품력만 가지고 비교 평가를 한다면 반드시 1위의 제품이 아닐지도 모른다. 또 하이트 맥주도 눈을 가리고 테스트한다면 국내에서 가장 맛있는 맥주가 아닐 수도 있다. 그러나 그들은 높은 브랜드 에쿼티를 확보함으로써 고객의 감성적 욕구를 충족시키고, 그로 인해 시장을 지배하고 있는 것이다. 소비자들이 원하는 감성적 요소들을 브랜드라는 그릇에 담아서 상품의 가치를 높여야 하는 감성마케팅 시대인 것이다.

셋째는 브랜드의 자산화 때문이다. 산업화시대에는 유형의 자산, 즉 공장시설이나 건물 또는 건물부지 같은 것이 기업자산의 대부분을 차지하는 것이었다. 그러나 이 시대에는 기술특허라든지 브랜드 자산 등 무형자산의 비중이 얼마나 되느냐가 기업의 가치와 장래성을 판단하는 중요한 요소가 된다. 앞서 브랜드 에쿼티가 높다고 한 코카콜라의 브랜드 가치는 약 66조원이 넘는 것으로 평가되는데 이것은 우리나라 몇 대 그룹의 총 자산규모와 비슷한 수준에 해당된다.

또 이 브랜드 자산 가치는 코카콜라가 보유하고 있는 전체 주식시가의 약 60%에 해당하는 것이며, 유형 자산의 15배나 되는 것이다. 브랜드자산이 곧 기업자산이며, 브랜드 가치가 기업가치인 셈이다. 삼성제약이 살충제 사업을 분할하여 한국존슨에 매각했을 당시 총 매각 대금

387억 중 생산라인의 가치보다 브랜드 자산에 대한 가치로 297억원으로 평가 받았다. 결국 파워 있는 브랜드를 갖게 되면 마케팅력이 강화되므로 매출과 이익을 극대화시킬 수 있고, 브랜드 가치가 기업의 주식 가치를 높여주게 된다. 로케트가 그러했고(건전지로 유명한 「로켓트전지」가 1998년 「질레트」에 7년간 국내상표권과 영업권을 임대하는 조건으로 받은 815억원 중 660억원이 브랜드 값이었다), 썬키스트가 브랜드 로열티로 걷어 들이는 금액은 년간 11억 달러 이상이다. 그러므로 이제 브랜드는 경영자의 최대관심사가 될 수밖에 없고 브랜드는 기업경영의 중핵으로서 자리하게 된 것이다. 기술 평준화시대에 자신의 제품을 차별화할 수 있는 가장 유효한 방법으로서의 브랜드, 감성마케팅 시대에 있어서 소비자의 감성적 욕구를 충족시킬 수 있는 도구로서의 브랜드, 기업의 가장 크고 중요한 자산으로서의 브랜드, 이러한 브랜드를 경영하는 과제를 이 시대는 안고 있는 것이다.

| 사례 | Global Brand 랭킹 |

Interbrand "Best Global Brands 2018"발표

1. 베스트 글로벌 브랜드(Best Global Brands)
   인터브랜드(Interbrand)는 세계적인 브랜드 컨설팅 그룹으로 매년 글로벌 브랜드를 대상으로 브랜드 가치 평가를 실시하여 브랜드 가치가 높은 상위 100개 기업을 선정하여 발표하고 있다. 베스트 글로벌 브랜드는 PR위크(PR Week)에서 미국 500대 기업의 CEO(Chief Executive Officer, 최고경영자) 및 CFO(Chief Finance Officer, 최고재무책임자)를 대상으로 진행한 설문 결과, 기업 운영 시 가장 많이 참고하는 순위 가운데 하나로 나타날 만큼 영향력 있는 브랜드 및 마케팅 평가 순위이다.
   인터브랜드의 브랜드 가치 평가 방법은 세계적으로 널리 인정받고 이용되는 브랜드 평가 방법론으로, 2010년 업계 최초 ISO(International Standards Organization) 10668 인증을 획득하였다.

2. 인터브랜드 소개

1974년에 설립된 인터브랜드는 세계 최대 규모의 브랜드 컨설팅 회사로 현재 뉴욕에 본사를 두고 있으며, 전 세계 29개 오피스, 1200명의 컨설턴트를 두고 있다. 인터브랜드는 브랜드 진단 및 전략 수립, 그리고 세계적 수준의 크리에이티브를 통해 다양한 기업들의 브랜드 가치 창조 및 관리에 기여하고 있다. 특히 지난 40여 년 동안 Microsoft, BMW, P&G, Samsung 등 세계적인 기업들의 브랜드 컨설팅을 수행해 왔다.

인터브랜드 뉴욕에서는 17년간 세계적으로 가장 가치 있는 브랜드를 선정하는 '베스트 글로벌 브랜드(Best Global Brands)'를 발표해왔고, 인터브랜드 한국 법인은 2014년부터 국내 대표 브랜드들의 가치와 순위를 발표하는 '베스트 코리아 브랜드(Best Korea Brands)'를 진행 하고 있다. 인터브랜드 한국 법인은 1994년에 설립되었다.

3. 인터브랜드 브랜드 가치 평가 방법

인터브랜드의 브랜드 가치 평가(Brand Valuation)는 브랜드가 미래에 창출할 것으로 예상되는 수익의 현재 가치를 화폐 단위로 나타내는 지표이다. 브랜드가 중요한 기업 자산이라는 인식이 확산됨에 따라 브랜드 가치의 중요성 또한 확산되고 있다.

인터브랜드의 브랜드 가치 평가 방법은 비즈니스 및 재무 자산의 가치 평가 방법에 근거하고 있으며, 이는 브랜드가 창출하는 제품이나 서비스의 매출을 밝혀내는 '재무 예측', 브랜드에 의해 발생한 무형 이익 비율을 토대로 한 '브랜드의 역할 지수 계산', 향후 브랜드를 통해 얻게 되는 이익의 순 현재가치를 도출하기 위해 브랜드의 특정 위험성을 측정하는 '브랜드 강도 평가' 3가지 핵심 요소로 구성되어 있다.

4. 2018년 인터브랜드에서 발표한 "Best Global Brands 100"

세계 100대 브랜드, 가치총액 약 2조153억달러(USD), 전년대비7.7% 상승. 애플과 구글 6년 연속 1, 2위차지, 아마존 3위로 TOP3 최초진입.
3위아마존, 56%로 가장 높은브랜드 가치성장률 보이며 2계단상승.
삼성전자6% 성장6위유지, 현대자동차3% 성장36위, 기아자동차4% 성장 71위. 국내브랜드가치 총액전세계5위로 803억 5천만달러(USD)로전년대비 5.5% 성장. 테크놀로지와 자동차산업 전체 브랜드가치의 절반차지, 럭셔리산업 42% 가장 큰 성장. 샤넬, 스포티파이, 스바루 Top100 신규진입, 헤네시, 닌텐도재진입.

5. 17년도와 18년도 베스트 브랜드 50위까지의 비교

2018년 순위	2017년 순위	브랜드	산업	브랜드 가치 ($ million)	전년 대비 성장률
1	1	Apple	Technology	214,480	16%
2	2	Google	Technology	155,506	10%
3	5	Amazon	Retail	100,764	56%
4	3	Microsoft	Technology	92,715	16%
5	4	Coca-Cola	Beverages	66,341	-5%
6	6	Samsung	Technology	59,890	6%
7	7	Toyota	Automotive	53,404	6%
8	9	Mercedes-Benz	Automotive	48,601	2%
9	8	Facebook	Technology	45,168	-6%
10	12	McDonald's	Restaurants	43,417	5%
11	15	Intel	Technology	43,293	10%
12	10	IBM	Business Services	42,972	-8%

13	13	BMW	Automotive	41,006	-1%
14	14	Disney	Media	39,874	-2%
15	16	Cisco	Technology	34,575	8%
16	11	GE	Diversified	32,757	-26%
17	18	Nike	Sporting Goods	30,120	11%
18	19	Louis Vuitton	Luxury	28,152	23%
19	17	Oracle	Technology	26,133	-5%
20	20	Honda	Automotive	23,682	4%
21	21	SAP	Technology	22,885	1%
22	22	Pepsi	Beverages	20,798	2%
23	NEW	Chanel	Luxury	20,005	NEW
24	27	American Express	Financial Services	19,139	8%
25	24	Zara	Apparel	17,712	-5%
26	30	J.P. Morgan	Financial Services	17,567	12%
27	25	IKEA	Retail	17,458	-5%
28	26	Gillette	FMCG	16,864	-7%
29	29	UPS	Logistics	16,849	3%
30	23	H&M	Apparel	16,826	-18%
31	28	Pampers	FMCG	16,617	1%
32	32	Hermès	Luxury	16,372	15%
33	31	Budweiser	Alcohol	15,627	2%
34	37	Accenture	Business Services	14,214	14%
35	33	Ford	Automotive	13,995	3%
36	35	Hyundai	Automotive	13,535	3%
37	36	Nescafe	Beverages	13,053	3%
38	34	eBay	Retail	13,017	-2%
39	51	Gucci	Luxury	12,942	30%
40	39	Nissan	Automotive	12,213	6%

175

FUN MAKETING

31	28	Pampers	FMCG	16,617	1%
32	32	Hermès	Luxury	16,372	15%
33	31	Budweiser	Alcohol	15,627	2%
34	37	Accenture	Business Services	14,214	14%
35	33	Ford	Automotive	13,995	3%
36	35	Hyundai	Automotive	13,535	3%
37	36	Nescafe	Beverages	13,053	3%
38	34	eBay	Retail	13,017	-2%
39	51	Gucci	Luxury	12,942	30%
40	39	Nissan	Automotive	12,213	6%
41	40	Volkswagen	Automotive	12,201	6%
42	38	Audi	Automotive	12,187	1%
43	41	Philips	Electronics	12,104	5%
44	44	Goldman Sachs	Financial Services	11,769	8%
45	46	Citi	Financial Services	11,577	9%
46	47	HSBC	Financial Services	11,208	6%
47	42	AXA	Financial Services	11,118	0%
48	45	L'Oréal	FMCG	11,102	4%
49	49	Allianz	Financial Services	10,821	8%
50	55	adidas	Sporting Goods	10,772	17%

세계 최대 브랜드 컨설팅 그룹인 인터브랜드가 제 19회 'Best Global Brands 2018 (이하 2018년 베스트 글로벌 브랜드)'를 통해 세계를 대표하는 100대 브랜드를 발표 했다. 인터브랜드는 2018년 베스트 글로벌 브랜드를 통해 '대담한 도전(Activating Brave)'의 중요성에 대해 강조했다.

2018년 베스트 글로벌 브랜드에 따르면, 세계를 대표하는 100대 브랜드 가치 총액은 2조 153억 달러로 2017년 가치 총액 1조 8,717억 달러 대비 7.7% 성장한 것으로 나타났다.

최상위 10개 브랜드는 1위부터 애플(Apple), 구글(Google), 아마존(Amazon), 마이크로소프트(Microsoft), 코카콜라(Coca-Cola), 삼성(SAMSUNG), 토요타(Toyota), 메르세데스-벤츠(Mercedes-Benz), 페이스북(Facebook), 맥도날드(McDonald's) 순이다. 애플과 구글은 6년 연속 세계 100대 브랜드 전체 순위

1, 2위를 차지했다. 애플의 브랜드 가치는 2,144억 8,000만 달러로 지난 해 대비 16% 성장했고, 구글의 브랜드 가치는 1,555억 600만 달러로 브랜드 가치는 10% 성장했다.

인터브랜드 '2018년 베스트 글로벌 브랜드' 평가 결과, 가장 높은 성장세를 보인 브랜드는 아마존(Amazon)으로 56%의 브랜드 가치 성장률을 보이며 전년 대비 2계단 성장 3위를 차지했다. 아마존은 2006년 베스트 글로벌 이래 13년간 두자리 수 성장률을 보인 브랜드이며 브랜드 가치는 1,007억 64만 달러이다. 지난해 신규 진입한 넷플릭스(Netflix)는 45%의 브랜드 성장률을 보였고 12계단 상승해 66위에 자리했다. 다음으로 구찌(Gucci) 30%, 루이비통(Louise Vuitton) 23%, 세일즈포스닷컴(Salesforce.com) 23%, 페이팔(PayPal)이 22%의 성장세를 보였다.

올해 처음으로 세계 100대 브랜드에 진입한 브랜드들도 눈에 띈다. 샤넬(Chanel)은 베스트 글로벌 브랜드 진입과 동시에 브랜드 가치 200억 50만 달러로 23위를 차지했으며 스포티파이(Spotify)는 51억 7,600만 달러로 92위에 처음으로 이름을 올렸다.

국내 브랜드 중에서는 올해에도 삼성전자, 현대자동차, 기아자동차가 2018년 베스트 글로벌 브랜드에 선정됐다. 삼성전자는 전년대비 6% 성장한 598억 9천만 달러의 브랜드 가치로 6위에 이름을 올리고 아시아 최고의 브랜드의 자리를 지켰다. 현대자동차의 브랜드 가치는 전년 대비 3% 성장한 135억 3500만 달러이며 36위를 차지했다. 기아자동차는 4% 성장, 69억 2500만 달러의 브랜드 가치로 71위에 이름을 올렸다.

2018년 베스트 글로벌 브랜드에 이름을 올린 한국 브랜드의 가치 총액은 5위로 803억 5천만 달러로 전년 대비 5.5% 성장했으며 미국, 독일, 일본, 프랑스에 이어 브랜드 가치 총액 5위에 자리했다. 한국은 이탈리아, 네덜란드와 함께 여섯 번째로 많은 브랜드를 보유하고 있다.

산업별 브랜드 가치 성장세는 럭셔리 분야가 42%의 가장 높은 성장률을 기록했다. 다음으로 리테일 36% 테크놀로지 20% 스포츠 용품 브랜드가 13% 순이다. 한편, 테크놀로지와 자동차 산업의 브랜드 가치는 전체 브랜드 가치 총액의 50%를 차지한다.

2018년 인터브랜드 그룹 CEO로 취임한 찰스 트리베일(Charles Trevail) 대표는 "10년전 전세계를 휩쓴 금융위기 이후 가장 가파른 성장세를 보이는 브랜드들은 고객에 대한 심도 깊은 이해를 기반으로 대담하면서도 아이코닉한 활동을 통해 고객들에게 새로운 가치를 제안한 브랜드들이다." 라며 장기적인 비전 아래 브랜드의 대범한 단기 전략의 중요성을 강조했다.

2018년 베스트 글로벌 브랜드에 대한 자세한 브랜드 인사이트와 글로벌 100대 브랜드는 인터브랜드 홈페이지(www.bestglobalbrands.com)을 통해 확인할 수 있다.

6. 2018년 베스트 글로벌 성장 브랜드

2018년 한 해 동안 브랜드 업계를 빛낸 성공사례들의 분석을 통해 인터브랜드는 다섯 개의 성장동력을 살펴보고자 한다.

Positive Utility
Subscription Mindset
Customer Centricity
Learning from Luxury
Culture is Strategy, Strategy is Culture

Positive Utility

더 이상 사람들은 단순히 제품이나 서비스 혜택에 의존해 브랜드를 선택하지 않는다. 소비자들의 마음을 사로잡기 위해서는 고객의 생활 속 불편함을 해결해 더욱 나은 세상을 만들겠다는 명확한 목적(purpose)이 있어야 한다. 그리고 이를 바탕으로 고객들의 일상과 함께하며 그들이 도움이 필요할 때마다 문제를 해결할 수 있는 유용한 제품, 도구, 서비스를 제공하는 브랜드가 되어야 한다. 2018년 베스트 글로벌 브랜드에서 전년 대비 56% 성장한 아마존(Amazon)은 포괄적인 '360도 고객 서비스와 경험'을 제공한 대표적인 브랜드다. 소비자가 원하는 무엇이든 온라인에서 구매할 수 있는 세상에서 가장 소비자 중심적인 회사가 되는 것을 미션으로 삼고 있는 아마존은 기 진출한 분야를 재정의 시키며 성장에 성장을 거듭해왔다. 변화하는 시장 환경에 맞춰 아마존 파이어 폰은 아마존 에코 스마트 스피커(Amazon Echo Smart Speaker)로 진화시켰고 아마존 MP3는 아마존 스트리밍 서비스인 아마존 뮤직 언리미티드(Amazon Music Unlimited)로 진화했다. 아마존의 패션 사업 규모는 최근에 런칭 한 아마존 패션 PB 브랜드를 포함해 미국 전역에서 2위 규모에 달한다.
글로벌 화장품 1위 기업인 로레알(L'Oreal)은 디지털 기술을 활용하여 고객 경험을 새롭게 디자인하였다. 최근 로레알은 AR 기술회사인 모디페이스(Modiface)를 인수해 '가상 메이크업' 서비스를 제공하고 있다. 이를 통해 소비자는 온라인이든

오프라인 상점이든 언제 어디서나 증강현실과 인공지능을 통해 사용자 개인 맞춤형 메이크업 튜토리얼을 확인하고 바로 제품을 구매할 수 있게 되었다. 맞춤형 경험을 제공하는 것이 어려웠던 소비재 산업에서 로레알은 기술을 기반으로 업계를 선도하며 고객들의 일상 속으로 한 걸음 더 다가서는 데 성공했다.

Subscription Mindset

베스트 글로벌 브랜드에서 '구독 모델 사업'을 기반으로 한 브랜드의 비중은 2009년 18%에서 2018년 28%까지 성장했다. 이는 소유보다 사용이 중요한 '서비스 중심 시대'로 전환이 되면서 특정 브랜드만을 고수하는 충성도 개념이 약화되는 것을 의미한다. 이에 많은 브랜드가 고객의 개인화된 요구에 따라 자사의 제품과 서비스를 가장 편리하게 활용할 수 있는 방법을 제공함으로써 사업을 성장시키고 있다.

성공적인 구독 모델로 전환한 대표 사례로는 어도비(Adobe)가 꼽힌다. 과거 어도비는 제품을 일회성으로 구매하는 비즈니스 모델을 유지하고 있었다. 하지만, '대담한 도전(Activating Brave)'을 통해 2012년 사업 전면을 구독 사업 모델로 전환했다. 새로운 버전이 있을 경우에만 구매로 이어지는 일회성 구매가 아닌 소프트웨어를 클라우드에 저장하고 때에 맞게 업그레이드를 제공하며 고객에게 월별로 요금을 부과하는 형태로 소비자와의 지속적인 관계를 이어갔다. 어도비는 비즈니스 모델에 대한 새로운 시각을 바탕으로 2011년부터 현재까지 매해 14%씩 성장하는 매력적인 브랜드로 자리매김했다.

Customer-Centricity

'고객 중심'이라는 말은 사실 식상할 수 있다. 하지만 오늘날의 고객 중심은 단순히 소비자가 원하는 제품이나 서비스를 제공하는 것보다 더 깊이 있는 것을 의미한다. 소비자가 어떻게 생각하고 느끼고 행동하는지를 이해하고 모든 소비자의 접점에서 가장 최적화된 경험을 제공하는 것이다.

넷플릭스(Netflix)는 브랜드 DNA에 현대적 의미의 고객 중심적인 요소가 깊이 새겨있는 브랜드의 대표주자이다. 2017년 베스트 글로벌 브랜드에 처음 이름을 올린 넷플릭스는 45%의 성장률을 보이며 올해 두 번째로 가장 많이 성장한 브랜드로 선정됐다. 넷플릭스는 자체 개발한 알고리즘을 통해 고객의 선호와 행동을 분석하고 개인 프로필을 개발해 고객에게 맞춤형 브랜드 환경을 제공한다. 이러한 데이터는 '기묘한 이야기(Stranger Things)', '오렌지 이즈 뉴 블랙(Orange is New Black)'과 같은 새로운 자체 콘텐츠를 개발할 수 있게 한 초석이 됐다. 넷플릭스는 2018년 에미상(Emmy Awards) 미디어 분야에서 최대인 112개 부문에 이름을 올리며 디즈니보다 높은 시가총액을 보인다.

Learning from Luxury

2018년 베스트 글로벌 브랜드에서는 럭셔리 산업이 42%의 성장률로 최고 실적

을 기록했다. 명품에 대한 소비자의 기대감이 급격하게 변화하고 있음에도 불구하고 몇몇 선도적인 명품 브랜드는 꾸준한 성장을 보인다. 럭셔리 브랜드의 경험은 제품과 경험으로 정의되고 독특하거나 개인화된 서비스 그리고 모든 터치 포인트에서 감성적인 보상을 제공하여 고객의 기대치를 충족하는 프리미엄 경험을 제공한다. 럭셔리 브랜드의 성공 요인으로는 문화적 추세를 정확하게 파악하고 이에 대응할 수 있는 능력이 손꼽힌다.

럭셔리 브랜드의 새로운 반향을 이끄는 구찌(Gucci)는 전년 대비 30%의 브랜드 성장을 보였다. 크리에이티브 디렉터 알레산드로 미슐(Alessandro Michele)과 CEO인 마르코 비자리(Marco Bizzarri)는 구찌 변화의 선두주자로 구찌만의 자산을 유지하면서도 스트리트 문화와 적극적으로 융합하고 있다. 구찌는 밀레니얼 세대 직원으로 구성한 '그림자 위원회(shadow committee)'와의 주기적인 미팅을 통해 새로운 세대를 위한 아이디어와 통찰력을 적극적으로 수용하고 있다. 밀레니얼 세대에서 사용되는 'I feel Gucci, That's Gucci (그거 좋네!)'라는 은어는 구찌의 성공적인 변화를 증명한다.

Culture is strategy, strategy is culture

동기부여 연설가 짐 로운(Jim Rohn)은 " You are the average of the five people you spend the most time with. (당신은 당신이 가장 많은 시간을 함께 보내는 다섯 사람 중 평균이다)"라고 말했다. 임직원들을 움직이는 기업의 문화는 곧 브랜드 전략이며 그 전략은 또다시 문화가 된다.

미디어 생태계를 재탄생시킨 넷플릭스(Netflix)를 다시 한번 언급하고자 한다. 글로벌 미디어 그룹인 넷플릭스는 글로벌 콘텐츠뿐 아니라, 각 지역과 문화를 반영한 오리지널 콘텐츠를 제작하고 있다. 넷플릭스의 글로벌 PR 최고 책임자가 인종차별 발언을 한 이후 즉각 사임을 당한 사례로 살펴볼 때, 다양성과 포용성은 넷플릭스의 근간이 되는 가치이자 사업 방향성이다. 이를 위해 넷플릭스는 사내 문화 정책을 개발하고 매니페스토(Manifesto)를 통해 임직원들과 소통을 하고 있다. 넷플릭스는 해당 매니페스토를 통해 '우리는 넷플릭스의 성장을 위해 필요한 생각은 항상 적극적으로 개진한다. (가끔은 불편하더라도)', '우리는 현재 상황에 만족하지 않는다.', '우리는 어려운 결정을 내린다.', '우리는 때로는 위험(Risk)을 감수하며 실패를 두려워하지 않는다.', '우리의 핵심가치에 어긋나는 행동에 대해 자유롭게 비판하다.' 등 구체적인 행동강령을 언급하며 넷플릭스만의 문화를 주도적으로 설계해나가고 있다.

대담한 도전(Activate brave)은 일시적인 과제가 아니다. 브랜드의 성장을 위해 우리 모두가 지속적으로 도전해야 할 영구적인 과제이자 의무이다. 베스트 글로벌 브랜드들이 써나가는 성공신화에 더 많은 국내 브랜드들이 동참하는 날을 기대해본다.

* 출처 : www.interbrand.com 2019년

2. 브랜드 개발

최근 들어 기업의 마케팅 담당자들은 브랜드를 중심으로 한 각종 마케팅활동을 담당으로 하지 않더라도 '브랜드가 중요하다'라는 개념을 강조하고 있다. 서점에는 눈만 뜨면 '브랜드'로 시작되는 책들이 쏟아져 나오고 경영진에서도 경쟁에 뒤쳐지지 않도록 우리도 브랜드 마케팅을 준비하라는 지시가 내려온다고 한다. 사실 이러한 지시가 없더라도, 경쟁기업들이 신규 브랜드를 발표하면서 자신의 기업보다 먼저 경쟁적으로 '브랜드 마케팅'이라는 깃발을 세우면 자신의 기업의 매출이 부진하기라도 한 것처럼 초초해진다고 말한다.

그러나 도대체 브랜드 마케팅이라는 것이 어디에서부터 어떻게 시작해야 할지 막막하기만 하다. 그래서 일단 브랜드를 하나 만들어보기로 결정한다. 브랜드를 하나 만들어서 브랜드 마케팅을 하고 있다고 위안하는 시기가 지나고 보면 가시적인 성과가 없기 때문에 결국 '브랜드 마케팅'이란 것의 의미가 사라진다. 이 시점에서 영업에 더 치중해 보려는 판단을 내리기도 한다.

분명히 브랜드마케팅을 해나가고 있었는데 도대체 무엇이 잘못된 것일까. 만들기만 했다고 해서 브랜드마케팅이 바로 시작되는 것은 아니다. 명확한 목적이 없는 브랜드라면, 이는 브랜드 마케팅이 아니라, 오히려 쓸데없는 마케팅 역량의 분산일 뿐이다. 브랜드 개발 단계에서는, 그 브랜드를 통하여 소비자에게 어떤 이미지를 제공할 것인가를 고민해야 하며, 궁극적으로 소비자가 받게 되는 편익Benefit을 하나의 덩어리로 만들어주어야 한다. 소비자 머리속에 들어가 앉을 수 있도록 미리 그 혜택의 덩어리를 만들어주면, 브랜드 마케팅은 드디어 출발선에 선 것이다.

그런데, 그 혜택을 만들기 이전에, 단지 브랜드만을 만들었기 때문에 대부분의 브랜드 마케팅이 고전하게 된다. 결국 여기에서 말하는 브랜드란 브랜드 네임과 디자인뿐이다. 정말 중요한 브랜드의 구성 요소라고 할 수 있는 연상속성 곧, 이 브랜드만의 차별화된 컨셉을 확립하지 못하면 그 브랜드의 수명은 보장받을 수 없는 것이 현실이다.

브랜드와 관련된 마케팅 활동을 대강 나누어 보면 3단계 정도로 구

분할 수 있다.

첫 번째는, 브랜드 마케팅의 중요성을 인식하기 시작하고, 브랜드를 개발하고, 사용하려는 내부적 결정을 내린 시점으로서 '브랜드 개발'의 단계이다.

두 번째는, 이미 많은 브랜드(또는 하나의 전문 브랜드)를 사용하고 있으며, 계속된 사업영역의 확장 또는 제품라인의 확장으로 인하여 새로운 브랜드가 필요한지, 아니면 기존 브랜드를 확장할 것인지, 새로운 제품이 나올 때마다 새로운 브랜드로 대응할 것 인지 등의 브랜드의 사용과 운용에 대한 원칙을 고민하는, '브랜드 운용전략 수립'의 단계이다.

세 번째는 어느 정도 확립된 브랜드를 통하여 이미 활발한 마케팅 활동을 하고 있으나, 이 브랜드를 활용한 현재의 마케팅활동이 어느 정도의 효과를 발휘하고 있는지, 우리 브랜드에 대한 문제는 없는지 등 브랜드의 현황을 점검하고, 장기적으로 브랜드 파워를 키우기 위한 전략을 고민하는 단계인, '브랜드 관리$_{Management}$'의 단계이다.

1) 브랜드 개발 전략

브랜드 마케팅의 출발은 당연히 '브랜드의 개발'이다. 그러나 '새로운 브랜드를 만들어서 사용할 것인가, 아닌가'하는 것만이 중요한 것은 아니다. 단지 브랜드를 만들어서 소비자들에게 알린다 하더라도, 궁극적으로 그 브랜드가 소비자에게 어떤 이익을 주는지, 어떤 의미가 있는 브랜드인지를 전달하지 못하면 그 브랜드는 단지 식별도구로서의 기능만을 하게 될 뿐이다.

브랜드의 역할과 기능이 무엇인가? 공급자를 식별하고, 경쟁자의 것과 차별화하며, 가치를 부여해주기 위한 모든 상징물들의 조합, 이것이 브랜드이다. 즉, 브랜드란, 차별과 식별, 가치제공의 기능을 해야 한다. 이 중에서도 최근에 브랜드가 유형자산보다도 훨씬 큰 무형자산으로 인정받으며 매매의 대상으로까지 올라가게 된 것은 바로 '가치제공'의 기능 때문이다. 그 브랜드만이 제공한다고 믿는 가치가 있기 때문에 소비자는 그 브랜드를 사랑하게 된다.

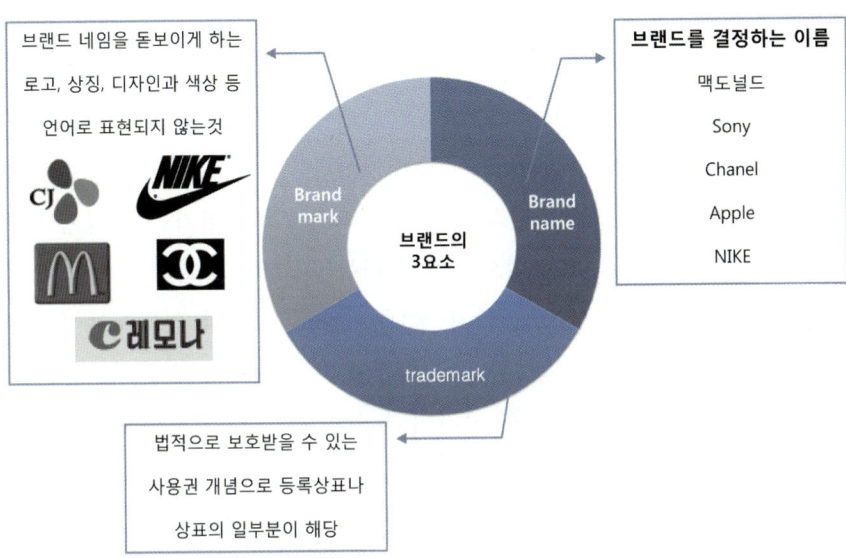

그림 5-1 브랜드의 3요소

파워 브랜드가 되기 위해 꼭 갖춰야 할 요소들

일반적으로 브랜드는 3가지 요소로 구성돼 있다. brand name·trademark·brand mark가 그것이다. 브랜드 네임은 브랜드를 결정하는 이름으로, 예를 들어 '맥도날드', 'Nike', '비타민C 레모나', '애플 iPhone', 'Samsung 갤럭시' 'CJ' 같은 것들이고, 트레이드마크는 법적으로 보호받을 수 있는 사용권 개념으로 등록상표나 상표의 일부분이 해당된다. 브랜드 마크는 브랜드 네임을 돋보이게 하는 로고, 상징, 디자인과 색상 등 언어로 표현되는 것들이 아닌 것들을 포함한다.

좋은 브랜드를 만들기 위해서는 다음과 같은 요소들을 충분히 갖춰야 한다.

첫째, 상품·서비스의 명확한 컨셉과 고객에 대한 혜택이 브랜드에 표현돼야 한다.

둘째, 독창적이어야 하며, 감성적인 부분의 의미 전달이 분명해야 한다.

셋째, 확장력을 갖춰야한다. 예를 들어 치아 관련 브랜드인 Colgate처럼 치약·칫솔·치실·mouthwash 등 다양한 종류의 상품군을 하나의 브랜드로 묶어 사용할 수 있는 경우 브랜드의 확장력이 있다고 할 수 있다.

넷째, 독립된 상표권 획득이 가능한 브랜드 네임을 사용하는 것이 좋다. 물론 국내의 경우에는 산업 분야나 업종이 다르면 같은 브랜드 네

임을 사용해도 무방하지만, 이름 자체에서 발생할 수 있는 상품·서비스의 이미지가 다른 산업군으로부터 영향을 받는지도 고려해야 한다.

(1) 신제품 브랜드 네이밍 전략
① 새로움의 전달 : Sensation

제품의 질이 동등하게 인식되고 있는 시장 및 소비자들의 상황 내에서 브랜드 네이밍은 표면적으로 나타나는 강력한 차별화의 요소로 작용한다. 과거 기업브랜드 중심의 국내 아파트 시장의 선도자는 현대아파트였다. 탁월한 입지조건과 교육환경에 의거한 압구정동 현대아파트는 부의 상징이었다. 그 후발주자이던 삼성물산은 여러 복합적인 이미지를 담고 있는 '래미안(來美安)'이라는 세련된 한자 브랜드네임 하나만으로 아파트시장의 패러다임을 완전히 변화시켜버렸다.

또한 미과즙음료의 선두주자 롯데칠성의 '2% 부족할 때'의 예를 살펴보아도 브랜드네임의 중요성은 여실히 드러난다. 그 당시의 미과즙시장의 선도자는 남양의 '니어워터'였다. '2% 부족할 때'는 "체내 수분이 2% 부족할 때 갈증을 느낀다"는 의학 지식에서 힌트를 얻어 고안된 브랜드 네임으로, '2% 부족할 때'는 소비자들의 호기심을 자극하는 새로운 브랜드네임과 적극적인 커뮤니케이션 활동으로 출시와 함께 시장 내의 돌풍을 일으켰다.

② 정서적 감흥의 전달 : Sentiment

제품의 컨셉에 대한 과도한 집착에서 벗어나 소비자들의 인식차원에서 브랜드네임의 개발이 필요하다.

청정원의 '햇살담은 간장'은 실제로 햇살을 담고 있지 않지만 그만큼의 성의를 다해 만든 간장임을 표현했다. 소비자들은 '햇살담은 간장'에서 정서적인 따뜻한 온기와 성성을 그대로 느끼게 하였고, 서울우유의 '퓨오레'도 본래의 의미는 '순수Pure'와 '정통original', '유기농organic'의 조어이지만, 일반소비자들은 그 '퓨오레'가 가지고 있는 느낌, 감흥만으로 충분히 만족할 여지가 있는 것이다.

③ 단일 메시지 전달 : Simple

핵심메시지와 연관되는 다양한 연상고리를 브랜드 네임 자체에서 제공되어야 한다.

LG전자의 '휘센Whisen'은 회오리바람whirlwind을 전달한다sender는 뜻으로 브랜드네임 자체에서도 상쾌함이 느껴지며, 우리말로도 '휘몰아치는 센바람'의 줄임말로써 에어컨의 본질적인 속성이 그대로 전달한 네이밍으로 에어컨 세계1위의 브랜드로 자리 잡고 있다.

OB맥주의 저칼로리 맥주 카프리Capri 역시 핵심메시지 저칼로리low calorie, less filling에 기반 하였음에도 이탈리아 남부 나폴리의 아름다운 섬 카프리Capri를 연상시키는 멋진 브랜드네임으로 위치하고 있다.

④ 전략의 지속성 확보 : Sustainability

전체 기업의 브랜드 아이덴티티와 브랜드 포트폴리오 상에서의 신제품이 갖는 미래가치 및 위상과의 적절한 어울림을 갖는 브랜드네임이 장기적이며 지속적인 경쟁우위를 가질 수 있도록 브랜드 전략과의 일관성을 갖는 것이다.

창의성과 혁신의 대명사 애플의 브랜드전략의 일관성은 브랜드네임에서도 두드러지게 나타난다. '아이맥$_{iMac}$', '아이북$_{iBook}$', '아이팟$_{iPod}$', '아이팟의 인프라를 담당하는 아이튠$_{iTunes}$', 최근에는 '아이폰 시리즈'를 비롯 '아이패드' 그리고 애플의 아이콘$_{iCon}$-스티브 잡스까지 애플의 정신이 그대로 살아있다.

LG의 X-note, X-canvas 등 'X'시리즈나, 삼성의 Anycar나 Anycall 등의 'Any'시리즈는 그룹 브랜드 전략의 일관된 요소가 네임에 긍정적인 전이를 가져다 준 또 다른 사례이다.

(2) 개별브랜드와 공동브랜드전략

브랜드전략에서 또 하나의 중요한 의사결정은 개별브랜드$_{individual\ brand}$를 붙여 판매하느냐, 아니면 공동브랜드$_{family\ brand}$로 판매하느냐 하는 것이다. 이것은 어디까지나 브랜드전략을 크게 두 가지로 나누었을 때를 가정한 것이며, 현실적으로는 다양하게 나타난다. 개별브랜드란 제품품목 하나하나에 고유의 브랜드(LG 생활건강의 세제 : 슈퍼타이, 한스푼,

하모니, 슈퍼그린 등)를 붙여 판매하는 것이다. 이 전략은 기업의 명성이 하나 또는 몇 개의 제품에 의해 좌우되지 않는다. 즉 한 제품이 실패해도 다른 브랜드를 달고 있는 다른 제품들에 대한 영향이 그다지 크지 않기 때문이다. 또한 도입되는 새로운 제품마다 그 제품에 적합한 브랜드를 붙여줄 수 있다. 그러나 기업 내 모든 제품을 각각의 브랜드로 마케팅활동을 수행해야 하므로 이에 따른 마케팅비용이 크다는 단점이 있다. 개별브랜드전략과 관련하여 다브랜드전략이 있다. 다브랜드전략$_{\text{multibrand strategy}}$이란 동일한 제품에 대하여 둘 혹은 그 이상의 브랜드를 개발하여 판매하는 전략이다(이랜드 : 이랜드, 브렌따노, 언더우드, 헌트 등). 개별브랜드전략과 유사하나 하나의 시장에 초점을 두고 있다는 점에서 차이가 있다. 이 전략의 중요한 이점은 첫째, 진열장소가 한정된 점포에서 동일한 제품에 여러 가지 브랜드를 내놓으면 경쟁사의 제품이 차지하는 진열면적을 상대적으로 줄일 수 있다. 둘째, 각 세분시장에 맞는 브랜드를 개발하여 더 많은 고객을 유인할 수 있다. 셋째, 특정브랜드에 대한 충성심이 높지 않은 브랜드 전환고객이 자사제품의 다른 브랜드를 구매하도록 유인한다. 반면 브랜드개발과 각 브랜드에 대한 마케팅비용이 이러한 이점을 상쇄시킬 수 있음에 유의해야 한다.

공동브랜드$_{\text{family brand}}$란 기업이 판매하고 있는 모든 제품에 동일한 브랜드를 붙이는 전략으로 단일브랜드$_{\text{single brand}}$라고도 한다(오뚜기 식품). 이 전략은 기존의 브랜드가 쌓아놓은 명성 덕분에 신제품을 도입할 때마다 브랜드를 붙이는 어려움이 없으며, 비교적 적은 비용으로 신제품을 도입할 수 있다. 그러나 한 제품이 잘못되면 그 여파가 기업 내 다른 제품들에게도 미칠 가능성이 높다는 단점이 있다.

공동브랜드전략과 관련하여 브랜드확장전략이 있다. 브랜드확장전략$_{\text{brand extension strategy}}$은 가장 인기 있는 브랜드를 후속 제품에도 확장하여 사용하는 전략이다(나이키 운동화에서 농구화, 조깅화, 테니스화, 골프화로 브랜드 확장). 이 전략의 목적은 물론 마케팅비용의 절약뿐만 아니라 이미 시장에서 쌓은 명성을 후속 제품으로 옮겨 가게 하려는 것이다. 그러나 신제품이 소비자들의 기대에 못 미치면 오히려 기존제품에게도 나쁜 영향을 미칠 수가 있음을 유의해야 한다.

표 5-1 | 브랜드와 기업이름의 다양한 결합

결합방법	브랜드의 예
기업이름만 있고 브랜드는 없다	IBM, Intel, Nike
브랜드와 기업이름이 같다	베네통, Kodak, Fuji, Polaroid, OB맥주
브랜드만 있고, 기업이름은 없다	X캔버스, DIOS(LG전자), zipel
기업이름 + 브랜드	삼성애니콜
각 브랜드가 공통요소를 포함하고 있다	HP(Deskjet, Printjet, Laserjet), Nestle(Nescafe, Nestea, Nesquick)

표 5-2 | 확장 제품 브랜드명의 예

	제품 일반 명칭	하위 브랜드명		
		설명적 명칭	연상/암시적 명칭	조어 명칭
기업 브랜드확장	풀무원 '두부'→ 풀무원 '다이어트'	샘표 '진간장'→ 샘표 '숨쉬는 콩간장'	삼성→ 삼성 '애니콜'	피죤 → 피죤 '마프러스'
패밀리 브랜드확장	도브 '비누'→ 도브 '바디클렌저'	청정원 '순창고추장'→ 청정원 '햇살담은 간장'	위니아 에어컨 →위니아 '딤채'	
개별 브랜드확장	세이 '비누'→ 세이 '디클렌저'	This→'This Plus'		

표 5-3 | 브랜드확장의 성공 및 실패 사례

브랜드확장의 성공 사례	브랜드확장의 실패 사례
물먹는 하마 제습제 : 냄새먹는 하마 오뚜기 카레 : 오뚜기 진라면 갈아만든 배 음료 : 갈아만든 배 아이스바 허쉬 초콜렛 : 허쉬 초콜렛 드링크 풀무원 상추 : 풀무원 콩나물	베리나인 일반위스키 : 특급위스키 샘표 간장 : 샘표 타임커피 스카티 티슈 : 스카티 타월, 기저귀 캐딜락 대형차: 캐딜락 중형차 홀리데인 인: 홀리데이 인 고급호텔

(3) 그림자 보증브랜드 전략

shadow endorser(그림자보증)관계 적용전략은 그림자보증관계에 있는 브랜드, 즉 모회사에 속하는 브랜드가 명시적으로 연계되어 있지 않다.

그림자 보증관계적용전략은 그림자보증브랜드로부터 지원받고 있는 브랜드를 통해서 완전히 다른 제품과 시장영역을 지향한다는 조직 방침이라고 할 수 있다.

'코웨이Coway'는 웅진코웨이의 정수기 브랜드(BI)인 동시에 CI Corporation Identity로 사용되며, 웅진코웨이에서 생산하는 모든 브랜드의 그림자 보증 전략endorser brand strategy의 역할을 수행하고 있다. '모두, 함께'라는 뜻을 가진 접두어 'co'와 '길'이라는 뜻을 가진 'way'의 영문 합성어로 '함께 가는 길'이라는 의미를 가진다. 이는 웅진코웨이가 고객, 주주, 직원 나아가 사회, 세계와 함께 성장 발전하겠다는 기업의지를 담고 있다. 코웨이Coway는 지난 1989년 출시 이후 18년간 정수기 업계 부동의 1위를 고수하며 정수기 시장에서 최고의 인지도를 자랑하고 있다. 2007년 갤럽 조사에 따르면 정수기 사용자의 55.7%가 웅진코웨이 정수기를 사용하고 있어 독보적인 시장점유율을 보이고 있다.

그림자보증의 다른 사례들은 한국의 Dios, 딤채, 휘센, 하우젠, Zipel 등과 외국 GAP의 Banana Republic/Old Navy, Levi Strauss의 Dockers, Toyota의 Lexus등에서도 찾아 볼 수 있다.

리치칼튼Ritz-Carlton호텔이 세계적인 호텔체인 그룹인 메리어트Marriott와 한 가족이라면 모두들 생소한 반응을 보인다.

강남 고속터미널에 있는 메리어트호텔과 제일생명사거리에 있는 리치칼튼호텔은 이름 뿐 아니라 분위기며 내외장의 형태 등 어느 하나 유사한 점을 찾을 수가 없으며 리츠칼튼호텔의 안내 책자와 인터넷 사이트에서조차 메리어트 브랜드와의 관련성을 한 군데도 발견하기 어렵기 때문이다. 여기에 적용된 브랜드 전략이 그림자 보증 브랜드 전략shadow endorser brand strategy이다.

즉, 모(母)브랜드인 메리어트가 그림자처럼 보이지 않는 관계 속에서 리치칼튼 브랜드를 지원해 주는 전략을 말한다. 메리어트가 호텔사업 분야에서 고급 브랜드이긴 하지만 최고급 호텔시장에는 권위와 고객들이 추구하는 자기표현적인 편익(자부심과 만족감, 품위와 품격 등이 느껴지는 브랜드이미지)이 반영되어야 하기 때문에 메리어트 브랜드를 최고급 영역까지 확장시키기가 어렵다고 판단했기 때문이었다.

그것은 브랜드를 고가에서 저가로 하향 적용(확장)하기는 용이하지만 저가에서 고가로 상향 이동시켜 적용(확장)하기는 상당한 노력과 시간이 요구되기 때문이다.

지펠$_{Zipel}$과 하우젠$_{Hauzen}$이라는 브랜드에도 삼성전자라는 이름은 삼성의 여타 제품과 비교해 볼 때, 노출 정도가 극도로 자제되어 있다. 그저 '고품격, 고감각 인테리어 생활가전'이라는 말과 세련된 브랜드 이미지만이 부각되어 있을 뿐이다.

시장에서 성공하는 강력한 브랜드를 구축하기 위해서는 감독에 해당하는 브랜드 아키텍쳐(Brand Architecture - 조직적인 브랜드 구축)와 원숙한 게임운영을 위한 훈련에 해당하는 브랜드 정체성$_{Brand\ Identity}$의 정립, 그리고 실전에 임하는 브랜드 구축 프로그램$_{Brand\ Building\ Program}$ 등이 삼위일체를 이루어 고객과의 부단한 관계를 맺는 노력이 요구된다.

다시 강조하거니와 시장에서 브랜드가 가치를 인정받기 위해서 기업이 쏟아야하는 것은 고비용의 광고만으로 얻어지는 것이 아니다.

(4) 명품브랜드를 만들기 위한 전략

서울남산타워에 오르면 서울전경이 한눈에 들어와 하루 데이트코스로는 매우 적합하다. 하지만 서울 사는 사람들은 마음만 먹으면 언제든 오를 수 있는 곳이기에 일부러 가는 사람들은 별로 없다. 허지만 여러 이유로 한 두달 뒤에 철거를 한다고 하면 아마도 많은 사람들이 서로 마지막으로 오르려 할 것이다. 즉, 희소성이 생기게 되면 그 것을 더욱 갈구하는 심리가 생긴다. 그래서 명품 브랜드를 만드는 마케팅 전략 중 이러한 제한된 제품, 숫자, 시간의 압박을 통해 브랜드 가치를 높이는 것이 있다. 과시품 또는 명품이라고 알려진 브랜드들도 제품 구매의 제한성을 강조하여 구매 장벽을 높이면 소비자들은 더욱 갈망하게 되고 그 브랜드는 자연적으로 입에서 입으로 퍼지며 가치를 높여 간다. 지금은 당장 그 제품을 구매하지 못하지만 언젠가는 구매 가능하리라고 생각하는 기대적 동경(anticipatory aspiration)을 갖게 된다고 한다.

소비자에게 거래의 장벽을 높이는 방법에는 출입을 제한하는 것이

있다. 미국의 최고급 디자이너 양복점인 비잔(Bijan)의 입구에는 '예약 손님에 한합니다. by appointments only'라는 문구가 쓰여져 있다. 기존 소비자가 직접 소개한 사람만이 거래가 가능하다는 것이다. 멤버십클럽이나 회원제 골프장 등도 여기에 해당된다고 볼 수 있다.

또한 크기로써 구매의 장벽을 높게 하는 방법이 있다. 투-도어 냉장고 회사인 Amana의 고급 라인의 경우 독특한 색깔의 초대형 제품만 만듦으로서 대저택이 아닌 일반 가정에는 구비할 수 없도록 한다. 가질 수 없는 제품이기에 더욱 갖고 싶도록 만드는 전략으로 고급브랜드가 된다. 여성복은 제한된 사이즈의 옷만을 판매하는 경우도 있고, 미국 브랜드 아베크롬비와 홀리스터의 옷은 허리라인이 있고 날씬하게 만들어 그 옷을 입은 사람들이 멋있어 보이게 함으로써 그 브랜드를 입지 못하는 사람들에게 동경의 대상이 되곤 한다.

그리고 고가격 정책을 들 수 있다. 루이비통의 '트리뷰트 패치워크' 핸드백은 52,000달러(약 6천만원대)로 한정 주문생산만을 하여 그 희소성으로 일반 소비자들은 구경조차 할 수 없어 더욱 주목을 끌고 루이비통이라는 명품 브랜드의 차별화 전략으로 활용되기도 한다. 고급시계나 넥타이등에도 유명 브랜드를 붙여 유사한 제품보다 서너배나 되는 값을 받는다. 독특한 디자인이나 무늬를 넣어, 갖고 싶지만 너무 비싸 아무나 살수 없다면 구매자의 긍지를 높여 그 브랜드에 대한 충성도가 높아지며 다른 소비자들에게도 동경의 대상이 되는 경우도 많이 있다. 그런 제품의 경우 더 많이 팔아 이익을 높이려 가격을 조금만 낮춰 고가의 장벽을 없애면 오히려 소비자들의 흥미가 감소하고 만다. 이런 관점에서 보면 소위 매스티지(대중과 명품의 합성어) 브랜드는 모순적인 면이 생긴다. 비교적 고가이지만 대량으로 판매해 대중적인 명품을 만들겠다는 것인데, 어설픈 매스티지 브랜드는 품질이 떨어져서가 아니고 동경심과 긍지가 사라져 난경에 그칠 수 있게 된다.

롤스로이스는 고객의 품위에 따라 판매를 거절하기도 하기도 하고, 돈이 많다고 무조건 고객으로 삼지 않으므로 브랜드의 가치는 높아진다.

마케팅 이야기

사례 브랜드 네이밍 전략

 롯데칠성 본사에서는 상품기획 및 디자인 담당 임직원들이 새로 나온 음료의 이름을 결정하는 회의가 열렸다. 후보는 열 가지에 달했는데 '석류노을,' '소녀, 석류를 만나다,' '석류 37.2'…. 등 광고대행사가 지어 온 이름들이었다. 이 중 '소녀, 석류를 만나다'가 가장 좋은 점수를 받았지만 좀 더 친근감 있는 대화 투의 이름이 필요하다는 의견에 따라 결국 '그녀는 석류를 좋아해'로 합의를 봤다.

며칠 뒤엔 '그녀'보다 '미녀'가 좋겠다는 의견이 나왔다. 석류를 많이 먹으면 예뻐진다는 속설과 밀접한 이미지라는 것이다. 요즘 최고의 인기를 누리는 음료인 '미녀는 석류를 좋아해'의 탄생과정이다

'작명이 성패를 좌우한다'는 식품업계의 불문율은 갈수록 위력을 더하고 있다. 롯데제과의 관계자는 "이름 못 지으면 쪽박"이라고 입버릇처럼 말한다. 매출의 절반은 이름 덕분이라는 것이다. 그는 "신제품 열 가지 중 두 가지만 잘 팔리면 성공"이라고 말했다. 2월 말 출시된 '석류…'는 한 달여 만에 100억 원어치가 팔렸다. 롯데의 히트작 '2% 부족할 때'(몸 안에서 2% 가량 수분 부족 때 갈증을 느낀다는 사실에 착안한 작명)도 2년 만에 100억 원 매출을 달성했다.

CJ의 디저트용 과일젤리 제품인 쁘띠첼도 귀여운 이름으로 성공했다. '작고 귀엽다'는 뜻의 'petit'에 젤리라는 뜻의 'zel'을 합성했다. 부드러운 불어식 발음이 여성의 섬세한 감성을 자극했다. 국내 디저트 시장규모가 500억 원으로 추산되는데 지난해 350억 원어치가 팔려나갔다.

흔히 브랜드 네이밍 업체들이 제품 작명소 역할을 한다. 이 업체 관계자는 지난해 매일유업의 냉장두유 제품의 이름을 지어달라는 의뢰를 받았다. 어떻게 하면 갓 짜낸 콩의 영양과 신선함을 강조할 수 있을까 며칠 밤을 새웠다. 발음의 높낮이를 감안해서 나온 작품이 '두유로 굿모닝'이다. 그는 "이름을 잘 지으면 광고비의 30%를 절약할 수 있다"고 말했다.

이름이 시원찮아 금세 사라진 제품도 적잖다. CJ는 예전에 유명 온라인 게임인 '스타크래프트'를 신제품 음료 이름으로 썼다가 넉달만에 단종하고 말았다. 제품명과 음료 맛의 따로 놀고 식음료라기보다 장난감 같은 이미지를 불러일으켰다. 2000년대 롯데칠성의 ACE4U라는 독특한 이름의 주스가 있었다. 비타민 A, C, E에다 과즙을 함유했다는 의미와 당시 널리 애용된 채팅용어 FOR(4), YOU(U)를 차용했다. 하지만 소비자들이 이름을 기억하기 힘들었는지 그 해를 넘기지 못하고 사라졌다.

- 자료 : 중앙일보 기사내용 중 발췌 -

3. 브랜드 마케팅의 사례

앞으로는 미래지향적인 브랜드 전략이 필요하다. 브랜드 마케팅을 할 때에는 상품$_{commodity}$의 마케팅이 되어서는 안 된다. 영업사원들에게도 '세일즈맨'이 아니라 '브랜드 머천다이저'가 되라고 얘기하는 것이 좋다. 기업은 볼륨$_{volume}$을 파는 것이 아니라 마진$_{margin}$ 비즈니스를 하는 것이기 때문이다. 브랜드로서의 가치를 제대로 인식하고 그 브랜드에 어울리는 PR, 광고를 하는 전략이 필요하다. 영업사원들의 경우 단지 파는 것을 목적으로 할 것이 아니라 브랜드의 이미지에 맞게 언제 어디서 어떻게 팔아야 하는지 환경적인 요인을 조절하는 것이 중요하다. 이런 의미에서 비즈니스의 성공비결은 실행$_{execution}$이다. 어떤 전략이든지 실행까지 이르기가 힘이 드는 법이다. 말단 사원들까지 브랜드와 전략에 대해서 충분히 인지를 한 후 실행에 옮길 수 있도록 하는 것이 가장 중요하다.

1) 인텔 인사이드

산업재 최초의 브랜드 마케팅 '∴ 인텔 인사이드 마크', 그것은 "인텔의 마이크로프로세서(컴퓨터의 연산과 제어를 집적시켜 놓은 작은 칩) 하나가 컴퓨터 안에 들어있다" 라는 사실 말고는 별달리 의미하는 바가 없다. 그러나 중요한 것은 소비자들이 이 인텔 마크가 붙어 있는 pc라면 무조건적으로 신뢰를 한다는 것이다. 사람들은 "당신의 컴퓨터는 무엇입니까?" 라는 질문에 "IBM입니다.", "DELL입니다." 라고 컴퓨터 제조사를 말하지 않는다. 당연히 그들은 이렇게 말한다. "펜티엄입니다." 인텔은 컴퓨터 제조사가 아니다. 펜티엄은 다만 인텔사의 "인텔 펜티엄"이라는 브랜드 네임일 뿐이다. 인텔은 분명히 세계의 모든 컴퓨터를 대표하는 가장 표준화된 브랜드이다. 브랜드 전문가들은 기껏해야 컴퓨터 속의 부속품에 불과한 작은 칩을 컴퓨터의 본체 밖으로 이끌어 낸 인텔의 혁명적인 브랜드 마케팅을 기업 브랜드 전략의 교과서라고 할 정도이다.

(1) 산업재 최초의 모험

사업초기 인텔은 다른 경쟁사들과 마찬가지로 자사의 브랜드 마케팅에 그다지 큰 비중을 두지 않았다. 90년대 초 pc제조업체들이 그간 독점적 지위를 누려온 인텔의 칩에서 갑자기 다른 경쟁사의 칩으로 이탈하려는 움직임을 보였다. 이 때 인텔이 생각한 것은 소비자들에게 인텔 칩의 우수성을 확실히 각인시켜서 결과적으로 제조업체들이 인텔로부터 이탈하지 못하도록 만든다는 것이었다. 인텔 인사이드의 역사가 막 시작되려는 순간이었다. "인텔 인사이드"라는 마케팅 전략은 의외로 단순했다. 인텔의 칩을 내장한 pc 외형에 인텔 인사이드 마크를 붙인다는 것. 그러니까 이 컴퓨터 안에 인텔이 들어 있느냐 아니냐를 소비자들로 하여금 알 수 있게 만든다는 것이다. 이 전략이 인텔사로서는 과감한 모험일 수밖에 없었던 것은 인사이드 로고를 자사의 컴퓨터 광고에 써 줄 경우 칩의 가격을 3%씩 할인해 주고, 그 밖에 컴퓨터의 외부 포장이나 카탈로그 등에 쓰면 다시 2%를 할인해 준다는 파격적인 조건을 내세웠기 때문이다. 뿐만 아니라 1500여 개의 컴퓨터 제조업체들 모두의 광고비를 10%씩 전담 하겠다고까지 하였다. 초기 3년 동안 인텔이 이 프로그램 하나에 쏟아 부은 금액만 2억 달러가 넘었다. "어차피 pc라는 완제품 속에 파묻혀 눈에 보이지도 않을 작은 칩 하나 때문에 전략까지 세워 가면서 막대한 광고비를 투자한다는 것이 말이 되는가?" 인텔은 인텔 인사이드 전략을 펼치기 시작할 1991년 초기부터 이와 같은 질책을 끊임없이 들어야 했지만, 결과적으로 이 캠페인은 대성공이었다.

(2) intel inside? intel outside!

사실 인텔 인사이드는 결과론적으로 본 지금의 평가에 미칠 만큼 그다지 독창적이거나 혁신적인 것은 아니었다. 인텔사는 당시만 해도 pc의 성능을 가늠하는 일반적인 단위로 여겨졌던 286(i80286), 386(i80386), 486(i80486)의 자사 브랜드를 당연히 보호받을 수 있으리라 생각했지만, 법원은 숫자의 브랜드등록은 불가능하다는 판결을 내렸다. 따라서 인텔의 후발경쟁업체들도 모두 자사의 CPU에 그와 똑같은 숫자를 사용하기 시작했고, 인텔은 이와 같은 시장의 현실 속에서 어쩔 수 없이 자사만의

차별성을 둘 묘안이 필요했던 것이다. 인텔은 인텔 인사이드 캠페인에서 특히 소비자들이 컴퓨터를 구입할 때 인텔의 로고 하나만 보면 된다는 절대적인 신뢰성에 그 모든 초점을 맞추었다. 인텔 인사이드 광고에는 인텔의 마이크로프로세스에 대한 구체적인 정보는 없고, 인텔인지 아닌지만을 확인하라는 메시지만이 있을 뿐이다. 캠페인 초기에서부터 끊이지 않던 컴퓨터 제조업계의 비난으로 1994년 **IBM**과 **COMPAQ**이 이같은 인텔의 캠페인에서 탈퇴를 선언하지만, 결국 그들도 이미 소비자들 속에 굳건히 자리 잡은 인텔의 인지도 때문에 다시 복귀할 수밖에 없었다. 인텔의 인텔 인사이드 캠페인은 산업재 최초의 브랜드 마케팅이라고 일컬어진다. 산업재임에도 불구하고 최종 소비자의 브랜드 로열티 확보를 가능케 만든 인텔의 이러한 마케팅 전략은, 오늘날 세계의 모든 컴퓨터 제조사들이 인텔의 브랜드 하나로 통일될 수 있었던 가장 든든한 기반이었다. 이제 컴퓨터 메이커들은 인텔 로고 하나만 부착하더라도 표준가격의 최소 10% 이상을 더 올려 받을 수 있을 것이라는 판단을 하고 있다.

(3) 당신의 컴퓨터 안에 인텔이 있다

어떻게 하면 대중과 먼 반도체 칩을 가장 효과적이면서 가장 빠르게 대중에게 각인시킬 수 있을까? 인텔은 소리와 영상이 절묘하게 결합된 "다섯톤의 멜로디-intel inside" 비주얼을 개발했다. "딩동댕동"이라는 경쾌한 벨소리와 동시에 뜨는 파란색의 시원한 로고는 한 눈에 확 들어올 정도로 친근했고, 결국 이 비주얼 로고는 1995년부터 전파를 타기 시작해 인텔을 소비자들에게 확실하게 각인시켜 준 단연 일등공신이 되었다. "최고의 컴퓨터를 식별해 내는 방법"이라는 간단한 문구와 함께 인텔이 이 로고 하나의 마케팅에 지금까지 쏟아 부은 비용은 총 70억 달러이다. 한화로 하면 누려 7조 원이 넘는 어마어마한 수치이다. 모양도 알 수 없고, 냄새도 맡을 수 없는 컴퓨터 내부의 숨은 칩 하나를 마치 맥도날드의 감자칩 처럼 널리 퍼뜨린 인텔의 노하우는 브랜드 마케팅의 역사에 있어서 하나의 신화로 자리 잡았다. 이토록 맛있는 컴퓨터 칩을 누가 상상이라도 했겠는가?

(4) 인텔 팬티엄 광고

인텔 팬티엄은 위에서도 말했듯이 286, 386, 486이란 브랜드를 법적으로 보호받을 수 없어서, 5의 뜻을 가진 펜타penta에 원소의 뜻을 가진 이움-ium이라는 접미사를 붙여서 만든 인텔 586의 새로운 브랜드 네임이다. 인텔은 이 586 마이크로프로세서의 네임을 전문회사에 의뢰했고, 그런 다음에도 약 3300개 이상의 제안 후 보안에 관해 꼼꼼히 검토하였다. 이로써 그 이후의 인텔의 CPU는 팬티엄Ⅰ,Ⅱ등을 붙여서 다른 기업과 완전히 차별화할 수 있었다. 인텔의 광고는 팬티엄이라는 독창적인 브랜드를 입은 후부터 자신만의 색깔을 가지게 된다. 인텔 팬티엄 광고에는 상품에 대한 구체적인 설명은 없고 그냥 우주복 입은 사람들이나, 녹색피부의 외계인들이 단체로 나와 펑키한 음악에 맞춰 흥겹게 춤을 춘다. 1999년 이후부터는 인텔 인사이드의 로고를 더욱 빛내기 위해 광고 자체를 아예 파란 물결의 홍수로 넘치게 만드는 일종의 퍼포먼스를 시작한다. 반도체라고 어려울 것 하나 없이 인텔과 함께라면 그저 즐거운 멀티미디어의 세상인 것이라는 심플한 메시지, 1991년에 탄생한 인텔의 로고를 다시 한번 주지시켜주는 푸른 이미지, 인텔의 미래는 창공처럼 무한히 뻗어 나갈 듯이 보인다.

(5) 인텔 인사이드의 새로운 친구, 인텔 인사이드 센트리노

인텔은 모바일 세대를 위한 새로운 브랜드를 개발해야 하는 시점에서, 2003년 1월 8일 새로운 무선 아키텍처 로고 "인텔 인사이드 센트리노"를 내놓았다. 이탈리아어인 센트리노는 꽃병 등의 밑에 까는 레이스 장식이 달린 깔개란 뜻으로, 인텔은 얇고, 가볍고, 무엇보다도 쿨한 이미지를 내는데 중점을 두었다. 역시 전통의 인텔 인사이드 네임과 함께 말이다. 인텔은 언제 어디서나 모바일 pcs의 자유와 융통성을 가져다주는 센트리노 기술의 마케팅을 위해 한 해에만 무려 2억 달러(2,000억원)에 달하는 광고비를 투자했다. "센트리노가 출시되면 우리는 모든 전체the whole lot를 출시하게 됩니다." 인텔의 새로운 인텔 인사이드 센트리노 브랜드에 대한 자부심은 대단하다.

브랜드로 시작해서 브랜드로 끝나는 브랜드의 정석 인텔. 그러나 알고 있는가? 세계 최고의 반도체 브랜드 인텔도 한 때 낮은 인지도로 설움을 겪었다는 사실을. 80년대에만 해도 대부분의 사람들은 자신이 쓰고 있는 pc 안의 칩 따위엔 아무런 신경도 쓰지 않았다. pc 사양을 말할 때마다 자랑스럽게 286, 386을 떠들어 대긴 했지만, 그것이 인텔의 브랜드인 줄은 꿈에도 몰랐을 것이다. 브랜드 가치에 있어서 부동의 상위권을 지키는 코카콜라, IBM, 포드, GE, 맥도날드, 말보로 등이 100여 년의 기업 역사를 가졌다는 점에서, 1991년부터 시작해 불과 10여 년이 지난 지금의 인텔 브랜드 마케팅의 성과는 놀랍지 않을 수가 없다. 더군다나 컴퓨터와 같이 변화무쌍한 시장에서 여전히 90%이상의 인지율과 80% 이상의 기록적인 점유율을 누리고 있다면 말이다.

2) 베스킨 라빈스

(1) 브랜드 개요

 베스킨라빈스는 처음 워싱톤에서 낙농가의 아들로 태어난 어니 라빈스Ernie Robbins와 일리노이주에서 식품상을 하던 버튼 베스킨Borton Baskin이 2차 대전 중에 만나게 된 것이 시초가 되었다. 이들은 전쟁에 나가는 병사들에게 맛있는 아이스크림을 먹게 하자는 데 의기투합하여, 수많은 연구와 실험 끝에 향료를 전혀 쓰지 않고 천연 과일로 현재의 맛을 만들어 내는 데 성공, 오늘날 다국적 기업이 되는 밑거름이 되었다. 독특한 풍미, 고품질의 아이스크림, 색채가 풍부한 포스터, 앉아서 먹기를 원하는 고객들을 위한 의자, 고객들에게 맛을 보이기 위한 "맛보기 스푼" 과 같은 고객들을 위한 아이디어 등이 도입 되었다.

또한 '우리는 아이스크림을 파는 것이 아니라 즐거움을 파는 것이다' 라는 기본정신을 바탕으로 기업의 브랜드 아이덴티티를 구축하였다.

현재 베스킨라빈스 아이스크림은 한국, 일본, 홍콩, 대만, 싱가폴 등 아시아 거의 모든 전역과 러시아, 미국, 호주, 영국 등 각국에 진출, 아이스크림 하나로 세계인의 입맛을 붙잡고 있다.

(2) 브랜드 구성 요소

어니 라빈스와 버튼 베스킨, 이 두 사람의 이름을 따서 현재의 베스킨라빈스 상호명이 탄생하게 되었다. 네임 끝의 31은 점포 내에 한 달에 매일 한가지씩 먹을 수 있는 31가지의 다양한 아이스크림을 갖추었다는 것을 뜻한다. 월(月)의 표시인 '써티원'을 브랜드 명으로 정하고 이른 바 "프랜차이즈 시스템"에 의한 전개를 시작했다.

베스킨라빈스 31이 상징하는 숫자 31은 상품의 종류가 31개를 뜻하는 것이 아니다. 이것은 다양한 제품을 표현하는 하나의 상징일 뿐이다. 실제로 제품의 종류는 600여 가지나 된다. 31이라는 숫자가 한정적인 이미지를 형성하기는 하지만, 이로 인해 브랜드 인지도가 워낙 강하게 형성되어서 브랜드의 이미지를 강화하는데 효과를 거두고 있다.

로고는 밝은 핑크색과 시원한 감각의 청색으로 구성되어 있다. "열린 원과 31"의 의미는 새로운 영역에 대해서 항상 열려 있어 항상 다양한 제품을 개발하며 진취적인 것을 추구하는 활동적$_{Dynamic}$인 회사를 상징한다. 슬로건인 "사람들을 행복하게 한다."는 아이스크림 제품을 통하여 고객들에게 행복감을 주고자 하는 소망을 담았다. 우수하고 다양한 제품, 친절한 서비스, 청결한 점포 등 여러 요소들이 서로 얽혀 좋은 인상을 주는 것은 점포를 찾는 고객들에게 행복한 기분을 건내 주기 위해서 꼭 필요한 요소이기 때문이다.

(3) 브랜드 구조

베스킨라빈스의 기본 브랜드 전략은 같은 아이덴티티를 적용하는 단일브랜드$_{Monolithic}$전략을 추구하고 있다. 제품군은 크게 Flavor군과 Cake군으로 나뉘는데 제품의 특성상 매장 내에서 소비되는 비중이 크기 때문에 별도의 주도적인 역할을 하는 개별브랜드를 사용하지 않고 있다. 다만 600여 가지나 되는 제품의 종류를 지칭하는 개별 브랜드는 '아몬드 봉봉' '체리 쥬빌레' '월넛' '슈팅 스타' '초코렛 무스' 등과 같이 제품의 특성을 그대로 표현하는 서술적$_{Descriptive}$ 브랜드를 사용함으로써 맛에 대한 직접적인 이미지를 표현하고 현장에서 직접 소구할 수 있도록 하였다. 단일 브랜드 전략을 적용함으로써 확립된 브랜드에 레버리지를 창출할 수 있고, 차후 유사한 line 상의 제품군으로 브랜드 확장이 용이하다.

(4) 브랜딩 믹스 Branding Mix

베스킨라빈스의 제품은 고급 프리미엄 아이스크림으로 80가지가 넘는 Flavor와 소비상황에 따라 판매되는 아이스크림 종류가 매달 교체되는 신선함과 고급원료를 통한 깨끗하고 부드러운 맛을 강조했다. 디자인 또한 색상이 다양하고 귀여운 캐릭터와 독특한 형태가 많다. 가격은 고가격대의 고급제품으로 할인개념은 없지만 이벤트 행사 등을 통한 일시적 할인 또는 증정품 제공 등으로 간헐적 가격할인을 한다.

베스킨라빈스의 기본 유통구조는 대리점의 형태이다. 한국의 경우 미국 본사에서 향료만 수입해 충북 음성의 자체 공장에서 생산하고 자사의 전문매장에서 판매하고 있다. 경쟁사들과의 차별화를 위해서 베스킨라빈스는 신제품 및 기능성제품개발에 큰 비중을 두고 있다. 이를 바탕으로 기존 아이스크림 외에 다이어트아이스크림, 무지방, 무가당 아이스크림, 아이스크림 케익을 개발하였다.

아이스크림은 위생이 생명이기 때문에 생산시 품질관리 팀에서 철저한 품질, 위생검사를 거쳐 아이스크림을 생산하고 있으며 매장 위생관리에 있어 철저한 기준을 적용하고 있다.

대리점에서의 부정적 이미지 발생을 줄이기 위해 고객서비스 강화차원의 처벌제도와 더불어 고객 만족실을 운영하여 고객의 불편사항 및 요구사항 등에 신속하게 대응하고 있다.

판매광고전략으로 공급 이미지 중심의 광고를 한다. 골라 먹을 수 있는 다양한 아이스크림과 뛰어난 맛을 내세워 Fun & Familiarity를 추구한 대중매체를 통한 제품 이미지 증진 전략과 드라마 제작 지원의 PPL 기법을 사용했다.

촉진전략으로는 소비자에게 시험적으로 제품 맛을 볼 수 있게 하는 기회를 제공하는 샘플제와 인쇄매체나 개별 DM을 통해 할인쿠폰을 제공하고 소비자에게 시험적으로 제품 맛을 볼 수 있게 하는 기회를 제공하는 트레이드 스탬프, DM을 통해 표적 고객을 정확히 파악하여 고객의 개인 정보를 수집, DB로 구축하여 활용하는 직접 마케팅 커뮤니케이션을 적극적으로 펼친다.

(5) 브랜드 경영 핵심

베스킨라빈스 31은 소비자 만족 요소인 맛, 다양한 종류, 접근 용이성, 고급원료 등을 커뮤니케이션 요소화 하여 뛰어난 맛, 선택, 친근감, 고급감 등의 4가지 요소를 강력하게 전달하여 인식할 수 있도록 한다. 이러한 4가지 요소 중 베스킨라빈스 31의 차별적 우위 요소인 성공요인은 기존의 아이스크림과는 다른 퍼주는 아이스크림이라는 고급스럽고 세련된 이미지로 소비자의 감성과 이미지에 호소한 차별화 된 제품 전략에 있다. 이에 부가하여 다양한 신제품의 개발로 끊임없는 맛과 골라먹는 선택의 기회를 제공하였다. 특히 주 타겟 소비자가 10대 계층이므로 빠르게 변화하는 10대 수요의 입맛을 맞추기 위해 끊임없는 신제품 개발을 하는 것이 성공의 요인으로 평가된다.

제품 외적인 환경요소 보다는 제품 자체의 속성을 중요시 여겨 이를 먹는 소비자들에게 고급 프리미엄 아이스크림으로 비싼 가격임에도 불구하고, 실제로 소비자 인지도와 선호도에서 브랜드 인지율이 90% 이상일 정도로 소비자의 마음에 각인된 브랜드로 브랜드 에쿼티를 구축해 나가고 있다.

3) 숫자 브랜드 - 'The One 0.5' '17차(茶)' '비타500' '자일리톨333'

글로벌 디지털 시대에 숫자를 이용한 마케팅이 각광받고 있다. 특허청 발표에 따르면 1996년까지 매년 200건에 불과하던 숫자 브랜드가 1999년 이후 매년 100건으로 급격히 그 수가 늘어나고 있다. 숫자를 활용 한 브랜드 네임은 문자로 된 것보다 이미

지 전달이 빠르고 제품의 특징을 함축적으로 전달할 수 있어 기억하기가 쉽기 때문이다. 최근에는 숫자의 나열로만 이뤄져 호기심을 자극하는 브랜드도 등장하고 있다. 숫자를 활용한 '브랜드 네임'을 가진 상품들이 대박을 터뜨리고 있다.

(1) 와인 빈$_{Bin}$

222, 333, 444, 407, 707… 호주 와인의 이름이다. 호주 와인이 세계 4위의 자리로 올라서게 된 것에는 이 같은 숫자마케팅이 주효했다. 이는 호주 와인에서만 볼 수 있는 것으로, 다른 와인 브랜드명이 읽기조차 어려운 데에 반해 만국공통어인 숫자로 된 이름은 친밀하고 쉽게 기억될 수 있었던 것이다. 빈 시리즈는 와인 이름을 딱히 붙일 수 없었던 1930년대 와인 저장탱크 번호를 브랜드에 사용했다는 설이 전해지고 있다. Bin 111(국내 미수입, 베르델호), Bin 222 (샤르도네), Bin 333(피노누와), Bin 444(카베르네 쇼비뇽), Bin 555(쉬라즈), Bin 777(미수입, 소비뇽 블랑), Bin 888(카베르네 메를로), Bin 999(미수입, 메를로) 등이 있다.

(2) 음료업계

음료업계에서는 더더욱 숫자를 활용한 브랜드 네이밍에 적극적이다. 이는 '2% 부족할 때'의 성공이 한 몫 한 것으로 보여 지고 있다. 롯데칠성음료의 '2% 부족할 때'는 제품 출시 이후 2년 만에 10억 캔을 돌파했고, 광동제약의 '비타500'은 출시 5년 만인 지난해 1,200억여 원의 매출액을 기록했다.

뽕잎·홍화씨·녹차·산수유·현미·옥수수 등 17가지 차를 한 병에 담은 자연주의 건강 차 '17차'는 20대 여성을 중심으로 큰 인기를 얻고 있다. 웅진식품은 각 재료의 재배 기간을 브랜드 네임에 표현, '자연은 365 레드 오렌지' '자연은 130일 제주당근' '자연은 90일 토마토' '자연은 790일 알로에' '자연은 196일 석류' 등 총 10개의 '자연은 시리즈'를 선보이고 있다. 이 밖에 5일만 먹어보면 효과를 느낄 수 있다는 점을 강조한 롯데우유의 유산균 발효유 '장에는 5일간', 1일 야채 섭취 권장량을 담은 한국야쿠르트의 '350밸런스 하루야채' 등이 있다.

이 밖에 자일리톨 333, 2080치약 등은 이미 너무나도 잘 알려진 숫자 활용 브랜드이다. 숫자를 활용한 브랜드명의 고전은 '3000리 자전거'이다. 1952년 출시된 이 자전거는 당시 최초의 국산자전거로 삼천리금수강산을 일컫는 말로 그 이름이 지어졌다. 또한 '콘택600'은 캡슐 안에 600개의 알갱이가 들어있다는 데서 비롯된 상품명으로 실제 알갱이의 수가 600개인지 세어보는 사람도 있었다고 한다.

한국코카콜라는 청소년들을 대상으로 실시한 설문조사 결과 가장 원하는 키가 남자 187cm, 여자 168cm라는 점에 착안해 '187168'이라는 음료를 내놓았다.

(3) 껌

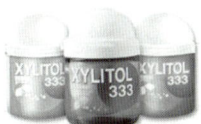

해태제과는 후발 주자인 만큼 선두인 롯데 '자일리톨'과는 차별화된 콘셉트가 필요해 색깔과 맛에 따라 3가지 종류를 내 놓은 '자일리톨 333'을 선보였다. 샴피니언 버섯에서 추출한 '바이오-M' 성분과 아쿠아칼, 칼슘의 체내 흡수를 높여주는 CPP 등 기능성 성분 3가지를 새롭게 추가했고, 향을 3배로 농축한 것이 그 특징이었다. 자일리톨 333은 이후 일본 진출에 성공했다. 자일리톨 333은 패밀리마트 매장에서만 판매했음에도 8개월 만에 200만 달러의 매출을 기록하며 일본 껌 시장에서 자일리톨 껌의 원조인 일본 롯데의 강력한 경쟁자로 시장 진입에 성공했다.

(4) 과자

해태제과의 '내 몸에 플러스 888'은 8가지 좋은 원료로 8등신 몸매와 평균 신장 180cm 시대를 만들겠다는 뜻을 담은 스낵 이름이다.

(5) 담배

최근 새롭게 출시된 담배 '더원 0.5 The One 0.5'(KT&G)은 타르와 니코틴 함량이 각각 1mg, 0.1mg인 '더원The One'에 이어 타르 함량을 0.5mg 까지 낮춘 것이다. 이는 타르 함량을 낮췄다는 것을 숫자로 강조, 순한

담배라는 이미지를 강조한 것. KT&G는 예전 서울올림픽이 개최된 1988년 '88'이라는 담배를 출시해 1995년까지 7년간 시장점유율 1위를 기록한 바 있다.

이렇듯 숫자로 된 브랜드 네임은 호기심을 자극하고 명확함과 신뢰감 또 빠르고 쉽게 전달되는 장점이 있다. 숫자는 세계 공통어. 숫자로 네이밍 함으로써 글로벌 브랜드로서의 초석을 다지는 토대가 될 수도 있다. 이는 글로벌 브랜드로의 유통을 가능하게 해주며 이러한 숫자의 특징을 이용하는 숫자마케팅은 특히 21세기를 살아가는 감성적인 신세대들에게 크게 어필하고 있다.

마케팅 이야기

사례 브랜드 다이어트

혹시 '유니레버'란 그룹 이름을 들어본 적이 있는가? 모른다면 립톤차Lipton tea티에 대해서 들어본 적은 있는가? 아마 유니레버라는 이름이 생소한 사람도 립톤차Lipton tea에 대해서는 이미 들어보았거나 그 차를 마셔보았을 것이다.

사실 유니레버는 전 세계에서 차tea를 가장 많이 팔고 있는 회사이다. 그러나 유니레버는 차만 파는 회사가 아니다. 유니레버는 크노르Knorr 수프, 시그널Signal치약, 건조 피부를 위한 도브Dove 비누 등을 생산하는 그룹이기도 하다. 세계 어느 가정의부엌이나 욕실을 들어가더라도 유니레버 그룹의 제품을 적어도 한 개 이상씩 볼 수 있을 정도로 유니 레버는 전 세계 가정을 지배하고 있는 이름이다.

문제는 이 제품들이 같은 그룹에서 생산된다는 사실을 소비자들이 모르고 사용하고 있다는 데 있다. 이 그룹이 최근까지 판매하던 제품의 브랜드 수가 몇 개였는지 안다면 모두 깜짝 놀랄 것이다. 유니레버가 최근까지 생산했던 브랜드 수는 무려 1,600개에 달한다.

그 많은 브랜드를 보유하게 된 이유는 영국과 네덜란드가 합작으로 만든 이 다국적 기업이 무엇보다 70년 동안 지구촌 곳곳을 누빈 M&A전략 때문이다. 유니레버는 새로 진출한 나라에서 기존의 상표명이 먹히지 않을 경우 그 나라에서는 다른 이름으로 제품을 파는 정책을 펴왔다. 그러다 보니 브랜드수가 무려 1,600개로 늘어난 것이다.

다이어트 목표는 40개

유니레버는 라이벌 그룹 네슬레Nestle는 겨우 6개의 브랜드만으로, 네슬레가 벌어들이는 돈이 1,600개의 유니레버 상표가 벌어들이는 수입보다 더 많은 이윤을 내는 것을 보고 유니레버 그룹은 일명 브랜드 다이어트에 돌입하게 된다. 1,600개의 상표에서 1,560개를 버리고 40개로 줄인다는 것이 쉬운 작업이 아니며, 이 엄청난 숫자의 감소 뒤에는 수많은 회생이 기다리고 있다. 그러나 해야 한다고 판단한 결정이다. 세계는 이제 중급의 다수 브랜드보다는 소수의 고급 브랜드로 가는 추세를 보이기 때문이다. 그 다이어트 내용을 보면 다음과 같다.

① 유니레버는 차 브랜드는 모두 립톤Lipton으로 통일
② 수프의 대명사로 남아 있는 크노르Knorr
③ 시그널 칫솔로 우리에게 알려진 시그널Signal
④ 럭스 비누로 잘 알려져 있던 럭스Lux
⑤ 피부가 건조할 때 사용하는 비누로 잘 알려진 도브Dove

40개 주력 상표만을 남기기 위한 유니레버의 '자사 브랜드 다이어트 작전'은 아직도 멀기만 하지만, 이는 꼭 필요한 작업이기도 하다. 그 이유는, 첫째, 도브 상표보다 판매량이 두 배인 니베아를 따라잡기 위해서도 이 작전은 필요하다. 둘째, 1,600개나 되는 상표를 가지고도, 세계에서 10억 달러 이상 판매되는 유명브랜드 리스트에 유니레버 브랜드가 하나도 못 들어갔다는 사실이다. 셋째, 수많은 브랜드로 나누어져 있는 광고비와 마케팅, 그 에너지를 주력 상품 광고에 투자한다면 그 효과는 엄청날 것이기 때문이다.

유니레버의 '자사 브랜드 다이어트'는 그동안 M&A를 지상 목표로 삼아왔던 다국적 기업들에게 큰 교훈을 주고 있다. 너무 많은 것들을 삼켜서 비대해진 기업의 살빼기가 얼마나 힘이 드는지, 그리고 브랜드에 집착하는 현대인들의 기호에 맞추기 위해서 이 살빼기 작전이 얼마나 필수 불가결한 것인지 그들은 이제야 깨닫고 있는 것이다.

학습정리

1. 브랜드 마케팅의 정의
   브랜드마케팅이란, 브랜드 아이덴티티와 브랜드 차별화의 모든 요소들을 전략적으로 관리함으로써 공급자가 원하는 차별화된 브랜드 개념을 만들어 내는 브랜딩을 위해 고안된 가장 유용한 행위다. 소비자가 사는 것은 브랜드인 것이다. 그리고 더 나아가 성공한 브랜드는 자산으로서 축적되어 지속적 부가가치를 창출하는 것으로 중요시하는 마케팅이다. 브랜드는 그 실체가 없는 것처럼 보이지만 실제적으로는 큰 가치와 효과가 있는 매우 중요한 자산이다. 어떤 기업이 치열한 시장에서 생존하기 위해서는 기술적 혹은 이미지의 차별화를 통해 소비자의 마음을 사로잡아 시장에서 경쟁우위를 확보하는 것이 가장 중요한데 이러한 목적을 이루는 데 가장 필요한 것이 바로 브랜드 마케팅이다.

2. 브랜드 개발 전략
   - 브랜드파워를 갖기 위한 4가지 요소들
     첫째, 상품·서비스의 명확한 컨셉과 고객에 대한혜택이 브랜드에 표현돼야 한다.
     둘째, 독창적이어야 하며, 감성적인 부분의 의미 전달이 분명해야 한다.
     셋째, 확장력을 갖춰야한다.
     넷째, 독립된 상표권 획득이 가능한 브랜드 네임을 사용하는 것이 좋다.
   - 신제품 브랜드 네이밍 전략
     ① 새로움의 전달 : Sensation
     ② 정서적 감흥의 전달 : Sentiment
     ③ 단일 메시지 전달 : Simple
     ④ 전략의 지속성 확보 : Sustainability

3. 브랜드 마케팅의 사례
   - 인텔, 베스킨라빈스, 숫자로 브랜딩

학습문제

01 브랜드란, 특정 판매자 그룹의 제품이나 서비스를 드러내면서 경쟁그룹의 제품이나 서비스와 차별화시키기 위해 만든 명칭, 용어, 표지, 심볼 또는 디자인이나 그 전체를 배합시킨 것이다. (○, X)

> **해설** 필립 코틀러 (Philip Kotler)의 브랜드 정의 : 미국의 경영학자. 매사추세츠 공과대학에서 박사학위를 땄으며, 노스웨스턴 대학 부속 '켈로그 경영대학원'의 교수이다. 현대 마케팅의 1인자로 알려져 있으며, 파이낸셜 타임즈에서 뽑은 비즈니스 그루에 잭 웰치, 빌 게이츠, 피터 드러커에 이어 4위에 선정되기도 하였다.
>
> 정답 : ○

02 삼성의 브랜드 가치는 Interbrand의 "Best Global Brands 100"에 2000년 처음 진입하여 세계적인 브랜드 파워를 갖고 있다. 2018년 브랜드 가치는 약 599억 달러에 달하며 순위는 Toyota 다음으로 8위이다. (○, X)

> **해설** 삼성은 2018년 기준, 세계 6위이며, 현재 1위는 Apple로서 2,140억 달러, 2위는 Google로 약 1,555억 달러, 코카콜라는 약 660억 달러이다. 일본내 1위인 토요타는 534억 달러로 7위이다.
>
> 정답 : X

03 왜 브랜드는 기업 최고경영자에게 가장 큰 관심사가 되었고, 기업은 브랜드 파워에 모든 것을 걸어야만 하는 것일까? 그 배경에는 수많은 요인들이 자리하고 있을 것이다. 그 요인들 중에서 아닌 것은?

① 차별화의 유일한 대안이기 때문이다.
② M&A를 지상 목표로 하여 많은 브랜드를 확보해야 하기 때문이다.
③ 기능성 위주에서 상징성 위주로 소비자들의 구매행태가 변화하고 있기 때문이다.
④ 브랜드의 자산화 때문이다.

> **해설** 본 장의 유니레버의 사례에서 보듯이 예전엔 각 나라마다 적용할 수 있는 브랜드 확보가 중요한 적도 있어 M&A를 통해 많은 브랜드를 갖으려 노력했지만, 현재는 전 세계적으로 통하는 파워 브랜드를 갖는 것이 더 유리하다.
> 정답 : ②

04 인텔$_{Intel}$의 브랜드 에쿼티에 대한 설명 중 옳지 않은 것은?

① 산업재 최초의 브랜드 마케팅
② 최초의 숫자 브랜드 등록 성공
③ intel inside? intel outside!
④ '펜티엄' : 5의 뜻을 가진 펜타$_{penta}$에 원소의 뜻을 가진 이움$_{-ium}$이라는 접미사를 붙여서 만든 인텔 586의 새로운 브랜드 네임

> **해설** 인텔은 예전에 pc의 성능을 가늠하는 일반적인 단위로 여겨졌던 286(i80286), 386(i80386), 486(i80486)의 자사 브랜드를 당연히 보호받을 수 있으리라 생각했지만, 법원은 숫자의 브랜드등록은 불가능하다는 판결을 내렸다. 그 뒤에 펜티엄이란 브랜드를 창안
> 정답 : ②

05 신제품 브랜드 네이밍 전략 중 틀린 것을 고르시오.

① 새로움의 전달 : Sensation
② 정서적 감흥의 전달 : Sentiment
③ 전략의 지속성 확보 : Sustainability
④ 단일 메시지 전달 : Smart

해설 단일메시지 전달 : Simple 이다.   정답 : ④

06 아이스크림 베스킨라빈스라는 브랜드에 대한 설명이다. 틀린 것은?

① '우리는 아이스크림을 파는 것이 아니라 즐거움을 파는 것이다.'
② 낙농가 어니 라빈스와 식품상 버튼 베스킨의 이름을 따서 상호가 탄생되었다.
③ 제품 개별 브랜드는 제품의 특성을 그대로 표현하는 서술적 브랜드를 사용하였다.
④ '베스킨라빈스 31'이란, 맛의 종류가 31가지씩이나 다양하게 갖추었다는 것임을 나타낸다.

해설 31은 한 달에 매일 한 가지씩 먹을 수 있는 다양한 제품을 표현하는 상징일 뿐이고 실제로는 600여 가지나 된다   정답 : ④

07 브랜드 개발에 대한 설명으로 어울리지 않는 것은?

① 신제품 브랜드 네이밍 전략 : 새로움을 전달, 정서적 감흥, 단일 메시지 전달, 전략의 지속성 확보
② 브랜드 확장 전략 : 가장 인기 있는 브랜드를 후속 제품에도 확장하면 100% 성공 보장의 길
③ 그림자 보증브랜드 전략 : 모회사의 브랜드와 연계되지 않는 완전 다른 제품과 브랜드로 시장 영역을 지향
④ 개별 및 공동 브랜드 전략 : 제품 품목 하나하나에 개별 브랜드를 사용하는 것과 모든 제품에 동일한 브랜드를 붙이는 전략

> 해설 브랜드 확장은 소비자들의 기대에 미치지 못하면 오히려 기존 제품에게도 나쁜 영향을 줄 수도 있다는 것을 명심해야 한다. 정답 : ②

08 브랜드(brand)의 설명으로 적절하지 않은 것은?

① 길드에서 위조품 방지 및 독점방지로 사용
② 16세기 타 위스키제조업자들과 자신의 위스키 구분목적
③ 불 또는 낙인의 뜻으로 현재 존재
④ 고대 소의 소유를 구별하기 위한 의미

> 해설 상공인 조직인 길드에서 사용되었지만 위조품을 방지하여 독점 유지를 위한 것이었다. 정답 : ①

제6장
그린 마케팅
Green Marketing

"제품의 개발, 생산, 유통 등의 전 단계에 걸쳐 환경에 대한 기업의 사회적 책임을 강조한 것으로 기업의 환경보존 및 개선 노력을 소비자에게 알려 궁극적으로는 환경문제에 관심을 갖기 시작한 소비자들에게 보다 많은 제품을 판매하려는 전략이다"

– Elsonhart

학습목표 🔍

1. 환경친화적 그린 마케팅이란 무엇인가에 대해 알게 된다.
2. 리우환경선언을 통해 사회적 마케팅의 중요성이 무엇인지 알게 된다.
3. 그린 마케팅의 이론과 사례를 통해 기업의 환경 경영 전략을 수립할 수 있는 능력을 갖게 된다.

핵심키워드 : 리우환경선언, 그린 가격, 그린 유통, 그린 촉진, 친환경적 그린 마케팅

핵심정리

1930년대 미국의 뉴욕 주 나이아가라 폭포 근처에 위치한 한 화학회사가 화학폐기물을 강철드럼에 넣어서 흙탕수로로 버린 일이 있었다. 그로부터 20년 후 부동산투기를 하는 건설업자가 이 수로를 매립하여 그 위에 러브커낼이란 마을을 조성했다. 그로부터 다시 20년이 지나자 매립했던 드럼 속의 오염물질이 새어나오면서 그 일대가 악취로 덮였고 지면으로 스며 나온 점액물은 신발을 태워 구멍이 나게 했다. 그리고 보건상의 문제도 발생하였다. 결국 연방정부가 비상사태를 선언하고 조사를 한 결과, 82종의 화학품이 규명되고 그 가운데 11개 품목이 암을 유발하는 물질로 판명되었다.

1992년 6월 브라질의 리우데자네이로에서는 한국을 포함한 세계 1백 56개국의 지도자와 과학자들이 모여 인구·환경 및 개발을 총체적으로 논의하면서 지속성 있는 인간사회를 형성하기 위한 '리우환경선언'The

Rio Declaration on Environment and Development을 발표했다. 이후 세계 경제개발의 패러다임은 '환경적으로 건전하고 지속 가능한 개발'로 전환되었다. 이는 1970년대부터 세계로 확산되기 시작한 환경보전 의식이 맺은 큰 결실이며, 후속 협약과 조치들이 이어졌다. 리우선언은 기업들에게 환경보전이라는 사회적 책임을 안고 새로운 경영전략을 수립해야 한다는 명제를 제시했다. 이는 환경친화적 그린마케팅Green Marketing의 본격적인 부각을 알리는 신호탄이 되었다.

본 장에서는 그린 마케팅에 대해 살펴보도록 하자.

학습내용

1. 그린 마케팅의 이론적 배경

1) 등장배경

18세기 후반 산업 혁명이 시작된 이래 20세기에 접어들면서 과학 기술의 발달과 산업화의 진전은 급속한 3M경제Mass Production, Mass Sales, Mass Consumption 체제의 촉진을 가져왔다. 이로 인한 인간의 풍요로운 소비 생활은 인간의 삶에 질적, 양적인 향상은 물론 쾌적하고 편리한 생활을 맛보게 해주었다.

그러나 이러한 소비 생활의 변화는 자원 에너지의 소비를 가속화시킴으로써 자원의 고갈과 환경 파괴의 위기를 초래하였으며, 인류의 지속적인 발전은 물론 생존마저 위협받는 중대한 사태에 직면하게 되었다. 이는 유한한 지구의 환경자원을 오로지 경제 가치의 기준에서 인간 욕망의 충족이나 부의 축적을 위한 수단으로 여기는 산업 사회의 경제 윤리에 큰 책임이 있다고 할 수 있다. 그러므로 이러한 환경의 오염 문제는 개인(소비자)과 기업이 사회 생태학적인밸런스Social-ecological Balance와 인간 복지의 지향이라는 보다 높은 차원의 소비자 주권Consumerism을 수행함으로써 해결될 수 있다. 따라서 인간과 환경을 지킨다는 새로운 가치

기준에 입각해서 기업의 사회적 책임을 바탕으로 한 그린 마케팅Green Marketing 활동이 등장하게 되었으며, 이러한 관점에서 전개된 마케팅 컨셉이 바로 그린 마케팅이라 할 수 있다.

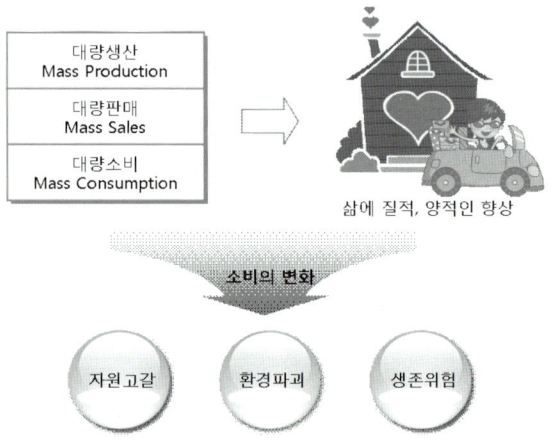

(1) 환경문제의 심화

인간은 다른 생물과 함께 생태계를 이루고 있는 자연계의 한 구성원이기에 인류가 생활을 영위하기 위해서는 어쩔 수 없이 동물이나 식물 등의 생명체가 희생되어야 하기 때문에 자연과 환경 파괴는 필연적이라 할 수 있다. 본격적인 산업혁명 전에는 그 파괴의 수준이 미미한 정도에 그쳤으나 산업혁명을 거쳐 대량생산·대량소비 시대인 오늘날에 이르면서 이제는 더 이상 회복할 수 없을 만큼 파괴 정도가 심화되었다. 그렇다면 어떠한 종류의 환경문제가 심화되었는지 알아보자.

① 지구온난화

지구 온난화Global warming는 이산화탄소, 메탄, CFOs, 산화질소 등 온실효과Green-house effect를 일으키는 가스 물질, 즉 온실가스의 대기 중 온도가 상승함에 따라 발생되는 물질로 알려져 있다. 이 가운데 가장 큰 영향을 미치는 이산화탄소는 자동차 운행, 공장 등의 가동을 위한 화석연료를 연소함으로써 대기 중에 대량 배출되고 있다. 이러한 현상은 온난화로 인한 해수면 상승 위험, 이상기온 현상 등을 초래하여 자연 생태계

질서 파괴에 큰 영향을 미치고 있다. 이에 대한 국제적 노력의 일환으로써 '리우회의'에서 1992년 채택된 '기후 변화 협약Framework Convention on Climate Change, FCCC'으로 구체화되었다.

② 오존층파괴

오존층 파괴Ozone Depletion의 주요 요인은 CFCChloro fluoro carbons라는 물질인데 이것은 앞서 언급된 온실가스의 하나로써 지구 온난화에 큰 영향을 미치는 것으로 알려져 있다. 성층권의 오존층은 태양에서 지구에 내리쬐는 태양광 가운데 유해한 자외선이 지상에 도달하는 양을 대폭 줄이는 작용을 한다. 오존층의 파괴로 인해 지상에 도달하는 자외선 양이 많아져서 피부암을 유발시키고 유전자를 손상시켜 돌연변이가 증가하는 등 생태계에 많은 변화를 주고 있다. 이에 대한 국제적 노력으로는 1987년 24개국이 서명한 '몬트리올 의정서Montreal Protocol'가 채택되어 1989년부터 효력을 발휘했고, 우리나라는 1992년에 가입하여 오존층을 파괴하는 물질의 생산 및 사용을 금하는 등의 노력과 대체 물질 개발을 서두르고 있다.

③ 산성비

화석연료의 대량 연소는 지구온난화를 야기하는 이산화탄소 뿐 아니라 황산화물$_{SOx}$이나 질소산화물$_{NOx}$과 같은 산성기체도 다량 배출하게 된다. 이들 산성기체들이 대기 중에 배출되면 SO나 NO_2 와 같은 가스가 생산 된 뒤 비속에 함유되어 산성비Acid Rain를 내리게 되는 것이다. 공업 지역의 대기오염 뿐 아니라 자동차 특히 디젤유를 사용하는 자동차에서 배출되는 배기가스도 산성비의 원인으로서 심한 일부 지역은 침엽수림이 고사하고 호수의 물고기가 전멸했으며 다시 심은 묘목도 자라지 않는 등의 심각한 현상이 발생하였다. 따라서 산성비가 현재와 같은 추세로 확산된다면 산림과 농작물을 포함한 자연생태계 전반에 치명적인 영향을 미칠 것이다. 이러한 피해를 줄이기 위해 유럽에서는 황산화물$_{SOx}$의 배출량을 감축시킬 것을 주요한 내용으로 하는 '헬싱키 의정서'가 채택되었다.

④ 열대림감소 Deforestation 와 사막화 Decertification

무한한 자원으로 오랫동안 인식되어 오던 지구상의 산림은 그 동안 급속히 훼손되어 더 이상 인간의 수요를 충족시키기 어려운 자원의 하나가 되기에 이르렀으며, 지구의 자기정화능력 유지에 필요한 생태학적 기능도 제대로 수행하기 어렵게 되었다. 전 세계적으로 하루에 약 4,6만ha의 열대림이 손실되고 있으며 연간 1,700만ha의 산림이 줄어들고 있다. 산림파괴가 인간에게 미치는 가장 큰 피해는 광합성을 함으로써 온실가스인 이산화탄소를 흡수하는 나무가 사라짐에 따라 지구 온난화를 가속화하는 것이다.

또한 열대림 파괴와 함께 진행되고 있는 지구 사막화도 인간의 생존에 큰 위험이 되고 있다. 삼림이 훼손된 지역에 불어 닥치는 폭풍이나 홍수는 부식토를 급격히 사라지게 하여 토양을 사막이나 황무지로 변질시킨다.

이 문제에 대응하기 위한 국제적 노력으로는 열대림 보호를 목적으로 1983년에 채택되어 1985년부터 발효된 '국제 열대 목재 협정 International Tropical Timber Agreement, ITTA'과 사막화 현상의 피해를 겪고 있는 지역을 보호하기 위해 1994년 채택된 '사막화 방지협약'이 있다.

⑤ 생물다양화 감소 Species Decimation

오늘날 인구가 증가하고 자연 생태계가 파괴됨에 따라 지구촌에 존재하는 생물종의 수는 급격히 줄어들고 있어 생물다양성 Biodiversity 의 위기론이 제기되고 있다. 이렇게 사라지고 있는 생물 종의 중요성은 크게 다음과 같은 두 가지로 나눌 수 있다.

첫째, 다양한 생물자원은 인류의 식량이나 의약품 등 생활필수품의 원료로서 직접적으로 인간의 생활을 지탱해주는 중요한 요소이며, 둘째는 생태계의 순환구조를 통하여 자연환경의 평형을 유지하는 기능을 담당하고 있어 궁극적으로 인간에게 쾌석한 삶의 터전을 제공하고 있다는 것이다. 그러나 다양성이 사라진 생태계에서는 각각의 역할을 맡은 생물종이 소수에 불과하여 외부여건의 변화에 적응하기 어려워지며 생태계의 일원인 인간에게도 부정적인 영향을 미치게 된다. 사라져 가는 동식물을 보호하고 생물 다양성을 지켜나가기 위한 국제적인 노력

은 여타 지구 환경 문제에 대한 대책보다 앞서 진행되었는데 그 예로는 1951년에 '국제식물보호협약International Plant Protection Convention, IPPC', 1969년에 채택된 '동남대서양 생물자원보존 협약Convention on the Conservation of the Living Resources of the Southeast Atlantic', 생물 다양성의 보존과 생물자원의 합리적인 이용을 위한 정책 등을 주 내용으로 하는 1992년에 채택된 '생물 다양성협약Convention on Biological Diversity' 등이 있다.

(2) 고도 산업화 시대의 도래

18세기 말 영국에서부터 시작된 산업 혁명은 사회 구조상의 획기적인 변혁과 인간 생활의 양적, 질적 풍요를 가져다 주었다. 그러나 다른 한 편으로는 본격적인 환경 파괴를 진행시켰는데, 이를 기점으로 환경 문제는 이전에 볼 수 없었던 새로운 국면을 맞이하게 된다.

첫째, 자본주의 경제 체제의 출현이 대량 생산과 대량 소비를 촉진시켜 천연자원의 고갈을 초래하였다. 둘째, 과학 기술의 발달은 급속한 공업화를 이룩함과 동시에 자연 환경을 훼손시켰으며 생태계의 균형을 파괴시켰다. 셋째, 도시화로 인한 인구의 도시 집중은 대기 및 수질 오염, 생활 폐기물, 분진, 소음 등의 각종 공해를 발생하게 하였다. 넷째, 대중 소비 사회의 확산으로 인간의 생활이 크게 변모하였다. 산업의 주도 부문이 내구 소비 용품과 서비스로 이행함으로써 일회용품의 남용을 비롯한 무분별한 소비 확대로 치중하게 되었다.

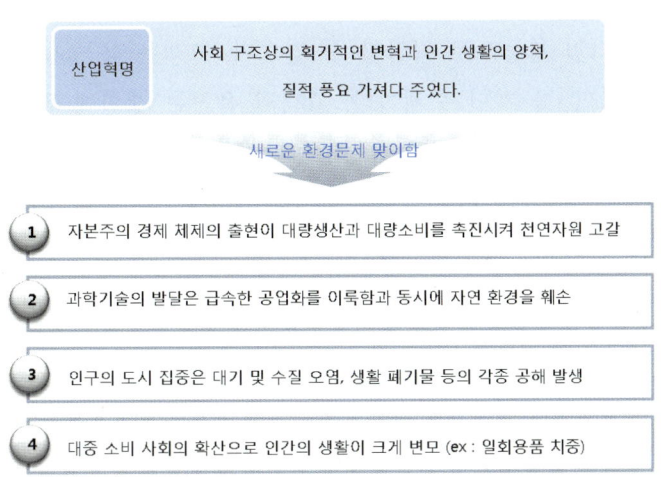

그러나 이와 같은 환경 문제가 구체적으로 논의된 것은 20세기 후반에 들어서면서 부터이며, 특히 3M경제[4] 체제의 고도 산업화 시대를 맞이하며 기업의 사회적 마케팅Social Marketing활동이 강조되면서 시작되었다.

(3) 사회적 마케팅의 등장

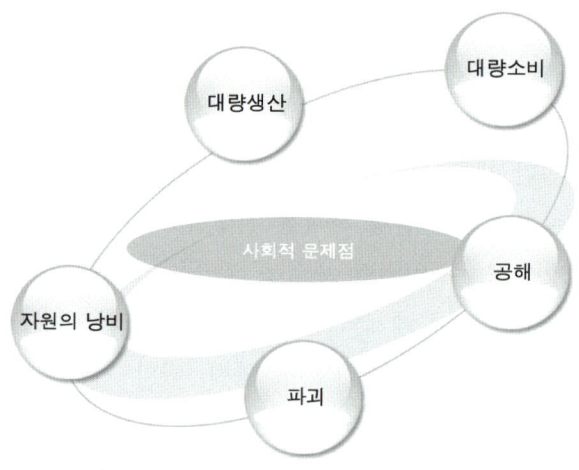

기존의 마케팅 개념Marketing Definition은 일반적으로 사회 지향적 마케팅Society Marketing으로 수익성(채산성)이 수반된 기업의 통합적 노력으로서의 고객창조활동이다 라고 정의되며, 고객 지향, 통합적 노력, 수익 지향의 세 가지 관점에서 파악되고 있다.

기존의 마케팅 개념은 고객에게 만족을 줄 수 있는 제품과 서비스를 제공하는 기업 활동으로 집약할 수 있으며, 고객은 욕구Need, 필요Want 그리고 수요Demand를 지닌 주체이다. 고객의 욕구는 생활에 필요한 기본적 욕구, 안전의 욕구, 사회적욕구, 자존의 욕구, 자아실현의 욕구 등이 있으며, 고객의 필요는 자신의 욕구에 개인의 개성과 문화적 속성이 결부되어 나타난다.

또한 수요는 필요에 구매력이라는 요소가 첨가되어 나타난다. 그러

---

4) 3M경제 (Mass Production, Mass Sales, Mass Consumption) - 대량생산, 대량판매, 대량소비로, 이로 인한 인간의 풍요로운 소비 생활은 인간의 삶에 질적, 양적인 향상은 물론 쾌적하고 편리한 생활을 맛보게 해주었다.

므로 마케팅을 수행함에 있어서 고객의 욕구, 필요, 수요에 초점을 맞추어 구체화시키면 된다. 그러나 이러한 마케팅의 관점이 1970년대 후반부터 1980년대에 접어들면서 일기 시작한 사회적 마케팅Social Marketing이나 사회 생태학적 마케팅의 대두에 의해 차츰 변질되었다. 특히 20세기 후반의 마케팅 컨셉Marketing Concept로 기업의 사회적 책임이 부각되면서, 기업의 마케팅 활동이란 무엇보다도 사회 이익을 고려해야 한다는 식의 사회적인 관점이 앞서기에 이른다.

따라서 이러한 사회적 마케팅 현상은 소비자 주권Consumerism의 등장을 가져오는데, 여기서 소비자 주권이란 소비자 주의 또는 생활자 주의라고도 불러지며, 흔히 소비자의 기본적 권리를 주장하는 이념이자 철학으로 일컬어진다.

그러므로 이와 같은 소비자 주권은 기업의 마케팅 활동에 기업의 사회적 책임이 당연히 강조되기 마련이며, 오늘날과 같은 대량 생산, 대량 소비로 인한 자원의 낭비, 파괴, 공해 등으로부터 보호 받기를 원하는 소비자 집단이 점차 증가하면서 이제는 기업이 더욱 능동적인 입장에서 사회당위적 마케팅Societal Marketing의 성격을 띠게 되고, 소비자나 정부도 사회적 마케팅의 성격을 띠게 된다.

사회적 마케팅에 대한 기업의 일례를 보면, 세계 최대의 소매유통업체 월마트는 상품포장 거품빼기에 나서 6만 여개 납품업체에게 상품포장을 5% 줄이도록 요청, 2008년도부터 5개년 계획으로 진행 포장 줄이기 계획 준수여부를 납품업체를 선정하는데도 반영, 추후 5년간 34억 달러를 절약할 것으로 전망. 결국 포장을 줄이면 매립하거나, 소각해야 하는 쓰레기양도 줄여 환경 보호에도 기여하는 일석이조의 효과를 거두게 된다.

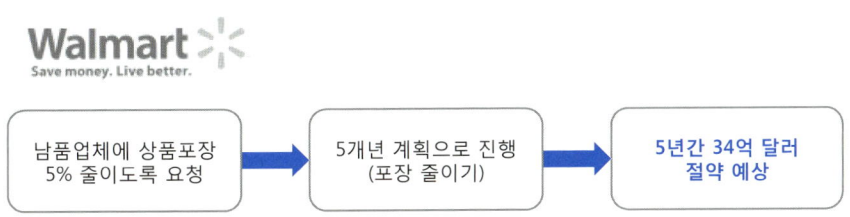

또, 노키아와 모토로라의 사례로, '충전알림이'이다. 배터리를 오래 꽂아둬 에너지의 30%가 낭비되는 것을 막기 위해 '삑~! 휴대전화 충전이 다 되었습니다. 충전기 전원을 뽑아 주세요'라는 알람이 도입된다. 전력을 지나치게 낭비해 환경을 위협하는 휴대전화 과다 충전문제를 막기 위해 시행하여 무심코 지나칠 수 있었던 자원의 낭비요소를 없애, 기업의 자원절감은 물론 소비자에게도 혜택이 돌아가게 하며, 환경과 미래를 생각하는 것이 사회적 마케팅의 기본이라 볼 수 있다.

(4) 환경 중심주의의 대두

환경 중심주의Environmentalism란 인간의 생존 환경Living Environment을 보호하고 향상시키기 위해 관심이 있는 시민이나 정부가 벌이는 조직적인 운동의 바탕이 되는 사회 이념을 말한다. 따라서 이들은 주로 마케팅 시스템이 소비자의 요구나 욕구를 능률적으로 충족시켜 주느냐에 중점을 두는 소비자 중점주의와는 달리 오늘날의 마케팅활동이 환경에 미치는 영향과 소비자의 요구와 욕구의 충족을 위해 부담해야만 하는 환경 코스트에 중점을 둔다.

환경 중심주의자는 소비자 주권과 만족만을 지향하는 기존의 마케팅 컨셉 이념이 종래의 사회적 내지 사회 생태학적인 입장을 고려하지 못했다는 점을 비판하며 이를 배척하고 있다. 또 환경주의사는 환경 코스트에 대해 생산자 및 소비자가 의사 결정을 할 때 공식적으로 고려하여 도입하도록 요구하고 있다. 그들은 반환경적 기업 및 소비 생활로 인해 생긴 사회 코스트를 부담하기 위해 과세 제도나 규제가 이루어져야 한다고 주장한다.

일례로, 지구온난화 방지를 위한 'STOP CO_2' 캠페인으로, 대한 항공은 중국의 사막화 방지를 위해 중국과 몽골의 사막지역에 생태원을 조성하고 산림을 조성하고 있다. 이런 배경에는 항공/물류회사로써의 중국의 사막화로 인한 한국과 동아시아의 황사 피해에 대해 적극적인 환경 캠페인에 참여한 것으로 경쟁사 보다 먼저 환경이슈 중 황사방지와 산림녹화에 집중하여 고객들에게 그런 대한 항공의 환경보호 활동을 알리고 홍보하고 있다.

2) 그린 마케팅의 정의

1990년대 초부터 우리나라에서도 그린 마케팅에 관한 논의가 여러 지면을 통하여 이루어져 왔다. 그린 마케팅은 일반적으로 환경 보존에 관련된 기업의 제반 마케팅 활동을 말하지만, 아직 그린 마케팅에 대한 용어의 개념이나 영역이 학술적으로 명백히 정립되지 않은 상태이다. 이를 정리하면 <표 6-1>과 같다.

표 6-1 그린 마케팅의 개념

학자 및 기관	발표 연도	개념
사보오리콤	1990	자연 환경을 다루는 기업의 사회적 책임이 강조된 마케팅 전략
디자인저널	1991	환경 보존과 생태계의 균형이란 측면에서 무공해 또는 공해 물질을 최소화 할 수 있는 제품을 생산하여 인간의 삶을 질적으로 높이는 기업 활동
박재기 광고정보	1991	물질적 풍요나 편리성에 강조를 둔 것보다는 인간의 삶의 질을 높이 는데 가장 중점을 둔 마케팅 활동
이두희	1991	환경의 효율적인 관리를 통하여 인간의 삶의 질을 향상시키기 위한 제반 마케팅 현상
한국마케팅연구원 경영과마케팅	1991	소비자의 관점에서는 제품 사용할 때 환경 보존의 중요성을 자각하고 공해 물질이 없거나 제한적으로 포함된 제품을 구매/사용하려는 노력이며, 기업의 관점에서는 기업이 환경 보호에 앞장서면서 동시에 자사제품의 제조 과정이나 최종 사용에 있어서 공해를 유발시키지 않도록 하고 이를 자사의 영업과 이미지를 위해 적극 홍보하는 마케팅 활동이며, 정부의 관점에서는 환경 파괴 제품의 제조/판매 및 소비를 규제하고 소비자와 기업들이 환경 보호에 힘쓰도록 유도하는 활동

학자 및 기관	발표 연도	개념
Anne Chick	1992	소비자들에게 환경적으로 안전한 제품이나 서비스 활동이 우선적으로 고려되어 진행되는 기업의 경제적 행위와 제반활동
Ken Peattie	1992	인간을 둘러싼 환경과 지구 내에 존재하는 모든 생명에 대한 관심이 증가함에 따라 등장한 마케팅의 한 형식이며, 소비자와 사회의 환경 개선에 대한 기업의 책임 있는 관리 과정과 기업이 사회적 삶의 질을 향상시키고자 하는 마케팅 활동
일본 덴츠	1994	지구 환경을 소중히 생각하는 자세로 기업이나 공공단체가 제품 및 서비스의 생산, 판매 또는 마케팅 제반활동을 사회 여론과 소비자 의식에 부합되도록 전개하고자 하는 커뮤니케이션 전략
일본 주간경제동향	1994	지구 환경과 생활의 질, 생활자 만족의 공생과 조화를 꾀하면서 제품/서비스의 기획 단계에서 최종적으로 소비된 뒤의 폐기물 리사이클, 재사용, 재생, 처리 등의 '환원'과정까지를 포함하는 것으로, 수요 동향조사, 제품 서비스 기획, 개발, 생산, 물류 판매 및 커뮤니케이션 활동을 총칭

이상을 바탕으로 개념을 추적해보면 다음과 같다. 마케팅 측면과 광고적 측면에서 정의를 내릴 수 있다.

첫째, 마케팅 측면에서는 기업이 소비자를 단순한 제품 구매자가 아닌 하나의 상호공동체적인 인식 아래 소비자의 욕구에 부합하는 상품, 서비스의 판매뿐만 아니라, 사회 생태학적 밸런스Social-ecological Balance와 인간복지의 지향이라는 보다 높은 차원의 콘슈머리즘Consumerism을 수행하고자 하는 마케팅 활동이라 하겠다.

둘째, 광고적 측면에서는 인간과 환경을 지킨다는 새로운 가치 기준에 입각해서 기업의 사회적 책임을 기본으로 정부, 공익 기관에 이르기까지 인간 삶의 질을 향상시키고자 하는 커뮤니케이션 활동으로 바람직한 기업 이미지와 제품 판매를 제고하고 공익적 계도를 높이는데 그 목적을 두고 효과적인 크리에이티브 전개를 꾀하는 것이라 할 수 있겠다.

3) 그린 마케팅의 역할과 필요성

(1) 역할

기업에 있어 대체적으로 친환경마케팅에 대한 일차적인 목표는 환경 경영체제를 구축한 뒤에도 확보할 수 있도록 하는 기반으로 활용되기를 도모하게 되고 이를 통해 단기적으로는 수익성을 확보하며 장기적으로는 회사의 지속적 번영을 추구하기 위함이다. 또한 시장과의 유기적 관계형성을 통한 마케팅 믹스로 고객의 환경적 욕구를 충족시킬 수 있도록 하는 것이다.5) 즉 환경 경영체제에 있어 친환경마케팅의 역할은 마케팅활동을 통해 기업으로 하여금 보다 환경 친화적이고, 환경 문제 해결에 기업이 적극적으로 개입함으로서 사회의 장기적인 복지를 증진시키며 동시에 기업의 이윤을 획득하는 데 있다고 할 수 있다.

(2) 필요성

현대 사회에서 친환경마케팅이 필요한 이유는 가장 기본적으로 마케팅 믹스와 관련 활동들을 모두 '그린화(化)'하여 고객과 사회의 요청에 부응함으로써 회사의 생존과 경쟁력을 확보하기 위해서이다. 이는 다시 말해 앞서 그린마케팅믹스에서도 설명했듯이 제품·가격·유통·촉진 등 마케팅 관리 제요소에서 환경을 배려하는 이른바 '그린주의'를 도입함으로써 환경친화적 마케팅 관리활동을 수행함을 뜻한다.

그러나 단순히 마케팅 관련 활동의 그린화 만으로는 그 목적을 원만히 달성할 수 없다. 생산·기술을 포함하는 모든 기업 활동의 통합된 노력뿐 아니라 기업을 둘러싸고 있는 환경 전체가 전사업적·전국가적 차원에서의 '그린화'노력을 해야 한다. 그렇다면 이렇게 복합적이고 장기적인 친환경마케팅 방법을 도입해야 하는 필요성은 무엇인가? 개별 기업의 입장에서 친환경마케팅의 필요성에 대해 살펴보자.

① 소비자의 욕구 충족

최근 전 세계적으로 웰빙Well-Being바람이 불면서 친환경상품을 구매하거나 사용한 소비자가 1년 동안 3배 가까이 늘어난 것으로 나타났다.

---

5) 정헌배 "환경경영전략" 규장각, 1995

환경부와 친환경상품진흥원은 2006년 12월에 전국 20세 이상 성인 1,024명을 대상으로 친환경상품에 대한 국민 인식도를 조사한 결과, 친환경상품을 구매하거나 사용한 경험이 있다고 응답한 비율이 59.7%에 이르렀다고 밝혔다. 이는 일 년 전인 2005년의 21.3% 보다 3배 가까이 늘어난 것이다. 친환경상품에 대한 관심도도 2005년 57.9%에서 지난해엔 82.8%로 24.9% 포인트 높아진 것으로 조사됐다. 또한 친환경상품 구매 때 조사 대상의 68.2%가 일반 제품보다 10% 비싸도 구입하겠다고 답했고, 가격이 20% 비싸더라도 사겠다는 응답도 9.7%에 이르렀다.6) 환경부(2003)에 따르면 우리나라 일반 국민들의 82.3%가 환경문제에 관심이 있는 것으로 나타나 환경 문제에 대한 관심도가 매우 높은 것으로 나타났다.

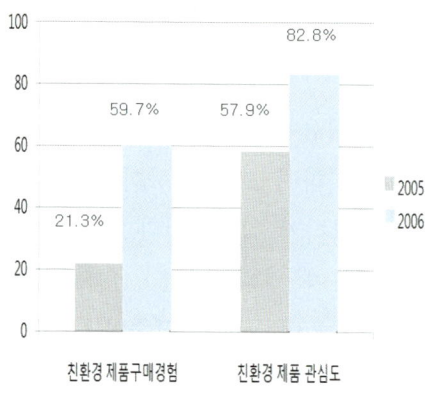

이 설문결과에서도 나타나듯이 기업의 생사를 결정한다고 할 수 있는 고객들은 환경에 대한 의식을 비롯하여 모든 구매 성향이 바뀌어 가고 있으며 실제로 그린 제품을 원하고 있기 때문에 기업이 소비자의 욕구를 충족시켜주지 못한다면 그 기업은 생존가치를 잃었다고 할 수 있다. 때문에 기업들은 선택이 아닌 필수적으로 소비자들의 욕구를 충족시켜줄 수 있는 '그린제품'을 개발하여 공급함으로써 시장을 확보해 나가는 것이다.

② 사업 기회의 확보

새로운 투자 기회의 확보와 경영다각화의 이점을 얻기 위해서다. 좀 더 환경 친화적인 제품 개발을 위해 연구하다 보면 오염 방지 내지 폐기물 처리 설비, 재활용품, 새로운 소재/공법을 이용한 신개발품 등과 같이 예상하지 못한 새로운 투자분야를 발견할 수 있으며 이러한 투자

---

6) 친환경상품진흥원 KOECO 보도자료

에서 오는 시너지 효과와 위험 분산 효과 등 그 이점은 예상외로 클 수 있다.

③ 기업의 영속성 보장

친환경마케팅을 외면한다면 단기적으로 경쟁력의 약화와 수익성 하락 외에도 장기적으로 기업존속 그 자체마저도 위협받게 된다. 실제로 우리의 환경은 현 상황이 지속되는 한 기업이 필요로 하는 자원을 계속해서 공급해줄 수 없을 뿐 아니라 꾸준히 발생되는 오염을 스스로 정화할 수 있는 능력을 상실하게 된다. 지속가능한 경제개발$_{Sustainable\ development}$과 기업의 영속적 존립을 위해서는 기업의 환경경영과 더불어 산업과 국가차원에서 부단한 환경정책의 실천을 필요로 한다.

④ 경쟁적 우위 점유

환경 문제가 국내/외적으로 초미의 관심사가 되고 있는 요즘 기업이 친환경마케팅에 앞장서고 있음을 실제로 보여주고, 이를 광고를 통해 일반에게 널리 알려준다는 것은 소비자들의 회사에 대한 호의적인 태도형성에 매우 유리하게 작용할 것임은 너무나도 당연하다.

최근 국내에서도 많은 회사들이 광고에서 '그린', '생분해', '무공해', '초절전', '바이오' 등 그린 함축성의 용어를 즐겨 쓰고 있고, '국제환경규격 인증획득'을 대대적으로 선전하고 있다는 점에서도 친환경마케팅의 중요성을 감지할 수 있다.

⑤ 국가경쟁력 강화

기업의 친환경마케팅을 포함한 환경정책은 국가경쟁력의 강화에도 긴요한 역할을 한다. 환경 문제의 해결을 통한 인간 삶의 질을 개선코자 하는 것은 비단 어느 한 국가만이 아니라 전 세계인의 관심사이기 때문에 환경정책을 강화한다는 것은 국제교역에서 무역장벽을 극복함은 물론 해외소비자들 특히 선진국으로부터 호의적인 반응과 유리한 국가이미지의 형성에 커다란 기여를 할 것이며, 그것은 다시 'Made in korea' 제품의 경쟁력을 높여주게 될 것이다.

4) 그린 마케팅의 전망과 전략

시사점 WTO 체제의 출범과 그린라운드Green Round의 등장은 세계화, 국제화를 실현시키고자 하는 우리 기업들에게 커다란 장애 요소가 됨은 물론 국제경쟁력 제고에도 불리한 입장일 수밖에 없는 실정이다. 더욱이 국내외 시장이 격화 되고, 환경 문제에 대한 일반 소비자들의 인식이 고조되어 널리 확산됨에 따라 이와 관련된 그린 마케팅 광고의 효율적 이용이 기업으로서는 무엇보다도 중요한 과제로 대두되게 되었다.

그러나 무엇보다도 가장 바람직한 유형은 기업이 자발적으로 환경 문제 해결에 참여하고 환경 문제에 대한 사회적 책임을 자각하는 한편, 또한 그러한 문제가 새로운 시장기회를 제공하여 줄 수 있다는 것을 인식하여 기업의 전략적 차원으로서의 그린마케팅 프로그램을 개발하는 것이다. 이러한 내용을 바탕으로 향후의 그린 마케팅은 다음과 같은 전개가 예상되고 있다.

첫째, 그린 마케팅 전략은 지속적인 증가와 함께 기업의 성격과 소비자(고객)의 특성에 따라 더욱 구체화되고 전문화 될 것이다. 즉 소비자들의 환경 문제 인식이 널리 확산됨에 따라 그린 마케팅의 유형은 기업의 성격과 소비자의 특성에 따라 좀 더 세분화될 것이다. 또 먼 장래를 보고 그린 마케팅의 전략을 지속적이고 꾸준하게 실시한 기업은 고객과 소비자들로부터 호의적인 기업이미지를 형성시켜 다른 기업들보다 빠른 성장과 발전을 이룰 것이다. 그리고 그린 마케팅의 유형도 종전의 환경 보존형, 환경 유지 관리형이기 보다는 미리 환경 문제에 대처할 수 있는 환경 공해 대책형, 환경 창조 개선형, 환경정보 제시형 등으로 미래 지향적이고 구체화된 전문성을 요구하게 될 것이다.

둘째, 기업적인 차원에서 자사 이미지 및 제품에 관한 그린 마케팅 전략에 환경 보호주의Corporate Environmentalism가 빠르게 조성될 것이다. 이제 기업들은 환경 문제에 대해 능동적으로 미래 지향적 대응을 꾀함으로써 쾌적한 환경의 창출을 주도해야 한다. 그린 상품 및 환경 기술의 연구, 개발에 적극적인 자세와 사회적 책임감을 가지고 참여함으로써 소비자의 욕구와 필요를 충족시켜야한다. 이렇게 함으로써 궁극적으로 기업은 호의적 이미지를 형성시켜 수익 증대를 꾀하게 되고 빠른 성장을 도모할 수 있는 것이다.

셋째, 그린 마케팅의 광고에서는 그 기준이 설정되어 광고 내용이 객관성을 갖게 되므로 이와 관련된 기업이나 제품은 소비자들에게 신뢰성과 구매력을 갖게 될 것이다. 현재 국제간에 그린 마케팅 광고와 관련된 용어의 정의 및 기준 표시 등을 표준화 시키려는 움직임이 ISO를 중심으로 활발히 이루어지고 있다. 이러한 국제적 흐름에 발맞추어 국내에서도 그린 마케팅 광고 기준이 제정될 가능성이 높다. 이에 따라 앞으로 객관적으로 입증하기 힘든 환경적 효능이나 구체화할 수 없는 추상적 표현은 사용하기 어렵다. 따라서 실질적인 그린 마케팅 활동이나 그린상품을 생산하는 기업만이 그린 마케팅 광고를 행할 수 있으며 이는 기업의 경쟁력 제고와 상품 판매에도 상당한 영향을 끼칠 것이다. 이러한 그린 마케팅 활동은 기업의 단순한 이윤 추구나 영리적 목적만을 위한 수단이나 도구로서 행해져서는 안 되며, 기업들 스스로가 보다 적극적Proactive이고 능동적인 자세로서 환경 문제를 소비자와 함께 상호 공동체적인 인식 아래 사회생태학적 밸런스와 인간 복지의 지향이라는 보다 높은 차원의 콘슈머리즘Consumerism을 수행함으로서 해결될 수 있는 것이다. 이러한 그린 마케팅 활동은 환경 문제에 대한 기업의 사회적 책임뿐만 아니라 소비자(국민), 정부까지도 포함된 공동 노력에 의해서 그 구체적 실현이 가능한 것이며, 이렇게 함으로서 인간의 삶의 질을 향상시키고 인간과 환경을 지킨다는 그린 마케팅의 본질적 의미가 올바르게 정착(定着)될 수 있다고 하겠다.

5) 그린마케팅의 수행전략

효율적인 그린마케팅 수행을 위해서는 무엇보다 시장 세분화segmentation 전략이 중요하다. 그린마케팅의 타깃 소비자집단을 3개로 구분하고 있다.

첫 번째가 '선도적 그린 소비자 집단'이다. 여기에서는 자사 환경제품의 우수성을 전달하는 것이 가장 중요한데, 이 계층은 환경제품에 대한 구매의사가 가장 강하기 때문이다. 따라서 제품의 우수성을 전달하는 전략 역시 구체적인 정보를 제시하는 쪽으로 추진돼야 한다. 자사 제품이 환경에 어느 정도 이바지 하는지에 관한 정보를 객관적이고 설득적으로 전달하지 못할 경우 과대광고나 기만광고로 인식해 구매의사를 포기할 수도 있기 때문인 것이다.

두 번째 '유보적 그린 소비자 집단'이다. 환경의 중요성은 인지하고 있으나 행동으로 옮기는 것을 망설이기 때문에, 단순한 자사제품의 우수성을 강조하기 보다는 환경개선 사례나 구체적인 실천방안을 알려주는 전략이 필요하다. 개인의 이익에 대한 욕구를 어느 정도 해소 시켜 줄 수 있는 보너스 점수제나 쿠폰 제공 등 약간의 경제적인 인센티브가 바람직하다.

세 번째는 '비환경적 소비자 집단'으로, 환경의식 자체가 매우 낮기 때문에 환경의 중요성을 인식시키는 활동이 우선돼야 한다. 이에 대한 방안으로는 그린제품을 먼저 사용해볼 기회를 제공, 그린제품에 대한 평가와 더불어 환경에 대한 관심과 우호적인 태도를 가질 수 있도록 하는 전략을 활용해야 한다.

한편 그린마케팅에 근거한 광고전략은 '삶의 질'Quality of Life을 기본적으로 구현하면서 사회생태학적 균형을 이루는 것이어야 한다. 그린마케팅 관점의 광고는 기업이 환경에 대한 사회적 책임을 인식하고, 광고의 각 요소 표현과 전략을 통해 소비자와 공감대를 조성할 수 있는 광고이다. 광고의 내용에 제품의 환경적 효과나 기업의 환경 지향성을 표현하는 내용을 담아야 한다.

또한 그린마케팅은 제품보다 기업 전체를 소비자에게 판매하는 것이므로 광고와 더불어 PR과 기업이미지 캠페인이 중요하다. 이러한 그린 메시지는 소비자·의견선도자(환경보호단체 및 관련자)·법적기관·행정지도당국·범세계적 산업조직체·기업 관련자에게 영향을 주기 위해 만들어지는 것이다. 그린 PR은 매우 긍정적인 결과를 낳게 해 줄 뿐만 아니라 광고가 접근할 수 없는 영역에 메시지를 전달할 수 있는 효과도 얻게 해준다.

이러한 PR의 형태는 연설·문헌·오디오 및 비디오 자료·정보서비스 등 다양한 형태로 이루어질 수 있다. 그린 PR활동은 정보제공·그린 스폰서십·자선금 기부 및 그린파트너십·그린상 수상·환경박람회와 전시회 개최 등과 같은 방법을 통해 효과적으로 수행할 수 있다.

끝으로 그린마케팅의 성공 요건을 소개해 보면, 우선 구체적인 목표를 설정하고 차별화된 전략을 구사해야 한다. 표적 시장을 보다 세분화해 구체적이고 전략적으로 파고 들어갈 수 있어야 한다. 둘째, 환경마인드의 확산을 통해 기업의 전조직이 환경경영체제로 전환해야 한다. 제품의 전 수명주기에 걸쳐 통합적인 환경영향평가가 이뤄져야 하며, 환경성과를 개선시킬 수 있는 조직을 구성해야 한다. 셋째, 마케팅 믹스 전략에 있어서 환경적 고려와 함께 기업에도 직간접적으로 이익이 되는 방향으로 전개해야 한다는 것이다. <출처 : 'KISS2000' www.kiss2000.co.kr 논문 '우리나라 기업의 그린마케팅 전개방안에 관한 연구' 노현정>

핵심정리

그린마케팅의 성공 요인
1) 친환경성이 뛰어나고 제품 본연의 기능과 품질에 충실 해야만 소비자에게 어필 가능
   - 소비자에게 환경보호의 책임을 강요하는 것은 삼가
2) 총체적인 제품 관리와 마케팅 전략으로 친 환경성을 부각시키는 차별화 전략 필요.
   - '그린'이란 용어의 남발은 오히려 소비자의 불신을 야기하여 기업의 대외 신뢰도 하락을 초래
3) 친환경적 이미지 전달 이외에 디자인 측면에서도 차별화
4) 소비자의 참여와 체험을 통한 구전효과
5) 제품포장에서 홍보전략까지 소비자가 직접 제품의 가치를 느낄 수 있도록 다른 기업들과 차별화될 수 있는 독특하고 대담한 방식과 일관성 있는 마케팅 활동.
6) Green, Emotion, Fun Marketing 활동을 동시에 진행
7) 다다익선보다 선택과 집중으로 본업과 연관성이 높을 것

---

6) 그린마케팅 추진 기업이 주의해야 할 5가지 유혹

환경에 대한 위기의식과 관심이 높아지며 친환경 컨셉을 추구하는 기업이 나날이 늘어나고 있다. 2000년 이후 미국 특허청에 등록된 그린 관련 상품, 브랜드, 로고 건수는 약 30만건에 달한다고 한다. 또한 기업의 80%이상이 그린 마케팅에 대한 생각을 하고 있는 것으로 나타났다.

FUN MAKETING

그린 마케팅은 친환경 니즈를 가진 소비자와 친환경 솔루션을 갖고 있는 기업을 연결시켜줌으로써 선순환 구조가 생기는 이유여서이다. 그러나 잘못된 그린 마케팅은 중요한 트렌드로서 자리 잡지 못하고 일시적인 유행으로 사라질 수도 있다. 특히 국내의 경우 환경에 대한 인식 및 제도가 자리잡지 못하여 역효과를 가져올 수도 있다.

다음의 내용을 기업들은 제대로 파악하여야 할 것이다.

(1) 그린 홀릭 (Greenholic) : 친환경 컨셉에 대한 지나친 집착

그린마케팅이 해당 기업, 브랜드에 어떤 이득과 위험을 가져올지 따져보지도 않고 무작정 시도하는 것이다. 즉, 소비자들에게 친환경 제품의 선택은 그들에게 달려있다는 것이다. 나이키의 예를 들면 2005년 친  환경 컨셉에 따라 신발을 공장근처에서 원재료를 조달하고 마(麻)와 같은 친환경 소재를 사용하고, 신발바닥은 재활용고무를 사용하는 등의 접근으로 소비자에게 제시하였지만 기대에 못 미치고 결국 1년 만에 철수하였다. 소비자는 나이키라는 브랜드와 멋진 디자인을 원하였지 굳이 친환경제품을 요구하지도 않았던 것이다. 이렇듯 친환경컨셉이 모든 브랜드에 적합한 포지션은 아니다. 그린 홀릭에 빠지지 않기 위해서는 사전에 친환경컨셉과 해당 브랜드간의 궁합을 따져볼 필요가 있다.

"타겟 소비자들이 제품을 선택할 때 친환경성을 중요하게 고려하는가" "혹은 향후에 중요하게 고려할 가능성이 큰가" "소비자의 마음속에 심어놓은 브랜드 포지셔닝과 충돌되지는 않는가"등의 질문을 통해 그린 마케팅 도입으로 인한 기대효과와 위험요소에 대한 분석이 요구된다.

(2) 그린 워싱 (Greenwashing) : 화려한 겉모양 꾸미기에 급급

그린마케팅 실패원인중 하나인 그린워싱은 '불쾌한 사실을 감추려는 눈속임'을 의미하는 화이트워싱에서 따온 말로 브랜드의 친환경성을 강조하기 위해 겉모양은 그럴 듯하게 치장하지만 정작 제품이 환경에 미치는 영향을 줄이기 위한 실질적인 노력은 하지 않는 행위를 의미한다. 미국 무역위원회에서는 '자연분해가능'하다는 과학적근거가 없는 광고문구를 사용한 기업들에게 신뢰성문제를 제기했던 적이 있다. 그린붐을 타고 제품이름, 포장 등을 친환경적 이미지로 바꾸었지만 정작 제품의 원료조달 및 제조과정에서 환경을 개선하기 위해 어느 정도 노력을 기우려 왔는지 의심이 든다면 소비자들은 외면하고 말 것이다. '유기농'식품이라는 광고로 소비자를 현혹하는 사례가 많아 미국에서는 유기농 인증제도를 적용하고 있는 실정이다. 그린워싱에 대한 감시가 철저해 지고 있다는 반증이다.

미국의 친환경 생활용품업체인 세븐즈 제너레이션이 다음과 같은 분석을 하였다. 세탁재료의 원료조달, 제조, 유통, 사용 등의 단계 중 어떤 단계가 가장 많은 온실가스를 발생시키는지를 분석하였다. 그 결과 주범은 세제와 관련된 영역이 아니라 세탁물을 데우는 과정에서 96%의 온실가스가 발생한다고 나왔다. 이에 착안해 찬물에도 높은 세탁력을 보이는 친환경 세제를 출시해 좋은 성과를 얻은 적이 있다. 그린마케팅은 겉포장만 꾸미면 성공할 수 있는 활동이 아니라 제품의 라이프사이클 전반에 걸쳐 환경영향에 대한 철저한 분석과 실질적인 개선을 위한 활동을 기반으로 해야 성공할 수 있는 마케팅이다.

(3) 그린 프리미엄 (Green Premium) : '그린=가격프리미엄'에 대한 환상

기업들이 그린제품에 진입하는 이유는 가격프리미엄을 받을 수 있을 거라고 생각하고 있기 때문이다. 허지만 비싼 돈을 지불하면서 실질적인 가치를 보여주지 못하거나 환경에 민감하지 않은 소비자들에게는 구매 장벽일 뿐이다. 미국의 유기농 식품전문업체인 홀푸드마켓과 선플라워를 통해 친환경제품 가격책정에 대해 사례를 보면, 홀푸드마켓은 일반 소매점보다 높은 가격으로, 선플라워는 '진지한 상품을 바보같은 가격으로'라는 컨셉으로 유기농식품을 저렴한 가격으로 판매하고 있다. 두 업체의 차이가 단지 가격이었다면 홀푸드마켓은 선플라워와 같은 업체에게 고전을 면치 못했을 것이다. 그러나 홀푸드마켓은 여전히 건재하다. 홀푸드마켓의 가격프리미엄은 단지 유기농식품을 취급한다는 데 있지 않기 때문이다. 유기농식품에 대한 철저한 품질관리 및 관계부처의 인증, 점포 근접에서 조달한 색다르고 다양한 상품구색, 만족도 높은 서비스제공 등의 종합된 즐거운 쇼핑경험에 대해 소비자들이 그만한 프리

미엄가격의 적정성을 입증한 것이다. 선플라워는 취급 상품수 축소, 공급처와의 직거래, 대량구매, 점포 인테리어 최소화 등을 통해 낮은 가격으로도 양질의 유기농제품을 공급할 수 있다고 설명하여 성공하고 있었던 것이다. 이렇듯 가격프리미엄 정책은 소비자들에게 제공되는 가치가 높다는 사실을 인지시켜 주어야 하며 설득력이 있어야 신뢰를 받을 수 있게 되는 것이다.

(4) 그린 제너러서티 (Green Generosity) : 고객의 희생 감수에 대한 기대

자동차 대신 자전거로 출퇴근하기, 전기밥솥 사용하지 않고 밥하기, 프라스틱 제품 사용하지 않기, 등 한국뿐 아니라 전 세계 사람들의 몇 %가 친환경 생활에 따르는 불편과 행동변화 등의 희생을 감수할 정도로 관대할까? 많은 기업들은 소비자들이 환경을 위해 어느 정도의 불편은 감수할 것이라는 순수한 기대를 가지고 제품을 출시한 후 소비자들의 싸늘한 반응을 보면 당황하고 말 것이다. 100% 전기자동차보다 하이브리드차가 대중적인 보급이 많이 된 이유는 무엇인가? 전기자동차가 하이브리드차 보다 환경친화적인 제품이지만 적은 수의 배터리 충전소로 인한 불편, 높은 배터리 가격, 새로운 이용 방법에 대한 적응, 새로운 기술에 대한 불안감 등 소비자가 치러야 할 대가가 너무 컸기  때문이다. 미국의 전기자동차 서비스 회사인 Better Place사는 다양한 시도를 통해 제약 여건을 극복하고자 노력하고 있다. 편리하고 신속한 배터리 충전소망 구축, 바닥난 배터리를 새로운 배터리로 3분내로 바꿔주는 배터리 교환소망 구축, 가격부담을 줄이기 위해 배터리를 임대해 휴대전화처럼 전기충전량에 따라 요금을 받는 방식의 비즈니스모델을 개발하였다. 또한 배터리 잔여량에 따라 근접한 충전소로 안내해주는 시스템 개발 등으로 소비자들에게 친환경성에 대한 대가로 희생을 요구하지 않고 부담을 최소화할 수 있도록 제품을 설계하는 것이 친환경제품을 성공시킬 수 있는 지름길이다. 즉 친환경 생활로 바꾸기 위한 고민을 소비자가 아닌 기업이 하는 것이 더 효율적이라는 의미인 것이다.

(5) 그린 식니스 (Green Sickness) : 천편일률적인 식상한 커뮤니케이션

친환경을 컨셉으로 하는 기업들의 광고를 보면 매우 유사하다. 녹색 바탕의 화면, '친환경', '지구를 위한', '미래아이들을 위한' 등의 메시지는 광고 마케터들이 뿌리치기 어려운 유혹이다. 그렇지만 친환경 포지션을 노리는 기업이 많아질수록 이러한 식상한 커뮤니케이션은 소비자의 기억에 남지 않을 뿐만 아니라 구매행동에도 역효과가 될 수도 있다.

2009년 도요타는 미국 디트로이트 오토쇼에서 하이브리드 자동차 3세대 프리우스를 선보이면서 일반적인 안내 카탈로그 대신 "좋은 생각은 자랍니다. 말 그대로"란 메시지와 함께 씨앗이 들어있는 종이 카드를 배포하여 친환경 자동차라는 컨셉을 효과적으로 전달했던 적이 있다. 또한 미국 친환경 생활용품업체인 세븐스 제너레이션은 보다 직접적인 방법으로 홍보하였다. 각 제품에 들어가는 원료뿐만 아니라 각 원료의 유해성 검사결과를 공개, 기업의 진정성을 보이며 '친환경', '그린', '유기농'이라는 메시지를 백번 외치는 것보다 모든 정보를 공개함으로써 더욱 효과적으로 소비자들에게 신뢰를 얻을 수 있었다. 이것이야 말로 그린커뮤니케이션인 것이다. 에너지 절감 등 경제적 이유, 환경에 대한 의무감, 친환경 소비자 스타일에 맞춰 심층적인 구매욕구 및 가치와 정보를 함께 제공 등 창의적인 방법으로 기업의 진정성을 보여주어야 친환경 컨셉을 소비자 마음속에 심을 수 있다.

쉽게 성과를 얻으려는 유혹을 기업 및 마케터는 뿌리치고 창의적인 마케팅방법을 개발하여야만 소비자들의 선택을 받을 수 있다는 것을 명심하여야 한다.

7) 그린 마케팅믹스

친환경마케팅믹스 바꿔 말해 그린마케팅믹스란 Green Marketing Mix란 제품 Product, 가격 Price, 장소 Place, 촉진 Promotion의 4P's로 구성되는 일반적인 마케팅 믹스에 환경적 측면을 반영하여 친환경제품 즉, 그린제품을 개발하기 위한 생산요소의 가격 결정, 폐기물의 재순환을 통한 역 유통 시스템의 개발, 그리고 환경친화적인 기업이미지 및 환경 의식적 소비행동의 유발과 관련된 프로그램

개발 등을 수행하려는 일차적인 방법이라 할 수 있다.

(1) 그린제품 Green Product

그린 마케팅 믹스에서 가장 중요시 되고 있는 제품 전략에서 우선적으로 다루어져야 할 과제는 그린제품Green Product, 즉 환경 친화적 제품의 특성을 규명하는 일이나, 친환경마케팅에 대한 정의가 명확하지 않은 지금, 그린제품Green Product에 대한 정의 역시 학술적으로 명확하지 않은 상황이다. 기존연구를 통해 그린제품을 하나의 제품 집단으로 파악함으로써 다음과 같은 두 가지 측면에서 일반 제품과 구별하고자 하였음을 알 수 있다.

첫째, 특정 제품이 사회나 환경의 향상에 공헌하는 것이면 이 제품은 '절대적 그린제품'으로 여겨질 수 있다는 것이며, 둘째는 이와는 다른 형태의 그린제품 집단은 '상대적 개념'에서 그린제품이라 할 수 있는 것으로, 이런 유형의 제품이 내세우는 '그린'이라는 주장은 사회나 환경에 주는 실제적이거나 잠재적인 피해를 줄인다는 사실에 호소한다는 것이다. 그린제품 전략은 단계별 평가요소를 바탕으로 제품이 환경에 미치는 영향, 이른바 '환경성'을 평가하고 그 결과에 따라 기존 제품을 변형하거나 새로운 그린제품을 개발하는 것이 핵심이라고 할 수 있다. 기존 제품은 대부분 환경에 대한 배려가 부족한 경우가 많고, 또한 신제품 개발에는 상당한 규모의 투자와 장기간에 걸친 기술개발 노력이 필요하므로, 경우에 따라서는 기존 제품의 개량을 통해 환경성 제고가 우선적으로 검토될 수 있을 것이다.

(2) 그린가격 Green Price

마케팅 관점에 가격은 "어떤 재화나 서비스를 구입하기 위해 소비한 시간이나 노력, 그 제품을 소유함으로써 얻을 수 있는 만족이나 효용을 포함하는 화폐적 가치"로 정의한다. 여기에 환경적 요소를 추가적으로 고려한 그린가격이란'제품의 환경 친화 수준의 차이에 따라 소비자들이 지불할 의사가 있다고 판단되는 화폐가치'를 의미한다.

문제는 그린가격이 일반 전통방식의 상품 가격에 비해 다소 비싸다는 것이다. 즉, 환경보호를 위해 지불해야 할 가치가 더 높다는 것인데, 이러한 문제를 어떻게 해결할 수 있을까?

첫째, 장기적인 관점에서 가장 바람직한 것은 낮은 비용으로 그린제품을 생산할 수 있는 기술을 개발하여 가격을 인하함으로써 그린제품에 대한 소비자의 수요를 증대시키는 것이다. 둘째, 정부의 역할이 필요하다. 즉 정부는 공해방지 시설이나 기술 개발에 따른 원가상승에 대해 보조금, 과세 감면, 정부와의 계약시 우선권 부여, 판매 확대 지원 등으로 가격인상 요인을 감소시켜주어 가격경쟁상의 혜택을 주도록 해야 한다.

셋째, 비가격요소를 도입함으로써 그린제품이 가격에서 가지는 약점을 부분적으로 보완할 수 있도록 해야 한다. 예컨대 그린 제품에 상징성을 부여하여 소비자가 그린제품을 구매함으로써 자신이 사회에 기여하고 있다는 심리적 만족감을 갖게 함으로써 그린제품의 매출을 증대시킬 수 있을 것이다.

넷째, 추가적으로 그린제품이 다른 일반 제품에 비하여 제품의 수명이 길고 에너지 절약에도 기여하며 운영비가 저렴하고 수선이 가능하고 재사용이 가능한 속성을 갖추었을 경우에는 장기적으로 경제성이 높은 제품이 된다. 따라서 이러한 차별적 속성을 촉진함으로써 그린제품의 판매를 증대시킬 수 있다.

(3) 그린유통 Green Place

일반적인 유통 개념에 '그린Green'이라는 요소를 추가하게 되면 전방 경로보다는 후방경로 즉, 소비되는 제품이 소비자로부터 생산자에게로 역 순환하는 과정에서 생태적 환경을 보호하고 자원을 재활용하는 관점의 '재순환Recycling'문제에 중점을 두게 된다. 왜냐하면 폐기물을 그대로 매립하거나 소각할 경우 환경오염의 원인이 되지만, 이를 재순환하여 활용할 경우 자원고갈에 대한 효과적인 해결책이 될 수 있기 때문이다. 제품의 환경적 영향은 보통 제조, 사용, 폐기의 관점에서 논의되지만, 제품의 환경적 우수성은 제품이 생산자에서 소비자에게 이를 때까지 소요되는 자원 및 에너지 소비와 환경적 영향도 고려해야한다. 즉, 그린유통 전략은 생산된 제품을 소비자에게 전달하고 사용, 폐기, 재활용 및 재사용과정에서 발생할 수 있는 환경영향을 최소화하고, 기업의 환경친화성을 강화하기 위한 기업 활동의 총체적 집합을 의미하며 보관, 수송 등의 물적 유통 시스템과 도/소매 과정 등의 유통체계, 재활용을 위한 역 유통 시스템 그리고 제품의 안전한 수송과 가치보존을 위한 포장 활동 등을 주요내용으로 하는 활동이라고 정의할 수 있겠다.7)

환경문제의 해결을 위한 기업의 유통경로에 대한 관리는 주로 재순환 유통경로와 관련된 것이다. 재순환이 중요한 이유는 고형폐기물$_{Sold\ Waste}$은 환경오염의 주요 원인 중 하나임과 동시에 재순환함으로써 자원고갈에 대한 능률적인 해결을 기대할 수 있는 방법이기도 하기 때문이다. 재순환활동의 궁극적인 목적은 폐기물을 재활용함으로써 환경에 대한 관심이 점차 고조시켜 폐기물 재활용에 대한 국민교육을 활발하게 하고, 기업의 경제활동에서 에너지 보존 및 폐기물의 재사용과 관련된 건설적인 대안을 마련하는 것이고, 이러한 관점에서 역유통경로관리의 중요성이 부각되고 있다.

역유통경로관리란 제품 사용 후의 폐기물을 재활용하기 위한 역유통과정$_{Reverse\ Distribution}$을 통하여 자원을 재순환시키는 과정과 관련된 의사결정을 의미하는데, 이것은 크게 다음과 같이 두 가지로 분류할 수 있다. 하나는 어떤 제품에서 발생된 폐기물을 회수하여 그것을 다른 종류의 제품으로 만들거나 에너지 제품으로 전환시키는 활동$_{Reclamation}$이고, 또 다른 하나는 형태를 바꾸지 않고 다시 활용하는 활동$_{Reuse}$이다.

이러한 활동들은 경제활동 측면에서 보면, 생산에 투입된 자원은 생산·재생산과 소비과정에서 자연계에 배출되는 잔재물의 총량과 같은 것으로 '생태적 사이클'의 관점에서 폐기물 재활용 문제가 주요 환경적 영향으로 대두되는 것과 맥락을 같이 한다. 즉 '생태적 사이클'이란 이미 사용한 자원을 다시 한 번 재생하여 자연계에 피드백$_{Feed-back}$함으로써 환경조건을 일정수준으로 보존하려는 것이며 이러한 관점이 기업의 유통전략에 반영될 때 이는 주로 폐기물의 재순환을 위해 전개되는 마케팅 전략이 되는 것이다.8)

---

7) 신상미 "그린마케팅의 효과적인 전개방안에 관한 연구", 건국대 대학원 석사학위논문, 2001
8) 오응환 "소비자의 환경의식이 제품구매 정보탐색에 미치는 영향에 관한 연

(4) 그린촉진 Green Promotion

전통적인 마케팅에서도 그러하듯, 친환경마케팅 전략에 있어서도 촉진전략은 제품전략과 더불어 기업이 활용할 수 있는 가장 중요하고 중추적인 전략요소가 된다. 그린촉진의 기본적인 목적은 환경친화적인 소비자와 그렇지 않은 소비자의 구분을 통하여 환경친화적 소비자의 태도와 행동을 강화시키고, 그렇지 않은 소비자의 태도와 행동을 변화시켜 환경친화적 소비자로 전환시키는데 있으며, 구체적인 목적으로는 기업이 개발한 그린제품을 구매하도록 설득하는데 있다.

기업은 환경 친화적인 이미지 구축을 위해 광고, 홍보, 이벤트 캠페인 등의 각종 커뮤니케이션 활동을 통합적으로 관리 시행해야 할 필요성이 있는데 이를 가리켜 이른바 '그린커뮤니케이션 Green Communication'이라 한다. 이러한 그린커뮤니케이션이란 '기업의 환경 위험에 대한 대응, 기업 이미지 향상, 사회에의 공헌, 제품 판촉 등과 같은 전략적 의도와 목적에 따라 환경 문제에 대한 활동 내용을 사내/외로 알리는 정보발신 활동'이라 정의할 수 있다. 커뮤니케이션의 방법으로는 대표적으로 광고전략과 PR전략을 들 수 있다.

첫째 그린광고 Green Advertising 부터 알아보자. 그린광고에 대한 정의 역시 아직 명확하지 않은 상태이며, 그 이유는 광고에 대한 환경관련성의 기준에 대한 정의가 아직까지 이루어지지 않았기 때문이다. 일반적으로 인식되고 있는 그린 마케팅에서의 그린 광고란 '환경 보호와 개선을 표방하는 광고'로 정의될 수 있으며, 내용적인 측면에서 보면 '제품의 환경적 효과'나 '기업의 환경친화성을 그 내용으로 표현하는 것'[9]이라 할 수 있다.

둘째 PR전략은 그린촉진전략의 성격상 광고 뿐 아니라 공중관계를 유지하고 개선시키는 것이 중요하므로 큰 비중 차지하는 부분이다. 친환경마케팅이란 단순한 제품판매라기 보다 기업전체의 이미지를 소비자에게 판매하는 것이므로 광고와 더불어 PR과 기업 이미지 향상을 위

구", 용인대 대학원 박사학위논문, 2003.
9) 한동녀 "환경제품에 대한 소비자의 선호성향과 구매의도의 영향요인 연구", 숙명여대 대학원, 박사학위논문, 1998.

한 캠페인 활동을 펼쳐야 광고가 접근할 수 없는 영역에 메시지를 전달해 주는 효과를 가져 올 수 있다. 일반적으로 그린홍보 메시지는 소비자, 의견 선도자(환경 보호 단체 및 관련 이해관계자), 국내/외 법적 관련기관, 행정지도당국, 범세계적 산업조직체, 기업 관련자(종업원, 경영자, 주주)에게 영향을 주기 위해 만들어 지며 홍보수단으로는 보도관련 자료의 배포, 연설, 세미나, 연례보고서 발간, 자선 단체의 후원, 관련 책자의 출간, 지역 사회 관계 및 로비활동 등이 사용된다.

이러한 그린홍보 활동은 다음과 같은 세 가지 활동으로 압축될 수 있다.

① 그린캠페인

정헌배 교수(1997)는 그린 캠페인을 "환경 보존을 위한 계몽이나 그린 마케팅 활동으로서 기업이 장기적 또는 단기적 계획을 수립하여 소비자에게 지속적으로 기업 이미지의 제고를 위해 전개하는 홍보 활동"으로 정의하면서 캠페인은 커뮤니케이션에 따른 단계별설득으로 전개하되 장기적 누적효과를 추구하고 양방향 커뮤니케이션을 통해 소비자의 적극적인 참여를 유도하며 아울러 구체적인 환경 문제의 제기 및 행동의 동기 부여로 자발적인 실천을 꾀하는 데 목적이 있다고 하였다. 그린 캠페인의 전략은 일관성을 유지하면서 광고 표현의 전개는 기존의 매체 뿐 아니라 여러 매체를 활용하여 다양성을 추구해야 하며, 일방적 또는 일시적 물량위주의 전개보다는 기업의 환경보전 활동에 대해 호혜적이고 지속적으로 소비자와 유기적 공감대를 형성하는데 주안점을 두어야 한다고 하였다.

② 그린이벤트

그린이벤트는 '기업 이윤의 사회 환원이라는 공익적 개념을 담은 홍보활동으로 상업적 목적 보다는 문화적 측면이 강조된 제반행사'로 정의할 수 있고, 그린 마케팅과 관련된 비정기적 형태의 박람회, 콘서트, 공연, 강습회, 콘테스트, 공장견학, 견본배포, 특별전시, 시식회, 시승회 등의 행사 등이 있다.

③ 인적판매

인적판매의 경우에는 판매원이 소비자와 직접 접촉하면서 제품에 대한 정보를 제공하는 동안 판매원의 환경지식이 소비자에게 파급효과를 줄 수 있다. 따라서 판매원은 구매시점에서부터 소비자들이 확신을 갖고 그린제품을 구매할 수 있도록 논리적으로 설득할 수 있어야 한다. 그러므로 기업은 주먹구구식의 '물건 팔아먹기'를 행하는 판매원이 아닌, 생태계 및 그린 마케팅에 대한 전반적인 지식 및 기업이 생산하는 그린제품의 생태적 속성과 환경적 혜택 등에 관한 교육을 강화하여 전문 지식을 갖춘 판매원을 양성하도록 노력해야 할 것이다.

핵심정리

그린소비자 Green Consumer
그린소비자는 환경문제에 대한 관심과 책임감을 갖고 소비행동을 통해서 환경보전을 이룩하려는 녹색의식의 소비자를 일컫는다. 최근 환경을 배려한 상품과 서비스, 또는 환경보전에 기여하는 상품과 서비스를 보급시키고자 하는 소비자의 운동이 구미를 중심으로 활발하게 일어나고 있는데, 이러한 환경의식적인 소비자의 운동을 그린소비자운동이라고 부른다. 그린소비자는 다음의 4가지(4R)요건을 갖추고 있다.

1) Refuse(거부) : 상품 선택시의 소비자 태도를 나타내는 것으로 환경면에 문제가 있는 기업에 대한 지지나 그 기업의 상품을 거부하는 것
2) Reduce(줄이기) : 상품사용시의 행동에 관한 것으로 소비를 감소시키는 것
3) Reuse(재이용) : 상품의 수명을 가능한 한 연장시키기 위해서 재료나 제품을 재이용하는 것
4) Recycle(재생) : 상품 사용후의 행동에 관한 것으로 일단 상품의 수명이 다하면 신제품을 만들기 위하여 그것을 가능한 회수하여 재이용 하는 것

2. 그린 마케팅 해외 사례

우리나라보다 훨씬 앞서 그린 마케팅 개념을 도입한 선진 외국들도 아직은 그린 마케팅 광고가 널리 보편화된 것은 아니다. 특히 미국은 지난 15년간 환경에너지 보존과 공해 방지에 커다란 발자취를 남겼지만, 세계 최대의 천연자원소비국이자 지구 환경 파괴자이다. 왜냐하면 그 경제의 규모 때문에 미국은 매년 세계 에너지의 1/4을 소비하고 있으며, 비록 인구는 세계 인구의 5%도 안 되지만, 세계 15%의 아황산가스, 25%의 이산화질소 및 이산화탄소를 배출한다. 또 미국인 한 명당 매일 평균 3.5파운드의 쓰레기를 배출한다.

따라서 그 규모와 영향으로 자연히 미국의 기업과 소비자, 정부는 세계 어느 선진 국가들보다도 지구 환경 위기를 해결하기 위한 선구자가 되었으며, 소비자나 기업들 모두가 그린 마케팅에 대한 관심과 노력이 상당히 높을 수밖에 없었다.

심지어는 최근 세계의 환경 관련 협약이나 조약 등의 규제 조치를 선도하면서 자국 내의 수입 상품에 대한 엄격한 환경 기준의 적용을 시도함으로써, 우리나라와 같은 수출 주도형 개도국들은 이러한 일련의 조치들이 새로운 무역 장벽으로 등장함은 물론 사회·경제적인 영향과 파급도 크리라 예상된다.

이에 미국을 비롯한 유럽, 일본 등 외국 선진 기업들의 그린 마케팅 전략 및 활동 사례를 살펴봄으로써, 우리나라 기업들의 그린 마케팅 광고가 지양해야 될 문제점을 검토하고 앞으로 전개되어야 할 바람직한 방향을 모색하고자 한다.

1) 듀퐁 Dupont

모든 활동에서 궁극적으로 오염의 제로화를 목표로 하고 있는 듀퐁사에서는 1988년 3월 미국우주항공국 NASA이 프레온가스가 오존층을 파괴하는 물질이라고 발표하자마자, 세계CFC시장 25%를 차지하면서도 오는 2000년까지만 생산하고 그 이후엔 생산을 중단할 것이라고 밝혔다. 듀퐁사는

지금 최고 10억 달러를 투자한다는 계획 아래 CFC를 대체할 완벽한 무공해 물질의 개발을 서두르고 있다. 또 2000년까지 전 세계 듀퐁 공장에서 발생되는 모든 유독성 폐기물을 35%, 특히 발암성 가스 물질을 90% 이상 줄이겠다고 약속했다. 90년까지 포마셀, 악사렐, 수바 등의 대체 물질 개발에 성공하였으며, 이 작업은 앞으로도 계속해나갈 예정이다.

이 회사는 환경 분야의 비즈니스가 앞으로 유망할 것으로 내다보고 유독폐기물을 안전하게 처리하기 위한 안전 부서를 설치하였다. 2000년이면 폐기물처리 대행 업무로 연 10억 달러의 매출을 올릴 것으로 전망하고 있다.

이미 56년 전인 1938년에 환경에 대한 기업의 책임을 밝힌 바 있는 듀퐁사는 자체적으로 '환경 존중상'을 제정하여 환경 보호에 기여한 회사의 개인이나 사업부를 선정하여 시상하고 있다. 또한 매년 직원들의 환경 보호 활동을 평가하여 그 결과를 임금 결정에 반영하기도 한다. 한편 모든 신규 개발 제품은 기업 내 환경 위원회의 환경 심사 통과 후 사업화시키고 있으며, 전 세계적인 플라스틱 재활용 프로그램, 지역 사회 및 환경 단체와 연계된 환경 보전 활동, 생태계 보호 캠페인 등을 펼치고 있다.

듀퐁사가 주장한 기업 환경 보호주의 Corporate Environmentalism 는 와라드회장의 취임시 '오늘날 산업계가 직면한 최대의 과제는 환경 보전'이라는 점을 강조하면서부터 등장하기 시작하였다. 와라드 회장은 주요 선진국들을 돌며 프레온 가스의 생산 중지 선언, 플라스틱 등의 수지 제품의 회수 비즈니스, 야생 동물의 서식지 보호를 위한 지구 관리 등의 공약을 발표하였으며 그 실천을 위해 노력하고 있다.

2) 3M

화학, 테이프류, 소비자 용품을 생산하는 모범적인 공해 방지 기업인 3M사는 3P Pollution, Prevention, Pays 프로그램을 통해 공해 방지는 수익이 된다고 여겨 오염원에서의 사전 방지, 제품 설계시 환경 고려 등의 노력으로 환경 오염도를 절반 이상 감축시켰다.

이 프로그램은 처음에는 공장 단위의 작업 공전 개선에서부터 시작했으나, 1984년부터는 생산 단위별로 폐기물 최소화와 재생을 위한 특별 프로그램을 개발하였다.

또한 기존 공장에는 특별 예산을 편성하여 오염 방지 설비를 설치토록 했으며 주정부와 연방정부의 규제 조치 전에 스스로 공해 방지 정책을 수립하여 자발적으로 시행하고 있다.

3M사는 광범위한 제안 제도의 기초 위에 15년간 2,700가지의 환경 개선 프로그램 추진으로 폐기물을 41만 톤 삭감하여 5억 달러의 경제적 이익을 가져 왔다. 그리고 전 세계의 산하 공장에 비용을 고려치 않고 기술상으로 가능한 최상의 오염 방지 설비를 1993년까지 설치하였으며, 이러한 노력을 결과로 발생된 배출권의 매각 권리를 행사하지 않고 각국의 정부에 반납하였다.

3) 맥도널드 McDonald's

전 세계 52개국에 1만1천 개의 레스토랑을 내고 있는 맥도널드사는 매일 2천2백만 명에게 식사를 제공하고 있으므로 사용되는 종이나 플라스틱도 막대한 양에 달한다. 그러므로 쓰레기 처리에 3R$_{Reduce, Recycle, Reuse}$원리를 적용해 환경 문제에서 선구자적인 역할을 담당하고자 한다.

즉, 폴리스티렌이 100% 재생 가능한 점에 착안하여, 고객들에게 음식을 먹고난 뒤 포장 용기를 버리지 말고 따로 모아줄 것을 호소하는 캠페인을 벌이고 있다. 또 빨대를 전보다 20% 가볍게 만드는 간단한 방법으로 연간 100만 파운드의 폐기물을 줄이는 효과를 거뒀다.

91년 4월에는 '맥 리사이클'이라는 연간 1억 달러의 재활용 제품 구입 프로그램을 발표했다. 이것은 미국 내의 레스토랑을 신축·개조할 때 건축 재료에 재활용제품을 사용하자는 것으로, 재료비 총 예산의 25%에 해당된다. 맥도널드사는 매년 375개의 점포가 신축되며, 1천 개의 점포가 개축되고 있다. 그리고 냅킨, 트레이 매트, 패키지 종류의 종이 제품도 6백만 달러 규모의 재활용제품이 사용되고 있다. 또한 소프트드링크의 패키지도 불필요한 프로세스를 없앴으며, 스트로, 패키지, 컵 등도 경량화 시켜 사용 재료와 쓰레기양의 감소를 꾀하고 있다. 맥도널드사는 기업 방침으로 햄버거용 소고기는 모두 레스토랑이 근접한 지역에서 들여오며, 열대우림 지역의 보존·보호 측면에서 그 지역 또는 그것을 개척한 지역으로부터의 소고기 구입을 금지시키고 있다.

특히 환경 문제를 생각할 때 차세대를 이어나갈 어린이들의 교육이 중요하기 때문에, 학교에서 환경 문제의 커리큘럼 만들기를 원조하는 '환경 행동대Environmental Action Pack'라는 교육 프로그램을 제공하고 있다. 또 생태학 운동 단체의 세계 야생동물 보호 기금(WWF: World Wildlife Fund)과 공동 개발한 [위콜리지Wecology]라는 작은 잡지를 통해 어린이들이 알기 쉽게 환경 보호와 자연 보존의 프로모션을 강화해 나가고 있다.

맥도널드사는 이와 같은 환경 문제의 정책과 프로그램을 '환경 업무Environmental Affairs'라는 부문에서 시행하고 있다.

4) GE

GE는 2005년 도입한 친환경 전략인 '에코메지네이션(생태학을 의미하는 Ecology의 eco와 GE 슬로건인 Imagination at work(상상을 현실로 만드는 힘)의 Imagination을 합쳐서 만든 합성어'의 목표를 당초 예정보다 1년 당겨 달성, 친환경 제품 및 서비스로 매출은 모두 180억 달러로 매년 늘고 있는 추세이다. 이 기업의 사업은 조명, 물, 재생에너지 등 도시 인프라의 녹색화에 초점이 맞춰져 있다. 회사 측은 이부문에 2015년까지 100억 달러를 추가 투자할 계획에 있다.

5) 지멘스

지멘스의 친환경 비즈니스모델은 도시가 방출하는 탄소 배출량을 도시와 협력해 줄여주는 '그린시티 만들기' 전략이다. 탄소제로 하이테그 도시, 저탄소 폐수시스템, 그린버스 등의 사업모델로 도시를 공략하고 있다. 고객의 CO_2 배출량을 2억 1000만 톤이나 절감했다. 이는 뉴욕, 도쿄, 런던, 베를린 등 4개 주요도시의 연간 CO_2 배출량을 합친 양과 같다. 2012년까지 총 3억톤의 CO_2 절감효과를 목표로 하고 있다.

마케팅 이야기

외국사례 JAPANESE ECONOMY - 고효율 에너지 국가 일본

① 친환경 미래 청사진을 그리다.

2013년부터 일본에서는 백열전구를 찾아볼 수 없게 된다. 정부의 에너지 절약 방침에 의해 2012년까지 백열전구는 모두 형광등형 전구로 전환될 예정이다. 브라운관TV 역시 액정 TV에게 자리를 내주고 모두 사라지게 된다. 일본에는 '절전소'가 있다. '절전'과 '발전소'를 합한 신조어다. 내가 1kWh(킬로와트시)를 쓰지 않으면 누군가 대신 쓸 수 있는 에너지를 생산해낸 것과 같다는 것이다. 그렇게 아낀 전기요금을 모아 시민 출자로 태양광발전소 건설에 투자한다. 나가노현 이이타 시에서는 주민 중심으로 태양에너지로 전환하자는 운동이 벌어지고 있다. 시민들이 직접 세운 태양광발전소만 38개다. 총 시민 출자금액은 약 2억 4000만 엔에 달한다. 발전소를 만들면 출자자의 이름을 발전소 건물에 새기고 이익금을 출자하거나 친구들이 결혼 축의금 대신 출자금 증서를 선물하는 경우도 있다. 이이타 시의 한 유치원에서는 졸업하는 원생들이 기념으로 태양광 전지를 사서 기부하기도 한다. 재생 가능 에너지에 대한 관심이 생활화 한 것이다.

② 요일쇼크로 시작된 에너지 절감노력

일본이 에너지 위기와 기후 변화에 대비하는 방식은 놀랍도록 세밀하다. 정부, 지방자치단체, 기업과 산업계, 시민들이 3단계 해법인 에너지 절약, 효율 향상, 재생 가능 에너지로의 전환을 실행에 옮기고 있다. 일본 정부는 1·2차 오일쇼크 이후 일본 사회 전체를 에너지 저소비형으로 전환해왔다. 엔화의 가치가 높기도 하지만 실질 GDP 1000달러를 생산하는 데 들어가는 에너지 소비량은 세계 최저 수준이다. 비싼 전기요금은 개인과 기업의 에너지 소비 절약을 유도하고 있고, 정부가 에너지 다소비 기업 5000여 개의 에너지 절약을 직접 관리한다.

③ 총리부터 실천하는 에너지 절약

일본 정부는 환경성 주도로 2004년부터 2008년까지 '탈온난화 2050 프로젝트'를 준비해왔다. 시나리오는 2050년까지 이산화탄소$_{CO_2}$배출량을 1990년 대비 70%삭감힌다는 목표로 저탄소 사회 구축을 위한 12가지의 대책을 제시하고 있다. 후쿠다 야스오 일본 총리는 지난 7월 홋카이도 도야코에서 열린 주요 선진 8개국G8 정상회의에서 지구온난화 문제를 주요 의제로 부각시키면서 2050년까지 현재 대비 최대 80%까지 온실가스를 줄이겠다는 '후쿠다 비전'을 천명한 바 있다. 이는 오랜 준비와 치밀한 계획을 바탕으로 사회적 합의를 이룬 결과물이라고 할 수 있다. 8월 8일 열린 베이징 올림픽 개막식에 후쿠다 총리는 대형 보잉기 대신 소형 수송기를 타고 참석했다. 말이 아니라 행동으로 국민들

에게 일관되게 정부의 정책 의지를 보여주는 것이다. 또한 일본 정부는 최근 초고유가 상황을 맞아 창문·유리·창틀에 단열 성능 수치 표시를 의무화하고, 항공자위대 전투기의 비행 속도와 이착륙 훈련 횟수를 줄였다.

④ 하이브리드카 시장의 지배자 도요타
산업계도 에너지 절약이나 온실가스 감축을 기업 활동의 장애요소로만 여기진 않는다. 유럽에서도 적극 도입하고 있는 '톱 러너(Top Runner : 에너지효율 목표관리제)' 방식은 일본에서 시작된 제도다. 에너지 효율이 최고인 제품을 업계 표준으로 지정해, 같은 제품을 생산하는 업체들이 최고 수준의 효율을 달성하도록 강제하는 방식이다. 연료 겸용 자동차 생산의 선두 주자인 도요타는 단연 돋보인다. 1997년 세계 최초로 하이브리드카를 출시하기 시작한 도요타는 현재 전 세계 하이브리드카 시장의 85% 정도를 차지하고 있다. 일본의 우편사업 회사는 전국에 보유 중인 2만여 대의 자동차를 모두 전기자동차로 바꾸기로 했다.

⑤ 폐식용유로 움직이는 청소차량
도쿄都는 2020년까지 총 에너지의 20%를 재생 가능 에너지로 바꾸고, 2000년을 기준으로 이산화탄소 발생량을 25% 감축하는 계획을 수립했다. 이를 위해 도내 대규모 에너지 소비자 1300여 개 사업장을 대상으로 철저한 에너지 수요 관리 정책을 펼치고 있다. 지난 2002년부터 각 대상 사업장에 '5년 단위 이산화탄소 삭감 계획'을 제출하고 매년 이행 실적을 보고하도록 했다. 도쿄都는 기업이 제출한 계획서와 보고서에 대해 5단계 평가를 내리고, 그 결과를 도 홈페이지에 공표한다. 도쿄都가 이렇게 건물별로 이산화탄소 배출량을 규제하면서, 규제 전에 비해 전력 사용량이 10% 줄어들었다. 교토시는 폐식용유로 수거해 바이오디젤을 생산해서 관내에서 운행하는 청소차량의 연료로 사용하고 있다. 농업과 어업을 기반으로 둔 지자체들은 '바이오매스(Biomass : 신에너지연료)'를 이용해 에너지를 생산하는 '바이오매스 타운'을 조성하고 있다.

경제성장·에너지효율, 두 마리 토끼 잡다.
일본은 지금까지 에너지 절약과 기후변화 대응을 위해 많은 노력을 기울여왔다. GDP 대비 석유 수입량 비율, 전체 에너지 공급량에서 석유가 차지하는 비율은 지속적으로 줄고 있다. 석유 의존도를 줄인 덕에 1973년 오일쇼크 때에 비해 경제 규모가 두 배로 늘었으나 석유 수입은 오히려 16% 줄었다. 국제 학술지인 〈에너지정책Energy Policy〉 2008년 3월호에 따르면 우리나라는 세계에서 두 번째로 '에너지 취약성지수'가 높다는 결과가 나왔다. 우리나라보다 에너지를 3배나 더 효율적으로 사용하고 있는 일본이 취약성이 다소 낮은 국가(18위)로 평가 되었다는 점에 주목해야 한다.

- 자료 : 'ASIA INVESTMENT' 미래에셋투자교육연구소

학습정리

1. 환경친화적 그린마케팅Green Marketing의 본격적인 부각
   1992년 6월 브라질의 리우데자네이로에서는 '리우환경선언The Rio Declaration on Environment and Development'을 발표했다. 이후 세계 경제개발의 패러다임은 '환경적으로 건전하고 지속가능한 개발'로 전환되었고, 이는 1970년대부터 세계로 확산되기 시작한 환경보전 의식이 맺은 큰 결실이며, 후속 협약과 조치들이 이어지며, 리우선언은 기업들에게 환경보전이라는 사회적 책임을 안고 새로운 경영전략을 수립해야 한다는 명제를 제시했다.

2. 그린 마케팅의 등장배경
   환경문제의 심화, 고도 산업사회, 사회 마케팅 등장, 환경 중심주의의 대두

3. 그린 마케팅의 역할과 필요성
   1) 역할
      기업에 있어 대체적으로 친환경마케팅에 대한 일차적인 목표는 환경경영체제를 구축한 뒤에도 수익성을 확보할 수 있도록 하는 기반으로 활용되기를 도모하게 되고 이를 통해 단기적으로는 수익성을 확보하며 장기적으로는 회사의 지속적 번영을 추구하기 위함이다.
   2) 필요성
      - 소비자의 욕구 충족
      - 사업 기회의 확보
      - 기업의 영속성 보장
      - 경쟁적 우위 점유
        국가경쟁력 강화

4. 그린마케팅 사례 : 맥도널드, 3M, 듀퐁 그리고 외국사례 일본

학습문제

01 그린 마케팅은 친환경 산업을 육성하기 위한 마케팅 활동이다. (○, X)

> 해설 지구온난화, 오존층파괴, 산성비, 열대림감소와 사막화, 생물다양화 감소 등으로 지구 환경의 변화로 인해 발생하는 악영향으로부터 기업들은 사회적 마케팅 차원에서 행하여지는 일련의 모든 마케팅이다. 단지 친환경산업을 육성 하는 것만은 아니라 할 수 있다.   정답 : ×

02 그린 마케팅이 본격적으로 알려지게 된 것은 "리우환경선언" 이후이다. (○, X)

> 해설 1992년 6월 브라질의 리우데자네이로에서는 한국을 포함한 세계 1백 56개국의 지도자와 과학자들이 모여 인구·환경 및 개발을 총체적으로 논의하면서 지속성 있는 인간사회를 형성하기 위한 '리우환경선언'The Rio Declaration on Environment and Development을 발표했다.   정답 : ○

03 그린 마케팅이 발생하게 된 배경 중 잘못된 것은?
① 환경문제의 대두   ② 고도 산업사회
③ 사회 마케팅 등장   ④ 소비자 주권

> 해설 3M경제Mass Production, Mass Sales, Mass Consumption 체제로 인한 소비 생활의 변화는 자원 에너지의 소비를 가속화시킴으로서 생겨난 환경의 오염 문제는, 소비자와 기업이 사회생태학적인밸런스와 인간 복지의 지향이라는 보다 높은 차원의 소비자 주권Consumerism을 수행으로서 해결될 수 있다. 즉, 소비자 주권은 해결방안이다.   정답 : ④

04 제품 사용 후의 폐기물을 재활용하기 위해 자원을 재순환시키는 과정과 관련된 의사결정을 무엇이라고 하는가?

① 역유통경로 ② 생태 사이클
③ 피드백   ④ 재순환

해설 역유통경로 관리란 제품 사용 후의 폐기물을 재활용하기 위한 역유통 과정을 통하여 자원을 재순환시키는 과정과 관련된 의사결정을 의미하는데, 두 가지로 분류할 수 있다. 하나는 어떤 제품에서 발생된 폐기물을 회수하여 그것을 다른 종류의 제품으로 만들거나 에너지 제품으로 전환시키는 활동Reclamation이고, 또 다른 하나는 형태를 바꾸지 않고 다시 활용하는 활동Reuse이다.   정답 : ①

05 이것의 주요 원인은 CFC라는 물질이며 온실가스의 하나로써 지구 온난화의 큰 영향을 미치고 있다. 이것은 무엇인가?

① 오존층파괴 ② 산성비
③ 열대림감소 ④ 사막화

해설 듀퐁사에서 개발한 프레온가스가 대기층 즉, 오존층을 파괴하는 물질이라 하여 지구 온난화의 원인이라고 발표 됨   정답 : ①

06 최근 환경을 고려한 상품과 서비스가 활발하게 일어나고 있다. 이러한 환경의식적인 소비자 운동을 그린 소비자 운동이라고 부른다. 다음의 보기를 보고 알맞은 4R의 요건을 고르시오.

> "상품 사용 후의 행동에 관한 것으로 일단 상품의 수명이 다하면 신제품을 만들기 위하여 그것을 가능한 회수하여 재이용 하는 것"

① Refuse ② Reduse
③ Reuse   ④ Recycle

해설 리사이클에 대한 설명 내용   정답 : ④

07 듀퐁(Dupont)사가 기업 환경 보호주의를 주장하며 사회적 마케팅을 하고 있는데 그 내용이 아닌 것은?
① CFC(일명 프레온 가스)를 대체할 무공해 물질의 개발
② '환경존중상'제정하여 기업이나 개인을 선정하여 시상
③ 오염사전방지 시설 및 제품 설계 시 환경 고려로 환경 오염도를 절반이상 감축
④ 유독폐기물 안전하게 처리하기 위한 안전부서 설치

해설 ③ 내용은 3M의 환경보호 프로그램을 나타내는 내용임 정답 : ③

08 맥도널드도 환경 문제에 있어서 선구자적인 역할을 하고 있는데 이와 같은 환경문제 정책과 프로그램이 아닌 것을 고르시오.
① 레스토랑 신축, 개조할 때 건축 재료에 재활용제품을 사용
② 열대우림 지역 보존, 보호 측면에서 그 지역으로부터의 수입 금지
③ 학교에 '환경 행동대'교육 프로그램 제공
④ 기업내 모든 백열전구는 형광등 및 LED로 전환

해설 ④는 일본 정부의 에너지 절약방침에 의해 예정된 친환경 및 에너지 절약 운동의 내용 정답 : ④

제7장
디자인 마케팅
Design Marketing

"디자인은 인간이 만든 창조물의 중심에 있는 영혼이다."

– 스티브 잡스

학습목표

1. 미래경영의 핵심 요건인 디자인 마케팅이란 무엇인가에 대해 알게 된다.
2. 디자인과 마케팅의 결합으로 인한 전략 활용에 대해 알게 된다.
3. 디자인 마케팅의 이론과 사례를 통해 기업의 디자인 경영 전략을 수립할 수 있는 능력을 갖게 된다.

핵심키워드 : 디자인마케팅, 시각감성, 에쓰노그래피, 패밀리룩, 드림마케팅

사람들은 대부분 디자인을 겉포장쯤으로 생각한다. 하지만 이는 디자인의 진정한 의미와는 거리가 멀다. 스티브 잡스가 애플사로 다시 컴백했을 때 제일 먼저 생각한 것이 디자인 경영이었다. '디자인은 인간이 만든 창조물의 중심에 있는 영혼이다.'라는 말의 표현으로 스티브 잡스도 중요하게 생각했던 디자인, 그리고 점차 중요해지는 디자인 마케팅, 오늘날 왜 디자인 마케팅이 중요한가에 대해 생각해 보기로 하자.

핵심정리

디자인이란?
'브리태니커'에서 "어떤 구상이나 작업계획을 구체적으로 나타내는 과정 또는 마음속에 이미 세워져 있거나 밑그림으로 나타낸 구상이나 계획 자체', '위키피디아(Wikipedia)'에서 "일반적으로 응용 미술, 엔지니어링, 건축과 여러

> 창조적인 노력을 하는 분야에서의 맥락으로 쓰이는 새로운 물건을 개발하고 독창적으로 만들어 내는 과정을 일컫는 말"이라고 한 것. 비슷하면서도 뉘앙스에 차이가 있는 이것은 다름 아닌 '디자인(design)'에 대한 정의다.
>
> 이처럼 정의는 되었지만, 난해한 개념인 것은 분명해 보인다. 개개인의 이해 정도, 적용 분야, 시점에 따라 '디자인'의 의미는 확연히 달라진다. 디자인의 어원은 '지시하다', '표현하다', '성취하다'라는 뜻을 가진 라틴어 데시그나레(designare)에서 유래한 것으로 알려져 있다. 선사인류의 지적표현물인 벽화 등에서 볼 수 있듯 디자인은 오랜 기간 미술이나 예술분야에서 주로 쓰였고, 미술에서는 밑그림이나 구상, 예술에서는 표현양식으로 이해됐다. 산업화 이후 기계, 자동차, 건축 등 산업분야에서 디자인은 주로 모델, 계획 등의 개념으로 받아들여진다. 고도의 지식정보화사회인 현재 '디자인'은 더욱더 관념적이고 추상적인 개념으로 진화해 가고 있다.

일반적 제품디자인은 산업화된 사회와 생산체계 속에서 생산되는 제품과 그 환경을 사회. 경제. 기술. 생태. 심리적 측면을 총체적으로 고려하여 생산자와 소비자의 입장에서 창의적으로 계획하고 심미적으로 표현하고 구체화 시키는 활동이라고 정의된다.

실제 사회 속에서 제품디자인은 제품의 목적과 요구에 기초하여 그 형태를 구체화하는 것을 기본으로 하고 있다. 이러한 제품디자인의 기능은 소비자의 요구, 기술, 재료, 경제성, 마케팅, 판매 등 각 부문과 밀접한 유대를 맺으며 제품의 개념과 기능의 혁신, 미의 창출, 생산비의 절감, 판매의 촉진 등을 통하여 제품의 종합적 가치를 극대화시켜 소비자와 기업을 연결시키는 핵심적인 역할을 수행한다.

이와 같은 디자인의 다원적인 기능은 역사적으로 제품개발과 디자인의 여러 성공사례들을 통하여 잘 표출되고 있다. 이렇게 다양한 디자인 개발은 기업의 마케팅전략의 방편으로 커다란 부분을 차지하며 따라서 디자인을 통하여 제품개발이 성공하고 기업경영과 밀착되기 위해서는 디자인 기능의 폭넓은 해석과 함께 성공을 거두기 위한 디자인과 창조의 방향에 깊은 이해가 필요하다.

"디자인+마케팅"! "미술+경영"같은 느낌이다. 톰 피터스(T. Piters)는 미래를 경영하는 4가지 요건의 하나로 리더십, 트렌드, 인재와 더불어 디자인을 소개하였다. 미래학자들에게 디자인은 경영의 핵심영역에 들어와 있는 것이다.

이렇듯 중요한 디자인이란 무엇인지, 그에 따라 디자인 마케팅은 무엇인지에 대하여 알아보도록 한다.

그럼, 디자인 마케팅에 들어가기 앞서 먼저 디자인이란 무엇인가에 대해 설명하여 보자.

디자인은 사람에 따라 다양한 의미를 지닌다고 할 수 있다. 디자인은 계획하고 설계하고 결정하는 것이다. 또한 시각화 하고 새로운 아이디어를 얻고자 사물들을 새로운 방법으로 결합한다. 디자인이란 원래는 프랑스의 데생dessein, 이탈리아의 디셰뇨desegno, 라틴어의 데시그나레designare에서 유래하였으며 사전적 의미로는 도안, 밑그림, 소묘, 설계, 구상, 줄거리, 의도, 목적의 뜻으로 쓰이며 미시적으로는 그림을 그린다는 의미이나 거시적으로는 목적을 위한 계획이자 실천을 의미한다. 현재는 의장(意匠)·도안(圖案)을 칭하기도 한다. 디자인의 종류는 다음과 같다.

 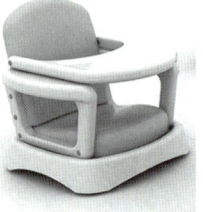 

〈시각디자인〉　　〈제품디자인〉　　〈환경디자인〉

첫째, 인간생활에 필요한 정보와 지식을 넓히고 보다 신속, 정확하게 전달하기 위한 시각을 중심으로 하는 시각디자인 visual design

둘째, 인간생활의 발전에 필요한 제품 및 도구를 보다 다량으로 보다 완전하게 생산하기 위한 제품디자인 product design

셋째, 인간생활에 필요한 환경 및 공간을 보다 적합하게 활용하기 위한 환경디자인 environmental design으로 구성되어 있다.

디자인은 아이디어에서 출발하여 어떤 목적을 향해 계획을 세우고 문제해결을 위한 사고와 개념을 가시적이고 촉각적인 매체로 표현하여 유통시킴으로써 인간의 정신적, 물질적인 욕구를 최대한 만족시키는 인

공적 환경형성을 도모하는 창조적인 활동이다. 즉, 디자인은 모든 사람의 일상이며, 또한 어떤 가능성을 전제로 시작하는 생활의 예술, 사회적 과정이고, 커뮤니케이션의 수단인 것이다.

핵심정리

좋은 디자인의 조건
① 합목적성 : 어떤 물건의 존재가 일정한 목적에 부합되는 것을 말하며, 그 수단이나 방법이 실용성, 기능성의 목적을 가르킨다.
② 심미성 : 합목적성과는 달리 개인이 주관적으로 아름답다는 느낌으로 미의식을 뜻한다. 여기서의 미란 아름답게 하기 위하여 표면에 회화적인 장식을 하는 피상적인 것이 아니라, 기능과 유기적으로 연결된 형태, 색채, 재질의 아름다움을 창조하는 것을 말한다.
③ 경제성 : 가장 적은 노력으로 가장 큰 효과를 얻으려는 경제 원칙은 당연히 디자인에서도 통한다. 즉 허용된 여건 안에서 가장 뛰어난 결과를 만든다는 뜻이다.
④ 독창성 : 창의적인 감각에 의해 새로운 가치를 추구한다. 차별화, 주목성이 높도록 창조족인 디자인을 해야 하며, 부분수정이나 변경을 뜻하는 재디자인Redesign도 창조에 속한다. 허나 독창성만을 강조하여 대중성이나 기능을 무시해선 안 된다.
⑤ 질서성 : 앞의 네 가지 조건이 서로 조화롭게 유지되는 것을 말하며 각 원리에서 가리키는 모든 조건을 하나의 통일체로 하는 것은 질서를 유지하고 조직을 세우는 것이다.

> 학습내용

1. 디자인 마케팅의 이론적 배경

1) 디자인 마케팅

새 시대를 맞아 새로운 마케팅 기법과 전략이 절실히 요구되고 있다. 우리가 앞으로 살아갈 21세기에는 소위 3D가 경쟁력의 기반이 된다고 한다. 그 첫째가 디지털$_{Digital}$이고, 둘째는 생명공학$_{DNA}$, 그리고 셋째가 바로 디자인$_{Design}$이다.

디자인은 기업에서 생산하는 제품의 부가가치를 높여주고 경쟁력의 기반이 된다. Sony의 Walkman에서부터 Swatch 손목시계나 Nike 운동화며, Phillips 면도기, BMW 미니쿠퍼, 애플의 i-pod, i-phone시리즈, 삼성의 LCD 보르도와 갤럭시s, LG의 쵸코릿폰, 모토로라 레이저 등 세계적 인지도를 가진 브랜드들은 모두 개성 있는 디자인을 주무기로 삼고 있다. 디자인을 통해 다른 경쟁 제품들과의 차별화를 달성해 낸 것이다. 소비자의 삶을 질적으로 향상시키고 기업과 국가 경쟁력을 높이는 데 디자인은 무엇보다 중요한 요소이다.

기업에서 생산하는 제품의 부가가치를 높여주고 경쟁력의 기반

삼성LCD 보르도

LG 쵸코릿폰

애플 i-pod

좋은 디자인의 제품은 단순히 시각만을 만족시키는 것은 아니다. "보기에 좋은 떡이 먹기에도 좋다"는 말처럼, 좋은 디자인의 제품은 자신이 갖춘 기능을 정확히 잘 이행해야 하고 소비자가 사용하기 편리해야 한다. 사람의 기분을 좋게 하고 삶을 윤택하게 할 때 그 제품의 디자인이 빛을 발하는 것이고, 이러한 사항에 부합치 않을 경우에는 오히려 나쁜 인상을 심어주고 만다.

1980-90년대의 제조업체들은 소위 전사적 품질 관리(TQM: Total Quality Management)나 간소 생산 방식$_{lean\ production}$ 등을 통해 제품의 질을 향상시키고 원가를 낮추고자 노력하였다. 그 결과 소비자들은 이제 양질의 제품과 서비스를 제공받게 되었다. 그런데 제품의 품질은 단계적으로 발전해 나아간다. 첫 단계는 생산품의 질을 균일하게 맞추는 적합품질$_{conformance\ quality}$의 단계이고, 다음은 그 정도를 높여 소비자의 의구심을 불식시키는 신뢰품질$_{reliability}$의 단계이며, 이것이 성취되면 제품이 가진 성능을 다양화시키는 성능품질$_{performance\ quality}$의 단계가 된다. 현재 많은 제품이 이러한 성능품질의 단계에 올라와 있다. 하지만 이로써 경쟁업체의 제품과 자사의 것을 구별해 내기 힘들다. 이러한 상황을 타개하기 위해 나온 것이 바로 감성품질$_{amenity\ quality}$의 개념이다. 즉, 소비자의 느낌과 감성에 맞아떨어지는 차원에서의 품질을 성취하자는 것이며, 이러한 맥락에서 디자인이나 서비스 같은 제품의 외재적 속성이 중요한 차별화 기준이 된다.

디자인 마케팅이란 쉽게 말한다면 마케팅 전략에 디자인의 요소를 적용하여 판매를 극대화시키는 전략을 말한다. 캐릭터를 이용한 광고, 판촉 전략이라든지 제품 자체의 디자인을 차별화 시키는 전략, 각종 사인물의

디자인에 차별화를 주는 전략 등 그 범위는 다양하다. 특히 제품의 기능이나 서비스의 차별이 두드러지지 않는 경우나 디자인, 유행에 민감한 소비자층을 공략할 때 디자인 마케팅의 위력은 나타난다. 소자본 창업자나 소호 창업자들의 경우 디자인 마케팅 전략은 최소의 비용으로 소비자들의 시선을 잡을 수 있는 최선의 전략이다. 그럼 좀 더 본질적인 문제에 접근해 보자. 디자인 경영의 핵심이 '굿 디자인이 굿 비즈니스'라는 말로 함축된다면 결국 디자인 경영에 있어서 디자인의 본질은 비즈니스가 전제되어야 한다. 상품과 그 상품을 만드는 공급자(디자이너), 그리고 이를 구매하는 소비자간의 거래가 기본이 된다는 것이다. 디자인은 가장 기본적인 상품의 제조, 판매라는 경제활동의 모티브가 되며 21세기가 강조하는 디자인의 의미란 결국 마케팅을 배제하고는 설명이 불가능하다는 의미가 된다. 물론 광의의 의미에서 디자인이란 좀 더 거시적인 안목이 필요하다는 것을 인정한다. 그러나 지금 여기서는 대부분의 기업이 외쳐대는 디자인 경영이나 디자인 비즈니스를 전제로 디자인을 풀어나가려는 것이다. 디자인의 보다 깊고 심오한 세계, 철학적인 의미는 일단 접어두자.

　디자인은 경영의 새로운 혁신역량이자 경쟁도구이다. 시장의 성공요소가 가격, 기능, 속도에서 경험, 감성, 브랜드로 전이되면서 디자인은 성공의 또 다른 핵심역량으로 대두되고 있다. 세계적인 성공을 거두고 있는 삼성전자 LCD TV 보르도의 경우 붉은 와인이 조금 남아있는 와인잔을 연상케 하는 디자인을 목표로 제품이 개발되었으며, LG전자의 초콜릿폰은 출시 된지 약 4주 만에 55만대의 해외 판매고를 올리며 밀리언셀러 대열에 들어섰고, 스티브 잡스의 애플 아이팟은 어떤 기능을 갖추고 있는지도 중요하지만, 그 보다는 어떤 것이 더 예쁜 것인지에 초점을 두었고, 내가 보기에 멋진 것이 아니라 남들이 보기에 어떤 것이 멋진 것인가를 먼저 생각했다. 디자인은 창조경영을 요구하는 경영환경에서 미래를 위한 상상력과 창조적 아이디어를 만들어내는 가장 빠른 길인 것이다.

　10년 전만 하더라도 마케팅은 유통과 세일즈를 담당하는 경영의 일부에 불과했다. 그러나 최근 CEO, CFO에 이어 CMO(Chief Marketing Officer)가 주목 받고 기업의 생산까지도 마케팅팀의 주도에 의해 이루어지기 시작했다. 하지만 더 중요한 것은 제품을 움직여 마케팅을 하던 시대가 지났다는 점이다. 이제는 인간을 움직여 마케팅을 하는 시대이다. 그리고 인간을 움직일 수 있는 핵심은 인간의 마음, 즉 감성이다. 바야흐로 디자인마케팅이 중요한 시대가 되었다.

디자인마케팅을 이끌어내는 주체는 디자이너도 마케터도 아니다. 디자인마케팅의 주체는 "마케팅적 사고가 가능한 디자이너" 또는 "디자인적 사고가 가능한 마케터" 즉, "디자인마케터"이다. 디자인마케터는 시장을 분석하고 타겟과 세일즈 가격을 계산하는 것은 물론 디자이너들의 특성을 파악하고, 새로운 디자이너를 발굴하며 엉뚱한 상상과 유머감각으로 제품개발을 이끌 줄 알아야 한다. 디자인과 마케팅의 세계를 자유롭게 넘나들며 소통과 조화를 이끌어낼 수 있는 사람이 디자인마케터로 정의된다.

표 7-1 마케팅과 디자인의 관계

특징	마케팅 관리자	디자이너
목표	· 장기적 · 이익/수익률 · 존속 · 성장 · 조직의 영속성	· 단기적 · 제품/서비스의 품질 · 개혁 · 명성 · 경력 축적
주안점	· 사람 · 시스템	· 사물 · 환경
교육	· 회계사무 · 엔지니어링 · 언어적 · 수치	· 공예 · 미술 · 시각적 · 기하
사고방식	· 연속적 · 일직선형 · 분석 · 문제 지향적	· 전체론적 · 수평적 · 종합 · 해결위주
행동	· 비관적 · 적응적	· 낙관적 · 혁신적
문화	· 일치 · 시중	· 상이 · 실험적

마케팅과 디자인이 절대 필요한 시대에 기업이 살아남기 위해서는,
① 제일 먼저 시장의 흐름을 읽을 수 있는 눈을 가진 마케터와 디자이너가 있어야 한다. 제일 중요한 인재확보가 우선이다.
② 새로운 권력이라고 할 수 있는 소비자, 이들의 제품 구매 심리를 먼저 읽어야 한다. 높은 가치를 담았다고 하더라도 이들이 외면하면 제품은 팔리지 않는다.
③ 제품이 더 이상 팔리지 않는 시대에 와 있다. 정체된 이 시장을 돌파하기 위해 필요한 것은 새로운 기능이 아니라 디자인이 가미된 제품을 통해 감성에 호소하는 전략이 필요하다.

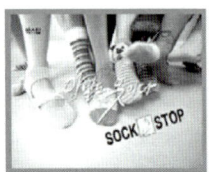

싹스탑은 '입고 다니는 양말'이라는 이미지가 먼저 떠오르는 제품으로 기존의 흔히 신발 속에 들어가 보이지 않는 제품에서 입고 보여주는 디자인 강화 제품으로 업그레이드하였다.

이 브랜드의 목표는 '남 다른 것을 창조 한다.'였다. 신발 속에 들어가 시선을 끌지 못하는 부분까지 신경 쓴다는 신세대적 감각을 잘 반영한 감성적 디자인 마케팅이라 할 수 있다.

디자인을 제품 생산 공정의 최우선으로 두는 '디자인 퍼스트'

디자인과 마케팅이 그동안 별개로 움직여왔지만 앞으로는 이 둘의 관계가 더욱 긴밀해지고 디자인의 중요성은 크게 부각될 것이다. 기능에 디자인을 입히는 것이 아니라, 디자인이 먼저 나온 상태에서 하드웨어적인 장비, 부품, 부속들이 거기에 맞게 제작되어 시장에 선을 보인다.
"전 세계 고객들이 손쉽게 사용하고 편하게 휴대할 수 있는 인간 중심의 제품을 만드는 것"

아이리버를 만들 때의 유명한 일화가 바로 '구겨 넣어' 이다. 디자인을 먼저 만들고 엔지니어가 기술을 개발했었는데, 엔지니어 입장에서는 다양한 기능과 기술을 넣기 위해서는 디자인이 조금만 변경되었으면 했다. 그래서 이를 요청했더니 돌아온 CEO의 답변은 '그냥 구겨 넣어' 였다고 한다. 디자인 퍼스트에 입각해서 먼저 디자인한 아이리버에서는 제품의 가장 큰 경쟁력을 디자인이 두었고, 기술과 기능 때문에 디자인 가치가 침범되어선 안 된다고 판단했던 것이다. 덕분에 아이리버는 혁신적인 MP3 플레이어 디자인으로 시장을 공략해나갈 수 있었다. 무명의 회사 레인콤이 15억 매출에서 4000억 매출의 세계적인 기업으로 성장한 배경에도 디자인이 있었다. 히트상품이 된 LG의 초콜릿폰도 디자인 퍼스트가 적용된 경우다. 디자인을 먼저 해두고 거기에 맞게 기능을 끼워 맞추는 식으로 개발되었다. 최근에 만들어지는 IT 제품들의 상당수는 디자인 퍼스트가 적용되고 있고, 디자인 퍼스트의 적용은 광범위하게 확산되고 있다. 이는 디자인이 마케팅에서 조연이 아닌 주연으로 자리 잡아 가고 있는 것이다.

2) 디자인 마케팅의 중요성

우리는 그동안 마케팅 활동의 목표인 제품의 품질$_{product\ quality}$이나 고객만족$_{customer\ satisfaction}$에 대한 정의를 지나치게 소비자들의 이성에 맡겨 온 것이 사실이다. 예를 들어 냉장고를 생산·판매함에 있어서 이것이 튼튼하게 만들어져 오래 가고, 음식을 잘 냉장 보관하며, 전기를 많이 소비하지 않는 절전형이라면 소비자들의 욕구에 비교적 충실히 부응하는 좋은 품질의 냉장고라고 간주해왔다.

그러나 냉장고 역시 다른 대부분의 제품과 마찬가지로 소비자들의 생활을 편리하고 윤택하게 만들고자 하는 목적을 가지고 생산된다. 그렇다면 이러한 제품들은 소비자들이 보기에 기분 좋고, 또한 쉽게 이용할 수 있어야 한다. 이것이 디자인의 역할이다. 앞으로는 이러한 디자인의 중요성이 기업의 마케팅 활동에 있어서 더욱 부각이 될 것이다. 미래기업의 성공조건을 통하여 디자인마케팅의 중요성을 살펴보자.

첫째, 창조적인 기업이다. 지식경제시대에 지식노동계급이 존재했다면, 새로운 창조경제시대에는 지식창조 계급이 시대를 변화시키고 있다. 이윤의 원천이 효율성과 효과성에서 창조성과 다양성으로 이동하고 있다. 20세기에는 물건을 잘 만들면 1등이었지만 21세기에는 디자인, 마케팅, 연구개발 등이 복합적으로 어우러진 창조적인 제품을 만들어야 1등이 된다.

둘째, 균형감각을 유지하는 기업이다. 미래 기업의 성공조건은 완벽한 모습에 가까운 것이 아니다. 완벽한 인간보다 다소 미숙해도 매력적인 인간이 사랑 받듯이, 기업이 추구해야 할 성공 조건은 다양성을 멋지고 세련되게 조화시키는 균형 감각이다.

셋째, 도전의식을 갖고 미래코드를 읽는 기업이다. 미래를 눈앞의 현실로 인식하는 기업만이 미래를 선점하고 지속적인 경쟁우위를 확보할 수 있다.

넷째, 상상하고 판타지를 꿈꾸는 기업이다. 미래 마케팅은 상상력으로 차별적 경쟁력을 강화해야만 성공할 수 있다. 톰 피터스는 드림 마케팅이야말로 진정한 마케팅이라고 주장했다. 더 많이 꿈꾸는 기업이 결국 시장을 지배한다.

다섯째, 감성을 잘 활용하는 기업이다. 도요타는 렉서스 개발시 디자이너들을 미국에 보내 타겟고객의 라이프스타일과 취향을 직접 체험케 하였다. 이제 제품과 서비스는 감성품질을 통해 새롭게 포장되어야 하며 감성마케팅이 새로운 법칙으로 자리 잡고 있다.

여섯째, 열정을 갖춘 기업이다. 코카콜라, 애플컴퓨터, 포드, 소니, 제록스 등 언제나 성공했을 것 같은 세계 일류기업에게도 실패는 있었다. 하지만 이들에게는 그 실패로부터 얻은 교훈으로 히트상품을 만들었다는 또 하나의 공통점이 있었다. 실패를 두려워하거나 부끄러워하지 않고 당당하게 받아들이는 분위기와 실패를 딛고 일어설 수 있는 열정이 중요하다.

3) 디자인 마케팅의 성공전략

디자인 마케팅 성공전략 디자인은 시대에 따라 그 가치가 달랐다. 1930년대 에는 외관포장, 1950년대 이후에는 차별적 외관 만들기, 1980년대 이후 에는 새로운 제품 컨셉과 분화적인 기업이미지 창출이 디사인의 중심이었다면 2000 년대에는 창조적 발상과 아이디어로 새 시장을 창출 하는 핵심역량으로 중점이 옮겨졌다. 21세기에 디자인마케팅에서 성공하기 위한 전략을 살펴보자.

전략1. 고객의 시각감성을 사로 잡아라.

사람들은 가격이 비싸고 음식 맛이 다소 떨어져도 공간이 멋진 레스토랑을 찾는다. 그리고 아무리 좋은 제품도 패키지가 촌스러우면 선물품목에서 제외한다.

기업이 아무리 좋은 이미지와 브랜드를 가지고 있어도 시각정체성이 뒷받침되지 못하면 고객에게 외면당하게 된다.

전략2. 디자인은 기업 활동의 중심이다.

신제품 개발 프로세스가 디자인 선행 제품개발 내지 디자인 중심 생산프로세스로 이동하고 있다. 삼성전자의 가로 본능 시리즈, 지상파 DMB폰 등 여러 히트상품이 선행디자인 형태로 개발되었다. 디자인 중심프로세스의 특징은 디자인 프로젝트 팀이 구성되어 디자인 컨셉 회의를 우선시하고, 디자인 아이디어에 기술개발을 맞추며, 자유로운 디자인 컨셉을 채택하고 개발할 수 있는 적극적 환경 마련에 있다.

전략3. 디자인 에쓰노그래피를 통해 고객을 관찰하라.

에쓰노그래피Ethnography는 고객의 심리와 니즈를 읽는 기업들의 고객관찰법이다. 디자인 에쓰노그래피는 새로운 제품, 서비스, 디자인과 컨셉이 함께 하는 일상의 패턴들에 집중한다. 그리하여 아무도 깨닫지 못한 소비자들의 욕망, 희망, 욕구를 찾아내고 이러한 조사결과들을 기업의 제품과 문화에 반영하는 솔루션으로 정리한다.

전략4. 구조적 디자인을 통해 패밀리룩을 구축하라.

브랜드와 디자인을 통합한 패밀리룩, 이른바 디자인 통합전략을 통해 시각, 제품, 공간에 이르는 다양한 디자인 영역의 통합화와 시스템화를 창출해야 한다.

패밀리룩이란 같은 회사에서 나온 제품디자인의 일관된 흐름을 말한다. 메르세데스 벤츠의 후드위에 달린 별문양과 라디에이터그릴이 대표적인 패밀리룩이다.

전략5. 디자인 소비패턴을 읽어라.

고객들은 디자인을 구매통로로 삼는다. 이제 시장은 제품의 라이프사이클이 아니라 디자인 라이프사이클 에 의해 움직인다. 고객과 디자인 사이에 가지는 관계성과 사이클을 토대로 실제적인 비즈니스 프로세스와 전략로드맵을 구체화해야 한다.

전략6. 글로벌 디자인을 통해 세계지도 위에 포지셔닝하라.

오늘날 모든 기업은 로컬시장을 넘어 세계 시장을 지향하고 있다. 그리고 글로벌 브랜드전략을 넘어 글로벌 브랜드 가치를 향상시키고 지속시키기 위해 글로벌 디자인에 박차를 가하고 있다. 거대한 시장을 매료시킬 매력적인 글로벌 디자인이 필요하다.

전략7. 디자인 트렌드를 창조하라.

트렌드를 반영하지 않은 마케팅은 성공하기 힘든가하면, 마케팅 전략이 종종 새로운 트렌드를 창조하기도 한다. 디자인 트렌드 분석은 소비자의 라이프스타일과 패션 경향을 기반으로 새로운 컨셉의 제품, 형태, 소재, 컬러 등 디자인 요소에 초점을 두고 분석한다.

전략8. 스토리텔링을 이용하라.

하나의 디자인은 한편의 멋진 스토리여야 한다. 이제 디자이너는 한편의 스토리를 창조하고, 그 스토리 안에 필요한 제품과 서비스를 만들어내는 스토리텔러가 되어야 한다. 디자인마케팅의 시스템 구축 디자인마케팅 전략을 성공적으로 추진해 나가기 위해 필요한 다양한 스토리를 구축하는 것은 성공의 열쇠이다.

마케팅 이야기

사례 디자인과 스토리텔링

소비자들은 에비앙을 마시거나 에비앙으로 세수를 하면서 자신을 유명인과 동일시하는 달콤한 꿈에 젖는다. 이른바 이야기를 통한 '드림 마케팅'이다.

에비앙은 이런 소비 행태를 반영, 제품 포장에 과감한 시도를 하고 있다. 페트병에서 탈피, 향수병을 연상케 하는 독특한 용기 디자인을 해마다 하나씩 선보이고 있다. 특히 지난 2000년 새 밀레니엄을 맞아 내놓은 '천사의 눈물'이란 애칭의 용기는 물방울 모양으로 순수한 이미지를 강조했다. 2007년에는 한층 세련된 느낌의 '에비앙 팰리스$_{palace}$'를 선보였다. 금속 병마개에 빙하로 덮인 알프스 산을 연상시키는 투명한 몸체로 고급 만찬에 잘 어울릴 법하다. 에비앙 마니아들 사이에는 용기를 기념품처럼 소장하는 것이 새로운 풍속도로 자리 잡아가고 있다. 이 특이한 소장품을 구경하거나 이에 대해 전해들은 이들은 에비앙의 스토리에 합류하는 셈이다.

4) 디자인 마케팅의 요소

첫째, 따뜻한 리더십이다. 리더의 디자인에 대한 열정적인 관심과 지원은 디자이너들의 창의성과 열정을 향상시킨다.

둘째, 기업문화부터 디자인해야 한다. 이노베이션을 추구하는 일터가 새로운 기업문화로 자리 잡고 있는 가운데 이러한 기업환경 속에서 디자인은 더 큰 빛을 발한다. 혁신을 추구하는 기업은 숨 쉬고 뛰어놀 수 있는 업무환경을 제공한다.

셋째, 감성지수를 높여야 한다. 감성지수는 자신의 기분을 존중하고 납득할 수 있는 결단을 내리는 능력, 목표달성에 실패했을 때도 좌절하지 않고 스스로를 격려하는 능력, 타인의 감정에 공감할 수 있는 능력, 집단 내에서 조화를 유지하고 다른 사람들과 서로 협력할 수 있는 능력을 의미한다. 오늘날 카리스마 넘치는 공격형 경영과 획일적인 지휘체계로는 더 이상 경쟁력을 확보하기 어렵다. 또 새 시대의 키워드로 떠오른 통합과 융합에도 걸맞지 않다.

　넷째, 시대를 초월하는 지속적인 아이콘 디자인을 만들어야 한다. Tradition=Innovation이라고 한다. 혁신이 지속될 때 전통이 만들어진다. 지속적으로 아이콘 디자인을 롱런시키려면 특정세대에 흔들려서는 안된다. 지속적으로 사랑받고 있는 비틀즈의 팬 연령층은 40대 50대만이 아니라 10대에서부터 60대까지 폭이 넓다.

　다섯째, 성공적 동반자를 찾아 제도를 구축한다. 기업혁신을 이루는 디자인 능력은 디자이너의 새로운 도전과 맞물릴 때 가장 큰 힘을 발휘한다. 그러나 그러한 인재는 충분하지 않다. 따라서 이러한 역할을 효과적으로 담당할 수 있는 훌륭한 디자인 매니저의 영입과 전략적 제도적 장치가 필요하다.

　여섯째, 네트워크를 통해 세계의 디자인을 읽어야한다. 세계 디자인 정보 네트워크가 기업의 주요한 네트워크 자산이 되고 있다. 이를 통해 디자인 트렌드, 세계 디자인계 현황, 디자이너와 디자인 회사정보를 파악하고 이러한 디자인 정보공유 체계를 서로 이용할 수 있다.

　일곱째, 디자인 관련 지적 자산 보호에 힘써야 한다. 기업의 지적재산권인 디자인 역시 경쟁이 치열해 질수록 오리지널리티에 대한 보호에 각별히 신경 써야 한다. 실제로 문화컨텐츠와 함께 디자인의 지적재산권 역시 법적으로나 정책적으로 강한 규제를 갖춰나가고 있다.

　여덟째, 학습이 중요하다. 아는 만큼 디자인한다. 세계적인 디자인마케터가 되거나 그런 디자인마케터를 양산하는 일 저변에는 디자인과 마케팅 세계의 흐름을 읽어 내고, 폭넓은 직관력을 키울 수 있는 지식과 사고력이 필요하다. 이를 위해 디자인 학습도 21세기 기업이 제시하는 또 하나의 경영과목으로 부상하게 될 것이다.

　"난 껍데기 보고 물건 산다." 이는 요즘 젊은이들이 당당하게 말하는 소비원칙이다. 공간과 시간으로부터 자유로워진 노마디즘적 시대변화는 고객중심의 경제 환경을 앞당기고 있다. 기업의 통제대상이었던 소비자가 동업자이며 이해관계자로 변화하고 있다. 중산층의 소득향상에 따라, 비교적 저렴하면서도 만족감을 주는 명품소비경향이라는 뜻의 매스티지Mass+Prestige현상이 세계시장을 달구고 있다. 이러한 고객을 만족시키려면 양질의 제품이나 명성을 넘어 그 안에 그들이 가진 삶의 의미를 담아야 한다. 이러한 소비트렌드의 변화는 앞서 언급된 기업의 성공조건과 아울러 디자인마케팅의 중요성을 확신시켜 주고 있다.

5) 디자인 마케팅의 유형[10]

(1) 제품형 기업

제품형 산업에 있어서 디자인마케팅의 전략 모형은 PSD$_{Product\ System\ Design}$을 중심으로 이루어진다. 국내외의 사례를 보면 대부분 가전제품, 생필품 산업 및 자동차산업이 이에 속하며 주로 대기업형이나 다양한 제품군을 보유하고 있는 기업이 많다. 또한 단리계열의 특징적인 제품을 취급하면서 PI$_{Product\ Identity}$를 중심으로 디자인마케팅 전략을 구사하는 기업들도 이에 속한다.

(2) 네트워크형 기업

네트워크형 산업이란 인터넷을 기반으로 하는 산업군이다. 네트워크형 산업은 인터넷이 발달함에 따라서 그 유형이나 형태가 급속하게 변화하고 있다. 거래방식에 따라 BtoB, BtoC로 나뉘고 취급하는 상품이 물리적 상품이냐, 디지털 상품이냐에 따라서 산업의 특징을 구분할 수 있다. 네트워크형 산업은 인터넷을 기반으로 하기 때문에 컨텐츠 디자인, 정보검색 및 네비게이션 등의 인터페이스 디자인, 필앤룩$_{Feel\ \&\ Look}$ 디자인이 구성요소이다.

(3) 서비스형 기업

서비스형 산업은 유형적이고 물리적인 상품이 아닌 무형의 상품 및 서비스를 주로 제공하는 산업이다. 이에 속하는 산업군으로 금융, 호텔, 이동통신, 항공사, 운송 등이 있다. 서비스형 산업의 디자인마케팅은 SD$_{Service\ Design}$을 중심으로 CD$_{Corporate\ Design}$가 되어 지는데 서비스의 종류, 서비스의 유형, 서비스 상품의 유형에 따라서 디자인 마케팅 전략의 유형이 달라진다. 서비스형 산업은 실제 판매하는 상품이 무형적이기 때

---

[10] 산업자원부(2000), "국내기업의 경쟁력 제고를 위한 Corporate Design 전략모형개발연구", p.223.

문에 그 주변요소의 그래픽이나 공간을 통하여 고객과 커뮤니케이션을 하고 있다. 또한 서비스형 산업은 공간을 통한 고객과의 커뮤니케이션이 기업의 이미지를 좌우하므로, 그 공간구성에 있어서 디자인 마케팅 전략이 중요하게 여겨지고 있다.

6) 디자인 마케팅의 4P전략이란?

시장환경의 변화에 적응하여 기업이 소비자의 다양한 욕구변화에 대응하기 위한 목적으로 STP Segmentation, Targeting, Positioning 와 4Ps Product, Price, Place, Promotion, 신제품 개발, 브랜드 등 마케팅의 전체 또는 일부 영역의 효율적 관리 및 전략 수행을 위해 디자인 요소를 활용하는 모든 활동을 말한다.

디자인은 다른 예술적 창조작업과 본질적으로 구분이 된다. 대부분의 예술작품은 작가 자신의 주관적 측면에서 창작이 이루어진다.

그에 비해 디자인은 대량생산. 출판을 하기 때문에 작가 자신보다는 대중의 측면에서 창작활동이 이루어진다. 이러한 디자인의 성격 때문에 디자이너 개인만의 아이디어로 디자인 하는 일은 위험할 수도 있다. 디자인은 다양한 사전조사와 그에 대한 분석, 판단이 이루어져 최종적인 디자인으로 수렴이 되는 것이다. 따라서 디자인도 마케팅측면에서 고려되어야 한다. 반대로 디자인은 마케팅의사결정에 의해 이루어지기도 한다. 그럼 마케팅의사결정이 디자인에 어떻게 영향을 미치는지 간략하게 4P를 중심으로 알아보자

(1) PRODUCT

상품에는 잘 팔리는 상품과 그렇지 않은 상품이 있다. 잘 팔리는 상품을 분석하면 독특한 기능에 좋은 조형을 가지고 있다. 좋은 조형은 색채, 형태, 소재가 서로간에 균일한 조화를 보이며 좌표상에 동일한 지점에 위치하게 된다. 제품개발에 있어서 조형적 측면만을 볼 때 표적 고객을 미리 정해놓고 그에 따른 마케팅 조사를 하게 된다. 조사방법은 여러 가지가 있지만 궁극적으로 디자인이 이루어지게 될 결과를 추측할 데이터를 수집하는 것이다.

(2) PRICE

물건 값이 싸면 잘 팔린다는 말은 언뜻 맞는 말 같지만 틀리기도 하다. 아무리 가격이 싸더라도 팔리지 않는 상품은 팔리지 않으며 기능이나 외형은 비슷하면서 가격은 비교가 안 될 정도로 비싼데도 공급이 딸릴 정도로 주문이 쇄도하는 상품이 있다. 이러한 이유로는 제품이 가지는 인지도로, 즉 브랜드의 인지도가 높으면 상품의 가격과 기능을 앞서는 효과를 볼 수 있는 것이다. 디자인은 이러한 브랜드의 인지도를 높이는데 결정적인 역할을 한다.

(3) PLACE

이 단어에 대해 본인이 잘못 이해하였는지 모르지만 상품이 팔리는 장소에 대해 언급하겠다. 제품이 팔리는 장소는 다양하다. 일반적으로 상품이 진열된 매장이 있고, 사이버 공간에 제품을 소개하는 쇼핑몰도 있다. 효과적인 유통과 전시판매는 막대한 예산이 드는 홍보와 같이 매우 중요한 일이다.

일례로 미국의 델 컴퓨터사는 통신 주문방식의 판매를 하여 단숨에 미국내 3위에 오르기까지 하였다. 제품을 통신주문방식에 용이하도록 조립이 쉽고 간단히 될 수 있도록 디자인 한 것이다. 이러한 마케팅 전략이 디자인에 영향을 미친 것이다.

(4) PROMOTION

위에 언급한 **PLACE**와 같은 의미가 될지 모르지만, 상품판매에 가장 효과적인 것이 상품의 홍보이다. 다양한 홍보전략에 의해 디자인에 영향을 미치기도 하는데 그 예로 '블래어 위치'라는 영화가 있다. 이 영화는 영화를 만들기 1년 전부터 인터넷에 사이트를 개설하여 홍보를 하였다. 중간 중간의 하이라이트를 무비파일로 업로드하여 전 세계 네티즌의 호기심을 불러 일으켰고 그들이 작성한 게시글을 참고하여 시나리오를 부분적 수정하여 저예산을 들여 대 히트를 기록하였다. 이는 인터넷이라는 전 세계적이고 쌍방향 홍보를 통해 이루어진 것이다.

상품 판매전부터 홍보에 들어가는 것은 최근에 들어 일반화 되고 있다. 상품개발에서부터 홍보를 하여 성공한 대표적인 상품은 마이크로소프트사의 윈도우즈 95 시리즈 이다. 이제품은 시판되기 4~5년 전부터 홍보를 하였는데, 중간 중간 발표하는 베타버전 윈도우즈로 고객들의 호기심을 증폭시켜 전체적인 붐을 일으켰다. 좋으니 좋지 않다는 등의 비평들이 쏟아져 나오면서 저절로 이슈화 된 것이다. 중간에 발표하는 베타버전 윈도우즈는 많은 고객들의 관심을 모으면서 고객 스스로가 테스터가 되어 마이크로소프트사는 이들의 의견을 수렴하여 시판할 윈도우즈 디자인을 고쳐 나간 것이다. 마케팅 전략의 결정으로 디자인의 형태도 위와 같이 변화하게 되는 것이다.

- 제품 : 디자인은 품질, 유용성 및 외관뿐 아니라 성능, 신뢰성, 스타일 등 제품 차별화의 모든 특성에 영향을 준다.
- 가격 : 자재, 동력 및 제조면에서 경제적인 제품을 고안하여 디자인 할 수 있다.
- 장소 : 유통을 위하여 고려해야 할 사항이 디자인에 영향을 줄 수 있으며, 그 결과 제품의 포장은 보관 및 진열에 용이한 모양을 지녀야 한다.
- 판촉 : 대다수의 판촉활동은 시각적 특성에 의존하여 회사의 메시지를 전달하며, 이 같은 활동에는 디자이너의 시술을 필요로 한다.

마케팅 이야기

사례 디자인 경쟁력이 글로벌 브랜드의 조건

포르쉐 디자인, 다른 산업으로까지 확대

남성이 가장 선망하는 스포츠카 1위, 세계적으로 가장 많은 마니아를 확보하고 있는 스포츠카 메이커. 바로 포르쉐다. 연간 10만대 내외를 생산하면서도 포르쉐는 세계 최고 명품 브랜드로 꼽힌다.

포르쉐가 이처럼 명품 자동차로 인정받고 있는 건 빠른 속도와 뛰어난 성능, 그리고 무엇보다 포르쉐만의 차별화된 디자인이 있었기에 가능했다. 세련되고 화려하면서도 날렵한 포르쉐의 디자인은 '바로 옆을 빠르게 지나가도 한 눈에 알아볼 수 있을 정도'로 독특하다는 평가를 받고 있다.

워낙 독창적이고 차별된 디자인으로 인기를 모으다보니 이제 포르쉐는 자동차가 아닌 디자인 브랜드가 됐다. 자동차뿐 아니라 시계, 선글라스에서부터 휴대폰, 가전제품, 심지어 운동화까지 포르쉐 디자인이 적용된 제품이 판매되고 있다.

포르쉐의 사례는 디자인이 브랜드의 핵심요소이며 성공한 디자인 브랜드는 다른 산업영역으로 확대되면서 고부가가치를 창출할 수 있음을 잘 보여준다.

- 출처 : naeil.com

2. 디자인마케팅 성공사례

| 사례 | 고정관념 깬 시각·미각 자극 디자인 인기 |

케이크 모양 티슈 케이스 등 인테리어 소품으로도 환영

생활용품 업계에 소비자들의 시각과 미각, 감성 등을 자극하는 디자인 마케팅이 자리잡고 있다. '케이크' 모양을 활용한 티슈부터 '과일' 모양에 담긴 화장품, '물방울' 모양의 가습기에 이르기까지 제품의 특징과 '재미'를 자극하는 '감성 마케팅'이 베스트셀러 탄생의 필수 조건으로 자리잡고 있다.

위생용품 전문기업 유한킴벌리는 딸기·녹차·초콜릿 케이크 등 디저트 모양을 제품 포장에 적용한 미용 티슈 '크리넥스 부띠끄'를 선보여 눈길을 끌고 있다. 정육면체 모양으로 부피를 줄여 사용이 간편한데다 시각적으로 생크림 케이크가 연상돼 사용하는 재미와 함께 간단한 인테리어 소품으로도 환영 받는다는 게 업체의 설명이다.

화장품 브랜드숍 토니모리에서는 과일 모양 등 용기에 담긴 화장품이 베스트셀러 반열에 올라 있다. 토마토 모양 용기에 담아 항산화 효과를 강조한 '토마

톡스 브라이트닝 마스크'는 출시 이래 150만개가 팔려나간 브랜드의 대표적인 히트 제품. 달걀 모양의 마사지팩 '에그포어 타이트닝팩'도 모공 관리에 탁월한 달걀 흰자의 효능을 강조, 출시 1년여 만에 100만개가 판매됐다. 제품의 특징을 한눈에 볼 수 있게 요약해 내면서도 보는 즐거움과 사용하는 즐거움을 함께 느끼게 배려한 점이 재구매의 비결이 됐다.

스웨덴의 유명 가전업체인 뱅앤올룹슨은 샤워기 모양의 무선 전화기 '베오컴2'를 히트 상품 반열에 올려놓았다. 이 제품은 전화기의 본 기능이 얼굴에 대는 제품이라는 데 착안, 얼굴선과 자연스럽게 맞닿는 샤워기 모양으로 도안해 재미와 실용성을 동시에 추구했다. 또한 제품 재질을 새롭게 해 얼굴에 닿는 '촉감'까지 배려, 소비자들의 낙점을 얻었다.

이밖에 루펜리의 '물방울 살균가습기'역시 '가습기는 네모'라는 고정관념을 깨고 물방울 모양의 깔끔한 디자인을 적용, 제품 본연의 특징과 단순한 사용법을 효과적으로 전달하는 한편 인테리어 효과까지 살려냈다.

유한킴벌리는 "소비자들의 시각과 미각을 동시에 자극해 제품의 특징과 재미를 전달하는 제품들이 구매로 이어지는 경우가 많다"라고 말하며 디자인을 강조했다.

— 서울경제 hankooki.com 기사

1) 스와치(swatch)와 디자인

 '스와치swatch'하면 떠올릴 수 있는 것에는 무엇이 있을까? 아무리 길어도 1년을 넘겨 판매하지 않는 스와치만의 영업방식과 쉴새없이 쏟아져 나오는 새로운 디자인들, 동화적 상상력에서부터 21세기 디지털 감성까지 맞추어 내는 혁신성은 스와치만의 장점으로 평가되고 있다.

세계 최초로 손목시계와 플라스틱 시계를 만들고, 페이저 시계와 인터넷 시간의 개념을 도입한 최첨단 시계로 언제나 시대를 앞서가는 스와치는 새로움의 또 다른 의미로 우리에게 다가서 있다. 세계 시장에서 스위스와 시계 산업을 대표하는 브랜드로 자리 매김하며 사람들로부터 그토록 열광적인 호응을 이끌어 낼 수 있는지를 설명할 수 있는 단 하나의 단어가 바로 '새로움'이다.

그러나 이러한 스와치가 처음부터 이렇게 출발한 것은 아니었다. 최고의 정밀기술로 세계 시장의 3분의 1이상을 점유하던 스위스의 시계 산업은 1970년대 중반 저렴한 노동력과 대량생산 방식을 무기로 한 일본과 홍콩의 저가 시계에 밀려 고전을 면치 못하게 되었다. 이에 따라 가격 경쟁력을 잃은 스위스의 시계 산업은 저가시계의 생산에서 중가시계로 눈을 돌렸으나 이 또한 얼마 되지 않아 위협받게 되고 74년 9천 1백만개에 달하던 생산량이 83년 4천 3백만개로 줄어들며 시계 강국으로서의 자존심에 심한 손상을 입게 되었다.

스와치 그룹의 전신인 ASUAG와 SSIH는 이러한 심각한 위기를 깨달았으며, 주채권단인 스위스은행 등은 새로운 위기를 타개할 돌파구를 찾고자 하이에크 엔지니어링에 자문을 의뢰하게 되었다. 이때 현 스와치 그룹의 회장인 하이에크는 시계산업에 본격적으로 뛰어들어 현재의 스와치 그룹을 일구어 냈다. 스와치가 새로운 역사를 쓰기 시작한 것이다.

스위스의 쮜리히 대학에서 보험 통계학을 공부한 하이에크는 63년 하이에크 엔지니어링이라는 컨설팅회사를 설립하며, US스틸, 다우케미컬, 네슬레, BMW, 다임러 벤츠 등을 고객으로 확보하고 컨설턴트로서의 입지를 굳혀가고 있었다. 이후 스위스은행으로부터 자문의뢰를 받은 하이에크는 전세계 시장조사와 소비자 심리학 연구조사결과를 담은 '하이에크 리포트'를 냈으며 스위스 시계 산업 전반에 큰 영향을 주었다.

하이에크는 보고서를 통해 값비싼 스위스産 시계보다는 일본이나 홍콩 제품을 더 높이 평가하고 있다는 사실을 강조하고 제품군을 저중고의 3단 케익구조로 나누어 전체 시계 매출의 90%를 차지하고 있는 저가 제품에 대한 집중적인 공략이 필요하다는 견해를 피력했지만 비싼 인건비와 고급이미지 훼손을 우려하는 여론에 부딪히게 되었다. 하지만 자신의 결정에 확신을 가지고 있던 하이에크는 뜻을 같이하는 몇몇 투자자와 함께 일본에 매각될 처지에 있던 회사의 경영권을 장악하고 스와치의 신화를 이루어 내게 되었다.

99년 8월 시계생산 그룹인 SMH가 SWATCH(스위스$_{Swiss}$ 시계$_{Watch}$)로 사명을 변경하였다. 지난 20여년간 계속해온 혁신과 새로움의 재발견을 통해 스와치를 세계 속의 기업으로 도약시키기 위한 스와치 그룹의 의지가 담겨있다고 할 수 있을 것이다. 이제 그 원동력이 된 스와치 브랜드 자산 구축을 위한 노력을 살펴보려고 한다. 스와치는 무엇이 다른가?

우선 브랜드 전략을 바꾸었다. 포드는 근대적 경영방식에 혁신을 일으키며 저가격, 고임금의 T형 자동차 신화를 이끌어 냈다. 하지만 그와는 정반대의 전략으로 맞선 GM은 현재에 이르기까지 미국의 자동차 산업을 이끄는 최후의 승자가 되었다. 20년대 GM의 알프레드 슬론 회장은 다양한 소득계층의 구매욕을 자극하기 위해 저가의 Chevrolet부터 최고급 Cadillac에 이르는 다양한 제품군을 선보임으로써 변화하지 않는 포드에 일대 반격을 가했다. 하이에크는 GM의 이러한 브랜드 전략을 도입하여 고가의 시계에 치우쳐 있던 스와치 그룹의 시계 브랜드 폭을 넓히고 시장경쟁력 확보를 위해 저가 시장에도 뛰어들게 되었다.

하이에크는 그의 보고서를 통해 GM의 아이디어를 3단 케익구조로 재구성하여 위기에 처한 스와치 그룹의 재도약을 꾀하게 되었다. 이런 생각은 스위스 시계의 핵심역량으로 인식되던 최첨단 기술력만으로는 시장경쟁에서 살아남을 수 없다는 하이에크의 판단에 의해, 브랜드 자산의 구축을 기업의 핵심역량으로 재설정했다는 것에 큰 의미를 부여할 수 있다. 이러한 경향은 기업활동 지배이념이 제품개념에서 마케팅 개념으로 발전했다는 사실을 통해서도 파악할 수 있다.

스와치 그룹은 시장세분화market segmentation를 통해 블랑팡, 오메가, 라도, 론진, 스와치 등 14개 브랜드를 제품과 가격대별로 구성하여 케익구조의 하단에는 'Swatch'를 비롯한 75달러 미만의 저가 브랜드를, 중간에는 'Tissot'을 포함한 4백 달러 정도의 중가 브랜드를, 상단에는 'Omega'를 포함한 1백만 달러에 이르는 고가브랜드를 위치시켰다. 그리고 'Blancpain'이라고 하는 초고가 브랜드를 케익 장식용 체리cherry on top of the cake의 위치에 놓음으로써 시장세분화를 마쳤다. 이러한 스와치 그룹의 브랜드 전략은 제품믹스의 넓이와 깊이를 확대시키는 것에 그치지 않고 케익 하단에 머물러 있던 고객들을 케익 상단까지 순차적으로 유도하도록 하는 판매전략을 구사할 수 있게 하는 계기를 만들었다. 또한 'Swatch'를 비롯한 저가 제품들의 강력한 브랜드 파워를 통해 방화벽firewall을 구축함으로써 타사의 시장진입을 막고 고가 제품의 이익을 보호할 수 있게 되었다.

스와치에게 있어서 시계는 시간을 알려주는 도구가 아닌 패션이다.

 디지털 시계의 보급을 통해 사람들은 더 기능적이고 실용적인 시계를 원했고 누구나 그런 시계를 한 두 개쯤 가지고 있지만 아무도 시계를 패션의 일부로 생각하지 않았다. 스와치는 그런 사람들의 고정관념을 깨는 시계를 만들어 내기 시작했다. 하이에크는 대량 생산되는 저가 브랜드는 지속적인 수요창출을 위해 대중문화의 변화에 발맞춰야 한다고 여겼으며 이를 통해 저가 브랜드인 'Swatch'는 수많은 시계 디자이너들이 빠르게는 3개월에서 늦어도 6개월마다 새로운 디자인의 시계를 만들어 냈다. 그리고 이러한 속도는 시계를 단순히 시간을 보는 기계에서 날마다 갈아입어야 하는 패션의 일부로 만들어 내며 시계를 입는 문화를 만들어 냈다. 그리고 그로 인하여 새로운 수많은 수요를 창출하였다.

스와치는 시계 부품 수를 이전의 91개에서 51개로 최소화하고 시계의 케이스에 직접 부품을 넣어 조립하는 새로운 조립공정을 창안하여 원가를 대폭 절감함으로써 중저가 제품으로 옮겨갈 수 있는 기반을 구축하였다. 전체 브랜드의 시장세분화 이외에도 'Swatch' 내에 다양한 상품군을 두고 각기 독특한 디자인과 이미지를 유지할 수 있도록 하여 고객들의 다양한 욕구를 충족시키고 'Swatch'만의 이미지를 구축하도록 하였으며, 이후 젊음, 스포티, 세련, 클래식의 4종류로 제품군을 재정의하고, 시계 디자인으로는 파격적인 색상들을 도입하여 '패션 시계'로서의 입지를 구축할 수 있게 되었다. 이탈리아 밀라노에 위치한 스와치 디자인 연구소에서 상품을 디자인하는 등 예술성을 추구를 위한 끊임없는 노력을 하고 있으며, 85년 이후 백남준을 포함한 수많은 예술가들이 디자인한 시계의 발매는 이러한 스와치 그룹의 노력을 단적으로 보여주고 있다고 할 수 있다.

스와치는 기존의 것을 개선하는 동시에 그 외향, 언어를 바꾸고 새로운 시도에 착수하면서 항상 발전하고 있다. 스와치에게 있어서 변하지 않는 단 한가지 사실은 항상 변화한다는 점이다. 스와치가 한 해에 두 번의 컬렉션을 출시하는 것만으로 끝난다면, 스와치는 더 이상 스와치가 아닐 것이다. 스와치는 똑딱거리는 패션이다. 스와치는 시대의 흐름을 읽고 그들의 핵심역량을 브랜드 자산 구축으로 바꿔 스위스 시계 산업의 부흥을 주도하였다. 스위스의 첨단 기술력이 더 이상 장점이 될 수 없음을 간파한 하이에크 회장의 선견지명과 관습에 얽매이지 않고 언제나 새로운 개념의 패션을 만들어내는 디자이너들, 그리고 창의적이고 유연한 조직 구성원들은 혁신을 이루어냈다. 그들은 브랜드를 통해 새로움을 선보였으며 이를 통해 가치를 창출했다.

현대의 기업은 더 이상 제품이나 서비스를 파는 것만으로는 기업활동을 유지할 수 없다. 스와치가 '새로움'과 '혁신'으로 가득 찬 이미지를 팔고 있듯이 그 이미지를 담고 있는 브랜드를 사고 파는 것이 이제는 우리의 경제활동에서 가장 중요한 위치를 차지하게 됐다. 브랜드는 때로 전혀 가치 없어 보이는 것에도 매력적인 가치를 부여할 수 있으며 때로 낡아 보이는 것을 최신의 것으로 탈바꿈시킬 수 있는 힘을 가지고 있다. 이런 브랜드의 힘은 '새로움'이라는 끊임없는 혁신을 위한 노력을 통해 얻어질 수 있는 것이다.

스와치를 통해서 알 수 있듯이 기업도 이제는 기술이나 제품만을 가지고 기업활동을 한다는 것은 매우 어려운 일이 되었다. 모든 제품에 디자인과 이미지를 결합하고 새로운 가치를 창출하여야 만이 그 기업의 브랜드 이미지를 높이고 다른 기업과의 경쟁에서 이길 수 있는 것이다. 만약에 모든 시계들이 같은 모양과 같은 기능을 가지고 있다면 우리는 하나의 시계만으로도 충분할 것이다. 그러나 다양한 디자인의 시계는 우리에게 또 다른 소비의 욕구를 불러일으킬 것이다. 이것은 바로 다양한 디자인으로 인해서 기본적인 수요 이외에 더 많은 수요를 창출시킨 것이다. 사람들은 같은 물건을 사더라도 이왕이면 예쁘고 보기 좋은 것을 고르는 것은 상식이다. 디자인은 이제 모든 생활과 기업 활동에서 없어서는 안 되는 필수 요소인 것이다.

2) 애플의 디자인 마케팅[11]

애플 컴퓨터의 디자인경영 도입 전과 후를 스티브 잡스가 퇴출되는 1985년과 복귀되는 1997년을 기점으로 상황비교분석을 할 수 있다.

---

11) 김영한, "스티브잡스의 창조 카리스마", 리더스북, 2006

1985년부터 1996년까지는 새로운 기술의 도입과 컴퓨터 시장의 성장, 그리고 기존 컴퓨터의 업그레이드에 초점을 맞추었다. 타 경쟁기업의 기술 그리고 저렴한 가격 등으로 인해 소비자시장에서 인지도 하락세를 보인 애플은 대체적으로 단기적인 판매를 거두었다. 이로 인하여 애플의 매출은 증가와 축소의 변동이 심했었다.

1989 Macintosh Portable   1991 Powerbook   1993 Newton Message Pad

1985년부터 스티브가 1997년 복귀하기 전까지 애플에서 대표적으로 출시한 컴퓨터는 맥킨토시, 파워북 그리고 뉴턴이다. 애플의 가장 대표적인 컴퓨터로 꼽히는 맥킨토시는 1984년에 첫 탄생하지만, 폐쇄적인 운영체제로 IBM에 밀려1년 만에 실패작으로 머문다. 맥킨토시 제품 중 1989년에 출시한 매킨토시 포터블은 맥의 제품 중 가장 실패이다. 애플의 최초의 휴대용 컴퓨터라고 선전하여 출시되었지만, 그런 목표와는 달리 무게가7.2킬로나 나갔으며, 6500달러의 고가격으로 출시되어 실패한다. 맥킨토시는 여러 소프트웨어 기술과 가격경쟁의 부진으로 인해 1985년부터 1996년까지 총16번의 끊임없는 업그레이드를 한다.

1991년 출시한 파워북 (애플의 첫 노트북)은 스티브 잡스를 퇴출시킨 후의 첫 히트작이 된다. 특히 휴대용으로 가볍고, LCD스크린 등 여러 기능을 소비자에게 어필하여 파워북은 1991년과 1992년에 걸쳐 10억 달러의 매출을 기록한다. 하지만, 파워북은 데스크톱에 비해 튼튼하지 못하여, 매년 불량 컴퓨터도 증가했었다. 특히 1995년에 파워북 5300모델은 시카고 무역 박람회에서 배터리과열로 인해 불이나 파워북 5300의 모든 생산을 중단하고 전 파워북 5300을 리콜 해야 한 경우도 있었다. 파워북은 품질관리 부족으로 애플의 브랜드 인지도에 악영향을 미쳐, 매출의 큰 변동을 겪었어야 했다.

1993년에 최초의 개인용 휴대 정보 단말기PDA Newton을 선보인다. 펜으로 제품의 모든 기능을 실행할 수 있는 최초의 터치패드식 휴대컴퓨터였지만 기술의 부작용 그리고 1000달러라는 비싼 제품 가격에 소비자로부터 외면을 받았다. 뉴턴을 출시하기 위해 6년 동안 투자한 것은 물거품이 된다.

▌디자인경영 도입 후 매출 상황
– 누드PC, 1998

세계 최초의 PC를 만들고 초기 컴퓨터 시장을 리드했던 애플사는 안정된 컴퓨터 운영체제를 바탕으로 성장을 계속했지만 도스와 윈도라는 운영체제에 밀려 90년대부터 어려움을 처했다. 이런 애플사를 구해내기 위해 개발된 제품이 누드PC제품이다.

새로운 목표를 "개성 있는 제품으로 소비자들에게 어필"이다. 이러한 목표로 나온 누드컴퓨터 '아이맥'은 기존에 있던 모델과는 다른 디자인으로 성공한 대표적 케이스라 할 수 있다, 전자제품에 누드(속이보이는)라는 개념은 당시 파격적인 디자인이라 할 수 있다. 이런 아이맥 컴퓨터는 나오자마자 대단한 인기를 누리며 파산지경의 애플사를 구해낸 것이다. 이 제품의 성공요인은 다른 제품과의 차별화, 새롭고 신선한 이미지의 새로운 조형성 제시였다

1997년 스티브 잡스가 애플에 복귀하여 디자인 경영 도입 후 2007년 현재까지 iMac의 판매량은 하락하지 않고, 꾸준히 증가하는 것을 볼 수 있다. iMac의 판매는 2,908,000대 에서 7,051,000대로 2.4배가 넘는 판매의 성장을 볼 수 있다.

| 그림 7-1 | 애플 Mac 미국시장 내 판매 변화 (단위-대)

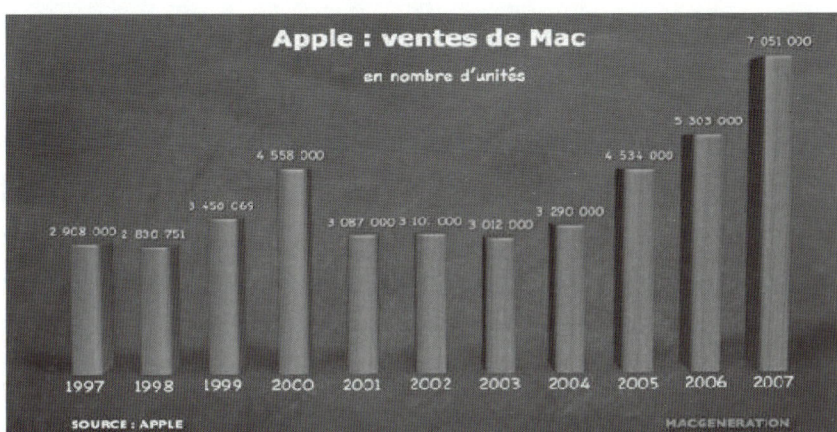

3) LG전자, 드럼세탁기 "트롬"

"고객요구 반영이 경쟁력의 시작"
드럼세탁기, 미국서 6분기 연속 1위, 글로벌 세탁 문화 선도
2012년 매출 70억 달러로 글로벌 톱 달성 목표

2008년 상반기 LG전자는 매출 23조9531억 원, 영업이익 1조4613억 원이라는 사상 최대 실적을 올렸다. 지난해와 비교하면 매출은 20% 가까이 늘었고, 영업이익은 3배가 넘었다. LG전자의 이 같은 성적은 고유가와 고원자재가, 미국 금융 위기에 따른 세계 경제 침체 등 어려운 경영환경 속에서 달성한 것이라는 점에서 더욱 값지다. 비결은 '고객가치 경영'에 있었다. 경쟁사보다 한발 앞서 고객 니즈를 반영한 제품과 서비스를 내놓으며 시장을 이끌었던 것이다. 이하에서는 LG전자의 사례를 통해 불황을 이기는 기업 모델을 제시해본다. 그중 여러 가지 성공 이유가 있지만 디자인에 관한 내용을 요약해 보도록 한다.

(1) 고객 요구 반영한 대용량 드럼세탁기의 성공

2003년 LG전자가 북미 세탁기 시장에 첫발을 내딛을 때만해도 상황은 여의치 않았다.

100년 이상 미국시장에서 군림해온 월풀을 비롯해 내로라하는 글로벌 기업들이 깊숙이 자리 잡고 있었기 때문이다. 세탁기 시장에서 LG

브랜드는 존재감을 찾아보기도 어려웠다. 게다가 LG전자가 글로벌 가전 기업들이 오랫동안 구축해놓은 유통업체들과의 끈끈한 관계를 뚫고 들어가기도 쉽지 않은 일이었다.

LG전자가 돌파구를 마련하기 위해 선택한 것은 바로 '고객'이었다. 미국 소비자들이 진정으로 원하는 것이 무엇인지 파악하는 것에서부터 차근차근 기회를 엿보기 시작한 것이었다.

LG전자가 미국 시장에서 봉 세탁기가 아니라 드럼세탁기 '트롬'으로 승부를 걸었던 것도 미국 소비자들에 대한 이해에서부터 시작됐다.

당시 미국 소비자들은 새로운 시도를 하지 않는 기존 세탁기 제조업체 제품에 대해 실증을 내고 있었고, LG전자는 사용 편의성, 대용량, 에너지 효율 등의 강점을 가진 드럼세탁기를 앞세워 시장을 공략했다.

LG전자는 차별화 전략을 바탕으로 만든 프리미엄 제품이야말로 수익성이 보장된다는 판단에 따라 포화상태의 봉 세탁기 시장 대신 드럼세탁기 시장을 파고 들었다.

결과는 대성공이었다. LG전자는 미국내 드럼세탁기 시장을 넓혀가며 전체 세탁기 시장 판도를 바꿨다. 2003년 6~7%에 불과하던 드럼세탁기 비중은 2006년 30%를 넘었고, 지난해에는 35%까지 늘었다. 2008년은 40%를 예상하고 있다.

(2) "고객 인사이트"

LG전자가 대용량 제품을 출시해 인기를 모을 수 있었던 비결 또한 고객의 숨겨진 요구, '고객인사이트'를 정확히 반영한 결과였다.

LG전자가 분석한 미국 소비자들은 제품 하나를 사더라도 꼼꼼히 따져보고 짚고 넘어가는 논리적인 구매행태를 보유하고 있으며, 보수적 성향이 강했다. 특히 세탁기와 관련해 미국 소비자들은 청바지 등 싼 옷을 사서 자주 갈아입고 한꺼번에 세탁하는 생활패턴을 갖고 있었다. 그만큼 규모가 큰 세탁기에 대한 선호도가 강했었다.

이를 간파한 LG전자는 세계 최대 용량인 15kg급 세탁기를 출시했다. 용량이 큰 만큼 가격이 비쌌지만 욕구 충족시켜주는 제품에 미국 소비자들은 지갑을 여는 것을 주저하지 않았다.

(3) "컬러 마케팅의 성공"

LG전자는 또 세탁기에 블루, 레드 등 파격적인 컬러를 적용해 지하실이나 다용도실에서 있던 세탁기를 집안으로 들여왔다. 그전까지 미국 소비자들은 세탁기를 지하실 구석 등, 보이지 않는 곳에 설치해 놓고 빨래를 하는 용도로만 사용하고 있었다. 이 때문에 세탁기업체들은 디자인에 신경을 쓸 필요가 없었다.

하지만 LG전자는 디자인이라는 새로운 가치를 부여함으로써 세탁기를 단순히 빨래를 하는 기계가 아닌 실내 인테리어의 하나로 바꾸어놓았다. LG전자는 이외에도 집안 곳곳에서 세탁진행 상태를 확인할 수 있는 원격점검시스템을 적용하는 등 새로운 트렌드를 선도해나갔다.

"LG세탁기는 세탁기의 BMW" 이처럼 고객의 요구를 충족시키는 제품으로 인기를 모으자 이제는 대형유통업체들이 LG전자에 '러브콜'을 부르기 시작했다. '트롬'을 매장에 진열하지 않고는 장사를 할 수 없다는 판단을 한 것이다.

LG전자는 2003년 베스트바이를 시작으로 2005년 홈디포, 올초에는 시어즈 등 미국 3대 유통업체들에 입점하며 미국시장에서 프리미엄 세탁기 브랜드로서의 자리를 굳혔다.

(4) 글로벌 세탁문화를 바꾼다

LG전자는 미국 시장에서 1위 자리를 더욱 단단히 다져가기 위해 고삐를 늦추지 않고 있다.

LG전자는 최근 가로 16.9인치로 업계 최대 크기의 '스퀘어 도어'를 적용하고 역시 업계 최대인 4.5큐빅피트(16kg이상) 용량을 갖춘 드럼세탁기를 미국 시장에 본격 출시했다. 빨래양이 많은 미국 소비자들의 생활패턴을 반영해 세탁물을 넣고 꺼내기 편리하도록 최대 용량, 도어 디자인을 적용한 제품이다.

LG전자는 여기서 한걸음 더 나아가 드럼세탁기 뿐 아니라 전자동 세탁기, 식기세척기, 의류건조기 등 기존 제품군을 기반으로 국내 및 글로벌 세탁문화를 선도해나간다는 비전을 세웠다. 이를 위해 LG전자는 지속적인 트렌드 분석과 고객 인사이트 발굴 활동을 통해 세탁기의 미래

상을 예측하는데 노력을 기울이고 있다. 우선 앞으로 개별 제품보다 시스템 개념이 도입된 '론드리 룸Laundry Room'에 대한 고객 요구가 더욱 확대될 것으로 보고, 의류 세탁에서 건조, 다림질, 의류 리프레시, 보관 등을 연계한 원스톱 솔루션을 제공하기 위해 개발역량을 집중하고 있다.

마케팅 이야기

사례 1 해양심층수, 이제 '디자인'을 마신다

투명한 유리병을 기본으로 심플하면서 세련된 이미지 강조로 20대 여성 공략
기존 PET병 제품보다 미네랄 함유량 높여 경도 200도 제품 출시로 국내 해양 심층수 시장 선도
지난해 국내 최초로 해양심층수를 탈염 정제해 상품화한 CJ제일제당 울릉 미네워터가 29일부터 새 패키지를 선보인다.
수개월간의 공동 연구개발 끝에 탄생한 새 패키지는 기존 PET병을 투명한 유리병으로 교체해 패키지 자체를 고급화하면서 검정색과 은색을 조화롭게 사용해 심플하면서도 세련된 이미지를 강조했으며, 특히 울릉 미네워터의 주소비계층이 20대 여성인 점을 고려해 한 손에 쥐거나 가방 속에 넣고 다니기 편한 크기(330ml)로 제작했다.
이번 공동 연구개발에는 CJ제일제당 디자인센터를 비롯해 세계적인 영국 디자인 회사 키네 듀포트Kinneir Dufort와 '아이리버', '애니콜 가로본능 휴대폰' 등으로 유명한 국내 디자인 컨설팅 전문회사 이노디자인 등이 참여해 업계 관계자들의 주목을 끌었다.
또, 울릉 미네워터 병 패키지는 기존 PET제품보다 경도를 30% 정도 높여 몸에 좋은 미네랄이 풍부한 제품으로 재탄생했다. 경도(물의 세기)는 물속에 칼슘과 마그네슘 등 미네랄이 함유돼 있는 정도를 나타내는데, 기존 PET제품이 150도인데 비해, 새 제품은 200도로 국내 생산 심층해양수 제품 중 가장 높은 수준이다.
"병 제품이 젊은 여성들의 패션 아이템으로 손색이 없을 정도로 스타일리쉬하고 고급스러워 'Must Have' 아이템으로 자리잡아갈 전망"이라고 말했다.
CJ제일제당은 울릉 미네워터 병 패키지를 우선 젊은 여성들이 선호하는 유명 레스토랑과 호텔, 커피숍, 바 등에 집중적으로 내놓아 그들의 눈길과 입맛을 사로잡을 예정이다. 330ml 기준으로 소비자 가격은 2,000원이며, 750ml는 4,000원이다.
- 출처 : CJ제일제당 사이트

> **사례 2** IT제품 감성마케팅..독특한 디자인 소비자 눈길

최근 노트북, 스마트폰, MP3 등 정보기술(IT) 제품들이 독특한 디자인을 앞세워 소비자들의 마음을 흔들고 있다. 스포츠카를 형상화한 노트북, 강아지 모양의 MP3 등 이른바 감성 마케팅은 소비자들의 눈길을 잡는다는 면에서 판매에 효과적이라는 것이 업계 평가다.

대만 노트북 업체 아수스는 이탈리아 스포츠카 람보르기니를 형상화한 노트북 람보르기니 VX7을 이달 중 출시한다. 아수스 VX7은 람보르기니와 아수스가 합작해 탄생한 아수스 VX 시리즈의 일곱번째 에디션으로, 한정판으로 출시되는 람보르기니 시리즈는 매번 완판되며 인기를 끌고 있다. 특히 이번에 출시되는 아수스 VX7은 람보르기니의 유명 스포츠카 무르시엘라고 슈퍼벨로체의 외형을 본떠 실제 자동차 내부처럼 가죽으로 마감한 팜 레스트, 발광 치클릿 키보드 등 고급스러운 디자인과 인텔 샌디브리지 중앙처리장치(CPU) 등 높은 성능으로 구성됐다.

삼성전자는 세계적으로 유명한 바비인형 스케치를 입힌 노트북으로 여심(女心)을 공략한다. 지난해 5월에 이어 두번째로 출시되는 '삼성센스 X180 바비 스페셜 에디션 2'는 순백색의 바탕에 우아한 콘셉트의 바비 인형 디자인으로 10, 20대 여성 고객들의 마음을 흔들어놓았다. 여성 고객을 대상으로 하는 제품인 만큼 속도 등 성능과 더불어 핸드백에도 들어가는 29.5㎝의 화면과 1.61㎏의 크기로 이동성도 높였다.

LG전자도 최근 스마트폰 옵티머스 2X 홍콩 출시 행사장에서 혼다의 최신 오토바이와 함께 등장해 제품의 세련된 디자인과 빠른 구동 속도 등 성능을 자랑했다. HP도 홍콩의 아티스트 비비안 탐과 손잡고 동양미 가득한 노트북 '미니 1000 비비안 탐 스페셜' 등을 선보였으며, 델은 유명 아티스트인 마이크 밍, 데릭 웰치 등과 손잡고 '델 디자인 스튜디오' 시리즈를 선보이고 있다.

신선한 디자인을 앞세운 스피커, MP3 등의 IT 기기들도 인기다. 아이리버가 미키마우스 모양의 MP3에 이어 최근 밸런타인데이 한정판으로 출시한 강아지 모양의 MP3 '포켓퍼피'가 화제다. 아이리버는 미키마우스 모양의 MP3가 판매를 시작한 지 1년 만에 100만대가 팔리는 성과를 내며 '감성디자인' 제품의 선두에 섰다. '포켓퍼피'는 강아지 얼굴 부분을 유기발광다이오드(OELD) 디스플레이로 처리해 놀란 표정, 배고픈 표정 등 상황에 따라 다른 표정을 보여주며 소비자들의 감성을 자극한다.

— 파이낸스 기사

학습정리

1. 좋은 디자인의 조건
   ① 합목적성 : 어떤 물건의 존재가 일정한 목적에 부합되는 것을 말하며, 그의 수단이나 방법이 실용성, 기능성의 목적을 가르킨다.
   ② 심미성 : 합목적성과는 달리 개인이 주관적으로 아름답다는 느낌으로 미의식을 뜻한다. 여기서의 미란 아름답게 하기 위하여 표면에 회화적인 장식을 하는 피상적인 것이 아니라, 기능과 유기적으로 연결된 형태, 색채, 재질의 아름다움을 창조하는 것을 말한다.
   ③ 경제성 : 가장 적은 노력으로 가장 큰 효과를 얻으려는 경제 원칙은 당연히 디자인에서도 통한다. 즉 허용된 여건 안에서 가장 뛰어난 결과를 만든다는 뜻이다.
   ④ 독창성 : 창의적인 감각에 의해 새로운 가치를 추구한다. 차별화, 주목성이 높도록 창조적인 디자인을 해야 하며, 부분 수정이나 변경을 뜻하는 재디자인Redesign도 창조에 속한다. 허나 독창성만을 강조하여 대중성이나 기능을 무시해선 안된다.
   ⑤ 질서성 : 앞의 네가지 조건이 서로 조화롭게 유지되는 것을 말하며 각 원리에서 가리키는 모든 조건을 하나의 통일체로 하는 것은 질서를 유지하고 조직을 세우는 것이다.

2. 디자인 마케팅의 성공전략
   1) 고객의 시각감성을 사로잡아라.
   2) 디자인은 기업 활동의 중심이다.
   3) 디자인 에쓰노그래피를 통해 고객을 관찰하라.
   4) 구조적 디자인을 통해 패밀리룩을 구축하라.
   5) 디자인 소비패턴을 읽어라.
   6) 글로벌 디자인을 통해 세계지도 위에 포지셔닝하라.
   7) 디자인 트렌드를 창조하라.
   8) 스토리텔링을 이용하라.

3. 디자인 마케팅 사례
   - 스워치, 애플, LG

학습문제

01 에쓰노그래피기법은 새로운 제품, 서비스 디자인 등의 패턴들에 관심을 갖는 새로운 기법이다. (○, X)

해설 에쓰노그래피는 고객의 심리와 니즈를 읽는 기업들의 고객관찰법이다. 디자인 에쓰노그래피는 새로운 제품, 서비스, 디자인과 컨셉이 함께 하는 일상의 패턴들에 집중한다. 그리하여 아무도 깨닫지 못한 소비자들의 욕망, 희망, 욕구를 찾아내고 이러한 조사결과들을 기업의 제품과 문화에 반영하는 솔루션으로 정리한다.
정답 : ○

02 좋은 디자인의 조건 중 맞지 않는 것은?
① 모방성
② 합목적성
③ 심미성
④ 경제성
⑤ 독창성

해설 디자인은 합목적성, 심미성, 경제성, 독창성, 질서성의 조건을 갖으며, 창조적인 활동을 기본으로 하여 독창성을 추구하기 때문에 모방은 조건에 들어가지 않는다.
정답 : ③

03 디자인 마케팅의 성공전략의 설명으로 적합하지 않은 것은 무엇인가?
① 고객의 시각감성을 사로잡아야 한다.
② 디자인 소비패턴을 읽어야 한다.
③ 스토리텔링을 이용하여야 한다.
④ 디자이너 중심의 디자인개발이 되어야 한다.

해설 디자인 마케팅은 마케터 중심이 되어서도 안 되고, 디자이너 중심의 디자인 마케팅이 되어서는 안 된다. 디자인마케팅의 주체는 "마케팅적 사고가 가능한 디자이너" 또는 "디자인적 사고가 가능한 마케터"이어야 한다.
정답 : ④

04 디자인 종류의 설명이 아닌 것을 고르시오.

① 시각 디자인 : 인간생활에 필요한 정보와 지식을 넓히고 보다 신속, 정확하게 전달하기 위한 시각을 중심으로 하는 디자인
② 그래픽 디자인 : 인간생활의 발전에 따라 컴퓨터를 통해 좀 더 복잡한 것을 정확하게 만드는 디자인
③ 제품 디자인 : 인간생활의 발전에 필요한 제품 및 도구를 보다 다량으로 보다 완전하게 생산하기 위한 디자인
④ 환경 디자인 : 인간생활에 필요한 환경 및 공간을 보다 적합하게 활용하기 위한 디자인

해설 그래픽디자인이란 인쇄매체를 통하여 표현·제작되는 디자인으로 포스터, 신문·잡지의 광고, 카탈로그, 표지, 포장 등의 디자인을 가리킨다.

정답 : ②

05 다음 중 디자인 마케팅의 4P`s전략의 설명이 틀린 것을 고르시오.

① 제품 : 디자인은 품질, 유용성 및 외관뿐 아니라 성능, 신뢰성, 스타성 등 제품 차별화의 모든 특성에 영향을 준다.
② 가격 : 자제, 동력 및 제조 면에서 경제적인 제품을 고안하여 디자인 할 수 있다.
③ 유통 : 유통을 위하여 고려해야 할 사항이 디자인에 영향을 줄 수 없으며, 제품의 포장은 보관 및 진열과 다른 차별화를 지녀야한다.
④ 판촉 : 대다수의 판촉활동은 시각적 특성에 의존하여 회사의 메시지를 전달하며, 이 같은 활동에는 디자이너의 시술을 필요로 한다.

해설 장소: 유통을 위하여 고려해야 할 사항이 디자인에 영향을 줄 수 있으며 그 결과 제품의 포장은 보관 및 진열에 용이한 모양을 지녀야 한다.

정답 : ③

06 좋은 디자인의 조건 중 그 설명이 틀린 것을 고르시오.

① 합목적성 : 어떤 물건의 존재가 일정한 목적에 부합되는 것을 말하며 그 수단이나 방법이 실용성, 기능성의 목적을 가르킨다.
② 경제성 : 허용된 요건 안에서 가장 뛰어난 결과를 만든다는 뜻이다.

③ 심미성 : 합목적성과 마찬가지로 개인이 주관적으로 아름답다는 느낌의 미의식과는 달리 피상적인 미를 말한다.
④ 질서성 : 합목적성, 경제성, 심미성, 독창성 등의 조건이 서로 조화롭게 유지 되는 것을 말한다.

해설 합목적성과는 다른 개인이 주관적으로 아름답다는 느낌으로 미의식을 뜻한다.   정답 : ①

07 디자인 마케팅 유형 설명이 아닌 것은?

① 제품형 기업 : 자동차 사업, 가전제품 산업으로 PSD(Product System Design) 중심 전략
② 네트워크형 기업 : 인터넷을 기반으로 하는 산업군으로 콘텐츠, 인터페이스, 필앤룩 디자인이 구성요소
③ 감성지수형 기업 : 주변요소의 감각을 통한 예술적 창조산업으로 명품디자인 등을 형성
④ 서비스형 기업 : 호텔, 은행, 이동통신, 항공사 등의 산업으로 커뮤니케이션에 필요한 공간구성이 요소

해설 브랜드파워를 중심으로 디자인을 강조한 것으로 디자인 마케팅 유형 설명은 아니다.   정답 : ③

08 다음은 생수 에비앙의 디자인과 스토리텔링을 설명한 것이다. 아닌 것은?

① 드림마케팅을 반영하여 제품 포장의 과감한 시도로 페트병을 탈피 향수병 연상의 용기 개발
② 네트워크를 통해 세계의 디자인을 읽어야함으로 용기 공모전 개최
③ 물방울 모양의 '천사의 눈물'애칭의 용기 개발
④ '에비앙 팰리스'는 금속 병마개에 알프스를 연상시키는 용기로 매니아들의 소장품으로 인기

해설 용기 디자인 공모전은 열지 않았다.   정답 : ②

제8장 스토리 마케팅
Story Marketing

"미래의 키워드는 디자인, 스토리, 공감, 놀이, 조화, 의미"

― 미래학자 다니엘 핑크

08 FUN MAKETING 스토리 마케팅

학습목표 🔍

1. 스토리텔링이란 무엇인가에 대해 알게 된다.
2. 사례를 통해 스토리 마케팅전략이란 무엇인지 알게 된다.
3. 스토리 마케팅의 이론과 사례를 통해 기업의 경영 전략을 수립할 수 있는 능력을 갖게 된다.

핵심키워드 : 스토리텔링, 드림케팅, 구전마케팅, 감성마케팅, 브랜드 스토리

마케팅 이야기

사례 스토리텔링은 이야기를 통한 마케팅이다.

-마음을 움직이는 이야기! 이것이 바로 스토리텔링 마케팅 기법의 핵심이다.

페르시아 사산왕조의 샤푸리 아르왕은 아내의 부정을 목격한 이후 딴사람이 되었습니다. 매일 밤 여자를 갈아치우며 욕정을 채우고 나서, 새벽에는 처형해 버렸지요. 여자들은 살아남기 위해 눈물겨운 노력을 했습니다. 공포에 떨면서 노래를 부르고 춤을 추고 애교를 부렸답니다. 뛰어난 방중술로 승부수를 던진 여자도 있었고요. 그러나 어느 하나 예외 없이 아침이 되면 목이 잘린 시체가 되어 왕의 침실에서 실려 나올 수밖에 없었습니다. 그런 판에 귀족의 딸 '세라자데'가 제 발로 왕을 찾아왔으니, 사람들이 그녀를 미쳤다고 생각한 것은 당

연합니다. 눈물을 흘리며 목숨을 구걸하는 대신에 세라자데는 이야기를 시작했습니다.

"대왕이시여, 마법의 동굴에 대해 들어보셨나요? 도적들이 보물을 잔뜩 숨겨둔 곳이랍니다. 주문을 외워야만 그 동굴의 무거운 바위 문을 열 수 있답니다."

왕은 자기도 모르게 이야기에 귀를 기울이기 시작했습니다. 이야기가 끝날 때쯤 태양이 떠올랐습니다. 왕은 달콤한 잠에 빠져들었습니다. 세라자데는 왕의 침실에서 첫날밤을 보내고 목이 붙은 채 제 발로 걸어 나온 최초의 여자가 되었습니다.

그날 이후 그녀는 매일 밤 새로운 이야기를 왕에게 들려주었습니다. 왕은 재미있는 이야기를 듣고 싶어 사형을 하루 이틀 미루었습니다. 그렇게 1년 2년이 흘렀지요. 그 사이 왕은 자기도 모르게 조금씩 변해 가기 시작했습니다. 이윽고 세라자데와 천 번째 밤을 보내던 날, 왕은 그녀에게 청혼을 했습니다. 세라자데는 왕비가 되었고, 사푸리 아르왕은 그 후 성군이 되었습니다.

치열한 마케팅 전쟁에서 살아남기 위해, 세라자데의 지혜가 절실히 요구된다고 하겠다. 소비자는 냉정하다. 언제든지 가볍게 써 보고 가볍게 버린다. 어떻게 하면 변덕스런 소비자를 감동시킬 수 있을까? 그 해결방안은 스토리텔링 마케팅이다.

-정영선 지음 '나는 이야기 장사꾼이다 (세라자데 마케팅)' pp.276~277

학습내용

1. 스토리텔링의 정의

　최근 '스토리텔링Storytelling'이라는 용어가 사회 각 분야에서 자연스럽게 쓰이고 있다. 디지털 스토리텔링, 브랜드 스토리텔링, 에듀테인먼트 스토리텔링, 웹 뮤지엄 스토리텔링 등 다양하게 쓰이고 있다. 이 용어는 문화콘텐츠산업에 있어 문화콘텐츠를 생산하는 방법으로 이해되고 있다. 때문에 문화콘텐츠의 종류에 따라 그 의미가 조금씩 다르게 쓰이고 있는데 대표적인 의미를 살펴보면 다음과 같다.

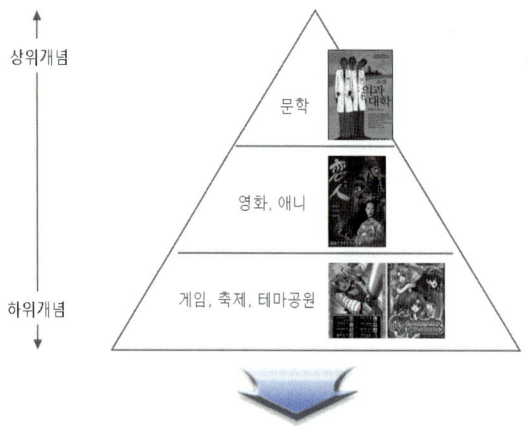

예술 작품과 문화콘텐츠를 포괄하는 광범위

　한국의 디지털스토리텔링 학회에서는 스토리텔링을 '사건에 대한 진술이 지배적인 담화 양식으로 사건 진술의 내용을 스토리라 하고 사건 진술의 형식을 담화라 할 때 스토리텔링은 스토리, 담화, 이야기가 담화로 변하는 과정의 세 가지 의미를 모두 포괄하는 개념이다.'라고 정의하고 있다. 이러한 개념은 특히 영화, 애니메이션의 스토리텔링 과정을 중심으로 두고 있다.

　스토리가 표현되는 매체로 디지털 기술을 이용하는 것이면 모두 디지털 스토리텔링이라고 보기 때문에 디지털 기술이 사용되는 영화, 애니메이션도 디지털 스토리텔링에 하나로 포함시키고 있다. (이인화 교수, 이화여자대학교 대학원)

　문화 속에서 문학적 특성을 찾아내고 그것을 콘텐츠화 하는 것이 문학콘텐츠라고 정의하며 그 콘텐츠를 이야기로 풀어 말한 것이 스토리텔링이라고 하고 있다. 즉 문학콘텐츠를 재미있고, 생생한 이야기로 풀어

설득력 있게 전달하는 행위의 총체라고 보는 것이다. 여기서 스토리텔링은 주로 문화원형을 이용하여 콘텐츠를 만드는 과정에서 이루어진다. 예를 들면 지역설화를 원형으로 하여 지역문화콘텐츠를 만드는 것을 들수 있다. 지역 축제나, 관광지를 만들 때 지역설화를 현대적으로 풀어 이용할 수 있게 하는 과정도 스토리텔링이라 하는 것이다. (김의숙·이창식, 2005)

게임 산업에서는 게임의 개발단계 중 시나리오 전 단계, 즉 주제와 소재, 캐릭터, 배경, 사건을 가지고 이야기를 구성하여 서사화 시키는 단계로 보고 있다. 이러한 게임의 스토리텔링은 스토리 창작의 개념과 유사하지만, 이야기 구성 단계에서 스토리를 이어가는 주인공이 작가의 손을 떠나 있다는 것이 다르다. 즉 게임의 주인공은 게임을 직접하는 수요자를 염두에 두고 상호작용적인 기획을 해야 한다. 게임의 이러한 측면은 인터랙티브 스토리텔링을 가능하게 하는 특수성을 가지고 있다. (이재홍, 2004)

교육 분야에서는 미국 영어교사 위원회$_{National\ Council\ of\ Teachers\ of\ English}$에서 '스토리텔링을 음성$_{voice}$과 행위$_{gesture}$를 통해 청자들에게 이야기를 전달하는 것이라고 정의한다. 대개 스토리텔러들은 이 단어를 이야기를 말하는 사람과 이야기를 듣고 상상력을 발휘하는 청자 간의 인터랙티브한 과정이라 말한다. 셜리 레인즈(Shirly Raines, 스토리텔러)는 이야기$_{story}$, 청자$_{listener}$, 화자$_{teller}$가 존재하고, 청자가 화자의 이야기에 참여하는 이벤트'라고 정의하고 있다.

즉, 구연동화와 같이 어떠한 이야기를 품고 있는 화자가 음성과 소품을 이용한 구연, 행위 등을 통하여 청자에게 들려주는 것을 말한다. 이때 청자는 화자와 함께 호흡을 하며 추임새나 이야기의 속도 조절 등의 직접적인 참여가 가능하다.

또한 교육 분야에서는 어려운 지식을 한 편의 이야기 속에 담아 독자에게 쉽고, 거부감 없이 전달하는 글을 쓰는 것도 스토리텔링이라 한다. 대표적인 예로는 '로빈슨크루소 따라잡기'라는 책이 있다. 이 책은 무인도에 갇힌 '노빈손'이라는 캐릭터가 무인도에서 살아남는 과정을 재미있게 이야기 하면서, 청소년들이 알아야할 과학적 지식을 전달하고 있다. 독자는 엉뚱한 캐릭터인 노빈손이 무인도에서 살아남아 탈출하는 이야기 속에 빠져 재미와 함께 과학적 지식을 익힐 수 있는 것이다.

지금까지 알아본 스토리텔링의 개념을 살펴보면, 스토리를 청자에게 전달하는 단계와 어떠한 정보나 지식을 이야기를 통해 독자에게 전달하는 단계로 나눌 수 있다. 전자는 영화, 애니메이션, 게임 등 이야기를 기본으로 하는 스토리텔링의 방법이며, 후자는 브랜드 스토리텔링, 에듀테인먼트 스토리텔링 등 지식이나 정보를 대상으로 하는 스토리텔링의 방법이다. 여기서 스토리와 정보, 지식을 총체적인 의미의 '이야기'로 묶을 수 있기 때문에 스토리텔링의 개념은 한가지로 생각할 수 있다. 즉 원형이 되는 어떤 이야기를 타인에게 전달하는 담화의 방식, 또는 담화 과정인 것이다. 여기서 담화는 말에 의한 이야기의 표현뿐만 아니라 다양한 매체를 통한 이야기 표현으로 확장될 필요가 있다.

총체적인 의미로 이야기를 '인간이 세계를 인식하는 근본적 방식으로 이해하고, 시작과 끝의 서사가 다양한 매체를 통해서 표현되는 것을 특징으로 하는 서사물'이다. 또한 '이야기는 이야기된 것의 시간성과 이야기 행위 자체에 걸리는 시간성의 이중의 시간적 시퀀스를 가지고 있다.' 결국 "스토리텔링이란 원질을 모든 서사 형식의 원질로 상정할 때 보다 창조적인 이야기 개념이 상정될 수 있다. 각각의 장르들은 스토리텔링이란 공통점을 지니면서도 매체의 특성 때문에 형식상의 차이를 띠게 된다."라고 정의한다. (최혜실 교수, 경희대학교)

이러한 원형적인 개념의 스토리텔링은 시작과 끝이 수용자에게 맡겨지는 게임 등 이야기의 개념에서 벗어난 것까지 포괄할 수 있다. 그리고 영화 등 다양한 분야를 상위 범주의 이야기 아래 하위의 여러 이야기 방식이 있다고 보며, 종이 매체에서 표현되면 문학, 영상 매체에서 표현되면 영화가 된다고 말한다. 즉 스토리텔링은 상위 개념의 이야기이고, 표현되는 방식에 따라 문학, 영화, 애니메이션 등이 된다는 것이다.

하지만 이러한 스토리텔링은 장르적 정의로 국한되어 담화 방식, 즉 창작 기법의 하나로 쓰이는 스토리텔링을 설명하기에는 부족하다. 위에서 말했듯이 스토리텔링의 하위개념인 영화, 축제, 테마공원 등에서 쓰

고 있는 스토리텔링은 장르적인 용어가 아니라, 담화의 과정 또는 그 방식을 말하는 용어이기 때문이다. 그리고 문학과 같이 자체 내에서 예술적 성격과 대중적 성격을 지닌 장르를 포함시키면서, 예술 작품과 문화콘텐츠를 포괄하는 광범위한 개념이 될 여지가 있다.

2. 스토리 마케팅 또는 스토리텔링 마케팅이란

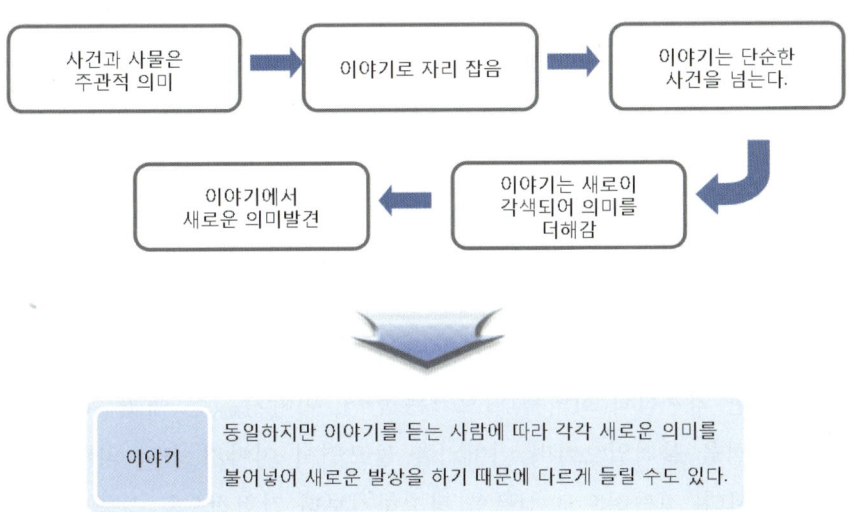

자사의 상품에 대해 소비자로부터 주목을 받고 호감을 사고 선택되고 싶은 기업은 인간의 감성과 의미에 호소하는 스토리텔링 마케팅을 새롭게 주목하고 있다. 스토리텔링 마케팅이란 이야기$_{story}$+나누기$_{telling}$의 합성어로 이루어진 말로 '사건이나 사실에 대한 의사소통'이 아니라 '개인적이고 주관적인 의미에 대한 이야기 나누기'이다. 원래 스토리텔링은 문학 용어로 말 그대로 '이야기를 들려주는 것' 혹은 구전을 말하는 것이다. 즉 사건과 사물에 대한 사실 보도$_{report}$가 아닌 인물과 사건에 대해 이야기로 지어서 말하는 것으로, 마케팅에서도 상품에 대해 이와 관련한 인물이나 배경 등을 설명하는 기법이다.

우리는 수많은 이야기에 둘러싸여 살아간다. 어린 시절에는 할머니나 어머니에게 심청전과 같은 전래동화나 이솝이야기 같은 서양동화를

들으며 자랐다. 다 자란 후에는 기업에 대한 이런저런 이야기, 브랜드에 대한 기발한 광고 이야기, 제품의 컨셉형성에서 생산에 이르기까지의 비하인드 스토리, 또는 정치나 사회 등과 관련된 꼬리에 꼬리를 무는 루머, 연예인에 대해 떠도는 소문 등 수많은 이야기가 우리를 둘러싸고 있다.

이처럼 개인에게 있어서 사건과 사물은 사실 그 자체가 아닌 주관적인 의미로서 받아들여지며 이야기$_{story}$로 자리 잡는다. 시간이 지나면서 기억은 단순히 사건으로 남는 것이 아니라 이야기를 나누며$_{telling}$ 기억은 새로이 각색되어 의미를 더해간다. 즉 서로 이야기를 나누며$_{storytelling}$ 그 이야기 속으로 빨려 들어가 이야기$_{story}$에서 새로운 의미를 발견하게 된다. 이야기는 동일하지만 이야기를 듣는 사람에 따라 각각 새로운 의미를 불어넣어 새로운 발상을 하기 때문에 다르게 들릴 수도 있는 것이다.

"상품의 가격과 이미지만을 밋밋하게 보여주는 광고의 시대는 이제 식상하다. 고객들에게 상품을 더 각인시켜 줄 수 있는 방법의 하나로 상품이나 브랜드에 얽힌 이야기를 해야 한다." 상품에 대한 광고가 내용에 대한 의구심과 회의를 일으키는 반면, 이야기$_{story}$는 애초부터 흥미와 호기심을 불러일으키며 이야기를 들으면서 이야기 속의 의미를 공유하게 된다. 직접적으로 상품을 광고하기보다 간접적으로 상품과 관련한 이야기들에 대해 설명함으로서 호기심과 호감을 얻는 것이다. 예를 들어 전람회를 기획할 때 명화를 전시하는 것이 아니라 그림을 그린 사람과 배경을 이야기함으로서 주목받고 호감을 얻고 그림에 얽힌 의미를 사도록 하는 것이다.

이제 소비자에게 옛날이야기를 해주듯이 다가가야 한다. 딱딱하고 상업적인 마케팅에 따뜻하고 인간적인 스토리를 불어 넣어야한다. 필요한 것은 잘 만든 이야기와 그것을 재미있게 전달해 줄 이야기꾼뿐이다. 미래에는 소비자의 눈에 호수하는 단순한 마케팅보다는 몸과 마음을 동시에 공략하는 스토리텔링으로 마케팅 해야 한다.

오늘날 소비자는 이야기가 들어 있는 상품에 열광하며 이야기가 들어 있는 공간을 향유한다. 그들은 쓸모 있는 상품보다는 자신의 꿈과 감성을 만족시켜 주는 이야기가 담긴 상품을 원한다. 왜 그럴까? 모든 것이 부족했던 시절에는 상품 그 자체가 소비자의 관심 대상이었다. 따라서 기업은 품질과 가격의 차별화를 위해 사활을 걸었다. 그러나 점점 다양한 상품이 쏟아져 나오고 경쟁이 심화되면서, 품질과 가격만으로는 소비자에게 다가갈 수 없는 시대가 되었다.

새로운 시장은 꿈과 감성이 지배하고, 소비자는 머리보다 가슴으로 상품을 선택한다. 소비자는 상품 그 자체를 사는 것이 아니라 상품에 얽힌 이야기를 산다. 소비자의 구매 욕구를 자극하는 가장 큰 요인은 해박한 지식과 논리적 설득이 아니라 감성 바이러스가 담긴 이야기이다. 스토리텔링은 소비자의 감성에 호소하는 가장 효과적인 방법이다. 세계적인 명품 브랜드들은 소비자에게 상류사회에 대한 환상을 심어주고 구매 욕구를 자극하는 스토리텔링 기법을 구사한다.

스토리텔링 마케팅은 상품의 기능을 따분하게 설명하는 내용 중심 광고나 쉽게 의미를 파악할 수 없는 이미지 광고와 같은 의사소통과는 차이가 있다. 스토리텔링 마케팅은 상품 그 자체에 대해서 소개하는 것이 아니라 '상품에 담겨 있는 의미나 개인적인 이야기를 제시'함으로서 몰입과 재미를 불러일으키는 주관적이고 감성적인 의사소통이다. 마케팅 활동에 이야기$_{story}$를 도입함으로서 단순히 물건을 사는 것이 아니라 그 물건에 담겨 있는 이야기를 즐기도록 하는 감성지향적 마케팅 활동이다. 딱딱하고 상업적인 마케팅에서 인간적인 이야기로 소비자에게 다가가며 이성$_{rational}$보다는 감성$_{emotional}$으로, 마음$_{mind}$보다는 가슴$_{heart}$으로 다가간다.

다른 말로, 스토리 마케팅은 상품에 얽힌 이야기를 가공·포장하여 광고와 판촉 등에 활용하는 브랜드 커뮤니케이션 활동이다. 상품개발 과정 등 브랜드와 관련된 실제 스토리를 여과 없이 보여줄 수도 있고 아니면 신화, 소설, 전래동화, 게임 등에 나오는 스토리를 원용하여 가공하거나 패러디하여 보여주기도 한다. '임금님 귀는 당나귀 귀'라는 동화를 보면, 임금님의 귀가 당나귀 귀라는 사실을 알게 된 주인공이 그 비밀을 혼자만 알고 있다가 결국에는 병에 걸려서 갈대밭에서 "임금님 귀는 당나귀 귀!"라고 마음껏 외친다는 이야기이다. 이와 같이 사람들은 자신이 알고 있는 이야기를 다른 사람에게 이야기해주고 싶은 욕구

가 강하다. 스토리텔링 마케팅은 이처럼 이야기를 좋아하는 인간의 본성에 소구하고 있다. '우릴 그냥 사랑하게 해 주세요' '사랑은 언제나 목마르다. 2% 부족할 때… 두 주인공의 숨겨진 사랑 이야기가 궁금하면 인터넷 창에 2%를 쳐 보세요' 몇 해 전 인기를 얻었던 어떤 음료의 TV 광고 내용이다. 당시 많은 시청자들은 광고 속에 숨겨진 사랑 이야기에 대단한 관심을 보였고 동시에 음료의 매출도 급상승하였다. 스토리텔링 마케팅의 대표적인 사례라고 할 수 있다.

또 다른 말로는 상품이 아닌 이야기를 판다는 것이라고 할 수 있다. 미래학자 롤프 옌센은 정보화시대가 지나면 소비자에게 꿈과 감성을 제공하는 것이 차별화의 핵심이 되는 드림 소사이어티$_{Dream\ Society}$가 도래할 것이라고 했다. 미래에는 이야기와 꿈이 부가가치를 만들며 이를 통해 새로운 시장이 형성된다는 것이다. 소비자들의 라이프스타일을 지배하면서 고유의 소비문화를 만들고 있는 브랜드들의 성공 이면에는 항상 이야기가 있다.

디즈니랜드, 나이키, 할리데이비슨, 페라리, 이 모든 것이 꿈과 이야기로부터 시작되었고 그 꿈이 현실을 창조하게 된 것이다. 롤프 옌센은 기업이 이야기와 꿈을 마케팅에 접목한 드림케팅$_{Dreamketing}$[12])에 주력해야 한다고 강조하고 있다. 이를 위해서는 자사 브랜드를 멋진 스토리로 포장하여 판매하는 스토리텔링 마케팅이 효과적이다. 흥미 있는 이야기가 담긴 상품은 단순히 우수한 품질이나 디자인을 가진 제품보다 더욱 매력적일 수 있기 때문이다.

---

12) 드림(dream·꿈)+마케팅(marketing)의 합성어. 상품 자체보다는 상품이나 브랜드에 담긴 꿈과 이야기를 강조하는 마케팅 기법. 페라리의 롱지노티 뷔토니가 처음 사용하였고, 세계적인 경영학자 톰 피터스가 저서 '미래를 경영하라'에서 드림케팅을 소개하면서 더욱 유명해졌다.

마케팅 이야기

> **사례** 드림케팅(Dreamketing)

"마케터가 스토리텔러가 돼야 하는 시대다"

미국 주방용품 업체인 윌리엄 소노마는 행복한 가정 이야기를 파는 것으로 유명하다. 요리기구와 그릇 등 제품별로 장인, 역사, 캐릭터 등을 테마로 한 브랜드 스토리를 광고에 활용하여 화제화 시킴으로써 성공을 거두고 있다.

같은 맥락의 사례로서, 당신의 H는 무엇입니까?" 현대건설은 지난해 새 아파트 브랜드 '힐스테이트'를 선보이면서 이러한 광고 카피로 소비자들의 상상력을 자극했다. 전문가들은 "명예Honor, 역사History, 사람Human 등 브랜드 이니셜 'H'를 활용해 아파트 대신 이미지를 전달하고 인지도를 높이는 데 성공했다"고 평가한다.

또한 삼성전자는 최근 에어컨 브랜드 하우젠에 '바람의 여신(女神)'이라는 애칭을 붙였다. TV 브랜드 파브PAVV에 '보르도', 김치 냉장고에 '아삭'이라는 이름을 단 적은 있었지만 이처럼 소설 제목과 같은 이름을 붙인 것은 가전업계에서는 처음이다. 우아한 여신의 이미지로 세련되고 고급스러운 디자인을 강조하고, 강력한 바람을 자유자재로 움직이는 에어컨의 기능적 요소를 부각하겠다는 전략이다.

아모레퍼시픽 헤라의 '카타노 크림'은 기능이나 성분을 이름으로 내세우는 기존 화장품과 달리 신화를 활용한 제품명으로 소비자들을 사로잡았다. 카타노는 그리스 신화에 나오는 여신 헤라가 젊음을 유지하기 위해 매일 목욕을 했다는 샘물의 이름으로, 아모레퍼시픽은 "해외에서 한방 화장품을 알릴 때도 인삼에 얽힌 설화, 고려 상인들이 인삼을 세계화한 역사 등의 이야기를 활용해 마케팅을 펼치고 있다"며, "이렇게 알게 된 제품은 머릿속에 확실히 기억된다."고 했다.

스토리텔링 마케팅은 상품 차별화에 매우 유용하다. 온갖 노력 끝에 개발한 상품이라 할지라도 이를 사람들의 머릿속에 각인시키기가 점점 더 어려워지고 있다. 브랜드가 범람하고 있는 상황에서 자사만의 차별화 요소를 전달하기 쉽지 않기 때문이다.

　기업은 브랜드가 가지는 이야기를 통해 경쟁 브랜드와는 다른 아우라(고유의 분위기)를 가질 수 있다. 예컨대 스타벅스는 커피 매장을 집, 직장에 이은 이야기가 있는 제 3의 공간으로 만들고 하나의 라이프스타일로까지 승화시켜 성공을 거두고 있다. 기업이 스토리텔링 마케팅을 활용하기 위해서는 브랜드에 적합한 스토리를 발굴하고 이를 적절히 가공해야 한다. 스토리의 발굴을 위해서는 기업 내외부의 다양한 의견을 수집할 필요가 있다. 비단 마케팅 부서만이 아니라 내부 공모 등을 통해 다른 부서원들도 참여하도록 해야 한다. 최근에는 많은 기업들이 소비자들로부터 브랜드 스토리와 관련된 아이디어를 얻고 있다. 예컨대 앱솔루트 보드카는 신제품인 바닐라를 출시하기 전에 인터넷상에서 소비자들로부터 브랜드 스토리를 공모하고 이를 실제 광고에 활용하여 호응을 얻었다. 바닐라 보드카와 관련하여 전개되는 주인공들의 흥미진진한 이야기들이 소비자들의 눈길을 사로잡은 것이다. 이제 기업들은 단순히 상품 판매자가 아닌 훌륭한 이야기꾼이 되어야 할 것이다. 이러한 내용을 토대로 예를 들어보자.

① 2% 부족할 때

　마케팅에서 이러한 스토리텔링 마케팅의 사례들은 다양하게 발견할 수 있다. TV 광고에서도 이야기가 있는 광고 시리즈가 유행하고 있는데 이것도 스토리텔링의 일종이다. '2% 부족할 때'라는 음료수는 음료 그 자체보다는 남녀 간의 사랑과 갈등을 중심으로 하는 이야기를 만들어 소비자들에게 궁금증을 유발하여 나머지 부분의 이야기들을 드라마처럼 만들어 따로 홈페이지에 올리고 고객들로 하여금 사랑의 차이에 대해 카페에서 토론을 유도하기도 하였다. 사랑에 관한 남녀 간의 다툼, 현실의 사랑은 경제적 여건에 따라 휘청거리고, '거짓말하는 것들은 사랑할 자격도 없어'라는 남자의 말과, '사랑만 갖구.. 사랑이 되니..?'라는 여자의 말은 남녀의 시각 차이를 논하게 만들며 사람들은 2%의 이야기꾼으로 만들고 점점 더 2%에 목말라가게 만들었다.

② 인디고 Indigo

담배는 주로 저타르 농도 등과 같은 내용 중심 정보전달이나 카우보이 같은 이미지를 중심으로 한 커뮤니케이션을 주로 하여왔다. KT&G는 인디고Indigo라는 신제품을 도입하며 호기심과 흥미 유발을 통해 스토리텔링 마케팅을 본격적으로 사용했다. 인디고 담배 갑에 키샤Kishar라는 바빌로니아 신화 속의 대지의 신 혹은 장자의 소요유(逍遙遊)편에 나오는 거대한 붕새를 그려 '어디에도 얽매이지 않고 자유로운 정신세계를 누리는 위대한 존재'에 대해 이야기를 전달한다. 인디 세대가 누구에게 구속 받기를 거부하고, 새로운 것에 항상 도전하며, 자유를 꿈꾸는 순수한 영혼을 가진 세대를 대변하듯 인디고Indigo는 바로 개인의 자유를 표방하는 storytelling을 한다.

KT&G는 초저타르 담배라는 '상품에 대해서'가 아니라 Indigo 곧 '무소의 뿔처럼 어느 것에도 거칠 것 없이 혼자 가는Individual going' 독립적이고 자유로운 정신에 대한 이야기를 전달한다. 이러한 자유정신을 대표하는 체 게바라나 백남준 등을 통해 인디 영웅을 제시하며, 인디정신과 관련한 Episode를 만들어 이야기를 메시지로 전달한다. 주기적으로 담배 디자인을 진화Develop시켜 새로이 바꾸고, 스토리도 일화가 소설처럼 진행되며 카피도 변화시킨다. 인디고Indigo에서 의미하는 바와 같이 커뮤니케이션의 기저에는 젊은 인디세대들의 인디정신을 반영한다. 스토리텔링을 통해 단순히 상품을 파는 것이 아니라 상품과 관련한 의미와 이상을 표현하며 인디고 속에 있는 자유로운 정신과 의미를 주목하고 채택하도록 유도한다.

③ 빈폴

제일모직 빈폴은 다니엘 헤니와 기네스 펠트로를 모델로 하여 자사 홈페이지를 통해 둘의 만남에 대한 스토리를 공모하면서 스토리텔링 마케팅을 펼치고 있다. 인터넷이라는 매체를 적극적으로 활용하면서 홈페이지를 통해 광고에서 남녀 주인공이 영국 런던 거리에서 마주치며 만나게 되는 비하인드 스토리를 공개하며 이후 스토리를 네티즌으로부

터 공개 모집하고 있다. 뉴욕의 소설가이자 신문 기자인 헤니가 런던의 거리 찻집에서 어떤 여자와 지나치는 것으로 시작되는 이야기는, 찻집에서 누군가 놓고 간 자신의 첫 번째 소설책을 발견하고 책 속에 남겨진 메모의 주인공에 대해 생각한다. 그리고 두 달 후 기네스 펠트로는 자신을 취재차 오는 기자를 찻집에서 기다리며 마음을 설레게 된다.

한편의 드라마처럼 만들어진 CF는 스토리텔링 마케팅을 활용하여 브랜드에 대한 관심과 호감을 높일 뿐 아니라 계속되는 스토리를 통해 호기심을 불러 일으켜 오래도록 기억에 머물도록 한다. 드라마처럼 연결된 느낌을 주며 진행되는 이야기 속에 몰입시킨다. 뿐만 아니라 쌍방향적 커뮤니케이션으로 진행되어 인터넷 상에서 공모를 통해 다음번 이야기를 공모해 네티즌의 호기심을 불러일으키고 있다.

1) 이야기를 통한 의미의 공유

누구도 자신이 모르는 것을 좋아할 수는 없다. '여기가 겨울 소나타의 주인공이 만났던 그 언덕'이라는 이야기$_{story}$를 알면 그 장소에 대한 이해가 높아지고, 이해할수록 호감이 높아지며, 호감이 쌓이면 채택하게 된다. 기억의 처리수준$_{elaboration\ likelihood}$ 모형에 따르면 사전적인 정의를 암기하는 것보다 개인적 경험을 토대로 한 의미 중심으로 사건을 처리할수록 기억의 흔적이 깊게 남아 오랫동안 기억이 유지된다고 한다. 우리도 여행지에 가면 단순히 경관을 감상할 때보다 "여기가 역사 교과서에 나왔던 곳으로..." 하며 그 장소나 여행지와 관련된 의미나 개인적 추억을 곁들일 때 더욱 오래 기억되며, 보다 호의적인 인상을 가지게 된 경험을 한 적이 있을 것이다. 결국 사람들은 브랜드의 속성 뿐 아니라 브랜드가 전해주는 이야기를 통해 관객과 함께 개인적 의미를 함께 공유하게 되는데, 이것이 바로 스토리텔링$_{storytelling}$이다. 스토리텔링 마케팅이란 그 브랜드가 갖는 뒷이야기를 퍼트리고, 고객은 그 상품이 품고 있는 이야기 곧 의미를 공감하며 친구가 되어 물건을 사게 된다. 마치 그 사람을 알게 되면 사랑하게 되듯$_{To\ know\ him\ is\ to\ love\ him}$ 알게 되면 새로이 보이나니, 알고 난 후에 보이는 것은 전과 다른 것이다. 즉 '알면 좋아한다'$_{To\ know\ him\ is\ to\ love\ him}$는 말은 반복 노출이 호감을 일으킨다는 광고의 기본 원리이기도 하다.

　마릴린 먼로의 샤넬 No,5는 확실히 스토리로서 유명해 졌다. 최고의 섹시스타 마릴린 먼로에게 기자가 물었다. '침실에서 어떤 옷을 입고 자나요?' '샤넬 No, 5 두 방울 외에는 아무것도 걸치지 않아요.' 샤넬 No, 5를 소비자들이 알게 된 것이고 좋아하지 않을 수 없다. 또한 마릴린 먼로가 유명한 통풍구 사진에서 일부러 평소 애용하던 페라가모 구두를 신었다는 이야기는 페라가모가 명품 브랜드라는 인식을 확고히 하는데 기여했다고도 한다.

2) 평범한 사람들의 평범치 않은 이야기

　스토리텔링 마케팅은 사람들에게 회자되어야 하는 만큼 평범한 이야기들이 아니다. 하지만 일상과 너무 동떨어져 공감대 형성이 어려운 내용들은 마케팅 수단으로서 제 역할을 해내기 어렵다. 너무 큰 업적을 일으킨 대기업의 CEO보다 평범한 사람들의 성공기, '살인의 추억'과 같이 실화를 바탕으로 한 영화가 비교적 쉽게 관객들에게 다가설 수 있는 이유도 이 때문이다. 대학 동아리의 연극연습으로 밝혀진 지하철 결혼식. 해프닝으로 끝났지만 그 위력은 정말 대단했다. 포털사이트에서는 한 회원이 '지하철 커플, 신혼여행 보내주자!'는 청원을 발의, 하룻밤 만에 3,800여명에 육박하는 회원들의 서명을 받는 등 높은 관심을 끌었다. 웨딩관련 업체들은 웨딩촬영, 결혼식, 신혼여행까지 약속했으며 축의금을 보내겠다는 이들도 있었다. 도시철도공사도 가짜커플을 찾기 위해 지하철 5호선 해당 구역에 공고를 붙이기까지 했다. 이것이 연극으로 밝혀지기 이전, 웨딩업계나 광고업계 사람들은 이를 활용한 마케팅 계획이 머리에서 저절로 맴돌았을 것이다. 이러한 평범한 사람들의 범상치 않은 이야기가 텔링의 소재가 된다.

　애플컴퓨터는 2002년 스위치 캠페인을 전개하며 예쁘지도 똑똑해 보이지도 않는 전형적인 미국 여고생 모습의 엘렌 파이스를 광고에 내세웠다. 그녀는 어리숙하고 평범한 모습으로 30초간 자신의 PC가 다운돼 공들인 전공숙제를 일순간에 날려버린 누구나 경험해 봤을만한

이야기를 전달했다. 이후 엘렌 파이스는 3,000개가 넘는 링크를 쏟아내는 스타가 됐고 애플사는 저렴한 투자로 170만 명 가량의 홈페이지 신규 방문자를 얻었다. 이는 전체 방문자의 60%에 달하는 수치였다.

3) 디지털을 통한 스토리텔링 마케팅

스토리텔링 마케팅이 대두된 이유는 인터넷을 바탕으로 쌍방향 커뮤니케이션이 활성화 됐기 때문이다. 이제는 소비자들이 제품사용 후기를 올리거나 컨슈머로 활동하면서 기업에 자신의 의견을 전달하고 있다. 네티즌이 바로 스토리텔러이며 이들을 어떻게 활용하는가가 디지털 스토리텔링 마케팅 성공 여부를 결정지을 수 있다. '2% 부족할 때'는 궁금증을 유발하는 TV광고로 사람들 사이에 오르내리기 시작했고 이 궁금증은 이후 소비자의 기대를 모으며 시리즈로 이어졌다. 또 별도로 제작한 CF 풀버전을 온라인에 노출하는 전략을 펴 한 때 사이트 접속자 수가 300만 명에 육박하기도 했다. '코카콜라'의 홈페이지는 그 탄생부터 광고의 역사, 로맨스, 군대이야기에 이르기까지 코카콜라에 수많은 이야깃거리가 있다. 스토리텔링 마케팅의 성공을 위해서는 '에비앙'이나 '페라가모', '말보로'처럼 그 스토리가 꾸준히 사람들에게 회자되어야 한다. 그러기 위해서는 단순히 한 때의 가십거리가 아닌 확고한 기업문화를 바탕으로 한 스토리 창출이 요구된다.

4) 스토리텔링의 이야기성, 현장성, 상호작용성

스토리텔링Storytelling은 'Story', 'Tell', 'ing' 등의 세 요소로 구성된 단어다. 즉 이야기와 말하다, 그리고 현재진행형의 의미를 담고 있는 것이다. '이야기'란 인쇄매체 시대에는 주로 '이야기되어진 것'을 의미했다. 작가가 이야기를 써서 책으로 출판하면 그것은 이미 과거 완료형, 즉 '이야기되어진 것'이 되었다. 이 방식은 과거 구술문화 시대로부터 변화된 문자문화의 특징을 보여준다. 구술문화 시대에는 구연되는 이야기를 구연자와 청취자가 현장에서 함께 공유했기에 책을 매개로 만나는 작가와 독자의 관계와는 달랐다. 그런데 스토리텔링에서의 'Tell'은 단순히 말한다는 의미 외에 시각은 물론 촉각이나 후각 같은 다른 감각들까지 포함한다. 특히 구연자와 청취자가 같은 맥락 속에 포함됨으로써 구연되는 현재 상황이 강조된다. 현장성의 회복, 즉 새롭게 확장된 '구술문화'의 차원이 되는 것이다. 여기에 'ing'는 상황의 공유, 그에 따른 상호작용성의 의미를 내포한다.

스타벅스의 예를 보면, '로맨스는 칵테일보다 커피를 찾는다.' 커피하우스에서 만난 커플이 사랑에 빠질 확률이 더 높다. 미국인들은 로맨스를 찾아 헤맬 때에 칵테일보다 커피를 더 선호한다. 그리고 만남, 스토리가 결혼식으로 이어져, 고객이 스토리의 일부가 되어 새로운 가능성을 열어 주었다. 가슴을 적시는 아름다운 스토리는 브랜드에 힘을 실어준다.

5) 스토리텔링과 디지털스토리텔링의 관계

일반적으로 '스토리'는 '허구로 구조화되기 전의 전체 줄거리'라는 의미로 많이 논의되어 왔다. 즉 기본 골격으로 스토리가 있고, 이를 플롯(Plot)으로 꾸민 것을 담론$_{Discourse}$으로 불렀다. 반면 '스토리텔링'은 '이야기하기', 즉 이야기에 참여하는 현재성·현장성을 강조한 말이다. 즉 '이야기의 행위'에 초점이 맞추어진 개념인 것이다.

그런데 디지털 매체를 기반으로 하는 스토리텔링, 즉 디지털 스토리텔링의 경우 그 개념이 대단히 확장될 수 있다. 컴퓨터게임 등 컴퓨터 상에서 일어나는 디지털 스토리텔링의 경우 컴퓨터 공간에서 일어나는 서사행위, 웹상의 상호작용적인 멀티미디어 서사 창조 등을 모두 포함한다. 여기에는 텍스트뿐만 아니라 이미지·음악·목소리·비디오·애니메이션 등이 포함된다. 그것은 오늘날의 디지털 기술을 사용하지만 기본적으로는 이야기·인물·미스터리 등 서사형식으로부터 왔다는 특징이 있다.

이러한 디지털 스토리텔링의 전반적인 특징은 세 가지로 나눌 수 있다. 첫째, 유연성이다. 미디어의 유연성을 이용해 비선형적 글쓰기를 할 수 있고 다양한 인물들의 역할을 독자가 맡아 표현할 수 있다. 둘째, 보편성이다. 기술의 발달로 저렴한 가격으로 작품을 만들 수 있기 때문에 우리 모두가 프로듀서이다. 셋째, 상호작용성이다. 영화나 드라마, 라디

오와 달리 디지털 스토리는 웹과 같은, 네트워킹 될 수 있는 디지털 매체 상에 있어서 창작자와 청중 사이의 경계가 무너지고 모든 사람이 참여자가 될 수 있다.

3. 스토리텔링 마케팅 성공 포인트

1) 뻔한 스토리는 가라.

기업이 스토리텔링 마케팅을 활용하기 위해서는 먼저 자사 브랜드에 적합한 스토리를 발굴하고 이를 적절히 상품에 녹여내야 한다. 소비자들이 가장 좋아할 수 있고 자사 상품의 독특한 가치를 가장 잘 설명할 수 있는 매력적인 스토리를 만들 필요가 있다. 차별화된 스토리를 통해 소비자의 '매력타점(Sweet Spot; 야구·골프 용어로서, 마케팅에서는 소비자가 가장 크게 느끼는 심리적 혜택을 의미)'을 타격해야 한다. 인터넷 등으로 소비자들의 정보력이 기업을 뛰어넘고 있는 상황에서 '그저 그런 브랜드 이야기'로는 소비자들의 외면을 받기 십상이기 때문이다. 이렇듯 매력적이고 차별화된 스토리 발굴을 위해서는 기업 내외부의 다양한 의견을 수집할 필요가 있다. 비단 마케팅 부서만이 아니라 내부 공모 등을 통해 다른 부서원들도 참여하는 방안을 고려해볼 수 있다. 한 예로, 맥도날드는 브랜드 스토리를 창조하기 위해 디즈니 무대 감독과 작사가·작곡가를 고용해 활용하고 있다. 인간의 내면에 있는 유아성에 호소하기 위해서는 디즈니의 힘을 활용하는 것이 효과적이라는 판단에서이다.

또한 소비자들로부터 직접 브랜드 스토리와 관련된 아이디어를 얻어내는 것도 좋은 방법이다. 많은 기업들이 브랜드 체험담·사용수기 등을 공모하는 것은 이러한 추세를 반영한다.

앱솔루트 보드카는 신제품인 바닐라를 출시하기 전에 인터넷상에서 소비자들로부터 브랜드 스토리를 공모하고 이를 실제 광고에 활용해 호응을 얻었다. 바닐라 보드카와 관련해 전개되는 주인공들의 흥미진진한 이야기가 소비자들의 눈길을 사로잡은 것이다.

잠시 앱솔루트의 브랜드 스토리로 들어가 보자. 시간은 저녁 7시부터 새벽 3시까지, 장소는 남녀 주인공인 알렉사와 제이슨의 집에서 시작해 레스토랑·바·나이트클럽 등으로 옮겨지고, 결국 두 사람이 만나는 것으로 끝을 맺게 된다. 여기서 제이슨을 클릭하면 소비자들은 제이슨과 세 명의 친구들 간의 이야기를 엿들을 수 있다. 또 알렉사를 클릭하면 알렉사와 네 명의 여자 친구들 간의 이야기를 듣게 된다. 그리고 마지막에는 제이슨과 알렉사의 이야기를 듣게 된다. 소설 〈냉정과 열정 사이〉에서 두 남녀가 각각 남과 여의 입장에서 글을 써 내려가고 있는 것처럼 남과 여가 각각 다른 경로로 자신의 이야기를 풀어냄으로써 이야기를 읽는 사람들의 궁금증을 자아내는 구성이다.

그러나 스토리가 사람들의 일상과 동떨어져 있거나 공감하기 힘든 경우에는 오히려 반감을 일으킬 수 있으므로 주의해야 한다. 유명인사 등 성공한 인물보다 평범한 사람의 이야기가 더욱 설득력을 갖는 것은 바로 스토리의 공감 가능성 때문이다.

마케팅 이야기

사례 "뻔한 동화세계 비튼 현대적 스토리텔링에 성인관객 열광"

'슈렉' 이 영화는 디즈니의 환상적인 동화세계를 정조준 해 이를 비틀고 뒤엎은 작품이었다. 늪지대에서 고독을 즐기며 살아가는 녹색의 뚱보 괴물이 주인공으로 된 것도 뜻밖이었지만 피노키오, 꼬마돼지 삼형제, 백설공주와 일곱난쟁이, 신데렐라, 피터팬과 팅커벨, 로빈 후드, 피리부는 사나이, 여우 할머니 등 수많은 동화 속 주인공들이 우스꽝스럽게 패러디됐다. 더구나 저주를 받은 공주가 그대로 추한 모습으로 남아 슈렉과 사랑을 지키는 마지막의 통쾌한 결말은 디즈니의 뻔한 스토리에 식상했던 젊은 관객들을 열광시켰다. '슈렉2'는 조롱의 대상을 디즈니의 동화세계에서 이미지와 기호를 소비하는 할리우드로까지 확장시켰다. 할리우드의 숱한 영화들이 인용됐고 베르사체, 알마니, 스타벅스 등 각종 브랜드가 패러디됐다. 이는 '샤크'나 '마다가스카'로까지 이어진다.
또한 뚱뚱하고 게으르며 느려 터진 판다가 쿵후의 전설적인 후계자로 거듭난다는 기상천외한 이야기를 다룬 '쿵푸팬더'는 못생긴 녹색 괴물을 주인공으로

FUN MARKETING

내세운 '슈렉'에 이어 드림웍스의 야심을 집결해놓은 작품이다. 여기에는 멋진 왕자와 예쁜 공주가 만나 오래오래 행복하게 살았다라는 디즈니의 뻔한 동화적 판타지도 없고, 선하고 잘생긴 주인공과 악하고 추한 적과의 예측 가능한 대결도 없다. 1994년 디즈니 경영일선에서 물러나 할리우드 최고의 감독인 스티븐 스필버그와 음반산업의 거두 데이비드 게펜과 손잡고 드림웍스를 창립한 제프리 카젠버그는
"사람들은 우리에게 '라이온 킹' 같은 애니메이션을 만들거냐고 묻곤 한다. 하지만 같은 역사는 다시 만들지 않는다."며 "동화를 기초로 하는 디즈니의 전통과는 다른 애니메이션을 만들겠다."고 말했다. 결국 드림웍스는 창립 14년 만에 디즈니 애니메이션의 아성을 무너뜨린 강력한 경쟁자로 부상했다. 디즈니는 지난 1923년 설립 후 수십여 년 동안 미국적인 정신과 가치관, 이야기를 대표하는 상징이었으나 드림웍스의 도전 앞에 역사는 숫자에 불과했다.

드림웍스는 '애니메이션은 어린이들의 것'이라거나 '동화적인 판타지와 가족애를 담아야 한다.'는 디즈니와는 상반된 노선으로 젊은 성인 관객들의 환호를 몰고 왔다. 드림웍스 애니메이션의 첫 테이프를 끊은 '개미'만 해도 '벅스 라이프'에 비해 어둡고 고독한 정조에 블랙 코미디 같은 느낌이 강하다. 디즈니가 모두가 선망하는 예쁘고 밝은 세계, 정상적이고 보편적이지만 한편으로는 보수적이고 미국적인 도덕규범을 그리고 있는 반면 드림웍스의 주인공들은 하나같이 주변부 인물이거나 주류 세계에서 바깥으로 밀려난 존재들이다. 허지만 모두 자유주의적이고 개방적이며 진보적인 분위기가 물씬하다.

- 자료출처 : [스토리가 돈이다] 헤럴드경제 기사발췌 -

2) 재미와 경험이 생명이다.

격식에 얽매였던 과거와 달리 요즘엔 '덜 심각하고 더 즐거운 상황'이 대접을 받는다. 지속되는 내수불안과 정치, 사회적 불안 등이 사람들로 하여금 탈일상적인 재미를 찾게 하는 데 일조하고 있다. 스토리텔링 마케팅 역시 이러한 추세를 반영해야 한다. '우리 브랜드는 이래서 좋아'라는 정보를 전달하는 것이 아니라, 진지함을 벗고 때로는 일상적인 것을 약간 비틀 수도 있어야 한다. 그 중심에는 '재미'가 빠질 수 없다. 예컨대 LG생활건강 럭키스타 치약 광고는 '키스 배워서 남 주자'라는 브랜드 스토리를, 젊은 남녀의 솔직한 사랑법을 비유하는 '키스학

입문' 등의 테마로 재미있게 표현하고 있다.

스토리텔링 마케팅이 단순한 정보 전달에 그치지 않기 위해서는 소비자와의 직접적인 커뮤니케이션을 통한 경험을 제공할 수 있어야 한다. 소비자가 느끼는 스토리 경험은 브랜드와 소비자와의 교감 형성에 도움이 된다. 최근 버거킹은 '복종하는 닭Subservient Chicken'이라는 홈페이지 개설을 통해 자사 햄버거 스토리의 중심인 '마음대로 조리하세요.'라는 메시지를 전달하고 있다. 복종하는 닭 사이트는 스토리 구현에 충실하기 위해 소비자의 체험을 목적으로 하고 있다. 방문자가 '행복' 등 갖가지 단어를 입력하면 복종하는 닭은 그 명령에 따라 다양한 행동을 보여주는데, 이러한 상호작용적 체험은 개설 3주 만에 방문수가 약 1억 4,300만 회에 이를 정도의 선풍적인 인기를 얻는 바탕이 되었다.

3) 멀티채널의 활용도를 높여라

기업은 브랜드 스토리를 전달하기 위한 수단으로서 보다 다양한 채널을 복합적으로 활용해야 한다. 소비자가 브랜드에 접할 수 있는 접점을 다원화시킴으로써 브랜드 스토리 전파의 효과를 극대화할 수 있기 때문이다.

스토리를 전달할 수 있는 채널은 TV·신문·인터넷·영화·책·기업 역사관·강연 등 매우 다양하다. 그런데 그 동안 기업이 소비자에게 브랜드 스토리를 전달하는 방식을 보면 대부분 TV 중심이거나 또는 TV와 인터넷 등을 별개로 운영하고 있는 면이 적지 않았다. 미국 광고 전문지인 <Advertising Age>가 스토리텔링 마케팅의 채널 활용현황을 살펴본 결과 응답 기업의 약 65%가 TV 중심이며, 약 20%는 TV와 인터넷 등 다양한 채널 활용 시 유기적인 연결성이 부족했다고 한다. 단순히 TV 광고의 하단에 브랜드의 웹사이트 주소를 보여주는 것만으로는 부족했다는 평가다.

최근 스토리텔링 마케팅의 새로운 채널로 '애드무비Ad-Movie'를 주목할 만하다. 애드무비는 TV·인터넷과 영화를 접목한 '광고 영화'인데, 이는 멀티미디어 니즈가 강한 최근 소비자의 성향을 반영한 것으로 브랜드 스토리에 대한 몰입도를 높이는 데 효과적이다. 또한 단순히 TV광고를

인터넷 사이트에 올린 것이 아니라, 애초에 인터넷과 TV광고, 옥외광고 등을 티저화하고 인터넷으로 소비자를 유인하는 형식을 취하고 있다.

한편 책을 활용한 스토리텔링 마케팅은 사이버 마케팅 시대라고 해도 그 효과가 떨어지지 않는다. 책은 독자들에게 브랜드 정보를 제공해 줄 뿐만 아니라 브랜드에 대한 호의적인 태도를 형성하는 데 도움이 되고, 책 속의 브랜드 스토리가 끊임없이 인용 및 재생산되면서 브랜드 가치는 생명력을 가질 수 있기 때문이다.

4) '스토리 문화'를 창출하라.

스토리텔링 마케팅의 궁극적인 목표는 '스토리 문화'를 창출하는 것이다. 기업은 제품 자체가 아니라 브랜드 스토리가 품고 있는 철학을 강조함으로써 소비 이상의 가치, 즉 '문화'를 만들 수 있어야 한다. 할리데이비슨 오토바이는 반항적이면서도 낭만을 중요시하는 고유의 이야기 문화를 가지고 있는 것으로 유명하다. 사람들이 할리데이비슨을 생각할 때 떠올리는 가죽 재킷과 붉은 두건, HOG (Harley Owners Group)라는 커뮤니티 등은 바로 이야기 문화의 산물이라 할 만하다.

하지만 모든 브랜드 스토리가 자연스럽게 문화를 형성할 것이라고 생각하면 오산이다. 우리가 '문화'라고 부르는 생활양식들은 일시적인 열풍에 지나지 않는 유행을 넘어 많은 사람들의 공감대를 이끌어 내어서 살아남은 것들이기 때문이다. 이러한 스토리 문화를 구축하기 위한 왕도는 따로 없지만 다음과 같은 방안을 고려하여 문화적 기반을 다질 수 있을 것이다.

첫째, 네버엔딩 스토리를 만들어야 한다. 단편적인 일회성 스토리에 머무는 것이 아니라 지속적으로 연계되는 스토리 창출을 통해서 일관된 이미지를 형성할 수 있어야 하는 것이다. 한 예로, 미국 인형회사 아메리칸 걸이 새로운 인형을 선보일 때마다 그에 맞는 독특한 스토리를 만들어 어린이들이 그에 맞춰 다양한 옷과 인형을 계속 구매하게끔 하는 것을 꼽을 수 있다. 이에 따라 어린이들은 결국 일종의 시리즈물로 나오는 브랜드 스토리를 지속적으로 수집하고 있는 것이다.

둘째, 소비자의 피드백을 반영해야 한다. 소비자의 피드백이 곧 자

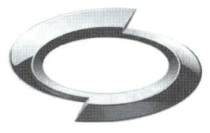
사 브랜드를 하나의 문화로 만들 수 있는 바탕이 되고, 피드백의 적극적인 반영은 그들의 공감대를 이끌어 내는 과정이기 때문이다. 입에서 입으로 '칭찬 릴레이'덕에 판매량이 껑충 뛰었던 삼성SM5의 구전마케팅은 자동차의 성능 등이 자연스럽게 피드백 되어 퍼지게 되었던 적이 있다. '움직이는 입의 위력이 무섭다.' 삼성의 자동차 사업 포기로 애프터서비스나 부품조달 등에서 불리하고 광고도 많이 하지 않은 SM5의 인기는 성능과 기능이 좋다는 것과 고객들이 SM5의 품질을 직접 경험할 수 있도록 10만km 이상을 주행한 차 시승기회를 마련해왔다는 점 등이 택시기사를 통해 칭찬이 널리 퍼졌기 때문이라는 풀이다. "SM5가 택시기사들로부터 인기와 신뢰를 얻음으로써 입소문이 동료기사는 물론 일반 승객에까지 전파돼 타고 내리는 고객들이 자연스럽게 SM5를 구매하는 중요한 판단 근거가 되었다"고 한다.

마지막으로, 소비자의 문화에 직접 빠져들어야 한다. 타깃 소비자의 라이프스타일을 직접 체험해야 소비자와 교감할 수 있는 살아있는 브랜드 스토리를 만들어낼 수 있다. 익스트림 스포츠 용품업체인 퀵 실버의 모든 직원들이 매년 약 1개월 동안 스노보드 동아리들과 합숙을 하며 브랜드 스토리를 적극적으로 전파하고 있는 것은 그 좋은 예라 하겠다.

| 사례 | 브랜드스토리 마케팅 |

지포라이터 스토리

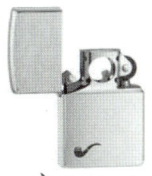

세계 2차 대전 당시 미 육군 안드레즈 중사는 베트남 병사에게 총알을 맞았지만 다행히 윗옷 주머니에 넣어둔 지포라이터가 총알을 막아주어 목숨을 건졌다는 이야기가 전해지고 있다. 이 외에도 공중낙하 훈련때 떨어져 찌그러졌으나 성능은 그대로인 이야기, 호수에서 잡힌 송어 위속에 들었던 지포에서 단번에 불이 붙었다는 이야기도 꾸준히 전파되고 있다.

말보로 스토리

"연인과 담배 한 개비를 피우는 시간 동안만 마지막 해후를 허락받은 남성이 있었다. 그는 필터 없는 담배가 빨리 타들어 가는 것이 안타까워 가슴이 메이는듯했다. 그녀와 이별한 후 그는 그 시간을 생각하며 필터 담배를 개발했다. 그 필터 담배로 인해 그는 결국 백만장자가 되었고, 예전 그녀는 남편도 죽고 병든 몸으로 혼자 살고 있다는 소식을 들었다. 다시 한 번 그녀를 보고픈 마음에 찾아간 남자는 그녀에게 청혼을 했고, 생각 할 시간을 달라던 그녀는 다음날 싸늘한 시신으로 발견되었다. 그 후 그 남자는 자신이 팔고 있는 담배 이름에 Marlboro : 'Man Always Remember Love Because Of Romance Over'(남자는 흘러간 로맨스 때문에 항상 사랑을 기억한다.)라는 이름을 붙여 그녀를 그리워하는 마음을 표현 했다고 한다." 약간의 과장이 섞여있지만 충분히 공감 가능한 창업과 이름에 얽힌 스토리를 통해 아직까지도 말보로의 감성적 가치를 전달하며 장수 브랜드로 자리 매김하고 있다.

할리 데이비슨 스토리

'할리데이비슨은 오토바이를 팔지 않는다.' 미국의 모터사이클 제조업체인 할리데이비슨은 제품보다도 이와 관련된 '경험'을 팔고 있다고 매번 강조한다. 이 회사 CEO의 말을 들어보면 "우리가 파는 것은 43세의 회계사가 검은 가죽 옷을 입고 오토바이를 타고 작은 마을을 돌아다니며 사람들에게 경외감을 주는 것이다." 색다른 경험과 추억을 소비자에게 제공한다는 이 업체의 마케팅은 대성공을 거뒀다. '자유와 개성'으로 대표되는 미국 문화를 파는 것이다.

5) 다양한 분야로 활용을 확대하라.

기업은 스토리텔링 마케팅을 일반 소비재뿐만 아니라 애니메이션·게임·출판·디자인·건축 등 다양한 산업에서 활용해 볼 필요가 있다. 얼마 전, 출간 2년 만에 600만 부를 돌파한 만화 한자 책 <마법천자문>의 인기는 스토리텔링의 위력을 여실히 보여주는 사례라 할 수 있는데, 이런 경향은 과학이나 역사 서적에서도 비슷하게 나타나고 있다. 또한 스토리텔링 마케팅의 효과는 관광 등 문화산업에서도 주목할 만하다. 똑 같은 남이섬이라 하더라도 '<겨울연가> 주인공이 거닐던 남이섬'이면 한 번 더 보고 싶은 것이 사람의 마음이다. 그러므로 지자체 등 문화산업

주체들은 '스토리'와 '체험'이 있는 문화상품을 만들기 위해 노력할 필요가 있는데, 최근 한국관광공사도 이러한 추세를 반영해 유명 관광지와 그곳에 얽힌 이야기를 결합한 다양한 한류 상품을 기획한다는 계획이다.

근래 국내의 많은 기업들이 스토리텔링 마케팅을 도입하고 있으나 주목할 만한 이야기를 담은 상품은 아직 미흡하다는 지적이 적지 않다. 셀링포인트가 느껴지지 않는 이미지 광고, 브랜드 히스토리의 지루한 나열 등 전체적으로 이야기의 호소력이 부족하다는 평가인 것이다. 결국 스토리는 '사건·인물·구성' 등 3박자가 제대로 맞아야 힘을 발휘한다는 점을 기억하면서 기업들이 단순한 상품 판매자가 아닌 훌륭한 이야기꾼의 길로 나아간다면 그 브랜드는 더욱 매력적인 모습으로 소비자에게 다가설 수 있게 될 것이다.

도미노 피자의 직원들은 한 달 동안 검은 색 추도 띠를 매고 근무를 했다. 반죽을 제때 배달하지 못한 사고로 굶주린 고객을 실망시켰기 때문이다. 고객과의 약속을 지키고자 하는 책임감으로 강력한 메시지를 주고 있는 것이다. '세계최고의 피자배달 기업'의 스토리를 이용해 기업의 비전이 무엇인지 직원과 고객에게 쉽게 전달하고 있다.

4. 스토리텔링 마케팅은 제품 및 서비스와 연관된 이야기를 담는 것

"한 고객이 세일 기간에 바지를 사기 위해 노드스트롬에 들렀다. 하지만 고객이 사려고 했던 바지는 이미 다 팔리고 난 뒤였다. 다른 노드스트롬 매장에 알아보았지만 거기에도 없었다. 이에 고객이 몹시 실망하자, 노드스트롬 직원은 급히 밖으로 나가 다른 백화점 매장에서 고객이 원하는 바지를 구입해 와서 고객에게 세일 가격으로 판매하였다"

노드스트롬 백화점은 고객서비스에 관한 다양한 일화로 유명하다. 이러한 노드스트롬의 일화들은 고객들이 노드스트롬을 신뢰하고 재구매 하도록 유도하는 역할을 한다. 최근 노드스트롬 처럼 자사의 브랜드 및 고객과의 관계를 강화하기 위하여 다양한 스토리를 기반으로 한 '스

토리텔링마케팅Storytelling Marketing전략'을 활용하는 기업들이 늘어나고 있다. 스토리를 활용한 마케팅의 변화는 제품의 품질 및 기능이 평이해 지고 개개인의 개성이 강조되면서 더 이상 고객들이 이성적인 가격전략이나 제품이 지닌 유형의 상품가치에 반응하지 않기 때문에 고객의 감성을 자극하기 위하여 제품 및 서비스와 연관된 이야기를 담는 것이다.

스토리텔링 마케팅은 제품 및 서비스를 무미건조하게 설명하기보다 제품이 가진 특성을 고객들이 관심을 가지고 흥미진진하게 반응하도록 이야기꺼리를 만들어 나가는 과정이다. 고객이 공감하는 다양한 이야깃거리는 자연스럽게 고객의 머릿속을 쉽게 떠나지 못하고 꾸준하게 맴돌아 감성을 자극하여 제품 및 서비스를 상기하도록 만들어 준다. 더불어 강력한 스토리는 경쟁사와 차별화가 되며 꾸준히 제품과 고객의 상호작용을 통하여 브랜드 충성도를 강화하는 계기를 만들어준다.

코카콜라가 콜라의 성분보다 산타클로스를 앞세워 '즐거움'을 주고 나이키가 운동화 보다 마이클 조던의 '도전정신'을 강조하고, 할리데이비슨이 오토바이보다는 '자유'를 내세우는 것처럼 이제 소비자의 마음을 얻고 지속적인 관계를 구축하기 위해서는 제품 및 서비스에 스토리를 담아서 고객의 감성을 자극해야 한다는 것이다.

5. 마케팅 스토리는 어떻게 찾아야 하나?

스토리텔링 마케팅의 중요한 핵심은 제품 및 서비스와 연관된 스토리를 발굴해 내는 것이다. 이러한 스토리의 발굴은 자사의 제품개발과정에서 일어나는 이야기도 될 수 있으며, 제품을 직접 사용해본 고객의 경험담이 될 수도 있으며, 제품과 연관된 다양한 역사적 배경이나 신화도 될 수 있다. 더불어 최근의 매스미디어 발전에 따라 다양한 사회적 트렌드 및 인지도 있는 유명 연예인들도 마케팅 스토리의 기반이 될 수 있다.

1) 자사 제품에 관한 비하인드 스토리를 찾아라.

자사 제품 개발 및 서비스 과정에서 일어나는 다양한 이야기는 소비자들에게 제품에 관한 호기심뿐만 아니라 다양한 이슈를 통해 경쟁사 제품과의 차별화를 심어줄 수 있다.

레고의 한 직원은 상품포장 과정에서 커터 칼을 잃어버리는 실수를 범했다. 직원들은 제작, 배송 시스템을 모두 멈추고 커터 칼이 들어간 상자를 어렵게 찾아냈다. 이 이야기는 직원이나 회사차원에서 모두 숨기고 싶은 부끄러운 일이다. 하지만 레고는 커터 칼을 잃어버린 직원을 인터뷰한 뒤 이를 제품 안전을 위한 직원의 열정을 보여준 대표적인 이야기로 만들어 냈다. 레고는 이를 통해 더 큰 신뢰를 얻었다.

2) 고객의 소소한 일상의 에피소드를 찾아라.

소비자가 기업과 제품과 관련한 경험담을 직접 들려주는 '고객스토리'는 제품 가치에 생명력을 불어넣어준다. 나와 같은 고객이 실제 겪은 이야기를 들려주면 사람들은 기업 과 제품에 더 큰 신뢰감과 친근감을 갖는다.

포드자동차는 고객의 스토리를 효과적으로 활용한 대표적인 기업이다. 포드자동차는 자사 인터넷 홈페이지를 통해 포드의 4륜구동 자동차와 관련한 고객의 사연을 모았다. 미국 인구의 절반 정도는 포드가 있는 가정에서 자란 만큼 고객들은 자신의 추억을 수없이 많이 보내왔다. 이를 통해 포드는 단순히 자동차 회사가 아니라 미국인의 추억과 정서를 대표하는 브랜드로 자리매김했다.

이와 유사한 사례로 SKT는 고객들의 휴대전화와 관련된 다양한 생활 속 에피소드를 '현대생활백서' 시리즈를 만들어 쌍방향 커뮤니케이션을 통해 고객의 스토리를 직접 보여줘 SKT의 브랜드 강화 및 고객과의 공감대를 강화하는 계기를 만들었다.

3) 제품과 연관된 역사, 신화, 소설 속에 의미를 찾아라.

고객들에게 친근하고 익숙한 역사, 신화, 소설 등의 등장인물이나 배경에 기반을 두어 제품과 연관된 의미를 부여해 스토리를 구성하게 되면 제품의 컨셉 및 브랜드가 더 강화되게 된다.

 시계로 유명한 로만손은 브리지 주얼리 브랜드인 '제이에스티나 J.ESTINA'를 2003년에 런칭 하였다. 제이에스티나라는 브랜드 네임은 이탈리아 공주인 Jovanna(조반나)의 이름에서 따온 것이다. 조반나 공주는 이탈리아 사보이 왕가의 셋째 공주로 태어나 훗날 불가리아 보리스 왕의 아내가 된 실존인물이다. 제이에스티나의 모든 제품들은 그녀가 실존했던 공주였음을 알리는 제품 라인으로 그녀의 모습을 형상화 했으며 조반나 공주를 중심으로 이야기를 만들었다. 이러한 브랜드 스토리는 많은 여성들로 하여금 브랜드에 관한 환상을 가지게 만들었다.

4) 공감 가는 사회적인 트렌드를 찾아라.

사회적으로 형성된 다양한 트렌드 및 유행이 제품 과 결합되면 고객들의 공감대를 쉽게 형성할 수 있는 스토리를 만들어 낼 수 있다. 고객은 매스미디어 및 주변의 입소문에 의하여 다양하게 형성된 트렌드를 거부감 없이 받아들여 제품이나 브랜드의 친밀도를 높여준다.

SKT는 2002년 월드컵 당시 붉은악마를 후원하는 'Be the Reds'라는 캠페인을 통해 월드컵이라는 사회적 트렌드의 공감대를 형성해 자사의 브랜드 인지도를 강화하는 계기를 마련했다.

5) 제품의 선호도를 증대시킬 수 있는 오피니언 리더들 찾아라.

고객들이 선망하는 유명 연예인이 영화나 드라마에 치장하고 있는 다양한 제품들은 그 자체가 이야기가 되며 고객들이 느끼는 제품의 신뢰감 및 선호도를 상승시키는 역할을 할 수 있다.

 맥클라렌 유모차 가격 300만원대로 무척 비싼 상품이었으며 그 명성을 알고 있다고 해도 선뜻

구입하는 소비자가 거의 없었다. 그런데 2002년 한일 월드컵 이후 세계적인 축구스타들의 사생활이 공개됐는데 맥클라렌에 아이를 태우고 다니는 영국 축구스타 데이비드 베컴의 아내 빅토리아 사진이 퍼지면서 주부들 사이에서는 맥클라렌 이름 앞에는 '베컴 아들이 타고 다니는 유모차'라고 소문이 퍼졌다. 만약에 단순히 맥클라렌이 '영국에서 만들어진 세계적 명품 유모차'라는 문구만 있었다면 이렇게 팔리진 않았을 것이다. 세계 유명스타의 자녀, 영국 왕실자손들이 태우고 다닌 유모차라는 스토리가 있었기 때문에 불티나게 팔릴 수 있었던 것이다.

6. 마케팅 스토리에 무엇을 담아야 하나

제일기획 브랜드마케팅연구소장은 "국내 기업이 스토리텔링을 제대로 활용하지 못한 이유는 제품의 기능적 특성을 위주로 일방적인 메시지 전달에 치중한 탓"이라며 "기업과 고객이 함께 스토리를 만드는 쌍방향 커뮤니케이션 방식은 소비자 감성을 자극하며, 더 큰 재미와 감동을 준다."고 말했다.

무엇보다 스토리텔링에는 기업의 이미지나 제품과의 연관성 및 고객들이 공감할 수 있는 가치를 명확히 담아내 재미와 감동을 주는 것이 중요하다.

1) 기업의 이미지나 제품과 연관된 스토리를 담아라.

무엇보다 가장 중요한 것은 기업의 이미지나 제품의 브랜드를 고객들이 쉽게 연상할 수 있는 연관된 스토리를 담아야 한다. 브랜드의 컨셉, 제품의 특징 및 기능, 타깃 대상 등을 꼼꼼히 살펴 제품이 가지는 독특한 가치를 잘 설명 할 수 있는 매력적인 스토리를 만들어야 한다.

두산의 소주 브랜드인 '처음처럼'은 소주성분의 80%를 차지하는 물을 환원공법으로 처리해 자연 미네랄을 많이 함유하고 있다는 '알칼리 소주'의 특징을 부각시키기 위하여 한기선 사장이 알칼리수를 찾게 된 일화와 일본에서 알칼리수

생산기계를 찾기까지의 과정 등을 스토리로 만들어 집중 홍보했다. 한기선 사장은 대장암 선고를 받고 투병 중 의학적 지식을 터득해 알칼리 환원수를 접하게 되어 이후 기적적으로 암을 극복해 두산으로 자리를 옮긴 후 몸에 좋은 알칼리 환원수를 이용해 탄생한 것이 '처음처럼'이었다. 이와 비슷한 사례로 에비앙을 들 수 있다. 그 내용은 아래에서 다시 설명하도록 한다.

2) 고객들이 공감할 수 있는 가치를 명확히 담아라.

스토리텔링 마케팅의 궁극적인 목적은 브랜드나 제품을 고객이 공감하기 쉽도록 스토리를 통해 감성적인 커뮤니케이션을 전달하는 것이다. 그렇기 때문에 타깃 고객의 라이프스타일이나 경험을 고려하여 쉽게 공감할 수 있는 스토리를 담아야 한다. 자칫 타깃고객을 무시하고 제품의 특징만 부각시킬 경우 공감대를 형성하기 어려워 반감을 일으킬 수 있다.

삼성전자는 10년간 진행해온 기업이미지 캠페인인 '또 하나의 가족'을 알리기 위해 고객들이 훈이네 가족을 통해 고객이 쉽게 공감할 수 있는 오늘날 가족이 겪는 사소한 갈등이나 문제점, 난처한 이슈를 풀어 나가는 스토리 형식의 광고를 제작했다.

최근 선보인 '할머니 손맛편'은 방학을 맞아 할머니 댁을 찾은 훈이에게 할머니가 손수 김치를 찢어준다. 그런데 훈이는 손으로 김치를 주는 게 싫다며 피하는데 당황하는 훈이 부모와 난처한 할머니의 표정을 보여주며 '훈이 엄마 아빠는 뭐라고 했을까요?' 라는 질문을 던지며 고객들의 경험을 기반으로 참여와 공유를 이끌어낸다.

3) 간단명료하게 이해하기 쉽게 담아라.

다양한 제품의 특징 및 너무나 많은 이야깃거리를 억지로 짜 맞춰 장황하게 늘어놓는 경우 스토리가 지루해 지고 무엇을 이야기 하는지 모를 수가 있다. 그렇기 때문에 스토리는 자연스러우면서 기억하기 쉽게 간단하고 명확해야 한다. 간단명료한 스토리일수록 말하고자 하는 대상이 명확해 지고 고객들이 쉽게 기억하고 몰입할 수 있다.

올림푸스는 디지털 카메라로 자신만의 스토리를 만들라고 하는 'My

Digital Story' 광고에 전지현을 내세워 남자친구와의 재미있는 시간을 사진으로 찍어 자신만의 스토리를 만들어 나가는 과정을 구성했다. 고객들은 한 장씩 한 장씩 찍힌 사진이 보여주는 스토리를 통해 굳이 설명하지 않더라도 올림푸스 카메라가 전달하고자 하는 메시지를 쉽게 공감하도록 만들어 준다.

4) 즐거움과 감동 요소를 담아라.

스토리는 정보를 전달하는 것이 아니기 때문에 건조하고 평이한 내용이 아니라 고객이 제품 및 브랜드를 쉽게 이해할 수 있는 재미와 감동 요소를 담아야 한다. 고객은 재미를 통해 제품 및 브랜드 상기효과가 증대 될 뿐만 아니라 주변 사람들과의 공유를 통해 입소문 효과를 얻을 수 있다.

마이크로소프트는 메신저인 'MSN 메신저' 개발 당시 남녀 간의 이뤄지지 않은 러브스토리를 통해 감동을 준다. MSN프로그램 개발시 남자는 헤어진 여자를 찾게 되는데 집으로 돌아와 자신이 만든 MSN 메신저를 켰더니 그녀가 Remember라는 대화명으로 '나 기억해, 절대 잊지 않을게, 네가 나에게 해주었던 것' 이라고 말했다. 그래서 그 후 남자는 메신저 개발자의 직권으로 어떤 누구도 'Remember'라는 단어를 대화명으로 사용할 수 없도록 만들었다. 이러한 개발스토리는 입소문을 통해 전파되어 MSN에 가입하는 사람이 늘어나게 되었다. 더불어 많은 사람들이 가입할 때 호기심 삼아 'Remember'가 들어간 단어를 입력해 보고 가입이 되는지 확인해 보는 즐거움을 제공하였다.

5) 다양하게 확장 가능한 스토리를 담아라.

사회, 문화, 기술의 변화에 따라 고객이 인지하는 감성이 다르고, 더불어 스토리를 만들고 담아내는 기술 및 매체가 빠르게 변화하기 때문에 다양한 특성을 고려한 확장 가능한 스토리를 구성해야 한다.

현대자동차는 새롭게 출시한 i30의 International 사이트를 통해 'i30의 등장으로 인간에게 가장 사랑을 받았던 개가 위기감을 느낀다.'라는 TV-CF를 온라인과도 연계해 위기를 느끼던 개가 탐정 개를 고용한 후

사람들이 i30을 사랑하는 이유를 조사하게 한다는 스토리텔링 기법을 활용해 구성하였다. 더불어 스토리가 전개되는 공간도 세련된 집과 레저를 즐길 수 있는 도로, 드라이브를 즐길 수 있는 도심, 그리고 산책을 위한 공원 등 유럽인들의 라이프스타일을 반영하여 구성하였다.

7. 스토리를 활용한 제품 이미지 및 브랜드 커뮤니케이션 강화 전략

　스토리텔링 마케팅의 활용은 기업이 추구하고자 하는 비전 공유뿐만 아니라 조직 관리를 위한 내부 조직 문화 활성화에 기여할 수 있다. 더불어 고객과의 커뮤니케이션 차원에서 기업의 이미지 및 고객과의 브랜드 커뮤니케이션을 강화시켜주는 역할을 한다. 마케팅전략 측면에서는 제품의 이미지 강화 및 차별화를 도와주며, 고객의 심리 및 감성을 높여 기대 심리가격을 상승시킬 수 있다. 유통채널에서는 공간자체에 브랜드 스토리 및 고객 경험요소를 결합해 고객들이 지속적으로 방문하는 제3의 공간The Third Place으로 거듭날 수 있다. 판매현장에서는 매장 직원이 직접 체험한 상품의 경험을 재미있는 스토리로 고객과 공유하는 판매기법을 통해 매출을 증대할 수 있다.

1) 제품의 이미지 강화 및 차별화 전략

　고객들은 물건을 구매할 때 그 제품이 가진 기능에 관한 효용성도 중요한 역할을 하지만 제품에 담긴 감성과 이야기를 통해 자신이 얻을 수 있는 기대심리가 높을수록 구매의사결정을 쉽게 한다.

수작업으로 제작한 바구니만을 판매하는 롱거버거는 배스킷쇼를 개최해 사람을 모으고 바구니에 얽힌 사연이나 스토리를 얘기하는 판매 방식을 활용하고 있다. 바구니를 만들게 된 배경도 얘기하고 이 집안 식구들에 대한 소개도 한다. 바구니에 얽힌 얘기도 하고 효용성에 대한 설명도 붙인다. 롱거

버거씨는 어떤 사람이고, 그의 어머니는 무엇을 좋아하고, 이 바구니는 부활절 계란을 담는 것이고, 이 바구니는 자전거를 타고 피크닉을 갈 때 사용하면 좋고, 이 바구니는 빨래거리를 담아놓을 때 유용하다는 등 사람들은 이런 스토리에 열광하고 얘기를 들은 후 물건을 사게 된다.

2) 소비자의 기대심리를 자극하는 가격전략

일반적인 가격은 제품의 원가계산을 통한 적정마진이나 수요를 통해 합리적인 가격이 결정 된다. 그러나 제품에 고객의 감성을 자극하고 공감을 불어 일으키는 스토리를 담게 되면 가격은 차별화되고 상승하게 된다. 고객은 자신의 기대심리를 충족시켜주는 이야기에 기꺼이 비용을 지불하는 것이다.

덴마크에서 방목한 암탉이 낳은 달걀이 달걀시장의 50% 이상을 차지하고 있다. 소비자들은 좁은 닭장 안에 갇힌 채 길러진 암탉보다는 아름답고 넓은 벌판의 평화로운 시골 자연 속에서 자란 암탉의 달걀을 원한다. 이렇게 자란 달걀은 일반 달걀 보다 15~20%의 높은 가격을 지불해야 한다. 고객은 자신이 어렸을 때의 시골 풍경에 대한 추억과 자신의 건강을 위한 기대심리를 높은 가격을 통해 구매하는 것이다.

3) 브랜드 경험 공간 구성 및 체험의 판매전략

유통채널의 모든 공간 또한 단순한 상품을 전시하고 판매하는 공간이 아닌 제품에 담긴 이야기를 공간을 통해 고객에게 전달하는 역할로 바뀌고 있다. 이러한 공간은 인테리어, 상품전시, 음악, 향기, 서비스 등을 통해 고객의 오감을 자극해 브랜드가 가진 이미지 및 경험을 전달하도록 도와준다. 더불어 차별화된 공간 분위기는 고객들이 거부감 없이 편안하게 방문할 수 있는 랜드마크Landmark역할을 한다.

시애틀에서 야외장비를 판매하는 REI는 2.1에이커에 이르는 매장면적이 방문객의 모험심을 자극하고 제품을 체험하도록 산악자전거 테스트용 산길, 아동용 캠프, 비옷을 입어보는 비 내리는 방, 하이킹 신발을 신어보려는 쇼핑객들을 위해 다양한 지형으로 만들어진 테스트용 길로 구성되어있다. REI는 브랜드 아이덴티티에 맞는 체험 공간뿐만 아니라

5,000명에 이르는 매장 직원 전체가 고객들이 야외활동을 즐기도록 모든 판매 제품을 직접체험 하도록 하고 있다.

매장 직원들은 자신이 직접 체험한 생생한 경험을 토대로 REI의 브랜드가 의도하는 아이덴티티를 반영하고 고객들이 믿고 제품을 구매할 수 있도록 신뢰감을 주는 역할을 하고 있다. REI는 고객의 브랜드경험을 최대한으로 체험할 수 있도록 매장 뿐만 아니라 직원의 접객방식까지 통합적으로 관리하고 있는 것이다.

8. 스토리텔링 마케팅 사례

에비앙, 물 한병에 담긴 '네버엔딩 스토리'

세계 1위의 프랑스 생수업체 에비앙은 생긴 지 100년이 넘은 장수 브랜드다. 숱한 브랜드들의 부침 속에 그토록 오랫동안 브랜드 가치를 지켜낸 비결은 무엇일까. 그 생명력의 이면에는 바로 이야기가 있다. 100년 이상 브랜드 가치를 키워온 에비앙의 '네버엔딩 스토리'를 들여다본다.

① '에비앙은 순수, 건강이다'

세계 최초로 생수 판매에 나선 에비앙은 그래서 고유의 제품 탄생 이야기를 마케팅에 적극 활용했다. 그 내용은 이러하다. 지난 1789년 신장 결석을 앓던 레세르라는 후작이 프랑스 동남쪽 알프스 자락의 작은 마을 에비앙에서 요양하면서 샘물을 마시고 병을 고친 뒤 물의 성분을 분석해봤다. 그 결과 미네랄 등 인체에 유익한 성분이 다량 함유돼 있었다. 이후 마을 주민들이 물을 에비앙이라는 생수로 판매하기 시작했다는 것이다. 얼핏 전설과도 같은 이 이야기는 에비앙이 단순히 물이 아닌 약이라는 인식을 소비자에게 심어주고 있다. 그리고 이는 스토리 마케팅의 성공 사례로 지금까지 회자되고 있다.

② 끊임없이 재생산되는 스토리

이 회사의 인터넷 홈페이지www.evian.com에는 '에비앙 스토리'라는 제목으로 제품 탄생 스토리와 더불어 청정지대인 알프스 산맥의 만년설이 녹아 만든 물임을 소개하는 영상물들이 올라와 있다. 단순히 TV 광고를 인터넷 사이트에 올린 것이 아니다. 최근 스토리텔링의 새로운 채널로 주목받고 있는 애드무비(광고영화)다. 하나같이 에비앙은 '자연이 준 보석'이며, 유일무이하고 특별하며 순수하다는 점을 강조하는 내용으로 제품에 대한 신비감마저 불러일으킨다.

에비앙의 꿈과 이야기는 오프라인으로 이어진다. 가장 공들이는 쪽은 관광산업. 벌어들인 돈의 대부분을 투자, 에비앙이란 작은 마을을 호텔은 물론 물 치료센터, 체력관리센터, 스파, 골프장 등을 갖춘 유럽 최고의 휴양지로 바꿔놓았다. 이곳을 찾는 세계 곳곳의 관광객들을 통해 에비앙의 이야기를 지속적으로 퍼뜨리는 입소문 마케팅을 노린 것이다. 또 에비앙을 마시는 인어, 금붕어가 사는 어항에 에비앙을 붓는 소녀 등의 시리즈 광고를 통해 '에비앙=순수, 건강'이라는 제품 이미지를 각인시키고 있다.

아울러 에비앙 마스터스 골프대회, US오픈 테니스대회 등을 후원하는 스포츠 마케팅을 벌이는 한편 재활용이 가능한 친환경 포장 재질 개발, 생산품의 70% 철로 운송, 연 이용 트럭 4만대 이하 제한, 수자원 및 습지 보호운동 전개 등의 친환경 경영에도 적극적이다.

③ '에비앙은 패션이다'

에비앙은 고급화 전략에도 박차를 가하고 있다. 주 소비층인 여성과 젊은 층에 물은 더 이상 갈증을 해소해주는 음료만은 아니기 때문이다. 이들 사이에 수돗물 대신 생수를 마시는 것은 트렌드다. 생수병을 휴대하는 것은 휴대폰처럼 하나의 패션 액세서리가 됐다. 생수를 마시는 것은 상류 사회에 대한 체험이자 일종의 자기 과시 수단이다. 물이 명품이 되고 있는 것이다.

여기에는 할리우드 스타들의 에비앙 사랑이 큰 역할을 했다. 대표적인 열혈 팬인 팝스타 마돈나는 순회공연 때 묵는 호텔마다 욕조 가득 에비앙을 채워주는 것을 첫 번째 조건으로 내건다고 한다. 그는 자신의 무대 뒷이야기를 다큐멘터리 형식으로 엮은 '진실 혹은 대담'이란 영화에서도 에비앙을 마시는 모습을 보여줬다. 섹스 심벌로 90년대를 풍미한 킴 베이싱어는 에비앙으로 머리를 감는다는 일화를 남겼다. 마이클 잭슨도 이 물로 성형 수술한 얼굴을 씻는다고 해서 '에비앙 마니아'로 알려져 있다. 이 같은 에비앙 애호가들의 이야기는 브랜드에 생명력을 불어넣는다. 소비자들은 에비앙을 마시거나 에비앙으로 세수를 하면서 자신을 유명인과 동일시하는 달콤한 꿈에 젖는다. 이른바 이야기를 통한 '드림 마케팅'이다.

에비앙은 이런 소비 행태를 반영, 제품 포장에 과감한 시도를 하고 있다. 페트병에서 탈피, 향수병을 연상케 하는 독특한 용기 디자인을 해마다 하나씩 선보이고 있다. 특히 지난 2000년 새 밀레니엄을 맞아 내놓은 '천사의 눈물'이란 애칭의 용기는 물방울 모양으로 순수한 이미지를 강조했다. 지난해엔 한층 세련된 느낌의 '에비앙 팰리스palace'를 선보였다. 금속 병마개에 빙하로 넣인 알프스 산을 연상시키는 투명한 몸체로 고급 만찬에 잘 어울릴 법하다. 에비앙 마니아들 사이에는 용기를 기념품처럼 소장하는 것이 새로운 풍속도로 자리 잡아가고 있다. 이 특이한 소장품을 구경하거나 이에 대해 전해들은 이들은 에비앙의 스토리에 합류하는 셈이다.

마케팅 커뮤니케이션에서 중요한 것은 고객들이 제품 및 서비스를 때론 친구처럼 편안하게 때론 사랑하는 연인처럼 간절하게 원하도록 만들어 주는 것이다. 브랜드 및 마케팅 전략 또한 여기에 초점을 맞춰 고객에게 감성 및 경험을 전달하는데 중점을 두고 있다. 고객들은 제품을 통해서 자신들을 규정하는 것이 아니라 이야기와 감성에 의지하기 때문에 스토리텔링은 이러한 마케팅 전략의 기본이 된다.

끝으로 스토리가 담긴 광고로서 스토리 마케팅 또는 스토리텔링 마케팅을 보여주는 광고 하나를 직접 찾아보는 것도 이해를 돕는데 많은 도움이 될 것이다.

마케팅 이야기

사례 이야기 담긴 포장으로 고객 유혹… 스토리텔링 마케팅 활발

빵, 과자, 음료 등의 제품 포장에 많은 이야기가 담기고 있다. 제품의 특성을 설명하는 그림, 사진, 긴 이야기가 담긴 '패키지 스토리텔링 마케팅'이 활발하다. 과거에는 TV 광고에 빵, 과자, 음료 등이 상당 부분을 차지했다. 유명 연예인이나 스포츠 스타가 초콜릿이나 아이스크림 광고에 나오는 일도 흔했다. 하지만 요즘은 업체의 비용 절감, 고열량 저영양 식품에 대한 관심과 규제 등으로 광고계에서 비주류로 밀렸다. 다른 방식으로 소비자에게 접근해야 하는 식품업계에서는 스토리텔링 마케팅을 선호하고 있다.

29일 식품업계에 따르면 오리온의 마켓오 제품들은 '원래 그 맛을 찾다보니'라는 캠페인성 콘셉트를 겉면에 담았다. 각종 첨가물이 생기기 전에는 어떻게 과자가 만들어졌는지 찾다보니 마켓오 제품을 만들었다는 설명이 포장에 적혀있다. 향수를 자극하는 색감의 겉면에 무첨가 제품이라는 점을 강조하기 위한 글귀들이 담긴 것이다.

매일유업의 '앱솔루트 더블유 베이비 우유'는 우유팩에 목장 그림이 꾸며져 있다. 제품 한 면에는 어떤 과정을 거쳐 우유가 만들어지는지 그림과 함께 설명돼 있다. 매일유업은 독특한 디자인의 제품 포장으로 대형마트에 진열된 수많은 우유 가운데 소비자의 눈길을 사로잡을 수 있을 것으로 기대하고 있다.

소비자와 문화로 소통하는 차원에서 패키지 스토리텔링을 적용

FUN MAKETING

하는 경우도 있다. 롯데칠성음료의 '2% 부족할 때'는 제품 겉면에 3가지 에피소드를 담았다. '너의 사랑은 몇 % 부족하니'라는 질문에 대한 응답 형식이다. '20%, 너는 내가 쉽니?', '72%, 해보면 알아요', '98%, 니가 지금 땡겨'처럼 젊은이들의 감성을 건드리고 있다.

매일유업 유아식마케팅부문장은 "소비자들에게 제품의 특성을 충실하고 재미있게 전달하는 것이 패키지 스토리텔링의 핵심"이라며 "광고 효과도 거두면서 고객과 소통할 수 있는 방식으로 앞으로 다양하게 활용될 것"이라고 설명했다.

-국민일보 쿠키뉴스 기사발췌-

학습정리

1. 스토리텔링의 정의를 여러 학자들을 통해 알아보았다.

2. 스토리텔링 마케팅이란 무엇인가를 여러 관점에서 해석하며 사례를 들어 확인하여 보았다.

3. 스토리텔링 마케팅 성공 포인트
   1) 뻔한 스토리는 가라.
   2) 재미와 경험이 생명이다.
   3) 멀티채널의 활용도를 높여라.
   4) '스토리 문화'를 창출하라.
   5) 다양한 분야로 활용을 확대하라.

4. 마케팅 스토리는 어떻게 찾아야 하나?
   - 자사 제품에 관한 비하인드 스토리를 찾아라.
   - 고객들이 공감할 수 있는 가치를 명확히 담아라.
   - 간단명료하게 이해하기 쉽게 담아라.
   - 즐거움과 감동 요소를 담아라.
   - 다양하게 확장 가능한 스토리를 담아라.

5. 스토리를 활용한 제품 이미지 및 브랜드 커뮤니케이션 강화 전략
   - 제품의 이미지 강화 및 차별화 전략
   - 소비자의 기대심리를 자극하는 가격전략
   - 브랜드 경험 공간 구성 및 체험의 판매전략

6. 스토리텔링 마케팅 외국 사례
   - 에비앙의 네버엔딩 스토리

학습문제

01 드림케팅이란, 드림(dream·꿈)+마케팅marketing의 합성어로 상품 자체보다는 브랜드의 광고에 천문학적인 꿈같은 돈을 들여 하는 마케팅이다. (○, X)

> **해설** 드림케팅은, 드림(dream·꿈)+마케팅marketing의 합성어. 상품 자체보다는 상품이나 브랜드에 담긴 꿈과 이야기를 강조하는 마케팅 기법. 페라리의 롱지노티 뷔토니가 처음 사용하였고, 세계적인 경영학자 톰 피터스가 저서 '미래를 경영하라'에서 드림케팅을 소개하면서 더욱 유명해졌다.
>
> 정답 : ×

02 스토리텔링 마케팅은 구전마케팅, 감성마케팅, 드림마케팅의 합체라고도 할 수 있다. (○, X)

> **해설** 미래에는 소비자의 눈과 머리에 호소하는 단순한 마케팅이나 광고보다는 몸과 마음을 동시에 공략하며, 꿈과 호기심을 갖게 해야 하며, 입소문에 의해 자연스레 퍼지는 효과적인 마케팅이 주도돼야 한다.
>
> 정답 : ○

03 스토리 문화를 구축하기 위한 방안의 설명 중 틀린 것은?
① 네버엔딩 스토리를 만들어야 한다.
② 소비자의 피드백을 반영해야 한다.
③ 소비자의 문화에 직접 빠져들어야 한다.
④ 없는 것을 있게 만드는 문화를 만들어야 한다.

> **해설** 스토리텔링 마케팅의 궁극적인 목표는 '스토리 문화'를 창출하는 것이므로, 없는 것을 만드는 것 보다 제품이나 브랜드가 갖는 역사성, 비하인드 스토리를 사실적으로 표현하여야 한다.
>
> 정답 : ④

04 마케팅 스토리는 어떻게 찾아야 하는지에 대한 설명 중 맞지 않는 것은?

① 자사 제품에 관한 비하인드 스토리를 찾아라
② 제품과 연관된 역사, 신화, 소설 속에 의미를 찾아라
③ 떠도는 루머나 괴담도 찾아라
④ 공감 가는 사회적인 트렌드를 찾아라

해설 마케팅 스토리는 비하인드 스토리, 제품이 갖는 의미, 사회적 트렌드 외에 일상의 에피소드와 오피니언 리더를 찾는 것이라 할 수 있다.

정답 : ③

05 브랜드스토리 마케팅 사례로 틀린 것은?

① 지포라이터 스토리
② 말보로 스토리
③ 할리 데이비슨 스토리
④ 오리온 초코파이 스토리

해설 초코파이의 브랜드는 스토리 마케팅보다는 광고용 포지셔닝에 가깝다고 볼 수 있다..

정답 : ④

06 생수로 유명한 에비앙의 사례로 틀린 것은?

① 프랑스의 에비앙 마을에서 마신 물로 병을 치료
② 마돈나의 순회공연 시 호텔의 목욕물은 에비앙
③ '천사의 눈물'이란 애칭의 물방울 모양의 용기로 유명
④ 물의 명품화와 일관된 디자인의 페트병

해설 제품포장에 과감한 시도로 페트병에서 탈피, 휴대폰처럼 갖고 다니는 하나의 패션 액세서리 용기 개발로도 유명

정답 : ④

07 스토리마케팅 사례로서 적합지 못한 것은?

① 아모레 퍼시픽 헤라 - '카타노 크림'의 카타노는 그리스신화에서 나오는 젊음을 유지시키는 신의 이름
② 향수 샤넬 No.5 - 마릴린 먼로의 '샤넬 No.5 이외에는 아무것도 걸치지 않아요'라는 유명한 스토리
③ 담배 말보로(Marlboro) - 'Man Always Remember Love Because Of Romance Over'(남자는 흘러간 로맨스 때문에 항상 사랑을 기억한다)라는 뜻의 약자를 따서 만든 담배 이름으로 유명
④ 현대건설 - '힐스테이트'의 'H'는 명예(Honor), 역사(History), 사람(Human)의 이니셜

해설 카타노는 그리스신화에 나오는 여신 헤라가 젊음을 유지하기 위해 매일 목욕을 했다는 샘물의 이름

정답 : ①

08 '덴마크의 방목 암탉'의 이야기를 통해 소비자의 기대심리를 자극하는 가격전략의 궁극적 목표는?

① 시골 풍경에 대한 향수를 불러일으킴
② 가격은 차별화 되고 상승하게 됨
③ 전원생활을 감성에 접목시킴
④ 소비자의 건강에 대한 기대심리를 자극

해설 수요를 통한 합리적인가격과 스토리가 담겨있는 제품의 가격은 차별화 되고 상승하는 효과를 얻음

정답 : ②

제9장
귀족 마케팅
Prestige Marketing

"5%의 부자가 전체부의 60%를 소유하고 있는 상황에서 그들을 위한 마케팅을 하는 것은 당연하다."

- 토마스 J 스탠리

학습목표

1. 귀족 마케팅이란 무엇인가에 대해 알게 된다.
2. 사례를 통해 귀족 마케팅전략이란 무엇인지 알게 된다.
3. 귀족 마케팅의 이론과 사례를 통해 상위 20%의 소득층을 공략할 수 있는 능력을 갖게 된다.

핵심키워드 : 볼륨 세그멘테이션법칙, High-end Marketing, supper class, 파레토의 법칙, 베블런 효과

▍'비싸도 팔린다.' VIP 커뮤니티 어필

언론 매체는 연일 '신음하는 서민 경제' 이야기로 도배되고 있다. 치솟는 물가와 전세난, 제2의 신용대란까지 거론되고 있다. 이 와중에 한쪽에서는 유통업계와 금융업계 등에서 VVIP를 유치하기 위해 마케팅 총력전을 펼치고 있다는 소식도 들린다.

'통큰치킨' 하나에도 몇 시간씩 긴 줄을 늘어서는 서민들에게는 남의 나라 이야기처럼 들릴 수도 있지만 VVIP 마케팅, 일명 '귀족 마케팅'은 이미 업계에서 '돈 되는' 장사로 자리 잡았다. 그 덕분에 갈수록 마케팅 방법도 진화하고 있다.

남들과 똑같기를 거부하는 부자들의 심리 때문이다. 웬만한 서비스엔 좀처럼 지갑을 열지 않는 VVIP들을 감동시키는 마케팅이라면 어디에 적용해도 '통'할 수밖에 없다. 지금 귀족 마케팅을 다시 논하는 이유다.

▎용산구 한남동 옛 단국대 부지에 들어선 '한남더힐'.

수십억 원을 들였다는 값비싼 조경수와 거대한 조형 작품들이 이곳이 국내 최고가 임대아파트 단지임을 실감나게 한다. 한남 더힐의 임대료는 상상을 훨씬 뛰어넘는다. 웬만한 고가 아파트를 팔아도 보증금조차 내기 어려울 정도다. 임차보증금은 최저 14억800만 원에서 시작한다. 규모가 가장 큰 332㎡형은 보증금 25억 원에 월 임차료가 429만 원에 달한다. 이런 가격에도 불구하고 한남동이라는 최고의 입지와 부자들만의 커뮤니티를 내세운 마케팅이 성공을 거둬 최고 51대 1의 높은 청약 경쟁률을 기록하며 분양 때부터 화제를 모았다.

고급화 흐름은 식품 업계도 예외가 아니다. 고급 재료를 쓰고 제조 공법을 차별화한 프리미엄 시장의 경쟁이 갈수록 치열해지고 있다. 곡물·설탕 등 원재료 가격 인상으로 식품 물가가 들썩이면서 서민들의 부담이 늘기는 했지만 웰빙과 건강에 대한 관심 오히려 강화되는 추세다.

풀무원식품은 기름에 튀기지 않고 생면을 그대로 건조한 프리미엄 라면 '자연은 맛있다'에 이어 최근 국산 곡물과 과일을 쓰고 설탕 대신 아가베시럽과 올리고당으로 단맛을 낸 시리얼 '뮤즐리'를 선보였다.

대상도 무농약 인증을 받은 국산 밀로 만든 밀가루 '친환경 무농약 100% 우리밀'에 이어 전남 영농조합과 100% 계약 재배한 '한 알의 약속'을 내놓으며 대기업으로는 처음으로 유기농 고급쌀 시장에 진출했다. CJ제일제당은 고춧가루·햅쌀·천일염 등 국산 재료만 8가지를 쓰고 유통 단계부터 냉장 보관하는 '8선 고추장'을 내놓았다.

이처럼 기업들이 프리미엄 식품을 속속 내놓은 것은 '비싸도 팔린다'는 사실이 입증됐기 때문이다. 화학조미료를 기피하는 경향이 강해지면서 자연 조미료 시장은 두 배 가까이 커졌다.

고급화와 거리가 멀 것 같은 대형 유통점들도 이 흐름에 동참하고 있다. 이마트는 지난해 고급 제과를 찾는 고객이 늘자 베이커리 코너에서 웨스틴조선호텔의 베이커리 브랜드 '베끼아 에 누보' 디저트 케이크를 판매하기 시작했다.

일반 케이크보다 30~40% 비싸지만 큰 인기를 끌었다. 홈플러스는 프라다·샤넬·구찌·페라가모 같은 명품 브랜드를 파는 오르루체 명품관을

입점 시켰다. 대형 할인점에서는 값싼 평상복만 살 수 있다는 고정관념을 깬 것이다.

롯데마트도 지난해 롯데홈쇼핑에서 인기를 끈 패션 상품을 망라한 '롯데홈쇼핑 팝업 스튜디오 250'을 개장했다. 프라다·구찌·페라가모 같은 명품과 디자이너 의류 브랜드, 주얼리 브랜드가 포진해 있다. 롯데마트는 친환경 신선식품을 원하는 고객들을 겨냥한 식물 공장 '행복가든'을 열어 큰 인기를 끌기도 했다.

최근 가장 주목을 받고 있는 제품은 2억원이 넘는 PDP TV다. 덴마크 명품 홈엔터테인먼트 브랜드 뱅앤올룹슨(Bang & Olufsen)에서 출시한 초대형 103인치(263cm) 풀HD PDP TV 베오비전 4-103의 가격은 무려 2억2천만 원대로, 집 한 채 가격과 맞먹는다.

▎남성 액세서리 시장도 초고가 마케팅 경쟁 후끈

프랑스 남성 수제 피혁 브랜드 벨루티(Berluti)에서 최근 출시한 여행용 트렁크 트롤리(Trolley) 컬렉션은 가격이 2천만 원대로, 기존 맞춤 수제화인 비스포크 라인의 평균 가격대(650만-1500만원)를 훨씬 상회한다.

높은 가격임에도 불구하고 트롤리 컬렉션이 인기 있는 이유는 철저한 개별 맞춤 제작을 통해 오로지 자신만의 가방을 만들 수 있기 때문이다.

필기구도 예외는 아니다. 판매 수익금의 일부가 어린이 교육사업과 문맹퇴치 프로그램을 위해 쓰이는 몽블랑(Montblanc)의 유니세프 리미티드 에디션 (Unicef Edition Limited 100)은 전세계 100개 한정 생산된 제품으로 가격은 2200만원이다. 몽블랑 공식 수입업체인 유로통상 관계자에 따르면 "몽블랑의 고가의 리미티드 에디션의 경우 국내에10개 미만으로 소량만 들어오기 때문에 주로 컬렉터들 사이에서 예약 판매되고 있다"며 "출시 후 2~3개월이면 모두 소진돼 재구매가 어렵다"고 설명했다.

부유층 고객을 대상으로 최고의 상품과 서비스를 제공하는 귀족 마케팅이 다양한 업종으로 확산되고 있다. 부유층의 특성을 통해 귀족 마케팅의 성공전략을 살펴보자.

'대한민국 1%를 위한 가치'- 국내 모 자동차 회사의 광고 문구이다.

최근 '선택된 소수만이 사용하는 명품'이라는 이미지를 내세우는 이른바 귀족$_{Prestige}$ 마케팅이 눈길을 끌고 있다. 소수의 고객만을 타깃으로 한 광고가 대다수의 소비자로부터 위화감을 느끼게 할 수 있음에도 이러한 메시지를 전달하는 기업이 늘고 있다. 최근 유행하고 있는 '귀족 마케팅'의 현황과 성공 전략을 살펴보았다.

학습내용

1. 귀족 마케팅의 이론적 배경

1) 등장배경

사실 국내에서는 귀족마케팅의 역사가 상당히 일천하다. 그럴 수밖에 없는 이유는 우리 사회에는 '평등성'의 잣대가 너무나 친숙하다는 것이다.

이런 여건 속에서 국내의 귀족마케팅은 싹을 틔울 수가 없었다. 기업측에서 설령 매력적으로 보이더라도 우리 사회의 '평등성'의 강한 반발을 잠재울 수 없었고, 또 시장에 대한 확신 또한 없었다. 그러나 지금과 같이 드러내 놓고 활발하진 않았지만 금융권에서는 귀족마케팅의 씨앗이 되었다. 예를 들면 고액 우수고객에게 일반과는 다른 금리를 암암리에 제공하고 주식정보 등 당시에는 일견 불법으로 보일 수도 있는 차별화된 서비스를 제공했다. 그러나 지금과 같이 제대로 된 귀족마케팅은 불과 몇 년 전부터 시행됐다.

그러면 최근 들어 왜 이렇게 귀족마케팅이 활발히 전개되고 있는가? 이 의문에 대한 답을 위해서는 삼성경제연구소의 '고급소비와 기업들의 대응'의 자료를 참고하면, 특히 IMF이후로 우리 사회에 소득의 양극화가 심화되고 있으며 이는 소비의 양극화로 이어졌다. 즉, 상위 20%의 가진 자들$_{haves}$의 구매력과 소비가 나머지 못 가진 자들$_{have-nots}$보다 훨씬 매력적인 대상으로 확연히 부상했다는 점이다. 또한

이면에는 소비 세력들의 변화를 들 수 있다.

즉, 예전에는 고가품을 구입하는 층이 극히 한정돼 있었지만 지금은 부유층의 증가와 고가품에 대한 실수요자의 증대 또한 그 이유라고 손꼽을 수 있다.

마지막으로 가장 큰 이유로는 소비자들의 고가품에 대한 거부감이 약화됐다고 할 수 있다.

해방이후 처음으로 사회적으로 '평등성'의 개념이 약화되고 있는데, 이는 부자에 대한 개념이 다소 긍정적인 시각으로 전이됐음을 말한다. 전문 직업인으로 구성된 신귀족은 이를 대변하는 층으로, 예전의 비리로 얼룩진 부자와는 사뭇 다른 양상으로 보여 진다.

2) 귀족 마케팅의 정의

국어사전에는 상류층이나 부유층을 대상으로 상품을 선전하거나 판매를 촉진하는 행위를 귀족 마케팅이라고 정의하고 있다.

귀족 마케팅이란 고소득층, 사회계층 중 상류층과 중상류층을 대상으로 이들이 주로 구입하는 제품류를 마케팅 하는 것으로 '럭셔리 마케팅Luxury Marketing 혹은 하이엔드 마케팅High-end Marketing'으로도 불린다. 명품이나 차별화 된 서비스를 내세운 귀족 마케팅은 몇 해전까지만 해도 자동차나 고급 의류, 콘도 및 골프 회원권 등 일부 품목에 제한됐으나 올해 들어서는 홈쇼핑, 백화점, 아파트, 제조업, 금융권 등 여러 분야에서 귀족 찾기에 열중이다. 더불어, 보보스족, 여피족, 명품 신드롬, 더블엘LL족, 귀족 사이트 등 소비문화의 패턴도 과거와 달리 다양해지고 고급화되고 있다.

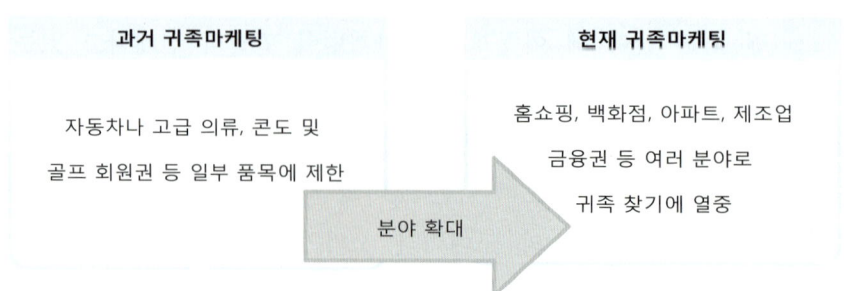

세계 최대의 휴대전화 생산 업체인 노키아의 자회사 베르투Vertu는 지난 1월 백금 케이스와 사파이어 모니터, 고음질의 벨 소리를 갖춘 2,600만원에 달하는 휴대전화를 내놓고 전 세계를 상대로 판매하고 있다. 귀족 마케팅은 국내 업체도 적극적인데 얼마 전 서울 강남 모처에 국내 최고급 주상복합아파트가 들어서자 증권사들은 프라이빗뱅킹Private Banking 점포를 근처로 이전시키는 등 최상위 고객을 잡기 위한 경쟁이 치열하게 전개되고 있다.

(1) 고소득층 시장의 규모와 특성

특정 시장이 바람직한 표적시장이 되기 위해서는 규모의 적정성, 접근가능성, 측정가능성, 차별적인 마케팅반응이라는 세분화 조건이 충족되어야 한다. 고소득층 시장은 이러한 조건을 대부분 충족시킨다.

미국의 경우 Mendelsohn Media Research 등에 의해 고소득층의 규모와 여러 제품구매특성이 조사되고 있지만 우리나라는 고소득층에 관한 구체적이고 종합적인 자료는 드물며, 몇 가지 간접적인 자료로서 그들의 규모를 추정해 볼 수 있다.

한국은행의 지난해 3월 집계에 따르면 5억 원 이상 개인 고객들의 계좌수는 1만8천4백여 개이며, 계좌당 평균 금액은 13억9천만 원 정도라고 한다. 또 국세청 발표에 따르면 97년 4천만 원 이상 금융소득을 올린 종합과세 대상자는 4만4천3백여 명이었으며, 98년에는 20%를 넘는 고금리로 인해 약 10만 명 정도가 대상자로 되었을 것으로 예상된다.

이는 우리나라 전체 가구를 1천3백만 가구로 볼 때 대략 0.8% 정도로 추정된다. 마케터들은 이들 최고소득층의 범주를 보다 넓게 파악하여 소득 상위 5~10%층을 귀족마케팅의 대상으로 보고 있다. 미국의 경우 사회계층을 5개로 분할하는 경우 최상층supper class은 전인구의 1.5%, 중상층supper middle class은 12.5% 정도인 것으로 보고 있다.

이들 고소득층은 매체노출에 있어서도 다른 소득층과 차이가 난다. 일반적으로 공중파TV를 적게 보는 반면 상대적으로 케이블TV 시청 비율이 높으며, 특정 잡지 구독비율이 높은 것으로 나타났다. 미국의 경우 고소득층은 Avenue, Southern Accent, RobbReport나 Town &

Country와 같은 잡지를 많이 보며, 우리나라의 경우 오뜨, 노블레스나 네이버 같은 잡지가 고소득층 전문잡지로 자리 잡고 있다. 이들 고소득층은 또한 주거지역이나 주거형태와 규모가 갖는 특징에 따라 대부분 쉽게 파악될 수 있다.

(2) 귀족마케팅과 소득

귀족마케팅은 고소득층, 사회계층$_{socio-economic\ status}$ 중 상류층과 중상류층을 대상으로 이들이 빈번히 많이 구입하는 제품류를 마케팅 하는 것을 말한다. 빈번히 많이 구입한다는 것은 특정 제품류 중에서 이들 계층의 구매 비중이 다른 계층보다 월등히 크다는 것으로, 소위 20:80 법칙 즉 20%의 제품 구매자가 전체 제품 소비량의 80%를 소비한다는 경험적인 볼륨 세그멘테이션$_{volume\ segmentation}$법칙이 지켜지는 경우이다. 이때 마케터는 1명의 대량 구매자를 얻는 것이 16명의 소량 구매자를 얻는 것보다 이익이 되며, 이 경우 마케터는 대량 구매자들이 판매에 기여하는 수준에 상응하는 서비스를 제공할 수 있다. 이들 구매자가 고소득층이라는 의미에서 이들에 대한 마케팅활동에 "귀족" 이라는 수식어가 붙은 것이다.

볼륨 세그멘테이션이 가능한 제품에 대해 소득을 바탕으로 표적시장을 설정한다는 점에서 귀족마케팅은 직업, 소득, 교육 정도에 기초한 사회계층에 따른 시장세분화 마케팅과 개념적인 차이가 있다. 하지만 사회계층상 최상층과 중상류층이 통상적인 고소득자라는 것을 제외하면 실질적인 차이가 없다. 즉 사회의 계층구조를 구분할 때, 최상층과 중상류층과의 구분인 세습된 부의 유무라는 변수를 무시하고 현재의 축적된 부나 소득이 시장세분화의 기준변수가 되는 것이다. 그러므로 귀족마케팅의 대상은 부를 세습한 최상층과 자수성가한 중상류층이 대부분이다.

경기변동에 영향 받지 않는 귀족마케팅소비자를 소득에 따라 세분화하여 마케팅활동을 전개하거나 소득을 시장세분화의 기본변수 중 하나로 보는 것은 일반적인 마케팅전략 중의 하나이다. 고소득층은 하나의 독립된 틈새시장으로 여러 장점을 갖고 있다.

먼저 이들은 높은 가처분 소득으로 인해 각종 대형·고급 제품과 서비스의 주된 소비자이다. 고소득층이 빈번히 구매하는 제품으로는 금융서비스, 대형 아파트, 고급 승용차, 디자이너 의류, 향수와 희귀 보석류, 골프용품, 고급 문화상품, 대형 전자제품, 해외여행과 고급 휴양시설 등이다. 또한 고소득층의 소비패턴은 제품의 명성과 품질, 독특한 부대 서비스를 중요시하는 소비패턴을 보여 제품의 실질 가치나 성능대비 가격이 상대적으로 중시되는 다른 소득계층의 소비행태와 차이가 난다.

고소득층이 마케터에게 매력적인 또 다른 이유 중의 하나는 이들 시장에서의 소비행태가 다른 소득계층의 모방으로 이어진다는 것이다. 즉 상류층의 소비행태는 중상류층에 의해 모방되며, 중상류층은 다시 중류층에 의해 모방된다.

또 다른 매력은 지난 IMF 외환위기시에 나타난 것처럼 고소득층의 소비규모는 경기변화에도 상대적으로 안정적이기 때문에 이들을 대상으로 한 마케팅활동은 경제상황으로부터 상대적으로 독립적이라는 것이다. 또한 고소득층 타겟제품들은 대부분 가격대비마진율이 높다는 것도 특징 중의 하나이다.

파레토 법칙 (Pareto's law)

우선 귀족마케팅을 이해하기 위해서는 파레토의 법칙을 알아야 한다.

흔히 "2080법칙"이라고도 한다. 2080법칙은 이탈리아 경제학자 파레토가 말한 것으로 전체 결과의 80%는 전체 원인 중 20%에서 비롯됐다는 법칙이다.

1906년 이탈리아 토지의 80%를 이탈리아 인구의 20%가 소유하고 있다는 사실을 알아내고, 이 80%와 20%의 상관관계를 다른 여러 분야에 적용하기 시작하였다.

즉 부, 노력, 투입량, 원인의 작은 부분이 대부분의 부, 성과, 산출량, 결과를 이루어 낸다는 것이다.

20%의 소비자가 전체 매출의 80%를 차지하는 경향, 국민의 20%가 전체 부의 80%를 차지하는 경향, 직장에서 20%의 근로자가 80%의 일을 하는 경향 등이 그것이다.

이 말은 상류 20% 만 잡으면 전체의 80%를 잡는 효과를 나타낼 수 있다는 것이 된다. 이 법칙에 의해서 귀족마케팅이 이루어지며, 이 법칙이 귀족마케팅의 근본이 되는 것이다.

1. 회사결정의 80%는 실제 회의시간의 20%에 의해 결정된다.
2. 경영진의 방해물 80%는 회사사람들의 20%에서 나온다.
3. 소비자 불만의 80%는 제품과 서비스 20%품목에서 나온다.
4. 백화점 80%매출을 충성도 높은 고객 20%가 올린다.
5. 미국 야구 메이저리그 전체 연봉 80%를 상위 20%의 선수가 차지한다.
6. 회사의 일 잘하는 사원 20%가 전체 업무의 80%를 소화한다.
7. 범죄 80%는 상습범 20%에 의해 저질러 진다.

3) 귀족마케팅의 특징

(1) 장점

귀족마케팅은 훌륭하게 마케팅 정책을 실시했을 경우에는 상당한 이점들이 있다. 고정고객 확보로 안정된 매출을 확보할 수 있고, 경기에 영향을 적게 받는다(실례로 IMF때 오히려 매출이 늘었던 고가품들도 꽤 있었다). 그리고 가격에 따라 구매력에 영향을 받는 일반 소비자들과는 달리 가격탄력성이 적다고 할 수 있다. 아울러 대부분 귀족마케팅 상품들은 가격대비 마진율이 상당히 높은 편이다.

그러나 귀족마케팅 상품은 이런 직접적인 효익에서 끝나는 것이 아니라 초기 구매자들이 준거집단이 되어 하위 집단의 모방을 이끌어 장기적인 유행을 선도하기도 하며, 기업이미지를 고급화시키는 효과를 가진다.

이러한 특장점에 의해 귀족마케팅은 기업측에서 보면 상당히 매력적일 수밖에 없다. 단지 사회제반 여건이나 기타 등의 이유로 인해 이제까지 활성화가 되지 않았을 뿐, 이러한 고수익과 고급이미지를 기업이 마다할 이유가 전혀 없는 것이다.

(2) 단점

유통업계에서는 귀족마케팅의 파워를 가장 체감하면서도 아주 조심스런 접근을 하고 있다.

그 이유는 다수의 일반고객들의 불만을 사지 않기 위해서 귀족마케팅을 실시하면서 분명 효과를 보는 업체도 있을 것이고, 혹은 고려하고 있는 기업도 있을 것이다. 그러나 모두 일말의 꺼지지 않는 불씨가 있다. 그 불씨는 '혹시…'하는 불안감이다. 귀족마케팅에 대한 부작용이 있을지 모른다는 그런 불안감 말이다.

다시 말해 국내 유통업체들이 귀족마케팅을 고려할 경우 필연적으로 부딪치는 문제들이 있다. 그 문제들은 크게 두 가지로 볼 수 있는데, 사회적으로 용인되지 않는 우리 사회의 귀족마케팅에 대한 거부감 등의 기업 외적인 환경문제와 귀족마케팅을 실시하는 기업의 브랜드 취약성 등의 기업 내부 문제라고 할 수 있다.

먼저 기업 외적인 환경문제들은 '과소비 조장'에 대한 비난과 '계층 간의 위화감 조성'이라는 대표적인 문제를 들 수 있는데, 상기에서도 언급한 우리 사회의 '평등성' 개념에 대한 반발이 거세다는 것이다. 또한 부유층 고객들이 누리는 각종 혜택이 마케팅 비용의 증가분으로 그 외의 고객들에게 전가된다는 우려, 그리고 상대적으로 부유층이 아닌 다수의 사람들have-nots을 정서적으로 자극하지 않을까하는 문제들을 말한다.

다음으로 기업 내부 문제들은 귀족마케팅을 실시하려는 기업의 브랜드 재포지셔닝에 대한 심각한 문제이다. '삼성전자'나 '엘지전자' '현대자동차'는 귀족마케팅에서 기존고객에게 자사의 유리한 브랜드 포지셔닝을 버리고 새로운 고품격 브랜드라고 명명지으며 리포지셔닝repositioning을 단행했다. 이는 귀족마케팅에 있어 현재의 유리한 브랜드들이 한계가 있을 수 있다는 것을 반증한다. 또한 마케팅 대상에 대한 이해부족, 귀족마케팅에 대한 전문인력의 부재를 들 수 있겠고, 브랜드 리포지셔닝을 단행한다면 기존 브랜드와 상충되는 부분에 대한 해결 등이 예상되는 문제들이다.

대형 유통업체들의 브랜드 확장전략 혹은 브랜드 이미지 제고는 상당히 신중할 수밖에 없다. 즉, 대형 유통업체들이 귀족마케팅을 펴기에는 상당한 리스크가 존재하기 때문이다. 그러나 이런 문제점들은 귀족마케팅의 장점에 의해 많이 희석될 수 있다.

귀족에 대한 충분한 이해와 효과적인 귀족마케팅 전략은 이런 리스크를 불식시키고 자사의 이미지를 제고시키며, 매출과 이익을 증대시키는 것만은 확실하다. 따라서 접근방법에 대한 연구가 산업별, 업체별로 상이하게 연구돼야 할 것 같다. 한 가지 확실한 것은 똑같은 제품이라도 백화점에서 사는 것과 시장에서 사는 것을 소비자는 다르게 인식한다는 것이다. 단순히 품질에 대한 부분이 아니라 고객이 느끼는 가치가 똑 같은 제품이라도 엄청난 차이를 발생하게 한다는 것이며, 이런 맥락에서 귀족마케팅을 고려해야 한다는 것이다.

핵심정리

부유층에 대한 4가지 오해

흔히 우리가 부자들을 볼 때 색안경을 끼고 보는 경우가 많다. 긍정적인 땀의 결실이라는 시각보다는 부정축재라는 부정시각이 더 많았던 것이 사실이다. 이러한 부자들에 대한 편견을 정리하면, '부자들은 이유없이 돈을 쓴다' '부자들은 사치와 향락이 인생의 목적이다' '부자들은 불로소득자이다' '부자들은 비싸면 비쌀수록 잘 산다' 등네 가지로 압축된다. 그러나 이런 관점에서 탈피하지 못하면 그들을 대상으로 마케팅을 할 수 없다. 다시말해 그들의 입장을 고려한 새로운 관점에서 재해석하려는 노력이 필요한데, 필자는 이를 이렇게 제시하고자 한다. 사람들이 지갑을 여는 이유는 분명히 있다. 부자들 또한 그렇다. 부자들에 대한 일반적인 편견과는 달리 부자들 또한 합리적이고 이성적인 사람들이란 점을 명심해야 한다. 사람들이 자기 가치기준에 의해서 소비행위를 하듯 부자들 또한 자신의 경제적 여건하 따라 소비행위를 한다. 그러므로 그 가치기준에 있어 무의미한 소비행위는 존재하지 않는다. 일례로 100달러 지폐에 불을 붙여 담배를 피는 사람 또한 그렇다.

두 번째와 세 번째 오해들에 있어서도 피상적인 면과는 다른 이견이 있다. 부자들은 일반인의 욕구분출 형태와 다르다. 매슬로우의 욕구 5단계를 보면 사람들은 '생리->안전->애정->존경->자기실현'으로 하위욕구의 충족 후 욕구상승을 진행한다고 한다. 부자들은 일반적으로 매슬로우 욕구 5단계 중 일반인들이 삶의 영위에 있어 가장 많이 할애하는 부분인 하위욕구들이 이미 충족된 사람들이기 때문에 일반인과 비교해 욕구분출에 있어 상이한 점이 많다. 그래서 일견 생활이 사치와 향락적인 면으로 치부될 가능성이 많지만 부자들의 공통점은 시간당 집중도가 가장 높은 전문적인 업무를 하는 사람들이 많은 점을 감안할 때 두 번째와 세 번째의 기준은 상당한 편견이랄 수 있다.

마지막으로 비싸면 비쌀수록 잘산다는 오해는 '어떻게 보면 맞다'라고 할 수 있다. 가격이 꼭 품질을 대변해 줄 수는 없지만 대체로 고가의 제품은 제품의 품질 면과 브랜드력에 있어 상위의 제품이라고 할 수 있다. 그러나 비싸면 비쌀수록 부자들이 잘산다라는 기준은 여러 기준을 대변하지 못하고, 단지 가격적인 면에서만 편중하는 편견이 될 소지가 있다. 부자들이 어떤 물건을 구입할 때 어떻게 보면 더 까다롭다. 그럼에도 불구하고 그들이 그 물건을 구입하는 이유는 가격에 있지 않다고 봐야 한다. 쇼핑의 분위기, 개인의 만족감, 희수성, 품위 등등 여러 정항을 기준으로 '자신의 가치에 충쪽뇌었기 때문에 지갑을 연다'라고 할 수 있다.

4) 귀족마케팅의 차별성

귀족마케팅이란 VIP고객을 대상으로 차별화된 서비스를 제공하는 것을 의미한다. 원래 이 용어는 의류업체에서 통용되는 말인데, 같은 상표라도 블랙 라벨black label이라고 하여 디자인과 소재를 고급화 한 뒤 고가에 판매 했던 것에서 비롯되었다.

귀족마케팅은 "오직 당신만을 위한다"는 차별화된 서비스를 모토로 구매력 높은 고객을 잡기 위한 전략이라고 할 수 있다. 그러나 일부에서는 계층 간의 위화감을 조장한다는 비판을 받기도 한다. 귀족마케팅이 왜 기업경영에 중요한 키워드인지 VIP라는 3가지 관점에서 살펴보도록 하겠다.

(1) Valuable

금전적으로 가치가 있다는 의미이다. 기업에게 돈이 된다는 것이다. 20:80의 파레토 법칙이 적용되는 최적의 실례이다. IMF 경제위기 이후 새로운 귀족층이 등장했다. 금융, 지식, 정보를 기반으로 한 새로운 계층이다. 이들은 이전의 전통적인 고소득층과는 다른 행태의 소비패턴을 보이고 있다. 대표적인 예가 보보족. 부르조아와 보헤미안의 합성어이다, 부르조아의 성공과 보헤미안의 반항, 창조성이라는 이중적 성향을 품고 있기 때문에 예술적 취향에 돈 쓰기는 주저하진 않지만 유행을 지나치게 쫓거나 유명브랜드 수집에 열을 올리진 않는다. 이들이 마케팅의 새로운 타겟팅이 되는 것이다.

(2) Image

귀족마케팅을 통해 기업의 브랜드 이미지를 제고시킬 수 있다는 점이다. 몇 년 전만 하더라도 대형냉장고 시장은 GE와 월풀이었다. 그런데 삼성전자에서 지펠이라는 브랜드로 하이엔드 시장을 공략했다. 꼭 갖고 싶은 냉장고, 당신이 꿈꾸던 냉장고 등 고급화 전략을 추구했던 것이다. 그 결과 지펠이라는 새로운 브랜드가 탄생했고 당시 백색가전 시장에서 LG에 다소 밀렸던 이미지를 부각시키는데 일조하게 되었다. 사람들은 제품이나 서비스를 구입할 때 상품 그 자체보다는 브랜드를

구입하는 경향이 있다. 소비는 브랜드의 이미지를 사는 것이라고 하는데. 귀족마케팅은 기업에게 명품메이커로서의 이미지를 심어 준다.

(3) Product leadership

귀족마케팅은 제품의 품질을 한차례 높이는 발판 역할을 하게 된다. "기본품질이나 부가기능의 성능품질 향상과 추상적 품질인 매력품질까지도 달성하게 되는 것이다. 결국 귀족마케팅은 총체적 품질을 제고시키는 역할을 한다.

5) 귀족마케팅의 원칙

귀족마케팅을 위한 원칙은 무엇인가? 대체적으로 비슷한 고민들을 하고 있을 것이다. VIP 마케팅을 수행하는 많은 기업들이 상류층을 위한 차별적인 상품과 서비스를 속속 출시하고 있다. 카드 회사들은 상류층 유치를 위한 경쟁에서 뒤지지 않기 위해 플래티늄 카드 이상의 다양한 서비스 개발과 프로모션 전략이 시도되고 있다. 앞서 살펴 본 「상류층의 차별성」을 카드 마케팅에 구현한다면 다음과 같은 몇 가지 원칙에 도달한다.

(1) 부유층의 특성을 이해해야 한다.

앞서도 언급한 바 있지만 부자들은 일반인과 다른 가치기준을 가질 수 있다는 점을 명심해야 한다. 일반인과는 욕구형태가 다를 수 있으며, 그들의 행동양식 또한 다를 수 있다. 따라서 고소득자들이 가지는 심리를 그들의 입장에서 이해할 수 있어야 한다.

(2) 차별화가 중요하다.

고소득자는 같은 그룹의 사람들과 이너서클을 형성하기도 하지만, 근본적으로 자신과 타인을 구별 지으려는 욕구가 강하다. 특히, 일반인과 차별되려는 욕구는 노력으로까지 이어진다. 그러므로 귀족마케팅에서는 근본적으로 고려되어야겠다.

(3) 브랜드 관리가 생명이다.

명품 혹은 최고의 서비스 제공은 거저 나오는 것이 아니다. 최고는 항상 레벨label이 따라 다닌다. 귀족들의 입에서 입으로 전파돼 '아하, 저 브랜드. 최고지!'라는 말을 듣기 위한 노력이 필요하다.

(4) 장기적인 관점에서 시행해야 한다.

귀족마케팅은 특성상 상당한 시일이 요구된다. 구전효과를 통한 제한된 홍보방법 등이 주류를 이루기 때문에 단기간에 빠른 성장을 하지는 못한다. 그러나 서서히 달구어진 솥같이 오랫동안 그 영향이 지속되기 때문에 초기의 갖은 노력과 비용투입만큼 그 결과도 달디달 것이다.

(5) 마지막으로 그들의 집사가 돼야 한다.

현재 백화점에서도 VIP에 대한 서비스 중에서 전담제를 실시하고 있는데, 조금씩 개선될수록 그만큼 VIP관리가 매출뿐만 아니라 이미지 향상에도 일조를 하기 때문이다.

6) 귀족마케팅 성공 전략

귀족마케팅은 고객의 충성도에 따라 달라진다. 고소득층은 0.1%의 차별성으로 스스로의 가치를 증명한다. 여기서는 귀족마케팅이 성공하기 위해서 필요한 7가지 전략에 대해서 고민해 보자.

(1) 품질, 성능, 디자인에서 최고가 되라

VIP 고객의 로열티를 얻기 위한 첫 번째는 품질, 성능, 디자인, 안전함과 같은 상품의 본원적 속성이다. 알고 있지만 실현하는 것이 쉽지 않은 경우가 대부분이지만 무엇을 어떻게 하면 최고 수준이 될 수 있다는 것을 잘 모르는 경우도 많이 있다.

(2) 맞춤마케팅으로 블루오션을 만들어라

VIP 고객들에게 수준 높은 서비스를 제공해 그들의 충성도를 강화하자라고 하면 보통 고품격 서비스를 떠올린다. 그러나 많은 비용을 들인

다고 해서 충성도도 높아지는 것은 결코 아니다. VIP 고객이 원하는 서비스를 VIP 고객별로 제공할 수 있어야 한다.

(3) 브랜드 로열티를 높여라

고객이 원하는 것이 없다면 굳이 회사의 전략 상품 같은 것을 강요하지 말아야 한다. 때로는 회사와 자신의 수익 목표와는 정반대되는 의사 결정도 내려야 한다. 회사와 싸워서라도 말이다. 그래야 단기적으로는 손해일 수 있더라도 장기적으로 신뢰감을 줄 수 있다.

(4) 로열티 프로그램을 차별화하라

VIP 고객 수가 수천에서 수만 명인 기업에서 VIP 고객별로 맞춤 로열티 프로그램을 시행하기 어렵다는 것은 핑계이다. 지금까지 몰랐다면 하루 속히 시행하기 바란다. 남들과 차별화하려면 뭔가 달라야 하는데 정작 다른 것을 찾아보기는 참 어렵다.

(5) 커뮤니티를 구성하고 지원하라

어떤 형태의 커뮤니티를 통해서든 상품과 서비스의 판매를 너무 노골적으로 드러내면 안 된다. 그렇게 되면 VIP 고객들은 대부분 경계심을 갖고 거부감까지 갖는다. 오로지 이전보다 훨씬 즐겁고 재미있도록 헌신적으로 노력하는 모습을 보여야 한다.

(6) 문제를 해결하고 도움을 줘라

어떤 기업은 VIP 고객의 업무적인 문제만을 해결해주기 위해 노력한다. 그러나 업무적인 문제만을 해결해주는 일은 다른 경쟁자들도 노력하고 있다. 그러므로 VIP 고객이 안고 있는 개인적인 고민이나 문제까지도 해결해줄 수 있어야 한다.

(7) 기대를 뛰어넘는 즐거움과 감동을 제공하라

VIP 고객들의 눈높이가 높아지고 있다. 그런데도 기업들은 과거에 했던 방식대로 한다. 항상 VIP 고객의 기대를 뛰어넘는 즐거움과 감동

을 줄 수 있도록 노력해야 한다. 그렇게 하지 않으면 오히려 역효과가 나기 쉽기 때문이다.

마케팅 이야기

사례 '매스클루시버티massclusivity' 전략

핀란드의 대표적인 휴대전화업체인 노키아는 지난해 31만 달러에 달하는 '베르투' 라인 8대를 선보였다. 우리 돈으로 환산하면 약 2억8천만원에 달하는 이 휴대폰은 버튼 하나만 누르면 여행, 오락, 레스토랑, 공연, 숙박, 선물 등의 정보제공에서 예약까지 해결해주는 콘시어지Concirege 서비스를 받을 수 있다. 물론 이 서비스는 가입 후 2년째부터 연간 184만원의 서비스 이용료를 부담해야 하지만 휴대폰 구매 능력을 가진 부유층에게는 큰 부담은 아니라는 것이 관계자의 설명이다.

경쟁업체들 역시 앞 다퉈 고가의 명품 휴대전화를 잇달아 출시하고 있다. 특히 일반인들도 구입 가능한 수준으로 제안하고 스페셜 에디션으로 희소가치를 더해 고객들의 구매력을 자극하고 있다. 삼성전자는 지난해 크리스마스 시즌에 맞춰 오디오 전문 업체인 덴마크의 뱅앤올룹슨과 공동 개발한 '세린' 휴대폰을 미국에서 선보였다. 여기에 '루이비통' 휴대폰 주머니는 별도 액세서리로 구성해 판매했다. 휴대폰만 117만원, 루이비통 주머니는 70만 원대이다.

이밖에도 '돌체&가바나'가 모토로라 스페셜 에디션 라인을 출시하는가 하면 스위스 시계 제조업체인 '태그 호이어'에서도 100만 원대 휴대폰을 선보였다.

아이스크림 회사인 '베스킨라빈스'는 일부 지점에서 나만의 아이스크림 케이크를 만들어 주는 서비스를 실시하고 있다. 원하는 맛과 디자인은 물론 메시지까지 넣어 자기만의 아이스크림을 만들 수 있어 특별한 날을 기념하려는 고객들이나 연인들에게 좋은 반응을 얻고 있다.

삼성전자도 '파브 (PAVV) LED 70' TV의 경우 주문생산 과정에서 제품 하단에 실크스크린 인쇄 방식으로 고객 서명을 넣어주는 차별화 서비스로 좋은 반응을 얻었다.

다양한 니즈와 개성을 가진 소비자들은 대중의 공통적인 니즈를 기준으로 한 획일화된 제품보다는 자신의 욕구에 딱 맞는 '커스터마이즈Customize'된 제품을 원한다. 자신만의 맞춤 다이어리, 액세서리, 가구 등 DIY 등을 통해 자신의 개성을 표현하는 젊은이들이 점차 늘어나고 있는 것도 이와 같은 맥락에서 이해할 수 있다. 게다가 지금의 소비자들은 자신의 욕구에 맞는 제품을 적극적으

로 찾아다니고 고비용을 감수하면서까지 제품을 구입하는 것을 아까워하지 않는 높은 로열티를 가진 구매 패턴을 보이고 있다.

이러한 소비자를 공략하기 위한 '매스클루시버티$_{mass\text{-}clusivity}$'의 등장은 이윤을 극대화하기 위한 기업의 입장과 소비자 니즈에 부합하는 사용자 중심 맞춤 디자인의 결합으로 새로운 틈새 마켓을 형성하고 있으며, 새로운 트렌드를 제시하고 있다. 이에 '매스클루시버티$_{massclusivity}$'는 향후 더 다양한 분야, 다양한 상품으로 진화, 확대될 것으로 전망된다.

'부자들의 지갑을 여는 3가지 방법'

단순히 소득 상위 1%를 대상으로 하는 상품만으로는 살아남을 수 없기 때문에 최근의 귀족 마케팅은 상위 계층뿐만 아니라 상위 고객을 적극적으로 모방하려는 대다수의 계층을 대상으로 일종의 포트폴리오를 구성하는 방식으로 분화되고 있다.

첫째, 프레스티지 마케팅(Prestige marketing)은 상위 1%를 대상으로 기존의 명품 브랜드가 더욱 더 특별한 가치를 만들어 희소성을 지속적으로 강화하는 전략으로 고객 한 사람 한 사람에게 맞춤형으로 제공되는 최고가의 테일러 메이드(Tailor made) 서비스나 유명한 아티스트와의 협업을 통한 한정 생산(Limited edition) 등의 형태를 보인다.

둘째, 프리미엄 마케팅(Premium marketing)으로 구매력이 높은 상위 20%를 대상으로 한다. 명품의 대중화로 일반 대중을 흡수하기 위한 프리미엄 마케팅은 럭셔리 제품의 세컨드 라인으로 대상 연령과 가격을 낮춘 별도 브랜드를 출시하거나 일반 제품 중에서 특별한 가치를 더해 고가 라인으로 만드는 것이 일반적이다.

셋째, 칩시크 전략(Cheap-chic strategy)은 상위 70%를 대상으로 하는 마케팅이다. 단순화된 가치의 차별화를 통해 가격이 저렴하지만 스타일을 유지하는 것을 말한다.

결국 자신이 좋아하는 취향과 안목을 만족시키기 위해서는 과감하게 지갑을 연다. 나를 표현하기 위해 특정 브랜드가 내포하고 있는 고유의 이미지와 스타일을 구매해 은유적으로 표현하는 것이다.

예를 들면 벤츠를 타는 사람은 전통적인 가치를, BMW·재규어·벤틀리를 타는 사람은 역동적이고 스포츠를 즐기는 도전적인 가치를, 아우디·렉서스를 타는 사람은 합리적인 가치를 추구하는 이미지를 갖고 있다. 그렇기 때문에 성공적인 귀족 마케팅을 위해서는 브랜드가 고객에게 줄 수 있는 특별한 가치를 어떻게 하면 뚜렷하게 전달할 것인가에 대해 깊게 고민해 보아야 한다.

2. 국내외 사례

1) 귀족마케팅을 위한 사례연구

(1) 버버리가 한국에서 뜬 이유는

브랜드가 지니고 있는 명성으로 인해 자연스럽게 많은 고객을 끌어들이게 되는 경우도 많다. 특히 버버리는 역사성과 명품이라는 브랜드 가치로 꾸준한 소비의 증가를 가져왔다. 버버리의 가장 큰 특징은 철저한 직원교육을 통한 구매창출효과이다. 다른 곳들이 일반적으로 실시하고 있는 직원채용 방법과는 다른데, 3개월 정도의 아르바이트 개념에서부터 일을 시작하게 된다. 이 과정을 통해서 매장에서 잘 적응할 수 있는 적합한 직원인가를 판단한 다음 상품에 대한 전문적인 교육을 시킴으로써 버버리의 진가를 알 수 있는 직원으로 재탄생되는 것이다.

버버리의 매장 직원들은 제품에 대한 소개에서부터 각종 트렌드까지 전문가 수준의 자질을 가지고 있다. 대강의 상품정보만을 가지고 있는 직원들이 대부분이지만 버버리의 직원차별화 시스템은 고객들에게 상세한 정보제공은 물론 제품에 대한 정확한 구매유도를 할 수 있다는 점에서 큰 장점 중에 하나이다.

또한 자기 회사라는 생각을 가지고 일할 수 있도록 직원들의 복리후생에 각별한 신경을 쓰고 있기도 하다. 특히 성과가 좋은 직원들에게는 그에 적합한 대우를 해주고 그렇지 못한 경우에는 더욱 잘할 수 있도록 격려하는 등 프로그램에 상당부분 신경을 쓰고 있다. 지나치게 내보이는 것에 많은 부분을 투자하기보다는 내부적으로 실속 있는 마케팅을 추구하고 있는 것이다. 버버리가 지닌 특징, 편안하고 따뜻한 정통 캐주얼 브랜드라는 이미지에 가장 역점을 두고 있기도 하다.

버버리의 경우 귀족고객 관리는 철저한 교육을 받은 정예 직원들에 의해 이루어진다. 어떤 특별한 이벤트를 마련하기보다는 좋은 상품이 들어왔을 때 혹은 수시로 안부전화를 하며 친밀한 관계를 유지하는 것이다. 때로는 특정상품에 대한 할인혜택이 주어졌을 때 이를 다른 사람보다 빨리 이용할 수 있도록 정보를 사전에 알려주는 방법도 사용한다.

　이렇게 친분을 유지하다보면 꼭 버버리 매장이매장에서 좋은 상품이 세일을 하는 경우에 간접적으로 정보를 제공해주기 한다. 이는 고객과 보다 밀접해질 수 있는 기회가 되기도 하며, 한 번 더 매장을 고객들에게 보여줌으로써 상품 구매 욕구를 불러일으키는 간접적인 기회가 되는 것이다.

　버버리의 고객관리는 매장마다 현장을 누비는 직원들이 직접 하고 있다. 가장 가까이서 고객을 대하는 이들만큼 그들의 속성을 잘 알고 있는 이도 없을 것이며 또한 즉각적인 관리가 이루어지기 때문에 더욱 좋다는 것이다. 너무 과장되거나 부담스럽지 않은 쇼핑, 편안함을 줄 수 있는 그런 분위기 연출이 바로 버버리가 추구하는 쇼핑문화이다. 그래서 전국적인 매장관리를 꼼꼼히 하는 것도 고객들을 위한 서비스 중 하나이다.

　또한 소수의 귀족고객들을 대상으로 하는 선물을 마련한다. 이런 고객들인 경우에 워낙 오랫동안 버버리를 찾기 때문에 어느 누구보다도 더욱 제품의 품질이나 기타의 사항에 대해서 잘 알고 있는 전문가들이며 훌륭한 조언자들이다. 그들에 대한 답례로서 챙기는 이런 선물은 그야말로 마음을 담아서 전하는 것이다.

　버버리가 가장 중요하게 생각하는 명품 브랜드의 마케팅 전략은 우선 브랜드에 대한 인지도가 높기 때문에 이에 대한 만족을 심어줄 수 있어야 한다는 점이다. 그래서 이벤트인 경우에도 브랜드에 적합한 것을 찾아야 더욱 의미가 살 수 있다고 강조한다. 그리고 특화시킬 수 있어야 하는 것도 중요한 문제 가운데 하나다.

　전문성을 갖춘 우수한 직원들이 고객을 대할 때 더욱 그 가치는 높아지는 것이며 상품구매와도 이어질 수 있다. 그리고 명품인 경우에 한 순간에 제품을 구입하고 끝나기보다는 한 번 고객이 오랫동안 대대손손 고객이 될 수 있기 때문에 이에 대한 철저한 대비를 해야 한다는 것이다.

(2) 리츠칼튼 호텔의 5%를 위한 서비스

　서울 강남에 위치한 리츠칼튼 호텔은 역사는 짧지만 여러 가지 면에서 화제가 되고 있다. 후발주자로서의 불리한 여건을 극복하고 호텔업계에서 탄탄한 자리를 구축했는가 하면, 유수의 특급호텔을 제치고 객실당 수익률이 부동의 1위를 달리고 있다. 수익률도 업계 1위 자리를 굳건히 지키고 있다.

특히 '파이브 스타 다이아몬드'는 세계적 명성의 서비스업 평가기관인 'American Academy of Hospitality Sciences'에서 매년 전 세계적으로 최고의 품질과 서비스, 성과를 기록한 호텔만을 엄선해 부여하는 것으로 현재 세계에서 겨우 80여 개 호텔만이 그 영예를 얻었다. 그렇다면 이 호텔의 경쟁력은 어디서 나오는 것일까?

리츠칼튼의 경쟁력은 차별화된 서비스에서 나온다는 것이 일반적인 평가다. 다른 호텔에 비해 소수의 고객을 위한 한 차원 높은 서비스로 고객들에게 어필한다. 앞에서 열거한 화려한 시상내역은 이런 결과물일 뿐이다. 이와 관련하여 호텔측은 상위 5%고객을 위한 최고급 서비스가 가장 큰 무기라고 말한다.

특히 이 호텔은 양적인 것보다는 객실 수를 300-400개 정도로 제한하고, 상위 5%안에 드는 저명하고 고급스런 손님들을 유치해 최고급 서비스를 펼치는 데 주력한다. 소위 귀족마케팅을 가장 효율적으로 실천하는 곳인 셈이다. '고객 절대만족'을 으뜸가는 경영철학으로 삼고 있는 것도 이런 이유에서다.

구체적으로 리츠칼튼 호텔에서는 최대한 고객의 입장에서 생각하는 것을 철칙으로 삼는다. '안 됩니다'라는 말 자체를 금기시 할 정도다. 고객이 아무리 무리한 서비스를 요구하더라도 그 자리에서 안 된다고 잘라서 말하지 않는다.

또 하나 말단직원도 스스로 판단해서 고객을 위한 서비스를 제공할 수 있도록 특별한 권한을 부여한다. 윗사람에게 확인해보고 답변을 주겠다는 식의 말은 통하지 않는다. 윗사람이 고객보다 높은 위치에 있다는 느낌을 주지 않기 위해서다.

리츠칼튼은 '작지만 아름답게'를 표방한다. 객실 수를 제한하고 고객대상을 상위 5% 안에 드는 저명하고 고급스런 손님으로 제한하는 것

도 이와 무관치 않다.

인테리어도 각별히 신경을 쓴다. 호텔을 집처럼 안락한 분위기로 꾸미기 위해 신경을 쏟고 있다. 인테리어는 물론이고 각 객실마다 걸려 있는 미술품은 미술고문들이 별도로 유지, 관리할 정도로 높은 품격을 자랑한다.

뿐만 아니라 투숙객의 비즈니스 편의를 돕기 위해 편리한 클럽라운지와 콘시어지를 개설하고 있으며, 숙련된 직원들이 완벽한 비서기능을 발휘할 수 있도록 세심한 준비를 갖추었다.

리츠칼튼의 객실료는 업계 최고 수준이다. 그럼에도 불구하고 객실 점유율 1위를 차지하는 것은 그만큼 고객들이 만족한다는 의미다.

인테리어와 집기, 소품 등을 일류 제품으로 들여놓은 점도 눈에 띈다. 심지어 1회용 용품에도 세계 최고급 명품을 비치한다. 일회용 세면도구들이 모두 최고급품인 '불가리' 제품이라는 사실에 놀라지 않을 수 없다. 하나에서부터 열까지 특별한 곳으로 만든 것이 귀족고객을 유치하는 데 한몫 했다.

(3) 쇼핑백은 '홍보 전령'

상품의 가치를 나타내는 것은 단지 상품의 품질만은 아니다. 품질은 기본이고, 여기에 다른 요소들이 가미되어야 진짜 명품의 구색을 갖춘다고 할 것이다. 이와 관련해 빼놓을 수 는 것이 상품을 담는 그릇인 쇼핑백이다.

특히 자체 로고와 브랜드 이름이 찍힌 쇼핑백은 기업들에게는 훌륭한 홍보 수단이며, 고객 입장에서도 고급 제품 쇼핑백은 '자기과시'의 액세서리로 통한다. 아무리 뛰어난 명품이라도 그저 그런 쇼핑백에 넣으면 그 가치는 반감된다. 사람을 빗대 외모보다는 내실이라고들 말하지만 상품의 쇼핑백은 그렇지 않다. 쇼핑백의 격이 곧 상품의 품격으로 통한다.

국내 대기업뿐만 아니라 해외 명품 브랜드들이 이미지 관리를 위해 쇼핑백을 전량 수입하는 등 품질 관리에 매우 엄격한 것도 이와 무관하지 않다. 조금이라도 더 고급스럽게 보여 고객들에게 어필하기 위해 부단히 애를 쓴다.

유통업계에서 인정하는 쇼핑백의 대명사는 단연 티파니다. 티파니에서 상품을 구입하면 시원함과 품격이 함께 느껴지는 독특한 파란색 쇼핑백에 담아준다. 이 색을 오늘날 '티파니 블루'라는 트레이드마크로 세계 쇼핑가를 주름잡는다.

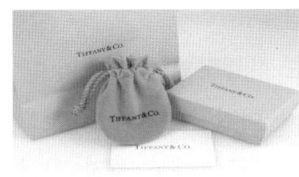
국내에서 사용되는 티파니의 쇼핑백은 전량 본사에서 들여온다. 그것도 무작정 수입하지 않고 한정해서 수입한다. 쇼핑백이 남발되는 것을 막기 위해서이고, 글로벌 브랜드로서의 이미지를 관리하기 위해서다.

만년필의 대명사 몽블랑도 독특한 쇼핑백 덕을 많이 본다. 몽블랑의 이미지를 대변하는 검정색을 쇼핑백에 사용하는데, 이미 업계에서는 트레이드마크로 인정한다. 특히 몽블랑은 흰 별을 쇼핑백 전체배경에 잔무늬로 새겨 넣어 이미지 업 효과를 극대화하고 있다.

세계적인 패션브랜드로 국내에서도 가장 인기 있는 브랜드 가운데 하나인 버버리도 쇼핑백이 독특하다. 버버리 특유의 체크무늬를 사용해 버버리임을 한 눈에 알 수 있도록 디자인되었다. 국내에서 사용되는 쇼핑백은 역시 전량 수입품으로 본사에서 직접 공급한다. 봉투의 원가만 1천 원을 훨씬 넘는 것으로 알려져 있다.

프라다는 고객에게 흰 쇼핑백에 보리 장식품이 달린 리본을 제공한다. 프라다 역시 쇼핑백 품질을 유지하기 위해 로고와 재질을 통제할 정도이다. 프라다는 또 검정색 프라다 상자를 쇼핑백 대신 사용하기도 한다.

흔히 매장에 가서 물건을 살 때 직원이 깔끔하게 포장해주면 느낌이 다르게 와 닿는다. 같은 상품을 사더라도 좀 더 예쁘고 고급스럽게 포장을 해주는 곳이 있다면 단골은 그만큼 늘어나게 된다. 쇼핑백이 물건을 담는 단순한 도구가 아니라 손님을 끌어들이고, 더 나아가 마케팅의 전령 역할을 할 수 있는 훌륭한 도구인 셈이다.

특히 귀족마케팅 대상인 고소득층을 상대로 상품이나 업종은 두말할 필요가 없다. 그들은 상품의 질 못지않게 이미지도 소중하게 여긴다. 괜히 그들에게 어설프게 포장해줬다가는 영원히 단골로 만들 수 있는 기회를 잃어버릴 것이 뻔하다.

아무리 직원이 친절하고 매장이 깨끗하더라도 상품구입의 마지막 단계인 포장을 소홀히 한다면 모든 것이 수포로 돌아갈 수 있다는 것을 명심해야 한다. 특히 세계적인 명품 브랜드들은 조금이라도 품격 있게 포장하기 위해 애쓰는 상황에 발맞춰 국내 브랜드들의 노력이 한층 요구되는 시점이다.

마케팅 이야기

사례 1 먹는 물 500㎖ 한 병이 5만 1700원(55달러)?

미국 뉴욕의 물 전문점이 호황을 최근 누리고 있다 '비아제노바'라는 물 가게Water-Bar는 50종이나 되는 물을 팔고 있으며, 그곳에서 인기 있는 고급 브랜드 '블링bling H2O'의 물 한 방울 값은 우리나라의 웬만한 먹는 샘물 1병 값에 맞먹는다고 한다. 이 물은 스위스 빙하가 녹은 물이라는 '에비앙'의 가격(약 900원)과 비교해도 엄청나게 비싸다.

도곡동 타워팰리스 슈퍼에서 가장 많이 팔리는 해양심층수 '마린파워(2ℓ 1만 5,000원)'나 일본에서 수입한 화산암반수 '닥터바나(2ℓ 1만 8,000원)'으로 이런 물도 500㎖로 환산하면 3,700~4,500원 밖에(?) 안 되니 그야말로 물 값 한번 대책 없이 고가이다.

한 병에 5만원이 넘는다는 블링H2O는 대체 어떤 맛이기에 그렇게 비싸게 파는 이유를 미국 라디오 방송 NPR이 뉴욕 시민을 상대로 블라인드 테스트를 했다고 하는데, 결과는 어땠을까.

제작진은 세 개의 페트병 샘플 A·B·C를 만들고 각각 블링H2O, 보통 먹는 샘물, 뉴욕의 수돗물을 담았다고 한다. 블링H2O의 물맛을 본 시민들은 "수돗물 같다", "맛을 모르겠다", "세 개 모두 같은 물 아니냐?"는 등 뜻밖의 반응을 보

였다고 하는데, 단 한 사람도 블링H2O의 맛이 비싼 가격만큼 럭셔리하다고 말하지 않았다고 한다.

그렇다면 5만 원씩이나 주고 물을 사먹는 사람들의 미각은 과연 남다르다고 말할 수 있을까? 혹시 5만 원짜리 물이 잘 팔리는 것은 비싼 소비로 자신의 신분을 과시하려는 부자들의 '허영 마케팅' 때문이 아닐까. 사람들은 "난 노는 물도, 마시는 물도 너희와는 달라"라고 외치고 싶은 것일지도 모른다.

블링H2O는 CEO나 연예인들이 주 고객층이라고 하는데, 뉴욕 물 전문점 여주인은 이 물에 대해 "사람들이 물 마시는 문화와 독특한 분위기를 즐긴다."는 말 한마디를 툭 던졌다고 한다. 그녀는 자칭 물 전문가로, 와인 전문가인 소믈리에와 비슷한 사람이라고 한다.

미국 사람들은 지난해 '병에 담긴 물' 170억 달러 어치를 소비했다고 하는데, 한국 돈으로 환산하면 무려 17조억 원이 물 값으로 나간 셈이다. 국내 물 시장의 전망치가 3,900억 원이니 인구 차이(3억 : 5,000만 명)를 감안해도 미국의 물 시장은 망망대해다.

사례 2 비쌀수록 잘 팔리는 '베블런 효과'

일반적으로 제품 가격이 오르면 수요가 줄어들게 마련이다. 그런데 가격이 올라도 수요에 변화 없는 경우가 있다. 이런 현상을 흔히 '베블런 효과$_{veblen\ effect}$'라고 한다. 쉽게 말해 가격이 오르는데도 일부 부유층의 과시욕이나 허영심으로 인해 수요가 줄지 않는 현상을 가리키는 말이다.

이 용어는 미국의 사회학자 베블런$_{Thorstein\ B.\ Veblen}$이 1899년 출간한 저서 〈유한계급론〉에서 "상층계급의 두드러진 소비는 사회적 지위를 과시하기 위해 자각 없이 이뤄진다"고 말한 데서 유래 한다. 베블런은 이 책에서 물질 만능주의를 비난하며 상류층 사회의 각성을 촉구한 것이다.

대표적인 사례로는 경기침체가 가중되는 가운데 최고급 수입차, 명품 가방, 최고급 가전제품, 고가의 귀금속류 등이 불티나듯 팔리는 현상을 들 수 있다. 물론 이중에는 제품이 꼭 필요해 사는 경우도 있지만 자신의 부(富)를 남에게 과시하거나 허영심을 채우기 위해 구입하는 경우도 많다. 그러다 보니 고가 명품은 값이 오를수록 수요가 더 느는 반면 값이 떨어지면 구매를 기피하게 되는 현상이 나타난다.

비쌀수록 잘 팔리는 현상은 우리 사회에서도 예외가 아니다. 특히 일부 대학생들 사이에서 명품 선호도가 절정에 달해 이른바 '명품족'이라는 말이 등장했으며, '된장녀'라는 신조어까지 생겼다. 이런 잘못된 소비행태가 급기야는 가짜 명품인 이른바 '짝퉁(모조품)'의 대량생산을 부추기고 있다는 점은 생각해 볼 대목이다.

가장 쉽게 비유되는 터키석에 대한 일화, 즉 보석상이 휴가를 가면서 재고가 쌓인 터키석을 점원에게 반값으로 팔라는 것을 점원이 잘못 이해해 가격을 두 배로 올렸더니 순식간에 다 팔려나갔다는 것은 너무나도 유명한 '가격과 품질에 대한 동일시 현상'이라고 볼 수 있다.

학습정리

1. 귀족마케팅의 정의
   귀족 마케팅이란 고소득층, 사회계층 중 상류층과 중상류층을 대상으로 이들이 주로 구입하는 제품류를 마케팅 하는 것으로 '럭셔리 마케팅Luxury Marketing 혹은 하이엔드 마케팅High-end Marketing' 으로도 불린다.

2. 귀족마케팅의 차별성
   첫째, Valuable – 금전적으로 가치가 있다는 의미이다.
   둘째, Image – 기업의 브랜드 이미지를 제고시킬 수 있다.
   셋째, Product leadership – 제품의 품질을 한차례 높이는 발판의 역할을 하게 된다.

3. 귀족마케팅의 원칙
   첫째, 부유층의 특성을 이해해야 한다.
   둘째, 차별화가 중요하다.
   셋째, 브랜드 관리가 생명이다.
   넷째, 장기적인 관점에서 시행해야 한다.
   마지막으로 그들의 집사가 돼야 한다.

4. 귀족마케팅 성공 전략
   가. 품질, 성능, 디자인에서 최고가 되라
   나. 맞춤마케팅으로 블루오션을 만들어라
   다. 브랜드 로열티를 높여라
   라. 로열티 프로그램을 차별화하라
   마. 커뮤니티를 구성하고 지원하라
   바. 문제를 해결하고 도움을 줘라
   사. 기대를 뛰어넘는 즐거움과 감동을 제공하라

FUN MAKETING

학습문제

01 귀족 마케팅은 2080법칙이 성립하는 마케팅이다. （○, X）

> **해설** 롱테일을 이야기할 때 빼 놓지 못하는 것이 20:80의 법칙, 즉 파레토의 법칙이다. 이 법칙은 20%의 상품이 매출의 80%를 발생시킨다는 이론으로 전통적인 마케팅에서 흔히 이용되는 방법이다.
>
> 정답 : ○

02 귀족 마케팅은 비과학적이고 비논리적인 상황에서 펼쳐지는 마케팅활동이다. （○, X）

> **해설** 귀족마케팅의 대상인 부유층은 일반 마케팅 대상과는 일견 전혀 다른 성향(일반층과 다른 욕구분포)과 행동패턴(비이성적으로까지 보이는 행동), 그리고 소비패턴(터무니없는 고가품을 쉽게 구매하는 소비성향)을 보이고 있기 때문에 기존의 마케팅 방법으로는 이 계층에게 충분히 매력을 주지 못한다. 효과적인 방법에 대해서는 정석은 없으나 부유층 특성에 맞는 별개의 마케팅 방법-설령 그것이 비과학적이고 비논리적이더라도-이 통한다는 것이 대체로 업계의 정설이라는 말도 있다.
>
> 정답 : ○

03 귀족 마케팅의 성공전략에 대해 잘못된 것은?
① 맞춤마케팅으로 승부   ② 브랜드의 고급화
③ 구전을 통한 홍보   ④ 로열티의 차별화

> **해설** 귀족 마케팅의 성공전략은, ① 품질, 성능, 디자인에서 최고가 되라 ② 맞춤미케팅으로 블루오션을 민들이라, ③ 브랜드 로열티를 높여라 ④ 로열티 프로그램을 차별화하라, ⑤ 커뮤니티를 구성하고 지원하라 ⑥ 문제를 해결하고 도움을 줘라, ⑦ 기대를 뛰어넘는 즐거움과 감동을 제공하라
>
> 정답 : ③

04 귀족마케팅에서 다음의 설명은 무엇에 대한 설명인가?

> 이탈리아 경제학자가 말한 것으로 "2080법칙"이라고도 한다.
> 이는 전체 결과의 80%는 전체원인 중 20%에서 비롯됐다는 뜻이다.

① Pareto's law ② Supper Class
③ High-end law ④ Luxury Marketing

해설 이탈리아 경제학자 파레토가 말한 것으로 1906년 이탈리아 토지의 80%를 이탈리아 인구의 20%가 소유하고 있다는 사실을 알아내고, 이 80%와 20%의 상관관계를 다른 여러 분야에 적용하기 시작하였다. 즉 부, 노력, 투입량, 원인의 작은 부분이 대부분의 부, 성과, 산출량, 결과를 이루어 낸다는 것이다
정답 : ①

05 귀족마케팅이 왜 기업경영에 중요한 키워드인지 VIP 3가지 관점의 내용에 속하지 않는 것은?

① Valuable - 금전적으로 가치가 있다는 의미이다.
② Impact - 소비자에게 강열한 인상을 줘야 구매로 연결된다.
③ Product leadership - 귀족마케팅은 제품의 품질을 한차례 높이는 발판의 역할을 한다.
④ Image - 귀족마케팅을 통해 기업의 브랜드 이미지를 제고 시킬 수 있다.

해설 Impact는 VIP의 3가지 키워드내용에 포함되지 않는다.
정답 : ②

06 리츠칼튼 호텔의 5%를 위한 서비스를 구연하기 위한 경영철학 내용으로 적합하지 않은 것은 ?

① '고객절대만족'- '안됩니다.'라는 표현 금지
② '작지만 아름답게'- 객실수를 제한하여 최고급 서비스 실현
③ '최고급 명품 비치'- 일회용 세면도구는 최고급품인 '버버리'제품 사용
④ '안락한 분위기' - 객실마다 걸려 있는 고품격 미술품은 미술고문이 별도로 유지, 관리

해설 최고급 명품사용은 버버리가 아니고 '불가리' 제품임 정답 : ③

07 귀족마케팅에 있어 아래의 설명은 무엇에 대한 설명인가 ?

> 비쌀수록 잘 팔린다. - 일반적으로 제품 가격이 오르면 수요가 줄어들게 마련이다. 그런데 가격이 올라도 수요에 변화 없는 경우가 있다. 쉽게 말해 가격이 오르는데도 일부 부유층의 과시욕이나 허영심으로 인해 수요가 줄지 않는 현상을 가리키는 말이다.

① 수요와 가격의 법칙   ② 브랜드 효과
③ 베블런 효과   ④ PB 효과

해설 이 용어는 미국의 사회학자 베블런이 1899년 출간한 저서<유한계급론>에서 "상층계급의 두드러진 소비는 사회적 지위를 과시하기 위해 자각 없이 이뤄진다"고 말한 데서 유래한다. 베블런은 이 책에서 물질만능주의를 비난하며 상류층 사회의 각성을 촉구하였다. 정답 : ③

08 귀족 마케팅의 성공 전략과 거리가 먼 것은?

① 품질, 성능, 디자인에서 최고가 되라
② 브랜드 로열티를 높여라
③ 커뮤니티를 구성하고 지원하라
④ 매스마케팅으로 레드오션을 만들어라

해설 VIP 고객별로 수준을 맞추는 맞춤마케팅으로 블루오션을 만들어야 함
정답 : ④

제10장
틈새 마케팅
MAKETING STORY

"장사를 하려면 그저 단순히 가치 있는 물건만으로는 안 됩니다. 경쟁자의 것이 아닌 바로 당신의 물건을 선택하게끔 만드는 그런 가치를 제공해야 합니다. 혹은 도저히 다른 곳에서는 구할 수 없는 고유한 것일 수도 있지요. 이건 마케팅과 관련된 문제입니다."

- 얼 엡스타인

10 FUN MAKETING
틈새 마케팅

학습목표 🔍

1. 니치마켓이란 무엇인가에 대해 알게 된다.
2. 사례를 통해 니치 마케팅 전략이란 무엇인지 알게 된다.
3. 니치 마케팅의 이론과 사례를 통해 기업의 생존 전략을 배우고 새로운 시장 개척을 할 수 있는 능력을 익히게 된다.

핵심키워드 : Niche Market, Differentiated, Blue Ocean, Zero-sum game, Massclusivity

신문을 보거나 뉴스를 듣다 보면 심심찮게 접하게 되는 '니치 마케팅 niche marketing'이란 용어가 있다. 처음엔 마케팅 관련 종사자들이나 경영학과 학생들이 쓰던 단어가 이제 일상에서도 흔히 사용되고 있는데, 오늘은 이 니치 마케팅이란 용어에 대해 알아보자. 니치niche란 빈틈 혹은 틈새로 풀이되며, '남이 아직  모르는 좋은 낚시터'라는 뜻도 있다. 니치 마케팅은 소비자의 기호와 개성에 따른 수요를 매우 구체적으로 파악하고 시장을 쪼개서 특정한 성격을 가진 소규모의 소비자를 대상으로 판매목표를 설정하는 것을 말한다. 마치 틈새를 비집고 들어가는 것과 같다는 뜻에서 생긴 이름이다. 곧 남이 아직 모르고 있는 곳, 빈틈을 찾아 그곳을 공략하는 것을 가리킨다.

소비자의 욕구는 예측하기 힘들 정도로 다양해지고 세분화되고 있다.

그렇기 때문에 아무리 잘 만들어진 상품이라 할지라도 제대로 차별화하지 못한다면 그것은 세상에 나와 보지도 못하고 버려진 휴지조각에 지나지 않을 것이다. 즉, 자신만의 독특함이 없이는 현대사회에서 생존할 수 없다는 이야기이다.

그래서 기업들은 그들만의 다양한 마케팅의 방법으로 소비자들에게 접근하고 있는데 이중 하나가 바로 니치Niche마케팅(또는 틈새마케팅)이다. 이번 학습으로 니치 마케팅에 대해 자세히 배우게 될 것이다.

학습내용

1. 니치 마케팅의 정의

니치 마케팅이란 다른 기업들이 지나치고 있는 시장에 새로운 틈새를 개발 또는 발견하여 시장을 선점하고, 소비자 중에서 그 상품과 알맞고 가장 접근 가능한 타겟층을 대상으로 공략하는 것을 말한다.

원래 니치란 말은 꽃이나 조각 등을 놓아두는 벽면의 움푹 파인 부분을 의미한다. 또한 니치란 시장이 너무 작아서 실패한 경우는 없지만, 오히려 시장을 확대하다가 실패하는 생리를 지니고 있다고 한다. 또한 '틈새시장'이라는 뜻을 가진 말로서 시장의 빈틈을 공략하는 새로운 상품을 잇따라 시장에 내놓음으로써, 다른 특별한 제품 없이도 셰어$_{share}$를 유지시켜 가는 판매 전략으로 활용되고 있다.

'니치'란 틈새를 의미하는 말로서 '남이 모르는 좋은 낚시터'라는 은유적인 뜻을 가지고 있다. 대중시장 붕괴 후의 세분화한 시장 또는 소비상황을 설명하는 말이기도 하다.

즉, 작은 것을 생각하여$_{Think\ small}$ 비록 큰돈은 못 번다하더라도 안정적으로 유지할 수 있다는 뜻이다. 그러나 현대사회의 니치는 기존의 의미를 넘어서 차별적으로 그 어떤 경쟁자보다도 더 잘 그 소비자를 만족시킬 수 있는 것을 의미한다. 그래서 오히려 시장의 타겟을 잘 분석한다면 니치=대박의 성립도 가능하며 어떤 마케팅보다도 성공적으로 결실을 맺을 수 있다. 이러한 의미에서 이미 형성된 시장의 틈새를 뒤집고 새로운 시장을 개척하는 이른바 모험적이고 어떤 특정의 타겟 중심적으로 다수의 니치 시장을 형성하고 있다.

결국 이 니치를 구성하고 있는 각기 다른 소비자들은 자신에게 꼭 맞는 제품을 원하고 있다는 것이다.

매스마켓	니치마켓
기존 시장, 수요 공략	새로운 시장, 수요 창출
Red Ocean	Blue Ocean[13]
Zero-sum game[14]	Positive-sum game
차별화, 저비용 중 택일	차별화, 저비용 동시추구
표준화 지향	표준화 이탈
불특정 대다수 타겟	시장세분화로 타겟 집중

2. 니치 마케팅의 전략화

틈새시장을 개척하기 위해서 필요한 요소로서는, 상품의 차별화, 가격의 차별화, 기술력의 차별화, 운영력과 경영 효율성의 차별화가 필요한 것은 물론이고, 고객의 욕구에 맞춰 민감하고 유연하게 대처하는 능력을 바탕으로 독자적인 시장을 형성하여 미니시장 선도자로서의 개척 정신이 있어야 한다. 틈새시장을 개척, 또는 차지하기 위한 차별화전략이 니치 마케팅의 핵심이라고 할 수 있다.

---

13) 프랑스 유럽경영대학원 인시아드의 한국인 김위찬 교수와 르네 모보르뉴Renee Mauborgne 교수가 1990년대 중반 가치혁신value innovation 이론과 함께 제창한 기업경영전략론이다. 블루오션(푸른 바다)이란 수많은 경쟁자들로 우글거리는 레드오션(red ocean:붉은 바다)과 상반되는 개념으로, 경쟁자들이 없는 무경쟁시장을 의미한다.

14) zero-sum game 제로섬 게임 : 득실의 합계가 항시 제로가 되는 것과 같은 게임 - 저성장 경제하의 동일 시장 규모내에서 벌어지는 시장 점유의 쟁탈 경쟁 등에 대해서 쓰는 말. 한편 게임에 임하는 양측이 모두 승자가 되는 게임이론은 positive-sum 포지티브섬 게임이라고 한다.

1) 차별화 마케팅 (Differentiated Marketing)

차별화 요인의 조건	
중요성(importance)	차별화가 충분히 많은 고객에게 가치 있는 편익을 제공
독특성(distinctiveness)	차별화가 독특한 방식으로 제공
수월성(superiority)	앞선 방법으로 같은 편익 제공
전달가능성(communicability)	고객에게 가시적이고 전달 가능한 차별화
선점성(preemption)	경쟁사가 모방하기 어려운 차별화
여유성(affordability)	고객의 경제 사정과 구매력에 맞는 차별화로 인한 가격 프리미엄

(1) 첫째는 제품의 차별화이다.

이 전략의 기본 아이디어는 누구나 다 좋아할 제품이 아니라 특정 욕구를 가진 소비자만이 더 좋아할 특성을 갖춘 제품을 만드는 것이다. 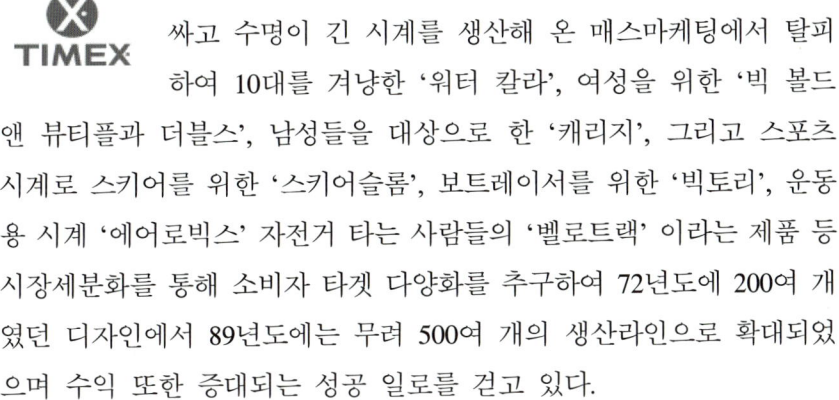 타이멕스Timex라는 시계 회사는 1980년대 초반까지의 싸고 수명이 긴 시계를 생산해 온 매스마케팅에서 탈피하여 10대를 겨냥한 '워터 칼라', 여성을 위한 '빅 볼드 앤 뷰티플과 더블스', 남성들을 대상으로 한 '캐리지', 그리고 스포츠 시계로 스키어를 위한 '스키어슬롬', 보트레이서를 위한 '빅토리', 운동용 시계 '에어로빅스' 자전거 타는 사람들의 '벨로트랙' 이라는 제품 등 시장세분화를 통해 소비자 타겟 다양화를 추구하여 72년도에 200여 개였던 디자인에서 89년도에는 무려 500여 개의 생산라인으로 확대되었으며 수익 또한 증대되는 성공 일로를 걷고 있다.

신발산업의 예를 보면 기존 농구용을 벗어나 윈드서핑용, 스케이트보드용, 에어로빅용, 스카이다이빙용, 자전거용 신발에다가 무술용 신발까지 만들어 내고 있다. 즉 뭔가 다른 제품, 남과 달라서 나와 궁합이

꼭 맞는 제품을 그 소비자는 원하고 있는 것이다.

(2) 둘째는 서비스의 차별화이다.

현재 대다수 제품들이 거의 일상용품이 되어가고 있으며 따라서 제품 특성상으로 차별화하기가 여간 쉽지 않다. 그러므로 제품에 부가적으로 제공되는 서비스로 차별화를 꾀하고 있다.

휴양지의 한 호텔은 어린이를 위한 연날리기, 모래성 쌓기, 어린이 캠프 등의 프로그램으로 아이들이 귀찮을(?) 가족 동반 부모들로부터 어린이들을 따로 떼어내고 오붓한 부부만의 시간을 즐기도록 하고 있다. 백화점마다 운전이 서툰 자가운전 주부들을 위해 주차 서비스를 강화하는 것도 마찬가지이다. 요즘 들어 신용카드회사들마다 항공회사와 제휴하여 공짜비행기표의 환상에 젖게 하는 마일리지 서비스도 세계화에 적극 동참하려는 소비자를 겨냥한 것일 게다.

이렇듯 서비스의 차별화는 고객을 잘 배려하는 데에서 시작된다. 우리의 고객은 누구이며, 그들의 구매 결정에 영향을 주는 요소는 무엇일까, 어떻게 하면 우리 제품에 더욱 쉽게 다가올 수 있을까에 지속적으로 관심을 가져 보자.

(3) 셋째는 유통 경로의 차별화이다.

소비자들이 가장 즐기는 것이 돈쓰는 쇼핑이지만 가장 귀찮은 것 중의 하나도 돈을 써야만 하는 쇼핑이다. 여기에 착안하여 유통의 다양한 아이디어로 소비자를 편안하게 해주는 기업들이 있다. 슈퍼에서 배달하는 것은 그리 신기하지 않은 일이고, 은행에서는 예금과 출금도 고객의 집에서 가능하도록 돈까지 배달하고 있으며, 이른바 택배 서비스는 손에서 손으로 서류든지 짐이든지 오토바이의 두 바퀴를 휘날리며 그대로 옮겨놓고 있다.

정보통신의 발전으로 인한 가상공간 활용 부분의 차별화를 더욱 가속될 것이므로, 어떻게 하면 고객들이 보다 쉽고, 빠르고, 편리하게 구매할 수 있을까를 고민해야 한다. 고객이 우리에게 오기를 마냥 기다려서는 이길 수 없다. 고객의 문 앞까지 길을 뚫고 나가야 한다.

(4) 넷째는 커뮤니케이션의 차별화이다.

자신의 제품에 독특한 이미지를 심어주고 특별한 판촉활동으로 뭔가 다르게 보이도록 만드는 것이다. 아우디 자동차는 가능성 있는 잠재 고객들에게 아우디 차량을 시험 주행할 기회를 제공하여 구매를 자극하고 보트, 승마, 스키를 즐기는 부유층의 스포츠광들과 지속적인 관계를 유지하려고 하고 있다.

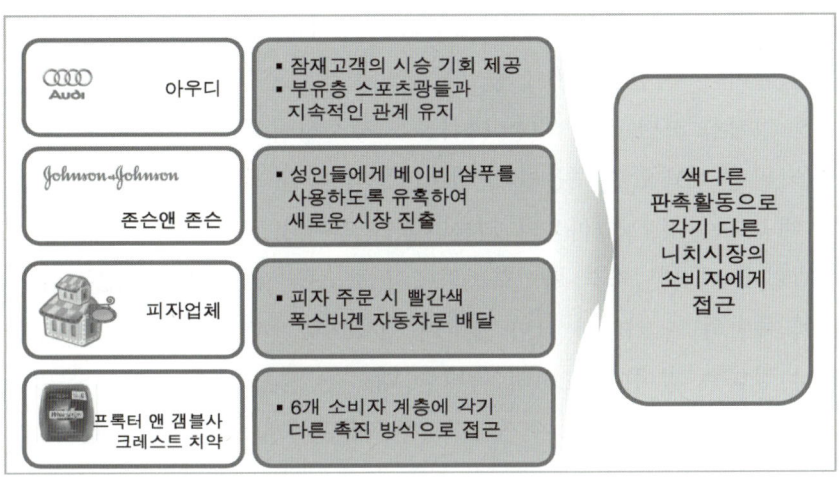

존슨 앤 존슨사는 베이비 샴푸를 어른들이 사용하도록 유혹하여 새로운 시장창출에 성공하였다. 한 피자업체에서는 피자주문시 빨간색 폭스바겐 자동차로 배달하는 색다른 아이디어를 채택하고 있다. 프록터 앤 갬블사는 크레스트 치약의 경우 흑인, 히스패틱, 어린이 등 6개 소비자 계층에 각기 다른 촉진 방식으로 접근하고 있다. 즉, 색다른 판촉활동으로 각기 다른 니치시장의 소비자에게 가까이 다가가고 있다. 더구나 아우디처럼 목표시장의 라이프스타일에 기반을 둔 판촉활동은 소비자와의 유대감을 강화시키는 좋은 차별화 전략이 된다.

(5) 다섯째는 가격 차별화이다.

소비자는 기본적으로 '돈'에 대해 민감하며 따라서 많은 마케터들이 쉽게 가격에 대해 생각하지만 이는 경쟁자가 따라하기가 쉬우며 자칫 가격 경쟁에 빠지면 피차에 피곤한 일인 것이다. 그러나 이것 역시 효과

적인 차별화 전략임에는 틀림없으며 많은 기업들이 다양하게 적용하고 있다.

　많은 레스토랑들은 자리가 텅텅 비는 평일 초저녁에 특별 저녁 메뉴를 싼 값으로 마련하여 자리를 메꾸고 있으며, 가격에 민감한 노인층에 대해서 커피를 한 잔 값으로 무제한(?) 제공하고 있다. 또 저녁의 술자리를 유치하기 위해 파격적으로 저렴한 가격을 선보이며 직장인들에게 점심을 해결토록 배려하는 음식점도 있다. 숙박업과 자동차 렌트업의 경우에는 요일과 시간에 따라 각기 다른 가격 체계를 적용한지 이미 오래된 일이다. 가전업체에서 중고제품을 보상교환판매를 실시하는 것도 아직 멀쩡한 쓰던 것에 대한 아쉬움을 해소시켜 주는 것이다. 충성 고객을 위한 혜택으로 쿠폰을 발행한다든지 특별 회원권 등의 우대카드를 제공하는 것도 고마움의 되돌려줌인 것이다.

　그런데 이러한 가격 차별화전략에서 중요한 것은 혜택을 받는 고객들이 특별히 싼 가격과 같이 싸구려 고객으로 인식되지 않도록 신경을 써야 한다는 점이다. 오히려 특별한 대접을 받을 자격이 있는 특별한 '분'으로 스스로 생각할 수 있도록 주도면밀하게 집행하여야 한다.

(6) 여섯째는 주문 생산Customization 차별화이다.

　앞의 5가지 전략이 더 심화, 발전되어 소비자 개개인에 초점을 맞춘 것이다. 어느 남성복 매장에서는 각종 색상과 스타일의 옷을 자신과 컴퓨터 합성 처리로 볼 수 있는 전자거울을 설치하여 고객들이 꼼짝 못하도록 하고 있으며, 화장품의 경우도 여성 고객의 머리색, 눈, 피부색, 얼굴형태 등을 분석하여 그 특성에 가장 잘 어울리는 화장품을 배합해 주며 유혹하고 있다.

　아이스크림도 자기가 원하는 대로 맛과 향을 골라 섞어서 먹을 수 있으며, 요즘은 주택도, 아파트도 주문시대로 들어섰다. 이 모든 것이 고객 지향적 마케팅의 산물이다.

　이상의 여섯 가지 차별화전략은 목표로 하는 니치 시장의 소비자욕구에 따라 하나 또는 둘 이상이 복합적으로 혼합되어 활용되고 있으며 대단한 성과를 거두고 있다.

2) 차별화 전략을 성공적으로 실행하는 니치마케팅의 원칙

어떻게 하면 차별화 전략을 성공적으로 실행할 수 있을까?

(1) 규칙 1. 작은 것에서 멋지게 해낼 수 있다.

세상은 넓지만 내 땅은 작게 보고 행동한 기업들이 성공하여 알찬 땅부자가 되고 있다. 넓은 세상은 누구나 다 넘보고 있지만 내 땅은 누구도 손대려 하지 않은 처녀지이다. 혼자 먹는 떡이 더 맛있다는 진리를 명심해야 한다.

(2) 규칙 2. 다르기만 하면 다 되는 것은 아니다.

경쟁자와 달라야 하는 것은 차별적 마케팅의 기본 출발점이다. 그러나 여기서 중요한 것은 그냥 다르기만 해서는 안 된다는 것이다. 반드시 그 차별적 요소가 소비자가 원하는 것인가를 생각하여야 한다. 다르기만 해서 실패한 예를 열거해 본다.

리전트 항공사

1983년 설립된 **리전트 항공사**는 초호화판 대륙 횡단 비행 제공을 목적으로 설립되어 엄청나게 훌륭한 항공 서비스를 무려 여타 항공사의 1등석보다 2배가 넘는 요금으로 운영하였다.

그러나 지극히 제한된 고객과 그다지 매력을 끌지 못해 이 호화스런 항공 여행은 불과 몇 달 만에 문을 닫고 말았다.

드라이 화이트 위스키

브라운 포먼 디스틸러스는 업계 최초로 프로스트 8/80이라는 '**드라이 화이트 위스키**'를 출시했다. 주류, 위스키 시장에 커다란 빈틈이 있었다고 생각했기 때문이다.

이 회사 사장은 "이 제품은 우리 직원들의 박수 소리와 경쟁업체 직원들의 이 가는 소리 속에서 탄생했다"고 자신감에 넘쳤었다. 그러나 2년도 못 되어 프로스트 8/80은 수백만 달러에 이르는 손실을 내고 종말을 맞이했다. 아무도 최초이면서 틈새시장을 개척하였다고 생각하지 않았다. 이미 시장엔 진, 보드카, 럼, 데킬라가 있었고, 하얀 위스키는 소비자가 이해하지 못하고 만 것이다.

비슷한 예로 **프로스티 포스 (Frosty Paws)**라는 견공용 아이스크림이 출시되었지만 실패하고 말았다. 개들이 소비자이지만 구매능력이 없다. 개들이 맛있게 먹을 아이스크림이 무슨 소용이 있느냐고 생각했던 것이다.

(3) 규칙 3. 경쟁자의 아이디어를 빌린 다음 그들을 앞서라.

경쟁자를 세밀히 들여다보는 것도 좋은 방법이다. 그들도 우리처럼 아니 우리보다 더 소비자를 열심히 연구하고 있기 때문이다. 이른바 아이디어의 벤치마킹일진데 테크노피아와 휴먼테크, 암포젤엠과 겔포스, 웅진코웨이와 청호나이스 정수기의 사례를 되새겨 보라. 좋은 아이디어는 빌리되 오히려 앞서도록 노력하라. 멈추지 말고 뛰어 넘어라. 의외로 손쉽게 탄탄대로가 앞에 펼쳐질 것이다.

(4) 규칙 4. 차별화와 세분화를 통하여 포지셔닝하라.

고객은 결코 집단적 존재가 아니라 철저히 개인적 존재임을 명심하라. 차별화 할 수 있는 요소는 바로 한두 개 이다. 여기에 초점을 맞추어야 한다. 두 번째는 고객을 분류하라. 그리고 어느 집단을 목표로 할 것인가 선택하라.

(5) 규칙 5. 각 니치 제품의 명확한 이미지를 수립하라.

소비자들은 자기가 왜 그 제품을 사야 하는지를 알고 싶어 한다. 우리의 제품이 특별히 소비자 자신들을 위한 것이라고 생각하게 할 때 성공의 길이 열린다. 그러기 위해서는 우리의 목표고객이 어떤 사람들인가를 명확히 파악해야 할 것이며 그들의 핵심 구매 동기에 대해서만 촛점을 맞추어라. 그러면 고객들은 '신통하게 내 마음을 잘도 아네'하면서 다가올 것이다.

(6) 규칙 6. 시장의 변화를 끊임없이 주시하라.

소비자는 계속 변화할 것이며, 시장 또한 움직임을 멈추지 않는다. 밀려오는 파도타기를 하는 것처럼 변하는 시장의 파도를 타야 한다. 너무 앞서도 휩쓸려 나가며, 너무 늦으면 서서히 가라앉고 말게 된다. 정확히 파도 꼭대기에 올라타서 스릴을 만끽하려면 타이밍이 적절해야 한다. 그러기 위해서는 소비자에게서 한시도 눈을 떼어서는 안 된다. 부지런한 주부에게는 빈틈이 없다. 부지런한 마케터에게는 보물섬 같은 니치가 보일 것이다.

마케팅 이야기

사례　니치마케팅 사례

'상위 1% 고객을 공략하라'

몇 년 전 팝스타 비욘세가 들고 나왔던 '트리뷰트 패치워크' 핸드백(사진)이 세간의 화제를 불러 모은 적이 있다. 주문생산을 의뢰한 24명의 고객을 위해 제작된 이 핸드백은 '루이비통' 디자이너 마크 제이콥스가 150년 역사의 '루이비통'을 기리는 의미에서 루이비통 가방 14개를 조각내 오려붙여 만든 것이다. 가방 하나 가격이 5만2,500달러, 우리 돈으로 약 5천만원대에 달하는 이 핸드백은 선주문 제작방식으로 출시되자마자 모두 매진되며 일반 소비자들에게는 구경조차 허락되지 않았기에 더욱 주목을 끌었다.

이처럼 가격과 희소성 그리고 브랜드 가치 등이 더해져 명품 그 이상의 가치를 원하는 상위 1% 고객들의 니즈를 충족시키기 위한 명품 브랜드들의 차별화 전략이 확대되고 있다. 이미 대중화 된 명품 시장에서 자신의 지위와 가치를 대변할 수 있는 특별한 아이템을 원하는 VVIP고객들의 니즈를 충족시키기 위한 전략으로 볼 수 있다.

희귀한 남미산 친칠라 모피와 담비의 털로 만든 3만8,000달러(약 3,500만원)의 한정판 '펜디' 핸드백을 비롯해 백금 버클에 총 10캐럿의 다이아몬드를 손잡이에 박고 악어가죽으로 만든 12만 달러(약 1억1,300만원)에 달하는 '에르메스' 크로커다일 버킨, 334개의 다이아몬드로 로고를 장식하고 전 세계 13개 한정판으로 선보인 '샤넬'의 26만150달러(약 2억5천만원)짜리 보석 핸드백까지 일반 고객들은 구경도 못할 최상위 아이템이 전 세계 상위 1% 고객을 겨냥해 출시되고 있다.

3. 니치 마케팅의 개발전략

　니치 마케팅은 매스마케팅(mass marketing, 대량생산-대량유통-대량판매)에 대립되는 개념으로, 최근 시대상황의 변화를 반영한다고 할 수 있다. 과거 공급이 수요를 따라가지 못해 어떤 상품이라도 만들어 공급되기만 하면 팔리던 시절이 있었다. 그러나 이제 시장상황은 완전히 달라져 하루가 다르게 새로운 제품이 쏟아져 나오고 있다. 공급이 수요를 훨씬 초과하고 있는 것이다.

신발만 하더라도 그렇다. 고무신을 신던 시절, 운동화 한 켤레를 갖는 것이 소원이었던 아이들이 어디 한둘이었던가? 그러나 세월은 흘러 이제는 떨어질 때까지 운동화를 신는 아이를 찾아보기 어려울 정도가 되었고, 모양과 가격이 다양한 운동화 천지다. 운동화만 해도 축구화, 농구화, 심지어 자전거를 탈 때 신는 자전거 전용 신발도 나와 있는데 기존에 운동화만 있던 시장에 등장한 축구화나 농구화, 자전거 전용 신발은 바로 틈새시장, 즉 니치 마켓이라고 할 수 있다.

니치마케팅의 개발 전략 성공 사례

퓨마 - 1980년대 나이키, 리복과의 경쟁에서 밀리자 1등 전략 포기. 블루 마운틴 전략 스포츠 스타를 광고모델로 쓰지 않음. 아프리카 축구클럽을 지원. 힙합그룹 후원.

메가 스터디 - 인터넷의 급속한 보급에 맞춰 온라인 교육시장이라는 거대 시장 개척. EBS방송강의의 등장으로 한때 위기. 시가총액 1조원 육박.

블루클럽 - 미용실에 남성이 선뜻 들어가기 어렵다는 점을 감안. 초저가 시장과 남성 전용 시장의 틈새를 잘 파고들어 성공.

니치 마켓은 일정기간 독점적인 지위를 누릴 수 있는 장점이 있다. 자전거 전용 신발을 처음 만든 회사는 다른 회사들이 비슷한 제품을 만들 때까지 시장에서 독점적 효과를 누릴 수 있다. 이는 아이디어 창조에 대한 대가이고, 시장을 세분화시켜 차별화된 상품을 개발해낸 데 대한 대가이기도 하다. 김치만을 전문적으로 보관하기 위해 개발된 김치냉장고나 스팀청소기 등도 니치 마켓을 노리고 개발된 제품으로, 주부들에게 널리 사랑받는 성공작이라 할 수 있다.

최근 예비 창업자들 사이에 니치 마켓이 인기를 끌고 있다. 그러나 니치 시장을 개척하는 것은 생각만큼 쉬운 일이 아니다. 틈새에 숨어 있는 잠재수요를 현실수요로 이끌어낼 수만 있다면 단기간에 안정 궤도에 오를 수도 있겠지만, 그렇지 못한 경우도 허다하기 때문이다. 따라서 니치 마켓은 아이템의 현실성과 차별성을 동시에 만족시켜야 성공할 수 있는 시장이라고 할 수 있다.

그럼 좀 더 자세히 틈새를 찾아 마케팅의 전략화를 시킨 사례를 들어 보자.

(1) 크기의 빈틈

미국 디트로이트의 자동차 업계는 한때 차체를 더 길고, 더 낮게 만들기 위해 애썼다. 새 모델은 점점 유선형이 되었고, 보기에도 멋졌다. 그러던 중 폭스바겐의 비틀Beetle이 미국 시장에 상륙했다. 짧고 통통하고 못생긴 차였다. 전통적 마케팅 방법이라면 약점을 최소화하고 강점을 최대로 부각시키려 했을 것이다. 그러나 빈틈은 '크기'에 있었다.

"작게 생각하라Think small" 이 광고는 폭스바겐의 포지션을 천명했을 뿐만 아니라, 가장 큰 효과를 거두었다. 클수록 좋다고 생각하는 잠재 소비자들의 빈틈을 비집고 들어간 사례인 것이다. 소니가 8인치의 'Tummy TV'로 21인치가 대세인 미국 TV시장에 진입했을 때도 똑같은 방법이었고, 할리 데이비슨의 750CC가 대세였던 오토바이 시장을 혼다는 125CC라는 소형 오토바이로 틈새를 만들어 처음 진출하여 성공을 거둔 예가 있다.

(2) 고가의 빈틈

"세계에서 제일 비싼 향수는 조이 단 하나뿐입니다." "당신이 세계에서 가장 비싼 손목시계, 피아제를 착용해야 할 이유…" 가격은 차별화의 큰이점이 될 수 있다. 특히 해당 영역 내에서 제일 먼저 '고가'의 빈틈을 메우는 경우가 그러하다. 허지만 고가에는 품질과 브랜드파워에 대한 소비자의 이해가 있어야 하고, 고가 포지션을 가장 먼저 구축해야 한다. 나도 '고가'라고 하는 'Me too' 전략은 안 된다.

오빌레덴바허 '구어메이팝콘'은 선두 제품보다 2.5배나 비싸게 받으며 겉포장에 '세계에서 가장 비싼 팝콘'이라고 써 넣었다. 그럼에도 불구하고 결국 세계에서 제일 많이 팔리는 팝콘 브랜드로 자리매김 하였다. 비싸다는 이유 하나만으로 인기가 좋은 것은 아니다. 그 뒤에는 소비자들이 납득할만한 가치와 스토리를 가지고 있어야 한다.

일본 소주업체가 즐비한 가운데 한국의 진로가 일본에 처음 진출하였을 때도 고가전략이 주효하여 짧은 기간에 100여개의 소주업체 가운데 1위로 등극하였다.

(3) 또 다른 빈틈

성별 또한 효과적인 빈틈이 될 수 있다. 말보르는 담배시장에서 남성적인 포지션을 구축한 최초의 브랜드로 담배 시장 1위에 등극, 반대로 버지니아 슬림은 여성담배로 말보르와 반대 영역에서 호소함으로써 성공하였다.

향수 시장에서도 비슷한 경우가 있다. 향수하면 샤넬로, 마케팅대상이 주로 여성이지만 반대로 세계에서 가장 잘 팔리는 향수 브랜드는 레브론의 '찰리'이다. 팬티 차림의 남성 모델을 광고에 쓰면서 남성적인 이름을 붙인 최초의 브랜드였다. 이는 한 영역에서도 역설적인 면이 존재 할 수 있음을 보여준다. 업계의 대부분이 한 방향으로 치달을 때, 진정한 기회는 그 반대편에 있는 것이라는 것을 알게 하여 준다.

나이 또한 효과적인 전략의 대상이다. 에임 치약은 어린이를 겨냥해 성공한 좋은 사례로, 미  국내 크레스트와 콜게이트라는 막강한 두 브랜드 사이에서도 10%이상의 시장 점유율을 차지하고 있다는 것은 대단한 것이다.

특히 요즘 출판업계는 '나이마케팅'이라고 해서 더욱 노골적으로 나이를 거론하는 것이 추세인 듯하다. '29살에 승부를 걸어라' '35세까지 반드시 해야 할 일' '열두살에 부자가 된 키라' '100세에 도전한다' 등으로 구체적 연령을 타겟화한 독자는 물론 근접 연령 및 다른 세대로까지 영향을 미치고 있어 출판업계는 선호하고 있다고 한다.

시간도 전략이 될 수 있다. 최초의 밤 시간용 감기치료약 나이퀼 Nyquil이 그러했고, 하루 한번 먹는 약, 또는 '이른 아침 커피향이 그립다면' '늦은 밤 또는 새벽에 커피를 마시고 싶다면' 등, 커피숍들의 마케팅이 미국에 있다.

또한 '시간=돈'으로 마케팅을 하는 경우도 있다. 타임 마케팅의 유명한 사례로 스타벅스 커피의 경우, 고객에게 커피가 전달되는 과정에 걸리는 시간 30초를 줄이기 위해 5년간 주문과 결제, 제조과정에 이르기까지 수많은 노력과 비용투자를 했다고 한다. 30초면 기다리던 줄 속에 있던 고객이 다른 매장에 가서 이미 그쪽 점원과 대화를 나누고 있을 만한 시간이기 때문이다.

사람사이의 대화에서 초조해지기 시작하는 한계점이 32초라고 한다. 이러한 이유로 일본 맥도널드의 최고 경영자 후지타 덴은 그 30초를 기다리지 않게 하기 위하여 고객의 주머니에서 돈을 꺼내 지불하는데 시간이 걸리지 않도록 계산대의 높이를 일률적으로 92cm로 맞추어 고객에 대한 타임 마케팅으로 좋은 인상을 남긴 사례도 있다.

30분 내에 배달되지 않으면 공짜인 도미노 피자나, 기준 시간 이상 기다리게 되면 벌금을 물겠다는 은행이나 모두가 고객의 기다리는 시간을 단축시키면서 경쟁력을 확보하려는 것이다.

(4) 자신의 틈새를 창조

'경쟁상대에 대한 재포지셔닝'으로 새로운 틈새를 개척하는 경우도 많다. 남아 있는 빈틈이 거의 없다면 소비자 마인드에 포지션을 점유하고 있는 경쟁상대들을 대상으로 새로운 아이디어나 상품을 소비자의 마인드에 인식시킴으로써 점유율을 높여가는 전략이랄 수 있다.

타이레놀의 사례를 보면, "아스피린을 복용해서는 안 되는 수백만 명을 위해서..." "복통을 자주 경험하시는 분 또는 궤양으로 고생하시는 분, 천식, 알레르기, 빈혈증이 있으신 분들에게 아스피린은 위벽을 자극하고 천식이나 알레르기 반응을 유발하여 위장에 내출혈을 일으키기도 합니다."라는 광고를 하고 있다. 타이레놀의 광고는 계속된다. "다행이도 여기 타이레놀이 있습니다." 이 광고를 계기로 현재까지 타이레놀은 진통제 영역에서 1위 자리를 차지하고 있다. 그 뒤를 이어 진통제 영역의 2위 브랜드는 어드빌Advil로 '고급 진통제'라는 캠페인을 들고 나와 틈새를 개척하였다.

또 다른 사례로 "미국산 보드카 대부분은 마치 러시아에서 제조한 것처럼 보입니다." 이 광고 문구 밑에 다음과 같은 설명을 덧붙였다. '사모바르 : 펜실베니아 주에서 제조, 스미르노프 : 코네티컷 주에서 제조, 울프슈미트 : 인디애나 주에서 제조' "스톨리츠나야는 다릅니다. 진짜 러시아산입니다." 그리고는 병의 상표에 '러시아 레닌그라드 제조'라고 표시하였다. 말할 필요도 없이 스톨리츠나야의 판매는 크게 증가했다.

포테이토 칩, 프링글스Pringle's도 지난날 와이즈Wise로 유명한 보든Borden 사에게 한방을 먹은 적이 있다. 보든은 두 개의 상표를 비교해 읽는 TV 광고를 제작해 내보냈다. "와이즈는 감자, 식물성 기름, 소금으로 만들어졌습니다. 프링글스는 건조 감자, 단일 및 이중 글리세리드, 아스코르빈산, 뷰틸 수산 아니솔이 성분이군요." 프링글스의 판매고는 당연히 급락하고 말았다.

4. 이러한 복합요소를 지닌 니치마케팅의 성공사례

1) 특수계층을 공략하는 니치 마케팅 사례
- 유럽의 맥도날드 어린이 타겟 광고 강화

맥도날드의 성공사례는 워낙 유명한 편이라 자세하게 이야기는 하지 않겠지만 얼마 전 신문사에서 인터뷰했던 맥도날드의 수석 마케팅 매니저인 Larry Light는 자신 있게 "We have great credibility with children, they listen to us more than they do to their parents." 이 말

만큼이나 맥도날드의 광고는 원래 가족적인 것을 강조하는 것에서 점차 어린이들에게 그 영향력을 끊임없이 확대해왔다. 740만 파운드의 글로벌 광고 캠페인인 "It's what I eat and what I do...I'm lovin' it."는 광고 타겟인 어린이들에게 햄버거를 먹는다면 그들이 그 안에 담긴 무엇을 먹는 것인가를 상세하게 설명해주겠다는 의도이다. 이렇듯 맥도널드는 현재의 고객이면서 미래의 고객이 될 어린이들을 타겟으로 해서 광고뿐만 아니라 상품 라인역시도 빠르게 확대해 나가고 있다. 영국에서 맥도널드는 어린이용 메뉴인 Happy Meal 라인을 54개의 조합에서 108개로 2배가량 증가시킬 예정이다. 메뉴도 Carrot sticks, chicken grills, Robinson's apple fruit shoot같이 다양해졌다. 그리고 2005년 한해만 어린이를 타겟으로 한 영국 내 tv광고 캠페인 비용으로 만으로 전년대비 365만 파운드 비용을 추가로 배정하고 있는 상태이다.

언제나 광고계에서 어린이 광고가 어떠한 영향을 미치느냐는 이슈에 단골로 등장하는 맥도널드, 하지만 그들은 EU의 패스트푸드나 정크푸드에 대한 self-regulation 가이드라인에 아슬아슬하게 비껴가며 어린이 패스트푸드 시장의 최강자로서 그 시장범위를 확대해 나가려 하고 있다.

(1) 실버 세대

최근 의학의 발달로 인간수명이 길어지면서 사회가 점차 고령화되고 있어 노인전용 유료 주거시설(실버타운) 및 노인들을 대상으로 한 금융과 보험 의료 레저 생활용품 등 이른바 실버산업이 유망분야로 부상하고 있다. 즉, 실버 계층을 위한 신종 사업의 등장한 것이다.

인터넷에서는 거의 외면되었던 실버 계층을 위해 사이트들이 속속 개설되어 노인은 물론 나이 많은 부모를 모시고 사는 사람들이 실버산업과 관련된 사이트에 접속만 하면 노인 생활에 필요한 삶의 정보를 비롯해 관광·레저·취미·건강·취업·재산관리·사후대비 등 다양한 정보를 손쉽게 찾아볼 수 있어 미래에도 각광받는 사업 마케팅의 하나라고 볼 수 있다.

중년층의 자아실현에 대한 욕구가 증대됨에 따라 이를 충족시키고자 나타난 현상이다. 자신 만의 품격을 유지하고, 여가를 즐기며, 취미를 개발하는 등 그 동안 등한시 했던 자신의 삶을 가꾸고 있는 것이다.

예컨대, 미국의 대형 위스키 제조사인 버본Bourbon은 'The older, the better'라는 광고 슬로건으로 역동적으로 생활하는 50대의 이미지를 부각시키고, 시음대회를 개최하는 등 중년층을 겨냥한 적극적인 마케팅으로 성공을 거두었다.

(2) 개별화 VIP 매스클루시버티Massclusivity[15] 사례

소수만을 대상으로 맞춤 생산 방식에 의해 제공되는 고급품 및 고급 서비스를 의미한다. 매스클루시버티는 대량 맞춤 생산Mass customization에서 비롯된 개념이긴 하지만 개별 고객의 니즈를 대량 생산이 아닌 소수를 위한 한정 생산을 통해 반영하고 있다. 최근 소니가 선보인 명품 가전인 퀄리아Qualia는 소비자의 취향을 최적화해 맞춤 생산한 매스클루시버티라고 할 수 있다. 소니는 1,600만 원대의 홈시어터 프로젝터, 1,400만 원대의 고음질 오디오시스템 등을 선보임으로써, 차별화 된 명품 가전을 원하는 소비자 니즈에 부응하고 있다. 또한 전 세계에서 하나 밖에 없는 100만 원대의 운전 전용 운동화를 얼마 전 푸마가 BMW의 미니 쿠퍼Mini Cooper 운전자를 대상으로 맞춤 생산 방식에 의해 판매한 것도 같은 사례이다.

---

15) '대중'을 뜻하는 'mass'와 '특별, 배제'를 뜻하는 'exclusivity'의 합성어로 대중 소비자를 배제하고 초우량 고객만을 대상으로 하는 마케팅을 지칭한다. 대량 생산 시스템 내에서 생산을 하면서도 VIP에 해당하는 개별 고객의 요구에 대해 한정 생산하는 차별화 전략이다.

한국에서 볼 수 있는 대표적 사례는 극장이다. CJ CGV의 마케팅은 최고의 극장문화를 선도하는 의미를 담은 "온리 원 시네마$_{Only\ One\ Cinema}$"라는 슬로건으로 CJ CGV의 마케팅은 다른 타 극장과 다르게 개별화된 마케팅으로 성공을 거두었다.

오리(분당)점과 상암점에는 프리미엄급 좌석 "골드 클래스"를 배치해 VIP 고객을 끌어들이고 명동점은 "여성을 위한 시네마", 목동점은 "그린 시네마"라는 주제에 따라 각기 달리 운영하면서 일반 사람들이 많이 오게 하는 것이 아니라 특정 부류의 고객을 끌어들여 만족도나 비용 면에서 CGV가 최고라는 가치를 보여주고 있다.

또한 롯데시네마의 샤롯데관까지 생김으로써 앞으로의 CGV의 골드 클래스, 메가박스의 VIP라운지 등은 호텔급 서비스를 방불케 하는 초호화 관람 여건을 제공하는 특정 고객 맞춤서비스로 더욱 발전할 것 같다.

위의 사례에서 보듯이, 특정한 성격을 가진 소규모의 소비자를 대상으로 판매 목표를 설정하는 것이다. major 계층만을 위한 마케팅에서 자신이 없거나, 경쟁이 치열해 진입이 어려울 때에는 소수 계층을 위한 니치 마켓을 개발하는 것도 훌륭한 성공 마케팅이 될 수 있다.

2) 시기적절을 이용하여 틈새시장의 재편성을 보여준 니치 마케팅 사례 연구

〔미국 사우스웨스트 항공사(SWA)〕

9·11 테러 이후의 '항공업계 불황'속에서도 지속적으로 수익을 낸 유일한 항공사로 평가받고 있는 미국 사우스웨스트 항공사(SWA). 이 회사 SWA의 성공비결은 대표적인 시장의 '빈틈'을 노리는 새로운 상품으로 승부해 성공을 거둔 것으로 볼 수 있다.

(1) 땅콩 비행기가 미국의 하늘을 석권하다!

사우스웨스트 항공$_{Southwest\ Airlines}$에 대한 찬사는 수없이 많다. 1973년 이래로 지난 25년 동안 미국 항공사들 중 유일하게 연속 흑자경영, 무차입 경영을 기록하였고, 가장 일하고 싶은 회사 중 하나로 선정되

기도 했으며 수하물 처리, 고객서비스, 정시성 등 3가지 부문에서 5년 연속 최고 성적을 올렸다. 또한 엽기적일 정도로 재미있는 유머 서비스는 늘 화제를 불러일으킨다.

31년 전인 지난 1971년, SWA는 겨우 비행기 3대로 텍사스 내 3개 소도시에서 처녀 출항했지만 이제는 265대의 항공기로 미국 전역 52개 도시에 취항하는 미국 4위의 항공사로 확실히 자리매김을 하였다.

1978년 항공 규제 완화 이후 항공사들은 무한경쟁에 돌입하게 되었다. 이스턴, 팬암, 미드웨이 에어라인 등 수많은 항공사들이 쓰러졌지만, SWA는 지속적인 성장을 거듭하여 최근 5년간 성장률이 133%에 이르는 경이적인 경영실적을 보여 주었다. 더욱 놀라운 것은 73년 이래로 지난 25년 동안 미국 항공사들 중 유일하게 연속 흑자경영을 기록했다는 사실이다. 경기침체로 다른 모든 항공사들이 손실을 기록했던 91년과 92년에도 SWA는 수익을 올렸다. SWA의 순이익율은 91년 이후 50%를 상회하고 있는데 이는 항공운송산업분야에서 가장 높은 수치이다. 그리고 무차인 경영으로 인해 신용평가 기관인 스탠다드앤푸어즈(S&P)사는 SWA의 신용등급을 미국 항공사들 중 가장 우수한 'A-'로 평가하고 있다.

SWA의 성공요인은 정말 많다. 일반적으로 어떤 회사가 성장궤도에 올라 쾌속질주를 시작하면 모든 요인들이 선순환을 일으켜 어떤 것이 진정한 성공요인인지 알기 힘든 경우가 많다. SWA도 예외가 아니다. 그러나 많은 성공요인 중에 몇 개만 꼽으라면 단연 세 가지를 들 수 있다. 하나는 대형 항공사와는 달리 틈새시장 niche market 을 겨냥한 독특한 타게팅과 포지셔닝 전략, 그리고 이를 실현하기 위한 저비용 리더십 사업모델, 마지막으로 낮은 가격에도 불구하고 독특한 고객서비스로 고객 만족을 이끌어냈다는 점이다.

(2) 틈새시장 포지셔닝 전략 : 우리의 경쟁상대는 철도·고속버스

SWA의 목표 고객은 유나이티드 에어라인이나 아메리칸 에어라인의 고객들처럼 비행기를 자주 이용하는 사람이 아니다. 오히려 높은 가격이 부담스러워 비행기를 이용하지 않고 시간이 걸리더라도 자동차, 버스, 기차를 이용하는 사람들을 목표 고객으로 설정했다.

한국처럼 국토가 좁은 나라에서는 제주도 같은 경우를 제외하고는 자동차, 버스, 기차로도 몇 시간 내에 갈 수 있지만, 미국처럼 넓은 나라에서는 장거리 여행 시 비행기 이용이 필수적이다. 그러나 단거리 여행 시에는 고속도로가 잘 막히지 않으므로 비행기가 아닌 다른 교통수단으로 가는 경우가 많다. SWA는 이런 여행자들을 목표 고객으로 삼은 것이다. 그리고 고객들 중에는 빨리 가는 것만을 원할 뿐 수준 높은 서비스는 원하지 않는 사람들도 있다. SWA는 낮은 서비스라도 저렴한 가격에 빨리 가고자 하는 소비자의 세분화된 욕구를 일찍이 파악했다.

따라서 SWA의 경쟁상대는 기존 항공사가 아니라 한 등급 아래인 고속버스와 철도회사였다. 이런 고객들을 만족시키기 위해 SWA가 택한 기본전략은 저렴한 가격의 단거리 노선 운항이었다. 국제선이나 국내 장거리 노선은 기존의 대형항공사들이 차지하도록 하고 SWA는 단거리를 운항하는 틈새시장, 즉 니치 마켓을 집중적으로 공략한 것이다.

(3) 혁신적 방법에 의한 저비용 리더십 모델

이러한 고객을 대상으로 거품 없는 가격에 서비스를 제공하려면 먼저 비용절감이 전제되어야 한다. 이를 위해 SWA는 기존의 운영방식을 과감히 버리고 새로운 방법들을 채택하여 저비용을 실현하였다.

(4) 포인트 투 포인트 Point-to-Point 직운항 방식

이런 기본 전략을 위해 SWA는 다른 대형 항공사가 채택하고 있던 허브 앤 스포크 hub-and-spoke 방식을 과감히 버렸다. 허브 앤 스포크 방식은 거점 대도시를 중심으로 여러 소도시로 비행기를 운항하는 방식이다. 따라서 소도시 사람이 다른 소도시로 가려면 목표 소도시에서 가까운 대도시로 일단 간 다음 목표 소도시로 비행기를 타고 가야 한다.

SWA는 틈새시장이긴 하지만 고객에게 빠르고 편하면서도 저렴한 가격에 여행 서비스를 제공하기 위해 포인트 투 포인트 point-to-point 방식을 채택하고, 소도시에서 다른 소도시로 직접 가는 직항로를 개설하였다. SWA는 맨체스터, 뉴햄프셔, 올버니, 뉴왁 등 비교적 소도시들을 직접 연결 운항함으로써 중심 도시를 경유하는 데 따른 비싼 요금을 근원적

으로 제거했다. 항공사는 비행기가 운항하는 동안에 수익을 창출하는 것이므로 지상에 머무르는 시간이 적으면 적을수록 더 많은 수익을 올릴 수 있다. 대도시 터미널 집중방식은 승객들의 연결 운항을 위해 지상에서 대기하는 시간이 길기 때문에 그만큼 수익이 줄어든다. SWA는 이 방식을 과감히 버림으로써 비행기의 실제 운항시간이 하루 11.5시간에 달해, 다른 항공사들의 평균 6.6시간에 비해 월등히 높은 생산성을 유지할 수 있었다.

(5) 비행기 기종을 통일해 비용 절약

이 항공사는 정시 도착과 비용절감을 위해 비행기 기종을 보잉737로 통일했다. 비행기 고장 시 사우스 웨스트 항공사 소속의 정비원이라면 누구나 정비할 수 있도록 하기 위해서였다. 이런 전략은 비행기 유지 관리 비용과 훈련비용, 부품 재고를 최소화하는데 매우 유리하다. SWA는 이러한 이유로 컴퓨터 장비도 표준화시켰는데, 이렇게 운영을 단순화시킴으로써 시간 뿐 아니라 금전적인 절약도 할 수 있었다.

(6) 필요 없는 서비스는 과감히 없앤다.

저렴한 비용을 중요시 하는 SWA의 고객들은 당연히 퍼스트 클래스나 비즈니스 클래스 좌석을 이용하지 않는다. 따라서 SWA의 비행기에는 좌석 등급이 없다. 자리도 미리 배정되어 있는 것이 아니라 먼저 오는 사람이 아무 데나 앉는다. 기내식 또한 제공하지 않는다. 출발지와 도착지간 평균 거리를 375마일로 하는 포인트 투 포인트 Point-to-point시스템 때문에 비행시간이 짧기 때문이다. 대신 땅콩과 스낵종류만 제공한다. 보통 기내식이 승객 1인당5달러인데 반해 SWA는 1인당 20센트밖에 되지 않는다. 아침식사처럼 식사를 불가피하게 제공해야 하는 경우에는 비행기 안이 아니라 공항 게이트에서 아침식사를 제공한다. 기내식을 제공하면 비행기 내부 청소시간이 소요되는데, 비행기 외부에서 식사 제공을 하면 청소시간을 단축시켜 비행기 운행시간을 늘릴 수 있기 때문이다.

이런 노력의 결과 SWA는 업계 평균의 절반인 20분 이내에 비행기를 재운항 시킨다. 또 15-20분 소요되는 비행기 준비시간은 평균 40-55분인 다른 항공사에 비해 약 30분이 단축된 것으로, 이는 항공사가 보유해야 할 비행기 수를 줄이는 데 큰 기여를 했다. 이런 방식으로 절감된 비용은 보잉 737기를 기준으로 할 때 10억 달러 이상으로 추정되며 이것이 곧 고객에게는 저렴한 항공료로 귀결되었다.

(7) 차별화되고 독특한 고객만족 서비스

항공료가 낮다고 서비스 수준이 낮았으면 SWA의 평판이 이렇게 좋을 리 없다. 일반적으로 항공서비스를 편의성, 정확·신속성, 안전성, 유머성이라는 관점에서 볼 때, SWA는 이 4가지 모두에서 매우 우수한 평가를 받고 있다. SWA는 오버부킹(과다예약)과 붐비는 좌석, 무관심한 비행승무원과 출발지연, 혼잡한 공항 등에 식상한 고객들의 욕구에 최대한 부응하기 위해 철저하게 고객의 편리함에 초점을 맞춘 서비스를 제공하고 있다. 즉, 다양한 스케줄과 정시출발로 시간에 관련된 고객들의 불만을 해소하였으며, 불필요한 식사나 음료서비스를 없애는 대신 낮은 운임으로 이를 보상하고 있다. 거추장스럽고 장식만 요란한 서비스를 철저하게 배제한 것이다.

(8) 편의성

SWA의 가장 큰 장점은 다양한 비행 스케줄이다. 한 도시에서 다른 도시로 가는 운항 횟수가 다른 항공사에 비해 훨씬 많다. 운항 횟수가 많으면 승객들이 많이 기다리지 않아도 되므로 이 항공사를 더 선호하게 된다. 우리가 서울에서 많이 경험하듯, 버스가 자주 안 온다는 사실을 알게 되면 버스 대신 지하철이나 다른 교통수단에 의지하게 되고, 그러면 버스 회사들은 적자 때문에 버스 운행 횟수를 더욱 줄이고 우리는 버스를 더욱 이용하지 않게 되는 악순환을 되풀이하게 된다. SWA는 이와 정반대의 선순환 과정에 있다고 할 수 있다.

이 회사의 혁신적인 아이디어 중의 하나로 1994년부터 시작해 이제는 산업표준이 되어버린 무탑승권 여행 ticketless travel 제도가 있다. SWA는

비용을 줄이기 위한 방안으로 여행대리점을 통한 예약 제도를 없앴다. 따라서 탑승객들은 공항에 와서 자동화된 발권 시스템에서 돈을 내고 보딩 패스를 직접 발급받을 수 있게 된 것이다.

(9) 정확/신속성

SWA는 "시간 절감 = 낮은 가격 = 높은 이익"이라는 방정식을 업무에 철저히 적용하여 성공한 대표적 회사다. SWA는 업계 평균의 절반인 20분 이내에 비행기를 재운항 시킨다. 기본적으로 기내식을 제공하지 않기 때문에 그로 인한 비용이나 시간이 들지 않으며 부득이한 경우 아침식사를 제공한다 해도 공항의 게이트에서 하기 때문에 청소시간이 줄어 비행기 가동시간이 늘어난다. 수화물 처리속도 또한 매우 빨라서 도착한지 15~20분 정도면 다시 이륙할 수 있을 정도이다. 이러한 노력의 결과 SWA는 1997년 수화물 처리, 정시운항, 고객서비스 분야에서 최고 수준을 기록하여 미국 정부가 주는 '트리플 크라운$_{Triple\ Crown}$'상을 5년 연속 수상했다.

(10) 안전성

SWA가 보유하고 있는 237대 항공기의 평균 기령은 7.9년으로, 미국 주요 10대 항공사들 중 가장 낮은 수치이다. 이 때문에 지난 28년 동안 단 한 건의 사망사고도 없는 놀라운 안전운항기록을 세웠다. 이러한 높은 안전도는 고객들에게 SWA에 대한 확고한 신뢰감을 심어주고 있다.

(11) 유머성

비행기를 탄다는 것은 정말 지루한 일이다. 제한된 공간에서 오랫동안 좌석에 앉아 시간을 보내야 하기 때문이다. 그래서 SWA는 깜짝쇼를 벌여 승객들에게 재미를 선사한다. 예를 들어 바니걸 복장을 한 여승무원이 좌석 위 짐칸에 숨어 있다가 승객들을 놀라게 하기도 하고 부활절에는 토끼 의상, 할로윈에는 귀신 의상을 입고서 축제 분위기를 물씬 풍긴다. 서비스 사업은 쇼 비즈니스라는 말을 적용한 셈이다.

그리고 비행기 안 금연 문구도 유머 감각이 돋보인다. "흡연은 비행기 날개 위 스카이라운지를 이용해 주십시오. 거기서는 <바람과 함께 사라지다>가 상영되고 있습니다."라고 써져 있다.

2002년 포춘지가 선정한 '존경받는 기업', '일하기 좋은 직장', '가장 안전한 항공사', '가장 시간을 잘 지키는 항공사' 등 온갖 기준에서 최상위에 속하는 SWA. 다른 대형 항공사를 모방하지 않고 자신들의 타겟 고객을 정확히 설정하여 고객이 필요로 하지 않는 서비스는 과감히 버리고 싼 가격에 서비스를 제공함으로써, 현재의 존경받는 기업이 되었다. 시장은 크지만 경쟁이 매우 치열한 시장에 새로 진입하려는 기업의 마케터들이 크게 본받을만한 기업이다.

마케팅 이야기

사례 새로운 틈새시장 - 소비집단 '블루슈머7' 을 잡아라.

민간 마케팅업체가 아니라 통계청이 국가통계를 심층 분석해 잡아낸 2008년 대한민국의 트렌드는 새로운 소비집단, '블루슈머7'을 선정했다. 통계의 눈에 비친 우리 사회의 새 트렌드는 무엇인지 소개한다.

① 외동이 황금시대

총 출생아 중 첫째 아이 비중은 2000년 47.2%에서 2007년 53.5%로 뛰었다. 대신 둘째, 셋째 출산은 줄고 있다. 높은 육아비용에 부모들의 시간제약으로 '황금 외동이' 시대가 열린 것이다. 아이를 하나만 키우는 대신 부모들은 뭔가 차별된 서비스를 찾아 나서게 된다. 100만원이 넘는 노르웨이산 유모차의 유행, 돌잔치를 위한 최고급호텔 예약 성황 등도 외면할 수 없는 소비패턴이 됐다.

② 부자처럼 2030세대

가계자산조사에 따르면 2006년 5월 기준 20·30대 가구 자동차 보유비율은 66.7%다. 2000년보다 14.4%포인트 늘어난 숫자다. 25~29세의 49%는 귀금속 등 고가품을 가지고 있다. 2030세대의 이 같은 소비패턴은 '대중화된 명품', 이른바 '매스티지'(대중 mass + 명품 prestige)[16]가 부각되는 토양을 제공했다.

③ 여행과 레저를 즐기는 장년층
50대의 교양오락비 중 교양오락 서비스비용 비중은 60.8%로 전 연령대에서 가장 높다. 작년 해외여행 경험도 전체의 17.5%로 역시 전 연령대에서 압도적인 1위다. 미용성형, 두뇌게임, 실버여행, 오페라 등의 상품이 여가와 레저에 열정을 가진 장년층의 특징을 잘 반영하는 단어가 됐다.

④ 신 부부시대
2007년 부부가구는 14.6%에서 2030년 20.7%로 늘어난다. 여기에 60세 이상 국민의 60%는 '자식과 함께 살고 싶지 않다'고 명확히 답한다. 둘만의 시간을 중시하고, 지나간 부부의 추억을 아끼는 부부중심세대의 등장인 셈이다. 이에 따라 부부만의 추억과 실용을 강조한 상품들이 인기다. 부부전용 금융상품, 허니문의 추억을 되살리는 '리마인드 웨딩상품' 등이 이런 예다.

⑤ 요리하는 남편, 아이 보는 아빠
비경제활동인구 통계를 보면 2007년 기준 아이를 돌보거나 살림을 맡고 있는 남성은 14만 3,000명이다. 2003년보다 35% 늘었다. 대신 여성근로자 중 월급 300만원 이상을 받는 비율은 2003년 5.5%에서 11.1%로 뛰었다. 육아와 가사가 아내의 전유물이라는 고정관념이 변한 셈이다. 남성 전업주부를 위한 홈메이드 이유식기, 아이 울음 분석기, 남성전용 기저귀 가방 등이 미래의 유망상품이다.

⑥ 제3의 가족
몇 년 전만 해도 호스피스나 노인 도우미는 영화의 소재 수준이었다. 하지만 불과 몇 년 만에 이는 우리 현실이 됐다. 사회통계조사에 따르면 작년 우리나라 국민 43%가 향후 늘려야 할 복지서비스로 '노인 돌봄 서비스'를 꼽았다.
또 20·30대 젊은층은 '맞벌이 및 한 가구 자녀 양육 서비스'를 가장 원하는 것으로 나타났다. 가족처럼 따뜻한 돌봄 서비스와 상품이 유망산업으로 꼽히고 있다.

⑦ 공포에 떠는 아이들
안양 초등학교 어린이 유괴살인사건과 일산 엘리베이터 어린이 폭행납치미수사건은 전 국민의 분노를 샀다. 이 사건 이후 대한민국 학부모들은 두려

---

16) 비교적 값이 저렴하면서도 감성적 만족을 얻을 수 있는 고급품을 소비하는 경향. 대중(mass)과 명품(prestige product)을 조합한 신조어로, 명품의 대중화 현상을 의미한다. 중산층의 소득이 향상되면서 값이 비교적 저렴하면서도 만족감을 얻을 수 있는 명품을 소비하는 경향을 말한다.

움에 떨고 있다.

통계청은 13세 미만 아동 성폭력 사건은 2003년 642건에서 몇 년 사이 1,081건으로 늘어났다고 소개했다. 공개를 꺼리는 사건의 성격을 감안하면 실제 피해자는 훨씬 많을 것이라는 게 법조계 전문가의 의견이다.

실종 어린이수도 8,602명에 이른다. 사회가 어린이의 생명과 안전을 위협하는 상황에서 휴대폰 안심서비스, 경보기, 어린이보험, 경호서비스는 당연히 인기를 모을 수밖에 없다.

* 용어

  블루슈머Bluesumer : 블루슈머란 경쟁자가 없는 시장을 의미하는 블루오션Blue Ocean과 소비자(Consumer)의 합성어다. 새로운 제품에 적응력이 높고 소비성향을 선도하는 소비자를 의미한다.

3) 앞으로의 추세, 웰빙 트렌드

몇 년 전부터 열풍처럼 확산된 웰빙 바람을 타고 건강과 밀접한 관련이 있는 의식주에 대한 관심이 어느 때보다 높다. 개인의 몸과 마음뿐 아니라 가정과 사회, 나아가 내가 속해있는 공동체와 조화롭게 살아가는 행복한 삶은 추구하자는 이유 때문이다. 그런데 이곳에서 한 발 더 나아가 사회와 환경까지 더불어 생각하는 '로하스 라이프스타일'이 등장하며 새로운 사회현상으로 자리 잡아가며 주목받고 있다.

소비 행태가 가장 고도화되어 있고 또한 전 세계에서 가장 큰 시장인 미국 소비자의 1/3이 이미 로하스족에 속하고, 관련 시장 규모가 지난해 2268억 달러에 이르며 그 시장 성장 또한 매년 두 자릿수 이상이라는 사실에 더 기인한다. 우리나라에서 그 시작이 늦었을 뿐 전 세계적 관점에서 보면 이미 대세적인 생활양식인 것이다.

> **LOHAS(Lifestyles of Health and Sustainability)族을 특징짓는 12개 주요 변수**
>
> ① 친환경적인 제품을 선택한다.
> ② 환경보호에 적극적이다.
> ③ 재생원료를 사용한 제품을 구매한다.
> ④ 지속가능성을 고려해 만든 제품에 20%의 추가비용을 지불할 용의가 있다.
> ⑤ 주변에 친환경 제품의 기대효과를 적극 홍보한다.
> ⑥ 지구환경에 미칠 영향을 고려해 구매를 결정한다.
> ⑦ 재생 가능한 연료를 이용한다.
> ⑧ 타성적 소비를 지양하고, 지속가능한 재료를 이용한 제품을 선호한다.
> ⑨ 전체 사회를 생각하는 의식 있는 삶을 영위한다.
> ⑩ 지속가능한 기법으로 생산된 제품을 선호한다.
> ⑪ 지속가능한 농법으로 생산된 제품을 선호한다.
> ⑫ 로하스 소비자의 가치를 공유하는 기업의 제품을 선호한다.

미국 로하스족의 인구통계적 프로파일을 살펴보면, 여성이 61%로 다수를 차지하고 있고, 연령과 학력이 평균 이상이지만, 소득은 평균 수준이라는 특징을 가지고 있는데, 여기에는 몇 가지 중요한 마케팅적 의미가 담겨져 있다. 우선 현대로 올수록 대다수 제품들의 구매 주체는 여자들인데, 로하스족의 다수가 여성이라는 점은 마케팅 차원에서 던지는 무게가 상당하다. 또한 평균 수준의 소득은 그 해당자 규모면에서 향후 시장 잠재력이 가장 크다고 볼 수 있는 단서이고 이는 평균 이상의 연령이라는 특징과 맞물려 이제 막 고령화 사회에 진입한 우리나라에서는 향후 가능성을 더 크게 볼 수 있는 단서이다. 그리고 평균 이상의 학력이라는 특징 또한 로하스족의 정치적·사회적 영향력의 정도가 만만치 않음을 의미하는 것으로, 실제 로하스족은 자신의 이념에 부합하는 상품을 적극 구매하고 이념에 상반되는 제품은 구매하지 않을 뿐만 아니라 다른 사람들이 구매하지 못하도록 보이콧 캠페인을 벌이는 사회 참여적 적극성을 겸비하고 있어 경우에 따라서는 관련 NGO 결성을 주도하기도 한다고 알려져 있다.

이러한 로하스족의 인구통계적 특성은 종국적으로 기업들의 경영이나 마케팅 차원에서의 변화를 촉진시키게 되는데 대표적인 사례가 바로 포드 자동차의 SUV인 '포드 이스케이프'이다. 즉, 포드사는 처음부터 로하스족을 염두에 두고 환경오염을 줄이고 연료를 절약할 수 있는 하이브리드 자동차인 '포드 이스케이프'를 개발 출시한 것이다.

또한 세계 2위의 석유회사인 BP 아모코가 태양에너지 연구에 최대 자금을 지원하면서 기업 슬로건을 '석유를 넘어Beyond Petroleum'로 리포지셔닝하는 작업이나, 지속가능한 경영 원칙을 통해 세계 3위의 요구르트 생산업체로 성공한 스토니필드 팜Stonyfield Farm사의 사례는 로하스족의 시장 영향력을 반증하는 사례들이라 할 수 있겠다.

또한 두산식품은 최근 콩을 통째로 갈아 만들어 섬유질과 영양성분이 그대로 살아있는 '전두부'를 개발했다. 특히 기존 두부와 달리 제조 시 버리는 부분이 없어 콩의 자원 낭비를 막을 수 있고 대량의 산업폐기물인 비지 문제를 해결한 친환경 제품으로 로하스족의 관심을 끌고 있다.

포스코 건설은 물 절약을 통해 환경을 보호하겠다는 측면에서 인천 송도국제도시에서 분양하는 주상복합 '더 퍼스트 월드'에 기존 아파트와 차별되는 중앙수로, 정수시스템 등을 도입하고 로하스 문화 마케팅을 펼쳐가고 있다.

환경운동연합 주도의 에코생협에서는 친환경 브랜드로 출시하는 자가발전 라디오와 손전등, 태양광 손목시계 등을 판매해 인기를 끌고 있다.

5. 불황을 이기는 니치마케팅 사례

위기를 기회로 만드는 '니치(틈새) 마케팅'

"위기(危機)라는 말은 위험과 기회로 구성된 것이다"(존 F 케네디). 폐업이 속출하는 자영업계에도 블루오션이 있다. 시중에는 불황에서 살아남는 법, 불화에 강한 업종, 창업정보 등이 연일 화제다. 그야말로 '생존의 기로'에 서 있는 사람들이 급증하고 있는 것이다. 과연 이러한 위기를 기회로 승화시켜 정면 돌파할 수 있는 방법은 있는 것일까? 아니면 참호 속에 꼭꼭 숨어 경기가 나아질 때까지 얌전히 기다려야 하는가? 선택은 개개인의 몫이지만 '적을 알고 나를 알면 백전백승'이라는 격언이 요즘처럼 필요한 시기도 없을 듯싶다.

불황기에는 소비자의 지갑이 얇아져 소비 패턴이 달라진다. 따라서 이러한 소비 패턴에 부응하는 업종 선택과 마케팅 전략이 필수다. 이른바 '불경기에 강한 업종'의 선택이 무엇보다 중요하고 그에 더해 적절한 마케팅 전략도 중요하다. LG경제연구원은 "소비자들은 너나할 것 없이 지갑을 닫고 있고, 기업들은 꽁꽁 언 소비 심리를 녹이기 위해 안간힘을 쓰고 있다. 많은 기업이 불황을 타개하기 위한 마케팅 전략을 세울 때 가장 먼저 고려하는 것은 불황기에 소비자들이 원하는 것을 간파하는 것"이라고 밝혔다.

1) 중고 할인매장·전당포·수선업 호황

현대경제연구원이 발표한 '불황형 비즈니스 전략'은 '불황에 뜰 업종'을 6가지로 분류해 '6R 비즈니스'로 명명, 최근의 상황을 반영하고 있다. 우선 수선(Reform)업이 인기다. 재봉틀, 구두수선상품, 구두굽 리폼업 등이 뜨고 있는 것. 화장품, 각종 세제, 프린트 카트리지 등의 리필 제품(음식점, 주점에서도 밥이나 맥주, 음료수 등의 리필 포함)을 다루는 재충전(Refill)업도 요즘 추세다. 중고물품교환서비스, 특히 인터넷을 통한 관심 물품의 중고 교환 비즈니스의 증가는 재활용(Recycling)업이다.

이밖에 주머니 형편이 어려워진 소비자들을 위한 각종 경품, 쿠폰, 마일리지 등 '보상 비즈니스'가 늘어남에 따른 보상(Reward)업, 불경기로 심리적 허탈감을 겪는 사람이 많아지면서 증가하는 복권, 경마 등 사행산업을 의미하는 오락·도박(Roulette)업, 기업들이 매출 감소와 구조조정을 겪으면서 위험관리에 전보다 더 많은 관심을 쏟음에 따라 경영 컨설팅 수요 증가 및 개인을 상대로 한 창업 컨설팅, 은퇴자의 자산관리에 대한 자문 서비스를 의미하는 위험관리(Risk)업이 그것이다.

우리나라와 마찬가지로 미국에서도 불황을 극복하려는 개인과 기업들의 몸부림은 처절하다. 미국에서는 최근 중고 할인매장이나 전당포, 수선집, 자동차 수리점 등이 호황을 누리는 대표적인 업종이다. 경기가 어려워지면서 대출 관련 서비스업도 성업 중이다. 소비자들의 채무와 파산이 늘어나면서 신용 자문과 대출, 예산관리, 부채 정리 등을 전문적으로 하는 회사들이 호황을 누리고 있는 것이다. 또 <뉴욕타임스>의 보도에 따르면, 죽은 사람의 빚을 받아주는 채권추심업체도 급격히 증가하고 있다. 이밖에 사회가 불안해지고 금융시장에 대한 불신이 커지면서 금고업과 사립탐정업도 인기다. 은행조차 믿을 수 없다고 판단해 자신의 집 금고에 자금을 보관하려는 투자자들이 증가하고 있으며 일반적으로 경기가 침체하면 범죄도 증가하는 경향이 있어 사립탐정의 수요도 그에 따라 증가한다는 것이다.

하지만 소비자들의 요구를 사전에 잘 파악해 대응함으로써 수익을 극대화하는 기업도 있다. 세계 최대 패스트푸드 회사인 맥도날드와 세계적 온라인 판매업체 아마존닷컴이 대표적이다. 맥도날드는 사양길에 접어들었다는 전문가들의 전망을 비웃기라도 하듯 연일 상한가를 기록 중이다. 맥도날드는 지난해 4분기 매출이 전년 동기 대비 3.3% 증가한 55억7000만 달러를 기록했고, 영업이익도 11% 늘어난 15억 달러에 달했다고 밝혔다. 값비싼 레스토랑에 부담을 느낀 소비자들의 심리를 간파해 실속 세트 등 마케팅에 성공한 사례다.

온라인 소매업체인 아마존닷컴 역시 경기 불황 여파에 신음하는 다른 소매 업체들과는 달리 작년 12월 호황을 누리면서 4분기 순익이 9% 증가, 2억2500만 달러에 달했고 수입은 예상을 뛰어넘어 18% 늘어난 67억 달러를 기록했다.

미국 경제전문지 <포춘> 최근호는 최근 불황에도 잘 나가는 업종 7개를 선정해 '7개의 승자 산업(7 winning industries)'이라 이름 붙였다. 바로 비디오게임과 화장품, 쓰레기 처리업, 인스턴트 식품, 할인점, 직업교육전문대학, 패스트푸드 7개 업종이 주인공이다. 이들의 공통점은 값싼 가격으로 소비자들에게 필요한 상품과 서비스를 제공한다는 것이다. 비디오게임 업체들과 직업교육전문대학은 기업의 감원에 따른 특수를 누리는 경우다.

지난 연말연초 마이크로소프트의 엑스박스 판매량은 전년 동기 대비 25% 증가했고, 닌텐도의 게임기 '위(Wii)'도 최고의 인기를 누렸다. <포춘>은 "비디오게임 업체들은 감원에 나서는 기업들이 늘어나 할 일 없는 사람들이 증가하고, 집 안에서 여가를 보내는 사람들이 늘면서 매

출이 증가했다"고 설명했다. 쓰레기처리업도 호황을 누리고 있다. 불황에도 쓰레기는 끊임없이 나오기 때문이다.

'불황일수록 빨간 립스틱이 잘 팔린다.'는 '립스틱 효과'도 입증됐다. 경기 침체 시 소비자들은 고가 제품 대신 저렴하면서도 기분 전환을 해주는 제품을 쓰기 때문이다. 백화점 매출은 줄어도 저가 화장품 매출은 두 자릿수 성장했다. 값싼 제품을 찾는 사람이 늘면서 인스턴트 식품 제조업체, 패스트푸드점, 할인점들도 호황이다.

우리나라의 경우도 비슷하다. 불황을 오히려 사업 기회로 삼는 업종이 속속 등장하고 있는 것. 기존의 자영업자들이 줄줄이 폐업을 하고 있지만 소비자의 심리를 잘 간파한 업종 선택과 틈새마케팅은 위기의 자영업자에게 새로운 기회와 성공창업을 보장한다.

한국전화번호부는 최근 전화번호 통계자료와 전국 27개 지점에서 근무하는 자사광고영업사원 300명의 설문조사를 토대로 불황에 뜨는 이색자영업 10가지를 선정해 발표했다. 이 자료에 따르면 폐업 대행 전문점의 경우 경기 불황으로 가게문을 닫거나 업종 전환하는 자영업자들이 늘면서 호황을 누리고 있다. 이 업체는 폐업한 곳의 자재들을 창업자에게 되팔아 돈을 버는 사업이다. 신용조사업도 성행하고 있다. 예전 흥신소가 진화한 것으로 의뢰자로부터 특정인의 산거래, 재정 상황, 신용에 관한 사항을 부탁받아 조사해 알려준다. 전국에 1만5,000개의 점포가 전화번호부에 등록되어 있다.

간판전문점도 괜찮은 업종으로 꼽혔다. 불황이 장기화할 조짐을 보이자 최소비용으로 기존 점포의 간판이나 인테리어를 바꿔 다는 리모델링 창업이 늘고 있기 때문이다. 가격 파괴 세탁소도 와이셔츠 한 장 세탁비가 900원에 불과한 싼 가격 덕분에 업체 수요가 꾸준히 늘고 있다. 폐기물처리업도 불황에 상관없이 꾸준히 안정적인 수익을 내는 업종이다. 불황이라고 해서 쓰레기가 안 나오는 것은 아니기 때문에 전화번호부에 등록된 2만200여 개의 폐기물 수집업체, 건축폐기물처리업체, 오·폐수처리업체, 하수처리업체, 폐차대행업체 등은 불황에 큰 영향을 받고 있지 않다는 평가다. 네일숍 및 저가 마사지숍도 인기 업종이다. 한국전화번호부에 등록된 네일 관련 업체 수만 해도 어림잡아 900여

개나 된다.

이밖에 무한리필음식점, 디저트전문점, 대여전문점, 초저가생활용품 할인점 등이 불황형자영업으로 꼽혔다. 한 창업컨설팅 전문가는 "우리 국민의 DNA에는 이미 IMF라는 위기를 극복한 학습효과가 심어져 있다"라며 "위기가 기회라는 역발상을 통해 틈새시장을 찾는 노력이 필요한 시점"이라고 밝혔다.

경기 불황 속에 차량을 정비업체 등에 맡기지 않고 직접 정비하는 '셀프 정비족'이 증가하고 있다. 온라인 자동차용품 쇼핑몰 '이지모빌(Easymobil)'에서 직원이 분주하게 주문 제품을 포장하고 있다.

2) CJ오쇼핑, '올빼미족' 공략으로 틈새시장 개척

CJ오쇼핑(www.CJmall.com)이 첫 선을 보인 심야 생방송 프로그램이 2주 연속 대박 행진을 이어가며 화제를 불러일으키고 있다.

심야 시간은 시청자가 많지 않아 보통 재방송이 이루어지고 있지만, 재미있는 컨셉과 파격적인 혜택의 생방송으로 '올빼미족'을 공략, 방송 두 번 만에 이른바 '효자 프로그램'으로 등극하는 데 성공한 것이다. <최저가 아울렛>이라는 타이틀로 매주 일요일 새벽 2시 방송 중인 이 프로그램은 잡화, 패션 등 카테고리의 히트 상품을 최대 70%에 이르는 파격적인 할인율로 판매하는 것이 특징이다. 기존 TV홈쇼핑 상품의 경우 방송 종료 후에도 인터넷몰을 통해 같은 가격으로 구입할 수 있었던 것과 달리, <최저가 아울렛>의 할인 혜택은 새벽 2시~2시 50분 사이 딱 50분간에 한해 제공되며 방송 종료와 함께 사라진다. 늦은 밤잠도 거르고(?) 채널을 고정한 고객들에게만 특별한 혜택으로 보답하는 일종의 '보은 프로그램'인 셈이다. "백화점, 마트에서 볼 수 있었던 '타임 세일' 컨셉을 적용, 주말 새벽 시간대 깨어 있는 고객들을 끌어 모으고자 한 전략이 좋은 성과로 나타난 것 같다"면서 "향후 '새벽 시간 좋은 상품을 최저가에 구매할 수 있는 방송이 있다.'는 입소문이 퍼지면, 방송 시간을 기다렸다 구매하는 고정 고객들도 대폭 늘어날 것으로 기대한다."고 말했다.

3) 온라인몰, '요일 마케팅'으로 차별화

G마켓의 푸드데이, 롯데닷컴의 서프라이즈 등 인기

온라인몰 업계가 주중 틈새 시간을 공략하는 요일 마케팅에 잇따라 나서고 있다.

주말에 주로 장을 보는 오프라인 매장 고객과 달리 주중 필요할 때마다 쇼핑하는 젊은 층과 맞벌이 부부 등의 수요를 맞추기 위해서다.

 G마켓(www.gmarket.co.kr)이 매주 수요일 진행하는 '푸드데이' 코너에서는 최저가, 품질보증, 무료반품을 기본으로 한 각종 식품을 선보이고 있다. 대형마트에서 자주 볼 수 있던 '타임세일'을 온라인몰에 도입한 것으로 가공식품뿐 아니라 제철 인기 신선식품도 함께 판매한다. 특히 신선식품의 경우 지자체와의 제휴를 통해 현지에서 직배송해 가격이나 신선도 면에서 두루 경쟁력을 갖추고 있다는 평가를 얻고 있다. G마켓이 목요일마다 마련하는 '리빙데이'는 세제나 화장지, 여성용품 등 각종 생활용품을 초특가에 판매하는 파격 세일 이벤트다. 대용량 위주인 생필품을 집까지 편하게 배송 받을 수 있고 오프라인 대비 저렴한 가격이 입소문을 타면서 구매자들이 늘어나고 있다.

'푸드데이'와 '리빙데이' 모두 시중가보다 많게는 50% 이상 할인된 가격에 제품을 판매한다.

게시판을 통해 고객이 직접 어떤 상품을 특가에 구매하고 싶은지 응모하면 다음 행사에 적극 반영되는 시스템을 채택하고 있다. G마켓은 이밖에도 매달 셋째 주 수요일에 공짜로 패션상품을 제공하는 '겟프리데이' 행사를 펼치고 있다.

옥션(www.auction.co.kr)은 여성 위생용품을 매주 수요일에 반값 할인 판매하는 '옥양의 매직데이' 코너를 오픈했다. '위스퍼'(1만3천900원), '예지미인온 8팩'(1만3천500원), '바디피트'(3만4천900원) 등 각종 브랜드 생리대를 20~50% 할인된 가격에 판매하고 있다. 반값 아이템의 브랜드와 상품 구성은 매주 변경된다.

롯데닷컴(www.lotte.com)에서도 요일별로 다양한 상품을 특별한 혜택과 함께 만나볼 수 있다. '서프라이즈(Surprise)'는 일주일에 한 브랜드만 파격적으로 판매하는 브랜드 프로모션 코너로, 매주 화요일 시작해 일주일 동안 소비자에게 호감도와 인지도가 높은 유명 브랜드 상품을 할인 가격에 제공한다.

매주 목요일에는 인기 브랜드 간 라이벌전인 '브랜드 워(Brand War)', 금요일에는 신규 브랜드를 선정해 사은품과 함께 판매하는 '화려한 초대' 행사를 실시한다.

G마켓 관계자는 "온라인몰 특성상 점심때나 쉬는 시간, 퇴근 후 늦은 시간에도 쇼핑이 가능하다는 장점을 활용, 식품이나 생필품 등 장바구니 상품을 중심으로 주중 틈새 시간을 공략하는 마케팅을 펼치고 있다."고 말했다.

4) 틈새시장 정조준! 온라인게임 속 광고 마케팅

온라인게임 광고 시장 속 틈새를 노리는 마케팅이 부각되고 있다.

전 세계적으로 게임인구가 확장되면서 게임 내 노출되는 광고의 양도 기하급수적으로 증가하고 있는 추세다. 게임 속 광고라는 새로운 매체의 효과에 대해 의구심을 가졌던 과거와는 다르게 최근엔 이를 주목하는 기업이 늘어나면서, 지난 해 게임 간접광고시장은 250억원 규모를 돌파하는 등 전년 대비 60% 이상 뛰어올랐다. 이러한 상황에서 간접광고의 방식이나 새로운 제휴 형태가 속속 등장하고 있어 눈길을 끌고 있다.

투니랜드는 자사에서 채널링 서비스 중인 게임과 컨셉이 어울리는 콘텐츠를 발굴해 이어주는 제휴 마케팅을 진행하고 있다. 이른바 '콘텐츠 하이브리드(Hybrid)'라 불리우는 비즈니스 모델로, 최근 제휴를 맺은 '텐비'와 '레고코리아' 사례를 들 수 있다. '텐비'는 투니랜드에서 채널링 서비스 중인 인기 게임으로, 투니랜드가 텐비의 이용자 타겟과 컨셉이 비슷한 '레고코리아'를 발굴, 제휴 마케팅을 제안한 것이다. 레고코리아의 신규 캐릭터를 텐비 게임 속에 등장시켜 양사가 윈-윈할 수 있는 형태로 마케팅 프로모션을 진행하고 있다. 특히 투니랜드는 자사의 채널인 투니버스를 활용한 방송미디어 프로모션까지 진행이 가능해 온-

오프 통합 제휴 마케팅이 용이하다.

게임광고 전문기업 디브로스는 게임 런처에 웹 광고를 노출하는 형태로 차별화를 꾀하고 있다. 광고 상품을 게임 내에 노출하지 않고 게임 최초 실행 시에 보이는 런처를 통해 광고를 실시하는 '게임AD네트워크'를 진행하고 있는 것. 이를 통해 국내 선두 게임업체와 독점 계약을 맺는 등 게임 광고의 틈새시장을 노려 성공한 케이스. 게임광고 시장이 커지면서 게임 속 광고가 포화상태에 이르자 오히려 게임 속이 아닌 게임 시작 전 게이머들의 집중도가 높아지는 시점으로 눈을 돌린 역발상이 차별화의 포인트라 할 수 있다.

온라인 게임 속 간접 광고를 전문으로 하는 아이지에이웍스는 자체 솔루션인 '트라이코드'를 이용해 게임의 배경이나 맵 등에 만들어진 가상 광고판 위에 게임 이용자를 분석해 나온 결과를 토대로 광고를 집행하고 있다. 게임 인구가 늘어나며 유저의 집단도 세밀하게 나뉘어진다는 판단 하에 게임 이용자의 연령이나 성별, 지역 등에 맞춘 맞춤형 광고를 실시간 송출하는 것. 이 역시, 대중적인 광고 방식에서 한 단계 예리하게 타겟팅한 방식이라 할 수 있다.

온미디어는 "몇 십만 명의 게임 유저가 집중해서 볼 수밖에 없는 온라인 게임이야말로 광고주가 가장 원하는 광고 플랫폼일 것"이라며 "이러한 좋은 시장을 좀 더 다각적이고, 차별화된 방법으로 접근하는 것이 광고효과를 높일 수 있는 지름길. 투니랜드의 '콘텐츠 하이브리드' 역시 이러한 발상에서 시작된 만큼 더 다양한 광고 제휴 상품을 개발할 것"이라고 밝혔다.

5) 소셜커머스 업계, 광고 아닌 이색 마케팅 경쟁 '후끈'

소셜커머스란 매스미디어가 아닌 트위터, 페이스북 등의 소셜네트워크를 통해 제공 서비스를 홍보하는 것이 일반적이었다. 하지만, 국내에 소셜커머스 시장이 생겨나면서 업체간 경쟁이 치열해 짐에 따라 일부 대형 업체들이 기존 유통 구조와 같은 마케팅 전략을 펼치며 TV광고나 지하철 광고 등의 대형 광고를 집행해 마케팅비 지출에 엄청난 자금을 쏟아 붇고 있다. 이러한 가운데 틈새시장 공략이나 소비자들에게 직접 다가가는 이색적인 마케팅 전략으로 무장한 업체들이 등장, 시선을 끈다.

소셜커머스 슈팡(www.soopang.com)은 이색 퍼포먼스인 '사인 스피닝' 이벤트를 서울과 대전, 부산에서 뜨거운 관심 속에 마쳤다. '사인 스피닝'이란 최근 새롭게 부상하고 있는 새로운 마케팅 전략으로 화살표 모양의 사인보드를 이용해 현란한 묘기를 선보이며 메시지를 전달하는 길거리 퍼포먼스다. 사람들이 밀집된 지역에서 빛을 발하는 이 퍼포먼스는 익스트림 스포츠의 일종으로 아찔한 묘기를 선보여 보고 있는 사람들이 집중하게 만드는 것이 장점을 지녔다. 또한, '사인 스피닝'과 함께 어린아이를 동반한 가족을 대상으로 귀여운 캐릭터 모양의 이름표와 밝은 색깔의 풍선을 나눠 주는 '미아 방지 캠페인'도 진행한다고 밝혔다. 자체 UCC제작으로 인터넷에서 화제를 불러일으킨 소셜커머스도 화제가 됐다.

교육 전문 소셜커머스 에듀티켓(www.eduticket.com)은 '지하철 쩍벌남 응징녀', '택시 승차거부 응징녀'와 같은 UCC를 제작해 온라인상 배포함으로써 소비자들의 관심을 끌었다. 에티켓에 관한 메시지를 전달하며 에듀티켓의 단어상 유사점을 마케팅으로 이용한 것이다.

이 밖에, 이색적인 아이템이나 콘셉트로 틈새시장을 공략하는 소셜커머스도 광고 과열 경쟁 시장에서 눈길을 사로잡는다. '잇 북' 이라는 소셜커머스는 하루에 한 권만을 골라 50%에 판매한다. 출판업계에 타격이 있을 거라는 걱정이 없는 것은 아니지만, 틈새 공략으로 고객들의 관심을 사기엔 충분하다. 이처럼 대형광고의 홍수 속에서 착한 마케팅, 이색 마케팅을 펼치며 소비자들에게 좀 더 친근하게 다가가는 소셜커머스가 늘고 있다.

6. 결론

"평범함의 이탈이 성공의 지름길"

자기 의도대로 마술같이 변해주는 마케팅이 있다면 그건 바로 니치 마케팅일 것이다.

니치 마케팅은 어느 한 가지 요소가 아닌 여러 가지 요소(차별, 타겟, 감성 등)마케팅이 복합적으로 포함되어 다양하게 반응한다는 것을 알 수 있었다.

앞으로 시대에 맞게 마케팅 패러다임의 변화에 따라 개별 혹은 1:1 마케팅으로 더욱 발전할 것이다. 이처럼 니치 마케팅은 현재 시장의 흐름을 잘 분석하고 모든 마케팅이 그렇겠지만 적어도 미래를 내다보는 식견과 꾸준한 시장의 흐름을 읽는 능력이 무엇보다 중요할 것이다. 그리고 가장 중요한 것은 그 시대에 맞는 인간의 가치를 창조하여 자신만의 트랜드를 창조하는 것이 글로벌 경쟁 시대에 능동적으로 대처할 수 있다고 하겠다.

| 사례 | 또 다른 틈새 성공 사례 - 히든 챔피언 |

쾨니히&바우어, 반플, PWM, 갤러거, 게르츠… 이런 기업들을 알고 있는가? 처음 들어본 이름이라는 사람이 태반일 것이다. 하지만 사실은 저마다 자기 분야에서 세계 선두를 달리는 회사들이다. 각각 화폐 인쇄기, 쇼핑카트, 목장에서 사용되는 전기 울타리, 극장에서 쓰이는 무대장치 제조업체이다.
이들의 공통점은 기업 규모는 작지만, 틈새시장을 집요하게 파고들어 세계 치간자 자리에 올랐고, 오늘도 지칠 줄 모르는 성장을 거듭하고 있다는 점이다. 세계화 시대의 진정한 승자는 이처럼 눈에 띄지 않고 이름 없이 숨어 있는 1등들, 이른바 '히든 챔피언hidden champions' 이라고 독일의 저명한 경영학자 헤르만 지몬Hermann Simon 박사는 주장한다. 작지만 강한 기업, 즉 '강소(强小)기업'-히든 챔피언들의 성공 비결을 단 한 마디로 압축한다면?
"한 단어로는 힘들고, 두 단어로 압축하겠습니다. 바로 집중focus과 세계화globalization

전략입니다. 히든 챔피언들은 세계 시장을 주도하겠다는 야심찬 목표를 분명하게 내걸고, 시장을 좁게 정의 내립니다. 가령 '빈터할터 가스트로놈'이라는 식기 세척기 회사는 학교, 병원, 기업구내식당 같은 식당을 포기하고, 대신 호텔과 레스토랑에서 사용하는 식기 세척기로 집중하는 전략을 구사했어요. 지극히 좁은 틈새시장을 개척, 이 분야에서 시장지배력을 높은 것이죠. 작은 회사일수록 연구개발비도 빠듯하죠. 집중적으로 투자해야 혁신을 통해 세계 최고의 기술을 보유할 수 있어요. 그리고 제품 판매는 좁은 내수시장에 안주하지 않고, 세계화를 통해 시장을 적극적으로 넓혀가는 전략을 구사합니다."

- 좁은 틈새시장을 찾으라는 것은, 강력한 경쟁자가 있으면 거기에 도전하지 말고 경쟁을 피하라는 뜻인가요?
"시장점유율이 60~70%나 되는 시장 지배적 기업이 있다면 그 기업에 도전하는 것보다는 새로운 틈새를 찾는 것이 더 현명한 전략이에요. 가령 오토바이 헬멧 분야에서는 한국의 홍진$_{HJC}$가 세계적인 경쟁력을 자랑합니다. 그러자 포크$_{Poc}$라는 스웨덴 회사는 홍진$_{HJC}$와 경쟁대신, 스키 헬멧이라는 틈새시장을 개척해 현재 이 분야에서 1위를 달리고 있어요. 시장을 새롭게 정의하면서 틈새시장을 개척해야 하죠."

지몬 박사는 히든 챔피언 기업의 첫째 성공 비결로 '집중$_{focus}$'을 꼽았다. 대기업처럼 모든 분야에 진출하기보다는 자신들이 가장 잘 할 수 있는 일에 온 힘을 쏟는다는 뜻이다. 다시 말해 '넓이'가 아니라 '깊이'를 추구한다는 의미다.
어떤 히든 챔피언 기업은 시장을 스스로 만들어 100% 가까운 점유율을 차지하기도 한다. 예를 들어 독일의 PWM은 전기로 작동되는 가격 표지판을 만드는데, 독일의 거의 모든 주유소가 이 제품을 쓰고 있다. 소시지 껍질의 끝부분을 고정시키는 클립 및 관련 기계 제조사 폴리 클립, 경주용 말만 전문적으로 사육하는 쇼케뮐레도 비슷한 사례다.

헬멧 제조 1위 '홍진$_{HJC}$' 등 한국에도 약 25개 기업 있어

지몬 박사는 한국에도 25개 가량의 히든 챔피언 기업이 있다고 밝혔다. 대표적인 회사가 오토바이 헬멧 세계시장 점유율 1위(점유율 약 20%)인 홍진 HJC다. 경기도 용인에 본사를 둔 이 회사는 1974년부터 30년 이상 헬멧 제조에 매달리고 있다. 1986년 HJC라는 자체 브랜드로 미국 시장에 진출, 6년 만에 일본의 쟁쟁한 경쟁사들을 제치고 북미(北美) 시장 1위를 차지하고 이후 줄곧 선두 자리를 유지하고 있다.
매출의 97%가 미국, 유럽을 비롯한 해외에서 발생한다. 홍완기 홍진$_{HJC}$ 회장은 "연구하지 않는 기업은 살아남을 수 없다"며 매출액이 10%를 연구개발(R&D)에 쏟아 붓는다. 국내 중소기업이 평균적으로 매출액의 1% 가량을 연구개발에 투자하는 것과 비교하면 월등히 높은 수치다. 최근에는 경주용 자동차 헬멧과 검도용 얼굴 보호장비(호면·護面)등도 개발했다.

그 외에도 손톱깎기의 쓰리세븐 '777', 낚시대의 '실버스타', 일본 업체들을 따돌린 쿠쿠전자의 전기압력밥솥, 코메론의 줄자, 흔히 '고데기'로 알려진 머리 전기인두 업체 케이아이씨에이, 전 세계 알로에 원료 중 절반은 우리나라 유니베라가 공급한다.

휴대전화 내 정전기를 방지하는 필수 부품을 가장 많이 공급하는 아모텍, 국내 중견업체수산중공업이 '유압식 브레이커'를 공급하지 않으면 전 세계 굴착기 열대 중 넉 대는 움직일 수 없다. 불에 타지 않는 '내화 금고' 세계시장은 국내 업체(범일금고·선일금고제작·디프로메트) 세 곳이 합작해서 1등이다. 반도체에 레이저를 쏴 표기를 하는 '레이저마커'의이오테크닉스, 신발용 접착제 동성엔에스씨, 머리카락 100분의 1 크기의 극세사 섬유의 웰크론, 자전거용 신발업체 나눅스, 활넙치 수출의 제주해수어류양식수협, 개인 의료용 온열기의 세라젬 의료기 등도 우리 업체들이 세계시장 1등이다.

학습정리

1. 니치 마켓의 정의 : 니치 마케팅은 소비자의 기호와 개성에 따른 수요를 매우 구체적으로 파악하고 시장을 쪼개서 특정한 성격을 가진 소규모의 소비자를 대상으로 판매목표를 설정하는 것을 말한다. 마치 틈새를 비집고 들어가는 것과 같다는 뜻에서 생긴 이름이다. 곧 남이 아직 모르고 있는 곳, 빈틈을 찾아 그곳을 공략하는 것을 가리킨다.

매스마켓	니치마켓
기존 시장, 수요 공략	새로운 시장, 수요 창출
Red Ocean	Blue Ocean
Zero-sum game	Positive-sum game
차별화, 저비용 중 택일	차별화, 저비용 동시추구
표준화 지향	표준화 이탈
불특정 대다수 타겟	시장세분화로 타겟 집중

2. 니치 마케팅의 핵심
   첫째는 제품의 차별화이다.
   둘째는 서비스의 차별화이다.
   셋째는 유통 경로의 차별화이다.
   넷째는 커뮤니케이션의 차별화이다.
   다섯째는 가격 차별화이다.
   여섯째는 주문 생산$_{Customization}$차별화이다.

3. 차별화 전략을 성공적으로 실행하는 니치마케팅의 원칙
   1) 작은 것에서 멋지게 해낼 수 있다.
   2) 다르기만 하면 다 되는 것은 아니다.
   3) 경쟁자의 아이디어를 빌린 다음 그들을 앞서라.
   4) 차별화와 세분화를 통하여 포지셔닝하라.
   5) 각 니치 제품의 명확한 이미지를 수립하라.
   6) 시장의 변화를 끊임없이 주시하라.

4. 틈새마케팅의 사례를 통한 기업의 적용사례 연구
   - 미국 사우스웨스트 항공사$_{SWA}$

5. 불황을 이기는 니치 마케팅 사례 연구

학습문제

01 니치마케팅은 빈틈 또는 틈새를 개척해 자신만의 새로운 영역을 구축하여, 경쟁력을 갖게 하는 것이며, zero-sum game원칙에 의해 이루어진다. (○, X)

> 해설 니치마케팅은 경쟁이 심한 레드오션을 피해 블루오션을 추구하는 것으로 제로섬 게임보다는 포지티브섬 게임(상생게임)을 추구하는 마케팅기법이랄 수 있다.)   정답 : X

02 차별화 전략을 성공적으로 실행하는 니치마케팅의 원칙에 들지 않는 것은?
① 작은 것에서 멋지게 해낼 수 있다.
② 시장의 변화를 무시하라.
③ 경쟁자의 아이디어를 빌린 다음 그들을 앞서라.
④ 차별화와 세분화를 통하여 포지셔닝하라.

> 해설 시장의 변화를 끊임없이 주시하여야 한다. 소비자는 계속 변화할 것이며, 시장 또한 움직임을 멈추지 않는다. 그렇기 때문에 소비자에게서 한시도 눈을 떼어서는 안 된다. 부지런한 주부에게는 빈틈이 없다. 부지런한 마케터에게는 보물섬 같은 니치가 보일 것이다.)   정답 : ②

03 차별화 요인의 조건이 아닌 것은?
① 독특성 distinctiveness : 차별화가 독특한 방식으로 제공
② 수월성 superiority : 앞선 방법으로 같은 편익 제공
③ 선점성 preemption : 경쟁사가 모방하기 어려운 차별화
④ 전달가능성 communicability : 고객에게 주문이 용이하여 배달 가능한 차별화

> 해설 전달가능성은 고객에게 가시적이고 전달 가능한 차별화를 말하는 것이다. 위 내용 외에도 중요성 importance : 차별화가 충분히 많은 고객에게 가치 있는 편익을 제공, 여유성 affordability : 고객의 경제사정과 구매력에 맞는 차별화로 인한 가격 프리미엄 등이 있다.   정답 : ④

04 니치 마케팅 원칙에 대한 설명으로 틀린 것은?

① 다르기만 하면 다 되는 것은 아니다.
② 시장의 변화를 끊임없이 주시한다.
③ 작은 것에서 멋지게 해낸다.
④ 경쟁자의 아이디어를 빌리기보다 새로운 아이디어로 앞선다.

해설 경쟁자를 세밀히 관찰하고 연구하여 좋은 아이디어를 빌리되 앞서도록 노력하는 것이다.

정답 : ④

05 미국 사우스웨스트항공사(SWA)의 니치 마케팅에 대한 설명으로 틀린 것은?

① SWA사는 좌석제가 아닌 선착순에 의한 자율좌석제이다.
② SWA사의 경쟁상대는 고속버스와 철도회사였다.
③ 비행기 기종을 보잉737로 통일해 비용을 절약하였다.
④ 대형항공사 운항방식인 Hub and Spoke 방식을 채택한 전략이다.

해설 허브앤스포크 방식은 거점 대도시 중심으로 여러 소도시로 비행기 운항방식이나 이를 버리고 Point-to-Point 직운항 방식을 채택하였다.

정답 : ④

06 다음 설명에 해당하는 용어를 고르시오.

> 틈새를 의미하는 말로서 '시장의 빈틈을 공략하는 새로운 상품을 시장에 내놓음으로써, 다른 특별한 제품 없이도 셰어(share)를 유지시켜 가는 판매 전략으로 활용되고 있다.

① 마켓셰어 [Market share]
② 레드오션 [red ocean]
③ 니치 [niche]
④ 블루오션 [blue ocean]

해설 '남이 아직 모르는 낚시터'란 뜻으로 니치를 설명한 내용이다.

정답 : ③

07 매스마켓과 니치마켓의 설명 중 다른 것을 고르시오.

	매스마켓	니치마켓
①	기존 시장, 수요 공략	새로운 시장, 수요 창출
②	positive-sum game	Zero-sum game
③	표준화 지향	표준화 이탈
④	불특정 대다수 타겟	시장세분화로 타겟 집중

해설 니치마켓은 새로운 시장과 수요창출, 블루오션, Positive sum game, 차별화 저비용 동시 추구, 표준화이탈, 시장세분화로 타깃집중으로 표준화지향은 매스마켓을 말한다.

정답 : ②

08 니치마케팅의 사례 설명으로 부적합한 것을 고르시오.

① 크기의 빈틈 : '작게 생각하라' 폭스바겐의 광고
② 고가의 빈틈 : '세계에서 제일 비싼 향수는 단 하나 뿐입니다' 향수 조이의 카피라이터
③ 성별의 빈틈 : 말보르는 남성담배, 마일드세븐은 여성담배로 포지셔닝하여 성공
④ 시간의 빈틈 : 하루에 한번 먹는 약, 최초의 밤 시간용 감기약 '나이퀼' 시간을 마케팅화

해설 말보르는 남성, 여성은 버지니아 슬림으로 포지셔닝하여 성공하였다.

정답 : ③

제11장
서비스 마케팅
Service Marketing

"타고나길 웃는 얼굴이 아니거든 상점을 열려고 하지 마라"

– 중국 속담

11 서비스 마케팅
FUN MAKETING

학습목표 🔍

1. 서비스란 무엇인가에 대해 알게 된다.
2. 사례를 통해 서비스 마케팅을 전략화 할 수 있게 된다.
3. 서비스 마케팅의 이론과 사례를 통해 기업의 새로운 전략 도출 및 새로운 고객을 창출 할 수 있는 능력을 갖게 된다.

핵심키워드 : 서비스, 물리적 증거, 토탈마케팅, 하이테크·하이터치, MOT

경제수준이 향상되면서 삶의 질에 대한 관심이 높아지고 있다. 최근 불황의 늪에서도 호황을 누리고 있는 업종 가운데 대표적 업종이 외식산업 부분이다. 변화된 트렌드를 반영하듯 외식 산업에서도 '젊은 피' 파워는 가공할 수준이다. 인생경험이나 음식점 경영면에서 노련함은 부족하지만 합리적인 운영과 신세대다운 적극적인 서비스로 고객의 마음을 사로잡고 있는 것이다. 나이 어린 젊은 사장님들이 특히 돋보이는 분야는 '서비스' 부분이다. 트렌드와 연령대에 맞는 서비스와 마케팅, 유연한 접객 태도는 베테랑 창업자 못지않다.

업계 전문가에 따르면 이들 젊은 창업자들은 가족을 책임져야 한다는 급박한 마음에 섣불리 창업하지 않는다. 오랜 기간 인터넷과 박람회, 설명회, 기업자료, 브랜드인지도, 품질 등 여러 가지 부분에 대한 조사결과를 토대로 성공 확률이 가장 높은 브랜드를 선택한다. '장사는 내가 잘 알아' 식으로 음식점 운영 경력을 내세우는 중장년 창업자들과도 다르다.

매사에 신중하며 고객의 행동양식을 분석해 적합한 서비스를 실현한다.
　기업에게 있어 서비스란 어떤 의미인가? 서비스 마케팅을 통해 성장할 수 있는 원인은 어디에 있는가? 본 장에서는 서비스 마케팅을 통해 세계 기업으로 성장할 수 있는 배경을 살펴보도록 하자.

핵심정리

1980년도 텍사스주 오스틴에서 설립된 홀푸드마켓WHOLE FOODS MARKET은 식료품 체인점으로 현재 미국과 영국에 많은 체인망을 가지고 있으며, 미국 최초로 유기농 식품 인증을 받은 곳으로서 세계 최대의 친환경소매점으로 성장하였다. 상품과 컨텐츠, 인사와 각종 캠페인 등을 통해 성공적인 서비스 기업으로 평가(2007년 포춘지 선정, 일하고 싶은 기업 5위) 받았다.

이 기업이 성장한 이유는 무엇일까? 첫째, 미국전역에 8개의 물류센터와 7개의 Bake House를 보유하고 운영하고 있다는 것이다. 고객과의 접촉시간을 획기적으로 줄이고 있는 것이다. 둘째, 환경오염과 건강에 관심을 가지고 있는 중산층 이상을 타켓으로 마케팅 활동을 전개하였다는 것이다. 그린 서비스의 가격 문제를 역발상을 통해 저렴하게 낮춘 것이다. 셋째, 진열되는 상품에 대한 서비스를 차별화 하였다. 전 제품을 손으로 포장하고, 다양한 ITEM을 카테고리별로 발굴하여 제공하고 있다는 것이다.

학습내용

1. 서비스 마케팅의 이론적 배경

1) 서비스의 개념

서비스란 라틴어로 Servus라는 단어(노예라는 뜻)와 servitium(강제노동)에서 유래되었다고 한다. 프랑스어 servise(공공에 봉사하다)와 영어 Servant(하인)의 의미와 합쳐지다가 오늘날 Service로 발전되었다. 즉 노예상태와 강제노동에서 대가없는 선행으로 현대에 와서는 상품과 같이 파생되어 판매 촉진을 위한 행위로도 사용되고 있다. 사전에는 '서비스란 타인의 이익을 도모하기 위해 행하는 육체적, 정신적 노무$_{\text{Contribution to the welfare of others}}$'라고 정의되어 있다. 즉, 주인을 섬기듯이 정성을 다 하는 태도로서, 자신보다 고객을 위해 베풀고 배려하는 마음가짐과 몸가짐이라고 할 수 있다. 영국의 대백과사전에도 서비스의 정의는 고객에 대한 호의적인 접대행위 또는 동작이라고 기록되어 있다. 이는 생각과 동작에 이르는 행동과 좋은 인상이 조화되어 고객의 욕구를 충족시켜 주는 총체적인 표현을 말한다. 이와 같이 서비스란 이용가능한 자원이 사용가치를 실현하는 과정, 즉 경제주체에 대하여 유용한 노동을 하는 행동개념을 말한다.

SERVICE의 의미

S (smile & sincerity) : 미소와 함께 성의를 다하는 것
E (emotion) : 감동을 주는 것
R (respect) : 경의를 표하는 마음으로 대하는 것
V (value) : 고객에게 가치를 제공하는 것
I (Image & Impressive) : 좋은 이미지와 감명을 깊게 심어주는 것
C (courtesy) : 예의를 갖추고 정중하게 하는 것
E (esteem) : 서로 존중하여 주는 것

그럼 위의 내용을 토대로 서비스를 다시 정리하여 보면, 미국 마케팅 협회(AMA : American Marketing Association)의 용어정의위원회에서는 서비스를 판매를 위해 제공되거나 제품판매를 수반하여 제공되는 행위·편익·그리고 만족으로 정의하고 있다. 그러나 서비스란 용어자체의 활용 범위가 매우 다양하고 광범위할 뿐만 아니라, 상호 이질적인 다양한 유형의 서비스가 내포되어 있고, 서비스를 구성하고 있는 것에 관한 본질적인 정의가 부정확하여 서비스에 대한 획일적인 정의를 내리기는 쉽지 않다.

현대의 새로운 마케팅 개념은 단순히 제품의 판매에 의해 이익목표를 달성하는 것이 아니며, 고객의 만족을 창조하는 토탈 마케팅$_{Total\ Marketing}$을 전개함으로써 최종적인 이익목표를 달성한다는 것으로도 말하고 있다.

Stanton은 서비스란 소비자나 업무상의 이용자에게 판매되어질 경우에 욕망에 대한 만족을 가져오는 무형의 활동이며, 반드시 유형재나 타서비스의 판매와는 결부하지 않고 독립적으로 인식되어지는 것이라고 정의하였다.

Blois는 서비스란 현재의 형태에 물리적 변화를 일으키지 않고 판매에 제공되는 활동이라고 주장함으로써, 서비스란 고객의 편익과 만족을 위하여 서비스 제공자 자신 내지 다른 서비스 자원을 이용하는 과정·노력·행동의 수행이라 정의 할 수 있다.

서비스는 무형적 측면이 많은 특징을 갖고 있는 개념으로 유형적인 특징의 제품과는 다르다. 제품과 서비스는 모두 유형·무형의 특징을 지니고 있으며 단지 상대적으로 비중에 차이가 있을 뿐이므로, 단순히 제품과 서비스를 유·무형으로 구분한다는 것은 서비스를 이해하는데 충분하지 않다.

2) 서비스 품질이란?

서비스 품질은 유형적인 실체라기보다는 실행(과정)이므로, 제품 품질과는 달리 불량률이나 내구성과 같은 객관적인 척도에 의한 측정이 어렵기 때문에 고객의 인식으로 측정된다. Kotler는 서비스란 본질적으로 무형성을 갖고 있으며 어느 한쪽이 다른 쪽에게 제공하지만, 어느 쪽의 소유로도 귀결되지 않는 행위나 성과를 말하고, 그 생산은 유형적인 제품에 관련될 수도 있고 그렇지 않을 수도 있다고 정의한 바 있다. 따라서 서비스 품질이란 객관적으로 또는 획일적으로 규명될 수 있는 실제 품질이 아니라 추상적 개념으로서 고객에 의해 인식되고 판단되는 주관적인 평가라는 점이며, 그 평가과정은 서비스를 받는, 전 과정에 걸쳐 이루어진다.

J. J. Cronin & S. A Taylor는 지각된 서비스 품질이란 특정서비스에 대한 장기적이며 전체적인 평가를 의미하는 태도로서, 개념화되고 측정되어야 한다고 지적하면서 서비스품질이 소비자만족의 선행요인이라고 하였다. 이들의 주장은 그 이전까지 가장 광범위하게 지지를 받아왔던 PZB의 이론과는 다른 것으로 지금까지도 논쟁이 되고 있다.

A.Parasuraman, V.A. Zeithaml & Berry(PZB) 등은 지각된 서비스 품질이란 고객의 기대와 지각간의 불일치의 정도라고 하였다. 그들은 서비스에 대한 고객의 경험은 그 서비스의 품질에 대한 소비 후 평가 즉 지각된 품질에 영향을 미친다고 보았다. 따라서 고객이 지각하는 특정 서비스의 품질은 평가과정의 결과로서, 고객은 서비스에 대한 자신의 기대된 서비스와 제공받는 서비스에 대한 지각된 서비스를 비교하게 되는데, 이러한 과정의 결과가 바로 지각된 서비스 품질인 것이다.

Garvin은 품질을 선험적 접근·상품 중심적 접근·사용자 중심적 접근·제조 중심적 접근·가치 중심적 접근 등 다섯 가지의 서비스 품질로 분류한 이론을 주장하였다. Grönroos는 서비스 품질을 소비자에 의해 주관적으로 인식되는 품질이라고 주장하고, 이를 객관적인 품질과 구별하기위해 '인식된 서비스 품질'이라고 정의하였다. 따라서 서비스 품질에 대한 정의를 종합하면 다음과 같이 세가지 측면에서 정의할 수 있다.

첫째, 서비스 품질은 재화의 품질보다 소비자가 평가하기가 더 어렵다.

둘째, 서비스 품질 개념은 소비자의 기대와 실제 서비스의 실행과의 차이에서 발생한다.

셋째, 서비스 품질의 평가는 서비스의 결과는 물론 서비스의 전달과정에 대한 평가와 깊은 관계가 있다.

3) 서비스마케팅의 개념

서비스란 돌부처도 돌아보게 만드는 매직 같은 능력을 발휘한다고 한다. 프로의식을 기본으로 갖추고(Mind), 고객이 관심을 갖도록 하며 Attention, 생동감 넘치게 응대하고Greeting, 이미지와 깊은 인상을 주어야 하 (Image, Impression, 신뢰감을 줄 수 있어야Confidence 한다는 것이 매직 서비스이다. 이렇게 특화된 서비스 마케팅이 실시될 때 비로소 고객의 영혼을 움직이는 서비스가 나오는 것이다. 가슴에 남는 서비스야말로 영혼을 감동시킬 수 있는 서비스이고, 이런 개념에서 시작된 것이 바로 서비스 마케팅이다.

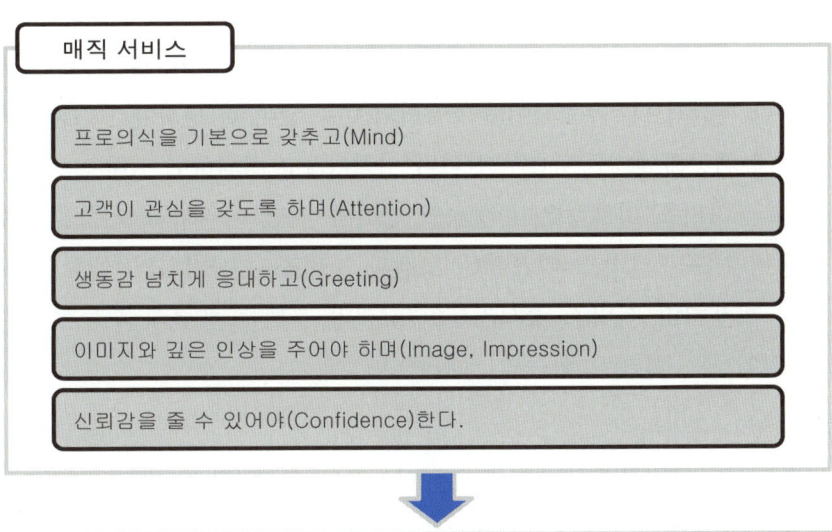

[서비스마케팅의 개념]

개념에 대한 내용을 좀 더 살펴보면, 마케팅 분야에서 고객 만족 연구가 시작된 것은 1960년대부터이고, 1970년 후반부터 구체적이고 활발한 논의가 시작되었다.

Judd(1968)는 유형적 재화의 소유권 이전을 제외한 모든 것을 대상으로 하는 기업이나 기업가에 의한 시장거래로 서비스를 규명하였다. Bell(1973)은 서비스란 소비자 스스로는 수행할 수 없는 그러나 소비자에게 가치 있는 효익이나 만족을 제공해 주는 활동으로 정의 내리고 있다. Blois(1974)는 서비스를 제품의 형태로 어떠한 물리적 변화도 없이 효익과 만족이 수반되는 판매를 제공하는 행위로 규정하고 있고, Stanton(1974) 역시 서비스를 소비자나 산업구매자에게 판매될 때 욕구를 충족시켜 주며, 다른 제품이나 서비스의 판매와 연계되지 않고서도 개별적으로 확인이 가능한 무형적인 활동이라고 정의하여 활동 측면을 강조하고 있다.

Lehtinen(1983)은 서비스를 접촉하는 사람이나 물리적 기계와의 상호작용을 통하여 소비자에게 만족을 주는 일련의 활동이라고, Gummesson(1987) 또한 사고팔 수는 있지만 직접 만질 수는 없는 것이라고, Kotler(1985)도 서비스란 본질적으로 무형적이며 소유권의 변동 없이 한 당사자가 다른 당사자에게 제공해 줄 수 있는 활동이나 이익이라고 정의하고 있다.

결국 서비스 마케팅은 무형적인 성격을 지닌 이익이나 만족을 얻는 활동이다. 즉, 서비스 마케팅은 고객과 서비스 종사자와의 상호관계로부터 발생하며 서비스 종사자들이 고객의 문제를 해결해 주는 상황에서 일어나는 마케팅 활동의 일환이다.

4) 서비스마케팅의 특성

Kotler(1997)는 서비스 마케팅의 특성을 무형성$_{intangibility}$, 소멸성$_{Perishability}$, 비분리성$_{inseparability}$, 가변성$_{heterogeneity}$으로 구분하고 있다.

(1) 무형성

무형성은 구매 전에는 보거나 만지거나 냄새를 맡을 수 있는 유형적 대상이 아니고, 실체를 객관적으로 느낄 수 없다는 것을 의미한다. 서비스마케팅의 무형적 특성에 따른 문제점은 ① 저장이 불가능하다. ② 특허로 서비스를 보호할 수 없다. ③ 서비스를 쉽게 진열하거나 커뮤니케이션을 할 수 없다. ④ 가격설정의 기준이 모호하다. ⑤ 표본추출이 어렵다. 따라서 이러한 무형성에 따른 문제점을 극복하기 위해서 서비스에 대한 마케팅 전략은 다음과 같은 사항에 초점을 맞추어야 한다. ① 유형적인 단서를 강조한다. ② 비인적 원천보다는 인적 원천을 사용한다. ③ 구전 커뮤니케이션을 활성화시킨다. ④ 강력한 기업 이미지를 창출한다. ⑤ 종업원들로 하여금 고객들과 직접 접촉하도록 한다. ⑥ 제공되는 이익을 강조한다. ⑦ 구매 후에도 고객들과 지속적인 커뮤니케이션을 갖는다.

(2) 소멸성

서비스 잠재력의 소멸성은 다른 제품과는 달리 향후 수요에 대비해서 저장할 수 없다는 것을 의미한다. 서비스 마케팅의 소멸성에 대한 문제점은 ① 서비스는 저장되거나 재판매될 수 없다. ② 서비스에 대한 수요와 공급을 맞추기가 어렵다. 따라서 소멸성에 대한 어려움을 해소하기 위한 마케팅전략은, ① 수요·공급 및 서비스 제공능력에서의 동시조절을 통해서 수요변동을 극복해야 한다. ② 수요 감퇴기에 가격인하·촉진 활동 강화 등 수요변동에 대비하여야 한다.

(3) 비분리성

서비스 마케팅의 비분리성은 서비스의 생산과정에서 소비가 동시에 이루어진다는 것을 의미한다. 제품은 먼저 생산되고, 그 다음에 판매될 수 있다. 그러나 서비스는 그렇지 않다. 따라서 서비스는 생산과정에서 서비스 제공자가 존재해야 하며, 아울러 서비스를 제공받는 고객도 함께 존재해야만 한다.

서비스 마케팅의 이러한 비분리성으로 인한 마케팅상의 문제점은, ① 서비스 제공자가 반드시 서비스 제공 장소에 있어야 한다. ② 서비스 생산에 있어 고객의 참여가 필수적이다. ③ 간접판매는 안되고 직접판매만이 가능하다. ④ 집중화된 대규모 생산이 곤란하다. 이러한 비분리성의 문제를 극복하기 위한 방법은, ① 서비스 제공자의 선발 및 교육에 세심한 배려가 있어야 한다. ② 기계 및 컴퓨터를 이용한 서비스 제공의 자동화를 강화해야 한다. ③ 안락한 대기 서비스 단계별 정보제공 등 세심한 고객관리가 필요하다.

(4) 가변성

가변성이란 소비자가 어떤 서비스를 선호해서 그 서비스를 구매할 때 제공되는 서비스의 품질수준이 항상 일정할 수 없음을 의미한다. 서비스의 품질은 주로 종업원들의 성격·능력·솜씨나 훈련 정도에 따라 다르게 나타난다. 가변성에 대한 문제점은 서비스의 표준화 및 품질에 대한 통제가 곤란하다는 것이다. 따라서 이와 같은 문제점들을 극복하기 위해서는, ① 서비스 표준이 설계되고 수행되어야 한다. ② 고객들이 사전에 알 수 있는 패키지 서비스를 제공한다. ③ 품질관리를 위한 기계화 및 산업화를 강화한다. ④ 개별 고객에 맞는 서비스의 맞춤화를 시행한다. 따라서 늘 서비스의 품질과 기능개발을 위한 전략을 수립하고 운영하는 것이 필요하다.

5) 서비스의 품질

서비스 품질은 서비스 수익자가 서비스에 기대하는 것으로, 실제로는 서비스로부터 얻는 것과는 상위할 수 있다. 이것은 여가 연구에서 볼 수 있는 만족의 정의와 비슷하지만 만족은 어느 특정의 경험에 관한 것이고, 과거의 경험을 총괄해서 평가를 하는 서비스 품질과는 기본적으로 차이가 있다.

Parasuraman(1985)은 서비스 품질을 복수의 속성으로 측정 가능한 구성 개념을 몇 개의 단계적, 실증적 연구를 통하여 서비스 품질을 구성하는 5개의 측면을 밝혔다. 즉, 가시성$_{tangibles}$, 신뢰성$_{reliability}$, 응답성$_{responsiveness}$, 보증성$_{assurance}$, 고객본위성$_{empathy}$ 등으로 구분하였다.

6) 서비스 마케팅 믹스

(1) 전통적 마케팅 믹스

전통적 마케팅 믹스는 제품$_{product}$, 가격$_{price}$, 유통$_{place}$, 촉진$_{promotion}$ 등의 4P's라 할 수 있다. 여기서 믹스(mix)의 개념은 4P's의 모든 변수들이 상호 관련되어 어느 정도까지 서로 영향을 주고받음을 의미한다. 더 나아가 마케팅 믹스가 사용된다는 것은 특정 시점에 특정 표적시장에 대해서는 최적의 4P's믹스가 존재함을 의미한다.

(2) 확장된 마케팅 믹스

서비스의 소멸성 때문에 고객들은 서비스 생산과정에 직접 참여하여 서비스 제공자와 상호작용을 하게 되며, 실제로는 서비스 생산과정의 일부분이 된다. 또한 서비스의 무형성 때문에 고객들은 그들이 경험하게 되는 서비스의 특성을 이해하기 위해서 어떤 유형적인 단서를 원하게 된다. 이러한 사실은 서비스 마케터로 하여금 고객들과 커뮤니케이션을 보다 잘 수행하고 그들을 만족시키기 위하여, 추가적인 커뮤니케이션 변수가 필요하다는 사실을 인식하게 만들어 주었다.

<표 11-1>에서 보는 바와 같이 기존의 4P's 외에 추가적으로 필요한 서비스마케팅 요소는,

첫 번째, 사람$_{people}$으로 합리적인 인사관리와 교육을 통한 서비스의 질의 확보와 고객만족을 추구하는 마케팅 믹스의 요소로 여기서 사람은 서비스 제공 및 구매자의 서비스에 대한 인식에 영향을 주는 모든 사람을 말한다. 즉, 서비스 기업의 종업원과 고객 그리고 그 서비스 환경에 있는 다른 고객들을 모두 포함한다.

다음은 물리적 증거$_{Physical\ evidence}$로 점포의 시설 등의 이미지를 통해 고객에게 만족을 추구하는 요소로 서비스가 제공되고 서비스기업과 고객이 상호작용을 벌이는 환경 혹은 서비스 커뮤니케이션이나 성과를 촉진시키기 위한 모든 유형적 요소들을 일컫는다.

세 번째는 과정$_{Process}$으로 지속적인 고객 서비스의 원활한 흐름을 위한 시스템의 개발과 활용을 통해 고객에게 만족을 주는 마케팅 믹스의 요소로 서비스를 제공하는데 필요한 절차·작동·구조 그리고 활동의 흐름을 의미한다. 즉, 서비스 제공 및 생산시스템이라고 할 수 있다.

표 12-1 서비스마케팅 믹스

전통적 믹스			
제 품	유 통	촉 진	가 격
·물리적 제품 특성 ·품질 수준 ·액세사리 ·포장 ·품질 보증 ·제품 계열 ·브랜드	·유통경로 형태 ·노출 ·중간상 ·유통점포입지 ·운송 ·보관 ·유통관리	·인적 판매(숫자·선발· 훈련·인센티브) ·광고(표적시장·매체선정 ·광고형태·카피) ·판매촉진 ·홍보	·유연성 ·가격 수준 ·기간 ·차별화 ·할인 ·무료
추가적 믹스			
사 람		물리적 증거	과 정
·종업원(고용, 훈련, 동 기부여, 보상, 팀워크) ·고객(교육·훈련) ·문화 및 가치에 대한 커뮤니케이션 ·종업원 조사		·시설 디자인(탐미성·가능성· 분위기) ·장비 ·종업원 복장 ·기타 유형물(보고서·명함· 소개서·품질보증서)	·활동흐름(표준화·맞춤화) ·단계(단순·복잡) ·고객참여 수준

출처 : Zeithaml, Valarie A. and Mary Jo Bitner(1996)

7) 서비스마케팅과 환경

(1) 마케팅 환경의 중요성

사회를 둘러싼 환경은 변하기 때문에 산업은 환경 변화와의 관련성을 잘 파악하여 산업 활동을 그 변화 추이에 맞추어야 한다. 마케팅 환경의 변화는 지속적으로 전략의 변화를 요구하고 이런 현실이 마케팅 전략 수립을 어렵게 한다.

환경 변화는 끊임없이 기업에게 새로운 기회와 위협을 가져온다. 환경 변화는 어느 기업에는 위협이 되지만 다른 기업에는 새로운 기회가 되는 것이다. 급변하는 환경 변화를 정확히 분석하여 그것에 적절히 대응하는 마케팅전략이 필요한 것이 바로 이 때문이다. 서비스를 제공하는 기업이 아무리 내부적 관리를 잘한다 하여도, 마케팅 환경 변화에 유효하게 적응하지 못하면 마케팅전략은 실패하게 된다. 모든 경영에 적용되는 원칙이지만 일차적으로 환경 변화에 잘 적응하는 것이 중요하고, 다음으로 내부적인 관리의 효율을 높이는 것이다.

(2) 서비스마케팅 환경 분석

가. 인구통계학적 환경

인구수, 인구구조, 출생률, 성별, 수명, 결혼여부, 자녀수, 직업, 생활주기, 교육수준, 인구이동 등과 같은 인구 통계적 요인은 서비스 수요를 결정짓는 데 중요한 요인 중에 하나이다. 이 같은 인구 통계적 요인들의 차이로 인해 서비스 특성 요인을 만들어낸다. 인구수만을 가지고 서비스 시장규모가 크다고는 말할 수 없으나 다른 조건이 좋다면 인구수가 많을수록 시장 규모가 커진다. 출생률이나 인구 성장률은 미래시장 수요량을 측정할 수 있는 하나의 지표가 될 수 있다. 또 남녀의 비율, 자녀수 등도 서비스의 수요량과 성격을 파악하는 지표가 된다. 생활주기와 교육수준 등은 다른 조건이 같은 소비자들을 세분화할 수 있는 요인이 된다.

나. 경제적 환경

개인 소비지출에서 서비스 부문이 차지하는 비중은 계속해서 상승해왔으며, 이는 앞으로도 계속 증가될 전망이다. 가계소득이 증대함에 따라 음식물에 지출되는 비율은 감소하고, 주택, 가계운영비 비율은 큰 변동이 없거나, 기타 다른 구매, 즉 교육, 의료, 여가활동, 오락, 교통비 등의 지출비용은 급속히 증가한다는 것이다. 일반적으로 소득의 증대에 따라 서비스에 대한 지출이 높아진다. 최근 고용인구의 대부분이 서비스 분야로 이동해가고, 소규모의 서비스업이 크게 번성하는 배경은 첫째, 서비스업은 지리적으로 집중되어 제조업에 비해 대규모 시장에 대한 의존성이 적으며, 둘째, 많은 제조업들이 종업원 1인당 초기자본비용이 낮은 서비스 부문으로 사업전환을 하였다는 점이다. 셋째, 경제적 불확실성이 서비스 부문보다 제조업에 더 나쁜 영향을 미쳤기 때문이다.

다. 사회적 환경

현대사회에서 개인적 또는 사업적 압력에 대처하기 위해 각종 전문적인 자문회사가 생겨나고 있으며, 개인이 탄생에서부터 사망할 때까지 생활주기에 따라 각종서비스가 필요해졌다.

개인 욕구가 다양하게 변화하고 사회가 활동 지향적으로 변함에 따라 다양한 서비스가 출현하고 있는 것이다. 이러한 사회적 변동의 특징은 다음과 같다.

- 첫째, 여성의 역할 변화가 시장에 큰 변화를 몰고 왔다.
- 둘째, 맞벌이 부부가 크게 늘고 있다는 것이다.
- 셋째, 취업주부에게는 편의성과 시간 절약형 서비스가 필요해졌다.
- 넷째, 여러 가지 라이프스타일 중 자기중심세대 혹은 신세대라고 불리는 계층이 늘고 있다는 점이다.

라. 기술적 환경

서비스기업에서 기술적 환경은 서비스의 산출과 배달에서 사용되는 장비에서 뚜렷하게 나타난다. 첨단 장비를 이용하면 종사원이 쉽고 정확하게 서비스를 수행할 수 있으며, 서비스 배달도 효율적으로 수행할 수 있다. 첨단 장비를 이용함으로써 서비스의 질을 일정하게 만들 수 있으며 동시에 서비스 산출도 속도를 높일 수 있다. 서비스의 생산성을 향상시키기 위해 기술사용의 증가가 불가피하지만, 이 경우 비개인화란 점이 문제가 된다. 소비자들의 불만을 없애고 인정을 받기 위해 기술의 인간화 노력도 필요하다. 즉 하이테크 - 하이터치가 요구되는 것이다.

마. 법률적 환경

최근 서비스산업에 있어서 중요한 법률적 환경 변화는 규제가 완화 또는 해제 되고 있다는 것이다. 규제 해제는 결국 마케팅활동이 적극적으로 변화하여 적자생존의 치열한 경쟁이 나타남을 의미한다. 그러나 규제 해제나 완화에 대해 상반된 견해가 있다. 규제의 폐해를 들어 시장원리에 의한 자유경쟁을 주장하는 측도 있고, 오히려 서비스업 경쟁이 치열하고 분열이 심한데 규제마저 풀리면 서로 생존이 위협받게 되므로 규제 강화를 주장하는 측도 있다. 시장에서의 여러 가지 변화에 적극 대응하기 위해 서비스기업은 새로운 상품서비스를 개발하고 경쟁력 있는 가격을 결정하고, 창조적인 촉진 활동을 통해 서비스시스템을 개발, 조정하지 않으면 안 된다.

바. 자연적 환경

서비스에서는 자연적 환경이 제품보다 영향을 적게 받는다고 할 수 있다. 자연적 환경은 자원의 가용성과 자연적 조건으로 구분할 수 있는데, 서비스 기업이 서비스를 창출하는데 서비스 시설이 위치한 곳의 유형적인 자원을 사용하는 경우와 서비스 시설이 주위의 자연조건과 밀접한 관련을 맺고 있는 경우는 자연적 조건은 중요한 요인이 된다. 특산물을 이용한 식당, 온천호텔, 스키장, 골프장, 관광호텔 등은 서비스를 창출하는데 자연적 환경이 큰 영향을 미치는 예가 된다.

8) 서비스마케팅의 효율성

(1) 서비스 유통체제의 수립

서비스 유통에는 세 가지 유형이 있다. 첫째는 개방적 유통정책으로, 이는 시장 커버리지를 극대화하려는 것이며, 가능한 한 많은 곳에 서비스 제공 시설을 설치하여 서비스 접근성을 높이려는 정책이다. 둘째는 전속적 유통정책으로, 한 지역에 하나의 서비스 제공자나 시설을 갖게 하는 것이다. 셋째는 선택적 유통정책으로, 개방적 유통정책과 전속적 유통정책의 중간 형태로 한 지역 내에 여러 개의 서비스를 개설하는 것이다. 서비스 유통정책을 확립하기 위해서는 환경변화를 파악하고 이에 대처하기 위한 최적의 방책을 강구하여야 한다.

(2) 고객 지향적 서비스 자세 확립

서비스 기업이 새로운 방식이나 기술을 도입해서 생산성을 높이려 해도, 고객의 저항이 있으면 불가능하다. 따라서 고객의 신뢰를 획득하기 위해 평소 고객과의 상호작용이 무엇보다 중요하다. 고객과의 신뢰를 통해 서비스 생산성을 높이기 위한 구체적인 방법들은 다음과 같다.

- 첫째, 다양한 교육과 훈련을 통해 종업원의 능력을 향상시킨다.
- 둘째, 시스템과 기술을 향상시킨다.
- 셋째, 새로운 서비스를 도입한다.
- 넷째, 고객 상호작용의 방법을 바꾼다.
- 다섯째, 공급과 수요간의 잘못된 부적합을 줄인다.

(3) 서비스시스템의 운영관리

서비스에서는 투입, 변형과정, 산출이 불분명하여 변환과정의 모델화가 어렵다. 많은 서비스 과정에서 어떤 단계는 빠지거나 반복되고, 생각지도 않은 단계가 새로 생기기도 한다. 그래서 서비스 운영관리가 힘든 것이다. 서비스 시스템 운영과정의 목적은 시스템의 투입요소를 획득하고, 그것을 변형시키는 과정에서 발생하는 비용 이상의 가치와 효용을 창출하는 것이다.

┃그림 11-1┃ 서비스 운영시스템

```
        서비스 운영 시스템

물질/노동/         →  자원      →   제품 서비스
힘/정보/              변형과정
기계/기술
  투입                                산출
```

과정 계획과 통제, 운영계획, 시설설계 및 배치,
물자처리와 유지, 스케줄화, 재고계획과 통제,
품질관리, 운영통제, 예측과 장기계획

이러한 과정을 관리하는 데 중요한 사항은 과정 계획과 통제, 운영계획, 시설설계 및 배치, 물자처리와 유지, 스케줄화, 재고계획과 통제, 품질관리, 운영통제, 예측과 장기계획 등이다.

(4) 서비스 포지셔닝 전략개발

포지셔닝 전략은 소비자의 지각도 안에서 확실한 위치를 잡기 위한 기본적인 의사결정으로, 어떤 전략을 개발하기 위해서는 먼저 시장분석을 통해서 수요의 전체수준과 추세, 수요의 지역적 위치 등과 같은 요인을 결정한다. 그리고 시장세분화의 대체적 방법을 고려해서 세분 시장의 규모와 잠재력을 평가한다. 또 세분 시장 내의 고객 욕구와 선호, 그리고 경쟁자에 대한 인식을 조사한다.

내부기업 분석은 자원, 계약과 한계, 경영자의 가치와 목표 등과 같은

것을 분석 한 후 표적시장을 선택한다. 표적시장을 기존 서비스로 충족할 것인지 아니면 새로운 서비스로 충족시킬 것인지도 결정한다. 경쟁분석은 경쟁자를 확인하고 그들의 강, 약점을 파악한다. 이러한 세 가지 분석 결과를 통합하게 되면, 자연히 시장에서 바람직한 위치의 포지셔닝이 밝혀지고, 구체적인 행동계획인 마케팅 믹스가 결정되는 것이다.

2. 해외 사례

서비스 마케팅 분야가 일반 마케팅 분야보다 더욱 어렵고 힘든 것은 어떠한 규정된 공식을 가지고 마케팅 활동이 이뤄지기보다는 주관적 견해에 따라 의사결정 및 가치판단이 이뤄지는 경우가 많기 때문이다. 더욱이 요즘을 살아가는 고객들의 니즈 다양화와 사고방식의 차이는 더욱더 서비스 마케팅을 어렵게 만드는 요소로 작용하고 있다.

하지만 이러한 다변화 속에서도 서비스 마케팅의 가장 중요한 부분인 '어떻게 고객의 니즈를 파악하고 이를 적극적으로 대처하느냐'의 문제일 것이다.

1) 고객감동경영 - 노드스트롬 Nordstrom

소매업체인 노드스트롬은 1978년 개점한 이래 자산 규모를 2억 2,500만 달러에서 19억 달러까지 늘리는 등 7배의 성장을 이룩했다. 이 회사의 광고예산은 같은 업종의 평균 수주보다 훨씬 적지만, 단위 매장당 매출액은 백화점 사이에서 최고를 기록했으며 업체 평균에 비해 3배 정도 높다. 더구나 노드스트롬은 오로지 자체 성장에만 의존해왔음 그 수입의 대부분을 경쟁이 치열한 남부 캘리포니아 시장에서 올리고 있다.

그렇다면 노드스트롬의 성공 비결은 무엇일까? 한마디로 타의추종을 불허하는 서비스다. 미국 서부지역에 살고 있는 고객이라면 적어도 한번은 노드스트롬의 얼이 빠질 정도의 서비스를 받아 본 경험이 있을 정도라고 한다. 노드스트롬에 관한 고객감동사례는 무수히 많지만 다음은 그 대표적인 사례이다.

FUN MAKETING

마케팅 이야기

사례 1 노드스트롬 Nordstrom

어느 날 중년의 여성이 공항으로 가는 길에 노드스트롬에서 옷 한 벌을 샀는데, 공항에 도착하니 비행기표가 없었다. 서두르다가 비행기표를 노드스트롬 백화점 매장에 놓고 온 것이다. 발을 동동 구르고 있는데 누군가 다가와서 아주머니에게 비행기표를 건넸다. 그 사람은 바로 노드스트롬 의류 매장의 여직원이었다. 고객이 놓고 간 비행기표를 들고 부랴부랴 공항으로 달려온 것이었다.

사례 2

세일이 끝난 다음날, 한 부인이 노드스트롬에 바지를 사러 왔다. 그 고객은 세일 기간이 끝난 줄도 모르고 자기가 눈 여겨두었던 고급 브랜드의 바지를 사고 싶어 했는데, 마침 맞는 사이즈가 모두 팔리고 없었다. 판매사원은 백화점 내에 연락을 취해보고 노드스트롬 매장에 사이즈가 없자, 건너편 백화점에 알아보고는 고객이 원하는 바지를 정가에 사와서 세일 가격으로 고객에게 팔았다.
이러한 고객 감동 서비스는 경영자인 짐 노드스트롬의 말에서도 여실히 드러난다. "저희는 고객이 굿이어Goodyear의 타이어를 가지고 와서 200달러를 주고 산 것이라고 말해도 개의치 않습니다. 당장에 200달러를 되돌려 드립니다." 뿐만 아니라 점원들은 한 번 들른 고객의 이름을 기억한다. 그 밖의 자세한 고객 관련정보에 대해서도 귀중한 '고객 수첩'에 꼼꼼하게 기록해둔다. 단골 고객이라면 수시로 작은 선물이나 점원이 보내는 짤막한 편지를 받게 된다. 이처럼 고객과의 '관계관리'의 중요성을 인식하고 적용한 데 노드스트롬의 우수성이 있었던 것이다. 이러한 노드스트롬의 핸드북에는 다음의 규칙 하나만 기록되어 있다고 합니다. "모든 상황에서 스스로의 판단을 활용하라. 더 이상 다른 규칙은 없다." 많은 회사들이 수많은 규칙과 방침을 쌓아 놓고 있는 데 반해 노드스트롬은 어떤 상황에서든 고객에게 최고의 서비스를 제공할 수 있게끔 생각하는 것만이 유일한 규칙인 것입니다.

또한 종업원들에게 "노드스트롬에 입사하신 것을 환영합니다. 당신과 함께 일하게 되어 기쁩니다. 우리의 최고 목표는 탁월한 고객 서비스를 제공하는 것입니다. 개인적 목표와 전문직업인으로서의 목표는 모두 높이 설정하십시오. 우리는 당신이 그것을 성취할 능력이 있다고 확신합니다."라는 표현으로 기업문화를 이끌어 가고 있다.

사례 3

오리건주 포틀랜드에 본사를 둔 대형 소매점의 중역인 스미스 씨는 잦은 출장 관계로 양복이 필요한 참에 세일중인 노드스트롬 매장을 방문했다. 세일 품목 중 마음에 드는 정장 한 벌과 세일 품목이 아닌 것 등 두 벌의 정장을 구입한 그는 그 자리에서 수선을 맡기고 돌아갔다. 이튿날 그가 다시 백화점을 찾았을 때 전날 옷을 팔았던 판매원은 그의 이름까지 기억하며 반갑게 그를 맞이했다. 하지만 수선한 옷을 찾으러 갔던 그 판매원은 잠시 후 빈손으로 돌아와, '구매한 옷의 수선은 다음날 까지' 해 주는 것이 원칙이지만 세일기간 중에 구매한 옷의 수선은 예외라는 것이어서 아직 수선이 되어 있지 않다는 것이었다. 할 수 없이 고객은 새로 산 양복을 입지 못한 채 시애틀로 출장을 가고 만다.

시애틀의 한 호텔. 그 고객보다 먼저 도착한 것은 98달러의 배달료가 지급된 페덱스 특송 소포였다. 발신인은 노드스트롬사. 소포를 풀어본 고객은 눈이 휘둥그래질 수밖에. 소포 속에는 수선된 양복 두 벌이 단정하게 들어 있었고 그 위에는 주문하지도 않은 25달러짜리 실크 넥타이 석 장이 놓여 있었다. 물론 무료 증정품 이었다. 그리고 그의 집으로 전화를 해 그의 여행일정을 알아냈다는 내용과 함께 판매원의 정중한 사과편지도 함께 들어있었다.

이처럼 판매와 반품, 애프터서비스에 이르기까지 유통 전과정에 걸쳐 고객이 원하는 바를 한 발 앞서 실천하는 노드스트롬의 고객 최우선주의인 것이다. "고객 만족을 위해 지나치게 봉사한다고 비난 받는 일은 결코 없을 것이다. 다만, 이를 소홀히 했을 때는 비난 받을 것이다. 어떻게 해야 할지 의심스러운 상황이라 할지라도 항상 회사보다 고객에게 이익이 되는 결정을 내려라"라는 존 노드스트롬 John N Nordstrom 회장의 말을 되새겨 볼 필요가 있다.

사례 4

노드스트롬 백화점은 향기로운 향기와, 감미로운 피아노 선율이 흐르는 고급스러운 분위기 입니다. 그런데 그런 분위기와는 어울리지 않는 허름한 옷차림의 한 중년의 여인이 마치 바깥의 추위를 피하려는 듯이 안으로 들어왔습니다. 그녀는 이리저리 둘러보고 다녔고, 마침 2층에 있는 고급 숙녀복 매장으로 갔습니다. 그때 뜻밖에도 노드스트롬 직원은 그녀에게 다가가서 "무엇을 도와 드릴까요?"라고 상냥하게 물었습니다. 그리고는 그녀에게 어울리는 근사한 옷 한 벌을 찾아서 권해 주었습니다.

우아한 대접을 받은 그녀는 으쓱해 했고, 옷을 잠시 따로 보관해 줄 수 있겠느냐고 물었습니다. 직원은 매우 친절하게 "그럼요 손님. 그런데 얼마 후에 오시겠습니까?"라고 물었고 그 여인은 한 두시간 후에 오겠다며 백화점을 떠났습니다. 이를 옆에서 보고 의아하게 여긴 다른 손님이 그 판매원에게 가서 물었습니다. "실례합니다만, 저는 이해할 수가 없군요. 난 아까 그 여인이 노드스트롬의 고객으로 보이지 않는데, 당신은 정말 그 여인이 옷을 사러 돌아 올 것이라고 믿습니까?" 그때 그 직원은 이렇게 대답했습니다.

"저의 임무는 누가 노드스트롬의 고객인지 판단하는 일이 아닙니다. 찾아 주신 모든 손님들을 친절하게 모시는 것이 더 중요하죠." 또한, 노드스트롬은 고객이 쇼핑하는 동안 고객의 차를 따뜻하게 데워 놓았다는 것은 유명한 일화이다. 그리고 쇼핑하는 동안 주차 위반을 하게 된 고객을 위해서 벌금까지 내어 주었다는 이 이야기는 서비스의 신화인 노드스트롬의 서비스정신을 잘 나타내 주는 이야기이다.

2) 고객만족 경영으로 세계 최고의 항공사로 - SAS

스칸디나비아 에어라인 시스템(SAS)의 얀 칼슨 사장은 전세계에 고객만족에 대한 개념을 몸소 실천해 보인 장본인이다. 그는 세계의 경제가 생산성에 대한 경쟁보다는 서비스에 대한 품질경쟁으로 바뀌게 될 것이라는 점을 남보다 앞서 판단한 선각자이기도 하다. SAS의 '서비스 매니지먼트'라는 발상이 바로 이를 증명한다.

SAS의 성공을 살펴보기 전에 우리는 칼슨의 성공비법이 광고, 가격

인하, 경비 삭감 혹은 경영자의 리더십이라는 기존의 전술이나 전략에 의한 것이 아니라, 단순한 마케팅철학 즉, 고객이 원하는 것을 팔고 잇다는 확신에 찬 자신감에 있었음을 이해하여야 한다.

(1) 고객위주의 기업으로 혁신해야만 한다.

70년대 말부터 80년대 초에 이르기까지 SAS뿐만 아니라, 모든 항공회사들이 심각한 불경기와 싸우고 있었다. 세계적인 경기침체가 항공업계에도 깊이 침투해 어느 회사나 악전고투에 시달리고 있던 때이다. 이와 같이 업계의 악조건이 계속 이어지고 있는 가운데 SAS는 '81년 한 해 동안에만 8백만 달러의 적자를 볼 정도로 고전하고 있었다. 바로 이 시기에 얀 칼슨은 39세라는 젊은 나이에 SAS의 사장으로 취임하였다.

우선 결과부터 얘기하자면 칼슨은 취임 이후 1년 사이에 SAS를 경영 흑자로 바꾸어 놓았다. 나아가 2년 후에는 항공회사의 평가에서 '세계 최고의 항공회사'로 뽑히는 영광을 누릴 수 있었다, 그렇다면 칼슨은 어떤 인물인가. 어떤 인물이기에 불황과 적자에 허덕이는 SAS의 구세주로 등장했는가. 그는 28세에 항공사 직원으로 항공업계와 인연을 맺게 되었다. 그후 36세에 세계 최연소 사장으로 스웨덴 국내 항공사 린네후류 LINGEFJYG사의 경영을 이어 받았다. 이 당시 최단기간에 눈부신 성과를 거두어 그의 능력을 인정받았으며, 그 결과 81년 칼슨은 SAS의 사장으로 취임하게 된 것이다. SAS는 17년간 연속해서 이익을 올렸으나 79년과 80년 2년 사이에 3천만 달러의 적자를 누적시키고 있는 실정이었다. 이런 상황에서 새 사장을 맞이하는 SAS의 사원들의 의욕은 그다지 높지 않았을 것이다.

그런데, 얀 칼슨은 경영의 돌풍을 일으키면 그의 신화를 창조했다. 대부분의 항공회사처럼 기진맥진한 상태에서 계속 허리띠를 졸라맬 것인가, 아니면 대폭적인 투자로 완전히 방향을 전환해 파멸이냐, 영광이냐 하는 모험에 도전할 것인가.

'고객에게 물어보자. 그들은 무엇을 원하는가? 어떤 SAS항공회사가 되길 바라는가.' 칼슨은 이 불황의 늪에서 벗어날 수 있는 열쇠를 바로 고객이 지녔다고 확신했다. 다시 말하자면 고객위주의 기업으로 혁신해

야 한다고 칼슨은 굳게 믿었다.

항공사의 고객은 크게 관광객과 비즈니스 여행객으로 나눌 수 있다. 이 가운데 주기적으로 빈번하게 항공사를 이용하는 비즈니스 여행객을 SAS는 주 타깃으로 설정했다.

(2) 고객과의 접점에 있는 종업원이 SAS의 영웅

칼슨은 자신의 신념을 행동에 옮기기 시작했다. 아직 적자가 해소되지 않은 시기임에도 불구하고 대담하게 5,000만 불이라는 큰돈을 들여서 147개 항목에 걸쳐 서비스개선 프로젝트를 실시했다.

칼슨은 각각의 서비스단계에서 고객이 어떤 대접을 받고 있는가를 알아차려 SAS의 많은 관리직과 종업원들이 정확히 응대할 수 있도록 가르칠 수만 있다면 서비스의 질에 대해 고객이 가지는 인상을 좋게 할 수 있다고 믿었다. 또한 회사 전체를 서비스중심으로 향하게 함으로써 고객에게 SAS와 다른 항공사와의 차이를 인식시킬 수 있으리라 생각했다. 그렇게 되면 앞으로 고객은 SAS를 찾을 것이고 신용도 높아져 점차 사람의 입을 통해 퍼져 나갈 것이라고 확신했다.

한편 비즈니스 여행자를 위한 서비스에 도움이 안 되는 지출은 최대한 삭감했다. 예를 들면 40인으로 구성된 중앙관리 시장조사팀을 해체하고 최종고객의 동향을 보다 밀접하게 파악할 수 있는 시장정보를 현장인 지방에서 수집하는 조치를 취했다.

칼슨은 SAS가 위기를 벗어나기 위해서는 우수한 서비스와 그 서비스를 담당하고 있는 최일선의 사원이야말로 성공의 열쇠라고 생각했다.

고객과 만나는 최일선의 현장직원을 손님에게 최선을 다해 서비스를 실시하도록 훈련시켰다. 제복을 깔끔하고 세련되게 만들어 입히고, 현장의 재량권을 확대시켜 종업원의 판단을 존중해 주었다. 또한 종업원이 손님에게 될 수 있는 한 "NO"라는 대답을 하지 않도록 최대한 주의를 주었다.

진실된 인간미 넘치는 커뮤니케이션을 기업경영의 철학으로 삼았다. 칼슨은 최일선에 있는 종업원이야말로 'SAS의 영웅'이라고 불렀다. 그들이 어떤 간섭이나 쓸데없이 불필요한 위계질서를 거치지 않도록 배려하는 조직구조로 기업내부를 쇄신하였다. 고객에게 최선의 서비스를 제공하기 위해 전사적으로 총력을 기울이는 것이다. 이는 피라미드조직의 붕괴를 의미한다. 구태의연한 조직구조의 혁신을 SAS는 고객을 위해 과감히 단행한 것이다.

(3) 5,000만회 15초 동안의 '진실한 순간'

SAS는 연간 평균 1,000만명('86년 기준)의 고객이 이용한다. 이들 고객은 한번 이용할 때마다 5명가량의 SAS직원과 만난다. 1회 접촉하는 시간은 15초가량. 따라서 1회 15초 1년이면 5,000만회. 바로 이 접점이 SAS에 대한 이미지를 고객의 뇌리에 인상 깊게 심어놓은 것이다. 5천만회의 '진실한 순간MOMENT OF TRUTH'이 결국 SAS의 성공을 좌우하는 것이다.

기존의 항공사들은 아직도 항공기와 정비설비, 영업소, 업무시스템 등의 집적이 항공사를 평가하는 척도라고 생각할 것이다. 하지만 손님에게 항공사에 대해 감상을 물어보면 과연 그들은 항공기, 영업소건물, 자본 운영에 대해 말할 것인가? 아니다. 손님은 분명 항공사직원과 어떻게 만나 어떤 서비스를 받았느냐는 점을 얘기할 것이다. SAS는 이 점을 정확하게 꿰뚫어보고 실천에 옮긴 것 이다. 즉, SAS를 형성하고 있는 것은 손님을 직접 대하는 최일선의 직원이 제공하는 서비스의 질이다.

이처럼 고객위주이려면 최일선의 사원이 여러 면으로 달라져야 한다. 융통성 있고 능동적인 대처능력을 지녀야 한다. 그러나 이 같은 능력을 심어주고, 발휘할 수 있도록 촉구하는 것은 경영자의 역할이다. 사원이 자신을 가지고 직책을 맡아 슬기롭게 임무를 수행할 수 있는 조직 환경을 만들어 주어야 한다는 말이다. 경영자는 사원이 무엇을 필요로 하는지 귀를 기울여야 한다.

이제 경영자는 고립된 관료주의적인 의사결정자가 아니다. 고객만족을 위해서는 경영자 자신부터 깨어나야 한다. 그리고 고객만족을 위해 자신이 무엇을 해야 할지 행동에 옮겨야 한다. 바로 얀 칼슨의 신세대 경영의 진실을 증명해보여야 한다.

(4) 고객을 기대이상으로 만족시켜라.

루디 피터슨은 스톡홀름의 그랜드호텔에 묵고 있는 미국 비즈니스맨이다. 어느날 동료와 함께 SAS로 코펜하겐에 가기 위해 호텔에서 스톡홀름 북쪽에 있는 알란타 공항으로 향했다.

공항에 도착한 그는 호텔에 항공권을 두고 왔음을 알았다. 항공권이 없으면 당연히 비행기를 탈 수 없다. 피터슨은 예정된 항공기를 타고 코펜하겐의 회의장에 참석하는 것을 단념해야만 했다. 그러나 SAS의 담당자에게 사정을 설명했더니 뜻밖에도 친절하게 응대했다.

"걱정마십시오, 피터슨씨 탑승카드를 내드리겠습니다. 그랜드호텔의 방번호와 코펜하겐의 연락처만 가르쳐 주시면 나머지 일은 우리가 처리하겠습니다." 담당자의 얼굴에는 미소가 떠 있었다.

피터슨이 대합실에서 비행기 탑승시간을 기다리고 있는 사이에 담당자가 호텔로 전화를 걸었다. 담당자는 곧 바로 자사의 리무진을 호텔로 보내 항공권을 가져오도록 조치했다. 재빨리 일이 진행되어 피터슨이 코펜하겐의 항공기를 타기전에 항공권이 그에게 전달되었다. SAS담당 여직원이 다가와서 "피터슨씨 항공권이 도착되었습니다."라고 친절하게 말해오자 그저 놀라움을 금치 못했다. 그는 아마 SAS의 평생고객으로 그 고마움에 답할 것이다.

만약에 이런 상황이 다른 항공사에게 발생한다면 어떻게 되었을까. 거의 모든 항공사의 업무처리 매뉴얼에는 '항공권 없이는 탑승 할 수 없다.'고 규정되어 있다. 기껏해야 항공권 담당자가 그의 윗자리에 있는 사람에게 사태를 보고하는 선에게 그칠 것이며, 피터슨을 탑승시키는 일은 아마도 거의 불가능했을 것이다.

그런데 SAS의 경우는 담당자가 자신의 판단에 의해 유연하게 일을 잘 처리 한 것이다. 이같은 고객위주의 서비스에 고객은 당연히 깊은 감명을 받게 된다. 피터슨이 만난 이 담당 여직원이 SAS의 이미지로 오래도록 남을 것이다.

(5) MOT마케팅

MOT(Moment of Truth)란 스페인의 투우 용어인 'Moment De La

Verdad'를 영어로 옮긴 것인데, 스웨덴의 마케팅 학자인 리차드 노만(R. Norman)이 서비스 품질관리에 처음으로 사용하였다고 한다. 원래 이 말은 투우에서 투우사와 소가 일대일로 대결하는 최후의 순간을 가리킨 말이다. 즉, 투우사가 소의 급소를 찌르는 순간을 말하는데, '피하려 해도 피할 수 없는 순간' 또는 '실패가 허용되지 않는 매우 중요한 순간'을 의미한다. 따라서 MOT란 '진실의 순간'이라는 통상적 번역보다 '결정적 순간'이라는 말이 더 적합하다.

서비스 품질관리에서 MOT 또는 결정적 순간이란 "고객이 조직의 어떤 일면과 접촉하는 접점으로서, 서비스를 제공하는 조직과 그 품질에 대해 어떤 인상을 받는 순간이나 사상(事象)"을 말한다. 일반적으로 MOT는 고객이 종업원과 접촉하는 순간에 발생하지만, '광고를 보는 순간'이나 '대금 청구서를 받아 보는 순간' 등과 같이 조직의 여러 자원과 직접 또는 간접적으로 접하는 순간이 될 수도 있다.

39세의 젊은 나이로 스칸디나비아항공(SAS: Scandinavian Airlines)의 사장에 취임한 얀 칼슨$_{Jan\ Carlzon}$이 1987년 「Moments of Truth」란 책을 펴낸 이후 MOT란 말이 급속히 보급되었다. 스칸디나비아항공에서는 대략 한 해에 천만명의 고객이 각각 5명의 직원들과 접촉했으며, 1회 응대시간은 평균 15초였다. 따라서 고객의 마음속에 1년에 5천만번 회사의 인상을 새겨 넣는 것이다. 그는 1970년대 말 오일쇼크로 2년 연속으로 적자를 기록한 이 회사에 1981년 39세의 나이로 사장이 되어 부임하자마자 "직원들이 고객을 만나는 15초 동안이 진실의 순간"이라고 말했다고 한다. 15초 동안에 고객을 평생 단골로 잡느냐 원수로 만드느냐가 결정된다는 것이 그의 주장이었다. 칼슨은 15초 동안의 짧은 순간 순간이 결국 스칸디나비아항공의 전체 이미지, 나아가 사업의 성공을 좌우한다고 강조하였다. 이러한 결정적 순간의 개념을 도입한 칼슨은 스칸디나비아항공을 불과 1년만에 연 800만 달러의 적자로부터 7,100만 달러의 흑자경영으로 전환시켰다.

칼슨은 MOT의 개념을 소개하기 위해 불결한 트레이(접시 또는 쟁반)를 자주 예로 들었다. 만약 승객들이 자신의 트레이가 지저분하다는 것을 발견하게 된다면, 같은 순간에 그들은 탑승하고 있는 비행기가 불

결하다고 느끼게 된다는 것이다. 이처럼 MOT는 서비스 제공자가 고객에게 서비스품질을 보여 줄 수 있는 극히 짧은 시간이지만, 자사에 대한 고객의 인상을 좌우하는 극히 중요한 순간인 것이다.

　결정적 순간은 고객이 서비스를 제공하는 조직과 어떤 형태로 접촉하든지 간에 발생하며, 이 결정적 순간들이 하나하나 쌓여 서비스 전체의 품질이 결정된다. 따라서 고객을 상대하는 종업원들은 고객을 대하는 짧은 순간에 그들로 하여금 최선의 선택을 하였다는 기분이 들도록 만들어야 한다.

　기업에서 MOT 마케팅을 하는 이유는 이 개념에 소위 '곱셈의 규칙'이 적용되기 때문이다. 단 한번 진실의 순간에서 고객에게 부정적인 인상을 주게 되면 전체적인 평가가 부정적이 될 수 있다는 것이다. 다시 말해 한 순간에 고객을 잃어버릴 수 있다는 얘기인 것이다. 예컨대 제품이 아무리 좋더라도 안내원, 주차장 관리원, 전화교환원, 상담접수원, 경비원 등 일선 서비스 요원 중 한 사람의 접객태도가 나쁘면 고객은 그 순간 떠나버리게 된다. 또는 기업의 특정자원(휴게시설, 화장실 등)과 접촉하는 순간으로 서비스의 품질에 대한 고객의 인식에 결정적인 영향을 미치는 상황이라 할 수 있다. 반대로 모든 진실의 순간에 긍정적인 인상을 주게 되면 그 제품과 기업에 대한 모든 평가가 훨씬 더 좋은 긍정적인 효과를 낳을 수 있다. 사실 MOT 하나하나가 그 자체로서 상품인 것이다.

핵심정리

항공서비스에서 고객이 경험할 수 있는 MOT
- 정보를 얻기 위해 전화했을 때
- 공항 카운터에 다가갔을 때
- 탑승권 판매직원과 카운터에서 만났을 때
- 요금을 지불하고 탑승권을 받을 때
- 출발입구를 찾고 있을 때
- 출발라운지에서 출발을 기다릴 때
- 탑승하여 승무원의 환영을 받을 때
- 수화물보관소를 찾고 있을 때
- 예약할 때
- 순서를 기다리고 있을 때
- 보안검사대를 통과할 때
- 티켓을 건네고 탑승할 때
- 좌석을 찾고 있을 때
- 좌석에 앉았을 때

3) 고객만족을 위해 24시간 움직인다. - FedEx

패더럴 익스프레스사는 매일 평균 106만개의 서류와 대소형 화물을 전 세계 176개국에 정해진 시간 내에 운송배달하고 있다. 고객이 원하는 장소에 약속한 시간 내에 100% 정확히 우송하는 것을 목표로 하는 이 회사는 고객의 욕구를 충족시키는 것은 물론 기대하지 않았던 서비스까지 제공해준다는 것을 캐치프레이즈로 내세우고 있다.

사실 서류나 화물을 수거하여 배달하는 개념은 간단하지만, 이 과정을 신속하고 효율적으로 배달하기 위한 개발은 혁신적이고 복잡하며 비용이 많이 든다.

FedEx 설립자 프레드릭 스미스

패더럴 익스프레스사의 설립자인 프레드릭 스미스씨는 대학시절에 24시간$_{overnight}$내에 전 미국에 편지나 소포를 배달하는 시스템, 즉 hub-and-spoke라 하여 자전거 바퀴살에서 얻은 아이디어로 미국내 인구분포의 중심지역(멤피스)에 화물집결지(허브)를 만들고 모든 화물들을 일단 여기에 모은 다음 재분류하여 자전거 바퀴살 모양으로 미국 전역에 배송하는 연구논문을 제출했으나, 터무니없이 불가능한 일이라 하여 C학점을 받았다. 비록 대학에서는 형편없는 점수를 받은 아이디어지만, 프레드릭 스미스는 뛰어난 고객서비스로 승부를 걸겠다는 의지 하에 1973년 회사를 설립했던 것이다.

그는 미국의 고객서비스가 형편없는 것은 경영진이 그렇게 되도록 종업원들을 유도했다고 신랄하게 비판할 정도로 '고객만족' 경영의지가 탁월한 경영자이다. 그리하여 페덱스는 고객만족을 위해서는 종업원 만족이 우선이라는 PSP $_{People-Service-Profit}$ 경영철학을 철저하게 실천해 나가는 기업이다. "우리가 종업원들을 지성으로 보살피면 그들은 고객이 원하는 완벽한 서비스를 제공해 줄 것이다. 그러면 고객들은 회사의 미래를 확실하게 다지는데 필요한 이익을 가져다 줄 것이다." 이는 종업원이 회사에 만족하면, 서비스는 당연히 좋아져서 고객은 만족할 것이며, 그 결과 당연히 수익증대가 따를 것이라는 경영이념을 의미한다.

페덱스에는 화물 운송을 고객이 인터넷을 통해 직접 체크할 수 있는 시스템이 있다. 이 시스템을 이용하면 고객은 자신이 의뢰한 화물이 어

떤 상태이며 언제쯤 목표 지점에 도착할 수 있을 것인지를 실시간으로 확인할 수 있다. 물론 그 과정에서 페덱스 직원은 전혀 개입하지 않는다. 고객이 직접 자신의 화물 번호를 이용하여 자신의 화물 상태를 체크하는 것이다. 전형적인 셀프 서비스에 의한 프로슈머화 기법이라고 할 수 있다.

처음 이 시스템은 COSMOS Customer, Operations, Manage-ment and Service 라고 불렸으며 고객이 수신자 부담전화를 통해 화물 상태에 대해 문의했을 때 그 질문에 신속하게 응답하기 위하여 개발된 것이라고 한다. 그런데 1994년 겨울에 페덱스는 코스모스 시스템을 웹을 통해 일반에 공개하기로 결정하였다. 그리고 그 새로운 화물 추적 시스템은 고객들 사이에서 대단히 큰 반응을 불러 일으켰다. 왜냐하면 기존의 전화 문의 시스템에 비해 비교도 안 될 정도로 편리하였기 때문이었다.

현재 페덱스의 화물 추적 시스템은 매일 1만 2천명 정도의 고객이 이용하고 있다. 이것은 과거와 같이 수신자 부담 전화를 이용하여 응답했다면 연간 약 2백만불 정도의 비용에 해당되는 것이라고 한다. 페덱스는 고객의 참여를 유도함으로써 고객 만족도 증대와 비용 절감이라는 두 가지 성과를 동시에 거두고 있는 것이다.

또 전 종업원은 입사 후 기본교육과정에서 회사의 경영철학과 고객의 중요성을 충분히 배우고 난 후에 일선에 배치된다. 또한 종업원 만족을 위해 조직 내에 프로그램을 설치하여 전 조직원이 이를 통해 스스로 조직원으로서의 자부심과 애착을 느끼게 한다.

그 가운데 하나는 GFTP Guarantee Fair Treatment Policy 라는 프로그램은 종업원이 회사로부터 부당한 대우를 받으면, 차상급자와 의논한다. 만일 7일내에 중개를 받지 못하면 상위급 중계위원회에 그 부당함을 알리며, 그래도 해결이 나지 않으면 마지막으로 최상급으로 구성된 중계위원회에 해결을 요청할 수 있다.

또한 SFA Survey Feedback Action 라는 프로그램을 보면 S(조사)는 종업원의 입장에서 회사를 평가하는 질문서 16개와 9개항의 담당 과·부장에 대한 평가지를 연 1회 작성한다. F(피드백)는 S를 기초로 해서 경영전략을 수립하고, 담당 과·부장은 취약부분에 대해 종업원과 의견을 교환한다. A(실시)는 취약점에 대한 보완실천 즉, 어떻게 보완하겠다는 내용을 본사에 보고한다. 개선 후에도 SFA 평가에 의해 제대로 개선이 되지 않았다고 나타나면 해당 과·부장은 불이익을 당하게 된다.

이 같은 철저한 종업원 만족이 전사적으로 실시되는 까닭에 페덱스는 9만명의 종업원이 근무하는데도 노동조합의 결성이 안 되었을 정도이다. 한편, 고객의 욕구에 100%의 만족을 선사하겠다는 이 회사는 최첨단의 시스템으로 고객과의 약속을 정확히 지켜나가고 있다. 각 화물의 운송 이동상황을 선적부터 배달까지 추적할 수 있는 세계적 규모의 컴퓨터 통신망COSMOS을 보유하고 있으며, 여기에 연결된 슈퍼트래커 Super-tracker라는 휴대용 컴퓨터바코드 검색기를 이용해 화물 이동사항을 기록하고 있다. 뿐만아니라 패더럴 익스프레스 시스템 내에서의 화물 이동사항에 대한 정보는 고객의 화물실에 놓인 '파워십' 단말기와 온라인으로 연결되어 있는 대형 컴퓨터에 즉각적으로 입력된다. 이런 시스템을 이용하여 그들의 화물이 전 세계 어느 지점에 있는지 쉽게 알아볼 수 있다.

초기에 패더럴 익스프레스 운송회사가 고객에게 배달을 약속한 시간은 다음날 정오까지였다. 그러나 시간단축을 위해 계속적인 노력은 여기서 머물지 않았다. 날로 증가하는 경쟁자들에 대처하기 위해 이 회사는 배달시간을 1시간 30분 앞당겨 다음날 아침 10시 30분까지 배달하는 획기적인 조치를 취했다. 더구나 그 후 2년 뒤에는 약속시간을 어겼을 때, 돈을 돌려주는 환급 보증 제도를 시행하였다.

이처럼 고객과의 약속을 철저히 지켜 고객을 만족시키겠다는 패더럴 익스프레스사의 고객만족경영은 70년대 후반에서 80년대 초반사이에 연간 성장률이 40%를 상회하는 성숙기에 진입했으며, 83년에는 기업합병이나 인수 없이 창사 10년만에 매출액이 10억불을 달성해 미국 기업 사상 전례 없는 획기적인 기록을 수립했다.

3. 국내의 서비스 마케팅 사례 이야기

1) 커머스를 더 재미있게 하는 '소셜 이벤트' 서비스 네모맨 화제

소셜 커머스를 더 소셜하게 만드는 '소셜 이벤트' 서비스가 등장했다. 크리에이팁은 게임과 입소문 요소를 결합한 SNS 마케팅 사이트 '네모맨'을 오픈했다.

네모맨 사이트에 접속하면 1만개의 작은 사각형으로 나눠진 상품 홍보 페이지가 나타난다. 이 작은 사각형 중 하나를 클릭해 당첨되면 그날의 상품을 무료로 받을 수 있다. 하루 5번까지 클릭 기회를 모두 쓴 후엔, 해당 상품을 자신의 트위터나 페이스북, 미투데이 등의 소셜네트워크서비스(SNS)를 통해 친구들에게 알리면 클릭 기회를 충전할 수 있다.

당첨 상품을 받으려면 미리 설정된 총 참여 횟수를 채워야 하기 때문에 당첨자들도 친구들에게 SNS를 통해 참여를 권하는 바이럴 마케팅을 하게 된다. 사용자들은 게임처럼 재미있게 상품을 받을 수 있는 기회를 얻고, 기업은 자연스러운 입소문 홍보를 할 수 있다. 특히 단기간에 집중적으로 홍보해야 할 제품이나 서비스에 적합하다고 회사측은 설명했다.

이 회사 대표는 "기존 소셜 커머스는 소셜 특성이 거의 없다"며 "네모맨은 사용자 부담을 최소화하면서 커머스에 재미와 소셜 요소를 가미, 자연스러운 사용자 참여를 이끌어낼 수 있다"고 말했다.

2) 50% 할인된 티켓몬스터를 또 한번 반토막 낸다!

50% 할인된 티켓몬스터 쿠폰을 또 한번 50% 할인된 가격으로 이벤트를 진행하는 곳이 있어 소셜커머스 이용자들의 눈길을 끌고 있다. 기존의 소셜커머스 업체에서 판매하는 반값 할인 쿠폰을 이벤트를 통해서 매일 매일 50% 할인된 가격으로 만나 볼 수 있어 화제가 되고 있다.  이지쿠폰이라는 회사 (www.ezcoupon.kr) 에서는 이벤트를 통해서 티켓몬스터, 위메이크프라이스, 쿠팡, 그루폰 등 인기 있는 소셜커머스 쿠폰을 반값으로 할인 받을 수 있는 이벤트가 매일 진행 된다. 이지쿠폰은 매일 매일 인기 소셜커머스 쿠폰을 이벤트 경매를 통해서 하루 4회 할인된 가격으로 이벤트를 진행한다. 이벤트

경매는 기존의 반값 쿠폰을 이지쿠폰에서 한번 더 50% 할인된 가격으로 이벤트 경매를 진행 하는 방식으로 이지쿠폰에서 지급되는 포인트를 사용해 누구나 참여가 가능한 서비스이다. 추가로 50% 할인되어 올라온 쿠폰들은 이벤트 참여자들에 의해 할인율이 결정 되는데 최대 50%까지 할인이 가능하며, 참여자가 한명씩 늘어날 때마다 쿠폰 가격이 10원씩 놀라가며, 최고가로 이벤트 경매에 참여한 참여가자 낙찰된 금액으로 원하는 쿠폰을 할인 받아 구매 할 수 있는 방식이다. 이벤트 경매에 참여시 아이템이 필요하며, 입찰 아이템인 이지티켓은 무료로 지급되는 포인트를 통해서 지급되고 있다.

인기 있는 티켓몬스터 쿠폰뿐만 아니라 다양한 쿠폰을 경매요청 게시판을 통해서 접수 받고 있다. 경매요청 게시판을 통해 원하는 쿠폰을 올리면 인기도와 조회수를 바탕으로 50% 할인된 가격으로 이벤트 경매에서 만나볼 수 있다. 또한 포인트 샵에서는 무료로 지급 되는 포인트를 활용하여 다양한 경품으로 교환 할 수 있어 소셜커머스 이용자들에게 주목 받고 있다. 이지쿠폰 진행되는 다양한 이벤트와 활동을 통해 무료로 지급되는 포인트는 이벤트 경매 참여뿐만 아니라 누적된 포인트를 다양한 경품으로 교환이 가능하다.

이처럼 다양한 이벤트와 재미있는 서비스를 통해서 기존의 소셜커머스와 차별화를 두고 있는 소셜커머스 관련 업종들이 늘어나고 있다. 이는 점점 시장이 커지고 있는 소셜커머스 업계에서 차별화되고 세분화된 서비스를 통해서 이용자들의 마음을 사로잡기 위한 업체들의 노력이 묻어나온 결과다.

이에 소비자들은 "다양한 혜택과 기발한 아이디어를 통해서 소셜커머스 이용이 재미있어서 좋다.", "더 많은 업체들이 수많은 혜택들을 펑펑 쏟아냈으면 한다."등 점점 진화하는 소셜커머스 업계를 반기는 분위기이다.

3) 저비용항공사, 톡톡 튀는 서비스로 고객 끌기 경쟁

항공권 가격 파괴 바람을 일으켰던 저비용 항공사들이 스타와의 팬미팅이나 기내경품 행사와 마술쇼 등 톡톡 튀는 다양한 이벤트를 선보이면서 승객 모시기에 나섰다.

대한항공이 출자한 진에어에 따르면 홈페이지(www.jinair.com)를 통해 온라인 경품 이벤트를 실시해 항공권 할인쿠폰을 당첨 고객에게 전달하고 있다. 진에어는 홈페이지에서 항공권을 구입한 고객들을 대상으로 추첨을 통해 국내선 무료항공권을 비롯 여행용가방, 할인쿠폰 등을 제공하고 있다. 이에 앞서 진에어는 이달 초 유명그룹인 'SS501 초청 팬미팅'을 제주도에서 갖고 이들과 연령대가 비슷한 고객층에게 스타와의 만남을 주선하고 공연이벤트를 제공해 관심을 끌었다.

또한 에어부산은 노선별 맞춤서비스를 실시하고 있다. 2개 노선을 운영하고 있는 에어부산은 지난해 12월부터 부산-제주간 여행객을 대상으로 경품이벤트 실시해 잠수함 승선과 볼펜, 수첩, 머그잔 등 기념품을 제공하고, 마술쇼까지 선보이고 있다. 또한 비즈니스 업무 승객들이 90%이상 차지하고 있는 부산-김포간 노선에는 신문, 커피 등 기내서비스 제공하고 있다.

제주항공은 객실승무원 15명으로 구성된 기내특화 서비스팀을 구성해 풍선아트나 사투리 기내방송, 캐릭터 의상입고 사진 찍기 등 고객에게 즐거움을 주는 '펀 이벤트'를 진행하고 있다. 제주항공은 또 기내 프로포즈 이벤트를 마련해 발렌타인데이나 화이트데이 때 항공편 기내에서 객실승무원이 사연방송과 함께 선물을 전달해주는 행사로 승객들의 관심을 끌고 있다. 식목일에는 꽃씨를 나눠 주고, 어버이날 탑승하는 어르신들께는 승무원들이 카네이션을 달아드린다. 국군의 날에는 승무원들이 군복을 입고 탑승객들에게 거수경례로 맞이하고, 한글날에는 훈민정음이 써진 티셔츠를 입고 순우리말로 기내방송을 실시하기도 한다.

제주항공 관계자는 "저가항공사들이 책정한 할인요금이 비슷해지면서 가격경쟁보다는 이제는 고객들에게 다양한 이벤트를 제공함으로써 재미있고 차별화된 모습을 보여주기 위해 노력하고 있다"고 말했다.

4) 유통업계 톡톡튀는 '장마마케팅' 매출도 쑥쑥

각 기업들은 변덕스러운 여름 날씨에 당황스러워할 소비자들을 위해 '주문배달서비스', 빗물에 쇼핑백이 젖지 않도록 "비닐 포장 서비스", 고객에게 우산을 씌워주는 '레인맨 서비스' 등 각양각색 장마철 서비스를 앞다퉈 선보이고 있다.

친환경 유기농 브랜드 초록마을은 작년 여름 시즌 동안 가장 많은 판매량을 보였던 대표 인기 상품 중 200여개 품목을 엄선해 최대 40%까지 할인해주는 '여름 대비 히트상품 초특가전'을 진행하면서 '초록마을 E-store 서비스' 및 매장 주문 배달 서비스를 강화시켰다.

'초록마을 E-store 서비스'는 유아를 둔 젊은 엄마들에게 큰 호응을 얻고 있다. 친환경 유기농 상품정보 및 레시피 등 유용한 정보 확인뿐만 아니라 인근 매장에서 배달을 신청하면 전국 매장에서 장바구니에 담긴 상품을 소비자에게 직접 배송, 결제까지 가능하기에 폭염과 장마로 외출이 부담스러운 소비자들에게도 만족도가 높다.

크리스피 크림 도넛은 소비자들에게 우산을 대여하는 '하늘 우산' 서비스를 제공하고 있다. 제품 구매를 위해 매장을 방문한 고객뿐만 아니라 소비자 누구나 부담 없이 비 오는 날 우산을 무료로 대여할 수 있다. 사용한 우산은 고객이 다시 매장을 찾을 때 반납하면 된다.

신세계 백화점은 비가 오면 '비닐 포장 서비스'를 진행한다. 비닐포장 서비스는 고객이 백화점에서 구입한 제품이 비에 젖지 않도록 백화점 쇼핑백 위에 비닐을 덧씌워주는 것이다.

갤러리아 백화점 명품관에서는 '레인맨 서비스'를 운영한다. 백화점 동관과 서관, 주차장으로 이동시 비에 맞지 않도록 큰 우산을 든 레인맨들이 우산을 씌워준다. 레인맨 서비스는 건물 이동시 우산을 펼쳐야 하는 번거로움을 덜어준다.

5) 보습팩에서 승무원 'F4'까지···톡톡 튀는 항공사 기내 서비스

항공사 기내 서비스가 나날이 진화하고 있다.

(1) 어린이들, 엄마 없이 비행기 탈 수 있어요.

부모 없이 혼자 비행기를 타는 어린이를 승무원이 1대1로 보살펴 주는 '플라잉 맘' 서비스부터, 건조한 기내에서 지친 피부에 활력을 주는 보습팩 서비스, 오랜 비행 시간동안 흐트러진 화장을 깔끔히 만져주는 메이크업 서비스까지 고객들의 눈높이에 맞는 서비스들을 제공하며 각광을 받고 있다.

대한항공은 많은 부모들이 홀로 비행기에 오른 어린 자녀가 장시간 동안 기내에서 어떻게 지내는지 염려한다는 점을 고려해 2002년부터 국내선과 국제선 전 노선을 대상으로 이 서비스를 시행하고 있다. 만 5~11세(국내선 12세) 어린이 승객이 뭘 먹고 마셨는지, 잠은 잘 잤는지, 뭐하고 놀았는지, 기분과 건강상태는 어땠는지 등 어린이가 기내에서 어떻게 지냈는지 담당승무원이 관찰하고 보살핀 내용을 편지로 작성해서 도착지의 부모 (보호자)에게 전달해 주는 서비스다. 대한항공에 따르면 매달 많게는 1,300명의 어린이들이 이 서비스를 이용할 정도로 호응이 높다. 다만 국제선에서 이 서비스를 이용하기 위해서는 성인요금을 내야한다. 국내선은 성인요금의 75%인 소아요금으로 이 서비스를 이용할 수 있다.

(2) 비행으로 푸석거리는 피부, 보습팩과 메이크업으로 변신하세요.

아시아나항공의 기내 특화서비스는 다른 항공사들과 현격히 차이가 날 정도로 다양하다. 그 중 고객들의 반응이 가장 뜨거운 서비스 중 하나가 바로 '차밍 서비스'다. 네일, 마스크팩, 메이크업 서비스 등으로 비행으로 지친 고객의 외모를 산뜻하게 가꿔주는 서비스다.

특히 장시간 비행으로 흐트러진 화장을 전문교육을 받은 승무원들이 예쁘게 손질해 주는 메이크업 서비스는 여성 고객들에게 인기가 높다. 또한 계절에 맞는 색상과 큐빅으로 아름답게 손톱을 꾸며주는 네일 서비스도 호응이 좋다. 이 같은 서비스는 모든 노선에서 누릴 수 있는 것은 아니다. 메이크업 교육을 받고 아시아나항공 차밍서비스팀으로 활동하는 승무원은 64명 정도 된다. 이 팀 소속 승무원들이 여러 명 타는 미주, 유럽, 호주 등 장거리 국제선 항공편에 이 서비스가 제공된다. 운 좋게 차밍서비스가 제공되는 항공편에 탔지만 모든 승객이 이 서비스를 이용할 수 있는 것은 아니다. 이들 서비스는 인기가 많아 신청 고객들 중 추첨을 통해 서비스를 제공한다. 서비스 이용료는 따로 없다.

남성 고객들은 화장에는 관심이 없을지 몰라도 보습팩에는 환호한다. 건조한 기내 환경에 장시간 노출돼 푸석거리는 피부를 촉촉하게 해주며 생기를 불어넣는 보습팩은 여성들 뿐 아니라 남성 고객들도 애용하는 서비스다. 보습팩 서비스는 장거리 국제선을 이용하는 모든 고객들이 이용할 수 있다. 아시아나항공의 바리스타 서비스도 인기가 높다. 전문 핸드드립 바리스타가 기내에서 즉석으로 손님에게 커피를 추출해 서비스한다.

(3) 화이트데이 "승무원 F4가 서비스 합니다"

3월14일 화이트데이에는 제주항공을 타면 운이 좋을 경우 훈남 승무원 F4의 특별한 기내 서비스를 받을 수 있다. 이들은 고객들에게 화이트데이의 상징인 사탕을 나눠줄 뿐 아니라, 최근 히트 쳤던 드라마 '시크릿 가든'을 패러디하며 기내에서 즐거운 시간을 함께 보낸다. 제주항공은 이외에도 매년 초 '새해 다짐 다잡기 프로젝트' 서비스를 선보이고 있다. 설 연휴기간 탑승객들에게 새해 다짐을 적은 엽서를 받아 그 해 6월 승객들에게 발송, 연초 다짐했던 계획들을 다시 한번 돌아볼 수 있도록 한다.

6) [멀티플렉스 전성시대] 톡톡 튀는 서비스 "고객 잡아라"

"차별화된 서비스로 고객을 확보하라"

멀티플렉스 영화관들이 독특한 서비스로 고객잡기에 나서고 있다. 'CGV용산11'은 국내 영화관중 처음으로 '티켓리스'(Ticketless)서비스제를 도입했다. '티켓리스' 서비스는 말 그대로 종이로 된 티켓이 필요 없는 최첨단 발권서비스이다. 인터넷을 통해 예매한 뒤 상영관 입구에 설치된 티켓리스 전용 단말기에 멤버십카드를 삽입하거나 핸드폰을 대기만 하면 좌석번호가 표시되며 입장이 가능하다. 인터넷 예매후 다시 발권하기 위해 기다릴 필요가 없으며 입장시에도 영화표를 제시할 필요가 없어 관객들이 보다 편안하게 영화를 볼 수 있다. CGV는 앞으로 이 서비스를 전국체인점으로 확대하고 티켓리스 전용카드도 새롭게 개발해 보급할 계획이다.

 롯데시네마는 영화관-호텔-마트-후지필름-TGIF-자바커피숍-롯데월드 등 롯데 계열사와의 연계를 통한 원스톱 엔터테인먼트 서비스로 고객들의 좋은 반응을 얻고 있다. 롯데시네마 멤버십 회원이 백화점과 롯데월드, 자바커피숍 등을 이용하면 할인 혜택을 받을 수 있으며 호텔 무비 패키지를 이용하면 숙박자들이 극장 영화를 무료로 볼 수 있다. 마트나 백화점을 이용하는 고객에게는 각종 시사회 초대권을 주고, 영화관을 이용하는 고객에게는 후지필름에서 출시한 디카·폰카 즉석인화기 등에 대한 무료이용권을 제공하기도 한다.

프리머스 시네마는 '서비스 매니저' 제도를 도입하여 운영중이다. 서비스 매니저는 유통산업이나 전문 서비스업 등에서 오랫동안 서비스강사나 서비스책임자로 일했던 사람들로 각 극장에서 근무하면서 직원들의 서비스 마인드교육, 친절교육, 클레임 대응 등의 업무를 전담하고 있다. 멀티플렉스 특성상 근무기간이 짧은 파트타이머의 비중이 높기 때문에 지속적인 반복교육과 서비스 마인드를 갖는 것이 무엇보다 중요해 '서비스 매니저' 제도를 도입했다는 게 프리머스 시네마측의 설명이다.

 메가박스는 '서비스 이노베이션'제를 도입해 눈길을 끌고 있다. 이는 천편일률적인 서비스를 제공하기보다 입점한 지역의 소수 고객들만을 대상으로 이들이 원하는 서비스를 제공하는 것이다. 전주점은 극장옆의 별도의 공간에 VIP고객들만을 위한 휴식공간인 '클럽 메가박스'를 개설하고, 울산점은 극장 앞에 무대를 마련해 관객들에게 영화상영 뿐 아니라 정기적인 공연을 제공해 '종합 문화공간'으로서의 기능도 함께 갖춘다는 구상이다.

학습정리

1. 서비스마케팅의 개념
   서비스마케팅은 무형적인 성격을 지닌 이익이나 만족을 얻는 활동이다. 즉, 서비스 마케팅은 고객과 서비스 종사자와의 상호관계로부터 발생하며 서비스 종사자들이 고객의 문제를 해결해 주는 상황에서 일어나는 마케팅 활동의 일환이다.

2. 서비스마케팅의 특성
   Kotler(1997)는 서비스마케팅의 특성을 무형성$_{intangibility}$, 소멸성$_{Perishability}$, 비분리성$_{inseparability}$, 가변성$_{heterogeneity}$으로 구분하고 있다.
   1) 무형성
      무형성은 구매 전에는 보거나 만지거나 냄새를 맡을 수 있는 유형적 대상이 아니고, 실체를 객관적으로 느낄 수 없다는 것을 의미한다.
   2) 소멸성
      서비스 잠재력의 소멸성은 다른 제품과는 달리 향후 수요에 대비해서 저장할 수 없다는 것을 의미한다.
   3) 비분리성
      서비스 마케팅의 비분리성은 서비스의 생산과정에서 소비가 동시에 이루어진다는 것을 의미한다.
   4) 가변성
      가변성이란 소비자가 어떤 서비스를 선호해서 그 서비스를 구매할 때 제공되는 서비스의 품질수준이 항상 일정할 수 없음을 의미한다.

3. 서비스마케팅의 효율성
   1) 서비스 유통체제의 수립
   2) 고객 지향적 서비스 자세 확립
   3) 서비스시스템의 운영관리
   4) 서비스 포지셔닝 전략개발

4. 서비스마케팅 사례 연구
   1) 고객감동경영 - 노드스트롬$_{Nordstrom}$ 백화점
   2) 고객만족 경영으로 세계 최고의 항공사로 - SAS
   3) 고객만족을 위해 24시간 움직인다. - FedEx

5. 국내의 서비스 마케팅 사례

학습문제

01 서비스 마케팅은 고객과 서비스 종사자와의 상호관계로부터 발생한다. (○, X)

> 해설 서비스마케팅은 무형적인 성격을 지닌 이익이나 만족을 얻는 활동이다. 즉, 서비스마케팅은 고객과 서비스 종사자와의 상호관계로부터 발생하며 서비스종사자들이 고객의 문제를 해결해 주는 상황에서 일어나는 마케팅 활동의 일환이다.
> 정답 : ○

02 서비스마케팅의 특성을 유형성, 소멸성, 비분리성, 가변성으로 구분할 수 있다. (○, X)

> 해설 Kotler(1997)는 서비스마케팅의 특성을 무형성intangibility, 소멸성Perishability, 비분리성inseparability, 가변성heterogeneity 으로 구분하고 있다.
> 정답 : ×

03 서비스마케팅의 무형적 특성에 따른 문제점에 대한 설명이다. 틀린 것은?
① 저장이 불가능하다.
② 특허로 서비스를 보호할 수 없다.
③ 가격설정의 기준이 명확하다.
④ 표본추출이 어렵다.

> 해설 ③ (서비스 자체는 눈에 보이지 않는 감성적, 이미지적 성격을 갖고 있어 가격설정의 기준이 모호하다.)
> 정답 : ③

04 서비스마케팅의 효율성을 증대시키기 위한 방안 중 잘못된 것은?

① 서비스 유통체제의 수립
② 고객 편향적 서비스 자세 확립
③ 서비스시스템의 운영관리
④ 서비스 포지셔닝 전략개발

해설 고객 편향적 서비스 자세 확립이 아니고 고객 지향적 서비스 자세 확립으로 서비스 기업이 새로운 방식이나 기술을 도입해서 생산성을 높이려 해도, 고객의 저항이 있으면 불가능하다. 따라서 고객의 신뢰를 획득하기 위해 평소 고객과의 상호작용이 무엇보다 중요하다.

정답 : ②

05 세계최고의 고객만족 항공사로 꼽힌 SAS(스칸디나비아 에어라인 시스템) 항공사의 MOT(moment of truth : 서비스 품질관리에서 고객이 조직의 어떤 일면과 접촉하는 순간)마케팅과 관련이 없는 것은?

① 해외로밍 서비스를 받고자 할 때
② 탑승권 발권 카운터에서 만났을 때
③ 출발라운지에서 대기하며 기다릴 때
④ 기내에서 호출하였을 때

해설 해외로밍서비스는 통신사별도의 서비스로 항공사관리는 아니다.

정답 : ①

06 고객만족을 위해 24시간 움직이는 FedEx 시스템 중 틀린 것은?

① hub-and-spoke : 24시간 overnight 내에 전 미국에 편지나 소포를 배달하는 시스템
② GFTP Guarantee Fair Treatment Policy : 종업원의 입장에서 회사를 평가하는 질문서와 피드백을 통한 취약점 보완 실천하는 시스템
③ PSP People-Service-Profit 경영철학 : 고객만족을 위해서는 종업원 만족이 우선
④ COSMOS Customer, Operations, Manage-ment and Service : 고객은 자신이 의뢰한 화물이 어떤 상태이며 언제쯤 목표 지점에 도착할 수 있을 것인지를 실시간으로 확인할 수 있는 컴퓨터 통신망 서비스

해설 GFTP는 종업원이 회사로부터 부당한 대우를 받으면 중계위원에 해결을 요청할 수 있게 만든 시스템
정답 : ②

07 고객감동경영의 노드스트롬 Nordstrom 의 서비스 성공 사례에 대한 설명이 아닌 것은?

① "직원들이 고객을 만나는 15초 동안이 진실의 순간"이라고 말하며 15초 동안에 고객을 평생 단골로 잡느냐 원수로 만드느냐가 결정된다고 생각하는 직원들 마음 사례
② 노드스트롬에서 쇼핑 후 비행기 티켓을 두고 온 손님에게 공항까지 가서 티켓을 전해준 의류 매장 여직원 사례
③ 세일 기간이 끝난 줄도 모르고 자기가 눈 여겨두었던 고급 브랜드의 바지를 사고 싶어 했는데, 마침 맞는 사이즈가 모두 팔리고 없었다. 판매사원은 백화점 내에 연락을 취해보고 노드스트롬 매장에 사이즈가 없자, 건너편 백화점에 알아보고는 고객이 원하는 바지를 정가에 사와서 세일 가격으로 고객에게 판 사례
④ 허름한 옷차림의 한 중년의 여인에게도 여느 고객과 마찬가지로 친절하게 모시는 고급 숙녀복 매장 직원 사례

해설 ①의 설명은 노드스트롬 서비스경영 사례가 아니고 스칸디나비아 항공사의 서비스 경영
정답 : ①

제12장
웹 마케팅
Web Market

"회사가 인터넷의 장점을 이용할 방법에 대한 명확한 컨셉을 개발하라"

- 필립 코틀러

12 FUN MAKETING
웹 마케팅

학습목표 🔍

1. 웹 마케팅의 새로운 기법과 비즈니스 모델들을 소개함으로써 마케팅의 정체성과 그 방향성을 학습 할 수 있다.
2. 인터넷 마케팅의 새로운 홍보나 비즈니스 기법으로 자리 잡고 있는 검색엔진서비스에 대해 학습 할 수 있다.
3. 사이버공간 상에서 서비스나 제품을 전략적으로 홍보할 수 있는 방안을 마련하게 되어 기업경영과 마케팅 전략 수립을 할 수 있게 된다.

핵심키워드 : 웹 2.0, 바이럴 마케팅, 키워드 광고, 웹 최적화 등록, 검색엔진, 롱테일 마케팅

인터넷마케팅이란?

인터넷이란 자원을 활용하여 비즈니스적인 개념인 이익을 얻도록 도와주는 전략이라 볼 수 있다. 즉, 인터넷을 이용하여 고객의 필요$_{Needs}$와 욕구$_{Wants}$를 발견하는 것과 고객에게 제품이나 서비스를 제공함으로써 고객에게 만족도를 높이는데 필요한 활동을 말한다.

인터넷은 마케팅을 수행하는데 최상의 도구이며, 대량생산체제의 Many-to-Many의 체계에서 벗어나 고객과의 커뮤니케이션을 통한 One-to-One 마케팅으로 개별고객과의 접근을 통한 마케팅전략을 펼칠 수 있을 뿐만 아니라 기존의 유통경로의 다양화에 따른 비용상승을 기

업과 소비자가 직접 거래할 수 있도록 연결시켜주기 때문에 비용절감의 효과를 거둘 수 있다.

인터넷을 통한 마케팅은 기존의 시장점유율 지향적인 마케팅에서 벗어나 시간적, 공간적 무제한성, 다양성, 쌍방향성을 통하여 개별고객에게 접근하여 고객과의 지속적인 관계를 유지할 수 있도록 하는 효과적인 마케팅 수단으로 떠오르고 있다.

기업의 마케팅 활동에 있어 인터넷의 활용도가 증대되고 있는 추세이다. 인터넷 마케팅은 기존의 오프라인 마케팅과는 달리 고객과의 상호작용이 가능하여 적극적인 소비자의 판단과 선택 활동이 발생하는 등 수동적인 소비자를 가정하는 전통적인 마케팅과 차별화되고 있다. 또한 인터넷을 이용함에 따라 마케팅 비용의 절감, 고객 관리 및 수요 창출의 효율성이 향상되는 등 긍정적인 효과를 주고 있음은 물론이고, 인터넷 마케팅의 활용 형태도 홈페이지를 통한 배너 광고나 포털 서비스 등 기업 주도적 형태에서 고객이 적극적으로 참여하는 형태로 변화하고 있다.

학습내용

1. 인터넷 마케팅의 특성

인터넷이라는 의사소통 도구에 의하여 효과적, 효율적으로 고객의 필요와 욕구를 충족시킬 수 있는 제품, 촉진, 유통, 가격결정 등의 활동을 통하여 가치를 창출하고 제공하는 활동으로 전사상거래를 포괄하는 개념이며, 전자상거래는 인터넷 마케팅을 통하여 이루어지는 거래단위를 말한다.

■ 표 12-1 ■ 인터넷 마케팅과 일반 마케팅

비교항목	인터넷 마케팅	일반 마케팅
전략 목표	네티즌 소비자만족, 경쟁력 확보	소비자만족, 경쟁력 확보
전략 원리	1:1 관계형성과 소비자맞춤	세분화-목표시장-포지셔닝
전략 요소	기술, 고객정보, 아이디어 등의 지적요소	자본, 인력 등의 물리적 요소
전략 제품	다양성과 차별성 있는 제품	한정된 제품에 특화
소 비 자	글로벌 가상공간의 소비자	지리적으로 한정된 소비자

위와 같이 인터넷 마케팅은 인터넷이라는 새로운 도구로 인해 기존의 마케팅의 개념을 변화시키게 되었으며, 일반 마케팅 전략을 기본으로 수용하면서 접점이 인터넷으로 이루어진다는 장점이 있다. 인터넷의 특성과 관련하여 인터넷 마케팅의 특성을 살펴보면 다음과 같다.

1) 상호작용성

인터넷 마케팅의 시작은 인터넷의 상호작용에서 출발한다고 볼 수 있다. 즉 인터넷을 통하여 기업과 소비자 사이에 쌍방향적 커뮤니케이션이 일어나게 되는데, 이는 고객의 불만이나 의견의 접수, 고객 프로파일 작성, 라이프스타일과 욕구 파악을 가능하게 한다. 이런 자료들이 계속 축적됨에 따라 고객 데이터베이스가 더욱 충실해지고 기업은 보다 효과적인 데이터베이스 마케팅 활동을 전개해 나갈 수 있다. 한편 소비자들 역시 참여의 폭을 확대함으로써 자신들이 필요로 하는 제품에 대한 구체적이고 충분한 정보를 파악할 수 있게 되었고 궁극적으로 시장의 효율성을 높여 보다 양질의 제품을 더 싼 가격으로 제공함으로써 소비생활의 질을 향상시킬 수 있다.

2) 1대1 마케팅

고객의 구매행위는 개인적이고 개별적인 행위임에도 과거의 전통적인 기업은 이들 개별 소비자들을 특성에 따라 집단화시켜 마케팅활동을 해왔다. 그러나 인터넷의 등장으로 쌍방향적 의사소통이 가능함에 따라 이용자 개개인의 욕구와 반응을 쉽게 알 수 있게 되고 소비자의 개별적인 정보를 데이터화시켜 이를 마케팅 변수와 연계하는 것이 중요해졌다. 이와 같이 체계적으로 만들어진 데이터는 소비자 개개인에 대한 1대1 마케팅을 위한 기본 자료를 제공하며 보다 구체적인 표적집단의 접근과 함께 시장환경변화에 대한 신속하고 능동적인 대처를 가능하게 해준다.

3) 비용의 절감

웹상에서 직접거래가 이뤄지도록 결제시스템을 갖추어 계약과 거래가 성립, 즉 웹을 통한 판매의 경우 구매자와 판매자를 직접적으로 연결하기 때문에 중간 유통과정을 생략할 수 있고 전통적인 방법의 판매에 비해 최소한의 인원, 조직만으로도 그 특성상 판매 공간 없이도 축적된 데이터베이스를 기반으로 특정고객을 대상으로 쌍방향적 마케팅이 가능함에 따라 종전 마케팅에 투입되었던 비용을 절감할 수 있는 구조적인 특징이 있다.

4) 즉시성

기존에는 구매이전의 단계와 구매Action단계에 시간 간격이 존재하였으나 인터넷에서는 구매이전단계와 구매단계가 통합되어 소비자들은 원스톱으로 구매가 가능해졌다. 또한 cookie를 이용, 구매시 마다 카드번호를 입력하지 않아도 되며 실시간으로 동영상 및 채팅을 통한 사후서비스도 가능해졌다. 그리고 기업은 인트라넷, 엑스트라넷, EDI를 통해 제조-물류-판매를 통합할 수 있게 되었다.

5) 정보의 비선형성과 무제한성

인터넷이 다른 매체와 본질적으로 구분되는 점은 다른 매체가 내용을 차례로 전달하는 선형적 과정인 것에 비하여 웹사이트에 제시되는 정보들은 웹의 방문자들이 임의로 정보를 검색할 수 있도록 되어 있다는 점이다. 이런 비선형적인 과정으로 웹의 정보는 일단 홈페이지에 전체 내용이 소개되면 방문자들이 신축적으로 내용을 검색할 수 있다. 또

한 웹은 인쇄매체나 우편과는 달리 동영상과 사운드를 사용할 수 있어 고객에게 제시할 수 있는 정보의 양에 있어서도 거의 무제한적이다. 또한 유사한 관심을 가진 집단이 특정사이트에 지속적으로 접속하여 상호간의 정보교류를 할 수 있도록 공동체를 형성하고 이를 유지할 수 있게 되었다.

6) Consumer=Prosumer

가상공간에서는 소비자와 판매자의 구별이 모호해지고 있다. 즉 이러한 환경 하에서는 상품의 정보와 내용이 단순히 기업으로부터 소비자에게 일방적으로만 전달되는 것만이 아니라 기업과 소비자의 쌍방향적 참여를 가능케 한다. 즉, 소비자들의 욕구에 따라 새로운 형태의 제품이 탄생할 수 있게 되었다.

2. 인터넷 마케팅의 패러다임

디지털 기술의 등장과 함께 통신은 보다 빠르고, 방대한 양의 데이터를 주고받게 되었다. 이런 환경은 인간생활에 있어 보다 빠르고 활발한 활동을 요구하게 되었으며 그 내용은 다음과 같다
- 디지털의 특성 : 광속확산성, 무한반복 재현성, 복잡성, 개체 다원성, 가상성
- 마케팅의 변화 : 급속한 PLC단축, 치열한 경쟁, 가속적 신제품 개발, 글로벌화, 전략적 제휴, 끊임없는 흡수합병, 가속적 불확실성 증가, 개체집합으로서 조직, 특이성 자기표현 중요, Empowering leader, 사이버거래, 사이버 내의 경영관리, 사이버내의 유통관리

1) 광속확산성과 무한반복 재현성

음성, 화상, 동영상 등의 자료가 광속에 가까운 확산성과 무한반복성이라는 특성으로 나타남으로써 적은 비용으로 급속도로 전파

2) 무한반복 재현성

정보와 지식을 재사용시 정보와 지식은 디지털화 된 후에는 재사용 비용이 거의 제로에 가깝게 되었다. 이러한 무한 반복 재현성을 근거로 제시되는 최근의 경영논리가 지식경영체제(KMS)이다.

3) 복잡성

"나비효과란 브라질의 나비 한 마리가 날개짓을 하면 미국에 태풍이 올 수 있다는 것"으로 디지털화가 이뤄지면서 새로운 기술의 출현은 새로운 판도의 시장을 형성하는 모습을 보이고 있다.

4) 개체 다원성

네트워크 효과는 구성조직, 구성원수에 비례하여 선형증가가 아닌 지수증가를 하며 일정수준에 도달하면 기하급수적으로 증가하여 네트워크 경쟁력이 더욱 강해진다.

5) 가상성

가상공간에선 노동력이나 자금보다는 무에서 유를 창조해낼 수 있는 창의성이 핵심역량이 되어 기존에 없는 새롭고 기발한 제품이나 서비스가 속출하게 된다.

3. 인터넷 마케팅의 분류

1) 주체에 따른 분류

분류	내 용
B2B	- 기업간 거래 - 인터넷 중 가장 빠른 속도로 증가하고 있는 분야 - 이를 위한 응용프로그램도 ASP사업의 활성화로 인해 더욱 커질 것으로 예상됨 - 이러한 응용프로그램의 확산으로 기업간거래를 넘어서 다자간의 네트워크로 진전되고 있음
B2C	- 대고객 거래 - 개인 정보노출, 제한된 제품 사양과 품목, 신용카드 결제의 불안 등이 문제로 남아 있음
C2C	- 고객간 거래 - 경매사이트가 대표적인 사례

2) 사용목적에 따른 분류

분류	내 용
기업 이미지	- 자사의 활동을 소개하여 우호적인 기업이미지를 유지 - 목적이 기업이미지 제고를 위한 홍보에 목적이 있는 만큼 콘텐츠가 있어야함
제품 및 서비스촉진	- 대리점을 거치지 않고 예약, 판매, 결제가 이뤄지게 하거나 100여개가 넘는 도메인을 통하여 자사의 제품을 소개하고 있음(도메인을 제품별로 형성하여 트래픽 저하 예방)
거래 활성화	- 유통의 역할을 수행하는 사이트로 가상 매장을 형성하여 실거래 유발하는 사이트
정보교환	- 유사한 관심을 가진 고객을 대상으로 하는 가상 커뮤니티로서 상호간의 의사소통을 원활이 하고 정보를 교환하는 장을 제시하는 사이트들임 - PHP에 대한 정보를 교환하는 PHPschool.com은 57만 명이 넘는 방문자 수를 기록

3) 수익원에 따른 분류

분류	내용
광고	- 현재는 주로 배너 광고에 의한 광고가 주인데 향후에는 점차 감소 추정
회원가입	- 전문적 지식을 가진 구성원의 전문정보 수집력이 있어야 한다. - 예:businessweek.com, Wsj.com
원가절감	- 원가절감을 목적으로 온라인체제를 운영하는 것으로 삼성전자의 경우 해외협력사를 대상으로 글로넷"http://glonets.samsung.co.kr"이라는 종합물류시스템을 이용해 전세계 900여개 해외업체와 93억$규모의 거래하여 1,500억/년의 원가절감 실행
거래	- 인터넷 거래를 통해 수익을 창출하는 것으로 amazon.com(서점), priceline.com(비행기표 예매, 자동차 임대)가 대표적

4) 기능에 따른 분류

분류	내용
포털 서비스	- 최근에는 보다 전문화된 사이트인 포털사이트(vortal site)가 급증
판매 서비스	- 델컴퓨터는 PC의 모든 사양을 고객들이 정하게 하고 온라인 주문에 의해 배송
중개 서비스	- 제품, 주식, 무역, 서비스 등 거래의 구매자와 판매자를 연결시켜주는 기능을 수행 - 전자무역상, 사이버증권회사, 경매사이트들이 이에 속함
콘텐츠 서비스	- 가상공간을 이용하여 문화, 예술, 오락, 방송 등의 서비스 수행
인터넷 지원서비스	- 하드웨어, 소프트웨어, 솔루션, 통신망 등을 지원하는 서비스 사이트들로서 시스코, 마이크로소프트, 데이콤, 두루넷, AOL, AT&T 등의 ISP업자들이 해당

4. 웹 2.0 마케팅시대의 인터넷 마케팅 방법

1) 검색엔진 등록

우선적으로 홈페이지 제작이 제일 먼저 진행되어야 할 사항이다. 홈페이지를 검색엔진에 등록하는 것은 비용이 들지만 한번 등록으로 홈페이지를 폐쇄하기 전까지 존속하며, 사이트 최적화에 따라 첫 페이지에 노출이 가능하여 의외의 효과를 거둘 수 있다는 장점이 있다.

사이트를 검색엔진에 등록하는 방법은, 가장 많이 활용되고 있는 곳은 네이버naver로 등록비용은 무료이고, 구글google 역시 무료이다. 등록심사에 따라 무료와 유료로서 구분되는 다음과 유료로서 활용 가능한 엠파스, 네이트 등이 있다. 일반적으로 가장 많은 이용자를 확보하고 있는 네이버를 통해 무료로 등록하는 방법이 가장 효과적이다.

검색엔진 상위등록을 위해 해야 할 첫 번째 과제는 어떤 '키워드'로 검색했을 때 상위등록이 되는지의 여부이다. 전략키워드가 선정되어 있어야 한다는 것인데, 전략키워드란 자신의 주력 아이템과 밀접한 연관을 지니고 있어야 한다.

전략키워드 선정 방법을 보면, 전략키워드로서의 기본적인 요건이 있다. 그것은 바로 '시장성'이다. 시장성이 좋다는 말은 첫째 기본적인 수요가 있어야 하고, 둘째 지나친 경쟁으로 포화되어 있지 않아야 한다. 셋째 앞으로도 계속 성장해야 한다. 이를 위해서는 하고자 하는 아이템에 대한 시장조사가 선행되어야 한다.

이 검색엔진 마케팅에 대하여는 다음 장에서 좀 더 자세히 다루도록 한다.

2) 배너 광고 (이미지, 브랜드)

단기적으로 효과를 보려고 할 때 활용되지만 비용 부담이 있다. 또한 배너 광고는 아무리 타겟팅을 한다하더라도 어쩔 수 없는 불특정다수가 대상이 되는 것을 염두에 둬야 한다.

예를 들어 네이버 메인 초기상단 플래시 배너라고 할지라도 일평균 클릭율이 저조하며, 기업 이미지나 브랜드 광고만을 위한 것이 좋다. 즉, 특정 타겟팅을 하여 어떠한 목적을 두고 클릭을 유발하기보다는 많이 보게 해서 기억에 남기려는 것을 주목적으로 하는 것이 바람직하다. 그래서 한군데에 배너를 하는 것 보다 여러 영역의 타겟에 맞춰서 활용을 하는 것이 가장 효과를 볼 수가 있다.

또한 배너 광고는 구매력을 갖춘 고객이 있는 사이트에서 해야 하며, 광고비용은 키워드의 IMP(노출수)에 따라서 CPM(Cost per Mile : 노출당 광고비가 측정되는 방식), CPC(Cost per Click : 클릭당 광고비가 측정되는 방식) CPH(Cost per Hybrid : 노출과 클릭으로 동시에 측정되는 방식)으로 결정되나, 각 사이트의 메인 페이지의 위치에 따라 가격이 달라지고 서브페이지의 위치에 따라서 또한 달라진다. 또 배너 사이즈별로 가격단가도 다르다. 올리고자 하는 사이트의 광고담당자 또는 광고안내, 광고등록 페이지를 통해 할 수 있다.

3) 키워드 광고

키워드 광고라고 하면 검색하는 사람이 어떠한 특정 목적을 갖고 검색을 하기 때문에 그 필요에 맞게끔 노출을 시킬 수 있도록 키워드(검색어)를 노출시키는 방법이다. 즉 키워드 검색은 검색어를 입력하면 다른 무료나 유료 등록 쇼핑몰보다 먼저 노출되도록 하는 광고 프로그램으로, 'Payment per View'라고도 부른다. 물론 노출 빈도가 낮고 상업도가 낮은 검색어인 경우에는 상대적으로 광고비가 저렴하고 노출 빈도와 선호도가 높은 검색어는 비싸다. 이 방법은 경쟁업체가 많은 업종일수록 더 효과적이다.

키워드 광고는 위에서 언급한 것과 같이 지불 방식에 따라 크게 CPC광고와 CPM광고로 나뉘게 된다. CPC광고는 검색 후 사이트를 클릭해서 접속을 했을 때 비용이 지출되는 형식이고, CPM광고는 일정금액을 지불 후 계약기간동안 보장된 노출이 가능하다는 특징이다. 두 가지의 광고방법 중 어떤 방법을 활용하느냐에 따라 비용의 차이가 있을 수 있다.

인기가 좋은 키워드인 경우 CPM이 유리하고 그렇지 않은 경우는 CPC가 효율적인 면에서 더 좋을 수도 있기 때문이다.

4) 웹 최적화 등록 (SEO)

SEO_{Search Engine Optimization}서비스라 하며, 웹페이지를 상위에 올리는 마케팅 방법이다. 시간이 걸리지만 노출시 투자대비 효과는 매우 좋다.

다시 정리하면, 검색엔진 최적화란 네티즌들이 검색엔진을 통해 특정 키워드를 기입해 검색을 했을 경우 내 블로그나 웹사이트가 검색 결과 페이지의 가장 상위에 노출되게 함으로서 방문자를 증가시키는 방법이다. 같은 내용의 글을 입력하여도 검색엔진 최적화의 여부에 따라 그 결과는 크게 달라질 수가 있다는 것이다.

웹의 최적화를 하기 위한 4가지 방법이 있다.[17]

① 프레임은 사용하지 않는다.

(검색결과에 웹페이지의 일부만 표시될 우려가 있는 프레임은 쓰지 않는다)

'프레임'은 웹페이지를 몇 개의 부분으로 나누고 각 부분별로 파일을 작성하여 하나의 웹 페이지처럼 보이게 하는 방법이다. 검색결과에 파일의 일부밖에 표시되지 않는 일이 많고, 소비자가 열람해도 메뉴 부분만, 또는 본문 부분만 표시되는 경우가 있다. 프레임 제거에 관해서는 사이트 제작자와 상담이 필요하다.

② 동적으로 생성되는 페이지는 URL에 신경 쓴다.

검색로봇은 동적으로 생성되는 페이지를 파악하는 경향이 있다. '동적으로 생성되는 페이지'란 쇼핑사이트 등에서 상품을 표시할 때 소비자의 요청에 따라 데이터베이스 시스템으로부터 데이터를 불러내 바로바로 생성해주는 페이지를 뜻하며, '다이나믹 페이지'라고도 부른다. 최근에는 SEO에 대한 대책으로 파라미터를 짧게 하거나 데이터베이스 시스템 자체는 그대로 두고 파라미터 기호만 바꿔 써 검색로봇에게 정적인 Html 파일로 보이는 기술을 채택하기도 한다.

---

17) WEB2.0 MARKETING BOOK (다나카 아유미)

③ 플래시를 많이 사용하지 않는다.

'플래시'는 홈페이지의 첫 화면을 장식하는 스플래시 페이지나 내비게이션뿐만 아니라 콘텐츠 그 자체에도 많이 이용된다. 처음에는 애니메이션 동영상을 비교적 간단하게 작성 할 수 있어 대다수의 홈페이지에서 강조목적으로 사용했다. 하지만 메뉴 등의 내비게이션 용도로 플래시를 이용하는 일은 좋은 방법이 아니다. 또 플래시는 사진이나 음성 등을 많이 사용하여 파일 크기가 커지는 경향이 있다. 이때 웹 디자이너들은 대부분 플래시 파일을 분할해 작성하여 다운로드하는 시간을 분산하는 수법을 취한다. 검색엔진의 입장에서 보면 원래 html에서 불러낸 플래시는 검색 대상으로 제외한다. 이 때문에 큰 화상을 많이 포함하는 플래시는 seo에서 매우 불리하게 작용한다.

④ 자바스크립트와 CSS는 외부 파일로 만든다.

자바스크립트와 CSS는 외부파일로 만들자. 자바스크립트와 CSS HTML파일의 윗부분에 기술하면 검색엔진 로봇인 클로러 데이터를 수집할 때 중요한 키워드가 아랫부분에 있다고 파악하여 키워드의 '중요도'를 낮게 잡는다. 또 외부파일로 만들면 HTML파일 내부에 놓여 있다면 웹사이트 제작자에게 외부파일로 바꾸어 달라고 의뢰하는 것이 좋다.

요컨대 '소비자가 사용하기 쉬운' 웹 사이트를 로봇은 높게 평가한다는 원칙에 따르는 것이 SEO의 기본적인 규칙이다.

5) 노출빈도가 많은 사이트에의 광고

인터넷 시장조사업체 코리안 클릭에 따르면 네이버가 이용자 PC의 인터넷 첫 페이지로 설정된 비율은 50%이며, 인터넷 창에 툴바로 다운받아 네이버 검색창을 상시적으로 사용하고 있는 이용자는 3천200만 명에 달한다고 한다. 즉, 하루 1천600만 명의 사용자가 총 10억 회를 보는 국내 시장점유율 1위 포털사이트가 네이버이다.

현재 국내 인터넷 이용률이 80%를 넘어선 것으로 조사되고 있는 상황에서 네이버는 유아나 노년층을 제외한 거의 전 국민이 하루에 수차례씩 들르는 인터넷 사이트로, 사람들에게 엄청난 영향을 미치고 있는 셈이다. 참고로 네이버 다음으로는 다음$_{daum}$으로 한메일의 활용도와 현재 다음카페의 운용으로 네이버와는 다른 영역을 구축하고 있다. 그 다음은 네이트, 싸이월드(블로그), 야후코리아, 엠파스, 파란, 드림위즈 등의 순으로 검색 및 사이트를 이용하거나 방문하고 있는 것으로 나타났다.

타겟광고를 하는 형태로 제품과 서비스의 관련성 있는 소비자, 네티즌을 대상으로 하는 것이 효과적이다.

6) 오버추어와 구글 광고

 오버추어 광고란 작년에 야후가 인수한 오버추어라는 회사에서 운영하는 광고 프로그램으로, 원하는 행위가 발생했을 때만 비용을 지불하는 PPP Pay Per Performance 방식 중 하나이다. 한국에서는 오버추어코리아www.overture.co.kr라는 별도의 법인을 통해서 등록할 수 있다.

오버추어 광고는 'Payment per Click' 방식, 또는 'Cost per Click : CPC' 즉 방문자가 해당 링크를 클릭 해 방문하는 경우에만 비용을 지불한다는 것이 특징이다. 동일한 키워드를 신청한 경우에는 10원 단위로 더 높은 금액을 지불하는 광고주를 상위에 링크시키며 네이버, 야후코리아, 드림위즈, 하나포스, MSN코리아, 알타비스타코리아, 네이트 등 제휴 사이트에도 동시에 게재해 주며 구글 광고는 다음과 제휴를 맺고 있고 또한 다음과 제휴관계에 있는 엠파스, 곰TV, 한겨레 등과 쇼핑사이트는 옥션, 인터파크, 비비사이트 등에 노출을 시킬 수 있다. 두 곳 모두 노출이 아닌 키워드별 클릭 당 비용을 지불하여 언제든지 광고를 할 수 있다.

만약 방문객 한 명당 100원씩 지불하기로 했는데, 하루에 평균 500여 명의 소비자가 클릭을 했다면 광고주(해당 사이트 운영자)는 매일 5만 원씩 월 150만원을 지불해야 한다. 이 방법은 방문객이 많은 대형 쇼핑몰에는 적합하지 않지만 방문객이 적은 소호 쇼핑몰이나 전문 몰에는 제법 효과적인 광고 방법이다.

최근에는 이러한 인터넷 마케팅을 반대로 경쟁업체 등이 상대방 광고비 증가로 회사 사정을 악화시키기 위해 악용되는 사례가 빈번히 일어남으로서 새로운 마케팅 방법이 개발되기도 한다. 접속자 마케팅[18] 이라고 하여 구글/오버추어 등 CPC광고 부정 클릭 추적을 하여 부정클릭을 막고 건전한 인터넷 마케팅을 할 수 있도록 개발된 프로그램이다.

---

18) 회원가입이나 로그인 없이 현재 접속 중인 고객이 몇 명이 접속 중 인지 알 수 있고, 사이트에 접속하는 방문고객 중 구매를 하는 1%의 방문자를 제외한 99%의 그냥 나가버리는 방문객들에게 오프라인 매장에서 상담하듯이 말을 걸고 실시간 상담과 상품추천, 완전 실시간 정보제공으로 고객 신뢰도 형성과 회원확보, 더 나아가 매출증대로 이어지는 새로운 인터넷 마케팅 기법

마케팅 이야기

사례 부정클릭에 좀먹는 IT산업

"분명 누군가가 인터넷 클릭 수를 조작하는 것 같은데 입증할 능력은 없고, 앉아서 손해만 보려니 억울하고 답답하다"

인터넷 비즈니스를 하는 중소업체들의 하소연하는 사연들이다.
인터넷 광고는 사용자가 포털 검색 창에서 특정 단어를 검색한 뒤, 그 결과로 나타나는 사이트를 클릭하면 광고비를 물리는 방식이다. 포털의 가장 큰 수익원이 바로 이 검색 광고다. 네티즌이 포털 사이트에서 검색 결과를 클릭하면 광고주들은 한 번 클릭당 몇 천원에서 많게는 1만원이 넘게 광고비를 낸다. 사용자들은 인터넷 검색 서비스가 "공짜"라는 데 환호하겠지만, 사실은 인터넷 비즈니스를 하는 중소 업체들이 엄청난 비용을 치르는 셈이다. 문제는 이런 인터넷 검색 광고를 누구나 얼마든지 조작할 수 있다는 점이다. 기자가 재미 삼아 포털 사이트에서 특정 업체를 검색한 뒤, 그 사이트를 마우스로 쿡쿡 눌러대면 사이트 운영업체는 꼼짝없이 광고비를 물어야 한다. 아예 부정클릭용 소프트웨어를 사용하거나 컴퓨터 키보드 조작 등을 한다면 클릭 건수를 10배, 20배 부풀릴 수 있다. 인터넷 검색 광고가 실(實)수요자를 향한 타깃 마케팅이 가능하다는 장점이 있는 반면, 이런 식의 사기행위가 개입될 여지도 높은 것이다.
해외에서도 부정클릭은 사회 문제로 부각된 지 오래다. 미국의 한 조사기관은 부정클릭 비율이 28%에 이른다는 조사결과를 발표하기도 했다. 더 큰 문제는 부정클릭에 대한 인터넷 광고주들의 대항 수단이 지극히 제한적이라는 것이다. 우선 오버추어나 구글 같은 인터넷 광고기업들은 검색 광고 접속 정보를 개인정보라는 이유로 일절 공개하지 않는다.
게다가 광고주들은 부정클릭 의심이 가더라도 이를 호소할 데도 없다. 기껏해야 경찰에 수사의뢰를 하거나 민사소송을 제기하는 것인데, 상당한 전문가가 아니고서는 직접 로그분석(접속 분석)을 해서 부정클릭 여부를 입증하기가 사실상 불가능하다.
자금력이 달리는 중소 업체로서는 울며 겨자 먹기로 「대형 인터넷 광고업체들이 내미는 고지서를 받아들일 수밖에 없는 것이다. 한 소프트웨어 업체 사장은 "문제제기를 하려고 해도 도대체 어디에 이야기를 해야 할지 알 수 없다"고 분통을 터뜨렸다.
정부가 최근 인터넷 종합대책을 발표하면서 부정클릭 행위자에 대한 처벌규정을 만들겠다고 나선 점은 뒤늦게나마 다행스러운 일이다.

정부가 영세한 인터넷 광고주들의 처지를 감안한다면 부정클릭의 전반적인 실태를 조사하고 필요하면 공공기관이나 제3의 기관에서 부정클릭과 관련한 광고주들의 민원을 처리해 주는 방안도 검토해볼 만하다.

한 인터넷 상거래 사이트 대표는 "우리가 원하는 것은 인터넷 광고비용이 적정하게 부과됐는지를 투명하게 확인할 수 있는 절차를 마련해달라는 것"이라고 말했다.

자신들의 영업에 관한 한 '비밀주의'로 일관하는 포털 사이트들도 귀담아 들어야 한다.

- 자료 출처 : 조선데스크 기사 내용 중 발췌 -

7) 이메일 마케팅

이메일의 활용은 온라인 매스 마케팅활용도 가능하지만, 타겟팅 된 소비자를 대상으로 하므로 효과가 있으나 최근 다른 마케팅 방법보다 그 효용성은 적다. 스팸메일 취급을 당하거나 광고성 메일은 소비자들이 기피하는 형태이기 때문이다. DM발송의 형태로 효과는 2~3%에 그치고 말지만 상황에 따라 이외의 결과를 가져다 줄 수도 있다.

일반적으로 최근에는 온라인에서 e-CRM(고객관리)을 위한 이메일마케팅을 많이 하고 있다.

즉, 전체 회원에게 새 상품정보 발송을 하거나, 타겟 회원에게 프로모션정보 발송, 회원가입시 축하 메일, 결혼일, 생일시 축하메시지, 구매시 확인메일, 배송완료시 확인메일 등에 활용한다.

이메일 마케팅은 옵트인과 옵트아웃으로 구분한다. 옵트인opt-in메일은 수신동의를 받은 메일이고, 옵트아웃opt-out메일은 수신동의를 받지 않고 보내는 메일이다. 옵트아웃 메일은 다른 말로 스팸메일이라고 한다. 스팸메일로 인한 사회적 비용이 증가함에 따라 정부에서는 스팸가이드라인을 제시하고 이에 따라 보내는 메일에 대해서는 처벌을 하지 않고 있다. 따라서 가이드라인을 숙지하고 이것에 따라 스팸메일을 보내는 것은 아무 문제가 되지 않는다.

> **핵심정리**
>
> permission marketing이란?
>
> 'permission marketing' 또는 'opt-in e-메일'이라고도 불리는 이 새로운 인터넷 마케팅 기법은 일단 '스팸'이라고 불리우는 광고 e-메일에 대한 소비자들의 극도의 불신 속에서도 다른 한편으로는 급속도로 성장하고 있는 e-메일 마케팅 시장에 대응한 새로운 인터넷 마케팅 기법으로 주목받고 있다.
>
> 간단히 얘기하면, 이 permission marketing 기법은 기존의 마케팅 전략 집행 순서, 즉 마케터가 자신의 제품에 맞는 잠재 소비자를 설정하고 이들에게 가장 효과적으로 접근할 수 있는 마케팅 채널과 메시지를 선택하는 일반적인 순서를 거꾸로 뒤집어서, 먼저 소비자가 자신의 취향에 따라 어떤 종류의 제품/서비스에 대한 정보를 받을 것인지를 선택하고 마케터는 이에 근거하여 새로운 프로모션이나 이벤트 정보를 전달하는 형식을 취하고 있다.
>
> 주목할 점은 기존의 e-메일 마케팅 또는 다이렉트 마케팅이 일단 타깃 소비자로 지목된 인터넷 사용자에게 일방적인 메시지를 전달한다는 점과는 달리, 오직 특정 제품·서비스군에 관한 정보수용의사를 밝힌 이들에게만 선택적인 광고메시지를 보냄으로써 소비자들의 신뢰와 높은 광고 효과(응답률)라는 두 가지 성과를 함께 획득한다는 점이다.
>
> 혹자는 이 permission marketing이라는 것이 별로 새로울 것도 없고 매우 간단한 아이디어라고 할 수도 있을 것이다. 사실 고객의 취향 및 인적 데이터를 이용한 마케팅 기법은 이미 많은 기업들이 사용하고 있고, 이를 위한 툴 tool도 각양각색이라 할 수 있다. 하지만 이permission marketing 이라는, 일견 단순한 것처럼 보이는 아이디어를 성공적이고 차별적인 마케팅 수단으로 발전시키기에는 몇 가지 쉽게 해결하기 어려운 중대 과제들이 있다.

8) 웹 2.0 마케팅

웹 2.0 이라는 정의가 데이터의 소유자나 독점자 없이 누구나 손쉽게 데이터를 생산하고 인터넷에서 공유할 수 있도록 한 사용자 참여 중심의 인터넷 환경을 뜻하며, 인터넷상에서 정보를 모아 보여주기만 하는 웹 1.0에 비해 웹2.0은 사용자가 직접 데이터를 다룰 수 있도록 데이터를 제공하는 플랫폼이 정보를 더 쉽게 공유하고 서비스 받을 수 있도록 만들어져 있는 것을 의미한다.

블로그, 카페, 지식iN, UCC 등을 이용한 마케팅 방법으로 최근 많이 활용되는 방법으로 이외로 마케팅 효과를 볼 수도 있지만 장기적으로 유지 관리하여야 효과를 볼 수 있다. 또한 시간이나 기술적인 투자가 지속된다면 바이럴 마케팅으로 입소문에 의한 좋은 반응을 기대할 수도 있다.

블로그란 '블로그'는 Web(웹) + log(일지)의 합성어로 웹의 b와 log가 합쳐진 말이다. 1997년 미국에서 처음 등장하였다. 새로 올리는 글이 맨 위로 올라가는 일지(日誌) 형식으로 되어 있어 이런 이름이 붙었다. 일반인들이 자신의 관심사에 따라 일기·칼럼·기사 등을 자유롭게 올릴 수 있을 뿐 아니라, 개인출판·개인방송·커뮤니티까지 다양한 형태를 취하는 일종의 1인 미디어이다.

웹 게시판, 개인 홈페이지, 컴퓨터 기능이 혼합되어 있고, 소프트웨어를 무료 또는 싼 가격에 구입할 수 있으며, 인터넷 홈페이지 제작과 관련된 지식이 없어도 자신의 공간을 만들 수 있다는 장점이 있다. 즉 블로그 페이지만 있으면, 누구나 텍스트 또는 그래픽 방식을 이용해 자신의 의견이나 이야기를 올릴 수 있고, 디지털카메라를 이용해 사진 자료를 올릴 수 있는 새로운 개념의 미디어이다.

블로그를 활용한 마케팅은 각 포털 사이트의 카페나 블로그를 이용하여 자사의 회사명, 브랜드, 상품을 광범위하게 노출시킬 수 있다. 단기간에 대량의 방문자를 유도하는데 가장 적합한 광고기법으로 알려져 있으며, 또한 블로그 마케팅은 적극적인 고객을 만나게 해 준다. 실제로 상품을 검색을 하는 고객은 각자의 목적과 욕구를 가지고 키워드를 입력하기 때문에 그 필요에 맞는 정보를 보여줄 수 있다는 탁월한, 맞춤형 마케팅이 가능해 진다. 카페와 블로그는 한달에 3천만명 이상이 사용하고 있으며 이는 인터넷 사용자의 70%에 이른다.

전문인력과 전문지식, 풍부한 노하우를 지닌 대행사를 통한다면 잠재고객, 신규고객을 확보할 수 있는 기회를 가질 수 있다.

카페는 인터넷상에서 여러 사람들과의 모임을 갖는 사이버상의 장소라고 보면 된다. 개인 홈페이지는 개인이 스스로 운영하고 관리하는 반면, 카페는 운영자가 스텝을 뽑고 회원. 즉 다른 여러 사람들이 모여서 활동하는 것에 있어서 차이가 있다. 카페는 예를 들어 같은 취미를 가지고 있는 사람들이 모이며, 서로 대화도 한다.

음악, 영화공유를 할 수 있고 좋아하는 연예인 일정을 공유, 아니면 자신이 구매한 제품을 소개하여 똑같은 제품을 사용하는 사람들의 모임의 장으로 보다 많은 정보를 얻을 수 있다.

기존업체에서는 커뮤니티 활성화를 위해 홈페이지를 제작하고 회원 유치를 위해 많은 이벤트 비용과 시간 인력 등의 투자가 필요했다. 그러나 집단성을 갖지 못한 사이트들은 많은 비용투자에도 불구하고 점점 사라지는 추세였다. 그러나 회원 상호간의 정보교환 및 지식 공유 등 방대한 정보 네트워크를 구성해온 인터넷 카페는 그 수가 기하급수적으로 늘어나고 있어 엄청난 방문자와 관련게시물들의 자연스러운 노출로 광고 또는 상업적인 목적으로 카페의 활용이 가능하게 된 것이다. 회원들은 관심분야에 대한 정보를 얻기 위해 방문을 하게 되면 활성화된 카페는 다양한 마케팅 진행이 가능하게 되었다. 결국 카페는 특정 관심사에 따라 모이는 특성으로 타겟 마케팅이 가능해지는 것이다.

지식iN은 키워드 광고로서 활용되며, 일단 엄청난 시간과 끈기가 필요한 작업이다. 기회비용에 따라 자신이 어떤 것을 가치로 삼느냐가 중요한데 모든 쇼핑몰 업주들이 아무래도 돈과 시간을 사이에 둔다면 쇼핑몰은 적은 자본을 가지고 운영을 하는 분들이 많기 때문에 시간적인 비용을 좀 더 택할 것으로 본다. 시간을 많이 할애하는 덕분에 대신 일단 돈이 들지 않지 않고도 오버추어 광고만큼이나 효과 또한 좋다. 결국 바이럴 마케팅과 연계되어 많은 업체들이 성공신화를 만들고 있다.

UCC_{User Created Contents}란 동영상 등 여러가지 매체를 사용자가 제작하여 인터넷상에 올리고 인터넷 브라우징에 있어 기업이 정해 놓은 방식이 아닌 자신만의 공간을 만들어 사용하는 것이다.

어느 미용실은 헤어미용전문 소규모 인터넷방송국까지 차리고 동영상 강좌를 통해 브랜드 가치를 높이며 헤어미용 콘텐츠의 유료화 작업에 나서고 있다. 또 A 네일샵의 경우 '집에서 손톱미용을 하는 법'에 관한 동영상을 직접 제작, 인터넷에 올려 손님을 끌어들이고 있고, S 종합운동센터는 벨리댄스, 요가 등의 기초 동작에 관한 강좌영상을 만들어 네티즌의 관심을 끌고 있다.

UCC 마케팅을 활용하고 있는 업체는 "길거리에서 전단지를 나눠주는 홍보는 옛날 방식"이라며 "유용한 정보를 동영상으로 제공해 제발로 가게를 찾아오도록 하는 게 신세대 창업자 전략"이라고 강조했다.

"상상초월, 감동영상, 톡톡 튀는 아이디어만 있다면 기존 CF광고보다 더 효과적인 마케팅 기법이 바로 UCC를 활용한 '바이럴 마케팅'"이라며 "이미 세계적인 대기업들도 기업 브랜드와 제품 홍보에 UCC 바이럴 마케팅을 이용하고 있다"고 한다.

또한 인터넷 및 디지털 콘텐츠의 특성을 최대한 활용한 바이럴 마케팅이 새로운 인터넷 마케팅 수단으로 부각되고 있다. 인터넷 사용자들은 인터넷 상에서 특정 웹사이트를 중심으로 커뮤니티를 형성하며, 보유하고 있는 디지털 콘텐츠를 다른 사람에게 전달하고자 하는 욕구를 가지고 있으며, 인터넷 사용자들이 보유하고 있는 디지털 콘텐츠(동영상, 그래픽, 소프트웨어, 프로그램 등)는 손쉽게 복제와 재생이 가능한 특성을 가지고 있다. 따라서 인터넷 마케팅을 수행함에 있어서도 이러한 인터넷 사용자들의 전달 욕구$_{transfer\ desire}$와 디지털 제품의 특성을 최대한 활용할 필요가 있는 것이다. 이러한 두 가지 특성을 반영한 것이 최근 인터넷 상에서 확산되고 있는 바이럴 마케팅$_{viral\ marketing}$이라 한다.

5. 바이럴 마케팅Viral Marketing의 개념

바이럴 마케팅은 바이러스 확산처럼 유포 된다고 해서 만들어진 단어인데 이메일, 쪽지 UCC를 포함해서 블로그나 카페, 지식iN 등을 이용한 홍보 방법이다. 바이럴 마케팅은 오버추어처럼 많은 돈을 들이지 않고 하는 홍보방식이라 대기업들 더 선호하는 광고방식이다.

1) 바이럴 마케팅은 마케팅 메시지가 바이러스가 퍼지듯 자생적으로 확산되는 마케팅

- 기업의 마케팅 메시지를 접한 고객이 인터넷 상의 여러 수단을 통해 인접한 고객에게 전달하도록 하는 마케팅 기법
- 흥미나 호기심을 유발하는 광고나 콘텐츠를 접한 고객은 이를 다른 고객에게 전달하고자 하는 충분한 욕구가 생김

- 이러한 광고 메시지를 다른 고객에게 전달하면서 그 수가 기하급수적으로 늘어나므로 이를 바이러스 마케팅이라고도 한다.

2) 바이럴 마케팅은 오프라인 상의 구전(口傳)과 유사한 개념

- 구전 마케팅word-of-mouth은 소비자들의 입에서 입으로 전해짐으로써 별다른 광고 투자 없이도 상당한 마케팅 효과를 누릴 수 있는 기법이다. 즉, 구전은 기업측에 의한 상업적 형태가 아닌 소비자 간의 커뮤니케이션으로서 비상업적 특성으로 인해 메시지 내용에 대한 신뢰성이 높다.
- 바이럴 마케팅도 인터넷 상에서 이메일e-mail이나 배너 등의 수단을 통해 다른 고객이나 홈페이지로 메시지가 전달되면서 높은 설득 효과를 누림

3) 바이럴 마케팅이 활성화되기 위한 조건 (생물학적인 바이러스의 생존·확산 조건과 유사한 조건이 갖추어져야 함)

첫째, 특정 바이러스가 있어야 하는데, 이는 기업의 홍보 메시지를 함축한 배너, 소프트웨어, 프로그램, 멀티미디어 데이터 등이 될 것이다.

둘째, 바이러스가 침투할 수 있는 침투 경로가 있어야 하는데, 전 세계적으로 연결되어 있는 인터넷 망이 바이러스의 침투 경로가 된다.

셋째, 바이러스가 생존하면서 번식할 수 있는 숙주로는 주로 개인이나 기업의 홈페이지, 뉴스그룹, ftp서버 등이 될 수 있다.

이외에도 바이러스가 다른 곳으로 널리 확산시키기 위해서는 바이러스가 번식할 수 있는 여러 조건을 갖추어야 한다.

6. 바이럴 마케딩(Viral Marketing)의 6가지 성공 조건

1) 가치 있는 내용의 무료 제공

무엇보다 고객의 관심이나 흥미를 끌 수 있는 가치 있는 기능이나 서비스, 정보를 제공해야 한다. 예를 들어, 무료 e-mail이나 홈페이지 공

간을 제공하거나 뉴스나 정보를 실시간 제공함으로써 고객들의 관심을 끌 수 있는 것이다. 그러나 e-mail이나 홈페이지 공간 제공 같은 것은 최근 많은 인터넷 기업들이 활용하고 있기 때문에 그 효과가 반감될 수 있으므로 다른 기업과 차별화할 수 있는 기법을 개발해야 한다.

2) 인간의 지식 확보·전파 욕구의 자극

바이럴 마케팅이 성공하기 위해서는 다른 사람보다 앞서서 지식을 획득하고 싶어 하는 인간의 본성을 자극해야 한다. 또한, 다른 사람으로부터 인정받고 싶어 하거나 유명해지고 싶어 하는 인간의 심리를 최대한 마케팅 기법에 반영해야 한다.

3) 전달의 용이성 확보

고객들이 별다른 노력 없이 다른 고객에게 전달할 수 있도록 해야 한다. 이를 위해서는 사용 방법이 간단명료해야 하며, 광고 카피가 필요할 경우 기억하기 쉽도록 간단하고 함축적으로 제시되어야 한다. 예를 들어, 전달하고자 하는 내용을 간단한 그림이나 동영상으로 표시할 수 있으며, 좀 더 복잡할 경우 윈도우 상의 화면보호기, 또는 소프트웨어의 형태로 만들어 퍼뜨릴 수 있다.

4) 현존 커뮤니케이션 채널의 활용

사람은 사회적인 존재이며, 자신이 속한 익숙한 환경 내에서 가장 많고 다양한 행동을 한다는 것을 명심해야 한다. 따라서, 마케팅 전략을 수립함에 있어 고객에게 새로운 네트워크 채널이나 커뮤니케이션 환경을 제공하기보다는 고객이 주로 활동하는 커뮤니케이션 채널을 최대한 고려해야 한다. 예를 들어, 대다수의 인터넷 사용자들은 자신이 주로 방문하는 몇 개의 사이트의 리스트를 잠재적으로 가지고 있으며, 이를 중심으로 인터넷 활동을 주로 수행하는 경향을 보인다. 따라서 그 활동 반경 내에서 마케팅 효과를 최대화 할 수 있는 전략을 수립할 필요가 있는 것이다.

5) 충분한 시스템 자원의 구축

바이러스를 신속하고 대량으로 유포하기 위해서는 충분한 시스템 자원을 확보하고 있어야 한다. 바이러스가 증식하여 확산될 경우 숙주가 죽는 것처럼, 바이럴 마케팅을 전개할 시스템 용량이 부족하다면 결국 마케팅 전략은 실패하게 된다.

6) 외부 자원의 참여 유도

바이럴 마케팅은 일단 기업이 만들어 퍼뜨린 후에는 외부에서 고객의 힘으로 마케팅 활동이 전개된다. 따라서 고객의 자원과 능력을 최대한 활용할 수 있도록 영향력 있는 홈페이지를 찾아 마케팅 활동의 중심지로서 역할을 수행할 수 있도록 촉진 전략을 수립해야 한다. 그리고 인터넷 상에 존재하는 다양한 뉴스그룹이나 게시판 등에도 자사가 만든 바이러스(마케팅 메시지)가 침투할 수 있도록 해야 할 것이다.

> **사례** 효과적인 온라인광고 바이럴마케팅(입소문 마케팅으로) 광고를 효과를 극대화하자!

커뮤니티 마케팅에 관련된 종류는 다음과 같다.

첫째, 지식iN 마케팅
지식인은 2000년 인터넷 한겨레에서 디비딕이라는 최초의 지식 검색 서비스를 시작했다. 이후 검색 포털사이트인 네이버가 2002년 10월 지식인 서비스를 오픈했으며, 지금은 대부분의 검색 포털사이트에서 운영하고 있다.
지식인 마케팅은 인터넷 마케팅 전문가들 조차도 "지식iN 만한 마케팅은 없다", "유료광고보다 더 나은 홍보방식이다"라는 말을 할 정도이다.
이러한 가장 큰 이유는 인터넷 구매자들이 제 3자인 다른 네티즌의 객관적인 사용소감이나 정보제공을 구매결정에 중요한 수단으로 인식하고 있기 때문이다. 인터넷 판매자들이 지식인 마케팅에 참여한 것은 어쩌면 너무나 당연한 결과라 할 수 있다.

둘째, 블로그 마케팅
블로그를 이용해 친근한 척, 홍보가 아닌 척, 소비자의 적극적인 참여를 유도하는 '척하는' 마케팅을 가리켜 블로그 마케팅이라고 한다. 또한 블로그는 검색 시 상단 노출로 클릭율이 높고, 쇼핑몰과는 달리 친근한 분위기에서 회사의 제품정보나 제품 활용에 대한 정보를 인터넷에 유포할 수 있다. 홈페이지의 모든 품목을 블로그에 옮겨놓기 때문에 고객들이 각 품목에 대하여 세부적인 설명을 볼 수 있어 업체 홍보 및 제품 홍보를 자연스럽게 할 수 있다.

셋째, 온라인 카페 마케팅
카페는 온라인상에서 비슷한 관심사를 가진 유저들끼리 찬반의 의견을 나누거나 유익한 정보를 공유할 수 있는 커뮤니케이션 공간이다.
한 회사의 제품을 구입할 때 소비자들의 실제 사용후기나 제품에 대한 좋고 나쁜 점을 고려해서 구입하는 요즘은 이러한 커뮤니케이션이 온라인 카페 안에서 이루어지는 추세이다. 이는 제품에 대한 유효 소비자에 대한 가장 적극적인 마케팅의 형태라고 볼 수 있다.

넷째, 미니홈피 마케팅
싸이월드와 같은 미니홈피는 정보 전달 위주의 블로그와는 달리 일촌 중심의 사람과 관계중심의 미디어로 개인의 사적이고 일상적인 일들을 기록할 수 있고 주변 사람들의 모습까지 온라인에 그대로 담아낼 수 있다. 이러한 일촌중심 관계를 형성하여 소비자에게 친근감 있고 감성적으로 다가가는 마케팅 기법이다. 이를 통해 광고주의 이미지 관리, 정기적인 이벤트, 일촌관계로 친근감 어필, 일촌 DB 활용, 스크랩 활성화 도모 등의 다각적인 마케팅이 가능한 것이다.

다섯째, UCC 바이럴 마케팅
바이럴 마케팅은 네티즌들이 이메일이나 다른 전파 가능한 매체를 통해 자발적으로 어떤 기업이나 기업의 제품을 홍보할 수 있도록 제작한 마케팅 기법을 말한다.
이러한 바이럴 마케팅이 웹 2.0 시대를 맞아 인터넷에서는 광고주의 동영상 광고를 시장에서 구축된 네트워크를 활용하여 회원 스스로가 광고 노출을 하여 입소문에 의한 마케팅을 하는 것이 UCC 바이럴 마케팅이다.

기업은 유행이나 풍조 등 현실의 흐름을 따라가면서 네티즌들의 입맛에 맞는 엽기적인 내용이나 재미있고 신선한 내용의 웹 애니메이션을 제작, 인터넷 사이트에 무료로 게재하면서 그 사이에 기업의 이름이나 제품을 슬쩍 끼워 넣는 방식으로 간접광고를 하게 된다. 네티즌은 애니메이션 내용이 재미있으면, 이메일이나 UCC, 블로그 등을 통해 다른 네티즌에게 전달하게 되고, 이러한 과정이 반복되다 보면 어느새 네티즌 사이에 화제가 됨으로써 자연적으로 마케

FUN MAKETING

팅이 이루어지는 것이다.

애드스카이는 온라인 마케팅으로 커뮤니티 마케팅 이외에도 키워드(검색) 광고, 배너광고, 언론홍보, 이메일마케팅 등 많지만 비용 측면을 고려하여 각 기업에게 가장 효율적인 것을 선택하여 집중함으로써 기업 가치를 향상시키는 것이 매출 향상에 가장 중요하다고 한다.

- 자료출처 : 애드스카이(하늘커뮤니케이션 www.ad-sky.co.kr)

학습정리

1. 인터넷 마케팅의 정의

    인터넷이라는 의사소통 도구에 의하여 효과적, 효율적으로 고객의 필요와 욕구를 충족시킬 수 있는 제품, 촉진, 유통, 가격 결정 등의 활동을 통하여 가치를 창출하고 제공하는 활동으로 전사상거래를 포괄하는 개념이며, 전자상거래는 인터넷 마케팅을 통하여 이루어지는 거래단위를 말한다.

비교항목	인터넷 마케팅	일반 마케팅
전략 목표	네티즌 소비자만족, 경쟁력 확보	소비자만족, 경쟁력 확보
전략 원리	1:1 관계형성과 소비자맞춤	세분화-목표시장-포지셔닝
전략 요소	기술, 고객정보, 아이디어 등의 지적요소	자본, 인력 등의 물리적 요소
전략 제품	다양성과 차별성 있는 제품	한정된 제품에 특화
소비자	글로벌 가상공간의 소비자	지리적으로 한정된 소비자

2. 웹 2.0 마케팅시대의 인터넷 마케팅 방법
    1) 검색엔진 등록
    2) 배너 광고 (이미지, 브랜드)
    3) 키워드 광고
    4) 웹 최적화 등록 SEO
    5) 노출빈도가 많은 사이트에의 광고
    6) 오버추어와 구글 광고
    7) 이메일 마케팅
    8) 웹 2.0 마케팅

3. 바이럴 마케팅(Viral Marketing)의 6가지 성공 조건
    ① 가치 있는 내용의 무료 제공
    ② 인간의 지식 확보·전파 욕구의 자극
    ③ 전달의 용이성 확보
    ④ 현존 커뮤니케이션 채널의 활용
    ⑤ 충분한 시스템 자원의 구축
    ⑥ 외부 자원의 참여 유도

FUN MAKETING

학습문제 🔍

01 인터넷을 통한 마케팅은 기존의 시장점유율 지향적인 마케팅에서 벗어나 시간적, 공간적 무제한성, 다양성, 쌍방향성을 통하여 개별고객에게 접근하여 고객과의 지속적인 관계를 유지할 수 있도록 하는 효과적인 마케팅 수단으로 떠오르고 있다. (○, X)

> 해설 인터넷 마케팅은 기존의 오프라인 마케팅과는 달리 고객과의 상호작용이 가능하여 적극적인 소비자의 판단과 선택 활동이 발생하는 등 수동적인 소비자를 가정하는 전통적인 마케팅과 차별화되고 있다.
>
> 정답 : ○

02 인터넷 마케팅에 대한 설명 중 그 내용이 다른 것은?

① 전략 원리 - 1:1 관계형성과 소비자맞춤
② 전략 요소 - 기술, 고객정보, 아이디어 등의 지적요소
③ 전략 제품 - 한정된 제품에 특화
④ 소 비 자 - 글로벌 가상공간의 소비자

> 해설 전략제품은 다양성과 차별성 있는 제품이다.
>
> 정답 : ③

03 웹 2.0 마케팅시대의 인터넷 마케팅 방법의 내용이 아닌 것은?

① 검색엔진 등록   ② CATV 활용
③ 키워드 광고   ④ 이메일 마케팅

> 해설 케이블TV나 홈쇼핑은 유선방송을 통한 마케팅 판매 및 홍보 방법으로, 인터넷 마케팅방법이 아니다.
>
> 정답 : ②

04 웹 2.0 마케팅 활용매체와 관련된 내용이 아닌 것은?

① 텔레마케팅   ② 블로그
③ 카페   ④ 지식iN

> 해설 텔레마케팅은 전화 등의 매체를 이용하여 소비자마다의 구매이력 데이터베이스에 근거하여 세심한 세일즈를 행하는 과학적 마케팅방법.
>
> 정답 : ①

05 커뮤니티 마케팅에 관련된 종류에 속하지 않는 것은?

① 지식iN 마케팅   ② 블로그 마케팅
③ UCC 바이럴 마케팅   ④ SEO 마케팅

해설 SEO 마케팅은 웹페이지를 상위에 올리는 마케팅 방법이며, 커뮤니티 마케팅은 지식iN, 블로그, 카페, 미니홈피, UCC마케팅이 해당된다.

정답 : ④

06 바이럴 마케팅(Viral Marketing)에 대한 설명으로 틀린 것은?

① 오프라인 상의 구전과 유사한 개념이다.
② 대기업은 바이럴 마케팅보다 오버추어를 더 선호한다.
③ 인터넷상에서 이메일이나 배너 등의 수단을 통해 전달되면서 높은 설득력을 가진다.
④ 마케팅 메시지가 바이러스 퍼지듯 자생적으로 확산된다.

해설 오버추어처럼 많은 돈을 들이지 않고 하는 홍보방식이기 때문에 대기업들이 선호하는 광고방식으로 바이럴 마케팅을 더 선호하는 편이다.

정답 : ②

제13장
검색엔진 마케팅
Search Engine Marketing

구글의 모토 "Don't be evil."
검색엔진으로 시작, 정보를 지배하는
기업에서 "Do the right thing."으로
핵심코어 모토로 바꾸다.

– Alphabet

13 FUN MAKETING
검색엔진 마케팅

학습목표 🔍

　검색엔진이 웹사이트 홍보와 비즈니스의 중요한 채널로 떠오르고 있다. 많은 소액 광고주와 사이트 운영자들이 포털들의 검색 서비스로 몰려들어 큰 수익을 올리고 있기 때문이다. 전통적인 배너광고 때문이 아니다. '스폰서 링크$_{sponsored\ link}$' 등 이라 불리는 검색결과 형태의 광고와 홈페이지 등록 유료 심사 서비스 때문이다. 이런 현상은 단순한 붐이 아니라 실제 방문자와 매출증대 효과로 나타나고 있다. 그래서 일부 업종 관련 키워드(검색어)의 경우는 품귀현상과 함께 프리미엄까지 붙어 있는 실정이다.

　검색엔진은 인터넷에서 e메일과 함께 가장 인기가 높은 서비스이다. 세상의 흐름을 읽는 바로미터이기도 하다. 지금까지 검색엔진을 보는 시각은 정보를 찾는 도구였다. 그러나 다른쪽에서 생각하면 아주 훌륭한 홍보와 비즈니스채널이 될 수 있다. 무언가를 찾는 사람에게 정보를 주면서 홍보와 비즈니스를 동시에 할 수 있기 때문이다. 진정한 정보중개 서비스의 모습이 될 수 있는 것이다.

　앞 장 인터넷 마케팅에서 검색엔진에 대해 조금 언급이 되었지만 본 장에서는 좀 더 자세하게 최근 새로운 비즈니스 마케팅으로 자리 잡아가고 있는 검색엔진 마케팅에 대해 알아보자.

　방송통신위원회와 한국인터넷진흥원이 실시한 "2008년 인터넷이용실태조사" 결과에 따르면, 2008년 현재 만6세 이상 국민의 인터넷이용률은 77.1%, 이용자수는 3,536만 명으로, 남성의 인터넷이용률은 81.6%, 여성은 71.5%이며, 연령별로는 10대(99.9%), 20대(99.7%), 30대(98.6%)

등 젊은층의 대부분(98%이상)이 인터넷 이용자이고, 3~9세 인터넷이용률은 82.2%, 40대 82.0%, 50대 48.9% 등의 순이었다. 이는 전체인구의 77%에 해당하며 이들 거의 대부분이 검색엔진을 이용하고 있다는 의미이다.

인터넷쇼핑 이용률은 60.6%로, 여성(68.2%)이 남성(54.1%)보다, 연령별로는 20대(87.3%) 및 30대(72.4%)의 이용률이 상대적으로 높았으며, 인터넷쇼핑을 통해 '의류, 신발, 스포츠용품'을 구매하는 경우가 66.8%로 가장 많았다. 한편, 인터넷쇼핑 이용자의 50% 가량이 '가격비교 사이트에서 가격을 비교한 후 구매(47.3%)'하거나, '오프라인 매장에서 제품 확인 후 가격이 저렴한 인터넷 쇼핑몰에서 구매(46.8%)'하는 등 알뜰족의 구매 행태를 보이는 것으로 나타났다. 또한 인터넷 쇼핑 이용객의 70~80%가 쇼핑을 위해 검색엔진을 이용하고 있는데 이는 명동유동인구의 18배정도 되는 규모이다. 검색엔진이 일반적인 오프라인보다 더 좋은 이유는 검색엔진 이용자의 88%가 본인이 원하는 정보를 얻기 위해 방문한다는 것이다. 그렇다면 우리는 어떻게 해야 하는가?

이렇게 크고 훌륭한 시장에 내 사이트(홈페이지)를 통해 회사나 제품을 알려야 하지 않을까? 자, 지금부터 검색엔진 마케팅에 대해 알아보자.

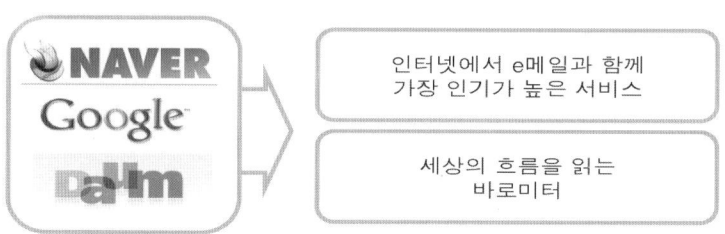

방송통신위원회와 한국인터넷진흥원이 실시한 "2008년 인터넷이용실태조사" 결과에 따르면, 2008년 현재 만6세 이상 국민의 인터넷이용률은 77.1%, 이용자수는 3,536만 명으로, 남성의 인터넷이용률은 81.6%, 여성은 71.5%이며, 연령별로는 10대(99.9%), 20대(99.7%), 30대(98.6%)

등 젊은층의 대부분(98%이상)이 인터넷 이용자이고, 3~9세 인터넷이용률은 82.2%, 40대 82.0%, 50대 48.9% 등의 순이었다. 이는 전체인구의 77%에 해당하며 이들 거의 대부분이 검색엔진을 이용하고 있다는 의미이다.

인터넷쇼핑 이용률은 60.6%로, 여성(68.2%)이 남성(54.1%)보다, 연령별로는 20대(87.3%) 및 30대(72.4%)의 이용률이 상대적으로 높았으며, 인터넷쇼핑을 통해 '의류, 신발, 스포츠용품'을 구매하는 경우가 66.8%로 가장 많았다. 한편, 인터넷쇼핑 이용자의 50% 가량이 '가격비교 사이트에서 가격을 비교한 후 구매(47.3%)'하거나, '오프라인 매장에서 제품 확인 후 가격이 저렴한 인터넷 쇼핑몰에서 구매(46.8%)'하는 등 알뜰족의 구매 행태를 보이는 것으로 나타났다. 또한 인터넷 쇼핑 이용객의 70~80%가 쇼핑을 위해 검색엔진을 이용하고 있는데 이는 명동유동인구의 18배정도 되는 규모이다. 검색엔진이 일반적인 오프라인보다 더 좋은 이유는 검색엔진 이용자의 88%가 본인이 원하는 정보를 얻기 위해 방문한다는 것이다. 그렇다면 우리는 어떻게 해야 하는가?

이렇게 크고 훌륭한 시장에 내 사이트(홈페이지)를 통해 회사나 제품을 알려야 하지 않을까? 자, 지금부터 검색엔진 마케팅에 대해 알아보자.

학습내용

1. 검색엔진 마케팅의 이론적 배경

1) 검색엔진과 마케팅

(1) 검색엔진의 정의

월드 와이드 웹world wide web : www의 급속한 발전으로 인한 정보제공자와 웹 사용자의 폭발적인 증가에 따라 정보의 양이 계속 커지고 그 종류 또한 다양해지고 있다.

월드 와이드 웹을 이용한 인터넷 정보검색은 이미 보편화되어 있지만 네트워크상에 흩어져 있는 정보의 방대함으로 인해 아직 여러 가지 문제점을 내포하고 있다.

이런 방대한 정보가 존재하는 인터넷에서 개인이 필요한 정보를 찾는 것은 상당히 어려운 일이 되었다. 이러한 어려움을 해결하기 위해 월드 와이드 웹을 이용하여 인터넷에 있는 정보를 검색하는데 도움을 주는 여러 가지 종류의 검색엔진search engine이 개발되어 사용되고 있다.

정보검색이란 개인이나 조직이 의사 결정에 필요한 정보를 찾는 일련의 과정을 말하는데 이러한 정보검색을 쉽게 할 수 있도록 도와주는 도구를 검색엔진이라 하며 찾고자 하는 정보에 대한 검색어를 입력했을 때 그 단어를 포함하고 있는 웹 서버의 주소URL[19]목록을 알려주는 또 다른 서버를 말한다. 다시 말해 인터넷 상에 등록되어 있는 웹서버들의 주소를 모아 놓고 인터넷 이용자들이 검색어를 이용해 찾고자 하는 결과를 보여 주는 인터넷 검색용 데이터베이스라고 정의할 수 있다.

(2) 검색엔진마케팅의 정의

검색엔진 마케팅이란 네이버, 다음, 구글이나 야후, 엠파스 등의 검색엔진을 통해 사업자의 브랜드 또는 사이트를 노출시켜 e비즈니스의 기반으로 사업을 촉진시켜 매출 실적을 향상시키려는 노력이라고 볼 수 있다.

그런데, 검색 사용자는 검색 결과 후 첫 번째 페이지에서 세 번째 페

---

[19] URL : Uniform Resource Locator의 약자로 홈페이지 주소를 의미함.

이지 정도만을 참조하므로 보다 실질적인 의미에서의 검색엔진마케팅은 고객의 검색 요청에 검색 결과 첫 페이지에 나오도록 하는 일련의 행위라고 볼 수 있다. 따라서 검색엔진 메인페이지에 배너광고를 하는 것은 일반 배너광고이지 검색엔진 마케팅이라고 보기 어렵다.

(3) 검색엔진마케팅의 중요성

검색엔진 마케팅이 중요한 이유는 가장 타겟화가 잘 된 마케팅이라는 점이다. 검색엔진은 네티즌이 정보를 검색하는 주요 창구로서 사용되고 있다. 인터넷 사용 인구의 90% 이상이 정보 검색을 위해 검색엔진을 사용한다는 조사 자료가 있다.

이들의 검색 요청에 사업자의 브랜드가 노출된다면 더할 나위 없이 좋은 타겟 마케팅이 될 것이다. 가장 타겟화가 잘 되어 있다는 것은 곧 가장 효율적이라는 점을 의미한다.

피광고자의 연령대, 지역, 성향, 생활수준 등을 분석하여 광고를 노출시키는 것을 타겟광고라고 하지만 이 경우에도 피광고자는 수동성을 띤다. 반면, 검색엔진에서 사업자의 서비스(또는 상품)와 관련된 정보를 요청하는 고객은 이미 사업자의 서비스를 구매하고자 하는 전 단계에 있으므로 보다 능동성을 띤다고 할 수 있겠다. 이처럼 검색엔진마케팅은 능동성을 띤 고객에게 사업자의 브랜드를 노출시키는 것이므로 가장 타겟화 된 마케팅이라 볼 수 있다.

(4) 검색엔진마케팅의 장점

인터넷을 이용한 검색엔진 마케팅은 사용자에게 다음과 같은 이점을 제공한다.

첫째, 준비된 고객과 만날 수 있다. 검색하는 사람은 준비된 고객이다. 각자의 목적과 욕구를 가지고 키워드를 입력하기 때문이다. 그 필요에 맞는 정보를 보여줄 수 있다면 탁월한 마케팅을 할 수 있다.

둘째, 많은 고객과 만날 수 있다. 검색엔진은 인터넷 사용자들이 가장 많이 활용하는 서비스 중 하나이다. 한 달에 약3,000만 명 정도가 사용하고 있으며 전체 인터넷 사용자를 100명으로 본다면 97명이 사용하고 있는 것이다.

셋째, 신규 고객 창출에 유리하다. 고객의 필요(키워드)에 직접 접근하기 때문에 브랜드 파워가 약한 중소규모 사업자들이 새로운 고객과 만나는데 탁월하다.

넷째, 높은 효과를 볼 수 있다. 목표 고객에게만 접근하기 때문에 효과가 높다. 검색 광고의 경우에도 정보 형태로 접근하기 때문에 다른 광고 방식에 비해 효과가 좋다.

다섯째, 비용이 상대적으로 저렴하다. 클릭수, 지난달 조회수 등에 따른 광고비를 계산하고 목표 고객에게만 접근하기 때문에 다른 매체에 비해 비용이 상대적으로 저렴하다.

여섯째, 효과를 측정할 수 있다. 인터넷의 특성상 효과를 구체적으로 측정할 수 있는 것도 큰 장점입니다. 투자대비효과$_{ROI}$나 구매전환율 $_{Conversion\ Rate}$ 등을 측정해서 전략을 수립하고 관리할 수 있다.

1. 준비된 고객
2. 많은 고객
3. 신규 고객 창출에 유리
4. 높은 효과
5. 비용이 상대적으로 저렴
6. 효과 측정 가능

핵심정리

검색엔진별 등록 창구 안내 링크 모음
1. 네이버 : http://submit.naver.com/
2. 네이트·엠파스 : http://add.empas.com/
3. 다음 : http://directory.daum.net/cgi/register/register.html
4. 파란닷컴 : http://add.paran.com/
5. 드림위즈 : http://search2.dreamwiz.com/BIN/request.cgi
6. 구글 : http://www.google.co.kr/intl/ko/add_url.html
7. MSN : http://search.msn.com/docs/submit.aspx
8. 야후코리아 : https://kr.suggest.yahoo.com/guide/guide_normal.phpml

2) 검색엔진의 분류

현재 인터넷에는 수 백여종 이상의 검색엔진이 존재하고 있고 그 특징에 따라 여러 가지로 분류할 수 있다. 동작형태에 따라 크게 주제별 카탈로그 검색엔진, 키워드형 검색엔진, 메타검색엔진으로 나눌 수 있으며 키워드형 검색엔진은 다시 일반키워드형, Front-End형, 지능형 검색엔진으로 나눌 수 있으며 그 밖에 대상별로 나눈 검색엔진이 있을 수 있다.

(1) 주제별 카탈로그 검색엔진

주제별 카탈로그 검색엔진은 인터넷에 있는 정보를 사회, 문화, 예술, 정치 등의 큰 주제에 따라 분류해 놓고 그 안에 세부목록을 제공하는 검색엔진을 말하며 해당 주제에 해당하는 각종 정보를 목록(catalogue)으로 제공하기 때문에 디렉토리 서버, 주제별 검색엔진, 메뉴검색, subject-oriented searching 등으로 부르기도 한다. 야후와 심마니가 대표적이다.

(2) 키워드형 검색엔진(검색어 입력방식)[20]

하나의 데이터베이스에 모든 URL을 저장하고 특정 키워드(주제어 또는 검색어)를 입력함으로써 원하는 정보를 찾는 방법이다. 단어별 검색은 모든 검색엔진에서 모두 지원하고 있는 형태로서 현재에 와서 가장 널리 사용되는 방식이다. 초보자뿐만 아니라 숙련자 또한 이 단어검색을 시행해 검색하여 빠른 시간내에 정보검색을 하는 것이 가장 큰 장점이라 할 수 있다. 단어별 검색이라 하면 사용자가 찾고자 하는 정보의 단어Query를 입력하여 검색엔진이 그 단어에 대하여 만족하는 검색 내용을 보여주는 형식을 취하고 있다. 네모박스에 클릭을 한 뒤, 원하는 단어를 입력한 뒤 "Search"를 클릭하면 검색이 시작되는 것이다.

네이버나 Lycos, Altavista, 엠파스가 대표적인 검색엔진이다.

---

20) http://bji.pe.kr/study/search1/hworka02.html

(3) 메타검색엔진

메타검색엔진 혹은 지능형 검색엔진은 로봇 에이전트를 이용하여 멀티쓰레드Mult Thread 기법으로 정보를 찾아주는 검색엔진을 말한다. 검색어 입력상자가 하나만 있으며 하나의 키워드로 여러 개의 검색엔진을 통한 동시 검색 기능을 제공하고 있다. 이러한 메타검색엔진은 한번의 키워드 입력만으로 다양한 검색엔진을 참조하여 검색을 진행하므로 간편한 정보 찾기와 다양한 검색엔진에서의 출력결과를 얻을 수 있다는 장점이 있으나, 자체 데이터베이스가 준비되어 있지 않고 여러 개의 검색엔진을 참조하므로 검색속도가 느릴 때가 많으며, 수십개의 검색엔진에서 찾은 결과가 한 화면에 출력되므로 원하는 정보를 선별하는데 많은 시간이 소요된다는 단점이 있다. 이와 같은 메타검색엔진에는 미스다찾니, Savy Search, All in One Search Engines, MetaCrawler 등이 있다.

3) 검색엔진마케팅 절차21)

(1) 검색엔진 최적화(Search Engine Optimization : SEO) 작업

검색과학이라 불리며, 웹 마케팅 기법으로 자리 잡아 가고 있는 검색엔진 최적화는 '검색+엔진+최적화'의 세 단어의 조합이다. 이러한 조각난 단어들을 풀어서 마케터의 입장에서 해석해보면 찾아올 고객(검색할 사람)을 고려해서, 매체(검색엔진)의 특성에 맞게, 콘텐츠를 만드는 마케팅 활동이라고 할 수 있다. 또 한편으로 검색엔진 최적화는 검색엔진이 좋아하는 웹사이트를 만드는 것과 동시에 고객이 찾는 콘텐츠 만들기라고도 할 수 있을 것이다.

다시 설명하면, WPO(Web Page Optimization 웹페이지 최적화)라고도 하며, 그 목적은 회사의 사업 내용을 가장 잘 나타낼 수 있는 키워드를 사용하여 세계적 검색엔진에서 검색 결과를 상위에 노출하게 함으로써, 홈

---

21) 아이보스(http://i-boss.co.kr)

페이지의 방문객 수를 증가시켜 사업 확장을 증대하는 데 있다.

이러한 상대적 랭킹 기법은 적합한 키워드로서 최적 결과를 찾아내기 위한 전문적 노력의 산출물이라 할 수 있다. 귀사를 가장 잘 표현할 수 있는 키워드를 검색하여, 상위에 노출되는 동종업체 및 경쟁사의 검색결과보다 상위에 노출되게 하기 위하여서는, 그 상위에 노출된 회사보다 더 많은 전문적 관리를 하여야 한다.

SEO는 기술, 콘텐츠 제작, 링크의 결합, 검색엔진에 제출하는 등의 조합에 대한 단순한 결과물이 아니다. 또한 SEO에 대하여 실질적으로 공인되어 증명된 방법론 또는 공인된 Tool은 없다는 것이다. 상위 10위권에 랭크되는 것은 매우 소수이며, 그 랭킹도 매주 변한다는 것이며, 경쟁사 또한 유사한 작업을 진행할 수도 있다.

따라서 상위에 지속적으로 랭킹이 된다는 것은 특정키워드에 대한 지속적인 모니터링과 정보를 추출하여 재작업을 끊임없이 반복하여야 한다는 것이다. 즉, SEO는 어느 한순간에 완료되는 작업이 아니라, 끊임없이 반복적으로 관리/유지해야 되는 것이다. 결국 SEO 작업은 끊임없는 작업의 연속이며, 작업의 끝이 없다는 것이다.

그러므로 회사에 적합한 키워드를 선정하여, 회사를 그 키워드 검색결과 상위에 랭크되게 하는 일련의 전문적·지속적 작업이 SEO의 목적이며, 그 결과를 통하여 온라인 마케팅, 해외 마케팅을 활성화 하는데 그 목적이 있다고 볼 수 있다.

검색엔진 마케팅이란 실질적인 의미에서 검색 사용자의 검색 요청에 대해 검색 결과 첫 페이지에 노출되는 것이라고 했다. 검색 요청에 대해서 첫 페이지에 노출이 되기 위해서는 검색엔진의 배열 원리를 이해하고 거기에 맞게 사이트를 최적화시켜야 한다.

최적화 작업을 통해 사업자가 원하는 키워드에 대해 사이트가 검색결과 첫 페이지에 나오도록 하는 것을 통상 '상위등록' 또는 '웹프로모션'이라고 부른다. 그러나 경쟁이 심한 키워드의 경우 상위등록은 현실적으로 어렵다. 이런 경우에는 상위등록의 확률이 높은 다른 키워드의 공략을 고려하는 것이 좋다.

고객이 사업자의 서비스와 관련된 정보를 검색하기 위해서 사용하는 검색어는 한 두가지에 그치지 않는다. 그러므로 검색엔진 최적화 작업이란 이들이 사용하는 모든 검색어를 파악하고, 고객이 이들 검색어를 사용하여 정보를 검색하는 경우 그 검색 결과에 사업자의 웹사이트 또는 웹문서가 노출되도록 하는 일련의 작업이다.

(2) 검색엔진등록(홈페이지등록, 사이트등록)

검색엔진 등록이란 검색엔진에 사업자의 홈페이지를 등록시키는 것이다. 검색엔진에 홈페이지를 등록시키는 이유는 해당 검색엔진에 등록시키지 않을 경우 아예 검색 대상에서 제외되어 노출이 될 수 없기 때문이다. 고객의 정보 요청에 사업자의 웹사이트 또는 웹문서가 노출되기 위해서는 해당 검색엔진에 웹사이트를 등록해야 한다.

검색엔진에 홈페이지를 등록하지 않은 경우에는 1번에서의 검색엔진 최적화 작업이 필요 없다. 검색엔진 최적화 작업을 하더라도 홈페이지가 등록되어 있지 않으면 아예 노출이 되지 않기 때문이다. 다시 말해 검색엔진에 홈페이지를 등록하는 것은 검색엔진에 사이트를 노출시키기 위해 가장 기본적으로 해야 할 일이다.

검색엔진에 홈페이지를 등록하지 않은 경우라고 하더라도 구글이나 야후와 같은 웹문서를 중시하는 검색엔진에서는 웹문서가 검색의 대상이 될 수 있다. 그러나 국내에서는 네이버의 비중이 50% 가까이 되고, 사이트 검색이 가장 중요하므로 그 효과는 미약한 편이다.

(3) 키워드광고

사이트를 최적화시켜 검색엔진에 등록하면 주요 검색어에 대해서는 상위등록이 되긴 힘들더라도 세부 검색어에 대해서는 웹사이트 또는 웹문서가 첫 페이지에 검색되는 것이 가능할 수 있다. 물론 이 비중도 적은 것은 아니어서 매우 중요하긴 하지만 주요 검색어에 대해서 첫 페이지에 노출되는 것이 역시 가장 큰 비중을 차지한다.

그런데 주요 검색어에 대해서는 이미 경쟁자들이 선점하고 있으므로 상위등록이 거의 불가능하다시피 하고, 특히 상업성을 띠고 있는 주요 검색어에 대해서는 검색엔진에서 상위등록이 되지 않도록 원천 봉쇄를

하고 있다. 즉, 상업성을 띤 주요 검색어의 검색 결과 첫 페이지에는 일정한 비용을 지불한 사이트만이 노출되도록 하는데, 이와 같이 일정한 비용을 지불하고 검색 결과 첫 페이지에 나오도록 하는 광고상품을 '키워드광고'라고 부른다.

(4) 지식iN, 블로그, 카페(커뮤니티)

최근의 검색결과에는 웹사이트와 웹문서만 나오는 것이 아니라 지식인, 블로그, 카페 검색 결과까지 나오고 있다. 이들 서비스는 주로 콘텐츠와 연결되므로 콘텐츠 마케팅이라 부를 수도 있고, 네티즌간의 커뮤니케이션을 위주로 구성된 것이므로 커뮤니케이션 마케팅이라고 부를 수도 있겠다.

이들 서비스가 중요한 것은 네티즌간 의견 교환을 통해서 훌륭한 서비스를 제공하는 사업자를 선별하기도 하고, 한 사업자에 대한 평가가 공유되기도 하므로 사업자는 최대한 이들의 의견 교환에 개입하여 이미지 메이킹을 할 필요가 있다.

1~4까지 검색엔진마케팅의 종류를 설명하면서 구현해야 할 절차까지 알아보았다. 그런데 이들보다 앞서서 해야 할 일이 있다. 말하자면 0순위로 해야 할 인데, 그것은 키워드 리스트[22]를 작성하고 전략키워드[23]를 설정하는 일이다.

4) 검색엔진마케팅과 키워드[24]

키워드는 검색엔진에서 트래픽을 이끄는 관문이자 창구가 되기 때문에, 키워드 선정은 검색엔진 최적화에 있어 가장 중요한 작업이라고 할 수 있다. 모든 인터넷 사용자나 검색이용자들은 상품과 서비스 정보를 찾기 위해 키워드로 검색한다. 이러한 키워드나 키워드 구는 검색엔진

---

22) 고객이 검색엔진을 통해서 사업자와 관련된 정보를 검색할 때 사용하는 검색어를 모은 것이다. 이는 검색엔진마케팅을 본격화하기 위해 키워드 포트폴리오 작성에서 중요하게 사용된다.
23) 키워드 리스트 중에서 가장 집중적으로 공략해야 할 몇 개의 키워드를 일컫는다. 가장 대표적인 키워드를 공략하는 것이 좋겠으나 경쟁현황을 감안하여 상위등록의 가능성이 높은 키워드를 대상으로 선정한다.
24) http://www.businessknowhow.com

에서의 노출위치에 있어서도 핵심 요소이다.

키워드 선정은 사이트 내 콘텐츠 구성의 첫 단계라고 할 수 있다. 사이트 주제에 어울리는 키워드를 선정하는 것은 콘텐츠 구성에서 가장 우선시되어야 하며, 선정된 키워드에 따라 검색엔진 상위노출이 좌우될 수 있다. 사이트에 적합한 키워드에 대한 연구가 이루어져야만 사람들이 특정한 키워드구를 검색했을 때 당신의 사이트가 노출되므로 이는 매우 중요하다. 이 글에서는 키워드 조사나 키워드 선정, 키워드 배치, 키워드 밀도, 키워드 순위와 키워드 마케팅 등의 주제에 따라 3단계로 구분하였다.

이에 앞서 웹사이트를 구축할 때 간결한 네비게이션이나 검색엔진에 친근한 사이트 구조 등과 같은 기타 검색엔진최적화 작업에도 노력해야만 검색엔진 스파이더나 로봇이 쉽게 정보수집을 해 갈 수 있다.

사이트구조가 형성된 다음에는 콘텐츠를 작성해야 하는데 키워드 연구와 효과적인 키워드 밀도는 이를 위한 필수적인 사항이다. 다음에 나오는 3단계의 내용을 잘 따른다면 검색엔진에서 보다 상위에 오를 수 있을 것이다.

(1) 1단계 - 키워드조사 및 선정

이는 사이트 콘텐츠 제작에 있어 첫 단계가 되어야 한다. 왜냐하면 이 단계에서 선정된 키워드나 키워드구로 콘텐츠가 구성되기 때문이다. 이것은 매우 중요한 작업으로, 이 단계가 제대로 이루어지지 않는다면 원하는 성과를 얻을 수 없다. 사람들이 웹에서 어떻게 검색하는지를 유추하기 위해서는 다음과 같은 방법들이 있다.

첫째, 당신이 어떤 상품이나 서비스를 검색할 때 어떠한 키워드를 사용하는지 생각해본다. 이때에는 검색엔진이나 검색엔진 최적화의 관점이 아닌 고객의 입장에서 생각하여 목록을 작성해 본다. 엑셀 같은 스프레드시트를 이용하는 것도 도움이 될 것이다.

둘째, 특정 상품이나 서비스를 어떻게 검색하는지 고객이나 친구들에게 물어본다. 사람들은 각자 다른 방식으로 생각하기 때문에 같은 상품이나 서비스를 찾는데 있어서도 서로 다른 키워드구를 사용할 것이

다. 그러한 자료들을 수집하고 기록한다.

셋째, 키워드제안 툴을 이용한다. 인터넷에는 다양한 키워드제안 툴이 있다. 그 중에서도 무료인 오버추어나 구글, 혹은 유료인 워드트래커wordtracker를 추천할 만하다. 이러한 툴에 키워드나 키워드 구를 입력하면 매달 검색되는 특정 상품이나 서비스에 대한 수많은 키워드들이 조회되며, 그 키워드들의 조회수도 보여 진다. 특히 워드트래커wordtracker는 조회수뿐 아니라 해당 키워드에 얼마나 많은 경쟁자가 있는지도 보여준다. 많은 사람들이 검색하는 키워드는 경쟁이 심하기 때문에 사이트를 상위에 노출시키는데 어려움이 있다. 따라서 상대적으로 경쟁이 적은 키워드를 선택해야만 검색엔진 결과목록의 상위에 오를 수 있다.

넷째, 기존 사이트의 웹로그를 조사한다. 웹로그 조사를 통하여 이용자들을 당신의 사이트로 유입시키는 키워드를 수집하는 것이다. 이것은 기존 사이드의 콘덴츠를 재구성하는데 도움이 될 것이다.

위의 작업이 끝난 후에는 작성한 목록 중에서 키워드를 결정한다. 이때 몇몇 단어에만 치중하기 보다는 좀 더 많은 키워드를 사용하는 것이 좋다. 일차적으로 선택한 키워드들 중에서 각 키워드가 얼마나 검색되었으며 얼마나 많은 경쟁자들이 있는지를 살펴본다. 앞서 언급했듯이 항상 경쟁이 적은 키워드를 선택해야 한다. 이 단계를 마친 후, 선정된 키워드로 사이트의 콘텐츠를 구성하기 시작한다.

(2) 2 단계 - 키워드 배치

키워드를 어떻게 배치할 것이냐는 매우 중요하다. 키워드가 적절하게 배치되지 않는다면 검색엔진 스파이더가 당신의 웹페이지에서 정보를 식별하고 저장하기 어렵기 때문이나. 페이지 제목에는 가장 핵심이 되는 키워드를 최소한 한 번 이상 사용한다. 그 다음에는 그 키워드 혹은 연관된 키워드를 페이지 첫 부분에 나타내도록 하고, 관련된 키워드를 단락의 시작부분이나 페이지 전반에 균일하게 사용하도록 한다.

검색엔진 로봇들은 매우 지능적이므로, 자신들을 속이려는 시도를 판별해 낼 수 있다. 일부 홈페이지 운영자나 검색엔진 전문가들은 검색엔진 최적화를 위해 지나치지 않은 범위 내에서 키워드 스패밍(keyword spamming; 페이지 내에서 키워드를 반복적으로 사용하는 것)이나 키워드 덤핑(keyword dumping; 키워드를 계속 복제하는 것)을 하기도 한다. 검색엔진 스파이더들이 웹페이지를 인덱스 할 때는 그 키워드가 특정 페이지에 얼마나 많이 쓰였는지를 판단하기 때문에 키워드 밀도가 중요하다. 대개 한 페이지당 10-15% 정도의 키워드 밀도가 이상적이라고 할 수 있다. 또한 내용과 연관된 키워드를 사용해야만 웹페이지와의 적합성을 인정받는다. 예를 들어 '애견용품dog supplies' 이라는 키워드를 검색하면 '온라인 애견용품dog supplies online' '애견용품샵dog supply store' 등과 같이 연관된 수많은 키워드들을 발견하게 되는데, 주제에 보다 밀접한 키워드를 발굴하여 어느 한 곳에 집중되지 않도록 페이지에 고르게 분포시킨다.

위와 같은 가장 핵심적인 3가지 요소에 유념하여 콘텐츠를 구성하면 이로 인해 검색엔진에서 웹사이트의 성패가 결정된다. 그 다음 단계는 바로 키워드 마케팅이다.

(3) 3단계 - 키워드 마케팅

몇몇 기법들은 오직 마케팅 단계에만 영향을 미치기 때문에 온사이트 보다는 오프사이트 요소로 사용한다. 모든 검색엔진은 그 알고리즘 내에서 보다 밀접하게 연관된 사이트에 링크를 제공한다. 따라서 키워드선정과 키워드밀도, 키워드배치 작업이 끝난 후에는 사이트를 마케팅하는데 집중해야 한다. 사이트 등록 및 콘텐츠 등록, 링크인기도 등은 당신의 사이트로 유입되는 링크를 증가시키는데 이를 위해서는 앵커 텍스트anchor text를 이용하도록 한다. 이것이 바로 효과적인 키워드 마케팅이다. 연관된 키워드들을 적절히 섞어서 이러한 앵커 텍스트anchor text 내에 핵심 키워드를 사용해야 한다.

키워드마케팅은 키워드가 관건인 CPC 검색광고에 있어서도 핵심적인 요소이므로, 사업과 연관된 키워드를 수집하여 검색광고 시 광범위하게 적용시킨다. CPC 검색광고는 키워드 마케팅에 의해 좌우된다. 사이트에서 최대한의 투자수익율ROI 을 거두기 위해서는 최대한 많은 키

워드에 입찰해야 한다. 즉, CPC 검색광고에서 최대의 키워드를 사용하면 사이트의 노출도가 증가하게 될 것이다.

온사이트와 오프사이트 웹사이트 마케팅에 있어 검색엔진 상위노출의 기본원리는 당신의 사업과 연관된 키워드를 사용하는 것이다. 키워드는 콘텐츠 구성에 있어 가장 핵심적인 부분이고, 콘텐츠는 검색엔진 마케팅에 있어 가장 중요한 부분이라 할 수 있다.

마케팅 이야기

사례 롱테일(The Longtail)25) 마케팅

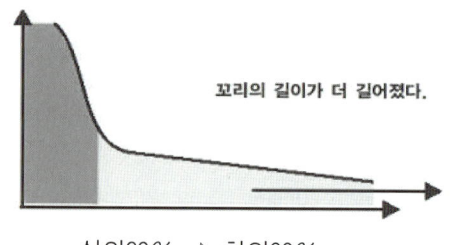

크리스 앤더슨 　　상위20% ⇨ 하위80%

---

25) 파레토 법칙에 의한 80:20의 집중현상을 나타내는 그래프에서는 발생확률 혹은 발생량이 상대적으로 적은 부분이 무시되는 경향이 있었다. 그러나 인터넷과 새로운 물류기술의 발달로 인해 이 부분도 경제적으로 의미가 있을 수 있게 되었는데 이를 롱테일(The Long Tail)이라고 한다. 이는 기하급수적으로 줄어들며 양의 X축으로 길게 뻗어나가는 그래프의 모습에서 나온 말이다. 2004년 와이어드지 20월호에 크리스 앤더슨(Chris Anderson)에 의해 처음으로 소개 되었으며 이후 책으로 나와 베스트셀러가 되었다. 이러한 분포를 보여주는 통계학적 예로는 부의 분포, 단어의 사용빈도 등이 있으며 크리스 앤더슨에 의해 소개된 롱테일부분을 경제적으로 잘 활용한 사례로는 아마존의 다양한 서적 판매 사례 등이 있다. 미국에서는 일반적으로 대문자를 쓴 문구인 "The Long Tail"로 표기하고 있으며 한국에서는 "롱테일" 혹은 "롱테일 현상", "긴꼬리 효과" 등으로 쓰이고 있다.

그는 "인터넷 비즈니스에 성공한 기업들 상당수가 20%의 머리 부분이 아니라 80%의 꼬리에 기반하여 성공했다"고 주장한다. 오프라인 서점은 한정된 매장에 책을 진열해야 하기 때문에 상위 20% 위주로 책을 전시하게 된다. 하지만 온라인에서는 이런 비용이 적기 때문에 오프라인에서 빛을 못 보던 책들이 오히려 유통될 수 있는 기회를 갖게 된다.

검색엔진마케팅에서의 롱테일 마케팅이란 긴 키워드구를 사용해서 잠재고객들을 포착하는 기법 및 방식을 말한다. 한 두 단어만으로 된 키워드를 사용하는 대신, 보다 긴 키워드구나 연관된 키워드 그룹을 사용하기 때문에 긴 꼬리 마케팅이라고 하는 것이다.

파레토의 법칙(80:20법칙), 즉 매출의 80%는 20%의 우수고객이나 상품에서 나온다는 것과는 정반대의 현상을 인터넷 비즈니스에서 발견한 크리스 앤더슨은 이것을 '롱테일 마케팅'이라고 부르기 시작했다. 즉, 독특하고 다양한 수요를 가진 고객층은 그래프로 나타내면 긴 꼬리 형태로 한없이 작으면서 길게 늘어지는데 기존 비즈니스에서는 이렇게 다양하고 수많은 고객들을 위한 마케팅이 어려워서 상위 20%에 집중했었지만 인터넷 비즈니스에서는 긴 꼬리에 해당하는 80%의 수요를 충족시켜줄 수 있다는 것이다. 이 글에서는 긴 꼬리에 해당하는 고객들을 포착하기 위한 검색엔진 마케팅에서의 긴 키워드 활용을 롱테일 마케팅이라고 좁혀 부르고 있다.

롱테일 마케팅 예를 들어 보면, 여행과 관련된 사이트에서 '휴가vacation'란 키워드와 같이 광고주간 경쟁이 치열할 뿐만 아니라 구글, MSN, 야후와 같은 검색엔진에서 상단에 노출되기 어려운 키워드 대신에, 롱테일 마케팅을 이용하여 보다 길면서 의미가 명확한 '나이아가라 폭포 신혼여행 패키지'와 같은 키워드구를 사용하는 것이다. 이때의 키워드구는 검색자들이 원하는 것을 찾을 때 입력하는 용어와 일치해야 한다는 것에 유념해야 한다. 위의 경우 두 번째 키워드구가 '휴가'라는 포괄적인 단어보다 목표가 구체화된 키워드구임을 분명히 확인할 수 있을 것이다.

롱테일 마케팅이 효과적인 이유는 몇 가지가 있다. 긴 키워드는 잠재고객들이 찾고자 하는 범위로 한정시키고 정확히 타겟화하며 그들이 구매하려는 상품이나 서비스를 정확히 표현하기 때문이다. 결과적으로 바로 구매할 고객들로 연결되기 때문에 구매 전환율이 매우 높아진다. 그러나 롱테일 마케팅의 보다 큰 의미는 실 구매단계의 고객들을 발견할 수 있다는 것이다. 즉, 자신들이 정확히 원하는 것에 대해 결정을 내리고 이를 위한 상품이나 서비스를 찾는 과정에 있는 고객들을 만날 수 있어서 그들의 니즈를 바로 충족시켜줄 수 있는 것이다. 또한 롱테일 마케팅의 최대 장점은 경쟁이 거의 없다는 것이며, 선택한 롱테일 키워드구로 여러 검색엔진의 첫 페이지에 쉽게 오를 수 있다. 만일 CPC광고를 한다면, 롱테일 마케팅을 통해 비용을 절약하는 동시에 구매전환율과 투자수익율을 늘릴 수 있다.

5) 검색엔진마케팅의 필요성

검색엔진 마케팅에 관심을 가져야 하는 이유는 너무나 분명하다. 대부분의 사람들이 검색 엔진을 통해 웹 사이트에 찾아 들어가기 때문이다. 이는 이미 리서치 회사들이 반복해서 내놓고 있는 결론이기도 하다. 가장 분명한 증거는 미디어 메트릭스Media Metrix에서 내놓은 "톱50인터넷 기업"에서 잘 드러나 있다.

2001년 8월 미디어 메트릭스가 내놓은 순방문객 측정에 의하면 한달 동안 검색 사이트를 방문한 사용자 수는 3억 4,500만 명에 달하는 것으로 나타났다. 이들이 모두 검색을 실시한 것은 아니지만, 대다수의 사용자들은 주요 검색 엔진 사이트에서 원하는 정보를 찾은 것으로 밝혀졌다. 참고로 가장 많이 방문한 검색 사이트는 AOL(7850만 명), MSN(6740만 명), 야후(6,470만 명), 테라 라이코스(3,880만 명), 익사이트(2,870만 명) 순으로 나타났다.

다음은 인터넷 이용자들의 성향에 대한 각종 통계들이다.

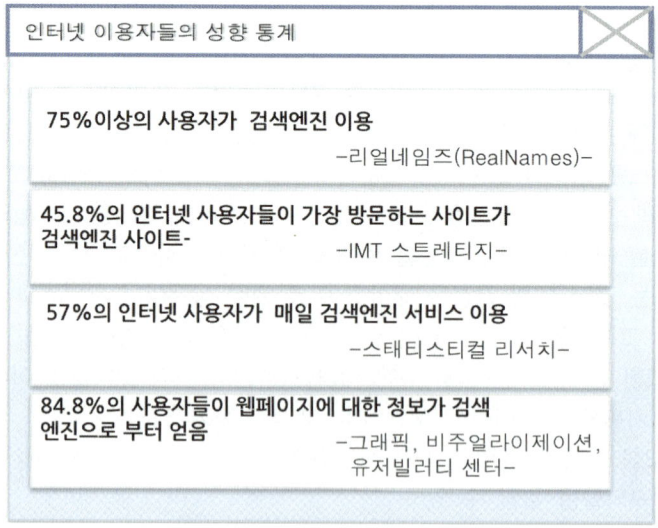

검색엔진을 찾는 사용자들은 모두 특정 아이템이나 사안에 대해 관심을 갖는 사람들이다. 따라서 이들이 찾는 키워드와 관련 있는 상품이나 서비스 정보를 보여주는 것은 최적의 맞춤 마케팅 서비스가 된다.

이는 다른 광고나 마케팅 수단에 비해 훨씬 효율적일 뿐만 아니라 브랜딩 효과에도 큰 도움이 되기 마련이다. 검색엔진 마케팅은 이제 더 이상 선택이 아닌 필수 사항이 되어 가고 있다.

6) 검색엔진마케팅의 7가지 원칙[26]

검색엔진 마케팅을 둘러싸고 많은 오해와 혼란이 있다. 검색엔진 마케팅은 신비한 마술이 아니다. 불법이나 편법도 아니다. 검색엔진은 효과적으로 활용하는 마케팅 방법이다. 검색엔진마케팅을 수행하기 위한 원칙을 살펴보자. 검색엔진마케팅을 하기 위해서는 다음의 7가지 원칙을 기억해야 할 것이다.

검색엔진마케팅을 수행하기 위한 원칙

1. 최적의 키워드를 골라야 한다.
2. 검색엔진의 기본 원리를 알아야 한다.
3. 검색결과가 먼저 나와야 한다.
4. 검색엔진 전체를 이용한다.
5. 단순한 '상위등록'이 아닌 마케팅을 생각해야 한다.
6. 먼저 정보를 주고 마음을 얻어야 한다.
7. 고객의 행동과 마음을 읽어야 한다

첫째, 최적의 키워드를 골라야 한다. 키워드는 곧 '고객'이다. 무조건 조회수가 높은 키워드 보다는 연관성이 깊고 상위등록이 가능한 키워드를 골라야 한다. 브랜드, 홍보 카피 등을 모두 염두에 두면 좋을 것이다.

둘째, 검색엔진의 기본 원리를 알아야 한다. 검색결과는 키워드 배치를 중심으로 순서가 매겨진다.

---

26) www.searchian.com

셋째, 검색결과가 먼저 나와야 한다. 검색 사용자들은 검색결과 2페이지 이상을 보지 않는다.

넷째. 검색엔진 전체를 이용한다. 디렉토리 검색이나 검색광고(스폰서 링크)가 전부가 아니다. 웹페이지(웹문서) 검색, 디렉토리 브라우징(클릭) 등 검색엔진 전체를 활용하자.

다섯째, 단순한 '상위등록'이 아닌 마케팅을 생각해야 한다. 단순히 높이 올라가는 것이 모든 것을 보장해주지 않는다. 목표는 트래픽이 아니라 고객과 매출을 늘리는 것이다. 전체 마케팅 전략과의 연관성도 생각해야 한다.

여섯째, 먼저 정보를 주고 마음을 얻어야 한다. 상품과 회원 가입을 먼저 강요하지 말자. 고객의 관심을 먼저 이해하고 회원가입을 유도해야 한다. 한번 방문 경험이 있는 고객은 검색엔진 없이 직접 오게 장치하는 것도 좋은 방법이다.

일곱째, 고객의 행농과 마음을 읽어야 한다. 로그분석으로 고객이 찾아온 경로를 분석하자. 또한 고객 흐름에 맞게 사이트 내부를 개선하는 것도 좋다. 투자대비 효과ROI를 생각하자.

7) 효과분석관리

검색엔진이 다른 광고 매체보다 탁월한 점은 광고 효과를 비교적 정확하게 측정할 수 있다는 것이다. 효과 분석에서 가장 기본이 되는 것은 로그log 분석이다. 모든 웹사이트에는 방문자의 사용 형태를 기록한 로그 파일을 남길 수 있다. 이 파일로 다양한 분석을 할 수 있다.

- 첫째, 언제 얼마나 왔는가?
- 둘째, 어디서 왔는가? (어떤 검색엔진, 어떤 키워드 등)
- 셋째, 무엇을 보고 갔는가?
- 넷째, 얼마나 회원이 되고 얼마나 상품을 샀는가?
- 다섯째, 어느 정도 머물다 갔는가?

이 외에도 여러 가지가 가능하다. 다양한 로그 분석 프로그램과 서비스가 있으므로 각자의 필요에 맞게 선택할 수 있다. 로그 분석을 통해 방문자를 보내준 검색엔진, 키워드, 방문자 수 등을 알아내고 나면 그것을 위해 투자된 마케팅 비용을 비교하여 '투자대비효과(ROI; Return On Investment)'를 알아내서 효과를 분석할 수 있다. 측정하는 방법을 살펴보자.

측정법 예시

1. 검색엔진을 통해 찾아온 사람들을 통해 발생한 이익을 더한다.

2. 광고비 등 검색엔진 마케팅에 들어간 총비용을 계산해서 (1)의 금액을 나눈다.

> 한달 동안 광고비 500,000원으로 10,000,000원을 벌었다면 투자대비효과(발생 이익/마케팅 비용)는 1원당 20원이다.

2. 검색엔진마케팅의 사례

1) 노바 크루즈Nova Cruz의 킥보드

미국 휘튼 대학Wharton University의 경영 정보학 교수인 칼 율리히Karl Ulrich(사진)는 오늘날 성공한 킥보드 사업가로 알려져 있다. 평소 자전거와 같은 '대체 운송 수단'에 지대한 관심을 갖던 그는 한 발을 올려놓고 한 발로 차고 다니는 '인간 동력 스쿠터scooter,' 킥보드를 만들어 팔기로 결심을 하고 동생과 함께 직접 킥보드를 설계해서 만들었고, 이 모델로 투자를 받아 사업을 시작하였다. 그가 설립한 킥보드 판매업체, 노바 크루즈Nova Cruz는 '주터Xootr'라는 모델을 생산해 시장에 내다 팔 준비를 했다.

율리히 교수는 물건을 팔기 위해선 무엇보다 고객과의 직접적인 '쌍방향' 커뮤니케이션이 중요하다고 믿었다. 그는 이런 쌍방향 커뮤니케이션을 위해선 인터넷을 이용해야 한다고 생각했고, 자신이 직접 HTML을 배워가며 주터의 웹사이트를 제작하였다. 이 웹사이트에서 고객들은 주터에 대한 모든 정보와 구매 정보를 제공받고, 제품에 대한 의견도 교환할 수 있었다. 율리히 교수는 첫번째 타겟 시장을 대학가로 잡았다. 아무래도 킥보드는 캠퍼스 이곳 저곳을 많이 돌아다녀야 하는 대학생들에게 가장 크게 어필할 것으로 생각했던 것이었다.

그는 먼저 엄청난 캠퍼스 평수를 자랑하는 스탠포드 대학을 목표 시장으로 잡고 마케팅을 시작하였다. 대학 기숙사에 광고 전단을 돌리기, 웹사이트 회원 가입자들을 위한 경품 행사, 킥보드를 직접 타보는 시연 행사 등 율리히 교수는 스탠포드 대학에서 가능한 모든 마케팅 수단을 동원하였다. 율리히 교수의 마케팅은 큰 호응을 얻었고, 주터 웹사이트 회원 수는 급증하기 시작하였다. 단 며칠 만에 스탠포드 학생의 8%가 주터 웹사이트의 회원이 됐을 정도로 마케팅에 대한 반응은 엄청났었다.

하지만 오랜 준비 기간과 집중된 시장 공략, 수개월 간의 대대적인 마케팅 공세에도 불구하고, 주터는 겨우 한대만 팔렸었다. 낙심한 율리히 교수는 결국 킥보드를 단종 시키고 다른 모델을 생산하기로 결심을 했다. 하지만 그때, 예상치 못한 일이 벌어졌다. 갑자기 웹사이트를 통해 주문 문의가 쏟아져 들어오기 시작한 것이었다.

바로 아시아 시장으로부터의 수요였다. 2000년 초, 대만에서 생산된 레이저Razor 킥보드 저가 모델은 일본과 한국 등지에서 선풍적인 인기를 끌었고 있었다. 하지만, 워낙 그 수요가 많다 보니 소비자들은 구하기 힘든 레이저 대신 다른 킥보드에 눈을 돌리기 시작했던 것이었다. 이들은 해외의 킥보드 업체를 찾기 위해 인터넷 검색엔진을 이용했고, 이 검색결과에서 주터의 웹사이트를 발견했다.

율리히 교수는 처음 주터 웹사이트를 만들 때부터 검색엔진이 마케팅에 중요한 역할을 하리라는 것을 알고 있었다. 그는 검색엔진에 웹사이트에 대한 정보를 제공하는

'메타-태그(meta-tag)'에 주터와 킥보드와 관련된 모든 단어를 집어넣었다. 그는 여기에 심지어 자신의 경쟁사들의 이름뿐 아니라 Xootr의 틀린 스펠링까지 입력했다. 이 단어들 중 하나만 검색엔진에 입력해도 자신의 웹사이트가 노출될 수 있도록 했던 것이다.

이렇게 율리히 교수의 검색엔진을 위한 세심한' 배려는 주터 웹사이트를 순식간에 국제적인 킥보드 사이트로 만들어 주었고, 킥보드 판매망은 전 세계로 확대되었다.

노바 크루즈는 6주만에 아시아, 호주 등지에 주터 배급망을 마련하고, 자사의 킥보드를 해외 시장에 판매하기 시작하였다. 이때부터 주터는 트럭이 아닌 컨테이너 단위로 팔리기 시작했고 사업은 크게 번창하게 되었다. 2000년 한 해 동안 노바 크루즈는 1,000만 달러의 매출 수익을 올렸다. 그리고 2002년에는 5,000만 달러의 수익을 예상할 정도로 성공한 기업으로 급성장 하게 되었다.

처음 율리히 교수가 대학생들에게 킥보드를 팔겠다고 했을 때, 아무리 적어도 백대 정도의 수요는 예상했을 지도 모른다. 왜냐하면 대학생들은 가장 가능성이 높았던 타겟 고객이었기 때문이다.

그러나 타겟 고객은 어디까지나 타깃 고객일 뿐인 것이다. 시장이 넓고 수요가 다양할수록 "나 그거 필요해"라고 말하는 고객을 찾기는 더 어려워지게 된다. 결국 업체는 고객을 찾기 위한 갖가지 방법을 동원해야 하고 "킥보드 필요한 사람 여기 모이세요"라며 동네방네 떠들고 다니거나, 전문 세일즈맨을 고용하거나, 이 방법 저 방법 다 안 통하면, 자기 이마에 "킥보드 필요한 사람 급구"라고 써 붙이고 다녀야 할지도 모른다.

어떤 방법이든 막연하게 타깃 고객을 쫓아다니는 형태로, 성공 가능성은 보장 받을 수 없는 것이다. 그러나 검색엔진은 다르다. 주터의 킥보드 웹사이트를 검색엔진으로 찾은 사용자들은 대부분 진짜로 킥보드가 필요했던 고객들이었다. 킥보드 사달라고 하루종일 밥 안 먹고 보채는 아이의 부모, 킥보드 빨리 내놓으라는 부모들 등쌀에 못 이긴 매장 주인, 그 매장 주인들의 탄원에 괴로워하는 도매상, 이들은 모두 킥보드에 대한 간절한 욕구를 해결하기 위해 검색엔진을 찾았고, 거기서

주터의 킥보드 사이트를 발견했던 것이다. 생산자가 소비자를 억지로 쫓아다니는 것보다는 소비자가 생산자를 찾도록 하는 것이 보다 자연스럽고 매출 가능성이 훨씬 높다는 것은 두 말할 필요가 없을 것이다.

2) 퍼니쳐파인드 FurnitureFind.com

이 세상 모든 전자 상거래 사이트가 망하는 것은 아니다. 이를 증명이라도 해주듯, 온라인 가구 판매 사이트인 퍼니쳐파인드는 아직도 다른 유명 온라인 가구 판매점 Furniture.com, Living.com 이 모두 도산하는 동안, 굳건히 살아남아 제자리를 지키고 있다. 퍼니처닷컴, 리빙닷컴 같은 유명 온라인 가구 판매점들이 문을 닫을 때만 해도, 인터넷에서 가구 장사는 안 된다는 견해가 지배적이었다. 그 만큼 퍼니쳐파인드의 성공은 업계

사람들에게 큰 놀라움과, 깊은 인상을 심어 주었다. 퍼니쳐파인드의 설립자이자 CEO인 스티브 앤티즈델 Steve Antisdel(사진) 의 성공 비결은 다음과 같은 몇 가지로 요약해볼 수 있다.

▎첫째, 그 분야의 비즈니스에 대해 아는 것이다. 앤티즈델은 온라인에서 사업을 하기 전에 이미 20년간 가구점을 운영한 경험이 있었다.

▎둘째, 어려움을 간과하지 않는다. 앤티즈델의 사업은 2000년 5월 굿홈닷컴 GoodHome.com 에 팔린 적이 있었다. 그러나 그는 결코 포기 하지 않았고, 2000년 12월에 자신의 사업을 다시 되찾아 왔다고 한다.

▎셋째, 자신의 타깃 고객에 대해 아는 것이다. 퍼니쳐파인드의 주고객층은 대부분 높은 수입을 올리는 전문직 여성들로 이들은 자신들 집 인테리어를 남에게 맡기지 않는 사람들이었다. 이들을 위한 편의와 가치를 높이려 최선을 다한 것이 퍼니쳐파인드의 또 하나의 성공 요인이 되었다.

▎넷째, 온라인에서 물건을 파는 것이 어떤 것을 의미하는지를 아는 것이다. 퍼니쳐파인드는 델컴퓨터의 사업 모델을 온라인 가구 사업

에 도입했다. 현재 100개나 되는 가구 생산업체들 모델을 판매하고 있지만, 결코 고객으로부터 정확한 주문을 받기 전에는 가구를 미리 만들어 놓지 않는다.
- 다섯째, 시장에 뛰어들기 전에 충분한 시험 과정을 거치며, 자신의 능력 이상 사업을 키우지 않는다. 앤티즈델은 외부로부터 100만 달러 이상의 투자를 받기 전에는 결코 사업을 확장하지 않을 것이라 단언했다.
- 여섯째, 마케팅에 많은 돈을 쓰지 않는다. 앤티즈델은 값비싼 광고에 돈을 투자하기 보다는 온라인 제휴 프로그램과 검색엔진 마케팅과 같은 저렴한 마케팅 전략을 선택했다. 특히 엔티즈델은 검색엔진 마케팅에 커다란 신뢰를 보였다. 퍼니처파인드는 검색엔진 마케팅을 통해서 큰 효과를 보고 있는데, 이 사이트를 찾아온 방문객들이 검색엔진에서 이용한 (퍼니처파인드 사이트 관련) 검색어의 수는 무려 5만 7000가지나 됐다고 한다. 이들은 오버추어$_{overture}$에 키워드를 유료 등록 하는 방법으로 검색엔진 마케팅을 해 왔는데, 최근엔 구글의 유료 등록에까지 관심을 보이고 있다.

퍼니처파인드는 광고 마케팅에 '돈'을 투자하기 보다는 검색엔진 마케팅에 '시간'을 투자하는 것을 더 선호했다. 앤티즈델은 앞으로 자신들에게 거금의 투자가 들어온다 하더라도, 광고에는 큰돈을 들이진 않고 지금의 마케팅 방식을 계속 고수해 마케팅 비용을 최소화 하겠다는 계획이었다.

3. 결론

1) 검색엔진은 거대상권의 명당자리

국내의 대표적인 검색엔진인 네이버의 하루 방문자 수는 1천 600만 명에 육박한다. 다음이나 네이트 역시 900 만 명 이상, 야후코리아가 400만 여명, 엠파스가 200만 명 정도 이른다. 명동의 경우 하루 유동인구는 100만 명으로 국내에서 가장 많으며, 동대문은 30~50만 명, 강남역은 20만 명 선이다. 단순 비교하기는 어렵지만 국내 주요 포털들의 규모는 우리나라에서 가장 크다는 명동 상권의 2배~15배 크기다.

명동 상권에 입점해 있는 옷 가게가 100개가 되지 않고 전체 점포의 수가 500여개 수준인 데 비해 네이버에 등록되어 있는 의류 및 잡화몰은 1만 2,616개, 화장품과 미용관련 쇼핑몰은 3,115개에 이른다. 명동역과 강남역, 동대문을 비롯 부산, 대구, 광주, 인천 등 전국의 잘나가는 상권을 모두 모아놓은 것보다 큰 거대 상권 명당이 바로 검색엔진이다.

국내 최대 인터넷 포털 사이트인 '네이버' 검색창 1평 값은 26조원. 지난 5년간 네이버가 검색 광고를 통해 거둔 수익이 639억원. 순이익은 108억원. 네이버 검색창은 14인치 모니터를 기준으로 계산하면 가로 10㎝, 세로 0.6㎝로 면적은 0.006㎡. 0.006㎡에서 5년간 평균 108억원에 달하는 가치가 발생한 셈이고, 이를 토지 가치로 환산하면 네이버 검색창 1평(약 3.3㎡) 가치는 연간 26조원이란 결론이 나온다.

2) 생활의 중심, 검색엔진

대한민국의 사람들은 인터넷을 통해 뉴스를 보고, 지식을 얻는다. 또 인터넷에서 이메일을 확인하고 쇼핑을 하고 인터넷을 통해 인간관계를 유지하며 시간을 보낸다.

한국인터넷진흥원에 따르면 2006년 인터넷 이용자는 3,358만 명으로 전체 인구의 73.5%에 해당한다. 인터넷 이용시간은 하루 평균 2시간에 가깝다. 인터넷에 접속하는 목적은 자료수집(88.5%), 이메일(85.1%), 여가(83.8%)를 위해서가 가장 많았고 2명 가운데 1명꼴로 쇼핑·예약(48.7%), 교육학습(46.3%)을 꼽았다.

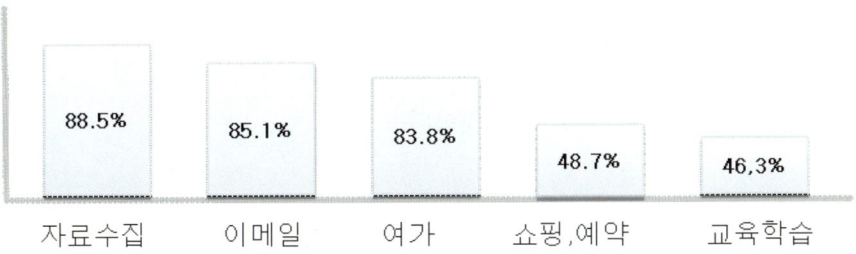

그림 13-1 인터넷 이용비율 현황

이 조사에 따르면 응답자의 42.1%가 인터넷으로 교육과 학습을 해본 경험이 있다고 응답했고, 학생의 87.8%는 학교 숙제를 위해 자료를 검색했다고 응답했다. 직장인의 15.7%가 인터넷을 통해서 업무 관련 정보를 얻고 있다.

2명 가운데 1명(51.2%)이 인터넷에서 물건을 사봤고 한 번에 4만 8,000원어치의 상품을 한 달에 2회 가까이 인터넷에서 구매하고 있다. 5명 가운데 4명(84.1%)이 상품정보 검색이 용이해 인터넷에서 상품을 구매한다고 응답했다. 상품정보를 쉽게 얻고 좋고 싼 물건을 사기 위해 발품을 팔지 않아도 되기 때문에 인터넷에서 상품을 사는 것이다.

이제 대한민국에 사는 사람은 인터넷이 없으면 신문을 읽을 수도 없고 업무도, 숙제도, 쇼핑도 할 수 없게 됐다. 인간관계도 유지되지 않으며 심심해서 미쳐버리는 지경에 이르렀다.

3) 친구보다 검색엔진을 믿는다.

인터넷 광고의 가장 큰 장점이 바로 이것이다. 검색 결과에 광고주가 올린 검색 결과가 섞여 있는 것을 아는 사람이 많지 않고 관련성 위주로 정리돼 노출된다고 믿기 때문에 소비자는 자신이 검색한 내용에 가장 적합한 정보라고 믿는다. 실제로 여러 조사 결과에 따르면 사람들은 전문가의 조언 다음으로 검색 결과를 신뢰한다고 한다.

능동적인 소비자가 적극적으로 커뮤니케이션에 임하고 있고 검색어로 자신의 의도를 나타냄으로써 광고주의 정보를 기다리고 있다. 검색하고 있는 소비자는 현재 커뮤니케이션을 할 수 있는 최적화된 상황

Optimized Communication Context에 있다고 봐야 된다.

그러므로 광고주가 인터넷 사용자들이 찾는 정보에 초점을 맞추어서 능동적으로 메시지를 제작한다면 최적화되고 매출을 창출할 수 있는 개인화된 마케팅이 가능해질 것이다.

4) 검색엔진이 마케팅 수단으로 활용되는 이유

검색엔진이 마케팅 수단으로 활용되는 이유
① 검색엔진은 시간적·공간적 제약을 덜 받는다.
• 풀타임으로 소비자를 관리 • 브랜드 인지도, 제품소개, 소비자의 관계관리, 수요 측정, 소비자 조사 등을 제공 • 가장 신뢰하는 정보 매체
② 맞춤형 서비스가 가능하다는 것이다.
• 검색광고는 거부감이 덜함. • 능동적 소비자에 대한 홍보는 높은 구매력으로 이어짐.
③ 검색광고 안에서는 대기업과 중소기업의 차별이 없다.
• 상대적으로 저렴한 광고비 • 댓글을 통한 피드백
④ 검색은 실시간이다.
• 평균 13회 이상의 검색과정을 통해 콘텐츠를 찾는 불편함을 마다하지 않고, 자신이 보고자 하는 검색결과를 찾음

❙첫째, 검색엔진은 시간적·공간적 제약을 덜 받는다.

낮에도 밤에도, 땡볕이 쬐는 낮에도, 모진 비바람이 부는 밤에도 검색엔진에 대한 접근성은 변함없다. 즉, 검색엔진은 24시간 영업 매장이기 때문이다. 검색엔진의 검색 결과는 365일 24시간 풀타임으로 소비자를 관리한다. 검색엔진의 조회 수와 매출 정보는 브랜드 인지도, 세품소개, 소비자의 관계관리, 수요 측정, 소비자 조사 등을 제공한다. 검색엔진은 온라인 구매뿐만 아니라 오프라인 구매를 위한 정보까지 담고 있다. 검색엔진은 자사의 영업 매장이 문을 닫은 시간에도 항상 불을 밝히고 소비자들에게 구매 결정을 내릴 수 있는 자료를 제공한다. 고객이 가장 신뢰하는 정보 매체가 검색엔진이라는 것을 정확히 파악하고, 자사의 영업 모델에 검색엔진의 정보가 차지하는 영향력이 어느 정도인지 확실히 아는 것이 무엇보다 중요하다.

▎둘째, 맞춤형 서비스가 가능하다는 것이다.

물건을 사러갔을 때 직원이 다가오면 일단 주춤해서 무엇을 사려다가 그냥 나와 본 적이 있을 것이다. 손님 욕구를 파악하여 적절한 서비스를 제공하려는 점원 마음을 알기는 하지만 점원의 접근이 판매 강요로 느껴져 소비자는 일단 부담을 가질 수밖에 없다. 반면 검색광고는 거부감이 덜하다. 소비자가 소비 주체로서 먼저 접근하기 때문이다. 능동적인 소비행동은 구매력으로 연결될 가능성이 상대적으로 높다. 소비자가 먼저 검색어를 입력하여 자기 욕구를 표출할 뿐 아니라 검색 결과를 정보로 인식하고 그 결과를 대체로 신뢰하기 때문에 자연스럽게 홍보로 이어지고 이것은 높은 구매력으로 이어진다는 것이다.

▎셋째, 검색광고 안에서는 대기업과 중소기업의 차별이 없다.

TV에서는 대기업을 제외한 동네 꽃집, 분식점 광고를 보기가 어렵다. 비싼 광고비 때문이다. 하지만 검색엔진을 통한 광고는 상대적으로 광고비가 저렴하므로 광고주가 접근하기 용이하다. 또한 광고 상대방인 소비자가 TV광고보다 더 신뢰하고 재미있어 한다는 것이다. 또한 댓글 형태를 통해 피드백이 용이하여 입소문이라는 간접적인 광고 효과까지 톡톡히 볼 수 있다는 것이다.

▎넷째, 검색은 실시간이다.

검색이 재미있는 이유는 사용자가 원하는 콘텐츠를 실시간으로 보여주기 때문이다. 재방송을 기다릴 필요도 없고 궁금한 게 있으면 바로바로 콘텐츠를 직접 검색해서 찾아보면 된다. 그리고 그 노력이 가상할 만큼 소비자들은 열심히 검색을 한다. 검색엔진 사용자는 평균 13회 이상의 검색 과정을 통해 콘텐츠를 찾는 불편함을 마다하지 않고 자신이 보고자 하는 검색 결과를 찾아낸다고 한다.

학습정리

1. 검색엔진마케팅의 정의
    인터넷 상에 등록되어 있는 웹서버들의 주소를 모아 놓고 인터넷 이용자들이 검색어를 이용해 찾고자 하는 결과를 보여 주는 것이 검색엔진이며, 그 검색엔진을 통해 사업자의 브랜드 또는 사이트를 노출시켜 e비즈니스의 기반으로 사업을 촉진시켜 매출 실적을 향상시키려는 활동이다.

2. 검색엔진마케팅의 장점
    첫째, 준비된 고객과 만날 수 있다.
    둘째, 많은 고객과 만날 수 있다.
    셋째, 신규 고객 창출에 유리하다.
    넷째, 높은 효과를 볼 수 있다.
    다섯째, 비용이 상대적으로 저렴하다.
    여섯째, 효과를 측정할 수 있다.

3. 검색엔진마케팅의 7가지 원칙
    첫째. 최적의 키워드를 골라야 한다.
    둘째, 검색엔진의 기본 원리를 알아야 한다.
    셋째. 검색결과가 먼저 나와야 한다.
    넷째. 검색엔진 전체를 이용한다.
    다섯째. 단순한 '상위등록'이 아닌 마케팅을 생각해야 한다.
    여섯째. 먼저 정보를 주고 마음을 얻어야 한다.
    일곱째. 고객의 행동과 마음을 읽어야 한다.

4. 검색엔진마케팅의 사례
    - 노바 크루즈Nova Cruz의 킥보드
    - 퍼니처파인드FurnitureFind.com

학습문제

01 검색엔진마케팅의 정의는 인터넷 상에 등록되어 있는 웹서버들의 주소를 모아 놓고 인터넷 이용자들이 검색어를 이용해 찾고자 하는 결과를 보여 주는 것이 검색엔진이며, 그 검색엔진을 통해 사업자의 브랜드 또는 사이트를 노출시켜 e비즈니스의 기반으로 사업을 촉진시켜 매출 실적을 향상시키려는 활동이다. (○, X)

> **해설** 검색엔진 사용자는 평균 13회 이상의 검색 과정을 통해 콘텐츠를 찾는 불편함을 마다하지 않고 자신이 얻고자 하는 검색 결과를 찾아낸다고 한다. 다시 말해 소비자가 먼저 검색어를 입력하여 자기 욕구를 표출할 뿐 아니라 검색 결과를 정보로 인식하고 그 결과를 대체로 신뢰하게 되고 결국 높은 구매력으로 이어져 검색엔진마케팅은 매우 효과적인 e비즈니스 기회로 이어진다.
> 정답 : ○

02 검색엔진마케팅 장점에 대한 설명 중 틀린 것은?
① 준비된 고객과 많은 고객을 만날 수 있다.
② 신규 고객 창출에도 유리하다.
③ 비용이 상대적으로 많이 들지만 효율성은 높다.
④ 인터넷의 특성상 효과를 구체적으로 측정할 수 있다.

> **해설** 클릭수, 조회수 등에 따라 광고비를 계산하고 목표 고객에게만 접근하기 때문에 다른 매체에 비해 비용이 상대적으로 저렴하고, 비용대비 다른 광고보다 효과가 높다.
> 정답 : ③

03 검색엔진이 마케팅 수단으로 활용되는 이유로서 적당하지 않은 것은?
① 검색엔진은 시간적·공간적 제약을 덜 받는다.
② 맞춤형 서비스가 가능하다는 것이다.
③ 검색은 실시간이다.
④ 검색광고 안에서도 대기업과 중소기업의 차별이 있다.

> **해설** "웹을 통해 대기업은 소규모 기업처럼 융통성 있게 대응할 수 있게 되고, 소규모 기업은 대기업처럼 효율적으로 대응할 수 있게 된다."라고 빌 게이츠가 말한 것처럼 어떤 규모의 기업이든 차별이 없는 비즈니스가 가능하다.
> 정답 : ④

04 검색과학이라 불리며, 웹 마케팅 기법으로 자리 잡아 가고 있는 것은?

① SEO   ② Overture
③ sponcered link   ④ Longtail' Law

해설 웹 최적화 등록으로 네티즌이 검색을 했을 경우 블로그나 사이트가 웹 페이지 상위에 올라가게 하는 방법으로 효과가 매우 높다.   정답 : ①

05 검색엔진 마케팅 사례 중 온라인 가구 판매 사이트인 퍼니처파인드의 성공 비결에 대한 설명으로 틀린 것은?

① 온라인에서 파는 물건의 의미를 아는 것이다.
② 해당 분야의 비즈니스에 대해 아는 것이다.
③ 마케팅에 충분히 많은 비용을 사용한다.
④ 자신의 능력이상 사업을 키우지 않는다.

해설 값비싼 광고에 투자하기보다 온라인 제휴 프로그램과 검색엔진 마케팅 같은 저렴한 마케팅 전략을 선택했다.   정답 : ③

06 검색엔진 마케팅의 7가지 원칙에 대한 설명으로 틀린 것은?

① 최적의 키워드를 선택해야 한다.
② 검색엔진 전체를 이용한다.
③ 상위등록을 위한 마케팅을 생각한다.
④ 검색결과가 먼저 나와야 한다.

해설 단순히 높이 올라가는 것이 모든 것을 보장해주지 않으므로 단순한 상위등록이 아닌 마케팅을 생각해야 한다.   정답 : ③

제14장
바이럴 마케팅
Viral Marketing

"소비자에게 많이 노출될 수 있도록 할 수 있는 모든 방법을 도출하라, 그리고 그에 맞는 콘텐츠를 재밌고, 감성적으로 만들어라."

- 저자

14 FUN MAKETING
바이럴 마케팅

학습목표 🔍

1. 바이럴 마케팅이란 무엇인가에 대해 알아보고자 한다.
2. 바이럴 마케팅은 어떻게 해서 생성되었는지 그 배경에 대해 학습하고자 한다.
3. 바이럴 마케팅의 종류는 어떤 것들이 있는지 살펴보고 현실 세계에서 적용된 사례들을 찾아보고자 한다.
4. 바이럴 마케팅의 성공사례와 실패사례를 통해 소비자의 니즈는 어떻게 변화하고 있는지 학습을 통해 분석해보고자 한다.

핵심키워드 : 블루오션, 커뮤니케이션 코디네이터, Just In Time, sales Promoter, Fun Marketing

    스마트폰 시대에 살아가는 우리는 전혀 모르는 낯선 곳을 찾아가더라도 스마트폰을 이용하여 해당 장소의 맛집, 명소, 카페 등을 손쉽게 찾아 갈 수 있게 되었다. 다시 말해서 이렇게 찾아가게 된 곳들은 흔히 '맛집'이라고 일컬어지는 음식점, 사진 찍기 좋은 '데이트 장소', 커피나 음료가 유별나게 맛있는 '카페' 등으로써 사람들의 입소문을 통해 알고 있는 것들이다.

    소비자들이 이러한 장소들을 찾아가서 특별한 느낌을 받게 되면, 해당 장소를 입소문으로 알려지게 하는 것인데 과거에는 구전을 통한 방법이 최선이었다면, 현재는 구전으로뿐만 아니라 각종 매개체를 활용하여 전파하게 된다는 것이다. 입소문을 타게 하는 각종 매개체는 인터넷의 보급과 발달로 인해 블로그, SNS, 카페나 클럽과 같은 커뮤니티 등을 사용하는 인구가 늘어났고, 이와 같은 것들을 통해 전파하게 된다. 예를 들어, 친구들과 함께 카페에 들어갔는데, 그 카페의 커피잔이 차별화되게 이쁘다든지, 그곳 커피가 다른 곳보다 더 향이 진하고 맛이 더 좋다든지, 카페의 분위기가 고객들의 취향을 잘 읽어내게 갖춰져 있다고 한다면 누구라도 상관없이 스마트폰 카메라를 열어서 사진을 찍게 되고, 그걸 기념해서 자신의 SNS에 올리게 되게 된다. 그러한 상황이 잦게 발생하게 되면, 이렇게 알려진 곳들은 사람들이 몰리게 되고, 사람들이 몰리게 되니 새로운 상권이 생기게 되는 도미노처럼 파급효과가 생기게 된다. 이렇게 만들어진 곳이 서울의 이태원, 홍대, 강남 등과 같은 지역이 되며, 입소문을 통해 생성된 지역은 해당 음식점, 데이트장소, 카페 등의 유명세를 타면서 지역의 상권도 활발하게 되살아나는 결과를 낳게 한다.

　이러한 현상이 긍정적인 경제적 효과를 발생시킴에 따라 가게들은 포털 사이트를 적극 활용하는 홍보수단이 되었고, 맛집과 같은 타이틀을 얻고자 파워 블로거들에게 기꺼이 비용을 지불하여 자신의 가게를 홍보해 줄 것을 요청하기도 하고 있다. 심지어 이를 대행해주는 중간 기업들도 생겨나게 되었다.

　이처럼 적극적으로 정보를 검색하는 소비자들의 행동 패턴을 검색환경에 맞춤형으로 활용하게 하는 마케팅 방식을 '바이럴 마케팅'이라고 한다.

> 학습내용

1. 바이럴 마케팅의 정의

'바이럴(Viral)'이란 '바이러스(Virus)'와 '오럴(Oral)'의 합성어에서 유래된 것으로써 사람들의 입에서 입으로 꼬리에 꼬리를 물고 사람들 사이에 마치 바이러스처럼 퍼져나간다는 의미이다.

바이러스에서 유래하여 사람들의 입으로 구전되는 이야기들을 모아서 마케팅에 결합시킨 바이럴 마케팅이란 '상업적인 목적으로 제작된 바이럴 콘텐츠를 다양한 인터넷 매체의 플랫폼을 통해 자발적으로 퍼져 나가도록 하여 마케팅 목적인 회원유치, 브랜드 인지도 제고, 다량의 트래픽 홍보 등을 달성하기 위한 일련의 활동'을 말한다. 즉 매체홍보를 통하지 않고 휴먼 네트워크상에서 자연스럽게 소문이 나고 바이러스처럼 전파가 되어 홍보가 되고, 구매동기를 유발하게 하는 마케팅으로 정의될 수 있다.

이러한 바이럴 마케팅은 온라인에서 네티즌의 자발적 연쇄반응을 노리는 마케팅 활동, 바이럴 광고(Viral Advertising)라고도 한다. 일종의 구전형태로 전달하는 방식이므로 네티즌들이 자발적으로 기업의 이미지나 제품을 홍보하는 것이다. 따라서 입소문을 통해 자발적으로 다른 소비자에게 기업이나 기업의 제품을 직접 커뮤니케이션하도록 유도하는 입소문 마케팅이라 할 수 있다.(다음 백과사전, 2016)

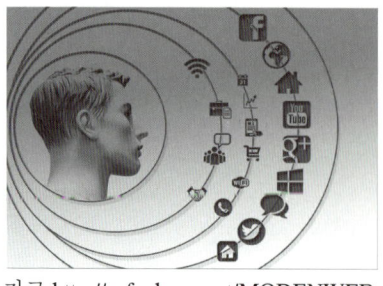

자료:http://cafe.daum.net/MODENWEB

바이럴 마케팅은 효과적인 마케팅 결과를 얻기 위해서 주로 인터넷을 이용하고 있는데, 최소한 웹 2.0 플랫폼 기반의 UCC를 활용하여 자발적인 바이럴을 유도하는 것이 매우 중요하다.

바이럴 마케팅의 주요 수단은 동영상, 플래시 게임, 전자책, 브랜드 소프트웨어, 이미지, 텍스트 등으로써 입소문 마케팅을 토대로 형성된 시장의 기존 데이터와 빅 데이터를 통해 사람들의 관심을 파악하고 흐름을 읽어 상품의 관심을 이끌고 이것을 상품 구매로 전환시키는 하나의 수단이다.

따라서 바이럴 마케팅은 네티즌의 자발적 반응을 이끌어내기 위한 독특하고, 흥미로운 내용, 즉 저변에서 화제가 될 만한 콘텐츠를 만들어내는 것이 관건이 된다. 예를 들면, 믹서기의 분쇄력을 보여주는 방법으로 최신 태블릿 단말기를 믹서기에 넣어 갈아서 가루로 만들어버리는 과정을 동영상으로 만드는 방법 따위이다. 이것을 유튜브(www.youtube.com)나 비메오(www.vimeo.com) 같은 동영상 공유 사이트에 게시하여 조회 수를 높이고 내려 받기와 동영상 공유, 댓글을 유도한다. 또한 동영상 바이럴 광고의 형식은 단편영화 형식으로 극화한 것이라든지, 다큐멘터리, 플래시 몹 같은 약속된 집단 해프닝, 몰래카메라 등과 같이 매우 다양하게 활용되고 있다.

Break Time

"오비 맥주, 'OB베어스' 추억 마케팅...바이럴 영상 제작"

오비맥주는 한국 최초의 프로야구팀인 'OB베어스'를 이끈 야구명장 김인식 감독을 모델로 '프리미어 OB' 제품의 정통성을 알리는 바이럴 영상을 제작했다고 5일 밝혔다.

총 2편으로 이루어진 영상은 '프리미어 OB의 부름에 OB베어스가 응답한다'는 복고풍 콘셉트로 정통 프리미엄 맥주 '프리미어 OB'의 뿌리나 다름없는 'OB베어스'와 이를 이끈 김인식 감독의 사연을 담았다.

5일 프리미어 OB페이스북과 유튜브를 통해 처음 공개되는 바이럴 영상 1편은 대학로에 위치한 프리미어 OB 펍에서 'OB베어스'를 사랑하고 추억하는 30여명의 팬들이 한국 최초의 프로야구팀인 'OB베어스'를 회상하면서 시작된다. 팬들은 각자가 간직하고 있는 OB베어스 소장품을 소개하며 서로의 추억을 나눈다.

이때 OB베어스의 마지막 감독이자 95년 한국시리즈 우승을 이끈 전설의 야구명장 김인식 감독이 깜짝 게스트로 등장해 팬들과 담소를 나누며 OB베어스 시절의 추억과 에피소드를 되짚는다.

> 바이럴 영상 2편은 '명장의 시작은 OB로부터'라는 주제로 김인식 감독의 내레이션으로 구성했다. OB베어스 감독시절 등번호 81번이 달린 유니폼을 입고 등장한 김인식 감독은 "OB베어스'의 마지막 감독이라는 사실에 특별한 자부심을 느낀다."며 OB에 대한 남다른 긍지를 드러냈다.
>
> 또한 김인식 감독은 내레이션을 통해 1995년 OB베어스 우승을 시작으로 2001년 두산베어스 우승, 2002년 부산아시안게임 금메달 등 영광의 자리에 오른 과거를 회상하며 본인의 야구 철학을 잔잔한 어조로 소개한다.
> 프리미어 OB 바이럴 영상은 5일부터 유튜브(https://www.youtube.com/watch?v=YPdMN5AcT1s)와 페이스북, 인스타그램을 통해 공개된다.
>
> 〈이데일리, 2016.02.05. 11:54, 함정선 기자 mint@〉

2. 바이럴 마케팅 생성배경과 특징

1) 생성배경

바이러스 개념이 온라인 마케팅에 사용되기 시작한 것은 1996년 12월, 제프리 레이포트(Jeffrey R. Rayport)가 패스트 컴퍼니(Fast Company) 지에 마케팅 바이러스(The Virus of Marketing) 제목의 칼럼을 기고하면서부터였다. 그리고 본격적으로 바이럴 마케팅(Viral Marketing)이라는 용어를 사용한 것은 1997년 스티브 저베스트선(Steve Jurvestson)과 팀 드라퍼(Tim Draper)가 소개했을 때부터라고 할 수 있다. 이렇게 탄생한 바이럴 마케팅은 연구자들에 의해 의견이 분분한데, 어떤 연구자들은 바이럴 마케팅을 고객들이 상품과 서비스에 대해 다른 고객에게 전달하는 구전광고(word-of-mouth advertising)라고 하지만, 또 다른 연구자들은 메시지 전달자가 될 고객에게 있어 바이럴 콘텐츠의 가치가 직접적으로 몇 명 다른 고객을 끌어들일지를 결정하게 됨으로, 진정한 바이럴 마케팅은 구전과는 다르다고 주장하고 있다.(정민영·조미나, 2011)

어찌되었건 바이럴 마케팅은 실제 사용 경험자들에 의한 후기 형식으로 이루어지기 때문에 광고라는 느낌 없이 소비자들에게 자연스럽게 다가갈 수 있다는 것은 커다란 장점이다. 그렇기 때문에 사람들의 공감도 많이 얻을 수 있고 신뢰도 역시 높다. 특히 요즘은 광고가 아닌 다른 사람들의 사용 후기를 중시하는 추세이기 때문에 소비자들의 실제 구매를 높이는데 가장 효과적이다. 간단하게 예를 들어서, 어떤 물건을 사려고 그 제품을 검색했을 때, 그 제품에 대한 좋은 사용 후기나 정보를 최상위에 노출시켜 보여주게 되면, 실제 소비자들은 최상위에 있는 정보를 통해 실제 소비심리로 자연스럽게 이어지고 있다는 것이다. 즉 바이럴 마케팅은 바이러스처럼 증식과 전파되는 마케팅 방식이다.(교보문고, 2010.07)

이와 같이 바이럴 마케팅은 온라인을 통해 실행되는 마케팅인데, 온라인을 통한 마케팅의 구성요소를 잠시 살펴보면, 커뮤니티(Community), 커뮤니케이션(Communication), 콘텐츠(Contents), 커스터마이제이션(Customization), 커머스(Commerce), 커넥션(Connection) 등 총 6가지로 되어 있다.(정민영·조미나, 2011)

① '커뮤니티(Community)' ; 인터넷 공간에서 필요나 공통 관심사, 단순 친목으로 활동하는 공동체 전반을 말함.
② '커뮤니케이션(Communication)' ; 온라인 매체 자체가 일방적인 전달이 아닌 쌍방향 전달의 특성을 가지고 있어서 커뮤니티의 활성화를 이룰 수 있게 도와줌.
③ '콘텐츠(Contents)' ; 정보 및 내용을 텍스트 혹은 멀티미디어 형태로 만들어 온라인 마케팅의 핵심적인 역할을 하고 우수한 콘텐츠의 생산을 통해 온라인 마케팅을 좀 더 유기적으로 운영하게 함.
④ '커스터마이제이션(고객화, Customization)' ; 소비자가 변함에 따라 기업은 소비자의 취향이나 기호에 대해서 파악하고 있어야 지나쳐가는 방문객을 자신의 고객으로, 또 일반 고객을 고정 고객으로 만들 수 있기에 온라인 마케팅에서는 데이터베이스를 수집하고 분석하여 소비자의 특성을 파악하고 특화된 상품 및 서비스의 정보를 제공하는 일대일 마케팅 전략

⑤ '커머스(상거래 전략, Commerce)' ; 온라인 비즈니스의 궁극적 목적이 수익성임에 따라 일반적으로 상품 판매, 정보 및 서비스 이용료, 광고료, 각종 협찬 등을 통해 기업의 수익성을 높여서 업무 효율화, 마케팅, 판매증진, 고객관리 등에 활용하는 것
⑥ '커넥션(협력, Connection)' ; 온라인의 중요한 요소 중 하나가 네트워크이기에, 이것을 커넥션 전략의 일환으로 보고 이에 전략적 제휴가 필요함에 따라 최근 온라인 마케팅 상에서도 중요시되고 있음.

이와 같은 온라인 마케팅의 구성요소를 기반으로 탄생한 바이럴 마케팅은 소비자가 상품 구매 고려 시 온라인에서의 정보획득 및 공유활동을 활발하게 하기 때문에 발생하였다고 볼 수 있다. 대표적인 사례로 신촌의 한 식당인 '대포찜닭'을 들 수 있다. 이 가게는 신촌거리에 이미 널리 퍼져 친구들이 가게로 찾아오면서 할인을 받기 위해 계속해서 음식사진을 올리면서 점차 신촌 맛집으로 대학생들의 발길을 끌게 된 곳이다.(편집부, 2015)

이처럼 바이럴 마케팅은 뚜렷한 선호도가 없는 사람들에게 너무나 많은 선택의 기회가 주어질 때 입소문으로 쉽게 큰 효과를 볼 수 있는 방식으로 전파하게 만드는 것이다. 지금의 소비자들은 상품을 구매하기 전 정보획득을 주로 인터넷 검색이나 블로그, 게시판의 후기 등 온라인 채널에서 대부분 이용하고 있다. 또한 상품의 이용경험을 한 소비자의 57%이상은 온라인을 통해 다시 그 정보를 공유하는 활동을 하고 있으므로 온라인 채널의 파급력은 상당하다고 볼 수 있다.

그리고 다양한 SNS와 정보매체를 통해 하루에도 수많은 데이터가 생산되고 또 정보를 검색하는 활동도 늘어나고 있다. 시장에서도 이러한 소비자들의 수요를 충족시키기 위해 트렌드를 반영한 다양한 마케팅 방식이 생겨나면서 바이럴 마케팅이 생성되었고 발전단계에 이르게 되었다.

그림 14-1 소비자 구매 고려 시 정보획득- 온라인정보

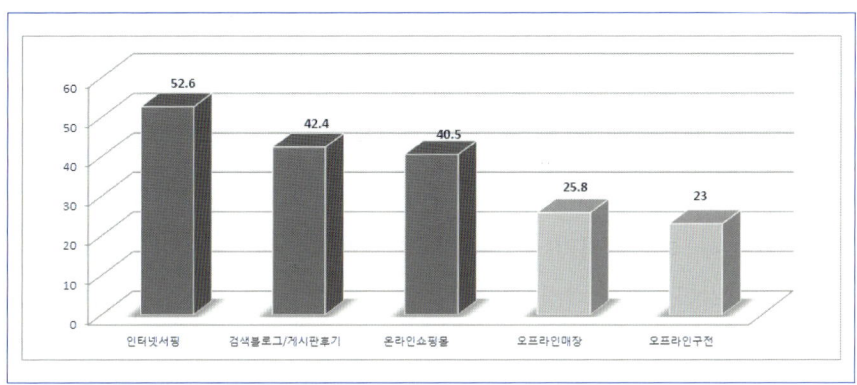

주: <소비자전체 구매고려/평가영향정보>
　　-인터넷과 스마트폰을 이용하는 만19세~59세 남녀(N=1,062)
　　-주요서비스군 구매시 이용한 영향 정보데이터를 분석한 결과
　　-2014 DMCREPORT 구매 고려평가/상위5개 항목
자료: 이엠넷 뉴스레터(eMnet News Letter, emnetblog.co.kr)

그림 14-2 소비자 구매 고려 시 공유활동- 온라인 공유〉

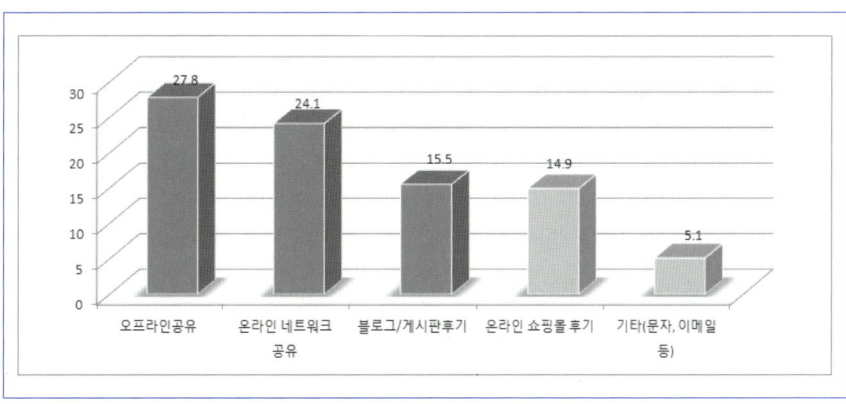

주: <소비자전체 이용경험 공유채널>
　　-인터넷과 스마트폰을 이용하는 만19세~59세 남녀(N=1,062)
　　-오프라인(대면,전화를 통한 공유), 온라인(소셜미디어, PC/모바일 메신저)
　　-2014 DMCREPORT 이용경험 채널/공유활동안함 43%
자료: 이엠넷 뉴스레터(eMnet News Letter, emnetblog.co.kr)

　　이와 같이 소비자들은 단순한 소비 형태에서 벗어나 전문적으로 제품과 서비스에 대한 정보를 얻기 위해 보다 적극적으로 움직이며, 소비 형태를 변형해 가고 있다. 이러한 소비자 구매 목적에 맞는 마케팅이 바로 바이럴 마케팅인 것이다.(이엠넷 뉴스레터, 2015)

2) 바이럴 마케팅의 특징

① 바이럴 마케팅은 온라인 마케팅으로써 오프라인과는 다르게 불특정 다수에게 손쉽게 볼거리나 읽을거리 등을 제공함에 있어서 시공간을 초월한다는 장점이 있다. 그러나 바이러스가 전파되는 것처럼 쉽게 확산되는 것이 아니라 전달하고자 하는 내용을 보다 빠르게 확산시키기 위해서 대중들의 관심을 이끌어내는 기법이 필요하다. 또한 재미있는 내용일수록 대중들이 선호하게 되고, 특히 언론보도를 활용하고 대중들과 교감이 가능하게 되면 그 효과는 더욱 증폭되게 된다.

② 바이럴 마케팅은 짧은 기간 동안 많은 고객에게 전달될 수 있는 강력한 마케팅 커뮤니케이션 수단이다. 특히 인터넷을 통해 마케터는 비디오, 게임, 인터엑티브 웹사이트 등 다양한 형태의 커뮤니케이션을 바이럴 캠페인에 사용할 수 있고, 또한 마케터는 정보가 쉽게 퍼져 나갈 수 있게 하는 바이럴 프로세스를 능동적으로 관리하게 함으로써 정보의 전달을 빠르게 확신시킬 수 있는 효과를 발휘하게 한다.

③ 바이럴 마케팅은 다른 마케팅 기법과 차별화된 가장 중요한 부분은 자발적 구전 확산으로 소비자들의 주의를 일으켜 광고 노출을 유도하는 기법을 활용한다. 즉 이 기법을 통해 네티즌의 기호에 따라 흥미로운 내용의 콘텐츠와 기업 브랜드가 결합된 웹 콘텐츠를 제작한 후 이를 인터넷에 게재하고, 네티즌의 관심정도에 따라 다른 곳에 전파하고 이것이 반복되면서 네티즌 사이에 화제가 되어 자연스럽게 브랜드에 대한 인지도도 같이 상승시킬 수 있게 한다.(정민영·조미나, 2011)

④ 바이럴 마케팅은 기업이 직접 홍보를 하는 방법이 아닌 소비자의 이메일 혹은 블로그와 같은 매체를 통해 입에서 입으로 전해지는 광고, 즉 입소문광고라는 것이 가장 큰 특징이다. 즉 네티즌들이 직접 이메일 혹은 메신저, 블로그 등을 통하여 자발적으로 홍보하도록 만든 마케팅 기법으로써 상품 또는 광고를 접한 네티즌들이 직접 퍼 담기 등을 통해 다른 이에게 전달하면서 자연스럽게 인

터넷 상에서 광고 효과를 볼 수 있다는 것이다.
⑤ 바이럴 마케팅은 1대 다수에게 향하는 기존의 매체 광고와 비슷하지만, 일방적으로 노출을 하는 것이 아니라 소비자의 선택에 의한 노출이라는 측면에서 기존 매체 광고와는 차별성이 있다. 특히나 온라인 광고형식인 키워드 광고 혹은 배너 광고에 비하여 블로그의 바이럴 마케팅의 경우 스크랩 기능을 통하여 광고 효과를 확산할 수 있다는 점이 큰 장점이다.

 **Break Time**

2014년 12월2일 기준 최고의 바이럴 영상순위

Date	Brand	Video	YouTube views
19/04/2013	Evian	evian baby&me	96,070,935
14/11/2012	Metro Trains Melbourne	Dumb Ways to Die	92,976,007
13/11/2013	Volvo Trucks	The Epic Split feat. Van Damme (Live Test 6)	76,467,518
14/04/2013	Dove	Dove Real Beauty Sketches	64,873,251
07/10/2013	CarrieNYC	Telekinetic Coffee Shop Surprise	59,941,884
11/04/2012	TNT	A DRAMATIC SURPRISE ON A QUIET SQUARE	51,665,435
04/02/2010	Old Spice	The Man Your Man Could Smell Like	49,599,949
12/03/2013	Pepsi	Jeff Gordon: Test Drive	Pepsi Max	Prank	43,361,650
14/10/2012	Red Bull	Felix Baumgartner's supersonic freefall from 128k' - Mission Highlights	37,499,773
19/10/2012	LG	So Real it's Scary	22,903,077
10/04/2010	Kmart	Ship My Pants	21,830,671
15/11/2013	Kmart	Show Your Joe	18,304,479
02/09/2013	LG	Ultra Reality: What would you do in this situation? - LG Meteor Prank	17,331,066
24/01/2013	TNT	A dramatic surprise on an ice-cold day	14,772,642
22/10/2014	Air New Zealand	The Most Epic Safety Video Ever Made #airnzhobbit	13,134,301
31/10/2013	Air New Zealand	An Unexpected Briefing #airnzhobbit	12,196,563
28/02/2013	Three UK	The Pony #DancePonyDance	9,721,656
16/10/2012	Bodyform	Bodyform Responds :: The Truth	5,625,872

3. 바이럴 마케팅의 종류

1) 블로그를 통한 바이럴 마케팅

바이럴 마케팅은 소비자의 구매목적에 맞는 채널, 타켓, 업종, 기간을 고려한 '맞춤전략수립' 후 진행하여야 한다. 그 중에서도 블로그 채널을 통한 바이럴 마케팅은 기업의 브랜드소식, 제품이나 서비스 정보를 안내하는 목적으로 주로 사용된다. 블로그 채널을 통한 바이럴 마케팅, 즉 블로그 마케팅은 Web+Blog의 합성어로 네티즌이 웹에 기록하는 일자나 일기 형식을 말한다.

블로그를 통한 바이럴 마케팅의 장점은 우선, 운용이 쉽고 콘텐츠의 유입과 유출이 쉬워 누구나 접근이 용이하고, 두 번째로 기업의 홈페이지보다는 좀 더 유연한 콘텐츠로 타켓 유저와 소통할 수 있는 특성이 있어 홈페이지와 SNS 채널과 연계하여 많이 사용하고 있다. 마지막으로, 방문자와 댓글, 스크랩 서비스를 통해 즉각적인 타블로거들의 방문과 관심도 체크 가능하다는 장점이 있다.

이와 같이 좀 더 소비자에게 가까이 다가갈 수 있는 콘텐츠로 이뤄진 온라인 채널인 블로그는 기업뿐만 아니라 정부기관, 지자체 등에서도 운영하고 있는 추세이다.

이처럼 많은 기업이 활용하는 블로그의 성공적인 마케팅을 위해서는 다음과 같은 3가지가 뒷받침되어야 한다. 먼저, 기업의 업종, 타겟, 운영목적, 기간에 따라 '정확한 블로그 상품 기획'이 바탕 되어야 한다. 두 번째로, 단기간에 걸친 잠깐 동안의 마케팅이 아닌 지속적이고 체계적으로 '장기간 운영'이 되어야 그 효과를 더욱 증대시킬 수 있다. 마지막으로, 검색기반으로 운영되는 온라인 채널의 특성에 맞게 '키워드 관리와 콘텐츠 내용관리'가 있어야 한다.

2) SNS 채널을 통한 바이럴 마케팅

SNS 채널을 통한 바이럴 마케팅은 '전자적 입소문' 즉, EWOM(Electronic Word of Mouth) 전략을 통해 운용되는 것이다. 즉 온라인 공간에서 소비자들 사이의 상호 작용 과정 중에 긍정적으로 평가되는 상품은 댓글이나 추천 등에 의해 구전되어진다는 것이다. 이러한 SNS 채널을 통한 바이럴 마케팅의 주요 콘텐츠는 동영상이 대세이고, 채널로는 페이스북, 유튜브, 인스타그램이며, 광고로는 페이스북, 구글, 유튜브 타깃광고 등이다.(O2O마케팅전문가블로그, 2016)

동영상 중에서 UCC, 즉 User Created Contents는 말 그대로 유저에 의해 생성된 영상물을 의미하는 것이고, 이는 인터넷에서의 파급력은 놀라울 정도로 빠르게 전파되고 있다. 미국의 최대 검색 사이트인 구글이 동영상 사이트인 유튜브를 거액에 인수할 정도로 UCC 동영상의 파급력은 더욱더 강해지고 있다. 또한 휴대폰이 점점 진화하여 스마트폰 시대가 됨에 따라 UCC 동영상마케팅은 더욱 더 확대되어지고 있는 실정이다. 실제로 이러한 전망이 확실시 되고 있는 가운데 바이럴 영상이 자주 등장하고 있는 상황이다.

 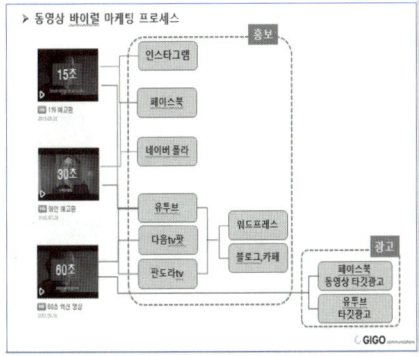

자료: http://blog.daum.net/mrleh/17597116

3) 커뮤니티(카페/클럽)를 통한 바이럴 마케팅

커뮤니티(카페/클럽)을 통한 바이럴 마케팅이란 일종의 인터넷 모임을 활용한 마케팅을 말한다. 취미를 공유하고 같은 생각을 가진 사람들의 모임, 즉 커뮤니티를 이용한 마케팅의 수단으로 커뮤니티 구성원들간 신뢰가 존재하기 때문에, 블로그 마케팅과 UCC 마케팅에 비해 퍼지는 속도는 다소 떨어지지만 광고의 집중도와 실제로 어떤 상품의 구매를 유도하는 부분에서는 더욱 강한 능력을 가지고 있는 마케팅 방법이 될 수 있다.

다수를 위한 광고보다는 실제로 필요로 하는 구매자들을 위한 광고를 주로 하는데 매우 효과적인 마케팅이라 할 수 있다.(김두환, 2009.3)

4) 지식인/뉴스/웹문서를 통한 바이럴 마케팅

지식인/뉴스/웹문서를 통한 바이럴 마케팅이란, 지식인을 활용한 질문에 질적인 답변을 채택함으로써 정보를 제공하는 마케팅 수단을 말한다. TV나 라디오는 비싼 광고료로 인해 부담을 느끼게 되지만, 인터넷 기사나 웹문서를 통해 기사화하면 비용부담이 없고 신뢰성을 주는 마케팅 수단이 될 수도 있다.(김두환, 2009.3)

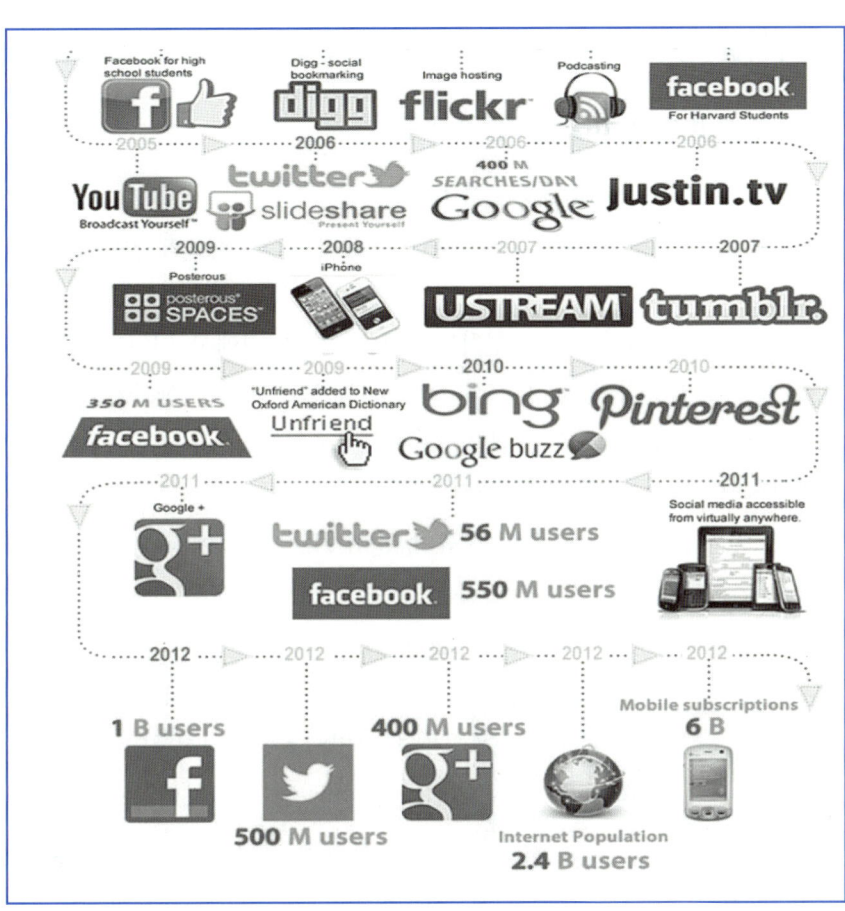

4. 바이럴 마케팅 성공사례

1) 국내 바이럴 마케팅 성공사례

(1) LG전자 '엑스캔버스 TV 블로그'

LG 전자는 양방향 브랜드 블로그인 '엑스캔버스 TV 블로그(www.xcanvasblog.com: 지금은 서비스하고 있지 않음)'를 개설하면서 웹2.0마케팅을 주도하였다. LG전자는 정형화된 1세대 홈페이지에서 벗어나 엑스캔버스의 실제 사용법 등을 사진과 동영상 등으로 전달·확산시키고, 고객과 직접적인 대화를 통해 고객 인 사이트(Consumer Insight)를 강화하기 위해 2세대 브랜드 블로그를 제작하였다.

당시 오픈 2개월 만에 순수 신규 방문객 수가 5만 여명을 돌파할 정도였고 연계 방문객 수까지 합하게 되면 간접 방문객 수는 무려 50만 명에 달하였다는 것이다.(김두환, 2009.3)

이 블로그는 ▲디지털 포커스(첨단 기술 설명) ▲타임머신플러스(타임머신기능 활용법) ▲디지털 뷰(TV 시장 동향) ▲퍼니 디지털(다양한 TV 활용법) 등 메뉴로 구성되어 있다. 그리고 게시된 정보들은 '퍼가기'서비스로 개인 블로그에 옮길 수 있도록 되어 있었다.

또한 블로그에 댓글과 질문을 한 소비자들에게 블로그 운영자가 즉시 답변을 해줌으로써 신속한 양방향 의사소통도 구현하면서 새로운 마케팅 수단을 정착시키고, 고객가치를 높이고자 하였다.

(2) 풀무원 '아주 사적인 이야기'

풀무원은 고객과 친밀하고 적극적인 커뮤티케이션을 도모하기 위해 기업 공식 블로그인 '풀무원의 아주 사적인 이야기(blog.pulmuone.com)'를 2008년 2월에 오픈했다.

'풀무원의 아주 사적인 이야기'는 고객과의 쌍방향 온라인 커뮤니케이션을 위해 기존 홈페이지와 웹진 등에 담기 어려운 이야기를 편안하고 진솔하게 싣고, 바른 먹거리를 위해 고군분투하는 풀무원 안팎의 생생한 이야기를 시시각각 전달하였다.

블로그를 운영하는 홍보실 관계자는 "블로그는 다양한 전달력을 갖고 있고 쌍방향 커뮤니케이션을 한다는 점에서 활용도가 높다"며 "스킨십 홍보라는 측면에서 뛰어난 장점을 갖고 있다"고 강조했다.

이 블로그는 오픈한 지 2014년 기준으로 누적 방문자수 500만명을 돌파했고, 일일 평균 방문자수도 5,000여명이 되며, 오픈캐스트를 통한 구독자수도 15,00여명 등으로 고정 방문층이 두텁고 블로거들 사이에 요리와 음식문화 전문 블로그로 자리매김하고 있다.

특히 풀무원 제품을 집중 분석하는 '이 제품 꼼꼼 리뷰'코너와 로하스 레시피를 소개하는 '건강 레시피', '풀셰프의 메뉴개발실', 동영상을 통해 요리와 영어를 함께 배울 수 있는 '영어 쿠킹 클래스' 코너 등은 자녀를 둔 주부들에게 큰 인기를 얻고 있다.

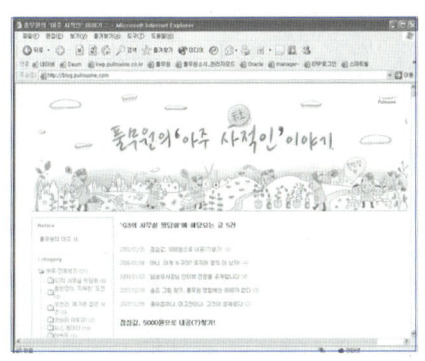 

(3) 기아자동차의 서프라이즈 카니발 광고

2014년 하반기에 만든 영상인데, 기아자동차 회사 내부에서 몰래 카메라 컨셉으로 촬영한 것으로써 자발적으로 입소문이 된 모범적인 마케팅 사례이다. 이 시기에는 세월호참사가 발생한 지 얼마 되지 않은 상황이어서 국민정서상 '가족', '행복'이라는 키워드가 통했던 시기였다. 이 영상은 유튜브 조회 수 60만 view 이상 기록하였다.

이 영상을 통해 알 수 있는 것은 기업들이 하고 싶은 말을 직접적으로 표출시키지 않고 간접적인 광고효과 전략을 구사하면서 소비자들과 공감할 수 있는 감성적 광고효과 방식을 택하고 있다는 것이다.

FUN MAKETING

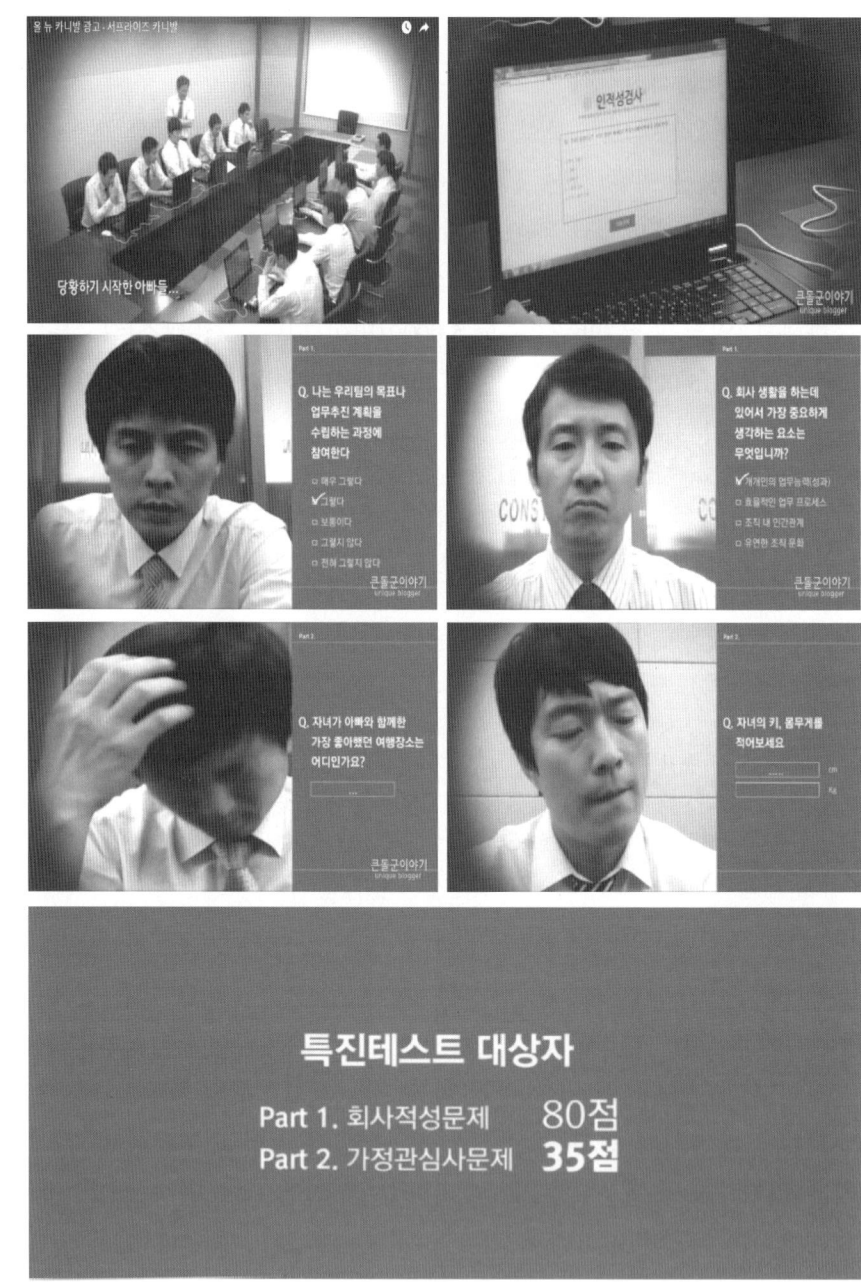

http://tvpot.daum.net/v/v305ay3yHL3yXJ3QyEmiPve

2) 해외 바이럴 마케팅 성공사례

(1) 코카콜라의 감성을 활용한 참여형 바이럴 마케팅

바이럴 마케팅의 세계적 선두주가 중 하나로는 '코카콜라'를 들 수 있는데, 코카콜라의 바이럴 마케팅 영상에는 항상 코카콜라 자판기가 등장하고 있다.

이러한 코카콜라의 자판기 시리즈를 통해 가장 큰 공통점은 '감성'이 존재한다는 점과 소비자참여형 마케팅이라는 점이다. 즉 코카콜라는 네모나고 딱딱한 기계에 불과한 자판기를 통해 뜻밖의 행복, 우정, 따뜻함 등의 감성을 전달하고자 했다. 또한 단순한 상황연출을 넘어서서 인터렉티브 머신을 통해 소비자가 직접 참여할 수 있도록 한 것이다. 이렇게 제품과 경험을 통해 행복을 느끼는 소비자의 모습을 생생한 바이럴 영상으로 만들어 각종 포털사이트와 유튜브, SNS 등 여러 채널에 게시하였다. 이를 통해 영상 속의 소비자는 단지 코카콜라의 메시지를 전달받은 수동적 수용자가 아니라, 영상을 보는 제2의 소비자들에게 코카콜라의 메시지를 더욱 효과적으로 전달해 줄 수 있는 전달자가 되었던 것이다.(편집부, 2015)

따라서 다음에서 코카콜라의 자판기를 활용한 바이럴 마케팅의 사례를 통해 영상 속의 사람들뿐 아니라 더 많은 사람들이 전하고자 하는 메시지를 체감할 수 있는지 살펴볼 필요가 있겠다.

▎우정의 날을 기념한 'Friendship Machine'을 시도한 바이럴 마케팅

혼자서는 동전을 넣기 힘든 자판기를 설치하여, 여러 명이 합심하지 않으면 동전투입구에 넣을 수 없도록 되어 있는 구조로 만들었다. 즉 여러 명이 서로 도와가며 자판기에 동전을 넣게 되면, 1개의 콜라가격으로 2개의 코카콜라가 나오게 되어 있다는 것이다. 두 명이상이 합심해서 공짜로 하나 더 얻을 수 있는 기회를 제공하므로 해서 재미있기도 하고 한번 도전해보고 싶기도 한 전략을 세운 셈이다.

FUN MAKETING

　이러한 마케팅을 통해 코카콜라는 재미있는 이벤트를 하게 되면서 사람들의 관심을 끌었고 그 결과 처음 시작한 아르헨티나뿐만 아니라 6개 나라에서도 계속해서 진행되었고, 9시간 동안 프로모션을 하면서 800여 개의 판매가 이루지면서 이전 판매 대비 1,075% 증가하였다.
　사람들의 이러한 능동적인 참여과정을 통해 코카콜라가 전달하고 싶은 가치는 단지 콜라 한 캔이 아닌 그 이상이라는 것을 직접 체감하게 하는 것이다.

▎세계의 화합을 의도한 코카콜라 바이럴 마케팅

　가장 민감한 문제 중의 하나인 종교문제를 다루었다. 종교가 분명한 두 국가인 인도와 파키스탄은 각각 힌두교와 이슬람교를 국민들 대부분이 믿고 있는데, 이들 국가들은 종교문제가 서로 좋지 않는 대표적인 나라이다. 때문에 코카콜라는 두 나라간의 화합을 시도하기 위해 조금은 위험한 마케팅을 진행하였다. 즉 인도와 파키스탄에 각각 코카콜라 자판기를 설치해놓고선 파키스탄에는 인도친구들을, 인도에는 파키스탄 친구들을 만들라는 주문을 하게 하였다. 그리고 화면에는 각자의 모습을 보이게 하고 자판기에서 보여주는 동작을 따라하는 것이었다.
　이것은 종교문제로서 아주 민감한 부분일 수도 있었지만 잠시였지만 서로 소통을 했다는 점에서 의의가 있는 마케팅이었다.

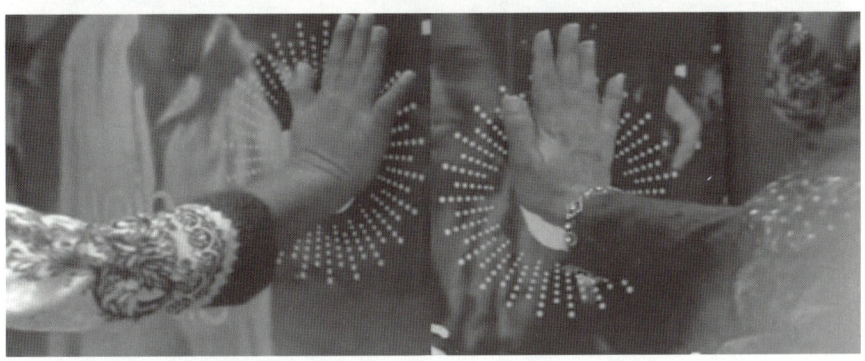

▎ 자판기 안에서 끊임없이 무언가가 나오게 하는 'Happiness Machine'을 시도한 바이럴 마케팅

캠퍼스 식당 한쪽에 평범하게 생긴 코카콜라 자판기를 설치해놓고, 사람들이 평소처럼 음료수를 뽑아 마시려다 마법 같은 일을 경험하게 만든다는 컨셉이다. 즉 분명 하나만 뽑으려고 했는데, 계속 콜라가 나오는 것인데, 결국 혼자서는 다 들 수 없어 주위 사람들에게 코카콜라를 나눠주게 되고 품 안에 가득 콜라를 들게 된 사람들은 웃음을 감출 수 없어 하는 모습을 담는 것이다. 이에 그치지 않고 자판기 안에서 꽃, 풍선 강아지, 피자가 줄줄이 이어 나오게 되며 친절하게 코카콜라를 직접 잔에다 따라주기도 한다. 이쯤 되면 끝났겠지 하는 순간 주위사람들이 협력하지 않으면 들기조차 힘든 크기의 햄버거가 나오게 되고 모두 힘을 합쳐 햄버거를 들며 영상은 마무리 되는 바이럴 마케팅 사례이다.(편집부, 2015)

이러한 마케팅을 통해 코카콜라는 단순한 음료가 아니라 나른함을 떨쳐주면서 자신감을 채워주는 그러한 음료수이고, 코카콜라를 마시게 되면 행복하고 즐거운 경험을 가능하게 된다는 것을 실제 고객들을 대상으로 직접적인 브랜드 경험을 통해 체험할 수 있도록 하는 것이다.

▌안아주면 콜라가 나온다는 'Hug Me Machine'을 시도한 바이럴 마케팅

'hug me machine'은 이름 그대로 자판기를 한번 안아주면 코카콜라가 나오는 특이한 장치의 자판기이다. 아래 그림처럼 자판기를 힘껏 안아주면 코카콜라를 마실 수 있는 것이다. 이러한 장치를 통해 동전이 필요 없이 친절한 행동만으로 코카콜라를 내주기 때문에 안아줄 때마다 코카콜라가 하나씩 나오게 된다.

따라서 많은 사람들이 'hug me machine'을 꼭 안아주는 모습을 보면, 참 우습기도 하고 재미있는 상황이 벌어질 수도 있지만, 코카콜라가 전하고자 하는 메시지는 따스한 감성을 가져야 한다는 것이다.(애드온즈 마케팅 블로그)

(2) 페이스북 마케팅 성공사례

▍버거킹의 바이럴 마케팅

바이럴 마케팅은 비용 대비 홍보 효과가 뛰어난 방법 중 하나이지만, 자발적으로 이야깃거리가 확산될법한 아이디어를 내는 것은 쉽지 않다. 쇼셜미디어를 이용한 홍보는 더욱 더 어려울 수 있다. 그 이유는 부정적인 배드바이럴로 변질될 가능성과 반대급부까지 고민해봐야 하기 때문이다.

이러한 가운데, '버거킹'은 바이럴 마케팅의 대표적인 선두주자로 알려져 있다. 버거킹 일부 매장에서 간판 상품인 와퍼를 메뉴에서 없애고, 당황한 고객들의 반응 자체만으로 입소문을 내었다. 매장을 방문한 고객 입장에서는 불쾌할 수 있는 짓궂은 장난으로 보이지만 고정 관념을 깨트리는 아이디어의 참신함과 기발함에 큰 홍보효과를 누리게 되었다.

버거킹이 페이스북에서 실시한 마케팅 역시 기존 상식을 뒤엎으며 강력한 입소문을 냈다. 페이스북 애플리케이션을 통해 친구 10명과 관계를 끊으면 공짜 와퍼를 증정하는 '와퍼 새크리파이스(와퍼를 위한 희생)' 역시 상당한 바이럴 효과를 보았다. 이 애플리케이션 때문에 23만3,906명이 말 그대로 희생되었는데, 버거킹은 이를 '우정보다 강한 와퍼'로 광고했다.

버거킹은 다소 위험한 방법까지 동원하면서 핵심 상품 와퍼가 얼마나 대중들의 입맛을 사로잡고 있는지 재미있는 방법으로 재인식시켰다. 즉 가장 내세울 수 있는 제품을 발상의 전환을 통해 유쾌하게 입소문을 낸 것이다. 입소문의 특성상 논란거리가 있어야 자발적인 홍보가 일어나기 쉬운데, 그 논란의 중심에서도 당당할 수 있는 제품이 바이럴 마케팅을 가능하게 하였다.(이준구, '버거킹의 페이스북 애플리케이션', 2013.4)

피자헛의 온오프라인의 징검다리인 페이스북 활용

피자헛은 페이스북 안에서 피자 주문이 가능한 애플리케이션을 만들었다. 페이스북을 광고를 위한 온라인 홍보전단지 정도로 취급했던 사람들에게 페이스북이 온라인과 오프라인의 징검다리가 될 수 있음을 새삼스럽게 깨우쳐 준 사례였다.

피자주문은 이미 전화나 홈페이지를 통해서 일상적으로 이루어지는 행동인데, 사용자가 주로 머무는 공간이 특정 웹서비스에 집중되어 있다면 피자주문처럼 일상적인 행동을 서비스에서 벗어나지 않고 해결하고자 하는 욕구가 생기는 것은 당연할 것이다. 이렇게 당연한 욕구를 해결해준다면, 사용자는 만족하면서 이를 제공하는 곳을 다른 곳보다 더 열광적으로 이용할 것이다.

피자주문과 결제를 위한 페이스북용 애플리케이션을 만들어 제공한 것은 사용자의 사소한 불편을 해소시켰을 뿐이다. 그러나 결과는 매출 증대와 팬의 증가로 눈에 띄게 나타났다. 피자헛 페이지의 팬이 되면 페이지에 갱신되는 신제품이나 할인 행사에 대한 정보가 사용자의 뉴스피드에 노출된다. 이를 보고 출출함을 느낀 고객이 클릭 몇 번만으로 바로 주문이 가능하도록 만든 것이 상당한 시너지를 발휘한 경우이다. (이준구, '피자헛의 온.오프라인 징검다리 전략', 2013.4)

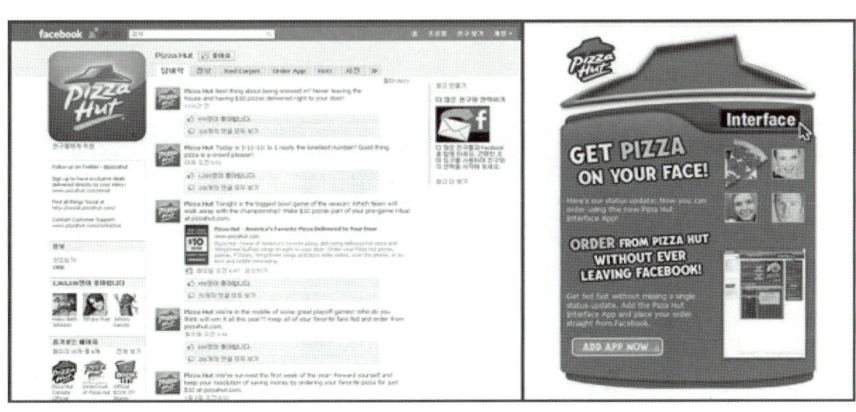

이케아의 해시태그

페이스북에서 사진에 태깅하는 기능은 앨범 사진 속에 있는 사람의 얼굴에 이름표를 달게 하려고 제공한 기능이었다. 이것을 이케아의 마케터는 사람얼굴이 아니라 사진 속 사물에도 태깅할 수 있다는 사실과 사물에 태깅을 해도 얼굴에 태깅하는 것과 같이 뉴스피드에 태깅 관련 기록을 볼 수 있다는 점을 착안해 이 간단한 기능을 입소문 광고에 적용하였다.

즉, 이케아는 새로 생긴 매장을 홍보하기 위해 페이스북에 소파, 테이블, 책장, 침대 등이 찍힌 쇼룸 사진을 올렸고, 사진에 찍힌 쇼룸에 올라온 물품에 먼저 태깅하는 사람에게 그 상품을 주겠다고 하는 마케팅을 하였다.

그 결과 페이스북에 태깅된 사진은 페이지 주소와 함께 주변 친구들에게 자연스럽게 공유되어 이야깃거리가 되었고, 친구가 선물 받으면 축하한다는 댓글을 남기는 등 긍정적인 상호작용이 이어졌다. 이로서 이 이벤트에 참여한 사람뿐만 아니라 지켜보기만 했던 사람들도 이케아가 어떤 회사인지, 사람들이 얼마나 이케아 가구를 원하는지 알게 되는 계기가 되었다.

이케아는 마케팅 당시에도 큰 반향을 일으켰지만, 사진 태깅 마케팅의 성공으로 끊임없이 회자되어 부가적인 홍보효과를 누리고 있다.(이준구, '이케아의 사진 태깅 이벤트', 2013.4)

▎폭스바겐 : 폭스바겐과 만나라

'폭스바겐'은 사용자 정보를 이용해 매력적인 가치를 줄 수 있다면 상당수 사용자가 개인정보를 기업에게 줄 때 거부감이 없음을 '폭스바겐과 만나라(Meet the Volkswagens:지금은 서비스하고 있지 않음)'를 통해 보여주었다.

즉 페이스북 페이지에서 분석 프로그램을 통해 아주 세세한 개인정보를 입력하면, 폭스바겐은 두 개의 자동차 모델을 제시한다. 그리고 두 모델 가운데 사용자가 마음에 드는 모델을 선택하면, 해당 모델의 정보만 담고 있는 페이지로 안내한다. 그러면 사용자는 선택된 차에 대한 정보는 물론 같은 차를 고른 사람을 만날 수도 있고, 그 차를 좋아하거나 소유한 사람이 올린 정보도 얻을 수 있게 된다는 것이다.

이와 같이 수많은 선택사항 가운데 마음에 맞는 것을 고르라고 하는 것은 정신적 거래비용이 매우 크다. 고가의 상품일 경우일수록 더욱 그렇다. 정신적 거래비용은 실제 비용은 아니지만 선택을 하기까지 혹은 선택한 후 고민하면서 생기는 스트레스나 시간까지의 비용을 말하는 것이다. 이럴 때 수많은 선택사항이 있음에도 불구하고 고객이 가장 필요로 하거나 원하는 것을 두세 가지만 골라서 제시하는 것이 현명하다. 즉 다양한 심리학 실험에 의하면 사람의 판단근거는 이성과 논리가 아니라는 것이다. 오히려 주변 환경에 따라 반강제적인 선택을 하거나 직관적이고 감정적인 선택을 하고 그 선택을 정당화하는 이유와 논리를 만든다고 한다.

따라서 페이스북의 관계정보를 이용해서 그럴듯한 제안을 하는 것이 더 쉬워지고 정교해질수도 있다. 즉 고객은 마음에 드는 것을 감정적으로 선택하고 일종의 자기합리화 과정을 거쳐서 자신이 선택한 상품이나 서비스의 장점을 재빠르게 머릿속에서 만들어낸다. 결과적으로 이렇게 선택의 고민을 줄이도록 도와주는 것만으로 사용자 만족도는 상당히 높아지는 것이다.

폭스바겐은 이러한 선택을 하는 상황에서 정신적 거래비용을 줄일 수 있는 방안을 페이스북을 통해 해결한 것이다.(이준구, '폭스바겐의 두 자동차 모델', 2013.4)

// 전세계인의 사랑을 받는 폭스바겐 페이스북

5. 바이럴 마케팅 실패사례

1) 맥도날드 트위터 : 프로모티드 트위

SNS마케팅의 실패사례로 맥도날드 트위터 마케팅을 들 수 있는데, 맥도날드는 맥도날드의 계정으로 작성한 글이 팔로워의 타임라인 상담에 뜨게 하는 트위터의 '프로모티드 트위'이라는 기능으로 한 글을 작성했다. 즉 맥도날드에서 제공되는 음식이 신선한 재료를 이용해 만들어졌다는 이야기를 전달하고자 했는데, 이때 맥도날드가 사용한 해시태그는 #McDStories였고, 이것이 마케팅 실패의 큰 요인이 되었던 것이다. 해시태그라는 것은 소셜 네트워크서비스인 트위터에서 '#특정단어' 형식으로, 특정단어에 대한 글이라는 것을 표현하는 기능을 말하는 것이다. 예를 들어 음악에 대한 글이라면 '#MUSIC'을 입력하는 것이다. 해시태그는 검색의 편리함을 위해 도입된 기능이지만, 특정 주제에 대한 관심과 지지를 드러내는 방식이나 수단으로 사용되기도 한다.

이렇듯 맥도날드가 선택한 해시태그 #McDStories는 맥도날드의 '모든'이야기로 해석되어 많은 팔로워에게 전파되었고, 이는 곧 '맥도날드 제품에서 흰머리카락을 발견했다.' '맥도날드 웹사이트 디자인이 엉망이다.' '아이스커피가 맛이 없다.' '쉐이크가 정체불명이다.' 등 엄청난 양의 배드바이럴이 걷잡을 수 없이 등록되었다. 프로모티드 트윗 기능을 사용하였던 맥도날드는 본의아니게 많은 팔로워들에게 배드바이럴을 직접 전파한 모양새가 되었던 것이다.

맥도날드는 배드바이럴로 인해 맥도날드 자신들이 작성한 게시글을 두 시간 만에 내렸다고 하는데, 그 사이 트위터 유저들 절반은 이미 확인하고도 남을 시간이었을 것이다.

2) 페이스북 마케팅 실패 사례

▮ 코카콜라의 닥터 페퍼

'코카콜라'는 소셜미디어 마케팅의 모범이라고 불릴 정도로 발 빠르게 새로운 마케팅을 선보이면서 승승장구 했다. 그러던 중 2010년 영국 페이스북에서 시작된 닥터 페퍼(Dr. Pepper)마케팅 행사에서 사소한 부분을 챙기지 못해 대표적인 실패 사례로 꼽히게 되었다.

사건인즉슨, '세상에서 일어날 수 있는 가장 끔찍한 것은 뭘까(What's the worst that could happen?)?'라며 페퍼 박사는 페이스북 애플리케이션을 통해 고객들에게 질문을 던졌다. 영국 페이스북의 닥터 페퍼 팬들은 이 질문에 대해 재치있는 답변으로 담벼락을 꾸며 나갔고, 매주 한 명의 우승자에게 1,000파운드(원화, 180만원상당)의 상금을 주었다. 여기까지는 '콜라를 어떻게 마시면 가장 맛있을까?'등의 재미있는 질문을 던지며 팬들의 답을 이끌어내는 코카콜라의 전형적인 페이스북 대화방식이었다. 그러나 문제는 영국 페이스북 행사 진행자의 부족한 인터넷 작동원리에 대한 지식으로 '대화'만 끌어내면 된다는 생각으로 자신의 부족한 점을 '저열하게 웃긴 그 무엇'으로 채우려 했다는 점이었다. 즉 대화진행자는 화장실 유머까지 써가며 '나름' 재미있는 분위기를 만들었지만, 결국 2007년에 유명했던 한 포르노 영상의 제목까지 언급하며 수위를 조절하는데 실패하였다.

문제의 원인은 바로 페이스북의 연령 제한이 만13세였기 때문이었다. 십대 청소년이 닥터 페퍼의 팬이었고, 그들의 부모 역시 닥터 페퍼 팬 페이지를 함께 보고 있다는 점을 간과한 것이었다. 영국 <가디언>의 보도에 따르면, 14세 소녀가 페이스북 닥터 페퍼를 통해 포르노 영상의 제목을 알게 되었고, 당연히 그 소녀는 검색을 시도해 관련 유튜브 동영상을 찾았다. 다행히 '나이 제한' 때문에 동영상을 볼 수는 없었지만 얼마 후 소녀의 컴퓨터를 보게 된 엄마는 닥터 페퍼가 언급한 포르노 제목을 보고 딸의 브라우저 접속 기록을 찾아 유튜브 동영상에도 접근한 사실을 알게 되었다. 화가 난 엄마가 닥터 페퍼에게 항의하였는데, 아이 엄마의 말에 의하면, 닥터 페퍼 측과 다수의 이메일을 주고 받았다고 하였다. 한참이 지난 후에야 사태의 심각성을 깨달은 닥터 페퍼 측은 엄마에게 사과의 의미로 런던 소재 호텔 1박 숙박권과 뮤지컬 티켓을 제공했으며, 문제가 된 문장을 페이스북에서 삭제했고, 결국 행사는 중단되었다.

이것으로 문제가 해결되었으면 좋았겠지만, 코카콜라는 런던에서 550km이상 떨어진 글래스코(Glasgow)에 사는 엄마의 런던 왕복 교통비를 제공하지 않았고, 공식적인 사과와 이에 대한 재발 방지 약속도 하지 않았던 것이었다. 이에 소녀의 엄마는 멈스넷(Munsnet)이라는 유명한 학부모 커뮤니티에 자신이 당한 일을 알렸고 뮤지컬 공연 티켓에 대해 다음과 같이 밀했다. "호텔 숙박권과 뮤지컬 티켓, 정말 좋은 거지. 근데 우리는 글래스고에 살고 있다고!" 이를 계기로 멈스넷에 청소년과 포르노라는 주제로 뜨거운 논쟁이 진행되었고, 해당 웹사이트는 코카콜라에 대한 성토장으로 변했다. 물론 영국 페이스북 닥터 페퍼 팬 페이지에도 이와 관련된 비판과 비난이 쇄도하였다. 그나마 코카콜라에게 다행인

것은 이 사건이 '영국의 닥터 페퍼 페이지'에서 일어났던 일이라는 것이다. 만약 손가락 안에 꼽히는 팬 수를 자랑하는 코카콜라 공식 페이지에서 이런 일이 벌어졌다면 어땠을까?(이준구, '코카콜라의 닥터 페퍼 마케팅', 2013.4)

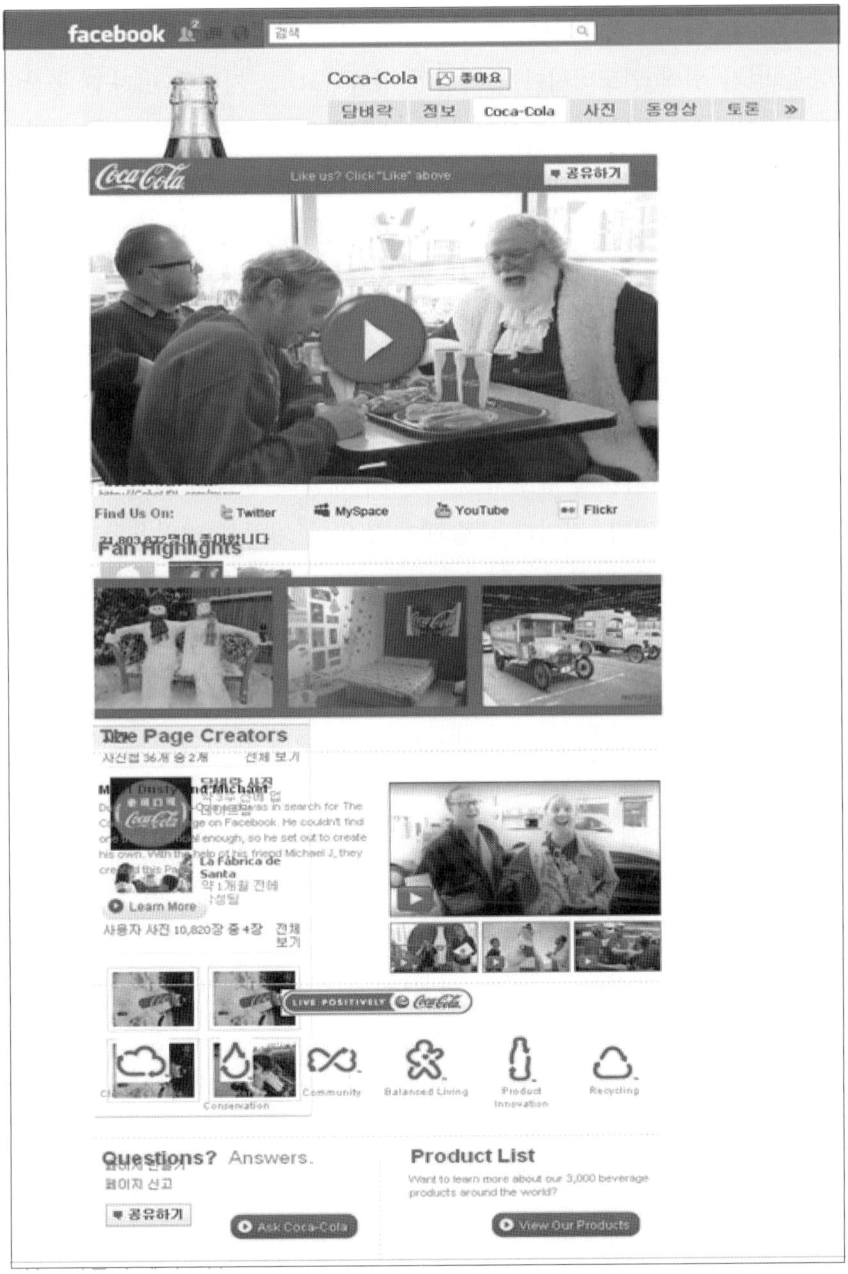

네슬레의 그린피스

유럽 기준으로 2010년 3월17일 오전, 그린피스에서 제작된 네슬레를 겨냥한 동영상 하나가 유튜브에 올라왔다.

이 동영상은 그린피스가 시작한 '열대우림에 휴식을(Give rainforests a break)'이라는 캠페인의 일환으로 유럽 시장에서 인기 있는 '초콜릿 바 킷캣(KitKat)' 제작에 사용되는 '야자수 기름'을 문제 삼고 있엇다. 야자수 기름을 얻기 위해 인도네시아 원시림이 벌목되고 그 자리에 야자수 농장이 들어섰다. 이로서 원시림에 살았던 '오랑우탄'은 살 곳을 잃고 죽어 간다는 것이었다. 이를 동영상(http://goo.gl/tid0)에서 매우 자극적으로 담아냈다.

동영상이 공개된 후 네슬레 본사는 법무팀을 동원해 12시간이 지나기도 전에 법원의 가처분 명령을 통해 유튜브에서 해당 동영상을 강제로 내리게 하였다. 그러나 사건이 알려지면서 17일에서 18일로 넘어가는 밤에 약 75만 명 규모의 페이스북 네슬레 팬 페이지는 다시 한 번 시끄러워졌다. 이미 동영상을 내려 받은 사용자들에 의해 제2, 제3의 플랫폼을 통해 다시 인터넷에 유포되었고, 이에 네슬레 팬들이 가장 먼저 들끓기 시작한 것이었다. 거기다 네슬레가 법원의 가처분 명령을 통해 삭제한 동영상에 대한 관심이 언론을 통해 더욱 확산되었고, 이에 다음날 3월18일 아침, 네슬레는 기자회견을 통해 문제가 된 야자수 기름을 사용하지 않겠다고 밝히게 되었다. 그러나 네슬레에 대한 비판은 수그러들 기세를 보이지 않았고, 당황한 네슬레는 3월18일 페이스북 팬 페이지를 삭제하였다.

그러나 페이스북 팬 페이지 삭제는 네슬레의 결정적인 실수가 되었다. 팬의 자격을 강제로 박탈당한 과거의 팬들 대다수가 순식간에 네슬레의 '적'으로 돌아서버린 것이었다. 3월24일 그린피스는 새로운 동영상을 유튜브에 올린 후 거리에 나섰다. 동영상에는 그린피스 활동가들이 네슬레 직원들에게 나눠주는 전단지가 보였는데, 이 전단지에는 오전 11시에 다같이 '휴식(break)'하자는 제안이 담겨져 있엇다. 당연히 이는 트위터와 페이스북을 통해 실시간으로 중계되어고 토론되었다.

트위터 사용자들은 다음과 같은 트윗을 날리는 것으로 그린피스와 함께 하였다. 'Give the Orang-Utans a break!(오랑우탄에게 휴식을!)' 지난

4월15일 네슬레 독일 지사 앞에서 있었던 트위터 시위모습을 보면 해시태그 #Nestle를 담은 트윗들이 대형 LCD 화면에 보이고 있다. 이런 시위 의도는 '네슬레 직원들이 소비자들의 목소리 듣고자 하지 않는다면, 우리가 직접 그 목소리를 당신에게 들려 주겠고. 창문을 열고 밖을 보시오!'다.

단 며칠 만에 전 유럽, 그 이후 전세계로 확산되었던 네슬레의 비도덕적인 기업 활동에 대한 비판은 다음과 같은 중요한 교훈을 전한다. 첫째, 관계망의 밀도를 급속도로 증대시키고 있는 소셜 미디어 도구인 페이스북, 트위터는 기어에게 더 이상 일방적인 홍보 매체에 머물지 않는다. 둘째, 이 관계망을 잘 활용하는 방법은 그린피스 등 사회 단체가 빠르게 터득하고 있다. 셋째, 밀도 높은 관계망에서는 아주 작은 사건도 눈덩이처럼 커질 수 있다. 넷째, 이러한 소통 환경에서 기업에게는 매우 적극적이고 예방적인 위기관리 전략이 필요하다. 마지막으로, 진정한 위기관리는 문제 있는 기업의 행위나 문제가 될 소지가 있는 기업 행위를 내부적으로 조사 및 확인하고, 그 행위를 중단하는 것에서부터 시작한다.

현재 네슬레는 페이스북에 새롭게 페이지를 개설하였고, 현재 17만명이 조금 안되는 팬을 확보하고 있다. 75만명의 팬을 적으로 돌리고 17만명의 팬을 얻은 셈이다. 그나마 새로운 팬도 모두 네슬레에 우호적인 것은 아니다. 네슬레 페이지의 토론을 보면 네슬레 보이콧, 팜 오일, 키켓 문제 등을 여전히 다루고 있다. 네슬레도 늦게나마 소셜 미디어를 조금 이해한 것 같다. 적어도 자기들에게 불리한 토론을 허용하고 있으니 말이다.(이준구, '그린피스와 네슬레 사건의 교훈' 2013.4)

3) 실패한 입소문 마케팅 10선(CIOKorea.com)

▎1위 – 마이크로소프트 : 비스타 'WOW'

　마이크로소프트사의 비스타 'WOW'광고를 보고 멍청한 제품과 그것보다 더 멍청한 광고문구간의 결합이었다는 평가가 나왔다. 즉 MS사는 'WOW'광고를 통해 비스타를 대대적으로 선전하기 위한 필사적인 노력을 하였지만, 그것은 시작에 불과했다는 것이다.

　즉 비스타 마케팅을 한 MS사는 비스타팬들의 'WOW' 순간을 온라인에 올리도록 허용한 웹 사이트 때문에 완전히 바닥으로 추락하였다. 원래 MS는 사용자들이 ShowUsYourWow.com에 자신의 놀라운 순간을 사진이나 동영상으로 올려 비스타의 기발한 에어로(Aero) 인터페이스를 자연스럽게 선전하기를 원했다. 그러나 에어로는 매우 프로세스 집약적이어서 많은 컴퓨터에서 구동할 수 없었다. 결국, 이는 컴퓨터에 붙어있는 '윈도우 비스타에 최적화되어 있습니다'라는 스티커에 대한 집단 소송으로 이어지고 말았던 것이다.

RLM의 PR 담당자 리차드 래이머(Richard Laermer)는 "1994년에 와우(WOW)라는 컴퓨서브(CompuServe)광고를 집행한 것이 있는데, 그 광고 슬로건은 '와우를 당신 생활에 이용해라'였다"라며, "12년 후 MS는 마치 직장에서 존 것처럼 와우를 다시 들고 나왔다. 마이크로소프트의 이 광고를 제안한 사람이 누구든지 간에 해고되어야 한다."고 주장했다.

▎2위 - 성인 수영 쇼 애니메이션과 폭탄

2007년 1월 보스턴 거리 곳곳에 현란한 조형물이 설치됐다. 이것은 미국의 성인 만화인 아쿠아 틴 헝거 포스(Aqua Teen Hunger Force) 제작자가 홍보를 위해 보스턴의 지하도 및 다리 등에 불빛이 번쩍거리는 당구공을 붙여 설치한 것이다.

하지만 미국 경찰은 이 조형물을 테러리스트의 폭발물이라고 오해해 고속도로와 찰스강의 일부를 몇 시간 동안 차단하고, 이 광고물을 제작한 피터 베르도브스키(Peter Berdovsky)와 션 스티븐스(Sean Stevens)는 체포되었다. 결국, 이 난리를 수습하기 위해 200만 달러를 지불해야 했고, 이 둘은 지역 봉사활동 명령을 받았다.

하지만 이 바이럴 마케팅의 재앙은 아쿠아 틴 헝거 포스 쇼의 이미지 제고에 큰 역할을 했다. 마케팅 회사인 라삭 익스피리언스(Rassak Experience) 대표인 바락 카사(Barak Kassar)는 "성인 수영 쇼를 보는 젊은 남자 시청자들은 이 만화광고 사건과 관련된 뉴스를 즐겨 보았다"라고 말했다.

결과적으로 애니매이션이 많이 알려지긴 했지만, 그 만큼의 돈을 경찰에 내야했던 이 바이럴 마케팅은 테러에 민감한 미국 문화를 제대로 이해하지 못해 벌어진 사례가 됐다.

3위 - 앨리프(Aliph) : 조본 영화(Jawborne Films)

험한 말을 쓰는 인종차별주의자, 살인을 하는 세탁소직원, 상어가 있는 수영장, 난폭한 10대, 러시아 갱단 등 이것은 타란티노(Tarantino)/로드리게스(Rodriguez)의 바이럴 영상이다. 이 광고에서 말하고자 하는 바는 주위에 누가 있고, 무슨 일이 일어나던 조본의 '노이즈어쌔신(NoiseAssassin)' 기술을 이용하면 모든 소음으로부터 벗어날 수 있다는 것이었다.

그러나 이 멋진 아이디어를 담은 바이럴 영상은 큰 논란을 일으켰는데, 4개의 영상 중 가장 최악은 인종차별자가 중국 세탁소에 들어가서 욕을 하자, 세탁소 직원들이 드라이 클리닝 백으로 이 사람을 덮어 죽을 때까지 때리는 것이었다. 옆에 있던 구경꾼들은 이에 아랑곳 하지 않고 휴대폰으로 전화통화를 하는 장면을 그렸다.

아웃소스 마케팅 CEO 이자 'The responsible Marketing'이라는 블로그를 운영하고 있는 패트릭 바이어스(Patrick Byers)는 "나는 전혀 순수하지도 않고, F로 시작하는 욕을 몇 번 들은 적이 있다"라면서 "그럼에도 불구하고 이 동영상은 정말 무개념에 공격적이고, 폭력적이다"라고 비판하였다. 조본 브랜드 자체 스스로가 소음을 만들어 내고 있고, 제품광고에 이렇게 착취적이고 공격적인 동영상을 이용할 필요는 없었다는 주장이었다.

4위 - Wal-mart : 미국 전역을 가로지르며 Wal-Marting

바이럴 마케팅의 의도와는 다른 방향으로 흘러가 실패한 경우로써 월마트의 마케팅을 예로 들 수 있다.

미국에 사는 평범한 미국인으로써 커플인 짐과 로라는 RV를 타고 여행을 하며 밤에는 외곽지역의 월마트 주차장에 주차를 하고 밤을 보내곤 하였다. 이들은 미국 전역의 월마트 매장을 방문한 뒤 경험담을 블로그에 연재하기 위해 'Wal-marting across America'라는 블로그를 개설하였다. 그리고 각 매장을 방문해 해당 매장의 특징과 제품, 직원들의 태도를 블로그에 업로드하기 시작하였다.

이 블로그는 그저 순수한 의도를 가진 블로그였다면 아무 문제가 없었을 것이지만, 문제는 브블로그에는 월마트 직원 모두가 월마트를 너무나 좋아한다는 사실을 담은 감동적인 스토리와 더불어 칭찬이 많이 담겨져 있었다. 처음에는 이 블로그를 통해 사람들의 호평을 이끌어내고 월마트에 대한 사람들의 호감을 상승시키는데 성공하였다. 그러나 네티즌들 사이에서 월마트 직원들이 과연 월마트에 대해 긍정적인 반응만을 보이는 것이 진짜냐 아니면 월마트의 고용인이냐는 설전이 벌어지면서 의심하기 시작하였다. 그리고 Business Week, Washington Post 등 미디어들까지 관심을 갖고 진상 조사를 하던 중 한 블로거에게 딱 걸렸고, 끝내 짐과 로라는 월마트에게 고용된 사람들이라는 것을 밝혀냈다.

밝혀진 사실에 의하면 짐과 로라는 실존 인물이었고, 가족여행차 타주로 로드트립 계획을 세우던 중, 가는 길에 월마트 주차장들을 공짜로 이용할 수 있을까 하여 월마트에 편지를 띄우면서 시작되었던 것이다. 당시 월마트는 이런 저런 스캔들로 인해 연일 신문지상에 불명예스럽게 오르내리던 중이었고, 이미지를 다시 회복하기 위해서 중산층 고객들에게 '친밀한 이웃 이미지'를 심어줄 수 있지 않을까 고민 중에 이들을 이용한 것이었다.

따라서 월마트는 이들의 여행경비를 지불하였고, 이 모든 것을 계획한 사람이 월마트의 PR 회사인 에델만의 홍보전략이었던 것이었다. 이 블로그는 화난 블로거들에게 공격을 받아 이 블로그에 접속하면 월마트와 에델만이 진흙으로 더럽혀지고 가짜 블로그란 뜻의 Flog가 생성되는 등의 버그를 보이다가 폭파되어버리고 말았다.(CIOKorea, 실패한 입소문 마케팅 10선, 2008) 이로 인해 월마트는 공식적인 사과를 했음에도 불구하고 엄청난 역풍을 맞게 되었고, 이로 인해 이미지 하락 역시 막을 수 없었다.

이와 같이 월마트가 바이럴 마케팅을 실패한 이유는 월마트는 블로그를 통해 사람들에게 월마트에 대한 긍정적인 인식을 심어주고 이를 통해 브랜드 인지도 상승을 꾀하려 하였다. 그러나 월마트의 정보 조작과 가공에 대한 진실이 드러나면서 사람들은 오히려 월마트에 대한 부정적 인식을 갖게 되었다는 점이다.

5위 - 이베이(eBay) : '윈돌핀(Windorphins)'

윈돌핀은 항우울제가 아니다. 이베이가 효과적인 광고를 위해 이베이에서만 느낄 수 있는 특별한 감정인 엔도르핀 러시(endorphin rush)를 대표하는 만화 캐릭터 윈돌핀을 제작한 것이다.

2007년 7월 이베이의 보도자료에 의하면, "옥션에서만 느낄 수 있는 느낌, 바로 아주 저렴한 가격에 원하던 제품을 구매했을 때 느낄 수 있는 희열이 있다. 이에 대한 연구 끝에 이런 희열을 윈돌핀이라고 정의 내렸다"라고 밝혔다.

이베이는 자신만의 윈돌핀을 만들 수 있는 웹 사이트를 개설함과 동시에 빌보드, 잡지, TV 등에 이 웹 사이드를 광고하기 위해 엄청나게 투자했다. 한 빌보드 광고에서는 "윈돌핀은 당신의 영혼을 위한 축하 퍼레이드"라고 선전했고, 한 블로그에서는 윈돌핀을 "행복하고 기운찬 기질"이라고 표현했다.

하지만 이베이는 몇 달 뒤 "성공적으로 쇼핑하세요"라는 캠페인 문구를 내걸며, 윈돌핀 광고를 조용히 접었다. 여전히 윈돌핀 사이트 (http://wi ndorphins.ebay.com/special/index.html)는 운영 중이지만, 아무도 보살펴주지 않는 고아에 불과하다.

이베이의 윈돌핀 캠페인이 도마위에 올랐던 것은 일년이 채 되기 전에 windorphins.com 도메인을 다른 사람에게 팔려고 했던 모틀리 풀(Moteley Fool)의 한 기자를 폭행한 사건 때문이었다.

6위 - 소니 "내가 크리스마스 선물로 가지고 싶은 것은 오직 PSP뿐"

2006년 "내가 크리스마스 선물로 원하는 것은 PSP뿐"이라는 블로그가 등장하였다. 이 블로그는 찰리라는 이름을 가진 10대 소년이 친구 제레미의 부모가 제레미에게 크리스마스 선물로 PSP를 사주도록 도와주려는 내용을 담은 것이었다.

그러나 네티즌 수사대에게 이 블로그가 가짜라는 덜미가 잡혔는데, 이 사이트의 도메인이 게릴라 마케팅 전문회사인 지파토니(Zipatoni)의 이름으로 등록되어 있었다는 것을 밝혔던 것이다.

지파토니는 소니가 바이럴 마케팅을 위해 고용한 회사로, 블로거들이 이 사실을 밝혀내자마자 재빨리 사이트의 문을 닫아버렸다. 이어 소니는 제레미의 사촌 피트라며, 한 10대 백인 소년이 크리스마스 선물로 원하는 것은 오직 PSP 뿐이라는 내용으로 랩을 하는 동영상을 올렸다. 가사를 보면 '게임은 완전 멋져/나를 미치게 해/엄마에게 하나 사달라고 해야지/진짜'이다.

야심차게 준비한 이 바이럴 동영상은 오히려 역효과를 냈고, 애미넴 말고는 어떠한 백인도 랩을 해서는 안된다는 사실을 증명해준 실패한 마케팅이었다. (http://youtube.com/watch?v=0G0LlXv-nyI)

7위 - 쿠어스(Coors) : 코드블루(Code Blue)

쿠어스는 온도 유지를 강조하는 새로운 맥주광고를 시작하면서 온라인 프로모션도 함께 진행했다. 새로운 맥주광고의 내용은 쿠어스 병 라벨에 그려져 있는 산 그림의 색깔이 변하면, 쿠어스 팬들이 흥분해 '코드블루'라는 문자 메시지를 서로에게 보내는 것이었다. 여기서 코드블

루는 맥주를 마시기 가장 적합한 차가운 온도를 의미하는데, 쿠어스는 이 광고를 본 소비자들이 똑같은 행동을 하기를 기대하였다. 그러나 뉴욕타임즈는 쿠어스 광고에서처럼 휴대폰으로 애써 '코드블루'라는 문자를 보내기에는 기술의 한계가 있다는 것을 밝혔다.

이에 따라 쿠어스는 페이스북 및 마이스페이스에 페이지를 만들어 '코드블루'라는 문자 메시지 대신 온라인상으로 메시지를 보내도록 유도하였다. 하지만 쿠어스는 온라인 메시지 사용이 트위터 위주로 이루어진다는 사실을 몰랐는지 결국 실패하고 말았다.

더군다나 '코드블루'라는 용어는 환자가 심장마비 상태에 도달했을 때 사용하는 것으로, 아마도 쿠어스는 6개들이 맥주 팩마다 무료 심장 소생기를 넣어야 할지도 모른다.

▎8위 - 치토스(Cheetos) : 오렌지 언더그라운드(Orange Underground)

2008년 1월 프리토-레이(Frito-Lay)sms 체스터 치타(Chester Cheetah)의 이미지가 더 이상 신선하지 않다고 판단하고, 굿바이 실버스테인이라는 광고회사와 계약을 맺어 회사의 주 고객층인 어린이들에게 어필할 수 있는 광고를 만들기로 하였다.

결국 프리토-레이는 오렌지 언더그라운드라는 사이트를 만들었는데, 이 사이트에 들어가면 한 남자가 등장해 랜덤 액트 오브 치토스(Random Act of Cheetos)에 참여하라고 말하는 동영상을 볼 수 있다. RAoC는 치토스를 손에 묻혀 여기저기 지저분하게 만드는 것이었다. 이 남자는 RAoC의 몇 가지 규칙을 말하였는데, 주요 내용은 지저분하게 만들라는 것이었다.

사용자들은 RAoC를 행한 동영상을 어디에나 올릴 수 있는데, 신발, 노트북, 세탁건조기 등에 치토스를 가득 넣은 동영상이 올라와 있었다. 프리토-레이는 이 밖에 블로그를 만들고, 유튜브 채널을 생성하고, USA 투데이 한 지면 가득 광고를 게재하였다. 그리고 사람을 고용해 블로그를 돌아다니며 '치토1'이라는 닉네임을 방명록에 남기게 하였다.

이런 노력이 치토스 열풍을 일으킬 것이라는 프리토-레이의 상상은 전혀 이루어지지 않았다. 온라인 브랜드 컨설턴트인 존 에익(John Eick)

은 치토스가 바이럴 마케팅을 진행한 지 1달이 지나서, 이 광고에 대해 다룬 블로거는 단 17개 밖에 없었다고 증언했다.

에익은 "치토스 광고를 만든 사람들은 아마 이 광고가 나가자 마자 미국 전역으로 입소문이 퍼질 것이라고 생각했을 것이다. 그러나 그런 일은 일어나지 않았다. 그 광고제작자들이 정말로 사람들이 그런 정신 나간 장난을 할 것이라고 기대했을까? 어느 제정신인 사람이 밖으로 나가서 치토스 20봉지를 사서 그런 정신 나간 장난을 하려고 할까?"라고 말했다.

이 바이럴 마케팅의 가장 어리석은 실수 중에 하나로 꼽히는 것은 한 10대 아이가 치토스를 자기 코에 넣고 슈퍼마켓 안을 돌아다니고 있는 동영상이 여러 군데 퍼졌다는 것이다. 이런 지저분한 영상을 보고도 치토스를 먹고 싶어하는 사람이 과연 몇이나 있을까?

9위 - 셰비 타호(Chevy Tahoe) : "자신말의 광고를 만드세요"

제너럴 모터스(General Motors)가 2006년 3월 셰비 타호 SUV를 광고하기 위해 NBC 프로그램인 The Apprentice와 협력했을 때, 시청자들이 직접 온라인으로 광고를 만들게 하는 것이 어떨까라는 아주 영리한 아이디어를 제안했다. 이에 따라, GM은 자사가 지원하는 동영상과 음악을 가지고 사용자가 창의적인 멘트를 만들어 광고를 제작할 수 있는 캠페인을 진행했다. 이 캠페인은 ChevyApprentice.com에서 진행되었으며, The Apprentice 프로그램에서 광고를 맡았다.

이 아이디어로 셰비 타호의 광고효과가 있을 것이라는 GM의 기대는 보기 좋게 빗나가 버렸다. 사람들이 직접 만든 수백 개의 동영상 광고에서는 셰비 타호를 칭찬하는 대신 , 가스를 많이 먹는 차나, 환경적인 책임의식 없는 얼간이가 사용하는 자신의 안전만 걱정하는 이기적인 차로 그린 것이다.

이런 현상이 몇 주간 계속되자 GM은 이런 동영상을 사이트에서 삭제해 버렸다. 하지만 그 중 상당수의 비디오가 여전히 유튜브에서 떠돌고 있다. 우리는 누가 이러한 영리한 아이디어를 냈는지는 모르지만, 그 사람에게 어떠한 일이 벌어졌을지 상상할 수 있다. Apprentice 프로그램의 도날드 트

럼프(Donald Trump) 회장의 말을 인용한다면 그 사람은 "당신은 해고야"를 들어야 하지 않았을까?

여기서 얻을 수 있는 교훈은, 소비자에게 직접 마케팅 메시지를 만들도록 하지 말아야 한다는 것이다. 좋은 말이 돌아올 일은 거의 없다.

10위 - 마이크 그래블(Mike Gravel) : "Rock"

마이크가 누구인가 하면 그는 78세의 알래스카출신 전 상원의원으로, 미국 민주당의 대선주자로 나왔으나, 아무리 잘해도 당선될 가망은 없는 사람이었다. 그래블은 동영상 바이럴 마케팅을 이용해 이를 극복하고자 했는데, 그는 간단히 "Rock"이라는 제목의 동영상을 만들었다.

이 동영상에서 그래블은 연못 앞에 서서 71초간 카메라를 응시하고는 축구공만한 크기의 돌 앞으로 걸어간다. 그리고는 물에 그 돌을 집어 호수에 던지고는 유유히 걸어나간다. 그가 화난 것은, 카메라일까? 축구공만한 돌일까? 아니면 47표밖에 못 얻었다는 사실일까? 아무도 이 질문에 대답하지 못할 것이지만, 사람들이 "마이크 그래블 대통령"이라는 말을 무심코라도 내뱉지 않을 것이라는 사실은 말할 필요도 없다.

재미있는 사실은, 그래블이 1981년 이후 한 번도 의원에 당선되지 못했음에도 불구하고, 유튜브 동영상 하나로 대통령이 될 수 있을 것이라 믿은 것이다.

"우리가 아름답다고 보는 것은 변형되고 만들어진 것이다"

칸 국제광고제에서 필름과 사이버부문 그랑프리를 수상한 도브의 진화편은 외모지상주의와 상업주의, 현대 미디어 시대의 왜곡상에 대한 신랄한 풍자극이다.
광대뼈가 나온 얼굴선과 뻗친 머리, 군데군데 잡티가 드러나는 평범한 여인은 '진화(evolution)'이라는 화면하단의 문구가 상징하듯 스타일리스트의 손을 거쳐 모델로 '진화'한다. 화장과 머리손질에 이어 포토샵으로 눈을 키우고 목마저 늘린다.
광고는 화장발과 조명발, 사진발, 디지털편집 기술을 통해 현존하지 않는 새로운 인물을 창조함으로써, 우리 인식 깊숙이 뿌리박힌 외모지상주의와 기업의 상술, 그리고 미디어에 의한 '가상의 현실(시뮬라시옹)'을 풍자하고 있다.
광고는 결국 천편일률적인 미인상과 실제의 아름다움을 대조하면서 '진정한 미인'의 의미를 되묻고 있다. 이 광고는 당초 온라인 광고로 출시되었지만, 인터넷에서 인기를 바탕으로 TV용 광고로 전환돼 사이버와 필름부문 두 개에서 그랑프리를 수상하였다.

https://youtu.be/5XF66Ku4a9U

학습정리

1. 바이럴 마케팅의 정의
   - 상업적인 목적으로 제작된 바이럴 콘텐츠를 다양한 인터넷 매체의 플랫폼을 통해 자발적으로 퍼져 나가도록 하여 마케팅 목적인 회원유치, 브랜드 인지도 제고, 다량의 트래픽 홍보 등을 달성하기 위한 일련의 활동을 말한다.

2. 바이럴 마케팅의 주요 수단
   - 동영상, 플래시 게임, 전자책, 브랜드 소프트웨어, 이미지, 텍스트 등으로써 입소문 마케팅을 토대로 형성된 시장의 기존 데이터와 빅 데이터를 통해 사람들의 관심을 파악하고 흐름을 읽어 상품의 관심을 이끌고 이것을 상품 구매로 전환시킨다.

3. 바이럴 마케팅의 생성배경
   - 1997년 스티브 저베스트선(Steve Jurvestson)과 팀 드라퍼(Tim Draper)가 소개했을 때이고, 연구자들마다 의견이 분분하지만 바이럴 마케팅은 실제 사용 경험자들에 의한 후기 형식으로 이루어지기 때문에 광고라는 느낌 없이 소비자들에게 자연스럽게 다가갈 수 있다는 것은 분명한 장점이다.

4. 온라인 마케팅의 구성요소
   - 커뮤니티(Community), 커뮤니케이션(Communication), 콘텐츠(Contents), 커스터마이제이션(Customization), 커머스(Commerce), 커넥션(Connection) 등 6가지로 구성되어 있다.

5. 바이럴 마케팅의 특징
   ① 온라인 마케팅으로써 오프라인과는 다르게 불특정 다수에게 손쉽게 볼거리나 읽을거리 등을 제공함에 있어서 시공간을 초월한다.

② 짧은 시간 동안 많은 고객에게 전달될 수 있는 강력한 마케팅 커뮤니케이션 수단이다.
③ 다른 마케팅 기법과 차별화된 가장 중요한 부분은 자발적 구전확산으로 소비자들의 주의를 일으켜 광고 노출을 유도하는 기법을 활용한다.
④ 기업이 직접 홍보를 하는 방법이 아닌 소비자의 이메일 혹은 블로그와 같은 매체를 통해 입에서 입으로 전해지는 특징을 갖고 있다.
⑤ 1대 다수에게 향하는 기존의 매체 광고와 비슷하지만, 일방적으로 노출을 하는 것이 아니라 소비자의 선택에 의한 노출이라는 측면이 기존 광고와 차별화되어 있다.

6. 바이럴 마케팅의 종류
   - 블로그를 통한 바이럴 마케팅
   - SNS 채널을 통한 바이럴 마케팅
   - 커뮤니티(카페/클럽)를 통한 바이럴 마케팅
   - 지식인/뉴스/웹문서 등을 통한 바이럴 마케팅

학습문제

01 바이럴 마케팅의 정의에 대해 잘못 설명한 것은?

① 바이럴 마케팅은 '바이러스'와 '오럴'의 합성에서 유래되었다.
② 바이럴 마케팅은 인터넷 매체의 플랫폼을 통해 자발적으로 퍼져 나가도록 되어 있다.
③ 바이럴 마케팅은 오프라인에서 입소문을 통해 전파되는 마케팅도 이에 속한다.
④ 바이럴 마케팅은 플래시 몹 같은 약속된 집단 해프닝, 몰래카메라 등과 같은 것은 해당되지 않는다.

해설 집단 해프닝, 몰래카메라 역시 바이럴 마케팅으로 이용될 수 있다.

정답 : ④

02 바이럴 마케팅은 어떻게 해서 생겨났는가?

① 1996년 스티브 저베스트선과 팀드라퍼에 의해 소개되었다.
② 1997년 제프리 레이포트가 패스트 컴퍼니지에 마케팅 바이러스 제목으로 칼럼을 기고하였다.
③ 1997년 스티브 저베스트선과 팀드라퍼가 처음으로 바이럴 마케팅이라는 용어를 사용하였다.
④ 1996년 제프리 레이포트가 바이러스 개념을 도입하면서 부터이다.

해설 바이럴 마케팅 용어는 스티브 저베스트선과 팀드라퍼이지만, 제프리 레이포트가 바이러스 마케팅이란 단어를 사용하면서 최초 생겨났다고 할 수 있겠다.

정답 : ④

03 온라인 마케팅의 구성요소에 대한 설명으로 맞는 것은?

① 온라인 마케팅 구성요소는 커뮤니티, 커뮤니케이션, 콘텐츠, 커스터마이제이션, 커머스, 그리고 커리큘럼 등 총 6가지이다.
② 커뮤니티는 인터넷 공간에서 필요나 공통 관심사, 단순 친목으로 활동하는 공동체 전반을 말한다.
③ 콘텐츠는 소비자의 특성을 파악하고 특화된 상품 및 서비스의 정보를 제공하는 일대일 마케팅이다.
④ 커머스는 온라인의 중요한 요소 중 하나로써 전략적 제휴가 필요해짐에 따라 최근 온라인 마케팅 상에서도 중요시 되고 있다.

해설 6가지 구성요소 중 커넥션이 빠졌다. 　　　　　정답 : ②

04 바이럴 마케팅의 특징이 아닌 것은?

① 온라인 마케팅으로써 오프라인과는 다른게 불특정 다수에게 손쉽게 볼거리나 읽을거리 등을 제공한다.
② 짧은 기간 동안 많은 고객에게 전달될 수 있는 강력한 마케팅 커뮤니케이션 수단이다.
③ 자발적 구전 확산으로 소비자들의 주의를 일으켜 광고 노출을 유도하는 기법은 다른 마케팅 기법과 유사하다.
④ 일방적으로 노출을 하는 것이 아니라 소비자의 선택에 의한 노출이라는 측면을 갖추고 있다.

해설 구전광고는 다른 마케팅 기법과 차별화된 기법이다. 　정답 : ③

05 바이럴 마케팅의 종류가 아닌 것은?

① 블로그를 통한 바이럴 마케팅
② SNS 채널을 통한 바이럴 마케팅
③ 카페/클럽 등과 같은 커뮤니티를 통한 바이럴 마케팅
④ TV/라디오 등을 통해 비싼 광고료를 지불하는 바이럴 마케팅

해설 바이럴 마케팅은 인터넷 기사나 웹문서를 통해 기사화하게 되면 비용 부담이 없고 신뢰성을 주는 마케팅이 될 수 있다.   정답 : ④

제15장
콜라보레이션 마케팅
Collaboration Marketing

"콜라보레이션으로 인하여 1더하기 1은 4가 된다. 그 정도로 콜라보레이션이 가진 뛰어난 시너지 효과는 크다."

– 링크드인의 CEO 제프 와이너
(Jeff Weiner)

15 FUN MAKETING
콜라보레이션 마케팅

학습목표

1. 콜라보레이션이란 무엇인가에 대해 알게 된다.
2. 콜라보레이션을 활용한 마케팅기법을 알게 되고, 마케팅전략을 세울 수 있게 된다.
3. 콜라보레이션 마케팅의 이론과 사례를 통해 기업의 새로운 전략 도출 및 새로운 고객을 창출 할 수 있는 능력을 갖게 된다.

핵심키워드 : 콜라보레이션, 컨버젼스, 전략적제휴, 크로스오버, win-win효과, 케미마케팅, 아트마케팅, 믹스앤매치

 물에 물을 더해선 2개의 물밖에 나오지 않지만 물에다 탄산을 섞으면 사이다가 되는 것처럼 협업은 어마어마한 시너지 효과를 낼 수 있단 얘기다.
 깊은 우물이 없는 한국은 여러 웅덩이를 잘 연결해야 우물만큼 많은 물을 길러낼 수 있다는 비유다. 단순히 물을 더 많이 끌어 모으는데 그치지 않는다. 협업이 내는 메가 시너지 효과에 주목하고 있다.27)
 '2개 이상의 개체가 서로 다른 전문성을 수평적으로 연결해서 새로운 가치를 창출하는 것'이라며 '콜라보레이션 즉 협업'에 대한 개념을 설명한 것이다.
 애플에 막대한 수수료까지 선물로 안겨줄 모바일 결제 시스템인 '애

---

27) '협업으로 창조하라' 중 일부 : 한국협업진흥협회장 윤은기

플페이'는 스티브 잡스의 '파괴적 혁신'과 팀 쿡 CEO의 '안정적인 현식'의 절묘한 콜라보레이션(Collaboration)이다. 차가운 기기에 감성을 불어넣는 스티브 잡스의 '진심'이 냉정한 경제적 유발효과를 고려해 생활밀착형 스마트 기기로 재탄생했기 때문이다.

스티브 잡스가 창의적이었던 것은 없는 것을 새로 만드는 것이 아니라 A와 B를 융합하였기 때문이다. 이른바 콜라보레이션을 선택한 것이다. 이러한 능력은 평소에 물건을 다르게 보는 습관을 가져야만 가능하다. 꽃을 꽃이라 보지 않고 나무를 나무로 보지 않아야 가능한 것이다. 이것은 사전적 정의로 규정짓지 말아야 한다는 얘기와 같다. 평소에 지나다니던 길을 무심코 보는 것이 아니라 잘 관찰하면 다른 것이 보인다는 논리다.

마케터는 6가지 '쌍기역(ㄲ)'을 갖추어야 한다. 라고 하는 본문에 있는 내용대로 최고경영자나 전문마케터는 끼와 깡을 갖추고 있는 경우가 많다. 즉, 끼는 성공한 사람들을 보면 일반인들과 다른 관점을 갖고 사물을 보고 판단하는 능력이 남다르다. 남들하고 다르다는 것은 마케팅에서 가장 중요한 개념이기 때문이다. 또한 깡은 평범하고 고정된 관념을 깨고 일정한 틀에서 벗어나는 개념을 갖고 행동을 취하는 용기가 필요하다는 뜻으로 남들이 가지 않는 길을 가는 용기야 말로 최고경영자나 전문 마케터들이 성공을 약속하는 길이다.

이러한 끼와 깡을 갖고 있는 대표적인 기업인이 바로 스티브 잡스라고 본다. 괴짜중에 괴짜라면 바로 스티브 잡스를 빼놓을 수 없다. '현실왜곡장이' 그를 둘러싸고 있는 표현이다. 빌 게이츠가 스티브 잡스를 가리키며 "잡스는 기본적으로 괴짜다. 인간차원에서 괴상하게 흠집이 있다."라고 했을 정도이다.

스티브 잡스는 물론, 구글의 세르게이 브린과 래리 페이지, 페이스북의 마크 주커버그 등은 어렸을 때부터 줄곧 '괴짜'라는 말을 들었다. 물론 괴짜의 대표는 에디슨인 것은 말할 나위도 없다.

빌 게이츠의 뒤를 이은 MS의 스티브 발머는 근래 괴짜들에게 권력을 위임하거나 분산시켰다. 혼자 운영할 기업이 아니었기 때문이었다. 이러한 면은 창조적인 측면이 강한 조직일수록 모두 해당되는 것임에 분명하다. 이제는 성실하기만 한 인재는 달라져야 한다는 목소리가 높다.

어쩌면 창조적인 작업을 하는 사람들은 기본적으로 남들과 다른 생각을 갖고 있기 때문이었는지 모른다. 괴짜들은 창조적인 아이디어를 자극한다. 최근에도 괴짜들이 창조적인 결과물들을 만들어낸다는 지적이 많다. 삼성경제연구소의 조사에 따르면 최고경영자 83.9%는 "괴짜 기질이 회사 창의성을 높이는 데 도움이 된다."고 대답했다. 물론 조직 안에 그런 이들이 적기 때문에 이런 응답이 나오는 것일지 모르겠다.

앤디 허츠펠드의 '미래를 만든 긱스'에는 스티브 잡스의 괴짜 근성은 이렇듯 직원들의 괴짜 근성을 잘 이용하는 데 있었다고 한다. 괴짜가 인정받고 그들의 세계가 실현되려면 그것을 끌어안을 괴짜 마케터가 되어야 하고 또한 그러한 리더도 중요하다. 콜라보레이션에는 A와 B를 잘 조화시킬 수 있는 괴짜가 필요하다.

학습내용

1. 콜라보레이션의 개념과 이론적 배경

1) 콜라보레이션의 개념

사전적으로 공동작업·협력·합작이라는 뜻으로, 이종 기업 간의 협업을 의미하며, 마케팅에서 각기 다른 분야에서 지명도가 높은 둘 이상의 브랜드가 손잡고 새로운 브랜드나 소비자를 공략하는 기법으로도 널리 사용되고 있다.

콜라보레이션과 관련된 개념은 단순히 협업이라는 용어로 국내에서 많이 사용되어 왔던 개념이었으나, 최근 들어 콜라보레이션이라는 단어로 용어자체의 뜻이 조금 변화되고 진화되어가고 있다. 모리스와 헤르케트(Moriss, Hergert, 1987)는 기업들이 연계 활동을 통해 공동 목표를 달성하고자 한다는 관점에서 'Collaborative Agreements' 라는 용어를 사용하였고, 하멜, 디오즈와 프라할라드(Hamel, Doz and Prahalad, 1989)는 협력하는 기업 역시 경쟁자라는 의미로 'Competitive Collaboration' 이라는 용어를 사용하였다. 이후 여러 학자들에 의해 사전적 의미에서 벗어난 현대적 의미를 갖게 되었다고 본다.

협업이란?

동일 생산과정 또는 관련된 생산과정에서 다수의 노동자가 계획적으로 협력하는 노동 형태이다. 협업의 형태는 다수의 노동자가 각각 별개로 동일 종류의 완성품을 만드는 단순협업과, 각 노동자가 행하는 개별적인 생산활동이 모두 다르거나 또는 일부가 달라 각 노동자의 개별적인 생산활동 전 과정을 거쳐서 비로소 완성품을 만들어 내는 복잡협업으로 구분된다. 단순협업은 사람들이 동일 장소에서 작업하기 때문에 경쟁심을 유발하고, 도구의 공동 이용으로 개별노동의 총계가 넘는 생산력이 실현된다. 복잡협업은 경영적 생산의 기술적 분업에 따른 협업으로, 오늘날의 분업을 의미한다. 분업에서는 노동의 숙련도, 작업공정의 연계성, 도구의 단순화·다양화 등에 따라 생산력이 훨씬 높아질 수 있다.

따라서 기존의 협업의 의미로는 단순한 '공동작업' 으로 협업을 보는 관점은 협업의 개념을 작게 보는 것이다. 넓은 의미에서 협업은 서로 다른 조직의 사람들이 공동의 과업을 달성하기 위하여 함께 일하거나, 서로 상당한 수준의 도움을 주는 상황에서 일어나는 일련의 활동 전체를 가리킨다. 단순히 조직간에 데이터가 오고 가는 것을 협업이라고 하기엔 무리가 있으며, 사람들의 참여가 있어야 한다는 점이 협업을 이해하는데 중요한 핵심 키워드 중 하나이다. 공동의 과업을 달성하기 위한 과정에서는 조직원들간의 커뮤니케이션, 그리고 조직이 가지고 있는 조직문화를 빼놓을 수가 없는데 이는 모두 조직의 구성원들과 관련이 있기 때문이다. '팀워크'가 팀에서 함께 업무하는 것을 의미한다면 '협업'은 조직 내에 걸쳐 여러 부서가 함께 공조를 이룰 수 있는 방법에 초점을 맞추고 있다. 이것은 한 팀을 관리하는 것이 아닌 조직 전체 구성원들이 올바른 공동 작업을 수행하는 방법 그 자체를 다루고 있다는 사실을 보여준다. 또한 협업은 협업하는 과정 자체가 아니라 '공동의 목표를 달성하고 성과를 창출하는 것'이라 정의할 수 있다.

일반적으로 기업에서 콜라보레이션은 두 개 이상의 주체가 만나 공통된 이익을 위해 협업을 하는 현상을 지칭하는 의미로 이해하고 있으며, 이는 경영학에서 당사자 간의 상호 이익을 위해 서로 결속하여 여러 가지 기능을 공동으로 수행하는 것을 의미하는 전략적 제휴와도 유사한 개념으로 볼 수 있다. 그 밖에 많은 분야와 연구에서도 전략적 제휴 및 공동 이익을 위한 협력된 관계를 표현하는 부분에서 콜라보레이션을 사용하여 설명하고 있다.

상호간의 약점을 보완하기 위해서 관계를 맺는 전략적 제휴와는 달리 콜라보레이션은 서로의 강점을 바탕으로 브랜드나 기업 혹은 개인을 포함한 선두적인 협력이라고 정의를 내릴 수 있다.

콜라보레이션은 주로 패션계에서 디자이너 간의 공동작업과 가수와 웹툰 작가가 합작하여 뮤직비디오를 제작하거나 음악가끼리 또는 다른 분야의 아티스트 등과 일시적으로 팀을 이루어 작곡, 작사 등의 제공이나 음악 프로듀서 등도 포함되는 용어로 많이 쓰였다. 그러나 최근에는 다양성을 추구하는 수단으로 채택되고 있는데, 즉 한 브랜드가 다른 브랜드와 협력하여 서로의 장점을 극대화 시키고, 새로운 제품을 창조해내고 업종의 경계를 뛰어넘는 협력을 통해, 어울리지 않을 것 같은 브랜드 간의 만남을 통해 새로운 시장과 소비문화를 창출해 내는 것이다. 이를 통해 초창기 소비자들에게 신선하고 참신한 재미를 제공해주면서 도입된 초기 제품과 유명인이 협업해 한정판을 내 놓고 반짝 매출을 올렸던 마케팅 방식에서 제품기획·제품출시·매장디자인·전시회 개최 등 전(全) 과정에서 협업하는 토털 콜라보레이션으로 발전하고 있다.

또한 최근에는 유명 브랜드사의 제품과 소재업체간의 콜라보레이션, 기업과 연구기관과의 합작을 통한 신개념 시설 및 제품개발 등으로 많이 활용되어가고 있으며, 유명 브랜드사와 영화를 통한 콜라보레이션 광고제작으로 서로 윈-윈(win-win)하는 사례도 늘어가고 있다. 이는 기존의 PPL기법으로 영화에 브랜드사의 제품을 노출시키는 방식이 아닌 영화내용으로 브랜드사의 제품을 공개함으로써 소비자들의 구매 욕구를 자극하는 마케팅기법으로 발전하고 있다.

2) 콜라보레이션의 진화 배경

이미 콜라보레이션은 예전부터 어떠한 형태로든 행해져 왔다. 공식적이던 비공식적이던 많은 기업들이 제휴형태, 합작형태, 크로스오버 등 여러 형태로 기업들 간의 콜라보레이션은 이루어져 왔다. 그러나 최근 들어 더욱 눈에 띄게 콜라보레이션 활동이 활발해 진 것 또한 사실이다. 이러한 협업, 콜라보레이션이 발전하고 진화되어가는 배경에 대해 설명해 보고자 한다.

현대사회는 기업들 간의 치열한 경쟁상황과 경제성장 속도가 나날이 빠르게 발전해 가고 있다. 이런 상황에 따라 소비자들의 소비행태도 급속히 변화해 가고 있다. 사회 구조와 그에 따른 소비자들의 개인소비 생활이나 가치의 지적 수준이 높아지고, 트렌드가 급변하면서 소비자들은 점점 획일화된 상품이나 서비스에 권태로워하며, 거부감을 느끼고 있다.

이제는 자신만을 위한 자신의 가치에 맞는 특별하면서도 다양한 상품을 원하며 색상이나 디자인 면과 예술적이고 좀 더 특별한 가치가 있는 상품을 추구하기 시작했다. 그에 맞게 각 기업과 마케터들은 스페셜 에디션이나 리미티드 에디션을 선보이며, 소비자들에게 다양한 컨셉으로 다가가려고 하고 있다. 소비자들의 라이프사이클이 여가와 문화 지향적으로 변하면서 기업들이 문화와 예술을 마케팅의 도구로 삼아 소비자들에게 다가서는 사례가 늘고 있다. 이러한 현상으로 인해 대다수의 기업들이 자사의 브랜드 이미지를 높이는 해법으로 '콜라보레이션 마케팅'을 다양하게 시도하게 되었다. 현재 기업에서는 미술, 음악, 문학 등의 예술작품을 브랜드에 활용해 소비자에게 친밀하게 다가가는 전략으로 이미 모든 산업, 업계 전반에 걸쳐 불황극복 마케팅 방법으로 활용하고 있다.

그에 따라 소비자들은 재화를 구매하고 소비하는 행위 전반에서 만족도가 높아지게 되었으며, 즐거움과 특별함으로 조금 더 비싸고 비경제적이더라도 희소성 있고, 자신의 가치를 높여줄 수 있다고 생각하는 제품과 서비스를 찾는 데 시간과 비용을 아끼지 않게 되었다.

이것은 더 이상 재화나 서비스의 소비가 제품의 실용적 편익의 소비, 속성의 소비를 뛰어 넘어 재화의 사회적, 심리적 가치의 소비까지 포함하게 되었다는 것을 의미한다.

자본주의 질서가 지배하는 신 계급사회라고 하는 이러한 사회 속에서 소비는 계층과 지위를 규정하는 지배적 요소인 부(富)를 과시하고 상징하는 하나의 큰 수단으로 자리 잡게 되었다. 부(富)의 과시와 상징을 위한 소비라고는 하지만 과거처럼 자신의 계층이나 경제적 수준에 따라 재화의 소비가 제한되어 있는 것이 아니고 사치재라고 해도 비단 부유층뿐 아닌 모든 계층의 사람이 소비할 수 있기 때문에 결국 앞에서 말했듯이 현대의 소비는 실용적 편익의 소비를 뛰어넘은 과시적 소비, 자기만족의 소비 등 행위 자체에 다양한 의미를 내포하게 되었다. 따라서 기업들과 마케터는 이러한 소비자 속성과 소비자 행동에 맞는 강력한 새로운 마케팅기법, 즉 콜라보레이션이 필요해지게 되었던 것이다.[28]

점차 치열해지고 있는 경쟁 환경에서 콜라보레이션 마케팅에 대한 활용은 가속화되고 있고, 급속하게 변화하는 경쟁상황에 대처하기 위한 새로운 콜라보레이션 마케팅 유형이 나타나고 있다. 한편으로는 ICT기술의 발달은 디지털 융합(Digital Convergence)으로 발전되어 왔고, 그에 따라 더 많은 소비자 접근방법이 개발되어, 언제어디서나 소비자의 구매 욕구를 자극 할 수 있게 되었다. 디지털 혁명은 전통적인 산업 구분

---

28) 출처 : http://blog.naver.com/2035icck/220523940718-크네이트

의 경계가 희석되면서 산업 내 경쟁에서 산업 간 경쟁구도로 바뀌어 가고 있으며, 이러한 변화는 산업구조가 기존의 수평적 산업구조에서 복합적 산업구조로 재편되고 있다. 이는 과거 기업의 성공요인이 산업 내에서 고유한 경쟁우위의 개발에 있었다면, 새로운 환경인 융합시대에서의 기업의 성공요인은 소비자가 요구하는 다양한 콘텐츠를 제공하기 위한 기업 간 협력관계인 콜라보레이션의 개발에 있다고 하겠다.

마케팅 이야기

사례 콜라보레이션 마케팅과 함께 또는 유사하게 사용되는 개념

1. 케미마케팅(Chemi Marketing) : 화학반응인 Chemistry의 줄임말로 최근 잘 어울리는 이성의 조합이나 동성의 조합, 다른성격의 재화의 조합을 통하여 보기 좋은 이미지를 형성하는 것을 뜻하고, 이러한 Chemi를 통하여 브랜드의 친밀도를 높이는 것이 이 마케팅의 목표이다.

   최근 마케팅을 설정함에 따라 케미가 잘맞는 커플을 활용하는 것과, 식재료의 조합을 통한 모드슈머가 케미마케팅으로 인식된다.

   예를들면, 드라마나 영화, 예능 등에서 잘 어울리는 주인공들을 통해 브랜드와 친밀도를 높이는 전략으로, 최근 인기를 끌고 있는 TV방송 중 삼시세끼라는 프로그램이 있는데 거기 출현하는 전형적인 남편의 성향을 가진 유해진과 전형적으로 요리 잘하고 살림꾼처럼 나오는 차승원의 케미를 통한 조합으로 인기를 끌고, 그에 따라 이 프로그램을 협찬하고 있는 의류 브랜드의 가치가 올라가 마케팅효과를 톡톡히 보고 있다.

   또한 모드슈머라고 식재료의 조합으로 캐미레시피마케팅이 인기를 끌고 있다. 서로 궁합이 잘맞는 식음료를 활용한 새로운 요리법을 뜻한다. 짜파구리, 골빔면 같은 서로 다른 음식과 제품을 이색적인 레시피로 새로운 맛을 즐기는 것이다. 기업에서는 자사 제품을 활용한 새로운 요리법을 소개하고 유행시켜 새로운 소비를 창출하고 그로인해 판매확대를 가져오게 한다. 얼

려둔 커피얼음에 두유를 부어 천천히 커피맛을 즐기게 하는 '아이스 두유 큐브라떼' 도 같은 사례로 커피전문점에서 유행하기 시작하였다.

2. 콜라보레이션 조합의 시작단계

1) 콜라보레이션 조합구성에 대한 결정을 해야 한다.

 기업들은 콜라보레이션을 통해 최상의 제품과 서비스를 제공 받고자 하는 소비자들 입장에서의 콜라보레이션 조합을 구상하여야 한다. 본 구상은 매출은 물론 기업이익, 신사업 발굴의 돌파구로서 역할로 매력적이며, 가시적인 성과를 낼 수 있어야만 한다.

 콜라보레이션을 시작하기 전에 기업들이나 마케팅부서에서는 콜라보 조합을 소비자들에게 어필할 여러 방면으로 생각하여야 한다. 자사브랜드와 타기업의 브랜드와의 결합으로 할 것인가, 제품구성만을 타기업과 결합 또는 융합으로 할 것인가, 단순 유명 아티스트나 디자이너와 조합을 이룰 것인가 등을 판단해야 한다. 그 외의 콜라보레이션을 하기 위한 조합구성은 본문 콜라보레이션 마케팅 종류에서 볼 수 있듯이 매우 다양한 형태를 갖고 있다. 즉, 기업운영에서 어느 부문을 가장 먼저 콜라보레이션에 적용 시킬 것인지, 어떤 특정 프로젝트를 콜라보레이션을 통해 추진해야 할지를 결정하여야 한다.

 콜라보레이션마케팅 내용과는 다소 다를 수 있지만 협업의 중요성을 알 수 있는 애플과 소니의 사례를 들어 보겠다. 콜라보레이션 또는 협업은 서로 다른 조직과 공동의 과업을 달성하기 위하여 함께 일하거나 서로 상당한 수준의 도움을 주는 상황에서 일어날 수 있는 일련의 모든 활동전체를 가리킨다. 단순히 조직 간의 데이터가 오고가는 것을 말하기엔 무리가 있으며, 조직간 상호 인력들의 참여가 있어야 한다는 것이 중요한 키워드중 하나이다.

 협업은 협업하는 과정 자체가 아니라 '공동의 목표를 달성하고 성과를 창출하는 것'이라 정의할 수 있다. 협업은 목표에 도달하기 위한 수단이며 성과 없는 협업은 껍데기에 불과하다. 애플과 소니의 사례로 다시 돌아가 보면, 예전에 휴대용 음향기기 시장의 리더격은 소니였고, 그 당시 소니의 매출은 애플의 아이팟이 나온 직후에도 10배 이상이었다. 아이팟이 아무리 강세였다고 하여도 소니는 얼마든지 다시 그 시장에 리더가 될 것이라고 판단했다. 당시 소니의 최고경영자 하워드 스트링거(Howard Stringer)는 애플에 반격을 가하기 위하여 아이튠즈가 가지고 있지 않았던 기능인 온라인 뮤직스토어 시장 선점을 위한 커넥트라는 이름의 사업팀을 발족시켰다. 이 사업은 소니의 PC사업팀, 휴대용 오디오 사업팀, 플래시 메모리 개발팀, 미국의 소니뮤직, 일본의 소니뮤직과 같은 여러 사업 부문이 서로 긴밀한 협업을 통해 제품을 개발한다는 것을 전제로 시작한 디지털 뮤직 사업으로, 다시 말해 애플의 아이팟과 아이튠즈에 대항한 소니의 MP3플레이어와 연계한 사업을 말한다.

그러나 소니는 전통적으로 부서 간 치열한 경쟁을 기반으로 성장한 기업문화가 있었다. 경쟁적인 기업문화에서 부서간의 협업 프로젝트를 진행하니 각 부문이 제각기 다른 사업 구상을 하고 다른 서비스를 앞다퉈 출시하는 등 내부적인 경쟁을 벌이는 현상이 나타났다. 경영자들은 이러한 '사일로현상'[29]을 해결하기 위해 애썼지만 상황은 나아지지 않았고, 우여곡절 끝에 출시된 커넥트는 소비자의 외면 속에서 서비스 시작 4~5년 만에 참담한 실패를 맛보며 워크맨A 시리즈 전용의 음악플레이어인 커넥트 플레이어를 폐쇄하고 말았다.

소니를 몰락시킨 애플의 아이팟은 최첨단 기술이 들어간 궁극의 제품은 아니었지만, 스티브잡스의 아이팟을 세밀히 보면 기존 시장에 있는 기술 및 제품을 정교하고, 치밀하게 융합되고 결합한 제품이지 애플만의 특수 기술이 들어간 제품은 아니었다. 아이팟과 아이튠즈의 성공에는 하드웨어 부분과 소프트웨어 부분, 그리고 펌웨어 부분의 긴밀한 협력 즉, 협업이 결정적인 역할을 했다. 반면 소니는 서로 협력하기보다 부서 간 경쟁을 유도하는 시스템적 한계 때문에 협업에서 불리한 부분이 많았다. 협업이라는 이름아래 부서에게 협력적인 태도를 취하라고

---

[29] 사일로현상 : 다른 조직이나 부서와 소통하지 않고 자신의 이익만을 추구하는 현상

명령해도 서로간의 경쟁에서 성장한 소니의 기업 특성상 협력하는 문화를 쉽게 받아들이기 어려웠고, 결국 미국팀과 일본팀의 분열과 여러 부분에서의 소통 불가로 인해 야심차게 디지털 음악시장 선점을 위해 발족한 커넥트 사업은 막을 내리게 된 것이다.

소니와 애플의 사례에서 보듯, 무리한 협업은 역효과를 가져올 수 있다. 성과를 창출하고 의미 있는 목표를 달성하기 위해서는 협업의 올바른 방법을 알고 실천해야 한다. 협업에 대해 15년 간 연구를 실시한 캘리포니아 버클리대 모튼 T. 한센(Morten, T. Hansen) 교수는 이를 체계적 협업(Disciplined Collaboration)이라 칭했다. 체계적 협업이란 '협업을 해야 할 때와 피해야 할 때를 정확히 판단하고 하여야겠다. 소니는 커넥트 실패로 불명예와 시장선점을 빼앗겼고, 애플은 이때부터 운명의 갈림길에서 성공의 길로 접어들게 되는 운명을 맞이하게 되었다.

최근 빈번히 사용되고 있는 콜라보레이션과는 다소 내용이 다를 수 있으나, 소니의 사례로서 콜라보레이션에 있어 가장 먼저 중요한 것은 기업 본연의 기업문화에서 협업을 할 수 있는 조직으로 타 조직이나 타 기업과의 연계 또는 조합이 가능한지를 파악하고, 결정하여야 한다. 또한 그 결정이 자신의 기업평가에서 성공여부를 묻는 것이 아니고, 그 판단은 결국 소비자들이 하게 된다는 것을 알아야 한다.

2) 결정된 조합을 통하여 각각의 기업(또는 조직)은 서로win-win 할 수 있을 것인가, 어떠한 가치의 성과를 거둘 수 있을 것인가에 대해 판단을 하여야 한다.

협업을 시작하기 전에 이번 콜라보레이션을 통해 어떠한 성과를 거둘 수 있을지, 어느 정도 의미 있는 수준의 가치나 성과가 있을지를 생각하여야 한다. 탁월한 혁신이나, 확실한 이미지 업그레이드 가능성이나, 매출에 대한 가시적인 성과가 나올 수 있을 것인가, 더 나은 의사결정이나 경비절감의 효과가 있는가 등의 조직이 얻을 수 있는 것을 확실히 파악하여야 한다.

버거킹 사례에서 보듯이, 한 브랜드에선 콜라보레이션을 통한 그 무엇인가를 얻을 수 있을 것이란 기대감에 타 브랜드에 손을 내밀어 보지만 그 상대 브랜드로선 크게 얻을 수 없을 것이라 판단되어 그 프로젝트가 실현 불가능하게 될 수도 있다는 것을 알아야 한다.

그 외의 성과 성공사례와 실패사례는 뒤에 나오는 콜라보레이션 사례에서 다루도록 하겠다.

버거킹의 콜라보레이션 선택

버거킹 X 맥도널드 = ?
두 라이벌 관계의 햄버거 브랜드들의 콜라보레이션, 버거킹이 먼저 미국의 9월 21일 평화의 날을 맞이하여 맥도널드에게 의외의 제안을 했다. 즉 그날만큼은 햄버거전쟁을 휴전하자는 내용이었다. 나름 필요한 내용을 정리한 동영상까지 제작하면서까지 맥도널드와의 콜라보레이션을 성공시키고자 했다. 그 내용은 맥도날드의 대표제품인 맥와퍼와 버거킹의 대표제품인 와퍼를 콜라보레이션하여 '맥와퍼(MacWhopper)'를 출시하여 판매 하자는 평화협정 제안이었다.
콜라보레이션이라는 단어는 세계 2차대전 당시 나치와 협력하는 배신적 행위라는 뜻으로 유럽전역에 퍼져 있었다고 전해진다. 그런 맥락에서 버거킹이 제안한 맥와퍼는 적과 함께한다는 뜻을 보여주는 콜라보레이션이었다. 그리고 버거킹은 이 프로젝트를 반전운동과 연계해 해당 콜라보레이션 행사날을 'Peace day'로 선포, '맥와퍼'를 판매하자고 제안하며 여러 가지 두 기업의 로고, 유니폼, 기타상징물 등을 합쳐 디자인까지 가상으로 제작하였으나, 이 제안은 결국 맥도날드측에서 정중하게 거절하면서 일반인들에게 알려지지 않게 되었다. 실패로 끝난 버거킹의 제안이었지만 적과의 동침도 불사하면서까지 서로 win-win하는 전략을 취하고자 하는 현대 기업들의 마케팅 기법을 엿볼 수 있는 기사였다.

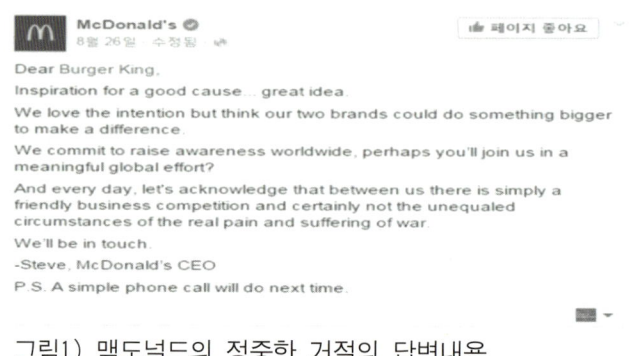

그림1) 맥도널드의 정중한 거절의 답변내용

3) 콜라보레이션 프로젝트로 프리미엄 여부를 확인해야 한다.

기업이나 조직이 콜라보레이션을 해야 할 사업상의 명백한 근거가 있어야 한다. 콜라보레이션 프로젝트를 통해 기업 간 포지티브섬게임(윈-윈 게임)이 이루어져야 한다는 것이다.

콜라보레이션 프로젝트로 얻을 수 있는 시너지효과에 대해 생각해보자. 즉, 기업(조직, 부서 등)간 신제품개발, 신사업 발굴 및 신시장 진입, 교차판매 및 소비자서비스 만족도 향상, 콜라보 광고와 마케팅활동으로 비용절감 효과와 더 나아가서는 매출증대, 영업이익과 수익성 개선, 브랜드가치 및 자산가치 증대, 기업 이미지 개선 등 여러 분야 콜라보레이션 효과를 가져다 줄 수 있어야 한다.

그러나 마케터 입장에서 보는 콜라보레이션으로 얻는 시너지 효과는 제일 먼저 당연히 소비자들에게 색다르고, 새로운 경험과 재미를 제공함으로써 얻게 될 효과가 가장 크다. 삼성이 마블 스튜디오와 결합(갤럭시 s6와 어벤져스), 넥센타이어와 스타워즈, 메르세데스 벤츠와 슈퍼마리오(닌텐도) 등 이러한 콜라보레이션 광고컨셉도 재미를 제공하고 있고, 코카콜라와 유명 디자이너와의 결합과 디즈니사의 캐릭터와 레고사 제품의 결합, 최근에는 리암니슨을 필두로 스타와 게임업계의 콜라보레이션도 볼거리중 하나이며, 또한 게임업계에는 예전의 PPL기법의 광고보다 한층 발전한 콜라보레이션 마케팅도 활발해 졌다.

두 개 이상의 기업이나 브랜드가 제품개발, 생산, 마케팅, 영업 등 모든 단계에 관여하는 유기적인 결합을 통해 두 기업의 역량이상의 성과를 내는 시너지효과가 발생하며, 소비자에게는 각각의 결합된 파트너의 좋은 이
미지를 갖게 되어 장점으로 승화되는 효과가 나온다.

서로의 이미지를 고급화하는 일종의 감성마케팅 전략으로 소비자에게 접근하여, 몇몇 제품들은 전략화로 한정판의 특징을 갖게 함으로서 결국 구매의사로 연결되게 한다.

3. 콜라보레이션 마케팅의 특성과 실행이유

콜라보레이션 마케팅은 위에서 간략하게 설명하였듯이 전략적 제휴의 일종으로 협업, 협동, 합작을 의미하며 서로 다른 두 가지가 만나 서로의 경쟁력과 핵심역량을 바탕으로 시너지 효과를 창출하는 것을 목표로 한다. 하지만 두 개 이상의 주체가 만나 협업을 하는 현상을 지칭하는 용어로서의 콜라보레이션을 명확히 규정해주는 학문적 연구는 많지 않은 실정이다. 그러나 기업들과 마케터들 입장에서는 이론적 뒷받침보다는 기업이 추구하는 욕구와 소비자들에게 친밀하게 다가가는 기법으로 많은 활용을 하고 있는 실정인 것은 사실이다. 더 나아가 최근 기업들이 취하는 가장 유용하고도 기업생존에 필요불가결한 마케팅기법이 되어 있는 듯하다.

이러한 콜라보레이션 마케팅은 다음과 같은 특성을 갖추고 있다.

1) 콜라보레이션 마케팅의 특성[30]

① 콜라보레이션은 그 특성에 있어서 기업이 외부와의 합병이나 외부거래보다 원하는 기술이나 경영 능력을 얻는데 효과적이며, 기존 이미지와의 차별성을 위한 수단 가운데 하나로 활용된다.

---

30) 출처 : http://blog.naver.com/2035icck/220523940718-크네이트

② 다양한 콜라보레이션은 사업의 다각화로 새로운 시장 개척에 용이하다. 그러나 콜라보레이션은 자칫 위험을 수반할 수 있으며, 잘못될 경우에는 부정적인 결과까지 초래 할 수 있으므로 전략을 잘 구사해야 한다.

③ 또한 기업 고유의 정보 및 지식이 경쟁사에게 노출될 위험도 적지 않다. 다니엘 핑크는 미래인재의 6가지 조건으로서 디자인(Design), 스토리(Story), 조화(Symphony), 공감(Empathy), 놀이(Play), 의미(Meaning)라고 하였다. 이러한 조건은 미래 기업에도 그대로 적용될 수 있는 것이다.

따라서 기업에서는 콜라보레이션 마케팅 전략을 구사할 때 위와 같은 특성을 반영하여 자사에 맞는 마케팅 전략을 펼쳐야 하는데, 다음은 브랜드와 디자이너를 중심으로 한 콜라보레이션 전략으로 정리되었고, 이는 모든 분야에 적용가능하리라 본다.(여기에서 디자이너를 아티스트, 타 브랜드, 타 제품 등과의 결합으로 연결하여 적용가능)

첫째 디자이너 명성을 활용한 브랜드의 고급화이다. 최근 콜라보레이션 마케팅이 각광을 받고 있는 이유는 무엇보다도 유명 디자이너의 명성이 브랜드 차별화를 위한 수단으로 활용될 수 있기 때문이다. 기업마다 제품 차별화가 점점 더 어려워지고 있는 상황에서 유명 디자이너의 독특한 디자인과 디자이너의 명성이 주는 감성적 특성은 브랜드 포지셔닝에 매우 도움이 될 수 있다. 또한 유명 디자이너가 디자인을 하고 그의 이름을 직접 브랜드화 했다는 사실만으로 가격을 올릴 수 있기 때문이다. 예를 들어, MS사의 필립스 탁 마우스는 세계적인 디자이너인 필립스 탁이 디자인한 제품으로 유명세를 치르고 있으며 일반 마우스에 비해 2배가 넘는 가격에 팔리고 있다. 이러한 경우는 가격 프리미엄으로 인한 고가격 정책을 위한 콜라보레이션의 예시이다.

둘째, 콜라보레이션 마케팅을 성공적으로 구축하기 위해서는 자사에 유리하게 활용할 수 있는 최고의 디자이너를 선점해야 한다. 콜라보레이션 마케팅의 성공은 자사 제품의 명성을 극대화할 수 있는 디자이너 활용 여부에 달려 있다. 해당 브랜드의 컨셉트를 충분히 소화할 수 있고, 디자인 역량이 뛰어난 최고의 디자이너를 먼저 선점해야 한다. 미국 산업디자인 협회(ISDA)장인 애드워드 펠리는 '디자인 없는 IT는 없으며, 이를 뒷받침 할 수 있는 역량 있는 기업 내외부의 디자이너가 부족한 상황이다'라고 언급할 정도로 우수 디자이너의 부족을 우려하고 있다. 최근 유명 디자이너와이 콜라보레이션에 대한 관심이 높아지면서 세계 유수의 기업들이 제한된 수의 디자이너와 먼저 계약하기 위해 노력을 아끼지 않는 것도 이러한 현상을 반영하고 있다.

셋째, 기업의 경영 철학과 디자이너의 철학을 일치시키는 것이다. 단순히 명성 있는 디자이너가 디자인을 했다고 브랜드가 성공하는 것은 아니다. 브랜드가 추구하는 컨셉트와 디자이너의 디자인 철학이 일치해야 시너지를 얻을 수 있다. 기업의 맹목적 이윤 추구와 디자이너의 자기색깔 유지는 콜라보레이션에 아무런 도움이 되지 못한다. 기업에서는 미래를 보는 안목이 필요하고, 디자이너는 기업의 철학에 맞는 컨셉을 만들어 내야 한다. 기업과 디자이너 철학의 불일치는 성과 저하는 물론 브랜드 가치마저 저하시킬 우려가 있다. 콜라보레이션 이후 기업은 디자이너가 추구하는 디자인을 항상 모니터링하고 실시간으로 디자인 트렌드를 공유할 수 있도록 기업 내부 디자인 팀과의 상호 정보 공유시스템을 만들어야 한다. 또한 콜라보레이션 마케팅전략이 일시적인 사은행사로 그치지 않고 훌륭한 파트너십 관계가 유지되도록 서로 노력해야 한다.

넷째, 유명 디자이너 혹은 타사와의 콜라보레이션 효과를 최대한 활용하는 것이다. 기업은 타사를 통해 브랜드의 프리미엄 이미지를 제고할 수 있다. 명성 있는 기업의 후광은 기존 브랜드가 추구할 수 없었던 명품 이미지로 업그레이드 하는데 도움이 될 수 있다. 기존의 제품 생산 방식과 마케팅 활동으로는 수많은 고급 브랜드 사이에서 독특한 차별화 포인트를 가질 수 없기 때문에 콜라보레이션의 후광 효과를 최대한 활용하여 이것이 브랜드 가치 상승과 매출증대를 지속성 있게 만들어야 한다. 이를 위해 기업은 콜라보레이션 상품의 출시 이후 진행되는 광고, 프로모션 등 마케팅의 모든 영역에서 유명 디자이너 및 타사 고객을 대상으로 한 다양한 활동을 수행할 필요가 있다. 예컨대, 작년 말에 벤츠는 명품 디자이너인 아르마니가 실내 인테리어와 외관을 디자인한 '아르마니 CLK' 한정판 100대를 출시하면서 세계 최고 명품의 만남이라는 언론의 화려한 조명을 받았다. 벤츠는 아르마니 CLK의 홍보를 위해 신차를 아르마니 패션쇼 등에 등장시키고 백화점 아르마니 매장 옆에 전시하는 등 아르마니 고객의 눈길을 사로잡기 위해 노력하였다.

다섯째, 스토리텔링으로 소비자들에게 콜라보레이션 상품에 대한 화제를 이끌어 낸다. 콜라보레이션 마케팅을 성공시키기 위해서는 신상품에 대한 사회적인 이슈로 만들기 위한 노력이 필요하다. 명품은 기업의 브랜드 가치 제고를 위한 지속적인 투자 활동과 그에 따른 소비자의 입소문으로 만들어지기 때문에 소비자들에게 화제거리를 유발 시키는 것이 매우 중요하다. 콜라보레이션의 경우 더욱 적극적으로 신제품의 확산 속도를 빠르게 하기 위한 기업의 구전 활동이 요구된다. 제품을 디자인한 디자이너의 개인적인 이야기, 혹은 타사와의 콜라보레이션에 얽힌 사연 등 흥미로운 스토리텔링이 소비자들을 자사의 고객으로 만들 수 있다.

여섯째, 콜라보레이션을 신사업, 신시장 진출의 수단으로 활용하라. 기업이 소비자의 새로운 니즈를 파악하였으나 트렌드를 선도할 수 있는 상품화 능력이 부족한 경우 유명 디자이너 혹은 타사와의 콜라보레이션은 시장 진출에 도움이 될 수 있다. 기존에 기업 내부 역량으로는 개척할 수 없었던 새로운 사업 분야에 새로운 혁신적인 디자인과 명성을 활용함으로써 비교적 손쉽게 진출할 수 있는 것이다. 예를 들어, 푸마는 자사 캐주얼화 상품군의 실적이 부진한 상황에서, 보다 활동적이면서 패션 감각이 있는 신발을 원하는 소비자의 니즈를 파악하고 독일 출신의 디자이너 질 샌더와 협력한 후 '질 샌더 스니커즈'라인을 출시하여 선풍적인 인기를 끌었다. 그 동안 나이키, 아디다스 등과의 경쟁에서 밀렸던 푸마는 질 샌더 스니커즈의 성공으로 인해 스포츠 용품 시장뿐만 아니라 명품 캐주얼화 시장에서도 급부상하는 브랜드가 될 수 있었다.

또한 기업이 해외 시장에 진출할 경우 해당 지역에서 지명도가 있는 디자이너와의 제휴를 통한 디자이너 브랜드 출시는 진입장벽을 극복하는 데 기여할 수 있다. MP3플레이어 업체 레인콤의 경우 미국에서 인기 있는 이노 디자인과의 협력을 통해 초기 시장 진입에 성공을 거둔 것으로 평가되고 있다.

이러한 콜라보레이션의 특성을 잘 반영한 마케팅 전략은 기울어 가는 하나의 기업을 살릴 수 있는 요인으로 작용할 수 있다.

2) 콜라보레이션 마케팅 전략 실행이유

① 시장은 갈수록 치열해지고, 소비자들은 갈수록 똑똑해지고 있다.
② 콜라보레이션은 브랜드에게 새로운 기회를 제공한다.
③ 콜라보레이션은 그 자체로 화제가 된다.

콜라보레이션은 이제 단편적이고 일회성의 이벤트에서 장기적인 프로그램으로 진화할 것이며, 단발성의 행사에서 프로그램단위의 체계적이고 계획적이고 지속적 투자로서 기획 프로젝트로 발전할 것이다.

단순 스타활용 광고를 지양하고, 스타들에게나 아티스트나 디자이너로 하여금 제품계획, 생산, 유통, 광고, 마케팅 전 분야 또는 관여할 수 있는 내용에 대해 세심한 부분까지 함께 기획되며 그들의 철학과 미학, 상상력도 반영되어야 하며, 단발적, 일회성의 결합 및 아웃소싱으로 끝나지 않고, 장기적 프로젝트로 가져갈 수 있도록 철저히 관리하여야 하는 것이 콜라보레이션의 미래일 것이다.

FUN MARKETING

마케팅 이야기

사례 콜라보레이션 마케팅과 함께 또는 유사하게 사용되는 개념

크로스오버(Crossover) : 여러 장르가 교차한다는 의미로 특히 재즈와 록, 팝 등 여러 가지 스타일의 음악을 혼합한 음악 연주 형식을 말한다. 음악계에서 많이 활용되고 있는 형태로 대중음악과 재즈, 클래식 등과의 결합하여 장르를 서로 넘나드는 것을 일컫는 말이다. 예전에 성악가인 플라시도 도밍고와 미국의 포크 음악 가수인 존 덴버는 〈퍼햅스 러브(Perhaps Love)〉라는 곡을 함께 불러 커다란 인기를 얻었다. 국내의 경우 1990년대 국악을 이용한 크로스오버 음악이 시도되기도 했다. 서태지의 〈하여가〉는 국악과 랩을 조화시킨 크로스오버 음악으로 많은 호평을 받았다. 최근에의 사례로는 비와 태진아의 'La song'으로서의 서로 다른 장르의 결합으로 볼 수 있다. 앞으로는 더 많은 음악계의 크로스오버가 나왔으며, 더 나올 것으로 예상된다.

또한 음악에서 뿐만 아니라 디자인계에서도 많이 활용되고 있다. 브랜드 루이비통과 아티스트의 무라카미 다카시와의 크로스오버는 매우 핫한 이슈로 떠오르게 했다.

그림1) 루이비통+무라카미 다카시 작품

컨버전스(융합)이 바람이 불면서 각종분야에시 민감한 반응을 보이고 있다. 광고계에서도 크로스오버가 도입되어 소비자들의 눈과 귀를 사로잡으며 즐거워하고 있는 사례도 많이 나오고 있다. 앞으로도 이러한 크로스오버 현상은 멀티미디어 제품의 전략적인 광고 기법으로 다양하게 활용되고, 영화계에서의 캐릭터들의 크로스오버 가능성은 무궁무진 할듯하다.

4. 콜라보레이션 마케팅 유형과 목적

1) 콜라보레이션 마케팅 유형

콜라보레이션의 대상과 범위는 단순한 상품의 차원을 넘어서고 있다. 상품과 예술작품, 아트 디자이너, 스타, 행사 이벤트, 퍼포먼스, 기업, 광고 등 여러 가지 다양한 형태로 협업이 이루어지고 있다. 따라서 그 범위 또한 무한대로 확장해 갈 수 있어서 콜라보레이션을 명확히 규정하기는 쉽지 않다. 그럼에도 불구하고 현재의 모습을 통해 앞으로의 발전방향을 예상해 볼 수 있다는 점에서 현재 이루어지고 있는 콜라보레이션의 마케팅 유협을 살펴보면 다음과 같다.[31]

첫째, 기업은 본격적인 활동에 필요한 자원을 확보하기 위해 다른 기관과의 네트워크를 형성한다. 마케팅 측면에서 보면 브랜드는 공급업체, 유통관련 업체와의 네트워크를 구축해 왔다고 볼 수 있는데, 예를 들어 'One dollar shop'으로 최근 화제가 되고 있는 '다이소'는 약 2000여 개 생산업체와의 협력관계를 구축하여 시중에 판매할 제품을 확보하고 가격부분에 있어 타사들과 차별화된 전략을 통해 경쟁력을 강화시켜 나가고 있다.

둘째, 기업은 윈-윈 관계 네트워크를 구축해 신제품에 대한 부담과 부족한 기술을 서로가 보완시켜 나간다. 따라서 신제품에 대한 부담감이나 초기 시장진입에 있어서 갖고 있는 여러 장애들을 해소시킨다. 예를 들어 기술이 강점인 기업과 영업이 강점인 기업이 만나서 공동 브랜드를 개발하는 경우이다.

셋째, 기업 간에 거래 비용을 최소화하고 운영의 효율성을 제고하기 위해 협력관계를 한다. 예를 들어 이동업체들이나 국내 항공사들은 여러 기업들과의 제휴관계를 통해 고객들에게 마일리지를 통한 다양한 서비스를 제공하면서도 항공사들은 고객 서비스에 대한 비용을 절감할 수 있다.

---

[31] 박에스터(2011), '콜라보레이션을 통한 화예 산업의 다양성에 관한 연구', 한국화예디자인학회, <한국화예디자인연구> 25권0호, 2011, pp.98~99.

이러한 콜라보레이션 마케팅의 유형은 크게 비공식적인 협력과 공식적인 협력으로 구분되며, 최근에는 일반적으로 비공식적인 협력에서 공식적인 협력관계로 발전되고 있다.

비공식적인 협력이란 규정화된 목표, 구조 및 계획이 없이 진행되는 협력관계로 이에는 정보 및 의견교환, 정기모임, 물리적·인적 자원 공유가 있다. 전통적으로 동종 산업에 종사하는 회사들은 정기적인 모임을 통해 서로 간 정보를 교환해 왔고, 서로 업무적으로 연관성이 있고 상호 보완관계를 갖고 있는 기업들은 직원을 타 기관에 파견하거나 특정 자원을 같이 공유하는 관계를 유지하고 있다. 예를 들어 마케팅 역량 강화를 위한 위탁 교육 프로그램이 한 예이다.

반면에 공식적인 협력은 계약을 통해 서로 간의 의무와 책임 등이 명확히 규정된 상태에서 진행되는데, 이에는 전략적 제휴(Strategic Partnership), 합작투자(Joint Venture) 등이 대표적인 예들이다. 특히 전략적 제휴는 최근 들어 기업들이 자신들의 경쟁력을 높이기 위해 활발하게 진행되고 있고, 과거에 많이 시도되었던 기술제휴 뿐만 아니라 예술, 문학 및 문화 전문가들의 작업 지원이나 마케팅 활동 참여, 예술작품을 활용한 커뮤니케이션 활동, 브랜드 이미지 제고를 위한 공동브랜드 마케팅 활동 등 다양한 형태로 진화되고 있다.

2) 콜라보레이션 마케팅 목적

한편, 콜라보레이션 마케팅 활동은 마케팅 기능상에서 다양한 목적으로 추진 될 수 있는데, 정보공유·역할분담·브랜드 공유·고객서비스 향상 등이 협력 마케팅 활동의 목적이 될 수 있다.

첫째, 마케팅 관리자는 타 기관과 마케팅 전략을 수립하거나 신제품을 개발하는 데 필요한 정보를 공유하기 위해 협력 마케팅을 추진할 수 있다. 마케팅 전략을 수립하기 위해선 산업동향, 시장의 환경변화, 소비자 트렌드, 경쟁상황 등 다양한 정보를 필요로 하며, 이러한 정보를 공유하기 위해 기업 간 네트워크가 구축되기도 하고 정보를 생산하는 기관이 중심이 되어 네트워크가 구성되기도 한다. 최근 고객들에 관한 정보를 공유하기 위해 구성되고 있는 고객 DB 네트워크가 한 예이다.

둘째, 마케팅 관리자는 타사가 소유하고 있는 경쟁우위를 활용하기 위해 타기관과 협력하기도 한다. 예를 들어, 마케팅 관리자는 마케팅 활동의 수월성을 제고하기 위해 타사의 제품관리기능(브랜드 네이밍, 패키지 등), 제품개발 또는 생산기능(예 : 외주업체와의 제휴 또는 기술 제휴), 영업기능(예 : 영업 대행 또는 유통망의 공유), 촉진기능(예 : 광고회사 또는 촉진활동 대행사와의 협업)을 활용할 수 있다.

셋째, 마케팅 관리자들은 공동 브랜드를 구축함으로써 마케팅 활동의 수월성을 제고하기도 한다. 공동브랜드는 서로 다른 브랜드가 결합되어 사용되는 것으로 마케팅 관리자는 이를 통해 브랜드에 대한 인지도 상승, 이미지 제고, 서비스 품질의 향상 및 고객의 공유 등과 같은 목적을 달성할 수 있다.

브랜드의 결합은 브랜드의 수준에 따라 대표 브랜드와 하위 수준의 브랜드가 결합한 경우(예 : BMW 미니가 푸마의 에어메시 기술을 시트에 적용시킨 경우, 아우디가 시트전문 제작업체인 리카로의 시트를 그대로 장착한 경우 등)와 대표 브랜드들이 결합되는 경우 (나이키 신발과 의류에 아이팟을 연결한 'Nike + iPod' 스포츠 키트) 로 구분될 수 있다.

넷째, 마케팅 관리자들은 고객에 대한 서비스를 강화시키기 위해 다양한 제휴 프로그램을 개발하기도 한다. 예를 들어 이동통신사 또는 금융기관은 고객들에게 다양한 서비스를 제공하기 위해 여러 기관과의 제휴 프로그램을 활발하게 개발하고 있고, 항공사(Star Alliance, SKY Team)의 경우 타 항공사들과의 제휴를 통해 차별화된 서비스를 개발한 바 있다.

5. 콜라보레이션 마케팅의 조합

1) 브랜드 X 브랜드

'애플워치 에르메스'가 2015년 9월에 공개되었는데, 애플이 명품 브랜드인 에르메스와 디자인 협업을 한 것으로 유명하다. 출시 전부터 화재를 모은 '애플 워치 에르메스'는 기존 애플워치의 스테인리스 스틸

케이스에 에르메스 장인들이 수공예로 만든 가죽 밴드가 더해진 제품이다. 특히 기존 애플워치의 디자인과 기능은 그대로 유지한 채 스테인리스 스틸 케이스에 에르메스 특유의 싱글 투어, 더블 투어, 커프를 비롯해 최상의 가죽 디자인이 더해진 밴드가 특징이다.

애플 최고 디자인 책임자인 '조나단 아이브'는 "애플과 에르메스는 서로 전혀 다른 제품을 만들어내지만, 품질과 디자인의 중요성에 대해 깊이 공감하고 있다"면서 "두 회사 모두 탁월함을 추구하며 결코 타협하지 않는 제품을 만  들어내고자 한다. 애플워치 에르메스는 바로 그 신념에 대한 증명"이라고 말한 바 있다.(이데일리, 2015.9.10.일자)

 애플 워치와 에르메스의 협연처럼, 유명 브랜드와 브랜드가 만나 리미티드 에디션을 출시하는 사례는 빈번하나.

2) 브랜드 X 스타n무비

영화 속 어벤져스 히어로들이 착용하는 '어벤져스 워치', '어벤져스 이어셋', 그리고 극중 아이언맨(토니 스타크)가 사용하는 스마트폰 '토니 스타크 디바이스'는 마블 사의 어벤져스 영화팀과 삼성전자 디자인팀의 콜라보레이션으로 만들어진 콘셉트 디자인이다.

이들 제품들은 영웅들의 원활한 커뮤니케이션과 기능 수행을 보조할 모바일 제품들로 구성되어 있는데, 삼성전자의 기술력과 디자인이 결합한 콜라보레이션 마케팅이다.

모바일 제품 중에 먼저, 토니 스타크 디바이스는 투명 디스플레이와 본체가 분리 또는 결합되는 형태로서 화면을 사용하지 않을 땐 본체만 간단히 휴대할 수 있고 필요시엔 투명 디스플레이를 결합해 홀로그램과 모션 인식으로 많은 양의 정보를 쉽게 확인하고 제어할 수 있도록 되어 있다.

　그리고, 어벤져스 워치&어벤져스 이어셋은 캡틴 아메리카와 토르·헐크·호크아이·블래위도우가 착용하는 어벤져스 워치로써 상호 네트워크 디바이스로 플렉서블 디스플레이 엣지면에 표시된 팀원들의 아이콘을 선택하면 영상통화를 할 수 있도록 되어 있다. 실제 영화 속 주인공들은 프로토타입으로 제작된 제품을 착용하고 촬영했다.(삼성뉴스룸,2015.7.20일자 기업뉴스)

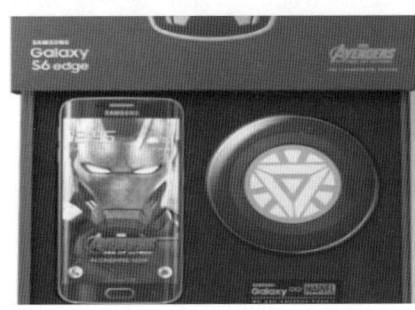 

　갤럭시s6엣지 아이언맨 에디션(왼쪽그림)은 미국 경매에서 몇천만원까지 올라가는 콜라보레이션 효과를 가져 왔다.
　다음은 아디다스와 스타워즈의 콜라보레이션 마케팅의 경우, 이미 전 세계적으로 상당한 인기를 끌었던 컬렉션으로써 2010년 하반기에 신상을 다시 공개한 경우이다. 대표적인 콜라보는 삼피오와 알투 운동화로서 따로 따로 있는 것이 아니라 신발 하나가 반으로 나눠져 있어서 한쪽은 금색, 다른 한쪽은 흰색으로 되어 있다.
　이와 같이 아디다스는 루카스 필름과 함께 신발뿐만 아니라 의류, 액세서리 등 다양한 모습의 상품들을 출시하고 있다.

3) 브랜드 X 아트n아티스트

혁신의 귀재인 스티브 잡스는 피카소 애호가로 유명하다. 피카소를 인용한 애플의 Think Different 광고는 그 당시 센세이셔널했다. 파격을 창조한 피카소와 상식을 파괴한 애플의 콜라보레이션으로 애플의 마케팅은 성공적이었다. 또한 애플이 아이폰, 아이패드 등에 특유의 세련된 디자인을 구현할 수 있었던 것은 피카소에 대한 꾸준한 모방을 통해 이루어졌다는 것이다. 애플의 강사였던 넬슨은 피카소의 복잡한 황소 그림을 1개월 동안 꾸준히 관찰하고 작업을 통해 10개 남짓의 단순한 선만으로 간략화한 것을 소개하며, 애플 제품의 뛰어난 디자인과 성공도 '피카소 방식'에서 비롯됐음을 강조했다.(한국일보, 2014.8.12.일자)

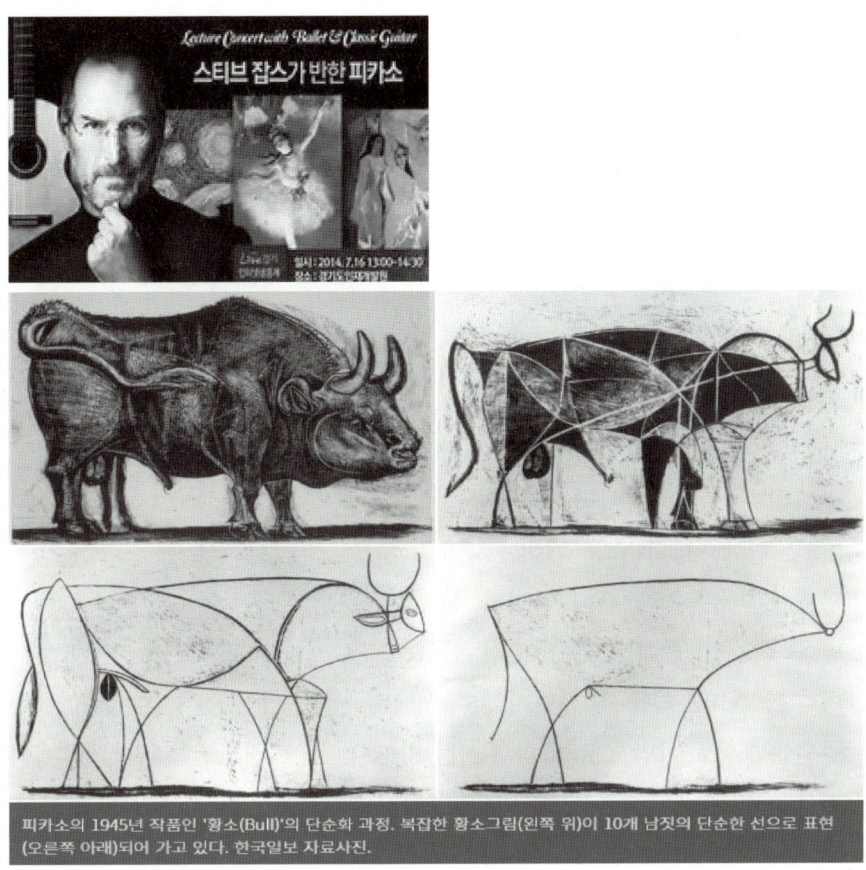

피카소의 1945년 작품인 '황소(Bull)'의 단순화 과정. 복잡한 황소그림(왼쪽 위)이 10개 남짓의 단순한 선으로 표현(오른쪽 아래)되어 가고 있다. 한국일보 자료사진.

4) 브랜드 X 제품

일본의 햄버거 전문 모스버거와 도넛전문 미스터 도넛의 콜라보레이션으로 2009년 5월에 'MOSDO!'의 제2탄 도넛모양의 햄버거 '모스도(도넛버거)'의 신CM을 발표하였다.

'모스푸드서비스'와 '더스킨'은 2008년 2월 양사가 전개하는 외식사업에 대해서 자본, 업무 제휴를 체결하였는데, 그 배경에는 원재료가 인상과 같은 이유로 시장규모축소, 모스버거의 매출저조 등 불안재료가 있었기 때문이었다. 무엇보다도 모스버거에는 맥도널드를 비롯한 강력한 라이벌들이 존재하였고, 미스터도넛도 해외의 유력 도넛체인의 출현으로 인해 위기감이 있었기 때문이었다.

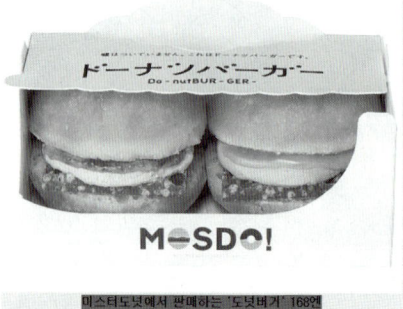

모스버거에서 판매하는 '도넛버거 테리'(와사비소스)320엔   미스터도넛에서 판매하는 '도넛버거' 168엔

5) 브랜드 × SNS

아디다스는 디자이너 게리 멕케이와 함께 트위터와 페이스북의 로고 컬러 등을 활용해 한정판 신발을 디자인 했다. 2006년도가 아디다스 슈퍼스타를 생산한지 35주년되는데, 그 기념으로 아디다스는 SNS 대표 브랜드인 트위터와 페이스북과 함께 서로 콜라보레이션 된 한정판 컬렉션을 선보였던 것이다. 그 당시 트위터는 SNS로써 점차 인지도가 상승하는 시기였기 때문에 아디다스가 트위터와 페이스북 로고가 부착된 슈퍼스타 한정판을 생산하였다.

6) 브랜드 X 캐릭터

던킨도너츠에서는 케이크 또는 도넛을 구매한 고객을 대상으로 핀란드의 대표 캐릭터 '무민 인형'을 구입할 수 있는 기회를 제공하는 이벤트를 진행했다. 국내에는 다소 낯선 캐릭터지만 유럽, 일본 등지에서는 이미 선풍적인 인기를 끌었던 '무민 인형'을 살 수 있다는 소식에 SNS를 비롯한 던킨도너츠 매장에서는 이른바 '무민 대란'이 일어났다. 한 달간의 이벤트를 위해 준비한 20만 개의 인형 중 13만 개가 일주일 만에 모두 소진된 것. 사람들은 온라인을 통해 인형이 남아있는 매장을 수소문하는가 하면, 돈을 지불한 뒤 재고가 들어오면 연락을 받는 방식으로 상품을 받기도 했다. 이 이벤트를 통해 던킨도너츠의 매출은 30% 이상 올랐고, 타 브랜드 사이에서 캐릭터와 제품의 콜라보레이션을 유도하는 동기가 됐다.

2015년에는 '프로도 핫초코'의 인기를 얻은 던킨도너츠가 '프로도&네오 커플 세트' 프로모션을 진행하였다. '프로도&네오 커플 세트'는 카카오프렌즈 캐릭터 '프로도'모양의 컵에 제공하는 핫초코와 '네오'캐릭터 모양의 도넛 팩에 도넛 3종(딸기우유필드, 초코우유필드, 밀크링)을 담아 함께 제공한 것이다. 가격은 5,900원이지만 소비자들은 프로모션 동안 900원이 할인된 가격으로 혜택을 받았다. '프로도 핫초코'컵은 총6종 '네오'도넛 팩은 총2종으로 소비자들에게 랜덤으로 제공되는 것이다.(에너지경제신문, 2015.1.15.일자)

이렇듯 콜라보레이션은 분명히 합금술을 넘어선 연금술이 될 수 있는 브랜드 가치의 혁신을 가져올 수 있다. 최근에의 트렌드를 보면 브랜드의 혁신적인 가치는 저절로 창출되어지는 것이 아니다.

그렇다고 기업이나 브랜드의 고유한 이미지를 강력하게 구축하지 않은 채 무조건 새로운 브랜드나 유명 아티스만을 선호하게 되면 어딘가 구성이 미스 매치되는 현상이 나올 수 있다. 각 콜라보레이션 대상의 강점을 조화시켜야만 한다.

다양한 코카콜라의 콜라보레이션 사례

콜라보레이션 구성	이미지 사례
코카콜라+마이 제이콥스 핀업걸	
코카콜라+패션디자이너 잭포즌 　　　+슈즈디자이너 　　마놀로블라닉 　　　+사진작가 엘렌본움발트	
코카콜라+칼 라거펠드	
코카콜라+장폴고띠에	
코카콜라+장 프랑코 페레	

다양한 콜라보레이션 사례

콜라보레이션 구성	이미지 사례
컨버스+만화캐릭터	
서울버스+어린이 애니메이션 타요타요	
서울랜드+넥슨(카트라이더)	
네슬레+스타워즈	
벤츠 스마트포투+제레미 스컷	

6. 콜라보레이션 활동의 성공적인 적용방법

신기술의 발달은 산업 간 경계를 허물고 있고 그에 따라 시장은 빠르게 진화되고 있다. 이러한 시기에 마케팅 관리자는 마케팅 활동을 전개함에 있어 자사만의 고유한 영역을 고수하기보다는 다양한 기관과의 협력 네트워크를 구축함으로써 변화되는 시장 환경에 맞는 경쟁우위 요인(또는 차별화 요인)을 지속적으로 개발하여야 한다. 이제 기업 간 콜라보레이션 마케팅 활동은 선택이 아닌 필수로 인식되고 있는데, 성공적 협력 마케팅 활동을 위한 적용방법을 생각해 보자.

첫째, 조직 간 상이한 조직문화는 기업 간 협력활동에 장애요인이 될 수 있다. 협력 마케팅 활동은 공동의 이익을 목적으로 추진되지만, 관계자들이 상이한 조직문화를 가질 경우 구체적인 활동이 기획되고 집행되면서 상호 간 갈등이 유발될 수 있다. 협력관계 체결시 서로 간 조직문화를 이해하는 데 필요한 시간의 확보는 매우 중요하다.

둘째, 상이한 의사결정 구조는 협력업체 간 합의점을 도출하는 데 어려움을 줄 수 있다. 기업 간 협력의 성공여부는 각 기관의 최고 의사결정자의 관여와 지원이 절대적으로 필요한데, 상이한 의사결정구조는 불필요한 오해와 불신의 씨앗이 될 수 있으므로 주의해야 한다. 따라서 협상 내용에 관한 의사결정 과정에 대한 점검과 그 과정을 공유하기 위한 노력이 선행될 필요가 있다.

셋째, 기업 간 협력을 위한 전략적 목적이 상호 공유되지 않을 경우 콜라보레이션 활동의 지속성은 불투명해 질 수 있다. 협력관계 구축 초기에 상대방에 대한 확실한 평가와 분석이 선행되어야 하고, 이를 바탕으로 전략적 목적이 명확하게 공유되어야 한다. 기업 간 협력마케팅 활동의 성공을 저해하는 요인들은 앞서 언급한 것 외에도 다양한 장애요인들이 있을 수 있다.

따라서 마케팅 관리자가 성공적인 콜라보레이션 활동을 전개하기 위해 점검해야 할 요인들은 다음과 같다.

첫째, 마케팅 관리자는 사전에 협력활동에 대한 면밀한 타당성을 검토해야 한다. 즉, 사업의 타당성은 상생을 위한 비즈니스 모델의 도출가능성, 협력 시 경쟁사의 대응가능성 등이 검토되어야 하는데, 이를 위해선 산업의 특성과 시장에 대한 이해가 선행되어야 하고 파트너의 전략적 목적, 자사와 협력사의 상대적 강점과 약점, 이전의 협력 마케팅 경험여부 등에 대한 종합적인 분석도 필요하다. 또한, 협력활동의 진행에 장애가 될 수 있는 조직문화, 조직구조 등도 상대적으로 비교 검토되어야 한다.

둘째, 사업의 타당성은 단기적인 성과뿐만 아니라 장기적인 성과 측면에서 분석되어야 한다. 기업 간 콜라보레이션 활동이 장기적으로 지속될 때 그에 따른 성과는 기하급수적으로 증가될 수 있다. 따라서 시기별 참여인력, 투입자금 및 자원 등에 대한 정교한 일정표가 개발되어야 하고 그에 따른 시기별 보상에 대한 분배도 사전적으로 합의되는 것이 바람직하다. 또한 이에 대한 협력체결 시 최고 경영자의 관여 수준과 지원 정도도 공유될 필요가 있다.

셋째, 협력관계를 담당하는 기관별 관리자들의 책임과 권한이 명확하게 공유 될 필요가 있고, 자신의 이익보다는 공동의 이익을 구현하기 위한 공동 의사결정 과정 및 의사결정 기준 등도 사전에 검토되어야 한다. 또한 상호 이견 발생 시 의사결정 방식도 사전적으로 합의될 필요가 있다.

넷째, 마케팅 관리자는 가능하면 해당 분야의 강자와 협력관계를 구축해야 한다. 강자 간의 결합은 경쟁력 향상에 큰 기여를 할 수 있지만, 약자 간의 결합은 일반적으로 경쟁자에게 위협이 되지 못하기 때문이다.

다섯째, 협력관계가 개발되는 초기에 상호 간 신뢰를 구축하기 위한 노력은 절대적으로 필요하다. 협력관계 형성과 발전을 위해 가장 중요한 필수요소는 상호 간 신뢰이기 때문이다. 이를 위해 협력관계 초기엔 구체적이면서도 통제 가능하고 제한된 협력활동을 시도하고, 상호 간 교류경험을 통해 신뢰가 높아지면 그 때 협력의 범위를 확대하는 것이 바람직하다.

7. 콜라보레이션 마케팅 성공사례

콜라보레이션의 대표적인 사례를 들어 설명하자면, 최근 TV광고에서 나왔던 [연아신발]을 들 수 있다. '김연아'라는 피겨스케이팅선수의 이미지와 신발의 이미지를 합쳐 더 좋은 시너지를 나타내는 마케팅이라 할 수 있다. 즉 김연아 선수의 건강하고 활기찬 이미지와 함께 '우유', '시리얼' 등도 콜라보레이션으로 상품을 내놓아 좋은 반응을 얻고 있다.

유니클로의 경우에는 옷과 함께 유명한 화가들의 작품을 함께 콜라보레이션으로 내놓는 경우가 많다. 즉 키스해링의 작품과 바스키아 등의 유명화가의 작품를 티셔츠에 접목시켜 키스해링과 바스키아의 팬들로 하여금 구매를 하게 만드는 마케팅 기법입니다.

이와 같이 콜라보레이션은 두 가지 브랜드를 모두 선호하는 사람이 구매하는 경우도 있지만, 각각의 브랜드의 마니아들이 자신이 좋아하는 작품 혹은 브랜드 때문에 구매를 하는 경우가 더 많이 있다. 콜라보레이션의 숨은 효과가 바로 이것인데, 각각의 마니아들이 구매 욕구를 불러일으켜 더 나은 판매를 할 수 있도록 도움을 주는 콜라보레이션 마케팅의 성공사례를 살펴보도록 한다.

1) 루이비통의 팝아트, 무라카미 다카시와의 콜라보레이션

1997년 루이비통은 혁신적인 디자인으로 매번 모두를 놀라게 해왔던 젊은 디자이너 '마크 제이콥스'를 헤드 디자이너로 영입하였다. 이어 그는 루이비통의 오랜 전통을 깨고 세계적인 아티스트들과의 콜라보레이션을 탄생시켰는데, 모두의 기대가 집중되었다. 지난 20년간 아트 콜라보레이션에서 루이비통 브랜드만큼 이슈를 불러일으킨 경우를 찾기란 쉬운 일이 아니다라는 평가를 받고 있다. 즉 스테판 스프라우즈, 리처드 프린스 등 쟁쟁한 작가들과의 콜라보레이션을 진행했고, 특히 무라카미 다카시와의 콜라보레이션은 '루이비통 150년 역사를 다시 썼다'고 평가받을 정도로 큰 성공을 거두었다.

고상하지만 답답해 보이는 루이비통의 모노그램, 하지만 콜라보레이션을 통해 팝 아티스트의 원색에 의해 새롭게 깨어났고, 특유의 캐릭터가 가미된 제품들은 수집 대상이 되어 완판되기를 반복하였다. 이러한 콜라보레이션 마케팅은 루이비통뿐만 아니라 무라카미 다카시 역시 다른 레벨의 아티스트로 도약할 기회를 얻으면서 새로운 팬들을 거느리게 되었다. 이러한 성공에 힘입어 그 뒤를 이어 루이비통은 새로운 콜라보레이션 아티스트로 일본의 괴짜 작가 쿠사마 야요이를 선택했고, 미술과 패션 양쪽에서 커다란 기대를 불러일으켰다.(위키트리, 2012.6.5. '콜라보레이션! 상품, 아티스트의 옷을 입다')

루이비통의 모노그램에 변형을 가져왔던 첫 번째 주자는 모노그램 베르니('윤이나는'이라는 뜻의 프랑스어)였지만, 아트 콜라보레이션으로 가장 상업적인 성공을 거둔 것은 무라카미 다카시의 가방라인이었다.

루이비통은 무라카미 다카시와 협업한 가방의 가격을 기존보다 두 배 이상으로 책정(무라카미의 멀티컬러백은 클래식 로고백에 비해 약 60%이상 고가)하였지만, 반응은 상당히 폭발적이었다. 소장가치를 아는 소비자들은 출시일 만을 손꼽아 기다렸고, 이미 가지고 있는 라인의 가방도 콜라보레이션이 된 새로운 제품으로 추가 구입을 하기에 이르렀다. 그렇게 해서 첫 해에 벌어들인 금액은 3억 달러 이상의 이익이 발생하였다. 2003년 당시 루이비통 사상 최대로 45%의 영업이익률과 30%의 수익증가가 보고되었다고 한다.

이는 무라카미 다카시에게도 작품가격을 2배 이상 올릴 수 있게 만드는 계기가 되었다.

보다 구체적으로 수치를 살펴보면, 2002년 경매 총낙찰액이 $802,000에서 2003년 $3,452,098까지 4배 이상 치솟았다. 이로 인해 작가순위 역시 400에서 105위까지 상승하게 되는 결과가 나왔다. 즉 2002년 무라카미의 작품 평균가가 $160,000에서 시작해 10년 뒤인 2012년에 $450,000가 된 것이었다.

루이비통의 팝 아트 디자이너와의 콜라보레이션은 제품판매도 성공적으로 이루어졌고 작가의 명성도 함께 상승했기 때문에 그야말로 브랜드와 작가, 모두에게 일석이조가 된 경우인 것이다.

2) 앱솔루트 보드카의 '앱솔루트 블랭크' 아트 콜라보레이션

마케팅 전략 중에 브랜드의 리인벤딩 전략에 해당되는 것으로써, 콜라보레이션은 서로 다른 장점을 갖고 있는 파트너가 만나서 시너지 효과를 일으켜 혜택을 극대화하는 것이다. 최근 산업전반에서 활용되는 콜라보레이션 중에서도 가장 많이 그리고 가장 파급력있게 적용되는 것이 '아트 콜라보레이션'이라고 할 수 있다. 아트 콜라보레이션은 외부 아티스트가 제품 디자인에 참여함으

로써 함께 시너지를 내는 경우를 말한다. 이러한 마케팅 전략을 스웨덴의 앱솔루트 보드카에 적용시켰는데, 그것이 바로 전설적인 광고 시리즈 '앱솔루트 블랭크(Absolut Blank)'이다. 이는 보드카의 외형만을 던져준 채 전 세계의 아티스트들에게 특정 도시의 이미지를 만들게 한 작업으로써 이 보드카를 다른 차원의 예술품으로 등극시킨 경우이다. (위키트리, 2012.6.5., '콜라보레이션! 상품, 아티스트의 옷을 입다')

무색무취라는 콘셉트로 본래 나오는 투명한 병에 아티스트들의 작품을 입혀서 진행하는 앱솔루트 블랭크라는 캠페인을 진행하였다. 이 캠페인은 앱솔루트 모양의 캔버스에 아티스트들이 작품을 그리는 형식이었는데, 이렇게 누적된 아트 콜라보레이션은 수백점이 넘었으며, 무색무취임에도 불구하고 앱솔루트 보드카를 어떤 달콤한 색으로 기억하는 이유가 되기도 하였다.(에코바이러스, ECO culture, 2012.10.25.)

3) 우리나라 경희궁에 설치된 건축가 렘 쿨하스의 '프라다 트랜스포머'

우리나라의 경희궁내에 설치된 '프라다 트랜스포머'는 구조물 자체를 회전시켜 새로운 모습으로 탈바꿈시킬 수 있는 혁신적인 형태를 갖추고 있다. 이 구조물을 디자인한 디자이너는 렘 쿨하스로써 그는 각종 전시와 영화상영 등을 이곳에서 이벤트로 열 수 있도록 설계하였다.

'프라다 트랜스포머'는 육각형, 십자형, 직사각형 및 원형이 결합한 4면체 철제 구조물로 구성되어 있다.

이 구조물은 전 세계 언론과 대중의 관심을 집중시키면서 유례없는 큰 성공을 거두었다.

콜라보레이션이 활발해지면서 여기에 대한 경고의 목소리도 적지 않은 상황에서 진정한 아트 콜라보레이션은 브랜드가 아티스트의 창작 작업에 도움을 주고, 자신의 유통망을 통해 아티스트를 널리 알리고, 그와 더불어 새로운 차원의 예술을 실현할 수 있도록 새로운 차원의 예술을 보여준 대표적인 사례가 바로 프라다이다.

프라다 트랜스포머의 대미는 스웨덴의 설치 미술작가 나탈리 뒤르버그의 '턴 인투미;전이 장식하였는데, 이 전시회에서는 프라다 재단이 주관하고 총예술 감독인 제르마노 첼란트가 큐레이터를 맡아 진행된 것이었다. 프라다와의 콜라보레이션은 아름다운 조선의 궁궐을 세계에 알리는 좋은 기회가 될 수 있을뿐만 아니라 고전적 조선건축과 놀라보록 미래적 트랜스포머의 대비를 한 눈에 볼 수 있는 계기가 되었다는 자체가 성공적인 콜라보레이션이 된 것이다.

FUN MAKETING

마케팅 이야기

> **사례** 콜라보레이션 마케팅과 함께 또는 유사하게 사용되는 개념

믹스앤매치(Mix & Match) : 섞어서 조화를 이루게 한다는 의미이다. 예전엔 패션이나 가구, 인테리어 등과 같은 감각적인 분야에 주로 사용되어 왔다. 최근에는 더욱 발전하게 되어 생각지도 못한 분야의 엉뚱한 조합을 통해 새로운 스타일이나 가치를 만들어낸다는 점에서 콜라보레이션과 유사하다고 볼 수 있다. 믹스앤매치를 하는 이유는 여러 개의 제품을 각각 사용하는데 불편함을 느끼기 때문에 특성이나 장점만을 합치거나 조합하여 다양한 기능을 한 번에 사용할 수 있는 편리함을 추구할 수 있기 때문에 여러 방면에 활용되고 있다.

popSTATE라는 제품은 아이폰케이스이다. 그 누구도 스마트폰 후면을 활용해 보겠다는 생각을 해본 적이 없었을 것이다. 하지만 이제품은 후면 공간을 활용하기 위한 제품이다. 즉 뒷면에 멀티화면이 나오기 때문이다. 활용용도는 다양하게 나온다.

아무리 좋은 향수라고 해도 그 향은 많은 사람들이 사용하고 있다. '나만의 향기' 남들과 똑같지 않은 자기만의 향을 가지려는 소비자들이 늘고 있다. 조금 고가라도 명품향수와 자기가 원하는 향을 섞어 사용하는 것이다. 유명브랜드 향과 비누향으로 수십, 수백가지의 향이 나올 것이다.

최근 추세로 믹스앤매치의 다양성은 같은 종류는 물론 이종간으로 즉, 장르를 망라해서 날로 커져가고 있다.

와인을 팔고 책고 대여해 주는 서점, 웬만한 바(bar)보다 더 많은 술 보유한 북카페, 전국 유명 빵을 모아서 파는 출판사, 주간엔 다실 야간엔 살롱, 상시서점의 카페와 전문세프의 요리와 함께 공연을 즐기는 인디레이블 키친, 영화인들이 만든 커피와 음식과 문화와 쉴 공간 제공의 카페 등 이종 장르간의 재미있는 믹스앤매치는 급증하고 있다.

그림1) 위즈덤하우스의 식품 편집숍 'ZADO랭킹샵'

8. 콜라보레이션 마케팅 실패사례

1) 현대 '제네시스' x 프라다

콜라보레이션 마케팅에서 늘 성공만 하는 것은 아니다. 콜라보레이션은 서로 조화가 잘 이루어지면 최고의 상품으로 시너지 효과가 크지만, 그렇지 않으면 최악의 상품으로 서로의 브랜드가 반감되는 효과를 일으키게 된다. 따라서 콜라보레이션을 시도할 때는 아주 신중한 판단이 요구되는 것이다.

그런데, 2012년 당시 온라인 자동차 전문매체 탑라이더가 9월에 국내에 출시된 신차들 중 '최고의 차'와 '최악의 차'를 선정했는데, '최악의 차'에 선정된 차가 바로 현대자동차의 제네시스 프라다였다.

현대자동차는 프라다와의 콜라보레이션을 통해 '제네시스 프라다' 즉, '명품 리미티드 에디션 자동차'을 대대적 홍보하면서 출시하였는데, 지난 연식의 판매가 완료되지 못한 상황에서 배기량이 소폭 늘어난 것 외에 외관, 성능 등 특별함 없이 기존 모델 대비 1,600만원 이상 고가로 출시하였다. 그 결과 결국 단발성 이슈에 그치면서 소비자들에게 외면 당하면서 실패하였다. 고객이 진심으로 원하는 가치 제공에 다가가지 못했기 때문일 것이다.

이번 모델도 역시 여성 소비자들을 배려한 것이라고 하지만 5.0리터 단일 모델에서 3.8리터 모델을 추가한 것 외에 고성능 고품질 한정판 모델이라는 특수성이 사라져 버려 마케팅에 실패한 것이다. 즉 7천만원 가격대에서 선택할 수 있는 수입 고급 세단이 많기 때문에 제네시스 프라다의 설 곳은 점차 좁아졌고, 더욱이 수입차는 상품성을 높이면서도 판매가격을 낮추는 추세였기 때문에 단순히 명품을 얹었다고 불티나게 팔릴 것이라 생각했던 것이 큰 실패의 요인이 되었다.

2) 실패한 콜라보레이션, "H&M×발망"

H&M과 발망 콜라보레이션는 대표적인 실패 사례이다. 리셀러(제품을 다른 소비자들보다 먼저 구매해서 다시 판매하는 직업의 형태)들 사이에서 노숙대란을 일으키기까지 했던 H&M과 발망의 콜라보레이션은 보는 이의 시각에 따라 다르겠지만 실패라는 의견이 적지 않다.

아래 기사를 보면, 줄서서 샀던 콜라보 제품이 이제는 처분 대란으로 이어지고 있다는 내용이다. 이번 실패 사례의 원인은 바로 극복하지 못한 "브랜드 간 격차" 였다.

발망은 전통과 역사가 오래된 프랑스 명품 브랜드이면서 경제력이 있는 소비자들로 구성된 반면, H&M은 최근 SPA 열풍으로 떠오른 신진 브랜드이며 질보다는 싸고 빠르게 바꿔가며 입는 패스트 패션(fast fashion) 소비자 타겟 브랜드이다. 즉 소비자가 인지하는 브랜드 간의 격차가 너무 컸기 때문에 부조화가 느껴질 수밖에 없었고 단순히 가격만 비교해보더라도 발망 반팔티의 평균 가격은 20~30만원대인데 반해 H&M 반팔티셔츠의 가격은 1만원~3만원대로 10배가 넘는 가격 차이만큼 소비자의 인식도 다를 수밖에 없었던 것이다. 그 이전에 H&M은 마돈나의 콜라보레이션으로 실패한 적도 있었는데 20대 소비자들이 좋아하는 브랜드에 마돈나는 어울리지 않았던 것이다.(네이버뉴스, 2015.12.20.일자)

9. 결론

창의력 기반의 콜라보레이션은 의외성과 재미 요소를 콜라보레이션에 접목시켜 소비자의 흥미를 자극시키고 긍정적인 태도를 유발시킨다. 창의력을 기반으로 한 새로운 콘셉트의 제품을 만들어내는 작업이기에, 독특한 아이디어와 브랜드가 결합되어 예상치 못한 오브젝트가 탄생된다.

경쟁 브랜드와 차별화되는 독특한 아이디어는 일시적인 이벤트에 불과하더라도 리브랜딩 차원에서 반드시 필요하다. 기존에 없었기 때문에, 그 자체로도 이슈가 될 수 있는 창의성을 갖춘 콜라보레이션은 소비자의 마음에 변화를 일으킬 수 있다. 때문에 이러한 유머와 의외성을 담은 콜라보레이션이 재미와 즐거움이라는 단순한 요소로 감성 커뮤니케이션의 역할을 수행하는 것이다.

단순히 상품을 판다는 점에서 벗어나 감각과 개성, 쉬운 재미를 파는 개념으로 전이되면서, 소비자에게 즐거움을 안겨주는 작업들은 한정판 혹은 일시적인 이벤트나 서비스로 제공되면서 한정된 기간 안에 좋은 시너지 효과를 가져 온다.

다양한 콜라보레이션 사례와 그에 따른 경향을 살펴본 결과, 콜라보레이션은 브랜드에 있어 무한한 가능성과 장점을 가져다주는 마케팅전략임을 알 수 있었다.

이에 따른 콜라보레이션의 기대 효과를 살펴보면 다음과 같다.[32]

1) 콜라보레이션은 궁극적으로 브랜드의 가치를 상승시킨다.

소비자는 기존에 알고 있던 브랜드가 다양한 시도로 새로운 제품을 끊임없이 선보이고, 거기에 따른 품질과 가치를 제공하는 모습을 접하면서 브랜드에 '신뢰'를 갖게 된다. 콜라보레이션을 통한 새로운 경험이 소비자로 하여금 기대 이상으로 충족되면서 만족감과 감동을 가져오기 때문 이다. 이는 곧 브랜드 가치를 상승시키며, 브랜드에 대한 충성도가 높아지게 된다. 이러한 현상은 단순한 매출 증대와는 비교할 수

---

[32] 출처 : 지식경제부 시행 '디자인전략 정보개발사업' 일환으로 한국디자인진흥원의 연구보고서

없을 정도의 큰 이익이 되며, 꾸준한 소비자 확보와 재구매율을 촉진하면서 브랜드의 경쟁력과 파워로 이어진다.

2) 새로운 시장을 개척할 수 있는 발판이 된다.

다양한 분야와의 협업을 통해 브랜드가 미처 몰랐던 다양한 자원에 대한 접근이 용이하다. 파트너의 고객 네트워크를 공유하면서 그 범위가 넓어지며, 제품군에 있어서 폭넓은 시도의 밑거름이 될 수 있는 것이다. 이미 그 분야를 점령한 타 브랜드와의 협업을 통해 그 시장을 미리 알고, 사전 준비를 할 수 있는 계기로 삼음으로써 브랜드 입장에서는 새로운 시장을 개척하는 발판이 된 다. 또한 소비자 입장에서는 생각지 못했던 브랜드의 제품군 확장으로 즐거운 경험을 할 수 있다.

3) 아티스트에게 비전 확장의 기회를 제공한다.

아티스트나 개인 디자이너들에게 브랜드와의 콜라보레이션은 개인의 이름과 작품을 홍보할 수 있는 좋은 기회가 된다. 아티스트가 제품 제작에 큰 기여를 하게 될 경우에는 브랜드 자체에서 경제적인 스폰서를 해주는 경우까지 발생한다. 이러한 과정에서 이들은 사회적으로 인지도를 쌓게 되며 브랜드의 명성에 힘입어 성장할 수 있는 발판을 마련하게 된다. 동시에 사회적인 문화수준 향상과 혁신적인 제품의 등장으로 소비자에게 다양한 볼거리를 제공한다.

4) 경쟁 브랜드와의 긍정적 차별화를 가져온다.

개성을 가진 파트너와의 콜라보레이션을 통해 식상해진 브랜드 이미지를 쇄신하는 계기를 마련하여 경쟁 브랜드의 소비자를 끌어들일 수 있다. 이는 소비사로 하여금 브랜드에게 기대감과 발전 가능성을 가늠하게 하면서, 경쟁 브랜드와의 긍정적인 차별화를 가져온다.

5) 위험요소를 감소시킨다.

콜라보레이션 작업은 새로운 브랜드를 개발하거나 확장하는 것보다도 빠르게 대중들에게 인식될 수 있는 방법으로 시선을 끈다. 때문에 제품을 새로 개발하는 데 따르는 위험을 분산시킬 수 있으며, 비용적인 측면에서도 효율성과 경쟁우위를 가져다 줄 수 있다. 또한 대부분 일시적이거나, 특정시즌에 한하여 적용되는 콜라보레이션이기 때문에 제품의 성공 여부나 차후 브랜드 관리에 있어 위험 부담이 감소된다. 이렇게 시간과 예산의 낭비 혹은 실패의 부담 요소를 줄일 수 있어 실질적인 면에서도 이익을 가져다준다.

다양한 콜라보레이션 사례와 그에 따른 경향을 통해서 콜라보레이션이 브랜드에 무한한 가능성과 장점을 가져다준다는 점을 알게 되었을 것이다. 우선 브랜드의 가치를 상승시키고, 브랜드 평판 개선 을 비롯하여 기존 브랜드의 약점을 보완해주며, 타 분야와의 조우를 통해 이미지를 조정한다. 또한 서로의 장점을 바탕으로 시너지 창출이 가능하며, 이로써 타깃층을 확대하여 매출 증대로 이익을 꾀할 수 있다. 파트너의 입장에서는 사업의 영역이 확대될 가능성을 가져오며, 콜라보레이션 자체가 이슈가 될 가능성이 크므로 브랜드에 관한 홍보 혹은 프로모션 비용을 절감할 수 있다.

앞으로 브랜드 혹은 기업이 추구해야 할 방향이 그러하듯, 콜라보레이션 작업은 열린 사고로 오래 지속될 수 있는 가치를 창출하기 위한 목적이 잘 이루어졌을 때 가장 효과적일 수 있다. 이렇게 분야를 막론하고 다양한 시도가 꾸준하게 이루어진다면 소비자에게는 다채로운 디자인을 접할 수 있는 기회가, 브랜드에게는 지속적으로 경쟁력을 유지할 수 있는 발판이 될 것이다. 즉, 이러한 기대효과는 소비자들에게 동종이나 이종간이나 의외의 콜라보레이션을 통해 즐거움을 선사하는 참신한 마케팅기법들이 펀마케팅의 일환이라 볼 수 있다.

학습정리

1. 콜라보레이션 개념
   - 사전적으로 공동작업·협력·합작이라는 뜻으로, 이종 기업 간의 협업을 의미하며, 마케팅에서 각기 다른 분야에서 지명도가 높은 둘 이상의 브랜드가 손잡고 새로운 브랜드나 소비자를 공략하는 기법으로도 널리 사용되고 있다.

2. 콜라보레이션의 진화 배경
   - 소비자들의 소비행태도 급속히 변화해 가고 있다. 그에 따른 소비자들의 개인소비 생활이나 가치의 지적 수준이 높아지고, 점점 획일화된 상품이나 서비스에 권태로워하며, 거부감을 느끼고 있다. 자신만을 위한 자신의 가치에 맞는 다양한 상품을 원하며 좀 더 특별한 가치가 있는 상품을 추구하기 시작했다. 즐거움과 특별함으로 조금 더 비싸고 비경제적이더라도 희소성 있고, 자신의 가치를 높여줄 수 있다고 생각하는 제품과 서비스를 찾는 데 시간과 비용을 아끼지 않게 되었다.

3. 콜라보레이션 조합의 시작
   - 콜라보레이션 조합구성에 대한 결정을 해야 한다.
   - 결정된 조합을 통하여 각각의 기업(또는 조직)은 서로 win-win 할 수 있어야 한다.
   - 콜라보레이션 프로젝트로 프리미엄 여부를 확인해야 한다.

4. 콜라보레이션 마케팅 목적
   - 첫째, 마케팅 관리자는 타 기관과 마케팅 전략을 수립하거나 신제품을 개발하는 데 필요한 정보를 공유하기 위해 협력 마케팅을 추진할 수 있다.
   - 둘째, 마케팅 관리자는 타사가 소유하고 있는 경쟁우위를 활용하기 위해 타기관과 협력하기도 한다.
   - 셋째, 마케팅 관리자들은 공동 브랜드를 구축함으로써 마케팅 활동의 수월성을 제고하기도 한다.

- 넷째, 마케팅 관리자들은 고객에 대한 서비스를 강화시키기 위해 다양한 제휴 프로그램을 개발하기도 한다.

5. 콜라보레이션 마케팅의 다양한 사례
   - 성공사례와 실패사례

6. 콜라보레이션 마케팅 결론
   - 콜라보레이션은 궁극적으로 브랜드의 가치를 상승시킨다.
   - 새로운 시장을 개척할 수 있는 발판이 된다.
   - 아티스트나 디자이너에게 비전 확장의 기회를 제공한다.
   - 경쟁 브랜드와의 긍정적 차별화를 가져온다.
   - 위험요소를 감소시킨다.

학습문제

01 콜라보레이션의 개념에 대해 잘못 설명한 것은?

① 콜라보리에션은 공동작업, 협력, 합작이라는 의미를 갖고 있다.
② 이종간의 협업뿐만 아니라 둘 이상의 브랜드가 서로 협력하면 콜라보레이션이다.
③ 콜라보레이션은 협업과 동일한 의미이다.
④ 콜라보레이션은 각기 다른 분야에서 지명도가 높은 브랜드끼리 소비자를 공략하는 기법이다.

> **해설** 국내에서는 협업이라는 용어로 많이 사용되어 왔지만, 엄밀하게 본다면 용어자체의 뜻이 조금씩 변화되고 진화되고 있으므로 동일하다기 보다는 유사하다하고 본다.
>
> 정답 : ③

02 콜라보레이션에 대한 설명이다. 틀린 것은?

① 콜라보레이션은 상호간의 약점을 보완하기 위해서 관계를 맺는 전략적 제휴와 유사하다고 할 수 있다.
② 콜라보레이션은 서로의 강점을 바탕으로 브랜드나 기업 혹은 개인을 포함한 선두적인 협력이다.
③ 콜라보레이션은 주로 패션계에서 디자이너간의 공동작업과 가수와 웹툰 작가가 합작하여 뮤직비디오를 제작하는 경우에 해당된다.
④ 최근에는 제품기획, 제품출시, 매장디자인, 전시회 개최 등 전 과정에서도 협업하는 토털 콜라보레이션으로 발전하였다.

> **해설** 콜라보레이션은 전략적 제휴와 다르게 서로의 강점을 바탕으로 협력하고 있다.
>
> 정답 : ①

03 콜라보레이션이 시간이 경과하면서 진화하게 된 이유는 무엇인가?

① 콜라보레이션은 사회구조와 그에 따른 소비자들의 개인 소비생활이나 가치의 지적수준과는 별개로 기업의 이윤 추구를 위해서 진화되었다.
② 점점 획일화된 상품이나 서비스에 권태로움을 느끼고, 거부감을 갖고 있는 소비자들의 소비행태에 적극적으로 대응하기 위해서 진화되었다.
③ 자신만을 위한 상품이 아니라 다양한 상품 개발을 다양한 소비자에게 맞춰주기 위해서 진화되었다.
④ 기업과 마케터들은 한정판을 만들어 선보이기보다는 더 많은 대량 생산으로 소비자에게 다가서기 위해서 진화되었다.

해설 콜라보레이션은 소비자들의 소비행태의 급속한 변화속에서 자신만을 위한 특별하면서도 다양한 상품을 기획하여 한정판을 선보이며 소비자들에게 다가가기 위해 진화되었다. **정답 : ②**

04 콜라보레이션과 유사하게 사용되는 개념으로써 케미마케팅에 대한 설명으로 틀린 것은?

① 케미는 Chemistry라는 용어와 전혀 다른 의미를 갖고 있다.
② 다른 성격의 재화의 조합을 통해 보기 좋은 이미지를 형성하는 것을 말한다.
③ TV 방송 중에서 '삼시세끼'라는 프로그램이 대표적인 케미를 통한 조합이라고 할 수 있다.
④ 식재료 조합으로 캐미레시피 마케팅을 모드슈머라고 한다.

해설 케미는 Chemistry의 줄임말이다. **정답 : ①**

05 콜라보레이션 조합의 시작단계에 대해서 틀린 것은?

① 가장 먼저 콜라보레이션 조합 구성에 대해 결정을 해야 한다.
② 결정된 조합을 통해 각각의 기업들은 서로 윈-윈 할 수 있는가를 판단해야 한다.
③ 콜라보레이션 프로젝트 프리미엄 여부를 확인해야 한다.
④ 기업들이 취하는 가장 유용하고도 기업생존에 필요불가결한 마케팅 기법이 되어야 한다.

해설 콜라보레이션 마케팅의 특성을 의미한다.　　　　정답 : ④

06 콜라보레이션 마케팅 전략을 구사할 때 반드시 해야할 전략에 대해 틀리게 설명한 것은?

① 디자이너 명성을 활용한 브랜드의 고급화 전략이다.
② 자사에 유리하게 활용할 수 있는 최고의 디자이너를 선점해야 한다.
③ 기업의 경영철학과 디자이너의 철학은 굳이 일치시킬 필요는 없다.
④ 스토리텔링으로 소비자들에게 콜라보레이션 상품에 대한 화제를 이끌어 내어야 한다.

해설 기업의 경영철학과 디자이너의 철학이 다르면 콜라보레이션을 추진함에 있어서 의견불일치가 발생하여 불협화음이 끊이지 않게 된다.
　　　　정답 : ③

07 크로스오버를 설명하는 내용이다. 틀린 것은?

① 여러 장르가 교차한다는 의미로 음악의 경우 혼합한 음악 연주 형식을 말한다.
② 국내에서는 1990년대에 성악과 팝을 이용한 크로스오버 음악이 시도되기도 하였다.
③ 최근에 비와 태진아의 'La Song'이 서로 다른 장르의 결합으로 크로스오버라고 할 수 있다.
④ 브랜드 루이비통과 아티스트의 무라카미 다카시와의 크로스오버는 대표적인 콜라보레이션이다.

해설 1990년대 국악을 이용한 크로스오버가 시도되었다.   정답 : ②

08 콜라보레이션 마케팅의 유형이 아닌 것은?

① 기업은 본격적인 활동에 필요한 지원을 확보하기 위해 다른 기관과의 네트워크를 형성한다.
② 기업은 윈-윈 관계 네트워크를 구축해 신제품에 대한 부담과 부족한 기술을 서로가 보완시켜 나간다.
③ 계약을 통해 서로간의 의무와 책임 등이 명확히 규정된 상태에서 진행해야 한다.
④ 기업간 거래 비용을 최소화하고 운영의 효율성을 제고하기 위해 협력관계를 한다.

해설 전략적 제휴, 합작투자 등이 대표적인 경우이다.   정답 : ③

09 콜라보레이션 마케팅 조합 사례로서 틀린 것은?

① 제네시스+갤럭시S6
② 메르세데스 벤츠+슈퍼마리오(닌텐도)
③ 아디다스+SNS
④ 네슬레+스타워즈

해설 현대자동차와 삼성간의 콜라보레이션 사례는 아직은 없다. 제네시스와 프라다, 갤럭시와 어벤저스 등의 콜라보레이션 사례는 있다.

정답 : ①

제16장
블루오션 마케터가 되기위하여
Blue Ocean Marketer

"마케터들은 말하는 것을 듣는 귀, 말하지 않는 것을 듣는 귀, 그리고 말하고 싶은데 어떻게 말해야 될지 모르는 것을 듣는 귀를 가져야 한다."

- 마이클 H. 메스콘 교수
 (Michael H. Mescon)

16 FUN MAKETING
블루오션 마케터가 되기 위하여

학습목표 🔍

1. 마케팅 전략을 어떻게 짜야 하는지 알 수 있다.
2. 마케팅 실무자가 즉, 마케터가 반드시 갖춰야 할 역량에 대해 알게 된다.
3. 여러 마케팅의 이론과 사례를 통해 기업의 전략을 수립할 수 있는 능력을 갖게 된다.

핵심키워드 : 블루오션, 커뮤니케이션 코디네이터, Just In Time, sales Promoter, Fun Marketing

예전에 마케터는 6가지 '쌍기역(ㄲ)'을 갖추어야 한다는 기사를 본적이 있다. 바로 꿈, 꾀, 끼, 깡, 꼴, 끈을 나타내는 말이었다. 그 내용을 발췌해서 정리해 보면,

첫째 꿈, 성공한 사람을 보면 꿈을 문서로 구체화시켜 항상 생각하며 지니고 다닌다고 한다. 일반인은 꿈을 마음속에만 지니고 살아가는 것과는 다른 양상인 것이다. 마케터는 꿈을 가져야 한다. 세계에서 최고의 상품을 만들어 보겠다는 꿈으로써, 항상 사물을 볼 때나 소비자를 만날 때 관찰하고, 아이디어를 짜내고, 새로운 컨셉을 만들어 내고, 소비자 조사 및 검증을 해보고 제품 출시를 생각하면 된다.

마케터는 6가지 '쌍기역(ㄲ)'을 갖추어야 한다!

- 세계에서 최고의 상품을 만들어 보겠다는 꿈
- 사물을 볼 때, 소비자를 만날 때 관찰하고, 아이디어를 짜내고, 새로운 컨셉을 만들어 내고, 소비자 조사 및 검증을 해보고 제품 출시를 생각

- 상황판단에 적절하고 적당한 행동을 취하여 어려울 시에는 위기극복을 하며, 기회 시에는 그 기회를 꽉 쥘 수 있는 마케터

- 성공한 사람들을 가만히 보면 역시 일반인들과 다른 면이 있음
- 남들하고 다르다는 것은 마케팅에서 가장 중요한 개념

- 평범하고 고정된 관념을 깨고 틀에서 벗어나는 행동을 위한 용기필요
- 남들이 가지 않는 길을 가는 용기, 이것은 마케팅의 성공을 약속

- 긍정적이며, 적극적인 자세의 자신을 보여줄 수 있는 내형과 외형의 중요성

- 비즈니스 파트너를 중시하고 관리하며, 리더십과 희생 등을 통해 인적 네트워크를 만들어 내·외부적 마케팅 환경을 만들어야 함

둘째는 끼, 잔머리가 아닌 상황판단에 아주 적절하고 적당한 행동을 취하여 어려울 시에는 위기극복을 하며, 기회가 왔을 경우에는 그 기회를 꽉 쥘 수 있는 마케터가 되어야 한다. 평소에 주위환경에 대한 여러 전략을 미리 예측하고 대처할 수 있는 세밀성을 갖추어야 되겠다.

세 번째는 끼, 성공한 사람들을 가만히 보면 역시 일반인들과 다른 면이 있다. 톡톡 튀는 면이 있으며 행동도 다르다. 물론 끼는 선천적인 요인이 강하지만 후천적으로 계발 또는 연구와 노력에 의해 바뀔 수도 있다. 남들하고 다르다는 것은 마케팅에서 가장 중요한 개념인 것이다.

넷째는 깡, 평범함과 고정된 관념을 깨고 틀에서 벗어나는 행동을 하기 위한 용기라 할 수 있다. 남들이 'yes'할 때 혼자 'no'할 수 있는 것으로 다른 사람들에게 지탄을 받거나 계획이 수포로 돌아 갈 수 있지만 저항과 마찰에서 마케팅에 사랑과 정열을 갖고 있다면 성공의 여지 또한 많다. 그에 상응하는 추진력도 필요하다. 남들이 가지 않는 길을 가는 용기, 이것은 마케팅의 성공을 약속할 수 있다.

다섯째는 꼴, 모양새라고 해석하며, 스스로 자기관리가 필요한 부분이다. 비즈니스에서 상대방에게 주는 첫인상은 매우 중요하다. 단정하

고 세련된 옷매무새에 떠나지 않는 미소와 자신감은 다른 사람들로 하여금 신뢰를 주게 된다. 그 신뢰성은 개발된 상품을 거래 가능하게 해주는 원동력이 된다. 긍정적이며, 적극적인 자세의 자신을 보여줄 수 있는 내형과 외형의 중요성을 의미한다.

여섯째는 끈이다. 현대는 네트워크 사회이다. 자신의 능력과는 무관하게 눈에 보이지 않는 끈으로 서로 연결되어 있다. 즉, 라인형성이 되어 있는 것이다. 비즈니스 파트너를 중시하고 관리하며, 리더십과 희생 등을 통해 인적 네트워크를 만들어 내·외부적 마케팅 환경을 만들어야 한다. 그리고 이러한 환경을 바탕으로 기획된 제품과 서비스를 소비자로 연결함으로써, 마지막으로 소비자와의 네트워크가 형성된다. 이것은 소비자 커뮤니케이션으로 연결되어 프로슈머로서 작용을 하게 된다.

그럼 새로운 세계로 나아가기 위한 블루오션 마케터가 되기 위하여 필요한 것들이 무엇이 있는지 알아보도록 하자.

학습내용

1. 마케팅 전략에 대한 잘못된 이해

최근, 기업에서는 모든 활동을 전략과 연결시켜, 마치 전략 열병에 걸린 듯한 착각에 빠진다. 그런데 마케팅 전략을 접하는 태도는 기업전략을 대하는 자세와 근본적으로 달라야 한다. 유능한 마케터가 되기 위해서는 유용한 마케팅 전략을 단순 경영 전략 다루듯이 해서는 안 된다는 말이다. 왜? 기업전략과 마케팅 전략은 다르기 때문이다.

1) 인재가 많으면 이긴다?

마케팅 전략에 있어 힘의 원리를 잘못 이해하는 전형적인 예는, 인재가 많으면 이길 수 있으리라는 착각이다.

일본 기업에 과연 동경대학을 졸업한 사람이 몇 명이나 있겠는가. 대부분의 일본 기업들은 구인난에 빠져 있고 아주 평범한 대학을 졸업한 사람들도 가득 차 있지만 지금 세계 최고의 경제대국이 되어 있다. 설사 어떤 회사가 동경대학 졸업생을 한두 명 고용했다 하더라도 그 사람들에게 기대할 수 있는 바는 크지 않다. 왜냐하면 일본학생들도 일단 대학에 입학한 후에는 공부를 열심히 하지 않는다는 문제점을 가지고 있기 때문이다. 반면, 미국의 대학교육 특히 MBA과정은 혹독하기로 이름이 나 있다. 그래서 동부의 유명한 사립대학의 MBA를 마치면 매우 높은 연봉에 좋은 대우를 받고 취직되곤 한다. 다시 말해 미국의 큰 기업에는 교육을 제법 잘 받은 인재들이 자리 잡고 있는 것이다. 그런데 그러한 인재들이 과연 미국기업을 일본기업에 이기도록 만들었는가.

물론 우수한 인재가 필요 없다는 말은 아니다. 그러나 사원들의 수준이 낮아 마케팅 전쟁에서 패했다고 말해서는 안 된다. 더군다나 기업이 커지면 인재도 많이 들어오지만 전반적인 사원의 평균 수준은 점차 낮아진다는 것을 염두에 두어야 할 것이다.

간혹은 경기시즌을 마친 후, 각 팀의 가장 좋은 선수들만 뽑아서 올스타전을 벌인다. 이러한 스타플레이어들의 팀은 매우 막강할 것 같지

만 실제로는 우리의 기대를 저버리는 때가 많다. 스타플레이어의 활약보다 팀워크의 훨씬 더 중요함을 말해 주는 것이다.

전쟁에서 승패를 좌우하는 것은 창의력과 이를 수행할 구성원들의 팀워크이다. 명문대학의 졸업장이 결코 창의력을 보장하지 않는다. 오히려 반짝이는 창의력이 요구되는 마케팅 전략에서는 반대의 경우를 많이 본다. 또한 전략을 수행함에 있어서는 한두 명의 스타플레이어 활용에 관심을 가지기보다 어떻게 전체가 뭉쳐서 팀워크를 형성할 수 있도록 하는가에 관심을 가지는 것이 중요하다. 팀워크의 중요성을 인식한 기업들은 기업문화, 기업철학, 사풍 등 공유할 수 있는 가치관을 전파하려고 애를 쓴다.

2) 흉내를 잘 내면 이긴다?

'아라비아의 로렌스'로 유명한 영국의 로렌스 중위가 12명의 아랍인을 프랑스로 데려간 적이 있었다. 그 아랍인들은 난생 처음으로 외국여행을 하게 된 것인데 로렌스는 몹시 당혹스런 사태에 부딪쳤다. 아랍인들이 목욕탕에 들어가서 좀처럼 나오려 하질 않는 것이었다. 그들은 몇 시간이고 욕조에 들어 앉아 있었으며, 외출하더라도 서둘러 호텔로 돌아와 목욕을 즐기곤 하였다.

마지막 날, 짐을 꾸려 차에 싣고 공항으로 떠날 차비를 모두 갖추었는데, 갑자기 아랍인들이 하나도 보이질 않았다. 초조해진 로렌스는 부랴부랴 그들을 찾아보았다. 그러다가 돌연 그들이 욕실에 있을지 모른다는 생각이 들어 급히 위층으로 뛰어 올라갔다. 아랍인들은 모두 욕실에서 수도꼭지를 떼어 내려고 안간힘을 쓰고 있었다. 로렌스는 어리둥절한 표정으로 "아니 대체 뭣들 하고 있는 거요?"하고 물었다. 그들이 대답했다. "수도꼭지를 가져가려고요. 아라비아에 가서도 목욕을 즐기게요."

벤치마케팅$_{benchmarking}$을 하려는 기업이 늘고 있다. 그런데 수도꼭지를 가져간다고 해서 물이 나오는 것이 아니듯, 겉으로 드러난 시스템을 흉내 낸다고 해서 같은 성과를 올리는 것은 아니다. 국민마다 기질이 다르고 기업마다 문화가 다른 것이다.

미국기업들은 일본기업의 경영기법에 대해 연구를 계속해 왔다. 그러나 그것들이 미국기업에 큰 도움이 되지는 못했다. 내재되어 있는 문화적인 차이를 간과한 채 피상적인 기법만을 흉내 내었기 때문이다.

베트남의 호치민이 자신의 게릴라 부대 요원을 미국 육군사관학교에 보내서 훈련시켰더라면 오히려 전쟁에 졌을지도 모른다. 자신들에게 걸맞는 전략과 전술적 상황을 고려한다면 그들과 정반대 전략을 써야 했던 것이 맞을 것이다.

마케팅 전략은 그야말로 실전을 고려한 실천적인 것이어야 한다. 기업 수준의 전략은 모방할 수 있을지언정 마케팅 전략은 흉내로 성공할 수 없다. 마케팅에 있어 성공의 열쇠는 창의성과 융통성임을 유념해야 한다.

3) 크면 이긴다?

미국이 베트남에 가장 많이 파견되었던 1968년, 8만 명의 전투부대 병사들이 전쟁에 참가하고 있었는데 이를 지원하는 보급과 서비스 요원은 무려 46만 명이나 되었다.

대기업들도 이와 마찬가지로 조직되기 십상이다. 기업 구성원의 절반 이상이 다른 종업원에 대한 서비스를 위해서 편성되는 경우가 많다. 기업 구성원의 극히 일부만이 기업 밖에서 고객을 만나면서 경쟁자와의 전쟁을 피부로 느끼고 있는 것이다.

한국의 대기업에서 출세 가도를 달리고 있는 사람들 가운데 야전군은 많지 않다. 그저 스태프로 들어가서 스태프로 올라가는 게 오히려 출세의 지름길이 되는 모순이 있다. 비서실이나 기획실에 근무하는 사람들 중에는 매일 분석 자료를 다루고 기업의 전략 방향을 설정하면서도 입사 후 한 번도 고객을 직접 접해 보지 않은 사람이 많다.

그러나 진정한 마케팅 위주의 기업은 절대로 비만한 조직을 가져서는 안 된다. 다시 말해 스태프가 너무 많아서는 안 된다. 순발력, 즉 시장의 변화에 따라 재빨리 반응 할 수 있는 능력이 마케팅 전략의 핵심인 것이다. 신속한 의사결정과 창의성이야말로 마케팅 중심의 기업이 가져야 할 귀중한 자산이다.

4) 분석적이고 과학적이면 이긴다?

마케팅 전략을 수립하는데, 기업전략을 수립하듯이 환경분석, 내부분석, 산업분석, 경쟁분석, 고객분석 등 분석에 매달리는 경우를 본다. 과연 과학적인 분석 단계를 거친다면 마케팅의 성공이 보장되는 것인가. 많은 사례에서 본 바에 의하더라도 합리적인 과정이 반드시 성공을 보장하지 않는다. 그러기에 버나드 쇼는 "진보$_{progress}$는 불합리한 사람에 의해 이루어진다."고 말하지 않던가.

마케팅 조사를 잘하고, 치밀한 전략 기획을 수립한 회사가 승리의 영광을 차지하는가 하는 점에 대해서는 의문의 여지가 많다. 좋은 마케팅 전략들은 그 본질상 비정상적인 면이 있기 때문에, 남을 설득하기가 상당히 힘들다. 이런 것들은 대부분의 경영자의 사고방식에는 역행하는 것이 되기 때문이다.

마케팅 이야기

사례 1 월마트

40대 중반의 한 남자가 벤 프랭클린(Ben Franklin)이라는 할인점의 일부를 관리하고 있었다. 그는 교외 지역에 사는 사람들이 유통비용 때문에 비싼 가격에 구매하곤 한다는 것을 알고 벤 프랭클린의 중역에게 지방 소도시에 할인점을 열 것을 제안하였다.
벤 프랭클린의 경영진은 상식에 벗어난 제안이라고 일언지하에 거절하였다. 5만 명 이하의 소도시에서는 할인 가격을 제시할 필요가 없다는 것이었다. 그래서 그 남자 자신이 1962년 알칸사스의 조그만 도시에 첫 상점을 열었다.
30년 후, 그 상점은 42개 주에 1,720개로 불어났으며, 해마다 150개 상점을 새로 열고 있다. 90년에 이미 세계 최대 소매점인 시어즈의 매출을 추월하였고, 97년에는 1천억 달러 이상을 판매하는 거대한 조직이 되었다.
그 상점이 바로 월마트(Wal-Mart)이며, 그 사람이 월튼(Samuel M. Wallton)이다. 월튼은 벤 프랭클린 할인점의 유능한(?) 경영진의 상식을 뛰어넘었기에 대성공을 거둔 것이다. 현재, 월마트가 영업을 하는 도시의 평균 인구수는 15,000명이다.

> **사례 2** 페더럴 익스프레스(Federal Express)
>
> 페더럴 익스프레스(Federal Express)를 만든 프레드릭 스미스(Frederick Smith)는 자기 사업의 구상을 대학교에 다닐 때 이미 하고 있었다. 스미스의 아이디어는 매우 독특하였다. 이는 마치 수레바퀴처럼 중심축과 바퀴살의 형태를 띤다. 즉 모든 우편물이 한 지역에서 다른 지역으로 직접 이동되는 것이 아니라, 일단 중심축(hup)에 해당되는 멤피스로 모이게 된다. 지리적으로 멤피스가 미국 전체의 중앙이 되기 때문이다. 한밤에 전국 각지에서 멤피스로 모이는 비행기 안에서는 수신지역별로 우편물들이 분류된다. 멤피스에서 서로 자기 지역의 우편물을 교환한 비행기들은 새벽이 이르기 전에 다시 자기 지역으로 떠나게 된다. 이러한 방법을 쓰면, 어디서 어디로 우편물을 보내든, 다음날 오전까지 배달할 수 있는 것이다.
> 스미스가 이러한 아이디어를 예일 대학 시절 경제학 레포트로 제출하였을 때 C학점을 받았다. 그러나 스미스는 실망하지 않고 그의 꿈을 추구하여 특급 속달우편에 있어 가장 지배적인 기업을 창출해 내었다.

 조사와 분석이 사실을 어느 정도 밝혀 줄 수는 있다. 그러나 사실을 알았다 해도 그 자체가 해결책은 아니며, 사실들을 대입하면 정답이 나오는 "전략 공식"같은 것은 있을 수 없다. 만약 널리 신봉되는 그런 법칙이나 공식들이 있다면, 바로 그것을 깨부수는 데 오히려 승리의 기회가 있는 것이다.

5) 의욕적으로 덤비면 이긴다?

 서툰 경영자는 전략수행에 있어, 흔히 적극성 내지 공격성을 강조한다. 제품을 하나라도 더 만들고, 판매원을 한 명이라도 더 늘려서 보다 열심히 판매되고, 광고를 더 많이 내고, 회의를 많이 하고, 보고서와 자료를 더 준비한다면 승리할 수 있다는 착각에 빠지는 것이다.
 그러나 이겨야겠다는 의욕과 집념만으로 승리를 보장할 수 없다. 사원 결의대회를 하고, 무작정 열심히 뛰기로 다짐하는 것은 눈감고 아무 데로나 뛰겠다는 것과 마찬가지다. 머지않아 더 큰 좌절감을 느끼게 된다.
 경험이 많지 않은 유치원 보모는 아이들을 즐겁게 하기 위해 흥분시키는 경향이 있다. 그러나 그런 식으로 즐거워진 아이들은 그 다음 좀

더 큰 자극이 있지 않으면 즐거워하지 않는다. 그렇게 자극수준을 높이다 보면 보모도 지치고 아이들도 자극수준을 충족치 못해 짜증을 내게 된다. 반면, 경험이 많은 보모는 아이들을 차분하게 가라앉히려 애쓴다. 그 차분함 속에서 교육도 이루어지고 아이들은 진정한 즐거움을 찾게 된다.

요즘 어떤 기업들은 신바람 내는 것을 전략집행을 위한 기업문화 형성의 일환인양 생각한다. '신바람 대회' '한마음 운동' '신풍 운동'등을 내세우며 단합대회도 거창하게 치르지만, 일괄적인 행사로 끝나고 마는 것은 웬일일까.

신바람 자체가 일시적인 것이기 때문이다. 이는 단기적 치료요법인 것이다. 신바람을 연거푸 계속 일으킬 수는 없다. 이는 마치 유치원생들을 계속 흥분시켜 기분을 돋우려는 것과 같다. 마음만 앞서 분위기를 띄우는 것만으로는 안 된다.

마케팅 전략에 있어 창의력이나 생명력을 강조하는 것을 '신바람'과 혼동해서는 안 된다. 마케팅 전략의 수행은 "우-"하는 기분이나 밀어붙이기로 되는 것이 아니다.

이는 실천의 문제이기 때문에 인내심을 가지고 침착하게 경쟁에 임하는 자세를 필요로 한다.

2. 마케팅 전략 수립의 전술적 사고

1) 전략과 전술의 균형

기업전략은 마케팅 전략보다 상위개념이다. 그래서 상위의 기업전략을 전사적(全社的)전략, 하위의 마케팅 전략은 기능전략이라고도 한다. 또 상위전략에 대한 상대적인 개념으로서 하위전략을 '전술'이라고 표현하기도 한다. 마케팅 전략에도 하위전략으로 광고전략이 있고, 다시 광고전략의 하위전략으로는 매체전략 등이 있다.

훌륭한 전략은 전술적 차원에서 잘 적용될 수 있도록 수립되어야 한다. 전술적 결과의 달성이야말로 전략의 궁극적 목표가 되는 것이다.

전략이 전술 집행에 별로 기여하지 못한다면 그것이 아무리 잘 계획되고 멋있게 발표되었다 하더라도 문제가 있는 것이다.

따라서 전략을 성공적으로 집행시키기 위해서는 전술에 대한 깊은 이해가 있어야 한다. 전술적 상황을 잘 고려하지 않은 장군의 말은 설득력을 잃게 된다. 전략이 전술적 관점에서 수립되어야 전쟁이 시작되었을 때 전략이 전술을 일관성 있게 이끌고 갈 수 있게 된다.

2) 밑에서부터 짜 올라가는 마케팅 전략

마케팅 전략은 밑에서부터 짜 올라갈 때 더 큰 실천적 의의를 갖는다. 전장에서 무슨 일이 일어나는지를 잘 이해하고 그것에 대한 깊은 지식을 가진 장군만이 효과적인 전략을 짤 수 있다. 월남에 가보지 않은 장군이 서울에서 월남전의 전략을 짤 수 있겠는가?

훌륭한 마케팅 전략이라는 것은 고층 빌딩의 기획실로부터 나오는 것도, 한적한 리조트 호텔방에서 나오는 것도 아니다. 그것은 시장바닥에서 생겨나는 것이다. 마케팅 전략은 아래로부터bottom-up개발되어야지, 위에서부터top-down지시되어서는 안 된다.

창업주가 처음 시작할 때는 의사결정이 자연히 바닥에서 이루어지지만, 기업이 커질수록 바닥의 감각을 잃어버리기 쉽다. 드러커peter Dtucker 교수는 한국기업들이 시장에서 멀어져가는 현실에 대해 다음과 같이 설명한다.

"한국은 가장 크게 성공한 H기업을 내다버린 거나 마찬가지라고 할 수 있습니다. 제가 이렇게 말씀드리는 이유는 H기업이 시장에 밀착하지 못했기 때문입니다. 그룹차원에서의 결정은 너무 오랜 시간이 걸립니다. 그리고 변화가 일어나고 있는 곳으로부터 너무 멀리 떨어져 있습니다. 제너럴 모터스가 한창 발전을 거듭할 당시 경영진은 한 달에 일주일을 세일즈맨이나 서비스맨과 함께 보냈습니다. 그러나 한국의 대재벌은 그렇게 하지 않습니다."

시장은 고객이 있는 곳이다. 그곳은 또한 경쟁자가 있는 곳이기도 하다. 그래서 전략적 의미에서는 경쟁자와 부딪치는 최전방을 전선front이라고 부른다.

　전략담당자들이 전선으로 내려가 보아야 한다는 말을 수도 없이 듣는다. 그러나 유능하다고 인정되는 전략담당자일수록 다른 더 중요한 일들이 많으므로 "가봐야지"하면서도 직접 전선에 가보지 못한다. 다만, 전선에 나가 본 것처럼 상상하여 기획도 하고 전략도 짠다.

　전선에 나가서 시간을 보내야 한다. 비효율적인 시간 낭비처럼 여겨지더라도, 전선에 나가 시간을 보내는 것은 마케팅 전략 형성과정에서 매우 중요하다.

　참고서를 출판하는 D출판사는 이러한 현장의 중요성을 일찍 깨닫고 영업부와 편집부의 전 직원들이 교사들과 만나도록 1년에 한번씩 전국순회의 기회를 마련했다. 그런데 그저 전세 버스로 순회하면서 교사를 만나 식사를 하는 단순한 연례행사가 되고 말았다. 식사대접을 받는 교사들로부터 듣는 것은 D출판사 참고서가 참 좋다는 얘기뿐이다. 이러한 행사는 그들에게 자부심을 줄지언정 의미 있는 변화를 기대하기 어렵다.

　시장에 가서는 불평에 귀를 기울여야지, 자기 생각을 단순히 확인하려고 해서는 안 된다. 판단하려 하지 말고 관찰하는 것이 중요하다. 즉, 소비자의 조그만 불평에서 마케팅이 아이디어를 찾을 수 있기 때문이다.

3) 마음의 전쟁

　마케팅이 제품의 전쟁이 아니라 마음의 전쟁이라는 점을 깨닫는 것은 중요하다. 예컨대, 승용차간의 전쟁이 엔진 크기와 마력, 연료 효율의 싸움이라고 생각하면 큰 착각이다.

　일본 자동차가 미국에 수출되던 초창기 때에는, 미국에서 판매되는 일본차 가운데 가장 인기가 있었던 것은 도요타보다 혼다였다. 그런데 그 당시 일본에서는 혼다의 판매량이 도요타, 닛산에 이어 겨우 세 번째로써, 도요타의 4분의 1에도 미치지 못했다 한다. 만약 마케팅이 제품의 전쟁이라면, 미국에서든 일본에서든 판매 순위가 비슷해야 했을 것이다.

　그렇다면 이러한 차이가 생기는 이유는 무엇인가. 전쟁터가 다르기 때문이다. 다시 말해, 같은 제품이라도 이를 대하는 소비자들의 마음이

다른 것이다. 70년대부터 수입이 늘어난 일본차 중 가장 먼저 미국 소비자들의 마음에 새겨진 것은 혼다의 시빅과 어코드란 모델이다. 그들에게 있어서는 혼다가 고장 안 나는 일본차를 대표하는 것이다. 반면, 일본 사람에게 '혼다'라 하면 오토타이를 먼저 떠올린다. 혼다는 오타바이로 일본 사람들과 친숙해졌기 때문이다. 그래서 일본 소비자는 오토바이 회사가 만드는 자동차를 은연중에 꺼리는 것이다.

펩시의 끈질긴 도전에 직면하여, 코카콜라는 새로운 제품을 내놓기로 결정한다. 철저한 시장조사의 결과, 사람들이 더 달고 부드러운 맛을 선호하는 것을 알았기 때문이다. 그리하여 코카콜라가 창립 99년 만에 새로 만들어 낸 것이 뉴 코크였다.

코카콜라가 20만 명을 대상으로 실시한 맛 테스트에서, 뉴 코크는 기존의 코크와 펩시를 제치고 1위를 차지한다. 하지만 시장에서는 펩시에 이어 3등에 머문다. 반면에 소비자들에게 친숙한 기존의 코크(코카콜라 클래식)는 맛 테스트에서는 3등이었지만, 시장에서는 1위를 고수하고 있다. 음료수 마케팅이 맛의 전쟁이 아니라 마음의 전쟁임을 보여준다.

중요한 것은 사실 여부가 아니다. 소비자들은 마음으로 판단하기 때문이다. 마케팅의 전쟁터는 바로 마음인 것이다.

일찍이, 켈리George Kelly라는 심리학자는 개념적 대안론Constuctive Alternativism을 주장한바, 객관적 사실보다 주관적 해설을 중시해야 한다고 말한다. 그에 의하면, "각 사람은 서로 다른 각도에서 사물(또는 사안)을 본다.

그런데 이중에 어떤 관점이 더 옳다고 말할 수는 없다. 각자의 특정한 목적에 부합되는 좀더 '편리한' 관점을 택할 뿐이다"라고 주장한다.

지구가 둥글다는 것은 과학적이며 객관적인 사실$_{fact}$이다. 그러나 일상생활에서 지구가 둥글다는 사실을 의식하며 살아가는 사람은 거의 없다. 내 눈에 평평해 보인다면 (인식: $_{perception}$), 나에게는 평평한 것이 진실이다.

그렇다면 마케팅 상황에서의 진실이란 과연 어디에 있는 것인가? 고객들의 인식이 그야말로 진실이다. 기업의 관점에서 보았을 때는 그것이 진실이 아닐 수도 있지만, 여하튼 마케팅 전쟁을 치름에 있어서는 고객의 인식이 진실이라고 가정을 해야 한다.

고객이 마음속에 있는 진실을 수용하고, 그것을 어떻게 다룰 것인가를 생각해 보아야 한다.

그러므로 좋은 제품을 만들어야 마케팅 전쟁에서 승리하는 것이 아니라, 마음의 전쟁인 마케팅 전쟁에 승리하여야 좋은 제품으로 평가된다는 점을 명심해야 한다.

3. 마케팅 전략가로서 유의할 점

1) 사실을 잘 파악하라

서투른 전략가는 사실을 일반화하려고 한다. 위로 올라갈수록 자세한 항목들을 밑에 맡기고 큰 줄거리만 잡으면 된다고 생각한다. 사실 윗사람이 너무 자세한 것까지 시시콜콜 따지게 되면, 오히려 경멸받지 않을까 눈치를 보기까지 한다. 또 어떤 한 분야를 깊이 알고 있는 사람은 폭넓은 관점을 가질 수 없다고 생각하기도 한다.

그러나 마케팅 전략가에겐 지금 무엇이 일어나고 있는지를 정확히 알고, 미래에 무슨 일이 일어날지를 예측할 수 있는 능력, 즉 흐름을 탈 수 있는 통찰력이 필수적 요건이다. 그렇게 되려면 작은 사실들$_{details}$까지 손바닥 들여다보듯 잘 알고 있어야 한다. 마케팅 전략가가 시장의 상황들에게 멀어질수록 전술의 성공 가능성은 적어진다.

또한 전술을 잘 선택했다고 해서 성공하는 것도 아니다. 전술 집행의 성패는 상대적이기 때문에 전술을 집행하기 전에 먼저 적의 능력과 의도를 충분히 파악해야 한다.

손자도 "먼저 적을 안다는 것은 귀신에게 빌어 되는 것도, 일정한 법칙에 의해서 파악되는 것도 아니다. 반드시 적을 알고 있는 자에게서 사실을 밝혀내야 한다."고 말하며, 사실을 제대로 파악하는 것이 중요함을 강조했다.

2) 아이디어를 시험해 보라

전술의 수행이 순탄할 것인가를 확신하기 위해 새로운 아이디어를 시험해 보는 절차가 필요할 때도 있다. 개념에서 생겨나는 문제보다 개념의 실행에서 발생하는 문제가 더 많기 때문이다.

마케팅에 있어 시험판매는, 옷을 사기 전에 옷을 입어 보는 것과 같다. 즉 시험판매를 통해 제품의 결점과 표본 소비자들의 반응을 알 수 있는 것이다. 새로운 전술의 시행은 새로운 기능 부문들이 호흡을 맞춰 볼 기회도 제공한다.

이러한 시험은 제품이나 서비스를 해외를 포함한 새로운 시장에 진출시키고자 할 때 특히 중요하다. 새로운 소비자는 기존의 소비자와 매우 다를 것이기 때문이다.

그러나 한편, 제품수명주기가 점점 짧아져 가는 상황에서 시험판매로 인하여 타이밍을 놓치지 않도록 유의해야 한다. 또한 시험판매가 새로운 전략에 대한 정보를 노출시킬 위험이 있을 때는 이러한 시험 자체를 재고해 보아야 한다.

3) 일관성을 가져라

말은 간단하지만 매우 중요한 사항이다. 만약 전체 마케팅 믹스(4P)의 한 요소를 변화시키고자 한다면, 나머지 요소들도 그 요소와 일관성을 가질 수 있도록 해야 한다. 즉, 전술 집행의 일환으로 어느 한 가지 요소를 변화시킨다면 다른 요소들 역시 수정되어야 한다. 무슨 변화든 일관성이 중요하다.

이 책의 사례에서 우리는 일관성에 대하여 주의를 기울인 예를 수없이

보았다. 전기 깡통따개의 경우에 GE는 일관성이라는 지침에 따라, 선물용으로 포장을 바꾸면서 광고의 방향과 시기도 바꿨으며 유통구조를 확대시키는 등, 새로운 제품 개념에 일관되게 마케팅 믹스를 변화시켰다.

4) 'win-win'의 상황을 창출하라

성공의 본질은 고객 및 중간상과 더불어 '이김-이김'$_{win-win}$의 상황을 이끌어 내는데 있다. 불행하게도 많은 전략가들이 고객이나 중간상의 희생을 대가로 이익을 얻으려는 '이김-짐' 상황의 관점에서 생각하곤 한다. 그러나 양측 모두에게 이롭다고 생각하지 않으면 거래는 곧 중지될 것이다.

의무적 구매상황을 창출하는 데 있어, 만약 모든 쪽에 도움을 주지 못한다면 그 기업은 판매 문제보다 더 큰 문제에 봉착하게 된다. 대중이나 정부는 어떠한 조작의 냄새를 맡게 되면 공격적으로 반응하기 때문이다. 화재경보기와 무연휘발유는 그들의 성장을 가속화한 법률적 변화가 대중들의 이익에도 부합되었기에 성공한 것이다.

강제적인 성격이 덜한 전술이라도 'win-win'의 상황은 어느 경우에나 반드시 고려되어야 한다.

- 식기세척기가 집을 팔고 아파트를 세주는 데 도움이 됨을 증명
- GE는 세척기를 팔아서 좋고, 건축업자는 주택을 손쉽게 팔아서 좋으며, 소비자는 세척기의 편리함을 즐길 수 있어 좋은 것

5) 기업가적 분위기를 조성하라

마케팅 전략가들에게는 대담성이 필요하다. 새로운 전술이 성공할 기회를 갖기 위해서는 전술을 집행할 영업팀에게 자신감을 불어넣어 위험을 마다하지 않는 분위기를 조성해야 한다. 그래야만 적시라고 판단될 때 매우 기민하고 확실하게 행동을 취할 수 있다.

그렇지만 성공의 사다리를 올라가면 올라갈수록 대담성을 잃어버리는 경향이 있다. 절차상의 세세한 부분에 매달리는 관료적인 성향을 지닌 사람에게 전술 집행의 책임을 맡겨서는 안 된다. 조직 내에서 기업가적 성향$_{entrepreneurship}$을 가지고 있는 누군가에게 전술 집행을 맡기는 것이 한 가지 방법이다.

무엇보다도 중요한 것은 전략을 성공적으로 수행한 사람에게는 보상이 주어져야 한다는 점이다. 또, 실패했을 때라도 만약 실행 방법이 옳은 것이었다면 처벌이 내려져서는 안 된다. 이러한 조건에서 어떤 전략을 성공적으로 수행한 사람은 다음에 그 보다 더 큰일을 할 수 있을 것이다. 예를 들어 필립 모리스 말보로를 담배 업계의 선두주자로 만든 팀에게 밀러맥주를 재활성화 하라는 임무를 주었고 그들은 다시 성공을 이루어 냈다.

(1) 창의적 마케터의 자질이란

크고 작은 성공사례의 뒤에는 반드시 성공을 주도한 주인공들이 있다. 이러한 마케팅의 귀재(마케터$_{marketer}$라 부르자)들은 그 배경이 제품 발명가나 디자이너, 유통 전문가, 광고 전문가 등 다양하다.

훌륭한 마케터들은, 창의성$_{creativity}$의 본질을 갖고 있다. 창의성 자체가 하나의 중요한 연구영역이 되겠으나, 여기서는 창의적이고자 하는 전략가들을 위해 요점만을 간단히 정리해 본다.

① 타고난 창의성

많은 사람들이 자기자신은 그다지 창의적이지 못하다고 생각한다. 창의적인 사람은 틀림없이 굉장히 높은 지능의 소유자일 것이라고 여기기 때문이다. 그러나 어떤 분야에 서든 대가로 성공한 인물들이 보통 사람들보다 머리가 더 좋았다는 증거는 없다. 지금까지의 어떤 조사에서도 지능과 창의력 사이의 상관관계는 발견되지 않았다.

창의력은 몇몇의 선택된 사람들에게만 주어진 신의 선물이 아니며, 인간의 생존력을 높이기 위해 모든 사람이 갖게 된 인간의 특혜이다. 밀가루와 베이킹 소다, 우유, 기름, 달걀, 설탕을 합하여 전혀 다른 물건인 빵을 만들 때처럼, 새로운 것을 생각해 내거나 어떤 것을 변형시키는 능력의 중심에는 언제나 창의성이 자리 잡고 있다. 모든 사람이 베

토벤만큼 창의적일 수는 없지만, 사람들의 몽상이나 공상을 한다는 것은 누구나 어느 정도는 창의적일 수 있다는 증거가 된다.

② 끊임없는 노력

그렇지만 창의성을 주어진 것으로만 생각해서는 안 된다. 끊임없이 갈고 닦지 않으면 창의성은 그 빛을 발하지 못한다. 역사에 남을 만한 창의적인 사람들도 대부분, 불후의 걸작을 탄생시키기까지 최소한 10년 이상 각고의 세월을 보냈던 것을 알 수 있다.

아인슈타인은 26세 때 상대성 원리를 발견해 냈기 때문에 갑작스레 영감을 얻은 젊은 천재라고 여겨지겠지만, 실은 16세 때부터 상대성 원리에 대한 연구를 시작했었다. 모차르트도 어려서부터 작곡을 했지만 평론가들로부터 제대로 된 작곡이라는 평을 받은 첫 작품을 내놓은 것은 22세라는 원숙한 나이에 이르렀을 때였다. 그들이 타고난 천재라 해도, 창의적이라는 명칭을 하루아침에 얻은 것은 아니다.

③ 완벽을 추구

창의적인 사람이 완벽을 추구하지 않는 다면 성공은 단명하고 말 것이다. 90%의 완성도를 100%의 완벽함으로 끌어올리는 데 몇 배의 에너지가 소모되더라도 싫증내지 않고 끊임없이 노력해야 성공을 지속할 수 있다.

예술가들도 예외는 아닌 것 같다. 프랭크 시나트라가 한 지방으로 공연을 갔을 때, 어려서부터의 친구가 마침 그 곳에 살고 있었다. 그 친구는 반가운 나머지 공연 시작 전에 무대 뒤로 시나트라를 찾아갔는데, 시나트라는 이미 크게 히트한 '마이웨이'My Way를 연습하고 있었다. 그 친구가 "그 노래를 왜 연습해? 아니, 아직도 가사를 못 외웠는가?" 하고 물었다. 그러자 시나트라는 "사실은 수천 번도 더 불렀을 걸세. 그렇지만 아직도 매 공연마다 처음 부르는 마음으로 연습을 한다네" 라고 대답했다고 한다.

창의성이 두드러진 사람들은 항상 미흡한 마음으로 끊임없이 완벽을 추구하는 자세를 보인다. 그러면서도 그들은 평생 동안 타의 추종을 불허하는 많은 성과를 이룬다. 창의력이 그들의 자긍심을 높여 주고, 이러한 자긍심은 엔돌핀 생성을 촉진하여 그들을 활력에 넘치게 함으로써 더 높은 생산성을 향한 투지에 불을 붙이는 것 같다.

④ 새로운 시도

창의적인 사람들은 끊임없이 새로운 시도를 한다. 그들이 이루어 낸 성공의 비결은 바로 그들이 맛본 참담한 실패에 있다고 해도 과언은 아니다. 창의적인 사람으로서의 성공을 거두게 되는 것은 무엇이든 하는 일마다 잘해서가 아니라 수많은 실패를 겪어 냈기 때문이라고 말하는 것이 옳다.

창의적인 사람들도 자신의 아이디어가 언제나 뛰어나고, 또 그들의 시도가 모두 성공하리라고는 생각하지 않는다. 그러나 창의적인 사람들은 오랜 기간 끊임없이 아이디어를 끌어낼 때, 그 중의 일부는 성공을 거두게 된다는 것을 알고 있다.

⑤ 순수함을 유지

사람들은 상상력과 창의력을 어릴 때 대부분 잃게 된다. 초등학교의 교육과정을 보면 어렸을 때 창의력을 잃는 것이 당연한 일인지도 모른다. 「창의력 연구저널」(Creativity Research Journal)의 발행인인 런코$_{Mark\ Runco}$ 박사는 "어린이들이 학교에 가면, 말하기 전에 먼저 손을 들게 하고 반대 의견은 직접적으로 표현하지 못하도록 교육한다. 규칙과 복종에 중점을 두어 가르치고 나서, 왜 아이들이 자발적이고 창의적이지 않은가 하고 궁금해 한다"고 교육방법을 비판한다.

어쨌든, 아이들은 성장하고 현실을 배워 가면서 이런 저런 가능성을 하나씩 포기해 버린다. 이건 이래서 안되고, 저건 저래서 안되는 것이다. 그러나 창의적이란 평을 듣는 사람들은 어른이 되어서도 어린애 같은 순수함을 잃지 않는 사람들이다. 피터팬과 같은 이야기를 그대로 믿을 수 있는 사람들로서 우스꽝스러운 생각을 부끄러워하지 않기 때문에 그들에게 안되는 것, 불가능한 일이란 없다.

⑥ 경험도 중요

사람들은 어렸을 때는 강한 창의적 충동을 느꼈지만, 성장한 뒤에는 일에 매이고 가족을 부양하느라 창의적 충동을 갖지 못한다고 핑계를 댄다. 그러다가 30대 후반 또는 40대가 되어 창의성이 중요함을 깨닫고는 이미 너무 늦었다는 생각에 질식할 것 같은 절망에 빠지곤 한다.

물론 어떤 분야에서는 창의성을 발휘하는 데 나이가 장애가 될 수도 있다. 「노화심리 핸드북」Handbook of the Psychology of Aging에 의하면, 수학이나 이론 물리학 분야에서의 창의적 성과는 보통 20대 중반에서 30대 초반에 최고조에 달하며, 이 나이가 지나면 창의력은 급격하게 떨어진다는 것이다.

그러나 나이와 경험이 창의력의 플러스 요인이 되는 분야도 많다. 40대나 50대가 되어 창의적 충동을 갖게 된 사람들은 "어느 정도 나이가 되어야 창의력이 최고에 달하는 것으로 보이며, 이 시기 후에 창의력을 아주 크게 잃지만 않는다면 더 이상은 별로 떨어지지 않는다"고 털어 놓는다. 거의 50세에 이르러 월마트의 아이디어를 떠올린 샘 월튼이나, 60세가 넘어 더욱 넘치는 창의력을 자랑하였던 소니의 모리타 아키오, KFC의 커넬 할랜드 샌더스는 65세에 사업 실패, 105달러의 사회보장연금으로 생활을 연명하다가 74세에 600여개의 체인점 사장으로 재기 성공, 90세에 전 세계 80여 개국에 체인점 설립이 그 예가 될 것이다.

천재라고 하면 어린 신동을 떠올릴지 모르지만, 현실적으로 창의적인 사람을 마음속에 그리려면 경험이라고 하는 요소를 첨가하여 희끗희끗한 머리칼을 더 그려 넣어야 할 것 같다.

마케터가 수행하여야 할 기본적인 활동

- 시장과 소비자에 대한 이해 (Understanding Market & Customer)
- 고객 및 시장조사 (Primary Research & Secondary Research)
- 타겟 시장 및 고객 설정 (Setting the Target Market & Customer)
- 제품개발 및 효용성 검증 (R&D Plus Product/Service Review)
- 고객을 위한 마케팅 활동 (Marketing Activities)
- 마케팅 활동에 관한 고객과 시장에 대한 Feedback (Customer Reaction & Market Feedback)

4. 마케팅 실무자가 반드시 갖춰야 할 역량 4가지

1) 틀을 깨는 역량을 제대로 키워라

마케팅 실무자에게 가장 필요한 것은 정해져 있는 룰$_{Rule}$, 즉 틀을 깨는 역량이다. 우선 틀을 깨기 위해서는 그 틀을 잘 파악하고 있어야 한다. 일을 처리하는 과정에서는 기존의 과정에 문제가 없는지, 개선할 여지가 있었는데도 어떤 환경 때문에 미뤄놓거나 지연됐던 적이 없었는지, 새로운 규칙을 만드는 데 조직의 구성원이나 내·외부의 환경적인 거부감은 없는지 먼저 살펴야 한다.

단, 틀을 깨는 것은 필요조건이지 충분조건이 아니다. 적합한보완해 효율성을 극대화시키는 것이 바람직하다. 무조건 기존의 방식을 뒤집고 새로운 것을 추구하는 것만이 능사가 아니라는 말이다. 여기서 중요한 것은 개선해야 할 틀이 무엇이고, 어떻게 개선해야 효율성이 있는지를 판단하는 것이다. 단기간에 개선할 수 없거나, 변화가 있더라도 많은 진통과 혼란이 예상된다면 차라리 바꾸지 않는 것만 못한 경우도 있다. 우선 개선 가능한 일부터 순차적으로 바꾸려는 노력이 필요하다.

사업 영역 전체를 바꾸는 것만이 새로운 성장동력의 견인인 것처럼 오인하는 기업도 있다. 기존의 틀을 깨야 한다고 하며 갑작스럽게 구성원들에게 새로운 인식과 마음가짐, 새로운 시장의 지식을 요구하기도 한다. 하지만 이때 반드시 고려해야 할 점은 기존의 것이 유지되지 않는다면, 새로운 것도 원하는 시기에 원하는 상태로 만들어내기 어렵다는 것이다.

따라서 기존의 틀을 깨기 위해서는 분석적인 태도를 가지고 충분히 고민하는 시간을 갖고, 미래에 대비해 차분히 준비하는 역량을 키울 수 있는 교육이 우선돼야 한다. 또한 기존의 프로세스에 효율적 대안은 없는지 살펴보고, 내부적으로 수정·보완해 달성 가능한 것인지, 외부 자원을 활용하는 것이 더 좋은지 판단해야 한다.

마케팅에서 틀을 깰 때는 언제나 '고객'을 중심에 놓고 생각해야 한다. 고객의 입장에서 판단하고, 고객이 어떻게 생각할지 사전에 파악해 보는 것이 곧 새로운 틀을 창조하는 기준점이 된다. 고객이 좀 더 쉽게

이해하고 편하게 다가설 수 있으며, 예상 가능 하도록 조정해나가는 과정이 바로 새로운 틀, 즉 창조성을 완성해가는 지름길이다.

2) 정확하고 면밀할 시장 애널리스트가 되라

마케팅 실무자에게는 기존의 틀을 깨는 '룰 브레이커$_{rule\ breaker}$' 뿐만 아니라 '시장의 애널리스트$_{market\ analyst}$로서의 역량도 필요하다. 시장의 애널리스트로서 마케팅 실무자는 빠른 두뇌와 정확한 판단력, 전문적인 지식과 현장 경험이 요구된다. 이러한 지식과 경험을 뒷받침해줄 수 있는 것이 바로 분석적 역량이다.

마케팅은 머리로만 하는 것이 아니다. 분석적인 머리는 물론이며 고객을 위한 열정도 반드시 필요하다. 마케팅 실무자의 아이디어가 시장에서 고객이 선호하는 방향으로 평가받기 위해서는 발생 가능한 모든 경우의 수를 계산해봐야 한다. 이런 경우에는 적용되고 저런 경우에는 적용되지 않는 일이 없도록 해야 한다.

위험한 경우의 수를 줄이는 것은 정확하고 면밀한 분석을 통해서만 가능하다. 이런 과정은 새로운 아이디어를 만들어가는 과정이라고도 볼 수 있다. 어떻게 하면 정확하고 면밀하게 분석할 수 있을까? 다음과 같은 3가지 방법을 활용해보면 도움이 될 것이다.

(1) 첫째, 가능한 정성적이고 정량적인 데이터를 습득하는 데 주력해야 한다.

상품·서비스에 대한 고객조사와 출시될 시기의 환경의 변화, 대체 상품·서비스에 대한 연구 자료와 고객의 반응, 생산원가를 비롯한 손익분기점, 상품·서비스를 사용한 고객과 미사용고객의 분류와 가중치, 미사용고객의 발생원인, 투입된 자원 대비 효율성을 평가하는 일 등 가능한 많은 자료를 비교·분석해보는 연습을 해야 한다. 대략적인 흐름에 대해 정보를 줄 수 있는 외부 자료도 좋고, 기업 내부의 분석적인 자료도 좋다. 데이터를 습득한 후에는 데이터가 나온 근거와 원인을 생각해봐야 한다. 만약 올바른 목표와 방향에서 전개됐다면 그 데이터를 계속 사용할 수 있으며, 현재와 미래 목표를 설정했을 때에도 가치 있는 자료가 되기 때문이다.

(2) 둘째, 수집한 자료를 통해 현재의 시장 상황을 재분석해야 한다.

현재의 시장 환경에서 경쟁사의 움직임은 어떻고, 동종 상품·서비스를 제공하는 다른 대체재는 어떻게 발전해가고 있는지, 자사의 상품·서비스의 장·단점은 무엇인지, 그 장·단점이 지속적으로 유지하고 발전 가능한 요소인지 살펴봐야 한다. 또한 새로운 상품·서비스를 시장에 출시했을 때 발생 가능한 법적·제한적 규제와 조치를 고려해야 하는지, 고객의 반응은 어떻게 전개될 것이며, 선호하는 상품·서비스의 요소 중 변경해야할 것들이 있는지 등 다양한 측면으로 검토해야 한다.

(3) 셋째, 데이터의 수집과 원인 분석이 이루어졌다면, 그 분석에 대한 내·외부적인 의견을 수렴해야 한다.

다양한 관점에서 의견을 들어 보면 원인 분석 시 미처 고려하지 못했던 사항을 발견할 수도 있으며, 원인 분석에 대한 당위성을 얻을 수 있다. 가능한 한 외부에서 바라본 식견과 관점을 얻는 것이 중요하지만 보안상의 이유로 의견을 수렴하기 어려운 측면도 있다. 따라서 원인 분석에 대한 큰 흐름과 뼈대를 바탕으로 외부자와 인터뷰를 하거나 내부의 이해관계자들을 중심으로 의견을 수렴하는 것이 좋다.

앞에서 설명한 접근 방법을 이용한다면 새로운 관점과 원인에 대해 정확히 분석할 수 있을 것이다. 다만 여기에서 고객의 의견을 직접 접할 수 있는 채널 등을 마련해 통계화하거나 수치화하고, 고객센터 구성원을 통해 필요한 자료를 수집해 체계화한다면 분석에 더욱 도움이 될 것이다.

3) U커뮤니케이션 코디네이터가 돼라

마케팅 실무자는 고객과 판매, 전략적 방향성의 기획과 실행을 책임지는 '커뮤니케이션 코디네이터communication coordinator'다. 차별화된 아이디어로 상품·서비스만 만드는 사람이 아니라 고객의 니즈에 맞춘 컨셉을 정확히 알리는 동시에 자신이 기획한 상품의 전략적 방향을 고객의 입장에서 이해하기 쉽게 풀어 해석하고 교육시키는 전도사다.

고객이 어떤 상품·서비스를 쉽게 이해하고 쉽게 사용한다는 것은 곧 고객이 필요한 것을 잘 알고 만든 것이라고 볼 수 있다. 고객이 상품·

서비스에 쉽게 접근할 수 있도록 하는 것이 바로 마케팅 활동에서 실행돼야 할 기본 사항이기 때문이다. 또한 마케팅 실무자는 영업 현장에서 경험을 많이 쌓는 것이 좋다. 최근 기업들은 마케팅 실무자들이 현장에서 일정 기간동안 판매를 경험하도록 한다. 고객과 직접 대면하고 접촉하면 할수록 고객이 원하는 것을 제대로 파악할 수 있기 때문이다. 현장경험이 어렵다면 다른 기업의 판매활동을 통해 간접 경험을 극대화시키는 방법도 고려해볼 수 있다. 즉 'SP sales promoter,(판매촉진자)제도'를 도입해 마케팅 기획 단계에서 반영하는 것이다.

SP는 마케팅 실무자와 영업사원을 연결하는 가교 역할을 한다.

SP담당자는 현장에서의 영업활동의 경험과 노하우를 갖춘 동시에 마케팅 컨셉을 가장 잘 이해하는 사람으로 선정해, 신규 상품·서비스의 기획 단계에서부터 참여시키는 것이 효과적이다. 현장에서 고객의 목소리를 듣고 효율적으로 판매를 강화시킬 수 있는 있는 노하우와 교훈을 상품·서비스를 만드는 마게팅 실무자에게 직접적으로 전달해야 하기 때문이다. 고객조사가 객관적인 측면에서의 아이디어라면 SP는 주관적인 측면에서 교훈을 전달하는 매개체인 것이다.

앞에서 계속 강조해온 바와 같이 훌륭한 마케팅 실무자는 내·외부 고객의 소리를 귀담아들을 줄 알아야 한다. 상품·서비스를 기획하다 보면 정작 도움이 되는 의견보다는 자신의 컨셉과 아이디어를 높게 평가하는 의견에 초점을 맞추기 쉬운데, 객관적인 입장을 가지고 고객의 의견에 귀 기울이도록 노력해야 한다.

4) 고객을 위한 센스와 아이디어를 업그레이드하라

마케팅 실무자에게 가장 중요한 필수 역량은 남다른 감각$_{sense}$과 아이디어다. 남다른 감각을 갖기 위해서는 사물과 현상을 있는 그대로 바라보는 것이 아니라 '내가 고객이라면…'이라는 생각을 항상 머릿속에 넣어두고, 현실적으로 이를 반영시키기 위해 노력해야 한다. 항상 고객의 입장에서 생각하다 보면 가장 빠르고 명확한 해답을 구할 수 있다.

고객은 어떻게 하면 적절한 가격으로, 찾기 쉬운 장소에서, 필요한 때에 구매할 수 있는가를 항상 염두에 두기 때문이다.

고객이 근본적으로 생각하는 구매의 필요성, 즉 니즈를 먼저 고려한다면 마케팅 실무자만의 남다른 감각을 갖는 것은 그리 어려운 일만은 아닐 것이다. 감각은 지속적인 연습과 경험을 축적할수록 더욱 힘 있고 세련돼진다. 하나의 상품을 보더라도 그 주위에 몰려 있는 고객들과 다양한 홍보활동, 이에 반응하는 고객들을 함께 살펴본다. 이를 통해 새롭고 흥미로운 사실들을 발견할 수 있고 여러 가지 간접적인 경험도 쌓을 수 있을 것이다. 이러한 경험과 관찰활동이 쌓이다 보면 자신이 기획하는 상품·서비스를 다각도로 분석하고 살펴볼 수 있으므로 남다른 고객 지향적 감각을 가질 수 있을 것이다.

보통 아이디어는 엉뚱한 상상 속에서 실마리를 찾는 경우가 많지만, 마케팅에서는 '개선'이라는 말 자체가 이미 아이디어를 내포하고 있다. 새로운 상품·서비스를 창조하는 것도 중요하지만, 기존에 고객들이 불편함을 느끼고 고객들의 마음속에 자리 잡기 어려웠던 이유들을 종합적으로 분석해 개선하는 과정이야말로 진정한 아이디어의 시작이라고 할 수 있다.

히트한 상품·서비스를 생각하게 된 진원지는 무엇이고 왜 그렇게 생각하기 시작했는지를 고민하고 연구해본다면, 신상품 기획을 위한 차별적 포인트를 눈앞에 그려 낼 수 있을 것이다. 다양한 부분에서 아이디어를 얻고 싶다며 여러 분야의 책을 많이 읽고 신문과 기타 매체들을 통해 지속적으로 상식을 쌓는 일을 게을리 해서는 안 된다. 또한 고객들의 행동과 생각을 끊임없이 관찰하고, 직접 고객의 입장이 되어 느낀 부분들을 항상 메모하는 습관을 갖는 것도 좋은 방법이 될 것이다.

5. 완벽한 고객 세분화활동을 위한 4단계 전략

1) 1단계 시장의 몸통, 수요 예측하기

고객의 세분화 과정 중에서 가장 먼저 수행해야 할 일은 수요를 예측하는 것이다. 수요를 예측함으로써 상품·서비스를 구매할 시장의 크기, 예상 구매고객의 수 기존 구매자 및 잠재구매자, 반복 구매율 등을 파악할 수 있다.

일반적으로 각 기업이 보유하고 있는 해당 산업군에 따라 수요예측

모델시장의 크기와 구매의 빈도, 이용률 등을 구한다. 고객세분화활동을 통해 타깃고객을 파악하면 가장 현실적인 시장의 크기를 구할 수 있으며, 그에 따른 매출과 수익까지 예상해볼 수 있다. 수요 예측에는 다음과 같은 다양한 유형이 있다.

(1) 기존 상품에 대한 수요 예측

이미 시장에 출시된 기존 상품들의 구매 빈도와 구매자에 대한 예측은 경쟁사의 신상품 출시 및 마케팅 전략의 변화, 대체재의 등장 등에 따라 예측 결과가 달라진다. 또한 경기 침체나 경제 호조, 환율 및 세금 변동 등 시장경제의 전체적인 변화로 인해 수요가 달라질 수 있다.

이와 관련된 한 예로 유류세의 변화가 차량의 신규 수요 및 기존 차량의 운행 횟수에 영향을 미치기 때문에 자동차 연료를 파는 기업의 매출과 수요의 규모에도 영향을 미치는 것을 들 수 있다. 이와 같이 수요는 변수에 따라 달라질 수 있으므로 변수에 따른 수요 변화를 데이터베이스화하는 것이 필요하다.

(2) 신규 상품에 대한 수요 예측

타깃고객군의 기존 유사 상품의 구매 빈도와 구매율, 판매 촉진비용에 대한 효율성까지 감안해 시장 기회 및 시장 구조를 파악한 뒤 상품의 최적의 컨셉을 개발한다. 신규 상품이 출시 된 후에는 해당 연도 및 출시 이후 1년간의 판매량과 매출액을 예측하고, 매출에 영향을 주는 다양한 변수를 파악한다. 개발된 컨셉에 대한 고객선호도 $CP_{Customer\ Preference}$ 조사를 실행한 후 이에 따른 수요 예측 시나리오를 개발한다.

시나리오별로 다시 타깃시장과 고객군에 대한 수용도 조사를 실행한 후 출시될 상품·서비스의 규모를 정하는 방법도 있다. 이 방법도 경쟁사가 존재하는 경우 경쟁사의 판매 촉진활동 및 전략의 변화에 따라 조정될 수 있어야 한다. 예상 가능한 경쟁사의 전략을 각 수요 예측별로 반영해 최종적으로 수요를 예측한다.

(3) 브랜드 자산을 이용한 수요 예측

수요를 예측하는 방법에는 기존 상품과 신규 출시 예정 상품에 대한 예측법 이외에 브랜드 자산의 가치를 이용해 예측하는 방법도 있다. 브랜드를 확장 또는 재포지셔닝하거나 컨셉과 상품의 마케팅 믹스 전반에 변화를 줄 경우에 수요를 예측하는 방법이다.

상품이 출시된 이후에 시장 내 환경 변화에 따른 판매량, 매출액, 마케팅비용에 의한 수익 변화에 따라 마케팅 전략을 새롭게 수립한다. 이를 통해 마케팅 믹스 전략이 수정되거나 보완될 뿐만 아니라 수요 예측도 달라질 수 있다. 이 방법은 기존의 브랜드 자산에 대한 가치평가의 정교함이 필요하므로 주로 외부 기관이 수행해야 하며, 고객의 브랜드 수용도 조사를 통한 재구매 의향률이 산술적으로 계산돼야 한다.

2) 2단계 기업 내의 자원을 적절히 할당하기

마케팅 전략을 수리할 때 수요 예측과 마찬가지로 중요한 것이 기업 내 자원을 할당하는 일이다. 기업의 자원은 주로 R&C$_{Resource\&Capbility}$, 자원과 역량이라고 하는데 R&C의미는 각 기업별로 다르게 불리고 규정된다. 어떻게 하면 기업의 자원과 역량을 효율적으로 분배할 수 있을까? R&C의 분배는 크게 기존의 상품·서비스에 대한 측면과 신규 상품·서비스 출시의 측면, 2가지로 구분될 수 있다.

기존의 상품·서비스는 재포지셔닝을 하거나, 브랜드의 확장전략을 통해 서브$_{sub}$상품을 출시하거나, 새로운 유통채널을 편입하는 등의 방법으로 마케팅 전략 전반에 대해 필요한 자원을 재할당 할 수 있다. 이에 대한 예를 들어보자. 일본의 도요타가 대표 브랜드인 렉서스$_{Lexus}$로 미국의 자동차 메이커인 제너럴 모터스GM : General Motors을 누르자, 시장 관계자들은 이구동성으로 도요타의 원동력이 '카이젠$_{改善, 개선}$'과 인간 존중을 기반으로 한 '도요타 웨이$_{Toyota\ way}$' 라는 독특한 경영 철학과 시스템에 있다고 했다.

특히 도요타에게서 우리가 배워야 할 점은 효율적인 자원 분배전략이다. 도요타는 차 한 대를 생산하는 데 드는 시간을 2002년에 21.8시간에서 2004년에 19.5시간으로 줄였다. 또한 자원 배분의 낭비를 최소화하는 '저스트 인 타임JIT :Just In Time, 필요한 때 부품만 확보하는 경영방식' 과 자동화 등을 통해 실질적인 비용의 낭비를 막았다.

이와 같이 마케팅 전략을 수립하고 실행에 옮길 때 도요타가 기업 측면에서 고민했던 것이 바로 자원의 적절한 분배와 할당이었다. 도요타는 생산설비의 자동화와 이를 뒷받침하는 경영 철학을 바탕으로 전략을 수행할 자원을 효율적으로 재배정하고 집행할 수 있었다.

그렇다면 신규 상품·서비스를 출시할 경우 자원 분배는 어떻게 해야 할까? 해당 업종과 산업군, 타깃고객의 규모 및 신상품·서비스 육성에 대한 기업의 의지에 따라 많은 차이가 발생할 수 있기 때문에 정해진 해답은 없다.

하지만 일반적인 경우 상품·서비스가 경쟁사보다 높은 차별성을 보이고 고객의 유입이 충분히 가능하며, 그 규모도 크다고 판단될 경우에는 대략 매출 규모의 20% 정도의 자원을 마케팅 활동에 투입할 수 있다.

3) 3단계 _ 성공 가능성을 예측하기

고객의 세분화활동의 장점은 새로운 상품·서비스의 성공 가능성을 높일 수 있다는 것이다. 사업 환경의 급속한 변화로 리스크가 커지면서 미래에 대한 예측과 대응이 더욱 중요한 요소로 부각되고 있다. 따라서 과거와 달리 미래를 위한 구체적인 전략 요구되며, 기존 사업의 성장성이 둔화되면서 미래의 새로운 사업에 대한 탐색활동이 절실해졌다. 미래의 흐름을 내다보는 통찰력이 기업과 마케팅 실무자에게 중요한 역량으로 부각되고 있는 것이다. 그렇다면 다른 기업과 마케팅 실무자들보다 먼저 미래를 내다보고 차별적인 전략을 세우려면 어떤 것들이 필요할까? 이 질문에 대한 해답은 '고객 세분화 전략'에서 명확히 찾을 수 있다. 고객을 세분화하는 활동은 단순히 고객별로 다양한 특성과 속성을 연구하고 분석하는 것에 그치지 않는다. 실질적으로 고객이 상품·서비스를 접하고, 구매까지 연결되는 행동에서부터 재구매 활동까지 일으킬 수 있는 전략적 요소들에 대한 아이디어까지 제공하는 것이다.

흔히 미래를 예측하고 전략을 수립하기 위해서는 먼저 현재의 시장과 경쟁사 및 기술의 큰 흐름을 점정하고 트렌드를 파악하며, 선진 기업들은 어떻게 움직이고, 핵심 기술은 향후 어떻게 발전할 것인지에 대해 여러 가지 측면으로 검토를 한다. 물론 큰 흐름을 파악하는 것은 산업의 현황을 개괄하고 맥을 짚어보기 위해 반드시 필요한 중요한 활동이지만, 미래에 대한 예측이 어긋나는 경우가 빈번하다는 것이 문제가 된다. 이는 큰 흐름과 부합되지 않거나 불확실한 요인들에 대한 환경 변수가 충분히 고려되지 않았으며, 환경 자체가 크게 변하는 빈도가 높아졌기 때문이다.

시장조사기관, 증권사, 연구기관 등의 전망을 참조해 향후에 전개될 흐름이나 환경을 예측하는 경우가 많다. 따라서 내가 예상한 미래는 이미 남들도 아는 유사한 전략 형태로 도출되고, 차별성을 잃기 쉽다. 이러한 문제점은 시장·경쟁·기술 측면으로 나누어볼 때 더욱 분명해진다.

결국 고객의 입장에서 신기술이 어떻게 유용한지, 신상품이 어떠한 의미를 가지는지 고민해야 하며, 특히 타깃고객이 실제로 생각하는 상품과 기술의 발전에 대해 반드시 고려해야 성공적인 마케팅활동에 가능성을 높일 수 있는 것이다.

4) 4단계 _ 미약한 징후에 주목해 미래를 예측하기

시장 환경이 변하는 속도가 점점 빨라지는 상황에서 시장의 주도적인 트렌드, 선진 기업의 동향, 주력 기술의 진화 방향 등 현재의 주도적 흐름에만 주목하고 이를 바탕으로 미래를 예측한다면 예상치 못한 문제에 봉착하게 될 것이다. 즉 전략이 시장에 뒤처지거나 단기적인 격차를 해소하는 정도에 머물거나, 와해성 기술로 인해 대응하기 곤란한 점 등이 나타날 것이다.

미래를 올바르게 예측하려면 미래의 모습이 이미 현재의 모습 속에 숨어 있다는 사실을 기억해야 한다. 다만 신호가 미약해서 쉽게 알아차리기 힘들 뿐이다. 산업의 미래를 선견하려면 시장·경쟁·기술 측면에서 발생하는 희미한 징후나 약하게 나타나는 신호들을 세심히 관찰해야 한다. 이들의 결과를 조합해 새로운 의미를 이끌어낸다면, 남들이 예상하지 못했던 미래의 변화를 미리 감지할 수 있을 것이다.

보다 구체적으로 살펴보면, 시장 측면에서는 이머징 이슈emerging issue, 새로운 쟁점에 관심을 기울이고, 경쟁 측면에서는 다크호스 경쟁자들의 움직임을 예의주시하며, 기술 측면에서는 와해성 기술과 허브 기술을 탐색해야 한다. 단, 약한 신호들이 주류 트렌드로 발전하지 못할 수도

있으므로 이러한 요소들을 냉정하고 객관적으로 평가해볼 필요가 있다. 즉 이머징 이슈가 일시적인 유행에 머물 가능성은 없는지, 다크호스 기업이 니치 플레이어niche player, 틈새시장의 공략에 주력하는 기업에 그칠 공산은 없는지, 최근 각광받는 신기술이 과잉 기대를 받는 거짓 선지자 기술은 아닌지 냉철하게 판단해야 한다.

또한 고객의 행동양식, 생활·구매 패턴에 대한 분석 그 결과에 대해 눈여겨보는 행동과 게을리 해서는 안 된다. 고객의 행동양식을 파악하기 위해서는 기존 고객에 대한 트래킹조사 결과를 활용하는 것이 바람직하다. 트래킹조사는 일정한 질문에 대한 답을 지속적인 시간을 두고 쌓아 온 결과물이기 때문에 그 결과를 분석하면 고객의 구매 동기를 파악할 수 있으며, 상품·서비스별로 가치를 어디에 두는지도 알 수 있다.

(1) 파레토의 법칙으로 마케팅 4P를 융합시켜라

마케팅 믹스를 효과적으로 조합하기 위해서는 개별석인 마케팅 활동에 의존하기보다는 개별적 요소의 융합에 대한 구상과 설계가 필요하다. 각 마케팅 요소들을 효율적으로 융합 시키는 방법에 대해 마케팅 분야에서 불멸의 이론이라고 불리는 80 대 20법칙의 창시자, 빌프레도 파레토Vilfredo Pareto의 일화를 통해 살펴보자.

이탈리아 출신 경제학자인 파레토는 어느 날 개미들의 움직임을 관찰하고 있었다. 모든 개미들이 언제나 부지런하게 꾸준히 일을 한다고 생각했지만, 사실상 정말 열심히 움직이며 일을 하는 개미는 전체 개미들 중에서 20% 정도에 지나지 않는다는 사실을 발견했다. 그래서 그는 열심히 일만 하는 개미들만 별도로 모아서 다시 관찰하기 시작했다.

그런데 이 그룹의 개미들도 일하지 않는 개미와 일하는 개미로 구분할 수 있었고, 그 비율은 거의 80 대 20의 분포라는 것을 발견했다. 반대로 일하지 않는 개미들만 모아놓고

관찰해도 일하지 않는 개미와 일하는 개미의 비율이 80 대 20의 분포로 나뉘었다. 이렇게 일상적인 개미의 움직임을 관찰하고 이것을 경제 현상에 비유해 탄생한 이론이 80 대 20법칙인 '파레토의 법칙Pareto's law' 이다.

일반 기업의 매출과 수익에도 파레토의 법칙이 적용되는 사례가 많

다. 이 법칙의 핵심은 상위 20%의 상품·서비스가 만들어내는 매출이 전체 기업 매출의 80%를 차지한다는 것이다. 파레토의 법칙만으로는 현대 디지털 사회와 경제 현상을 잘 설명해줄 수 없다며 나온 이론도 있다. 바로 '롱테일 법칙Long Tail's law, 역(逆) 파레토 법칙'이다.

집중하지 않았던 80%의 분야에서 틈새시장을 발견하고 이를 기업의 매출과 수익을 창출하는 기회로 삼아야 한다는 것으로 기술력을 기반으로 한 옥션Auction, 이베이, 아마존, 구글 등의 기업을 그 실례로 들었다. 비중이 작은 80%의 개인 고객들과 작은 규모의 업체들이 온라인광고를 통해 기업들의 매출을 올려준다는 실질적인 근거를 보여준 것이다.

그러나 매출보다 실질적인 수익이 더 중요한지, 외형적인 성장이 더욱 강조돼야 하는지, 내실 있는 살림이 더욱 중요한지는 각 기업의 입장과 목표 전략에 따라 다를 것이다. 또한 전체 고객 중에서 80%에 집중할지 20%에만 집중할지도 각 기업별 전략적 판단에 따라 달라져야 한다.

이러한 파레토 법칙은 마케팅 믹스에서도 일맥상통하는 부분이 많다. 각 기업의 전략적 판단에 따라 개별적인 마케팅활동의 비중과 추진하는 힘이 달라진다. 중요한 것은 기존의 시장, 고객, 경쟁사 등 환경적인 부분들이 마케팅 믹스 요소들과 함께 고려될 때 우선순위와 가중치를 어디에 두는가 하는 점이다.

즉 가장 많은 시너지를 낼 수 있는 부분을 찾고, 다른 요소들은 그것과 상호보완적 관계를 유지하도록 해야 한다. 결국 고객은 마케팅 믹스 요소들을 통해 해당 기업의 차별적 요소와 이미지를 떠올리고, 구매 의향의 가장 중요한 요소로 받아들이는 것이다.

대량 생산과 공급이 이루어지는 시장에서는 판촉이나 상품의 기능적인 면보다는 가격적인 요소가 훨씬 큰 비중을 차지하지만, 명품을 취급하는 명품시장에서는 가격보다는 디자인·유행·문화 코드 등 비가격 요소가 훨씬 큰 비중을 차지한다. 생산재 부문에서는 기능적 효율성이 더욱 위력을 발휘하고, 소비재는 계절에 따른 특수를 감안한 판촉활동이 더 큰 영향을 미칠 수 있다.

이와 같이 마케팅 믹스를 적용할 때는 각각의 요소들이 차지하는 비중이 향후 시장에서 어느 정도 달라질지에 대해 예측하는 활동이 필요하다.

6. 펀마케팅Fun Marketing 사례를 통한 마케터 되기

"웃겨야 뜬다"

　펀 마케팅이란 재미있는 이벤트를 펼쳐 고객을 모으고, 매출을 향상시키는 마케팅 기법이다. 펀 마케팅의 강세는 키덜트Kidult, Kid+Adult화의 영향도 크다. 기존의 통념을 깨는 파격적인 디자인과 색상의 제품들도 고객들에게 재미를 더해주고 있다.

　펀놀로지Funology, Fun+technology는 효율성보다 고객에게 재미를 주는 상품이 소비를 발생시킨다는 개념에서 나온 말이다. 넘쳐나는 소비재 속에서 앞으로 소비 선택의 중요한 방향은 재미를 유발하는 제품쪽으로 갈 가능성이 크다. 소비의 의사결정에 있어서 필요나 기능성 등 이성적인 기준으로 설명할 수 없는 선택이 늘고 있으며, '얼마나 즐거움과 재미를 선사하는가'가 중요한 소비결정 요인이 되고 있다.

　펀소비의 유형은 4가지로 나눌 수 있다.
1) 제품 자체에 재미요소를 가미한 경우로 대다수가 이 유형에 속한다. 제품의 콘셉트 자체가 독특하고 재미있거나, 제품의 색상이나 디자인, 포장 등에 재미요소를 첨가할 수 있다.
2) 쇼핑의 경험까지도 재미있게 만드는 경우이다.
3) 기발한 아이디어의 판촉행사
4) 엔터테인먼트와 연계한 '보는 재미'를 선사하는 경우

　효과적인 펀마케팅 전략은 다음과 같다.
1) 트렌드 캐처Trend Catcher를 육성, 활용하라.
2) 적절한 모방 전략도 효과적이다.
3) 펀 마케팅에도 투자가 필요하다 : 적절하게 표현할 수 있는 기술과 디자인 역량의 강화
4) 일하기 즐거운 회사를 만들어라.

(1) 펀마케팅 사례
① 외식업계
- 제품자체에 재미 요소 가미

어느 피자전문점은 기존 브랜드 피자들과 차별화하기 위해 동그란 원 모양의 피자가 아니라 길쭉한 직사각형 모양의 피자를 만들었다. "원형피자보다 토핑이 많이 들어가고 조각 모양도 직사각형이어서 먹기가 편해 반응이 좋다"고 한다. 배달 직원이 긴 피자 박스를 들고 돌아다니다 보니 호기심에 '뭐냐'고 물어봐서 시켜먹는 고객들도 적지 않다고 한다.

터키식 아이스크림 전문점도 최근 스테이크처럼 썰어먹는 아이스크림을 내놨다. 아이스크림은 숟가락으로 떠먹는 것이라는 상식에서 탈피, 특이한 주재료로 만들어 공기 함유량을 제로로 하여 단단하고 쫀득하기 때문에 칼로도 잘 썰린다는 것이다. 호기심 많은 신세대를 중심으로 인기몰이 중이라고 한다.

김밥도 천편일률적인 모양을 벗어나 개성시대로 접어들었다. 김밥의 양쪽 가장자리인 '꼬투리'김밥이 나와 인기를 끌었고, 요즘은 김밥을 구슬모양으로 동그랗게 뭉친 '구슬김밥'이 등장했다. 삼각 김밥처럼 안에 넣는 재료에 따라 종류가 다양해지고 한입에 깔끔하게 먹을 수 있도록 크기도 작게 만들었다.

등갈비 전문점은 대기하고 있는 고객들에게 포춘(운수)쿠키를 나눠주어 쿠키 안에 바비큐 립, 후식, 음료 등의 경품을 넣어 대기하는 지루함을 덜어주려는 목적으로 시작, 재미를 더한 아이디어로 고객들의 반응이 좋다고 한다.

어느 삼겹살 전문점도 '뽑기'이벤트를 한다고 한다. 행복 돌리기라고 하여 회전판을 돌려 걸리는 안주나 주류를 무상으로 제공하여 색다른 재미를 주고 있다.

문화공연과 연계해 재미를 살리는 사례도 있다. 디지털 냉각 호프전문점에서는 스테이지를 마련, 마술과 춤, 음악공연을 진행하고 있다. 본사가 가맹점 공연을 지원하는 시스템을 운영하고 있는 것이다.

단독 매장이면서도 다양한 이벤트로 입소문을 타고 유명해진 음식점들도 있다. 닭갈비전문점으로 직원들의 특이한 옷차림과 유쾌한 유머, 다양한 이벤트를 앞세우며 그 지역의 명소로 등극했다. 스파이더맨, 슈퍼맨, 환자복, 방금 탈옥한 죄수, 백설공주, 세일러문 등 이곳 직원들은 만화영화 캐릭터나 유명 연예인의 복장을 하고 매장 분위기를 주도한다.

미국에 있는 어느 한국 구이전문점은 이색적인 소주 마케팅을 구사했다. 고기와 함께 소주를 마실 경우 홀수째 병은 9.99달러, 짝수째 병은 0.99달러다. 네 병을 마시면 9.99+0.99+9.99+0.99 = 21.96달러가 된다. 보통 주점에서 소주 1병당 10달러 선이므로 약 반값을 줄일 수 있다. 처음엔 부담 없는 가격으로 즐기라는 뜻으로 시작하였지만 매상도 같이 30~40% 올라 계속적으로 진행하고 있다고 한다.

또한 돌솥 설농탕 전문점에서는 특별히 65세 이상 손님과 동행할 경우 음식값의 30%를 할인하여 주고, 첫 번째 소주는 단 1센트만을 받는다고 한다. 짧은 기간 동안만 이벤트로서 시작하였는데 젊은 부부들이 어머니, 아버지들을 모시고 오는 아름다운 모습도 많아 보람도 있고 반응도 좋아 연장을 하였다고 한다.

어느 프랜차이즈 업체는 혈액형이라는 젊은층에 소구되는 이색 테마로 화제를 모으고 있다. 입맛 까다로운 A형은 단호박, 불닭과 남북계란말이, 무심한 B형은 엽기오뎅과 콤보 스테이크를, 많이 먹는 AB형은 허브삼겹살과 단호박, 크림해산물, 성격 급한 O형은 해물떡찜과 초가집 과일샐러드 등 혈액형별 성격과 특징을 바탕으로 고객에게 메뉴를 추천해 주며 먹는 재미를 더해주고 있고, 메뉴는 분기별 또는 매달 소비 트렌드를 파악해 지속적으로 개발된다고 한다.

위의 사례에서 보듯이 소형 점포들이 펀 마케팅을 적극적으로 시행하는 것은 소비자들의 관심과 시선을 사로잡을 수 있는 효과적인 차별화 수단이고, 불황기에 구매력과 소비의욕을 올리는 이색 먹을거리와 이벤트로 '재미'를 선사해 관심과 흥미를 유발하는 효과를 함께 누릴 수 있다. 펀 마케팅은 반짝이는 아이디어, 톡톡 튀는 재미가 생명으로 적은 예산으로도 좋은 효과를 올릴 수 있는 것이 장점이다.

펀 마케팅은 특성상 구전효과가 강하다. 때문에 기업의 입장에서는 비용대비 큰 마케팅 효과를 얻을 수 있다. 치열한 창업시장, 펀 마케팅

의 활용 포인트를 어떻게 잡느냐에 따라 기업의 경쟁력이 좌우된다고 전문가들은 조언한다.

② 재미있는 상호
- 닭집 : 꼴까닭, 위풍닭닭, 속닥속닭, 닭과오리의만남, 난피자넌치킨
- 고기집 & 술집 : 돈내고돈먹기, 바람난돼지, 탄다디비라, 암퇘지시집가는날, 마니머거도돼지, 잔비어쓰, 곧망할집, 바람난오리
- 음식집 : 월남스키부대찌게, 진짜루(중국요리집), 마님을보쌈해, 개닭보듯이, 난순두부넌돈가스, 난칼국수넌수제비, 난자장넌돈가스
- 미용실 : 버르장머리, 까꾸뽀꾸, 선영아머리해, 가위손
- 분식집 : 아버지튀김딸떡볶이, 김밥찐빵놀랄만두하군, 그놈이라면
- 기타 : 광어생각<횟집>, 복떡방<떡집>, 화장빨<화장품>, 이노무스키<스키렌탈>, 선영아노래해<노래방>, 조개가시집가는날<조개구이>, 조개부인사람잡네<소주방>

(2) 펀 마케팅 개발 마케터

"소비자를 즐겁게 하면 팔린다." 펀놀로지(Funology, Fun+technology)의 개념이다. 소비자에게 재미를 주는 상품(서비스포함)이 소비를 발생시킨다는 말이다. 소비의 의사결정에 있어서 필요나 기능성 등 이성적인 기준으로 설명할 수 없는 선택이 늘고 있으며, '얼마나 즐거움과 재미를 선사하는가'가 중요한 소비결정 요인이 되고 있다. 요즘 TV 연예계의 흐름도 정통가수, 정통배우, 연기자보다 원래의 모습과 다른 다재다능한 모습으로 즐거움을 주는 엔터테인먼트성이 강한 연예인들이 잘 팔린다. 기업도 본연에 충실해가며 소비자들에게 색다른 즐거움을 줘야 한다. 더 이상 가격이나 기능, 효율성 높은 제품, 편안하고 쾌적한 서비스만으로는 경쟁력이 없다. 또 다른 감성적 측면으로 흥미, 짜릿함, 설레임, 궁금증, 기대 등을 채워줄 수 있는 또는 찾기 위한 마케팅활동, 이것이 펀 마케팅의 기본이다. 펀 마케팅을 개발하기 위한 유형과 사례를 다시 정리해 보면 다음과 같다.

먼저 첫 번째의 경우는, 기발한 아이디어에 감탄하고, 즐거워하며 구

매를 망설이지 않고 흔쾌히 지갑을 열게 하는 제품 마케팅이다. 디자인 경영을 추구하며 스티브잡스의 역량을 맘껏 보여주는 애플사를 보면 저절로 지갑을 안 열수가 없을 정도다. 누드 컴퓨터를 시작으로 요즘의 아이시리즈까지 소비자들은 재미있어 한다. 스마트폰과 노트북의 기능을 모두 지니면서 이보다 더 편리하고 재미있는 제품이 없을까하며 탄생한 제품이 바로 아이패드였다.

두 번째는 상품명이나 상호, 기업브랜드까지 재미있는 네이밍을 통해 소비자에게 다가가는 브랜드 마케팅이다. '석류노을,' '소녀, 석류를 만나다,' '석류 37.2'…. 이중에서 좀 더 친근감 있는 대화 투의 이름이 필요하다는 의견에 따라 결국 '그녀는 석류를 좋아해'로 합의를 보고, 며칠 뒤엔 '그녀'보다 '미녀'가 좋겠다는 의견이 나왔다. 석류를 많이 먹으면 예뻐진다는 속설과 밀접한 이미지라는 것이다. 얼마 전 최고의 인기를 누렸던 음료인 '미녀는 석류를 좋아해'의 탄생과정이다. 재미있는 컨셉으로 만들어진 브랜드인 것이다. 또 몸 안에 2%의 수분 부족때 갈증을 느낀다는 사실에 착안한 '2% 부족 할 때, 청소년들을 대상으로 실시한 설문조사 결과 가장 원하는 키가 남자 187cm, 여자 168cm라는 점에 착안해 '187168'이라는 음료, 아딸분식(아버지튀김딸떡볶이), 까꾸뽀꾸, 선영아머리해(미용실) 등 '작명이 성패를 좌우한다.' 는 것이 요즘의 속설처럼 퍼지고 있다.

세 번째는 각 기업, 상품, 서비스에 따라 달리하는 여러 가지 마케팅 기법의 활용으로 소비자들의 감성을 자극하는 오감 마케팅이랄 수 있다. 여러 세제회사들과 베스킨라빈스, 최근 삼성SM5의 퍼퓸디퓨저, 롯데백화점의 냄새나는 전단지 등의 향기마케팅, 할리데이비슨의 엔진소리와 인텔의 사운드 로고, 스타벅스의 음악, 애플의 누드, 젤리컴퓨터, 아이팟 조그셔틀의 터치감, 뱅앤올룹슨사의 '세계최고의 촉감을 가진 전화기'등, 이제소비자들의 구매행동은 보고, 듣고, 만지고, 향과 맛을 느끼는 감각적 판단, 즉 오감만족에 따라 크게 달라진다. 각 기업들이 갖고 있는 자원, 특성에 맞게 소비자들이 가장 원하는 오감욕구가 무엇인지를 연구해 이를 충족시키는 새로운 마케팅을 개발해야 한다.

마지막은 보는 재미를 통해 구매 욕구를 자극하는 스토리텔링 마케팅이 네 번째에 해당한다고 볼 수 있다. 이야기의 재미를 통해 구매 욕구를 자극하는 스토리텔링 마케팅 등이 있다. 유명한 브랜드는 제품과 브랜드에 이야기가 있고 그 이야기는 광고의 대표적 소스가 된다. 대표적으로 말보로(Marlboro : 'Man Always Remember Love Because Of Romance Over' - 남자는 흘러간 로맨스 때문에 항상 사랑을 기억한다.) 스토리소비자들은 브랜드에 스토리가 있으면 오랫동안 그 기업이나 상품을 기억 한다고 한다. 미래소비자 시장은 꿈이다. 머리보다는 가슴으로 상품을 포지셔닝하고 선택한다는 것이다. 소비자의 구매 욕구는 해박한 지식과 논리적 설득이 아니라 감성 바이러스가 담긴 이야기인 것이다. 최근에는 드림케팅이란 합성어로 꿈과 스토리를 강조하는 마케팅 기법이 생겨났다. 에비앙의 '네버엔딩 스토리'를 들여다보면 세계최초로 생수판매를 한 이유를 잘 알 수 있게 해준다. 요즘 TV광고도 이러한 추세에 맞추어 이야기가 있는 시리즈가 많아지고 있어 보는 재미를 더해주고 있다. '우리 그냥 사랑하게 해 주세여'의 2%부족할 때 음료의 광고와 앱솔루트 보드카의 신제품 바닐라를 출시하기 전에 브랜드 스토리를 공모하여 실제광고에 활용해 호응을 얻었었다. 소비자 커뮤니케이션을 통해 구전마케팅도 효과를 보기도 하고, 소비자들과의 교감을 얻어내서 더욱 재미있다. 이렇게 얻은 소비자 포지셔닝은 오래기억 되어 브랜드파워에 영향을 주게 된다.

  펀 마케팅을 전개할 때 주의할 점도 있다. 펀 마케팅은 마케팅 기법상 지속적이지 못하고 단발성인 경우가 많이 있다. 즉, 소비자들에게 관심을 끌고, 흥미를 갖게 하고, 즐거워하며 재미있어 한다. 하지만 일회성 이벤트성 마케팅으로 끝이 날 가능성이 높다는 것을 항상 염두에 두어야 한다. 변화하는 소비자들의 입맛을 한 번에 맞추기는 어려워져 간다. 지속적으로 다양하고 즐거워하는 마케팅기법을 개발하기 위해서는 블루오션 마케터가 되어야 한다. 미래와 트렌드를 먼저 읽어내는 안목을 길러야 한다. 또한 톡톡 튀는 아이디어를 창조하고 마케터 자신도 즐거워야 펀 마케팅은 발전해 나갈 것이다.

(3) 펀 마케팅개발 마케터가 되기 위한 5가지 개념
① 룰 브레이커 : 기존의 틀, 고정관념에서 벗어나야 새로운 시도와 창조를 이끌어 낼 수 있다.

② 마켓 애널리스트 : 전문적인 지식과 현장중심의 경험을 토대로 분석역량을 갖춰야한다.
③ 스토리텔러 : 제품에 생명력을 불어 넣기 위한 풍부한 감성과 꿈과 이상을 표출해 낼 수 있다.
④ 컨버전스 메이커 : 기존기술과 새로운 기술의 융합으로 전혀 다른 차원의 마케팅 전략을 구상하게 만든다.
⑤ 블루오션 마케터 : 경쟁회피 및 잠재고객의 니즈를 이끌어 내는 역량으로 니치마켓(틈새시장) 개척과 새로운 시장 창출을 가능케 한 다. 또한 새로운 마케팅전략 개발도 가능하다.

학습정리

1. 마케터는 6가지 '쌍기역(ㄲ)'을 갖추어야 한다. 바로 꿈, 꾀, 끼, 깡, 꼴, 끈이다.
   첫째 꿈, 마케터는 세계에서 최고의 상품을 만들어 보겠다는 꿈을 가져야 한다.
   둘째는 꾀, 상황판단에 따라 적절하고 적당한 행동을 취할 수 있는 머리가 필요하다.
   세 번째는 끼, 톡톡 튀는 면이 있으며 행동도 생각도 남다르다.
   넷째는 깡, 평범함과 고정된 관념을 깨고 틀에서 벗어나는 용기와 추진력이 있어야 한다.
   다섯째는 꼴, 스스로 자기관리가 필요한 부분으로 신뢰감에 영향을 준다.
   여섯째는 끈이다. 인간관계를 중요시하여 인적 네트워크 형성을 갖추어야 한다.

2. 마케팅 전략가로서 유의할 점
   1) 사실을 잘 파악하라
   2) 아이디어를 시험해 보라
   3) 일관성을 가져라
   4) 'win-win'의 상황을 창출하라
   5) 기업가적 분위기를 조성하라

3. 마케터가 수행하여야 할 기본적인 활동
   1) 시장과 소비자에 대한 이해
   2) 고객 및 시장조사
   3) 타겟 시장 및 고객 설정
   4) 제품개발 및 효용성 검증
   5) 고객을 위한 마케팅 활동
   6) 마케팅 활동에 관한 고객과 시장에 대한 Feedback

4. 마케팅 실무자가 반드시 갖춰야 할 역량 4가지
   1) 틀을 깨는 역량을 제대로 키워라
   2) 정확하고 면밀할 시장 애널리스트가 되라

   3) U커뮤니케이션 코디네이터가 돼라
   4) 고객을 위한 센스와 아이디어를 업그레이드하라

5. 펀 마케팅개발 마케터가 되기 위한 5가지 개념
   ① 룰 브레이커
   ② 마켓 애널리스트
   ③ 스토리텔러
   ④ 컨버전스 메이커
   ⑤ 블루오션 마케터

블루오션 마케터 - 체크리스트

이제 마케터로서 당신의 자질을 확인해 보자.

아래의 문항을 통해 점검해 보기를 바란다. 해당된다고 생각하는 정도를 다음의 0점에서 10점의 구간에서 점수로 체크하라. 그리고 각각의 점수를 합산해 보라.

1. 나는 마케팅에 대한 분명한 개념과 비전을 갖고 있다.

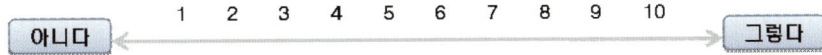

2. 나는 '내가 소비자(고객)라면…' 하는 마음으로 생활을 해 본적이 있다.

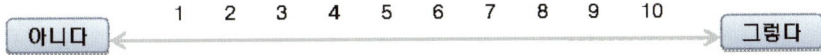

3. 마케팅에 대한 경영철학을 가지고 있으며, 강한 추진력과 결단력을 갖고 있다.

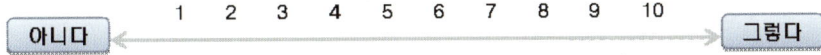

4. 마케팅을 수행하기 위한 국제적 커뮤니케이션 능력을 지니고 있다.

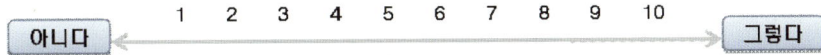

5. 나는 어떤 제품이나 서비스에 불편함을 느끼며 개선하는 아이디어를 생각해 본적이 있다.

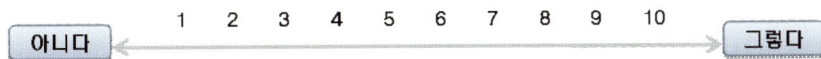

6. 평상시 남들과 전혀 다른 톡톡 튀는 의견이나 아이디어를 제시 한 적이 있다.

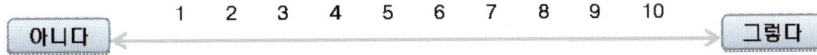

7. 경쟁을 피해 나 혼자만의 새로운 비즈니스를 생각해 본적이 있다.

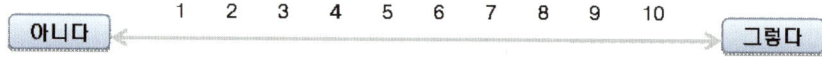

8. e-비즈니스에 흥미를 느끼며 비전이 있는 분야라고 생각한다.

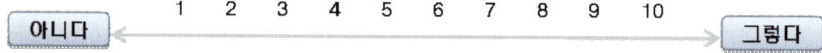

9. 앞서가는 트렌드 리더로서의 감성과 디자인 감각을 갖고 있다.

10. 새로운 비즈니스기법은 물론 지식과 기술을 탐색하고 익히는 것을 좋아 한다.

☞ **당신의 마케터 지수 분석**

- 이상과 같이 10항목에 대한 질문에 체크를 하였다.
- 당신의 점수의 총계는 얼마인가?

종점 : ____ 점

▷ 91-100 점이라면 당신은 탁월한 Blue Ocean Marketer이다.
▷ 81-90 점이라면 매우 우수하다.
▷ 71-80 점이라면 우수한 편이다.
▷ 61-70 점이라면 보통 수준이다.

※ 당신의 점수가 60점 미만이라면 당신은 마케팅에 대한 소양을 지속적으로 갖추어 나아가야 할 것이다.

학습문제

01 마케팅 전략가로서 유의할 점이 아닌 것은?

① 시장의 상황, 즉 세심한 부분의 사실까지 잘 파악하라
② 시험판매 등 마케팅의 아이디어를 시험해 보라
③ zero-sum game을 유발하라
④ 'win-win'의 상황을 창출하라

해설 zero-sum game은 내가 이득을 얻으면 손실을 보는 누군가가 발생한다. 마케팅은 가능한 한 positive-sum game(윈-윈 게임)을 창출하는 것이 더 바람직하다
정답 : ③

02 창의적 마케터의 자질을 갖추기 위해서 지녀야 할 점이 아닌 것은?

① 벤치마킹을 잘해야 한다.
② 완벽을 추구하는 자세가 필요하다.
③ 끊임없이 새로운 시도를 해야 한다.
④ 가능하다면 많은 경험을 쌓아야 한다.

해설 벤치마킹도 중요하지만 창의적 마케터가 되기 위해서 타고난 창의성이 있으며 끊임없는 노력이 뒷받침되어야 한다.
정답 : ①

03 마케터가 수행하여야 할 기본적인 활동에 속하지 않는 것은?

① 소비자 및 시장조사
② 거래처 담당자와의 인적 네트워크
③ 타겟 시장 및 소비자 설정
④ 마케팅활동에 관한 소비자와 시장에 대한 피드백

해설 ②는 영업활동에 속하지 마케터의 활동은 아니다 반대로 소비자와의 끊임없는 접촉은 바람직하다고 볼 수 있다.
정답 : ②

04 마케팅 실무자가 반드시 갖춰야 할 역량 4가지에 속하지 않는 것은?

① 정확하고 면밀한 시장 애널리스트가 되라
② 소비자를 위한 센스와 아이디어를 업그레이드 키워라
③ 고정관념과 틀을 깨는 역량을 제대로 키워라
④ 현장의 목소리 보다는 유행이나 트렌드에 따라 가라

해설 마케터는 현장의 목소리를 듣고 그에 따라 자사제품의 컨셉을 현재의 트렌드에 맞춰 개발하거나 앞서 가는 것이 좋다.   정답 : ④

05 펀 소비, 즉 효과적인 펀 마케팅 전략의 요소가 아닌 것은?

① 제품의 콘셉트 자체가 독특하고 재미있거나, 제품의 색상이나 디자인, 포장 등에 재미요소를 첨가하는 경우
② 경품과 사은품 등 공짜로 주는 푸짐한 판촉행사를 하는 경우
③ 기발한 아이디어의 판촉행사와 톡톡 튀는 상표, 상호로서 즐거움을 주는 경우
④ 엔터테인먼트와 연계한 '보는 재미'를 선사하는 경우

해설 단순 경품과 사은품 등을 제공하는 판촉행사는 일회성에 그칠 수 있다. 가능하다면 지속적으로 소비자들에게 재미와 만족을 주는 전략이 펀 마케팅의 핵심이다.   정답 : ②

06 펀 마케팅개발 마케터가 되기 위한 5가지 개념에 속하지 않는 것은?

① 마켓 애널리스트가 되라
② 룰 브레이커가 되라
③ 레드오션 마케터가 되라
④ 스토리텔러가 되라

해설 경쟁이 심한 시장에 들어가는 레드오션 마케터의 마인드를 갖고 있으면 안된다. 즉, 블루오션 마케터가 되어야 한다.   정답 : ③

FUN MAKETING
참고문헌

- 박주홍(2010). 글로벌 마케팅, 박영사
- 박형진·양석준(2008). 역발상으로 성공한 창의적 마케터들, 도서출판 두남
- 라이언 매튜스·와츠 웨커, 이수경 역(2008). 신화창조의 비밀 - 스토리, (주)웅진윙스
- 안병용·한수범·장인봉(2008). 블루오션 리더십, 보명Books
- 하쿠호도 브랜드컨설팅(2007). 브랜드 마케팅, 굿모닝미디어
- 김병욱(2007). 틈새 마케팅 전략, 킴스정보전략연구소
- 김준호(2007). 고객만족경영, 무역경영사
- 라이터스 편집부(2007). 니치마케팅의 전략과 성공사례, 라이터스
- 한상만·하영원·장대련(2007). 마케팅 전략, 박영사
- 복준영(2007). 세상에서 가장 재미있는 마케팅 이야기, 원앤원북스
- 필립코틀러, 발데마뾔르치, 김민주외1인 역(2007). B2B브랜드 마케팅, 비즈니스맵
- 김찬웅·황상윤(2007). 검색마케팅 이야기, 길벗
- 세이하쿠, 김석규 역(2007). 한국형 블로그 마케팅, 매일경제신문사
- 김종의(2007). 소비자행동, 형설출판사
- 김종의 외4인(2006). 특수마케팅의 이론과 사례, 형설출판사
- 박재기(2006). 그린마케팅, 집문당
- 데이브드 A. 바이스, 우병현 역(2006). 구글 성공 신화의 비밀, 황금부엉이
- 알렉스 마이클·벤 샐터, (주)나무커뮤니케이션 전략기획팀 역(2006). 대한민국을 움직이는 검색엔진 마케팅, 행간
- 피터모빌, yuna 역(2006). 검색 2.0 : 발견의 진화(Ambient Findability), 한빛미디어

- 이성동(2006). 한국형 귀족마케팅, 스마트비즈니스
- 박기안・신건철・김준석(2006). 마케팅, 무역경영사
- 이용재(2005). "스토리텔링 BTL, 스토리체험 BTL", 제일기획「Cheil Communications」
- 김훈철(2005). 브랜드 설득, 다산북스
- 정혜전(2005). 서비스 마케팅, 미래지식
- 박홍수・하영원・우정(2005). 신상품 마케팅, 박영사
- 김상헌(2005). 귀족마케팅, 청년정신
- Joe Marconi, 미래트랜드연구팀 역(2005). 미래 마케팅 이야기, 무역경영사
- 이유재(2005). 서비스마케팅, 학현사
- 톰 피터스, 정성묵 역(2005). 미래를 경영하라, 21세기 북스
- 김주헌(2005). 국제마케팅, 문영사
- 구본형(2005). 코리아니티 경영, 휴머니스트
- 심대영(2004). 뜨는 마케팅으로 승부하라, 미래의 창
- 한국능률협회(2004). 태평양 라네스:체험마케팅을 통한 브랜드 개발과 Activation, 대한민국 마케팅 성공사례
- 김훈철외 2인(2004). 브랜드 스토리마케팅(강력한 브랜드는 스토리가 만든다), 멘토르
- 하대용(2004). 마케팅, 무역경영사
- 삼성경제연구원(2003). CEO Information, 제 430호
- 알리스・잭트리우트, 안진환 역(2003). 포지셔닝, 을유문화사
- 이승영(2003). 글로벌 마케팅, 범한
- 이명식(2003). 서비스 마케팅, 형설출판사
- 김상헌・오진미(2003). 대한민국 1%를 위한 전쟁 - 귀족마케팅, 청년정신
- 알리스・잭트리우트, 박길부 역(2003). 마케팅 불변의 법칙, 십일월출판사
- 채서일(2003). 사회과학조사방법론, 제 3판, 학현사
- 한국마케팅연구원(2002). "고급화로 세계적 브랜드를 키운다",「새 밀레니엄 새 마케팅이 일류기업 만든다」
- 이두희(2002). 인터넷 마케팅원론, 박영사

- 이훈영(2002). e-플러스 마케팅, 무역경영사
- 번트 H. 수미트, 박성연외 2인 역(2002). 체험마케팅, 세종서적
- 김민주(2002). 마케팅 어드벤처, 미래의 창
- 한국능률협회 (2002). 제품력을 통한 기업의 이미지 쇄신,「마케팅 강국 : 시장을 선도하는 마케팅 전략」, KMA 연구보고서 Ⅲ
- 박정연(2002). "귀족마케팅", LG 주간경제
- 한국 마케팅 연구원(2003). "불경기에는 매스마케팅보다 20배 효과적인 VIP마케팅을 하자",
- 안광호·임병훈(2002). 마케팅조사원론, 제 3판, 경문사
- 김재일(2001). 인터넷 마케팅, 박영사
- 안광호 외 2인(2001). 인터넷 마케팅원론, 법문사
- 이순철(2000). 신제품 개발 성공전략, 삼성경제연구소
- 홍성태(1999). 보이지 않는 뿌리, 박영사
- 김두환, '상상초월, 톡톡튀는 아이디어 - 바이럴 마케팅', 한국마케팅연구원, 마케팅 2009.3, 제43권 제3호 통권482호, 35~39, 2009.3
- 교보문고 검색엔진, 2010.7
- 다음 백과사전, 2016.
- 이준구, '페이스북 이펙트 - 세계를 하나로 연결하는 힘', 2013.4
- 정민영·조미나, '외식 바이럴 마케팅에 대한 인식이 바이럴 마케팅 이용 후 만족도에 미치는 영향', 관광·레저 연구 제23권 제3호, 2011. 3, pp.359~376.
- 편집부, '바이럴 마케팅', 한국마케팅연구원, 마케팅 2015 제49권 제5호 통권556호, 59~67.
- CIOKorea, '실패한 입소문 마케팅 10선', 2008.8.19.일자 뉴스, http://www.ciokorea.com
- O2O마케팅전문가 블로그, http://blog.daum.net/mrleh/17597116
- 애드온즈마케팅 블로그, http://www.admons.co.kr/13876
- SNS소통연구소, http://snsgroup.kr/20145603617

- P. Kotler & Nancy Lee, 恩藏直人 譯(2007), 社會的責任のマーケティング, 東洋經濟新報社
- P. Kotler & K. L. Keller, op.,12e, (2006), p. 499.

- Raju Mudhar(2006). Da Vinci Scissored Where It Hurts, Toronto Star, April 16
- Matthew Creamer(2006). P&G CEO to ANA: Just Let Go, Advertising Age, adage.com, October 6
- Lisa Sanders(2006). Ignore the Research and Trust Your Gut, Advertising Age, Novermber 2
- 野村綜合研究所(2005). 第3の消費スタイル, (株)野村綜合研究所
- Kenneth Hein(2005). Brandweek.com, May 23
- Roges, J. Best(2004), Market-based Management, Prentice-Hall.
- Puchta, C & Potter, Jonathan(2004), Focus group pratice, SAGE.
- Zaltman, G.(2003), How Customer think, Harvard Business School Press.
- Creswell, John W.(2003), Research Design: qualitative, quantitative, and mixed method approaches, Sage Publication.
- Lehmann D. R. & Russell S. Winer(2002), "Product Management," McGrew-Hill.
- Scott Bedbury(2002). A New Brand World, New York:Viking,14-15
- MeAdam, R. & John Mc Clelland(2002), "Sources of new product ideas and creativity practies in the UK textile industry," Technovation, Vol. 22.
- Otto, Kevin & Kristin Wood(2001), Product Design, Prentice-Hall.
- Crawford, C. M. & Benedetto, C.(2000), New Product Management, 6th~7th edition, McGraw Hill.
- P. Kotler(2000). Marketing Management, Prentice-Hall, New York.
- Trout, J. & A. Ries(2000), Positioning, 20th ed, McGrew-Hill.
- Ulrich, K. T., & Eppinger, S.(2000), Product design and development firm, Research Policy, Vol. 24, pp. 419-440.
- P. Kotler & Gray Armstrong(2000), Principle of Marketing, 8th ed., Prentice-Hall.
- Ozer, M.(1999), "A Survey of New Product Evaluation Models," Journal of Product Innovation Management, Vol. 16(January)
- Hiar, A. T. & Black(1998), Multivariate Data Analysis, 5th ed., Prentice-Hall.
- Cooper, R. G.,(1996), "Overhauling the New Product Process," Industrial

Marketing Management, Vol. 25.
- Robert J. Thomas(1995), New Product Success Stories: Lesson From Leading Innovators, 1th ed., John Wiley & Sons.
- Cooper, R. G., & Elko J. Kleinschmidt(1995), "Benchmarking firms new product performance and practices," Engineering Management Review, Vol. 23, 3, Fall,pp. 112~120.
- Urban, G. L., and John R. Hauser(1993), Design and Marketing of New Products, 2nd edition, Prentice Hall.
- Cooper, R. G., and Elko J. Kleinschmidt(1990), "New Products: The Key Factor in Success," American Marketing Association, Chicago.
- Drucker, Peter F.(1982) "The innovative company," Wall Street Journal, Feb 26, p. 18.

Web Site
- http://www.seri.org/
- http://www.lgeri.com/
- http://www.greensamsung.com/samsung_business
- http://home.pusan.ac.kr/~hyunga/green-m.htm#%20따라서
- http://www.pg.co.kr/about/environment.pg
- http://www.hansol.co.kr/intro/social.html
- http://www.kmarketing.co.kr/mag/199705/10.html
- http://www.kams.org/journal/m1-12.htm
- http://www.esh.co.kr
- http://www.unep.or.kr/news/newsletter/15th/01-1512.html
- http://www.changupnet.go.kr/game/manage_mkt_class03.htm
- http://www.kyungnam.ac.kr/choidc/마케팅5-4.htm
- http://user.chollian.net/%7Ekdh1212/ad-room/1-100/noble_marketing.html
- http://www.ilyosisa.co.kr/SUNDAY/SUN_0376/TM_0206.html

저 자 약 력

한수범(韓秀範)

- 신한대학교 글로벌비즈니스대학 글로벌통상경영학과 교수
- 日本 Takushoku大學校 貿易學科卒, 同大學院 商學碩士卒, 商學博士 修了
- 신흥대학 교수학습지원센터 센터장 역임
- 신흥대학 교무입학처 부처장 역임
- 파주시 발전기획위원회 위원 겸 옴부즈만 자문위원 역임
- 대한상사중재원 중재인 역임
- 국제 e-비즈니스학회 학회장 역임
- (현) 한국무역학회 부회장
  - 한국통상정보학회 부회장
  - 한국무역보험학회, 국제상학회, 한국생산성학회 이사
  - 국제지식서비스학회 연구기획위원장
  - 의정부시 행정혁신위원회 위원
  - 의정부시 상권활성화재단 이사
  - 의정부시 자원봉사센터 이사

■ 주요저서
- 「무역학개론」, (2015)
- 「펀 마케팅」, (2012)
- 「스마트한 경제이야기」, (2012)
- 「재미있게 이해하는 생활경제」, (2011)
- 「국제경영학」, (2010)
- 「블루오션 리더십」, (2008)
- 「전자무역 마케팅실무」, (2007)
- 「최신 무역학개론」, (2006)

Fun Marketing

2019년 2월 28일 개정판 인쇄
2019년 3월 5일 개정판 발행

저　자 | 한수범(韓秀範)
발행인 | 최익영
펴낸곳 | 도서출판 책연
주　소 | 인천광역시 부평구 부영로 196
　　　　Tel (02) 2274-4540 | Fax (02) 2274-4542

ISBN 979-11-965715-4-2　03320　　정가 28,000원

저자와 협의 하에 인지는 생략합니다.
잘못 만들어진 책은 구입하신 서점에서 교환해 드립니다.